中国中央电视台年鉴

2001

主　编　　赵化勇

副主编　　赵立凡
　　　　　王　录

中国广播电视出版社

中共中央总书记、国家主席江泽民在中央电视台发表元旦讲话。然后与中宣部副部长、国家广电总局局长徐光春，中央电视台台长赵化勇合影。

江泽民、朱镕基、李瑞环等党和国家领导人观看中央电视台银河少年电视艺术团演出，并高兴地和小演员们合影留念。

李鹏委员长视察中央电视台工作。

朱镕基总理与中宣部副部长、国家广电总局局长徐光春，中央电视台台长赵化勇及工作人员合影。

全国政协主席李瑞环到中央电视台观看《世纪龙腾》晚会。

国家副主席胡锦涛出访时与中央电视台记者合影。

中纪委书记尉健行出访时与中央电视台记者在一起。

国务院副总理李岚清来中央电视台视察工作。赵化勇台长等迎接李副总理一行。

中共中央政治局委员、中宣部部长丁关根到中央电视台看望首届全国电视舞蹈大赛的演员和评委。

台长兼总编辑　赵化勇

副台长　刘宝顺

副台长　李东生

副台长　张长明

副台长　罗　明

副台长　胡　恩

副台长　何宗就

加大宣传改革力度，突出频道专业化特点，相继对第一、二、三、四、五套节目改版，成效显著。

第九套节目（英语频道）正式开播，为中央电视台节目进入西方主流社会起到推动作用。

第二十七届悉尼奥运会期间，中央电视台派出108人赴前方报道，并将第五套节目整体包装为奥运频道，收视率最高达到13.47%，占有率20.5%，在世界同行面前显示了CCTV的实力和水平。

多项大型直播和特别制作节目取得圆满成功，多项电视大赛形式新颖，内容丰富，备受关注。其中第九届全国青年歌手电视大奖赛升格为政府级大赛。

在2000年国内外众多评奖活动中，中央电视台节目取得好成绩。全年共有300多个栏目、节目、影视剧在“中国新闻奖”、“飞天奖”、“金鹰奖”、“星光奖”、“彩虹奖”和“金鸡奖”、“华表奖”评奖活动以及国际电影节、电视节上获奖，另有35人分别获得“韬奋新闻奖”、全国百佳新闻工作者和百佳电视艺术工作者等称号。

全年安全播出创历史最好成绩，在全国电视节目技术质量评比中荣获总分第一名，高新技术研究和应用取得可喜成绩。

加快国际互联网技术发展，提高其应用水平，央视国际网络正式挂牌，并被列为国家六大重点网站之一。

第七件大事

全年经营总收入再创佳绩，企业清理整顿取得重大进展。

第八件大事

9

精神文明建设再结硕果，中央电视台第八次荣获首都文明单位标兵称号。

10

截至2000年底，向全台职工出售住房1962套，建筑面积16.9万平方米，共收购房款1.2亿元。

第十件大事

台办公室

2000年12月21日，台办公室主任李晓明在总结大会上讲话。

① 台办公室主任李晓明、副主任兼保卫处处长刘建中、副主任兼秘书处处长唐世鼎、专职副书记王瑞山与部分女职工座谈，庆祝“三八”妇女节。

② 2000年7月，总局保卫司副司长宋为民和台办公室副主任兼保卫处处长刘建中进行安全生产大检查。

③ 2000年12月，事业发展调研处召开“电视事业合作与发展研讨会”。

④ 2000年年中工作会议会务组的同志印刷装订会议简报。

中央电视台被评为2000年度广电总局“计划生育工作标兵单位”。

中央电视台被评为2000年度广电总局“献血工作标兵单位”。

2000年5月，教育处、保卫处联合举办第一期消防知识培训班。

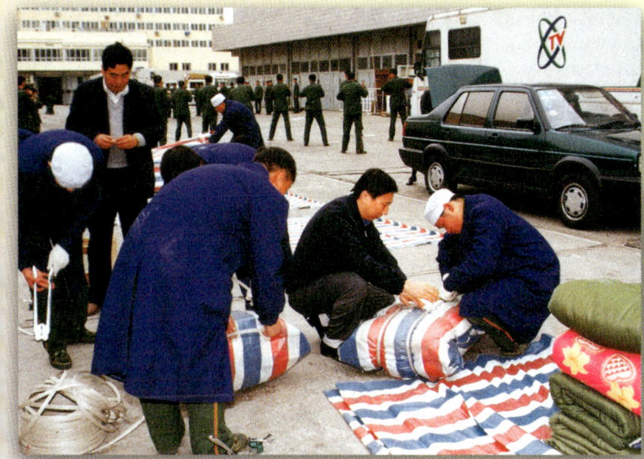

组织职工参加“扶贫济困送温暖”活动，进一步调动职工参与社会公益活动的主动性和积极性。图为职工向内蒙古灾区捐物的工作现场。

2000年6月，法规处律师在进行合同审校工作。

中央电视台经常组织职工子女开展文体活动，这是孩子们参加广电总局举办的“期盼北京申奥成功争做首都文明小主人”绘画活动。

2000年8月，法规处在开工作例会。

房管处科以上干部开会讨论。

行政处召开 2000 年度工作总结大会。

房管处维修科研究维修计划。

2000 年 6 月，保卫处领导在进行安全检查。

中央电视台的校外教育开展得有声有色。图为台职工子女小学生夏令营营员合影。

医务室以优质的服务赢得了职工的赞扬。在春节晚会现场随时为演职人员医诊。

后勤服务再上新台阶。食堂为全台职工提供卫生可口的饭菜。

2000 年 10 月 26 日，参加总局消防运动会获得团体总分第一名。

观看每年一届的职工书画展

2000 年 12 月 21 日，召开中央电视台办公业务总结表彰大会。

2000 年 4 月 18 日，召开 1999 年度精神文明治安消防综合治理表彰会。

2000年中央电视台绿化工作成绩突出，首次被评为"首都绿化美化花园式单位"。

罗明副台长在与波兰国家电视台负责人签署波兰继续使用中央电视台节目的协议。

2000年10月中央电视台代表团赴波兰，与波兰国家电视台商讨交流合作事宜并签署波兰继续使用中央电视台第四套节目的协议。

中央电视台参加2000年在美国新奥尔良举办的“北美电视节”(NATPE)的全体成员在展台前合影。

宣传规划处规划组负责全台节目选题的审核及代码发放。

北京2000年纪录片创作与国际市场研讨会9月13日至15日在京举行。

宣传规划处的同志在撰写报道计划。

总编室副主任周经与《电视你我他》栏目组研究栏目创意，布置新一年工作。

2000年7月4日至7日在大连召开全国节目资料管理工作会议。

总编室《电视你我他》栏目主持人就“村村通”广播电视工程采访四川甘孜藏族自治州藏族干部。

总编室《电视你我他》栏目“村村通”广播电视特别节目《走进千万家》摄制组在四川甘孜藏族自治州采访后与藏族同胞合影。

总编室《电视你我他》栏目“村村通”广播电视特别节目《走进千万家》摄制组在贵州省黔西南采访布依族老乡。

《电视你我他》栏目“村村通”广播电视特别节目《走进千万家》摄制组在四川广元采访。

2000年12月21日，在北京召开中央电视台观众座谈会，赵化勇台长、罗明副台长参加座谈。

播出库工作区。

播出库工作人员准备播出磁带。

节目资料管理系统主机房。

磁带库工作人员整理磁带。

节目资料整理工作区。

资料库工作人员认真核对磁带。

2000年12月6日，总编室召开老干部节目监看座谈会，赵化勇台长同与会的离退休老干部交流座谈。

2000年12月27日，参加对中央电视台重要栏目进行评议的老同志举行座谈会，胡恩副台长参加了座谈。

台长赵化勇、副台长罗明、副总编辑赵立凡一起研究《电视研究》工作。

台领导和总编室研究处领导与《电视研究》编辑部工作人员合影。

2000年10月，中广学会电视研究委员会三届二次常务理事会在贵州召开。

研究处《精品赏析》栏目组在第十九演播室录制第二十七届奥运会电视报道赏析节目。

为了改善读者的阅览环境，研究处于2000年更新了阅览室桌椅，使阅览室更加舒适。

研究处于2000年更新了业务书库的部分书架，增加了馆藏书刊。

由台领导和有关专家组成的面试小组在对竞聘团委书记的同志进行面试。

2000 年 1 月 23 日，中央电视台召开第四届职工教育工作会议。台长赵化勇、副台长刘宝顺与台部分兼职教师合影。

人事办公室主任王晞建、副主任罗秀兰、麻宁在研究工作。

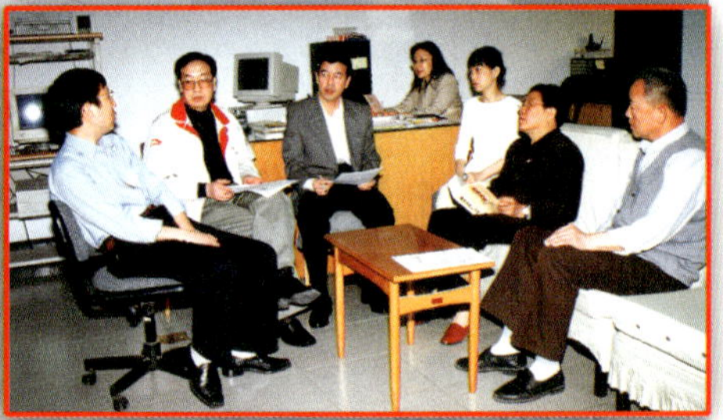

2000年初，培训职称处全体同志研究讨论本年度工作计划。

离退休人员管理处被广电总局评为先进集体。

劳资处的干部对工资调整问题进行热烈讨论。

劳资处对职工收入分配制度改革进行研究。

干部管理处全体人员讨论临时人员管理改革方案。

中央电视台财经办 2000 年总结表彰大会。

2000 年 8 月，顺义综合馆工程正式通过广电总局的验收。刘宝顺副台长及有关部门领导参加了工程验收会议。

财务处召开 2000 年工作总结会，台总会计师刘国良，财经办主任许二春等领导在会议后留影。

2000 年 11 月，财产物资处和技术制作中心等部门共同研究设备运行管理程序。

2000 年 8 月，计划统计处正在做预算调整工作。

2000 年 8 月，财产物资处与全台各部门清产核资人员一起核对固定资产账目。

2000 年 9 月，台清理整顿经济实体工作会议召开。

2000 年 10 月，财务处组织部分人员认真学习新颁布的《会计法》。

机关党委

2000年初，全台开展“三讲”教育回头看期间，请国防大学许志功教授来台作“学习研究宣传邓小平理论”报告。

台分党组成员带头参加政治理论学习。图为台领导在认真听课。

2000年台机关党委紧跟形势进行经常性思想教育。图为11月10日国家统计局专家来台进行“学习宣传贯彻五中全会精神专题讲座”。

机关党委进行了全台“党员思想情况和党组织建设情况调查”。图为党办工作人员正在进行问卷统计。

2000年，台机关党委闭路电视拍摄了反映我台职工精神面貌的专题片《跨越2000》等12部。图为制作人员正在钱塘潮直播节目现场进行拍摄。

2000年5月4日，台团委组织“十位优秀青年”和部分共青团员到井冈山革命老区进行社会实践和接受革命传统教育活动。

台青年足球队在2000年中直系统青年足球比赛中夺得第一名。

2000年台团委举办了“中央电视台第六届‘红绿蓝杯’青年歌手大赛”，全台70多名青年参加了比赛。

2000 年 3 月 8 日，台工会联合会举行庆“三八”暨五好文明家庭表彰大会，台长赵化勇、副台长刘宝顺、老台长孟启予等领导参加了会议。

2000 年 7 月 17 日，第十二届暑期“少儿之家”举行开营仪式。刘宝顺、南玉敏、任海等领导参加仪式后与孩子们交谈。

2000 年 3 月 7 日，台工会联合会举办庆“三八”拔河比赛，副台长刘宝顺为前六名获胜者颁奖。

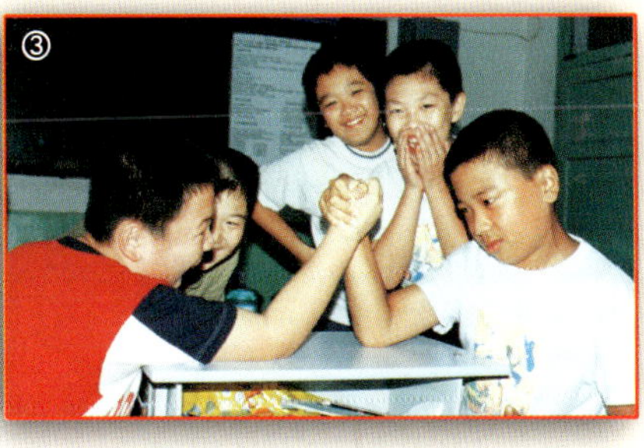

① 2000 年 11 月 14 日，台首届“CCTV 杯”职工乒乓球比赛在 1000 平方米演播室举行，共有 20 个代表队 350 余名职工参加了比赛。台长赵化勇，副台长刘宝顺、张长明、罗明等领导参加了表演赛。

② 2000 年 3 月 7 日，台工会联合会举办庆“三八”拔河比赛。

③ 2000 年 8 月，“少儿之家”的孩子们举行掰手腕比赛。

④ 2000 年 7 月，“少儿之家”的孩子们到动物园参观海底世界。

2000 年 5 月 13 日，台第三届职工田径运动会在丰台体育中心隆重举行，共有 21 个代表队、1825 名运动员、3000 名职工参加。科影厂、技术制作中心、新闻节目中心分别获团体总分前三名。

2000年11月27日，《东方时空》全面改版播出，赵化勇台长、罗明副台长等台领导和新闻节目中心的同志一起庆祝首播成功。

中央电视台副总编辑孙玉胜（右）在《钱塘江潮特别节目》浙江海宁直播现场指挥播出。

新闻节目中心主任李挺（左）在《北京老山汉墓挖掘》直播现场。

新闻节目中心副主任张宁在“两会”报道的转播现场指挥机位架设。

新闻节目中心副主任缪暑金在“两会”直播现场。

新闻采访部记者在“两会”现场进行直播报道。

社会新闻部记者采制三江源自然保护区系列报道时，在黄河源头巴颜喀拉山拍摄。

2000年9月16日，《钱塘江潮特别节目》直播现场，主持人在浙江萧山作报道。

《穿越2000挑战极限——中国环太湖世界特技飞行表演大赛》现场直播设在船甲板上的开放游动式演播室，主持人水均益和嘉宾正在主持节目。

军事部主持人在解放军某部采制系列专题《中国特种部队》。

地方新闻部记者在青海柴达木盆地石油勘探钻井边采访。

军事部《西出阳关》摄制组在新疆采访。

《国际时讯》于11月27日顺利播出后，全体工作人员一起合影。。

2000年8月，中国人民海军舰队出访南非，《焦点访谈》记者魏驱虎采访当地华侨。

《新闻联播》播音员播出前正在认真熟悉核对稿件。

2000年7月，《新闻调查》摄制组深入偏僻山村，寻访了当年惨遭日军性暴力的三位老妇。图为记者在采访中国第一个站出来控诉侵华日军暴行的老妇。

2000年3月11日，新闻编辑部《世界报道》栏目编辑和主持人在讨论稿件。

新版《东方时空》为增强观众贴近性，采用主持人交互式播报。图为播出区一角。

新闻采访部记者在南极格罗夫山科考现场拍摄。

新闻制作部的同志们在吊装演播室播音提示器。

新闻制作部的技术人员为数字化制播系统安装设备。

2000年11月初，首届全国电视新闻通联工作会议在北京举行。

2000年夏天，新闻节目中心党支部组织党团员赴中国历史博物馆参观爱国主义教育展览。

被评为2000年度全国先进党支部的新闻节目中心新闻编辑部党支部，组织党团员赴河北怀来天漠植树，并向当地的董存瑞希望小学捐书。

新春佳节，有关领导慰问中央电视台驻外记者的亲属。

赵化勇台长宣布第九频道开播。

2000年9月8日，在梅地亚中心召开了英语频道开播新闻通气会。赵化勇台长、罗明副台长、孙玉胜副总编和海外节目中心主任赵宇辉、副主任盛亦来、拉白、李树声等参加会议。

海外观众座谈会后，张长明副台长、赵立凡副总编、拉白副主任和幸运观众合影。

2000年11月，“海峡两岸关系论坛”在珠海举行。图为《中国新闻》记者正在采访海峡两岸关系协会研究中心主任唐树备。

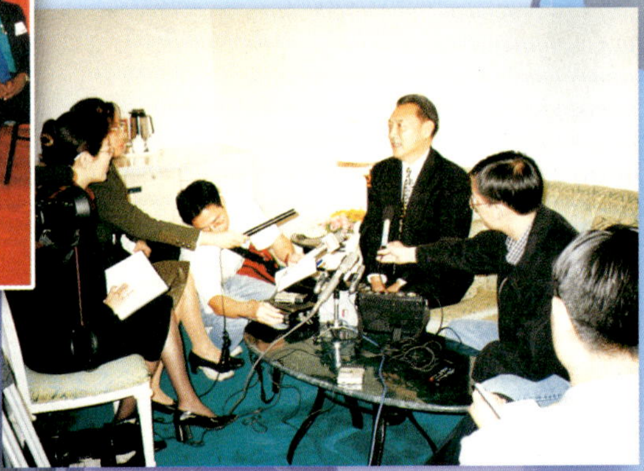

张长明副台长视察海外节目中心无磁带制播和文稿系统。

2000年6月，《中国新闻》记者在新疆拍摄120集系列报道《到西部去》。图为记者采访新疆维吾尔自治区党委书记王乐泉。

海外节目中心

2000年12月,《中国新闻》记者在澳门采访、制作《新澳门・新纪元》特别节目。

《新闻60分》主持人在首播中。

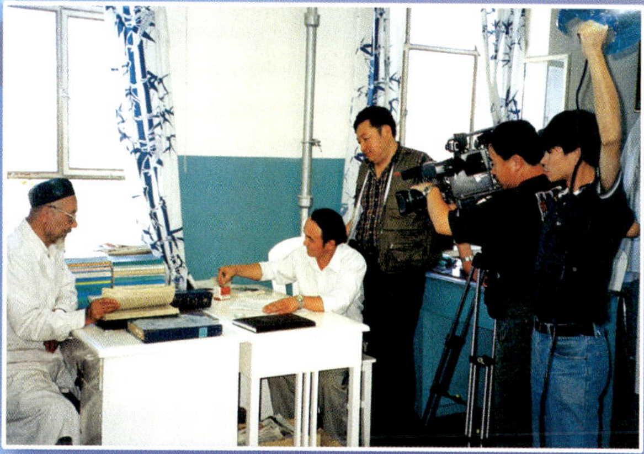

《中华医药》栏目在新疆摄制特别节目《西域维医》。

① 《民族大家庭》栏目记者在拉萨大昭寺采访喇嘛。

② 《海峡两岸》主持人采访国台办副主任周明伟。

③ 《走进台湾》外景主持人与制作组在演播室讨论选题。

《中华文化美国行》报道组记者在美国华盛顿拍摄。

2000年12月31日，《天涯共此时》栏目在跨入新世纪时播出了《世纪梦圆》节目。

旅美华人歌手费翔做客《走进台湾》节目，与主持人畅谈国画艺术。

《东方时尚》主持人与模特郭桦、演员李怡青。

2000年9月25日，英语频道正式开播，在开播现场，编辑和技术人员正在紧张有序地工作。

《欢聚一堂》特别节目中华礼仪大赛，主持人与特邀主持人曾志伟在演播厅。

英语频道《环球瞭望》栏目的编辑正在进行节目的后期制作。

英语频道的中外专家正在紧张地工作。

英语频道的编辑记者正在处理当日的新闻稿件。

英语频道副总监与英语晚间新闻制片人正在研究稿件。

2000年1月，《天涯共此时》记者桑晨在台北故宫前采访。

英语频道《环球瞭望》的制片人正在与外籍专家崔希商量稿件。

2000年6月，大型电视专题片《伟大的创造》的工作人员采访中共中央政治局委员、北京市市委书记贾庆林。

2000年11月初，《中国记者》特别节目录制现场，台长赵化勇在观看节目。

2000年3月，大型文献片《张闻天》剧组采访宋平同志。

2000年夏，《张闻天》剧组采访张闻天夫人刘英。

2000年6月24日，人大常委会副委员长彭珮云、卫生部副部长彭玉出席《为了九亿农民的健康》特别节目的直播现场。

《中华民族》栏目组深入少数民族地区，拍摄大型系列节目《走进西部》。

2000年11月,《环保纪事》摄制组在韩国汉城拍摄“饮食垃圾再利用”。

2000年“三八”特别节目主持人张越与美国斯坦福大学妇女与社会性别史研究员王政女士及台湾电视节目制作人凌峰进行访谈。

2000年11月初,《中国记者》特别节目现场。

2000年4月25日,《当代工人》“五一”特别节目在北京开关厂车间的录制现场。

2000年11月17日,《为您服务》栏目开播百期优秀节目表彰总结会。

在《健康之路》直播现场,主持人向中国康复中心的专家提出观众咨询的问题。

《相约夕阳红》是《夕阳红》栏目的周末版节目，深受老年观众欢迎。图为节目录制现场。

“荣事达杯”电视节目主持人大赛复赛现场。图为主持人张政与孙晓梅。

2000 年英语风采大赛，选手们正在回答问题。

2001 年元旦前夕，《新世纪科技论坛》节目录制现场。

2000 年冬，《天天饮食》的录制现场，制作人员在进行准备。

2000 年 12 月 7 日，《走近科学》的编导采访美国驻华大使。

2000 年 12 月，《新世纪科技论坛》的编导正在现场紧张工作。

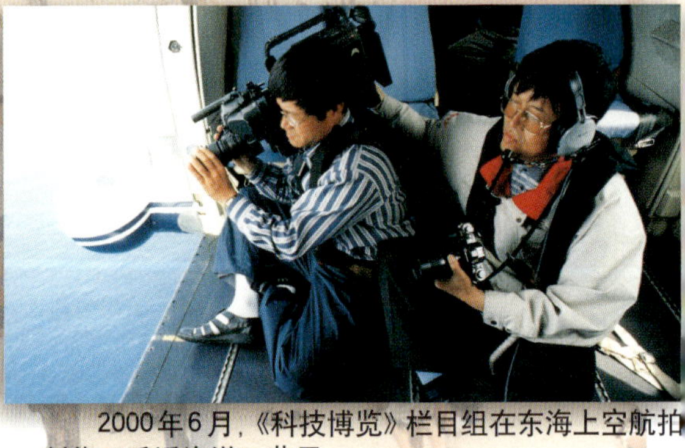

2000 年 6 月，《科技博览》栏目组在东海上空航拍制作《重返海洋》节目。

2000年3月9日，“荣事达杯”电视节目主持人决赛现场，台长赵化勇、副台长张长明、社教节目中心主任高峰、副主任王进友在观看比赛。

2000年6月，社教节目中心组织了题为“社教中心在我心中”的电视信息沙龙，与会人员展开了热烈讨论。

2000年11月，社教节目中心综合部工作人员在中心领导带领下，到广州本田汽车公司参观学习。

《历程》特别节目的演播现场。

2000年12月29日，在社教节目中心总结表彰大会上，中心20个栏目的代表上台进行自我介绍。

大型系列片《百年中国》的编导人员在对该片进行后期编辑。

2000年，大型专题片《世纪》的编导人员在英国的海滩上拍摄。

春节联欢晚会

赵化勇台长、高建民主任等领导探望《长征》剧组人员。

在2000年度国际部总结会上离退休老同志为获奖同志颁奖。

中央电视台与泰国正大集团签署2000-2001年度合作协议。

胡恩副台长、张华山副总编、汪国辉主任到《长征》剧组看望剧组人员。

国际部编导人员在2000年12月第二届学会译制片领奖台上。

2000年12月,第二届学会译制片奖颁奖大会在武汉举行。

《正大综艺》剧组"全家福"。

2000年度国际部“全家福”。

情系沂蒙——中央电视台“心连心”艺术团赴山东沂蒙老区慰问演出。图为主持人采访“沂蒙五姐妹”。

①《世界影视博览》栏目组的导演们在导播台上。

②《世界影视博览》栏目组在18演播室录像。

③《国际艺苑》栏目组编导在18演播室的导播台上。

《西部自然》宁夏摄制组在宁夏外景地拍摄。

电视连续剧《长征》剧照。

香江明月夜——2000年中秋联欢晚会现场。

① 电视连续剧《大宅门》剧照。

②《一代廉吏于成龙》剧照。

③《西游记》剧照。

④《钢铁是怎样炼成的》剧照。

彝族歌舞《彝山的歌谣》。

赵化勇台长、广告经济信息中心主任程宏、副主任张海潮等领导在《金碟杯——全国会计知识大赛》录制现场。

2000年11月7日，赵化勇台长、刘宝顺副台长、罗明副台长等在2001年黄金段位广告招标大会现场机房。

罗明副台长在经济生活服务频道改版推广会上发言。

2001 年黄金段位广告招标会现场。

《井深情浓—西部找水直播特别节目》总演播室的拍摄现场。

《2000 年科技下乡》主会场。

2000 年 “我们共同的事业” 3 · 15 晚会现场。

2000年4月7日，《中国财经报道》与陕西电视台合作制作系列访谈《东西对话》节目。图为记者在对广东省省长卢瑞华和陕西省省长程安东进行访谈。

《走进国际周》特别节目第三场“释放科技巨能”录制现场：中国科学院副院长白春礼主持两院院士论坛。

《商界名家》栏目2000年春节特别节目——第二届《高朋满座》演播室现场，主持人姜昆、曹颖和杨平与嘉宾一起向观众拜年。

《动感2000》——北京国际汽车工业展直播现场：现场报道记者徐涛在展位上向观众介绍新款汽车。

《我们的时代》——“商品的故事”特别节目演播现场。

《经济半小时之夜——2000经济年度人物评选》现场。图为主持人王小丫、李咏和得奖者求伯君、颁奖嘉宾秦池江。

《2000年中国艺术品投资市场十大热点评选》节目录制现场。

“6·5”环境日节目现场：全国打井英雄李国安谈找水的深切感受。

《清风车影》栏目举办的“清风车影”联席会会议现场。

《金土地》栏目举办的地方台联播业务座谈会。

在《中国市场信息》2000 年春节特别节目“我们共同的未来”录制现场。

《幸运 52》录制现场。

《对话》节目嘉宾畅谈创业的苦与乐。

《生活》栏目主创人员。

《地球故事》主持人陈晓宇和同事们在试录节目。

《欢乐家庭》剧照。

《开心辞典》第一期节目现场。

《证券时间》栏目工作人员开播前在 14 演播室合影。

《证券之夜》栏目正在紧张地准备当日节目。

图文电视部数据广播专用播出机房投入使用。

《中国房产报道》主创人员。

《互联时代》工作照。

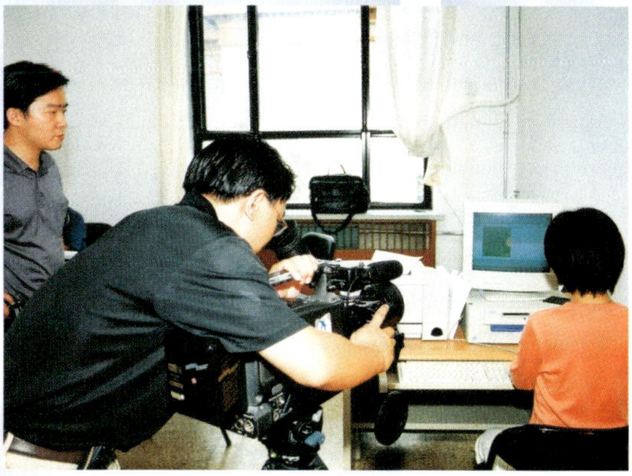

罗明等领导与《商务电视》主创人员在一起。

2000年9月15日至10月1日，广电总局李东生副局长到中央电视台设在悉尼的电视转播中心检查指导工作。

2000年9月，赵化勇台长在中央电视台设在悉尼的电视转播中心检查奥运会报道方案的落实情况。

第二十七届奥运会前方报道团的午夜例会。

中央电视台在第二十七届奥运会报道中，将第五套节目命名为奥运频道，将CCTV与五环结合作为频道标志，以悉尼歌剧院为背景设立总演播室。图为总主持人在演播室。

2000年9月，中央电视台奥运报道团工作人员在悉尼中央电视台电视转播中心进行直播。

2000 年 9 月 11 日，中央电视台体育节目中心主任马国力参加第二十七届奥运会的火炬传递活动。

2000 年 9 月 22 日，是中国奥运军团赢得奖牌最多的日子，奥运报道团将这一天定为“奥林匹克中国日”。图为报道人员与各赛场记者保持密切联络。

体育节目中心记者在澳大利亚悉尼采访第二十七届奥运会的工作人员。

2000 年 9 月，在第二十七届奥运会跳水比赛现场的中国啦啦队。

2000／2001 年全国排球联赛直播导演、解说、解说顾问在直播现场。

2000 年 6 月 27 日，体育节目中心记者现场采访水下火传递者——澳大利亚著名的潜水运动员温迪。

2000／2001 全国男篮甲 A 联赛主持人在演播室内主持节目。

《悉尼猜想》第七期节目演播现场。

2000年12月31日，体育竞赛部在导播室转播体育贺岁片《世纪之战》。

由中央电视台体育节目中心主编的《金话筒的诉说》一书首发式于2000年2月18日在北京中粮广场举行。图为部分作者合影。

《足球之夜》的编辑在进行节目合成。

2000年10月25日，第二十届北京国际马拉松赛在北京举行。图为主持人在演播现场。

《足球之夜》记者在采访中国足协副主席张吉隆先生。

《体育新闻》栏目记者对单人驾摩托车穿越塔克拉玛干沙漠的王龙祥进行了跟踪采访。

2000年12月26日，诸辰(女)、李文良讲解国际象棋世界杯赛棋局。

2000年美国NBA总决赛于6月7日至19日进行。图为转播人员在洛杉矶转播现场。

为充分报道第二十七届奥运会，体育节目中心记者深入各个运动队进行赛前采访，为报道准备丰富的素材。图为《体育新闻》记者在采访射击运动员张山。

体育节目中心全体工作人员合影。

青少节目中心

总局领导、台领导为获奖节目颁奖。

赵化勇台长在“六一”12小时特别制作总结大会上讲话

胡恩副台长、余培侠主任、周经副主任等出席2000年全国大专辩论会情况通报会。

《大风车》栏目周末版《风车转转转》演播现场。

《金色梦想——第五届全国电视“金童奖”颁奖典礼》

《儿童剧场》栏目录制现场。

第二届全国动物动画卡拉 OK 电视邀请赛现场。

《新编成语寓言音乐剧》剧照。

《三星智力快车》录制现场。

2000 年 12 月，《12 演播室》摄制组拍摄《世界大学巡礼》节目。图为摄制组在马尔他大学采访注册部主任。

2000年全国大专辩论会比赛现场。

《第二起跑线》拍摄回顾专辑《圆梦》。

2000年《动画城》春节特别节目《相聚在龙年》。

动画系列片《阿笨猫》剧照。

动画系列片《蓝皮鼠·大脸猫》剧照。

《中华传统美德故事》动画系列片之《海瑞罢官》剧照。

2000 年 8 月，《非常之旅》剧组在大连录制《野外生存》节目。

2000 年 5 月，《异想天开》在重庆南开中学拍外景。

第四届中国儿童音乐电视大赛颁奖典礼。

2000 年 7 月，银河艺术团赴奥地利演出。图为奥地利国家电视台记者跟踪拍摄。

“2000 年相约北京”联欢活动暨银河少年合唱团演出。

2000 年 12 月 5 日，2000 北京国际电视技术研讨会在北京京都信苑饭店开幕，广电总局张海涛副局长、赵化勇台长等参加会议并讲话。

2000 年 3 月 23 日，召开 “2000 年技术工程立项审查会议”，副台长何宗就、副总工宋宜纯等领导到会并讲话。

丁文华总工程师和工程技术人员研究制定电视转播技术方案。

2000 年 12 月，徐威主任在 2000 年北京技术研讨会上与公司负责人探讨电视技术问题。

2000 年 12 月 6 日至 8 日，科技处在国际览中心承办了 “中国新闻器材暨网络新闻博会”。图为中央电视台展台。

技术管

通讯中心机房为 2000 年奥运会电视转播进行线路检测。

信息通讯处网络中心机房在进行技术培训。

2000 年 11 月，科技处与总编室召开联合开发 DVD 光盘存储系统鉴定会。

① SONY 数字设备 3000 小时大修技术培训。

② 松下数字录像机大修。

③ 2000 年 4 月 29 日，召开 1000 平方米演播室改造工程验收会。

2000 年 10 月 23 日至 27 日，科技处举办“数字电视技术讲座”。

副台长何宗就、技术制作中心主任李宏虹参加第三套节目改版包装研讨会。

2000年10月13日至15日在北京大兴召开第二届第三次中国广播电视灯光研究委员会常务理事会，技术制作中心主任李宏虹参加会议。

十二演播室每天担任《健康之路》的直播任务。

600平方米演播室正在为青少节目中心《第二起跑线》栏目录像。

2000年11月改造建成的600平方米演播室立柜机房。图为工作人员正在认真录像。

技术制作

《证券时间》栏目在深圳直播，图为工作人员正在做直播前的准备。

录制部新建高级非线性编辑系统(Smoke)。

第十一多媒体制作机房。

2000年7月3日，经济部新增栏目《证券时间》在北京、上海、深圳等地直播。部领导及技术人员赴上海进行直播前的一系列准备工作。

负责2000年春节晚会话筒的工作人员。

美术设计人员为参加悉尼奥运会转播正在紧张地工作。

在《井深情浓》特别节目直播现场，工作人员在操作吊臂摄像机。

中心

2000 年 9 月，赵化勇台长亲临悉尼奥运会前方报道中心检查工作。图为丁文华总工程师在汇报技术准备情况。

2000 年 9 月，在钱塘江大潮“一线潮”转播现场，转播部技术人员正在滑轨上安装移动摄像机。

2000 年“元宵晚会”在澳门举办，图为转播部技术人员正在核查转播系统的视音频线。

2000 年 6 月，传送部的工作人员在天安门广场，准备秋季马拉松赛线路传送试验。

播出传送中心

播出一线值班员正在紧张而有序地工作。

总控部利用倒休时间进行人员岗位培训。

2000年12月31日，在中华世纪坛举办迎接新千年庆祝大会，播送中心技术人员圆满完成了十几个小时的直播任务。

2000年9月，传送部工程师在钱塘江大潮直播中跟踪直升机。

在悉尼奥运会报道期间，通过国际卫星线路，悉尼演播室与后方播出线密切配合，实施虚拟广告的播出。图为技术人员正在调试设备。

第一期《直播中国》2000年12月初在山西平遥现场直播。图为技术人员正在工作。

2000年9月15日至10月1日，为更好地报道悉尼奥运会的盛况，在悉尼建立了一个350平方米的报道中心和数字分演播室。图为播送中心技术人员正在做直播前的调试。

2000年10月，传送部微波工程师们在太湖直播飞机穿越桥洞。

2000年6月，传送部工程师使用海事卫星传送设备在珠穆朗玛峰传送科学考察新闻。

纪检组 监察室 机关纪委 审计处

台分党组成员、纪检组组长张海鸽在纪检监察工作会上布置下一步工作。

2月18日，纪检组监察室、机关纪委召开台属各单位专职纪检监察干部会议，传达学习中纪委四次全会、广电系统纪检监察工作会议精神。

4月27日，纪检组监察室、机关纪委与法规处联合举办《公司法》讲座会。

2000年2月，台监察室主任黄瑞刚在纪检组监察工作会议上讲话。

2000年12月，审计处在顺义培训中心召开全年工作总结会，图为审计处处长续建勇在做全年工作总结。

2000年6月，机关纪委副书记兼监察室副主任赵玉东在纪检监察工作会议上发言。

企业经理离任经济审计是审计处近几年来开展的新的审计类别。图为2000年9月，审计处处长续建勇带领审计员与中国电视节目代理公司领导交换审计意见。

2000年5月，纪检组监察室、机关纪委、总编室联合召开加强职业道德建设、禁止有偿新闻工作会议，传达上级指示精神、布置贯彻落实措施。

9月22日，台纪检组监察室、机关纪委召开台属各单位部分处级以上干部座谈会，利用胡长清、成克杰等重大案例对领导干部开展警示教育。

中央电视台副总编赵立凡和中国电视报社社长吴继尧在研究报纸宣传工作。

报社社长吴继尧、副社长郭卫翔、赵成璧在认真研究提高报纸质量。

《中国电视报》与兄弟广播电视报开展业务交流研讨会。

召开读者座谈会，广泛征求读者对《中国电视报》的意见和建议。

报社与台技术人员在外省安装卫星传版设备，使报纸传版工作得到明显改善。

《中国电视报》创刊 20 周年暨 2000 年工作总结大会。

奥运体操冠军刘璇、中央电视台主持人宁辛参加报社举办的奥运竞猜颁奖仪式。

赵化勇台长参加剧中心2000年总结表彰大会。

《太平天国》新闻通气会。

《笑傲江湖》剧组工作照。

《紫荆勋章》首映式。

《日出东方》开机仪式。

中国电视剧制作中心

中心召开 2000 年艺术研讨会。

《西游记》续集剧照。

《壮志凌云》剧照。

《今生是亲人》工作照。

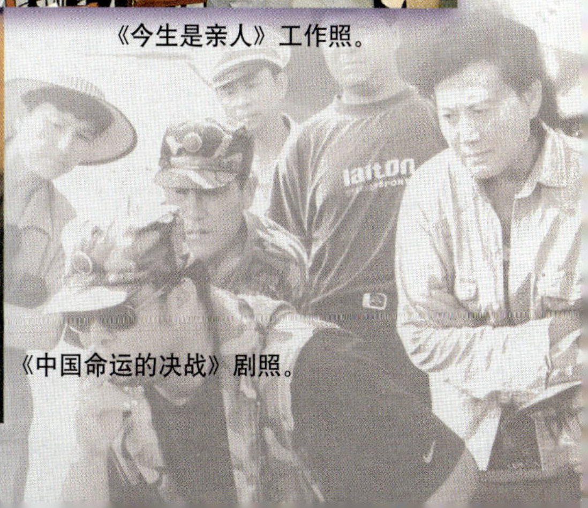

《中国命运的决战》剧照。

《澳门的故事》剧照。

《好好过日子》剧照。

《兵谣》剧照。

《魂系梨园》剧照。

《实习生的故事》剧照。

《西游记》工作照。

导演陈家林给《太平天国》演员说戏。

《梨花情》剧照

《裂缝》剧照。

《有这样一条船》剧照。

《啼笑因缘》剧照。

导演朱小渝在给《小鬼鲁智胜》的小演员说戏。

《秋落电话亭》剧照。

中央新闻

李建厂长、张建华副厂长陪同广电总局副局长赵实视察演播室。

《共产党员》系列纪录片之三《春风吹过的地方》工作照。

摄影师随江泽民主席于2000年4月12日至27日出访以色列、巴勒斯坦、埃及、土耳其、希腊、南非时，在埃及亚历山大国宾馆拍外景。

台长赵化勇审看《半个世纪的回响》纪录片。

《共产党员》系列纪录片之一《为了咱老百姓》工作照。

在昆明世界园艺博览会上，厂编导郭岭梅在采访拍摄泰国花园。

2000 年 10 月 12 日至 22 日，厂摄影师随朱镕基总理访问日本、韩国并出席第三届亚欧会议时在汉城拍摄外景。

《半个世纪的回响》的总导演、导演、录音师在工作。

澳门回归交接仪式后，摄影师拍摄中葡两国军乐团交流的场景。

在昆明世界园艺博览会上，摄影师在升降车上拍摄世博园全景。

在昆明世界园艺博览会上，编导、剪辑师采访江西瓷园的设计师。

广电总局副局长李树文、赵实，中央电视台台长赵化勇、副台长张长明等为在科影工作40年老职工颁发荣誉证书。

5月6日广电总局副局长赵实、电影局局长刘建中在京郊露天电影放映点与放映员亲切交谈。

科影厂厂长万迪基在庆祝建厂40周年大会上讲话。

12月28日，国家科技部与中央电视台联合向西部省区赠送《让生命永存》光盘。图为中科院副院长陈宜瑜、科技部副部长邓楠、全国政协人口资源环境委员会副主任杨纪珂等向代表们赠送光盘。

《冰臼奇观》摄制组在现场采访科学家。

2000年9月，科教片《中华灵芝走出神话》首映式在人民大会堂广西厅举行。

厂党委结合本厂实际，认真地在党员、干部中进行廉政教育。

11月11日《宇宙与人》获伊朗第三十届德黑兰国际电影节最佳导演奖。图为电影节组委会为该片导演忻迎一颁奖。

11月21日在第九届中国金鸡百花电影节上，电影局局长刘建中为《宇宙与人》代表颁发最佳科教片奖。

2000年科普片《宇宙与人》连获5个国内、国际奖。图为部分奖品。

2000年1月录像带《让生命永存》获首届国家音像制品奖。图为新闻出版署王岩镔司长与科影代表合影。

5月18日，在中国电影华表奖颁奖会上，《征服病毒病》、《简易无土栽培》、《棉籽脱绒包衣》获优秀科教片奖，《猫咪小贝》获优秀美术片奖。图为薛继军副厂长与获奖代表在一起。

《田野》栏目三周年特别节目“农村调查”录制现场。

《宇宙与人》导演忻迎一在伊朗电影节上的演讲受到观众的热烈欢迎。

京剧《奇双会》音配像先期录音在科影厂录音棚紧张进行。图为梅葆玖、蔡正仁先生在录制节目。

2000年7月12日，全国人大副委员长王光英、全国政协副主席周铁农及中宣部、广电总局、中央电视台领导出席在人民大会堂举行的《辉煌童年》第二部百首少儿动物动画歌曲卡拉OK电视片及VCD光盘首播、首发式。

2000年5月27日，台长赵化勇、副台长刘宝顺、纪检组组长张海鸽、中国国际电视总公司总经理李培森等领导视察威海影视基地。

台长赵化勇与副台长刘宝顺等领导到小井基地视察工作。图为“新东安老北京一条街”。

2000年9月，刘宝顺副台长在“梅地亚中心开业十周年招待会”上讲话。

中国国际电视总公司总经理李培森在法国戛纳电视节期间与美国华纳电视公司总裁签署改编电视连续剧《太平天国》协议。

2000年6月30日，中视股份公司召开1999年度股东大会。

2000年10月21日，总公司节目制作公司张华副总经理出席了在长沙举办的第十八届中国电视“金鹰奖”颁奖晚会。由公司策划并参与制作的《钢铁是怎样炼成的》、《嫂娘》、《共和国外交风云》分别获本届“金鹰奖”三类节目的最高奖。

第一部百首少儿歌曲动画卡拉OK电视片，荣获第四届全国电视节目“金童奖”二等奖和新闻出版署颁发的首届全国文艺音像制品一等奖。

央视—索福瑞市场研究公司发起人签字仪式于2000年12月1日在北京梅地亚中心举行，标志着央视调查咨询中心已迈入国际化行列。

2000年中央电视台春节联欢晚会，央视调查咨询中心总经理陈若愚、副总经理陈华峰亲临电话调查现场。

梅地亚中心电视部与日本NHK共同拍摄的大型纪录片《家族的岁月——昔日的绫子》，2000年8月在日本获得NHK放送局大奖。

央视调查咨询中心拥有覆盖全国的媒介、市场及广告的监测调查网。

2000年9月16日，由中视总公司演艺中心组织的庆祝中瑞建交50周年《激情2000》晚会。

2000年4月22日，爱立信乒乓球擂台赛的工作照。

2000年，中视股份公司的三国、水浒景区被国家旅游局授予“国家AAAA级旅游景区”称号。

电影局局长刘建中及电影法规人士参加《影事聚焦》节目拍摄。

阎晓明主任代表电影频道与澳大利亚NRS集团签订合作意向书，堪培拉市政文组代表团出席。

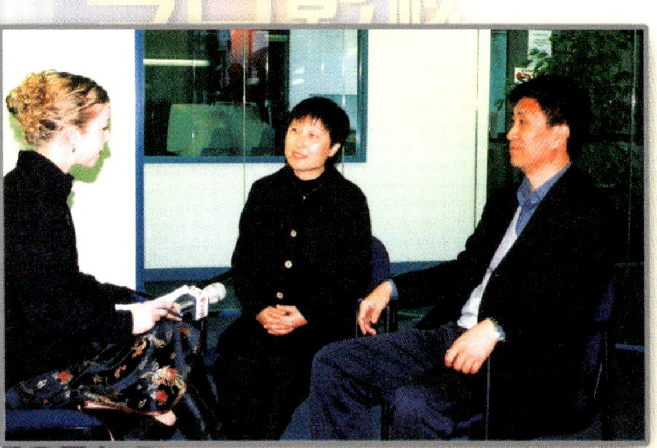

阎晓明主任在国外接受电视台记者采访。

《边说边看》主持人在演播室内主持节目。

① 由电影频道投资拍摄的故事片《横空出世》荣获第二十届“金鸡奖”最佳故事片奖、最佳导演奖、最佳女配角奖、最佳美术奖、最佳录音奖、最佳摄影奖等六项大奖。

②《电影市场写真》在采访中。

③《今日影视》主持人在拍摄现场。

④ 2000年10月，在上海国际电视节上，由电影频道出品的电视电影《阿桃》获得“白玉兰”国际电视剧评委会特别奖。

2000年12月1日，由台总编室和传播中心联合在北京梅地亚中心举行“中央加扰卫星电视开播五周年座谈会”。图为中央电视台副台长罗明在讲话。

2000年10月24日至28日，传播中心在青海省西宁市举办2000年度第三期技术培训班。图为在开幕式上，传播中心副主任田盛华致开幕辞。

2000年7月1日，传播中心党支部举办学习“三个代表”“七一”演讲会，总局党组成员、纪检组长王德新同志到会讲话。

2000年7月24日至28日，传播中心在新疆乌鲁木齐市召开全国代理工作会议。图为中心副主任田盛华在向表现突出的单位颁发奖状。

2000年11月10日，中央卫星电视传播中心正式与阳光卫星电视有限公司签订机房设备合作协议。图为传播中心副主任田盛华与阳光电视公司执行董事徐小明先生签字后的合影。

2000年10月24日，中央卫星电视传播中心正式与中国五星媒体(澳门)有限公司签订机房设备合作协议。

2000年3月27日至31日，传播中心在云南召开2000年度首期卫星数字电视技术培训班。图为中心副主任田盛华与各与会专业技术人员讨论有关卫星数字电视技术问题。

2000年10月，传播中心副主任田盛华会见巴西驻华大使馆文化参赞，并商谈合作事宜。

2000年6月5日，赵化勇台长会见美国MTV国际总裁。

2000年7月5日，赵化勇台长会见智利驻华大使塔鲁德。

2000年5月23日，赵化勇台长会见南非米拉德集团代表。

2000年3月24日，刘宝顺副台长会见日本名古屋电视台台长。

2000年10月13日，刘宝顺副台长会见冰岛电视台台长。

2000年5月17日，刘宝顺副台长会见蒙古记协领导人。

2000 年 7 月 28 日，李东生副台长会见香港无线电视台（TVB）新闻总监罗灿。

2000 年 4 月 24 日，李东生副台长会见柬埔寨国务大臣兼新闻部长。

2000 年 11 月 9 日，张长明副台长在与环球世界媒体集团、挪威电信欧洲卫星广播三方合作协议上签字。

2000 年 4 月 18 日，李东生副台长会见南斯拉夫塞尔维亚代表团。

2000 年 7 月 24 日，张长明副台长会见法国电视一台台长莫乔特先生。

2000 年 7 月 24 日，张长明副台长会见加拿大华嘉国际文化交流中心董事长。

2000年4月7日，罗明副台长会见国际足联秘书长布拉特。

2000年12月13日，罗明副台长会见日本NHK报道局局长。

2000年4月4日，胡恩副台长会见伊拉克新闻部代表团。

2000年11月6日，罗明副台长会见英国路透社全球总编辑尼班克。

2000年9月19日，胡恩副台长会见韩国电视代表团。

2000年3月31日，胡恩副台长会见美国MTV电视台代表。

2000年5月26日，何宗就副台长会见德国品尼高系统公司亚太经理。

2000年11月9日，何宗就副台长会见德电视二台（北台）副台长。

2000年6月15日，何宗就副台长会见南非多选公司客人。

2000年11月8日，赵立凡副总编会见厄里里亚新闻代表团。

2000年8月23日，孙玉胜副总编会见联合国教科文组织总干事长松浦晃一郎。

编辑说明

一、《中国中央电视台年鉴》是反映中国国家电视台宣传报道、技术装备、党政工作、产业经营等各项事业建设的基本情况和发展变化的资料工具书。

二、本年鉴从1994年起，每年编印一卷。2001年刊为第八卷，出版精装本。

三、记录和反映中央电视台上一年度的宣传情况和成果是本年鉴的主体。本卷设置的栏目有：特载，概况，专辑，频道·栏目·节目，央视国际网络，获奖·表彰，观众调查，机构，规章制度选载，主要会议，新技术装备，同港澳台的交流与合作，对外交流与合作，人物，专论，文章要目辑览，电视书、报、刊及音像出版物，统计，附录，图片纪事等20个。

四、随着中央电视台深化改革，不断创新，年鉴的内容也更为丰富和新颖。本卷除新增央视国际网络栏目外，其他原有的栏目内容也更加充实，突出地反映了中央电视台实施“频道专业化、栏目个性化、节目精品化”的新成果。

五、《中国中央电视台年鉴》的编辑工作得到了台和各部门的领导与特约编辑、资料员及出版单位的大力支持。在此，一并表示感谢。

分类目录

图片纪事

特　　载

一、中央领导讲话

二、广电总局领导讲话

三、台长论坛

概　　况

专　　辑

频道·栏目·节目

央视国际网络

获奖·表彰

一、新闻类

二、文艺类

三、电影类

四、综合类

五、文稿类

六、国际类

七、大赛类

八、表彰类

观众调查

机　　构

规章制度选载

主要会议

一、全国性电视工作会议

二、全国性理论和业务研讨会

三、中央电视台工作会议和研讨会

新技术装备

同香港、澳门特别行政区及台湾地区交流与合作

对外交流与合作

人 物

专 论

文章要目辑览

电视书、报、刊及音像出版物

统　　计

附　　录

CCTV2001 YEARBOOK

Contents

特　载

一、中央领导讲话

江泽民强调，宣传思想工作和精神文明建设要在全党经常讲反复讲

在2000年即将来临的时刻，中共中央总书记江泽民在宣传思想工作的一份报告上作了重要批示，强调指出，宣传思想工作和精神文明建设，事关建设有中国特色社会主义事业的大局。越是深化改革、扩大开放，越是发展社会主义市场经济，越要重视和加强这方面的工作。这一点，要在全党特别是领导干部中经常讲、反复讲。

江泽民总书记在《批示》中指出，几年来，宣传思想战线坚持贯彻党的路线方针政策，努力以科学的理论武装人，以正确的舆论引导人，以高尚的精神塑造人，以优秀的作品鼓舞人，为改革开放和现代化建设提供了有力的思想舆论保证。去年，在庆祝新中国成立50周年和澳门回归祖国这两大庆典活动中，在三场大的政治斗争中，你们按照中央的部署，唱响主旋律，打好主动仗，作出了新的成绩。大家工作很努力、很辛苦，中央是满意的。

《批示》指出，全党同志务必始终坚持“两手抓、两手都要硬”的方针，在做好经济工作的同时，切实加强宣传思想工作和精神文明建设。加强和改进新形势下党的思想政治工作，是全党的一件大事，也是宣传思想工作的重中之重。要深入进行邓小平理论和党的基本路线教育，深入进行马克思主义的唯物论、无神论教育和科学精神教育，树立正确的理想信念，树立正确的世界观、人生观、价值观，在全党形成讲学习、讲政治、讲正气的良好氛围，在全社会形成反对迷信愚昧、抵制各种歪理邪说的健康气氛。希望宣传思想战线的同志们，牢牢把握正确舆论导向，适应形势发展的要求，深入研究人们思想活动的新情况新特点，探索新形势下做好思想政治工作的规律和办法，把工作做得更好。

江泽民总书记在《批示》中向宣传思想战线全体同志表示亲切问候，祝大家新年愉快。

（摘自2000年1月5日《人民日报》）

朱镕基在《政府工作报告》中指出，要加快科技、教育发展，加强精神文明建设，繁荣文学艺术、新闻出版、广播影视事业

积极实施科教兴国战略和可持续发展战略，促进经济结构调整，提高经济整体素质，推动经济和社会协

调发展。

大力开发和推广对传统产业升级起关键作用、有共性的高新技术。推动优势科技力量,参与企业技术改造和重大引进项目的消化吸收与创新工作。加快高新技术产业化进程,重点培育一批竞争力强的高新技术产品和企业。继续办好国家高新技术产业开发区。加强国家创新体系建设。重视和加强基础研究和高技术研究,支持一支精干的高水平科研队伍,在这些领域进行开拓性的工作。继续推进科技管理体制改革,使应用型科研机构和其他有面向市场能力的科研机构转制为企业,或进入企业加强技术开发工作;同时进行社会公益类科研机构的改革试点。积极发展多种形式的产学研结合。加强知识产权的保护和管理。加大对科技、教育的投入,提高资金使用效益。积极发展哲学社会科学。哲学社会科学工作者要深入研究改革开放和现代化建设中的重大理论和实践问题,更好地为建设有中国特色社会主义的事业服务。

深化教育改革,全面推进素质教育,各级各类学校都要加强德育工作,努力培养学生的创新精神和实践能力,切实减轻中小学生过重的课业负担,促进学生德、智、体、美全面发展。要加大工作力度,如期实现基本普及九年义务教育和基本扫除青壮年文盲工作的目标。进一步发展高中阶段教育、高等教育和各类职业教育。继续扩大普通高等学校招生,通过后勤服务社会化等措施,解决学生宿舍、食堂、教学设施等实际问题。大力推行个人助学信贷。广开渠道,为高校毕业生就业创造条件。积极发展民办教育。运用现代信息技术,发展远程教育。继续推进教育管理体制改革,今后除教育部和少数特殊部门外,国务院其他部门不再直接管理学校,形成中央和省两级政府办学、以地方政府管理为主的新体制。深化学校内部管理体制改革,高度重视学校思想政治工作。加强教师队伍建设,全面提高教师素质。加大各方面对贫困地区教育对口支援的力度。

改革和完善优秀人才的收入分配制度,形成激励机制。对在国家关键领域和岗位工作的科技人员,要采取特殊措施改善他们的工作和生活条件。同时,实行有效的政策,鼓励和吸引留学人员以及在国外的优秀人才回国工作。

坚持走可持续发展道路。继续加强计划生育工作,努力稳定低生育水平,搞好优生优育,重点抓好农村和流动人口计划生育管理与服务。加强老龄人口的工作。关心和支持残疾人事业。认真贯彻实施中国妇女、儿童发展纲要。要加大城市环境污染治理力度,突出抓好重点城市、流域、区域、海域污染防治工程,全面实现既定的环境保护和治理目标。搞好城乡规划工作。加强自然资源管理,依法保护和合理利用土地、森林、草原、矿产、海洋和水资源。进一步做好卫生、体育工作,重视疾病预防和控制,加强城市社区卫生服务和农村初级卫生保健,提高人民群众的健康水平。

各级政府要坚持"两手抓、两手都要硬"的方针,高度重视和加强社会主义精神文明建设。既要重视提高科学文化水平,又要切实抓好思想道德建设。继续进行爱国主义、集体主义、社会主义教育,引导广大人民群众特别是青少年树立正确的世界观、人生观、价值观,坚定建设有中国特色社会主义的理想信念。深入扎实地开展群众性精神文明创建活动。要在全社会弘扬科学精神,普及科学知识,传播科学方法,反对愚昧迷信。繁荣文学艺术、新闻出版、广播影视等事业,坚持正确的舆论导向,多出思想性和艺术性相统一的优秀精神产品。搞好文物保护和档案工作。加强文化设施建设。整顿娱乐、音像和书报刊市场,加强文化市场管理,继续开展"扫黄打非"斗争,严厉打击盗版活动。倡导文明健康的生活方式,开展丰富多彩的群众性文化、体育活动。

(摘自 2000 年 3 月 17 日《人民日报》)

胡锦涛发表讲话,要求宣传思想战线唱响主旋律、打好主动仗

中共中央政治局常委、中央书记处书记胡锦涛 1 月 11 日在全国宣传部长会议上发表重要讲话,强调宣传思想战线要在以江泽民同志为核心的党中央领导下,高举邓小平理论伟大旗帜,坚决贯彻党的基本路线和党在新时期指导宣传思想工作的一系列方针和原则,坚持唱响主旋律、打好主动仗,最大限度地发挥好党的宣传思想工作的优势,把全党的思想更好地统一起来,把全国各族人民的力量更好地凝聚起来,为实现

我国跨世纪发展的宏伟目标而奋斗。

胡锦涛在讲话中充分肯定了宣传思想战线取得的成绩。他说，在过去一年里，各级宣传部门认真贯彻中央精神，加强组织领导，把握正确导向，团结教育群众，积极地推进了改革开放和现代化建设。特别是在去年进行的三场重大政治斗争中，在推动贯彻落实党的十五届四中全会和中央经济工作会议精神的工作中，在庆祝新中国成立50周年和澳门回归祖国的活动中，都做了卓有成效的舆论引导工作，发挥了重要作用。实践再次证明，宣传思想战线的同志们高举邓小平理论伟大旗帜，同以江泽民同志为核心的党中央保持一致，认真贯彻落实中央精神、把握正确导向是坚定自觉的；贯彻唱响主旋律、打好主动仗的方针，坚持以经济建设为中心，促进改革发展，维护社会稳定是坚定自觉的；密切同群众联系，倾听群众呼声，反映群众要求，全心全意为人民服务是坚定自觉的。党的宣传思想工作队伍是忠诚于祖国、忠诚于人民、忠诚于社会主义事业的，是经得起考验、值得信赖的。

胡锦涛指出，人类即将跨入21世纪。从现在起到下个世纪的前20年特别是前10年，对我们党、国家和人民，是一个至关紧要的时期。能否抓住时机，加快发展，胜利实现十五大提出的奋斗目标，关系到我们在新世纪世界发展格局中能否掌握战略主动权，能否处于更加有利的地位。这是时代向当代中国共产党人提出的新考验。在新的形势下，巩固全国人民团结奋斗的思想基础，特别是坚定共产党员和广大干部的理想信念，始终是我们必须高度重视的一项十分重要而艰巨的思想政治建设任务。

胡锦涛说，唱响主旋律、打好主动仗，是新形势新任务对宣传思想工作的基本要求。我们讲“唱响主旋律”，最主要的，就是要高举马列主义、毛泽东思想和邓小平理论的伟大旗帜，坚持用党的基本理论、基本路线、基本纲领宣传教育干部和群众，用爱国主义、集体主义、社会主义和艰苦创业精神宣传教育干部和群众，用一切有益于人们身心健康的精神产品占领思想文化阵地，大力弘扬社会正气和时代精神，以激励、调动和发挥人民群众建设有中国特色社会主义的积极性，不断推进改革开放和现代化建设的各项事业。我们讲“打好主动仗”，就是要总结并运用好我们党领导意识形态工作的历史经验和新鲜经验，正确分析和认识社会主义初级阶段宣传思想领域的特点，遵循思想道德和文化建设的客观规律，坚持从实际出发，坚持重在建设，以积极进取、科学务实的态度，研究新情况，解决新问题。在各项工作中贯穿讲政治的要求，增强原则性、系统性、预见性和创造性，立场坚定，旗帜鲜明，始终坚持正确的方向。

胡锦涛在讲话中，对宣传思想战线继续坚定不移地贯彻唱响主旋律、打好主动仗的方针，做好今年的宣传思想工作提出了四点要求。在谈到继续抓好全党特别是领导干部的马克思主义理论学习时，他强调要很好地总结“三讲”教育中组织理论学习的经验，引导、组织干部认真读书，进一步造成学习理论的浓厚空气，切实加强马克思主义的学风建设，不仅要自觉运用马克思主义指导改造客观世界，而且要自觉运用马克思主义指导改造主观世界。思想理论界的同志要重视对国际国内重大理论和实际问题进行深入调查研究，撰写出一批有分量、有深度、说服力强、能产生重大影响的文章，理直气壮地宣传科学真理，明白无误地划清原则是非，正确客观地回答现实问题，引导干部和群众坚决沿着有中国特色社会主义道路不断前进。

在谈到要始终坚持正确的舆论导向，进一步提高新闻宣传工作质量时，胡锦涛强调，必须坚持党性，坚持实事求是，坚持团结稳定鼓劲、正面宣传为主的方针，努力为改革开放和现代化建设营造良好的舆论环境。在搞好党的重大方针政策宣传的同时，一定要针对干部群众普遍关心的热点难点问题，做好解疑释惑、提高认识的工作，引导群众正确认识形势，看到光明前景，积极参与和支持改革，自觉维护社会稳定。

在谈到要切实加强思想政治工作时，胡锦涛强调，这是全党的一件大事，是宣传思想工作的重中之重。思想政治工作的核心内容，是理想信念教育。在整个改革开放和现代化建设中，都要坚持不懈地进行理想信念教育，坚持不懈地进行党的基本理论、基本路线教育，坚持不懈地进行马克思主义唯物论、无神论和科学精神的教育。当前，思想政治工作的环境、任务、内容和渠道都发生了很大变化，必须适应变化了的情况，在继承和发扬优良传统的基础上，认真研究新形势下思想政治工作的特点和规律，积极开辟新途径，探索新办法，总结新经验。要注意把思想政治工作同经济工作和各项业务工作结合起来，寓思想教育于实际工作之中；把先进性的要求和广泛性的要求结合起来，加强工作针对性；把教育引导群众与切实服务群众结合起来，诚心诚意为群众排忧解难。

在谈到要进一步加强宣传文化阵地建设时，胡锦涛强调，各级宣传文化单位的领导干部，要强化阵地意识，做到“守土有责”。要坚持一手抓繁荣，一手抓管理。要把唱响主旋律同满足人民群众多方面需求结合好，多出思想性和艺术性相统一的优秀作品。要继承我们民族的优秀文化遗产、优秀文化传统，同时博采世界各国之长，吸收各民族的优秀文化成果。要认真加强对宣传文化阵地的管理，同时积极探索新的条件下管理文化市场的有效途径和方法，保证文化市场的健康繁荣。

胡锦涛最后要求各级党委切实加强对宣传思想工作的领导。他指出，宣传思想工作是党的工作的重要组成部分，也是全党的共同任务。中央要求领导干部要讲政治，而重视不重视宣传思想工作和精神文明建设，就是衡量讲不讲政治的重要方面。各级党委要尽快健全加强宣传思想工作的领导责任制，加强对思想文化领域的形势和宣传思想工作的研究，不断提高领导水平。要努力建设一支高素质的宣传思想工作队伍，特别是要提高宣传思想战线各级领导班子和领导干部讲学习、讲政治、讲正气的自觉性。要认真执行江泽民同志关于培养一大批既熟悉党的路线、方针、政策，又熟悉理论、新闻、出版、文艺工作业务的专门人才的指示，积极落实政治家办报、政治家管宣传、政治家管文化的要求。对宣传干部要多关心、多体谅、多支持、多爱护，充分发挥他们的积极性，鼓励他们作出更大的贡献。

（摘自2000年1月12日《人民日报》）

丁关根指出，广播影视系统是宣传思想战线的重要力量

2月21日，中共中央政治局委员、书记处书记、中宣部部长丁关根同志看望了出席全国广播电视先进县（市）和全国广播影视系统先进集体、劳动模范、先进工作者表彰大会的代表并发表重要讲话。

丁关根指出，广播电影电视系统是宣传思想战线上的一支重要力量。党的十四大以来，广播电影电视工作在以江泽民同志为核心的党中央领导下，高举邓小平理论伟大旗帜，坚持党的基本路线，认真贯彻党的方针政策，坚持以科学的理论武装人，以正确的舆论引导人，以高尚的精神塑造人，以优秀的作品鼓舞人，努力为人民服务，为社会主义服务，为全党全国工作大局服务，在促进改革发展、维护社会稳定、建设两个文明方面发挥了重要作用，作出了积极贡献。大家工作在基层，工作在人民群众中，很努力、很辛苦、很有成绩。谨向同志们并通过你们向全国广播电影电视系统的全体同志表示衷心的感谢和诚挚的问候。

丁关根强调，我们正处在世纪之交、千年更替的重要历史关头。今年改革发展任务艰巨，维护稳定任务繁重，宣传思想战线担负着重要责任，既有机遇，又有挑战。希望同志们认真贯彻党中央和江泽民总书记对宣传思想工作的重要指示，贯彻唱响主旋律、打好主动仗的工作方针，牢牢把握正确的舆论导向，把更多更好的精神食粮奉献给人民。

（摘自《决策参考》2000年第2期）

二、广电总局领导讲话

坚守思想文化阵地，繁荣电视宣传事业

——中宣部副部长、国家广播电影电视总局局长徐光春在中央电视台2000年年中工作会议上的讲话（摘要）

2000年以来，中央电视台出色地完成了一些重大的宣传战役、重要的宣传工作任务，中央是满意的，社

会各界也是满意的。这是与中央电视台同志们创造性的辛勤工作分不开的,我向中央电视台的全体工作人员表示亲切慰问。

一、中央电视台的工作性质和任务

中央电视台是中国重要的新闻舆论机构,是国家电视台;是党、政府和人民的重要喉舌;是中国重要的思想文化阵地。

中国的新闻舆论机关数量可观，光是公开发行的报纸就有2200家，广播电视台3000家，杂志8000种，第四媒体不计其数。但电视在广大人民群众心目中的影响力大大超过了其他媒体。中央重大方针政策的宣传，中央重大决策的公布和实施，国内外发生的重大事件，老百姓关注的重大话题，都需要中央电视台来承担传播信息、发布新闻的任务。所以它不是一般的喉舌，而是党中央、国务院和全国人民的重要喉舌。

中央电视台是中国重要的思想文化阵地。电视宣传是我们的中心任务。江泽民总书记最近在中央思想政治工作会议上讲话说:“从上到下的一切思想文化阵地,包括理论、新闻、出版、报刊、小说、诗歌、音乐、绘画、舞蹈、戏剧、电影、电视、广播、网络等,都应该成为我们宣传科学理论,传播先进文化,塑造美好心灵的阵地,绝不能给违反四项基本原则,违反改革开放政策,违反党的方针政策的错误观点,以及危害人民特别是青少年健康的东西提供传播阵地。”这一点要牢牢记住。

中央电视台的工作任务是什么呢？就是“以科学的理论武装人,以正确的舆论引导人,以高尚的精神塑造人,以优秀的作品鼓舞人”。我们应牢牢记住并要想办法来完成好这些任务。

二、宣传是中央电视台的中心任务

宣传是中央电视台的中心任务,我们应该举全台之力,出色地完成。要很好地考虑怎样开发和繁荣电视台的宣传事业。应该举全国之力来办好我们的节目。要有一个机制,有一个新的思路,这才是大家风范,才是国家台,也才能在国家台的基础上成为世界性的电视大台。

三、中央电视台宣传应该具备哪些基本特性

1. 代表性。中央电视台应该代表中华人民共和国的国家水平。政治上要代表中国,宣传水平上也要代表中国。要从中央电视台看到中国想说什么,看到中国对一些事件的看法和观点,看到中国的文化艺术水平,看到中国的电视新闻水平。

2. 权威性。中央电视台是国家台，是中国共产党和中华人民共和国的重要喉舌，发布的新闻、在电视上的立论、对中国和国际事务的看法应该是权威的。对社会问题的分析，对经济生活的评价，对文艺创作的评论都应该是权威的，特别是对一些重要问题的看法，对重大突发事件的看法和评论，一定要有权威性。包括新闻来源也是权威的，不能搞道听途说。

3. 指导性。中央电视台的宣传要对实际工作有指导作用,对人民群众的思想和行为有积极的影响力。决不能搞“纯属个人观点,不代表本编辑部意见”这一套宣传。不能随便让谁来发表意见,宣传什么“新思想”、“新观点”,不能搞成“公共汽车”。

4. 正确性。我们的宣传无论是报道也好，立论也好，对一些问题的分析判断也好，对有些主张的宣传也好，一定要符合中央的精神，符合真理，符合科学，符合实际，符合老百姓的根本利益，使人信服，不能擅自宣传解释，不分是非地听由嘉宾解说，更不能宣传谬误。

5. 可靠性。中央电视台的宣传要让人们感到绝对可靠,使老百姓确信无疑。我们的宣传不能搞似是而非和模棱两可的东西。要靠我们的宣传来培养和增强中央电视台的宣传在老百姓(包括在国外观众)当中的公信力。我们的宣传要成为衡量事物、判断是非、帮助群众确立正确信念和主张的根据。

6. 导向性。电视宣传的导向性很强。导向是全面的,不仅是政治导向,还有思想导向、价值导向、审美导向、消费导向等,所有的节目都要坚持正确的导向。此外,还有中央电视台对其他各级电视台的导向问题,我们宣传什么,怎么宣传,都应该给其他电视台作出示范和表率。

7. 高雅性。中央电视台的节目,应该是高雅的,崇尚正气,倡导高尚,清新悦目,雅俗共赏,不搞那些歪的邪的,这才是本事。真正有本事的是既坚持正确的舆论导向,品位又高,老百姓又爱看。不能降格以求。

8. 全局性。中央电视台的宣传不仅应该有全国的观念,还应该有全球的观念,做到全局在胸,宏篇在手。

9. 主动性。中央的重大决策、部署,中央电视台能首先了解到。所以,我们的宣传应该是积极主动的,能够打主动仗。

10. 创造性。我们有很多优势,包括人才优势、地

位优势、政治优势、信息优势、科技优势。我们的节目应该让人耳目一新。

四、牢牢把握正确的舆论导向，努力提高电视宣传水平，大力发展和繁荣电视宣传事业，是中央电视台始终不渝的追求

1. 导向金不换。为什么要提出导向金不换？第一，舆论导向的问题非常重要。江泽民同志指出，舆论导向正确是党和人民之福，舆论导向错误是党和人民之祸。我们要正确处理宣传和经营的关系，这个问题处理得不好将严重影响宣传舆论的导向，不搞经营没法生存，经营要为宣传提供财力支持，但不能为了扩大经营增加收入而影响宣传导向。我们要理直气壮地抓导向，决不能为了一些钱就放弃抓导向，甚至把导向错误的东西弄到屏幕上，让错误的东西占领我们的阵地，为错误的东西提供传播的渠道。电视的宣传权不是哪一个人的，是中央的。如果中央电视台发生导向错误，决不是一城一池的影响，也决不是几万人、几十万人的影响，影响是广泛的、深远的，是无法弥补的。

2. 提高无止境。首先，要承认中央电视台的宣传水平是高的，而且近年来在不断提高。但是提高无止境，千万不要满足，特别是不要成为井底之蛙，关起门来称老大。我们面临着严峻的挑战，同时肩负着非常重要的任务，更何况，中央电视台不是所有的节目在国内都是一流的，很多节目还很难打到国际上去，更谈不上占领国际市场。无论是宣传的内容、宣传的手段、覆盖能力，都相去甚远，决不能自满自足。

3. 创新要加劲。江总书记最近提出了“理论创新，体制创新，科技创新”。这三个创新，对电视台的工作都有极大的指导意义。理论创新就是不断地研究新情况新问题，提出新思想新观念，不断地解放思想，开拓进取。要有新的作为，就要有新的认识，就要有新的探索。要体制创新。体制就是生产关系，生产关系能不能适应生产力发展的需要，能不能更好地解放和发展电视生产力，很值得研究。现在中央电视台充其量不过是中国最大的电视台，并不是完全意义上的能够覆盖全国的国家台。所以，要全局地考虑体制创新的问题。再一个是科技创新，电视是科技含量很高的传播媒体，创新方面有很多工作要做。

4. 管理不可松。应当说，2000 年上半年中央电视台在这方面已经做了很多事情，采取了很多措施。但是，目前的管理水平与我们存在的问题相比较，漏洞还很大。很多工作还跟不上事业的发展，跟不上出现的新情况，总体上不能适应。而且管理手段很落后，要采取新的思维，新的办法来搞好管理，把漏洞减到很小。通过管理要质量、要效率、要效益。人的管理，钱的管理，都要很好地研究。

五、几点要求和希望

1. 境界要高。这一点非常重要，它直接关系到节目水平、宣传水平，关系到工作的档次。境界不高，就不可能有高水平的宣传。

2. 视野要宽。电视事业面临着很多新的挑战，要有效地发展和繁荣电视事业，眼睛光盯着电视已经不够了。要加紧把互联网络发展起来，这是电视事业的一个新的增长点。如果把网上宣传发展起来，就能进一步扩大电视宣传的能量和电视宣传的影响力。在这个问题上，中央电视台要舍得下功夫，舍得下本钱。

3. 眼光要远。既要考虑当前的工作，也要考虑跨世纪的发展。广播电影电视三大支柱目前还不是三位一体，仍然在各自为战。多媒体、综合型、多功能的集团化发展是方向，是大趋势。

4. 思路要新。怎样才能把工作再向前推进？一定要有新的思路。思路不突破，工作就很难开创新的局面。如果还是按照老的思路，简单地“增加一下”、“扩大一下”、“提高一下”是不行的，这样开拓不了新局面。

5. 工作要实。各项工作都要扎扎实实地做好，坐而论道不行，要靠行动，哪怕一个部门搞些试点，也要实实在在地搞。不搞形式主义，不做表面文章，不讲空话大话。

6. 团结要紧。这是搞好各项工作的重要保证。领导班子要团结，各级干部要团结，干部和群众要团结。没有一个团结的氛围，没有团结的精神，电视台的事业要发展，要出现优秀人才是不可能的。中央电视台是团结的，还要更加团结，这是我们取得事业成功的重要保证。

（摘自《电视研究》2000 年第 8 期）

努力建设一支高素质的播音主持人队伍

中宣部副部长、国家广播电影电视总局局长　徐光春

中国的广播电视事业，经过了几十年的风雨历程，随着我国社会经济和改革开放事业的发展，广播电视已经形成了相当大的规模，成为我国新闻事业中一个重要的方面军和舆论宣传的重要阵地，其作用越来越大。

播音主持工作是广播电视工作中的一个重要岗位，广播电视工作能不能搞好，这个事业能不能发展，其中一个重要方面就是要看播音员、主持人在岗位上能不能充分发挥积极作用。

在广播电视大发展的形势下，播音员和主持人的工作大有可为，责任重大。播音员、主持人有一个重要的责任，就是要把宣传内容正确、鲜明、生动地传播给广大听众、观众。这是非常重要的工作环节。没有播音员、主持人的工作，我们的新闻节目、文化生活类节目、社会教育类节目就无法走向群众。他们是广播电视与受众之间的重要桥梁。

从某种意义上说，广播电视工作的水平高不高，很大程度上取决于播音员、主持人的水平。同样的一篇稿子，甲主持人和乙主持人主持，给受众的感受有时会截然不同，原因就在于主持人的水平不一样，所以要高度重视播音员、主持人的工作。要促进广播电视事业的发展，必须要高度重视播音员、主持人队伍的建设，要建立起一支强大的、高素质的、深受广大群众欢迎的播音员、主持人队伍。播音员、主持人必须 要明确自己身负的重任，要有一种光荣感、自豪感、责任感，同时也要有一种紧迫感和危机感。我们要不断加快广播电视播音主持人的队伍建设，提高他们的素质，使之成为推动广播电视事业发展的一支重要力量。

我国广播电视播音员、主持人要从德才兼备、声形俱佳两方面培养和要求自己。

所谓“德”，就是思想道德。播音员、主持人要向受众传播新闻，说明事理，传播知识。在荧屏和话筒前面，他们是电视台、广播电台的代表。台长们走不到荧屏前面来，也不可能对着话筒跟全国人民说话。大量幕后工作者的劳动成果，采编工作、技术工作、组织工作、导播工作等等，最后都体现在播音员和主持人的工作之中，因此播音员、主持人必须要有良好的思想道德素质。

思想道德素质至少包括以下几个方面的内容：

第一，政治上要坚定。广播电视是党、政府和人民的喉舌，是思想文化的重要阵地。作为播音员、主持人来说，必须要在政治上坚定，自觉地以邓小平理论，以党的基本路线，以“三个代表”的重要思想为指导，要与党中央保持高度一致。

第二，要有崇高的理想信念。播音员、主持人，要通过创造性的劳动，去教育和影响亿万人民群众，作为播音员、主持人自身来说，必须有崇高的理想信念。要热爱我们的祖国，热爱我们的社会主义制度，对我们党的领导，对党的方针政策，对我们的改革开放，对我们的现代化建设，要有坚定的信念，充满信心。自己有崇高的信念，才能够影响广大受众。

第三，要有良好的道德修养，如何为人，如何处事，一言一行都要体现出良好的修养。为人要正，为文要正，为事要正。为人要正：如果播音员、主持人在荧屏上挺像一回事儿的，一下了荧屏，便在社会上做一些与你的形象、身份很不相称的事，甚至做出些荒唐的事情来，或者做出不符合道德规范的事来，那你在人民群众中的形象就要大受影响。为文要正：你写的东西，你的作品要正派、正直，不能搞斜的歪的。为事要正：你要处理很多事情，同样要公道、公正。所以，对播音员来说，这一条很重要。

所谓“才”，就是要有才学，要有广泛的、较深的知识和播音主持方面的业务才能。现在老有人写信来反映播音员、主持人这个问题讲错了，那个事情解释错了，甚至于这个字念错了，那个字写错了，说我们比较幼稚，知识面很窄。才学对我们的工作也是非常重要的。要大大拓展我们的知识领域，我们不可能要求播音员、主持人能够通晓天下所有的事，能够天文地理都精通，那是不可能的。但是基本的知识还是要具备的，这样才能避免出笑话。要搞好播音、主持工作，广播电视方面的业务知识，更应该是精通的，应该是行家里手。不要浮躁，要能坐下来很好地学习。

再一个是“声”，播音员、主持人要说话，除了音质以外，说话的技巧也要十分讲究。播音界的老前辈们在这方面的功力很深。现在的年轻播音员、主持人很

不注意这个,不在基本功上下功夫,而搞一些花里胡哨的东西。特别有一点要提出来,就是一些播音员、主持人模仿港台腔要引起我们的重视。港台地区的播音员、主持人的播音语调和主持方式,是由于他们所处的地理位置和历史条件形成的。他们中大多数人也希望把自己的语音语调说得更标准更好些。我们无论从哪个方面来说,都不应该把港台演艺人员都要改正的东西搬过来。我们是堂堂的国家广播电台、电视台,省一级的广播电台、电视台,是我们党多年培养造就的专业队伍,应该说一口标准的普通话,如果去学那些香港、台湾的腔调,会让人觉得很不舒服。再一个,从播音主持艺术来说,港台的播音主持方法也不见得是上乘的,只是播音、主持工作的一种流派而已。我们有自己的风格、自己的特点,要有大家气派、大家风范,要培养自己的风格。

最近,有的节目改了,如果出新出彩,大家就欢迎。相反,改了以后人家一听,主持人还是那个套路,这样改就不是成功的。过去是宣读式的,现在要搞谈话式的、谈心式的、聊天式的,但是不管如何改,都须服从服务于宣传工作,不能喧宾夺主、哗众取宠。我们的播音和主持要根据不同的场合、不同的稿件或节目内容,采取不同的方式。所以,播音员、主持人要很好地研究播音的技巧,特别是对年轻的同志来说更要如此。

再一个是“形”的问题,就是形象、形态。广播这方面不是很突出,因为听众看不到你;但是电视的播音员、主持人的“形”非常重要。我们的播音员、主持人应该自然、端庄、大方、朴实,富有涵养,令人信任。不要让人一看你的形象就觉得不可信,这样也会对电视节目的信任大打折扣。第一感觉很重要,电视机一打开,你一出场,首先是第一感觉。你是在忙乱之中又找稿子又弄头发,还是非常沉着,非常稳重,非常自然,给人一种非常放心的感觉。看你毛毛糙糙的,就会觉得你的工作还没有准备好,或者认为发生什么大事了。

着装、打扮、举止都要讲究。文艺节目的主持人可以活泼一些,但也要有一个度。怎样来理解活泼?为什么要把头发搞成红的,还要竖起来,衣服非要穿半截的,脸部化妆很刺眼,而且动作十分夸张?这种形态让人看了不舒服。在大街上可能见到有的年轻人这样,那是极少数人的作派。我们是精神文明的使者、传播者,你的一举一动都会引起广大观众的注意。你站在镜头前,就是电视台的代表,不再是你个人了。你代表的是要提倡的一种思想、一种风气、一种精神。所以,必须要注意自己的形象、形态。

一个播音员、主持人有了良好的德才素养,气质就不一样了。江总书记再三讲到我们要学习,真正学习好了,很多东西就可以正确对待,正确处理,不会搞乱七八糟的东西,一些不良风气就能除掉。同时,声形方面如果能具备良好的条件,也有利于德才的体现,树立一个良好的形象。希望播音学研究会在培养播音员、主持人良好的素质,建设好这支队伍方面加强引导,加强教育,使播音员、主持人这支队伍能够茁壮成长,在即将来到的新世纪的广播电视大发展中,充分发挥积极的作用。

(摘自《电视研究》2000 年第 12 期)

加快广播影视事业的改革和发展

——在全国广播影视局局长座谈会暨“村村通”广播电视现场会上的讲话(摘要)

中宣部副部长、国家广播电影电视总局局长　徐光春

上半年工作进展情况和下半年的工作重点

2000 年上半年,各级广播影视部门按照中央的部署和总局党组年初的安排,高举邓小平理论的伟大旗帜,认真学习宣传贯彻落实江泽民总书记“三个代表”的重要思想,围绕中心、服务大局,唱响主旋律,打好主动仗,各方面的工作都取得了进展,较好地完成了预定任务。上半年的工作有以下几个主要特点:舆论导向把握正确;宣传管理力度明显加大;影视艺术创作势头良好;“村村通”工作成效显著;机构、体制改革稳步推进;思想政治工作全面加强。

关于下半年工作的重点,我强调几点:

1. 牢牢把握正确的舆论导向,全面完成各项宣

传任务。要继续认真宣传贯彻江泽民总书记关于“三个代表”的重要思想和在中央思想政治工作会议上的重要讲话精神，紧紧围绕经济建设中心，把加强和改进思想政治工作作为广播影视宣传工作的重中之重。继续加强改革开放和经济建设的宣传，深入扎实组织好西部大开发和我国加入WTO，以及经济特区建立20周年的宣传报道。要切实做好维护稳定的宣传，进一步揭批“法轮功”和反对“台独”言行。要加强科教兴国和可持续发展战略的宣传，做好党的建设的宣传，总结“九五”、规划“十五”的宣传，实现小康迎接新世纪的宣传，以及党和国家的重大活动的宣传报道。

2. 深入贯彻中央思想政治工作会议精神，做好广播影视系统的思想政治工作。要切实增强做好思想政治工作的紧迫感、自觉性，认真学习、深刻领会、努力实践江泽民总书记的重要讲话精神，要进一步加强党对思想政治工作的领导，充分发挥思想政治工作的作用，增强广播影视系统的凝聚力和战斗力，全面贯彻落实中央思想政治工作会议提出的任务和要求，努力开创广播影视系统思想政治工作的新局面。

3. 切实抓紧抓好纪念建党80周年广播影视作品，特别是电影、电视剧的创作生产。要强化精品意识，坚持民族化、大众化、多样化，创作一些高品位、高格调、高质量，生动活泼、丰富多彩、优美感人的文艺节目，集中精力筹备好元旦、春节等重要文艺晚会。

4. 抓住机遇发展广播影视的网络宣传。要把新闻工作规律和网络媒体特点结合起来，增加信息量，扩大覆盖面，增强网上宣传的吸引力、影响力和战斗力。

5. 抓紧提出广播影视集团化发展的原则意见，报中央批准后实施。

6. 制订“十五”广播影视发展规划。制订“十五”规划要联系国际国内的大形势，一切从实际出发，突出宏观性、战略性、政策性、增强预测性、超前性、指导性。要立足于改革，着眼于发展，有利于把我们的事业搞强搞大。各地制订的规划既要符合本地的实际，又要注意同国家的广播影视“十五”规划相衔接。

7. 进一步加强行业管理，改进管理方法，提高管理水平。要研究新形势下行业管理面临的新情况、新问题，努力在管理观念、管理机制、管理手段、管理方法上有所创新，该管住的坚决要管住，该放活的一定要放活，以促进事业健康有序的发展。

8. 研究制订广播影视系统人事改革方案。要逐步推行以人员聘用制为主要内容的广播影视系统事业单位人事制度改革，建立符合广播影视特点的单位自主用人、人员自主择业、政府依法管理、配套措施完善的人事管理制度，形成人员能进能出，职务能上能下，待遇能升能降，各类人才能够充分发挥作用的充满生机与活力的用人机制和内部收入分配机制。目前总局正会同人事部就此问题进行调研，拟在年内提出具体的改革意见。

关于西部大开发和“村村通”广播电视

加快西部地区广播影视事业的发展是实现西部大开发战略的重要内容，对于促进西部地区经济建设和社会发展，增强民族团结和社会稳定，抵御境外敌对势力的渗透，具有极其重要的意义和作用。我们一定要抓住西部大开发这个难得的机遇，增强责任感和使命感，把加快西部地区广播影视事业的发展作为一项重要的任务，很好地贯彻落实。

关于加快西部地区广播影视事业发展的基本思路、工作目标和具体措施，已作为这次会议文件提交讨论。这里我着重强调三点：

1. 西部地区广播影视事业的发展必须融入整个西部大开发的“大盘子”来考虑。西部地区广播影视事业的发展要坚持有所为，有所不为，搞好规划，选准重点。要争取把广播影视事业发展规划纳入当地经济和社会发展的整体规划，在党委、政府的统一领导下，统筹安排，统一实施，集中力量解决我们事业发展中迫切需要解决的重大问题，推动和促进西部地区广播影视事业的全面发展。

2. 加快西部地区广播影视事业的发展必须大力弘扬自力更生、艰苦奋斗的精神。全国广播影视系统要积极支持西部地区广播影视事业的发展。西部地区广大广播影视工作者要大力弘扬自力更生、艰苦奋斗的精神，充分发挥自己的积极性、主动性、创造性，善于发挥自己的优势，把加快西部地区广播影视事业发展的基点建立在依靠自己的力量上。

3. 加快西部地区广播影视事业的发展必须把改革作为根本途径。加快西部地区广播影视事业的发展，根本的出路在改革。要通过进一步深化改革，转变观念，不断开拓创新，探索符合新形势要求，符合西部地区实际的新思想、新方法、新机制，走出一条西部地区广播影视事业发展的新路子。

实施“村村通广播电视”，使西部地区更多的人民群众听到广播、看到电视、看到电影，是当前加快西部地区广播影视事业发展的重点，也是广播影视系统学习、实践江泽民总书记“三个代表”重要思想的一个具体体现。今年是全国基本实现行政村“村村通”的最后一年，目前还有1万多个村尚未实现“村村通”，而且大都集中在西部地区，交通不便、经济困难，实际工作量和难度都很大。我们要进一步提高认识,增强紧迫感、责任感,采取切实有效的措施,把这项工作抓紧、抓好、抓落实。

关于广播影视"十五"规划和跨世纪发展

今后5至10年是我国改革开放和社会主义现代化建设事业发展至关重要的时期,也是我国广播影视事业改革和发展至关重要的时期。做好今后5至10年广播影视事业发展规划,确定广播影视跨世纪的发展战略,关系到我们将建设一个什么样的广播影视事业,关系到中国未来广播影视的发展走向,关系到中国的广播影视事业在全国乃至全球的地位、作用和影响。我们这次会议的一个重要议题,就是讨论广播影视"十五"规划纲要,文件已经发给大家征求意见。这里,我着重就广播影视的跨世纪发展问题,谈一些认识和想法。

1. 形势与任务

今后5至10年,我国广播影视工作总的指导思想和任务是:高举邓小平理论的伟大旗帜,与江泽民同志为核心的党中央保持高度一致,坚持党的基本路线,以"三个代表"的重要思想为指针,以"三个创新"为动力,紧紧围绕经济建设中心,认真落实"以科学的理论武装人,以正确的舆论引导人,以高尚的精神塑造人,以优秀的作品鼓舞人"的任务,全面推进广播影视事业的新发展。总的工作目标和要求是:牢牢把握正确的舆论导向,不断提高宣传的水平和质量,努力为改革、发展、稳定和两个文明建设提供强有力的舆论支持;大力繁荣广播影视艺术,不断推出思想精深、艺术精湛、制作精良、时代感强、题材广泛、形式多样的优秀作品,满足人民群众日益增长的精神文化需求;狠抓广播电视对内对外覆盖,形成上下联通的全国广播电视网,基本实现全国村村户户听到广播看到电视,使我国广播电视节目在世界主要国家和地区的实际收视收听率明显增加,影响明显扩大;严格依法管理,着力抓好阵地建设,形成比较完备的法律法规体系和完善的管理机制,建设一批有重要影响的广播影视坚强阵地,促进事业健康有序发展;大力推进科技进步,积极跟踪科技的最新发展,加快科技改造、创新步伐,努力提升广播影视的科技规模和水平;加快体制机制改革步伐,在组建广播影视集团方面取得突破性进展,努力形成一批在国际国内有竞争力、有影响力的大型广播影视传媒集团;努力提高队伍的思想素质和业务水平,着力加强专门人才、尖子人才的培养,建设一支政治强、业务精、纪律严、作风正的宏大的广播影视队伍。我们要以一流的水平、一流的队伍、一流的设备、一流的管理,努力把我们的事业搞强搞大,成为国内强大的舆论宣传主力军,成为极其重要的思想文化阵地,而且要不断扩大我们在世界上的影响,增强我们在世界舆论中的声音,以繁荣发达的有中国特色社会主义广播影视事业的雄姿,进入世界广播影视事业的前列。

2. 对策与部署

为完成好今后5至10年广播影视工作的任务,实现上述工作目标,必须坚持以"三个代表"的重要思想为指针,牢固树立"三个意识",认真实施"三个创新",大大加强工作力度。

(1)坚持以江泽民总书记"三个代表"的重要思想为指针,研究新情况,解决新问题,探索新途径,开辟新境界,努力把我们的广播影视事业不断推向前进。

(2)牢固树立政治意识、大局意识、责任意识。只有如此,才能更好地把握我们工作的性质、任务,才能保证正确的舆论导向和创作方向,才能促进我们的事业沿着正确的方向发展。当前,树立"三个意识",要集中体现在管好、用好、建设好广播影视这一重要的舆论宣传阵地、思想文化阵地上。我们广播影视系统每一个方面的工作、每一个工作岗位、每一个工作人员都必须要有这样一种强烈的"阵地意识"。

(3)认真实施理论创新、体制创新、科技创新。江泽民总书记在视察西北五省区时指出,"创新是一个民族的灵魂,是一个国家兴旺发达的不竭动力,也是一个政党永葆生机的源泉",并提出了"创新,包括理论创新、体制创新、科技创新及其他创新"的重要思想。认真学习、实践"三个创新"的重要思想,对推动当前广播影视事业的改革和发展具有非常重要的指导意义和很强的针对性。

体制创新是广播影视系统面临的一个十分紧迫的任务,是一个影响事业发展的关键问题、要害问题。要加快体制创新,通过走集团化的道路,尽快形成若干有较强实力的广播影视传媒集团和全国性的广播影视网,真正把事业搞强搞大,才能迎接国内其他媒体的挑战和竞争,才能抵御国外传媒集团的"侵入",也才能打出去参与国际竞争。总的设想是先着手组建中央一级和省一级的广播影视集团。这些集团要做到广播、电影、电视三位一体,有线、无线、教育三台联合,省、市、县三级贯通,资源共享、人才共用、优势互补,宣传、创作、经营、技术全面推进,宣传能力大大提高,经济实力大大增强,事业发展大大拓展。

广播影视的发展从来就离不开科技的创新。每一次科技的突破和创新,都会带来广播影视的深刻变化和长足发展,使许多体制上、管理上、工作上长期得不到解决的问题迎刃而解。科技创新对广播影视来讲，具有非常重要的意义，它已经成为宣传工作的重要保障。我们对科技创新不能有丝毫松懈，任何时候都必须盯得紧之又紧，抓得实而又实。必须抓住那些对我国广播影视发展具有战略性、基础性、关键性作用的重大科技课题，抓紧攻关，自主创新，为把我们的事业搞强搞大提供强有力的科技支持。

(4)大大加强工作力度。一是要大大加强舆论引导的力度。第一是要把宣传始终放在我们整个工作的中心位置上。第二是要牢牢把握正确的舆论导向。第三是要千方百计地提高引导水平和广播影视作品质量，使我们的宣传和创作导向更正确，特色更鲜明，内容更丰富，形式更多样，工作更主动，指导更有力，群众更欢迎。

这里特别强调一下制播分离的问题。广播电视节目制作的社会化、多元化，有利于调动社会各方面的力量，丰富节目源，但这与广播电视节目播出权与制作权的分离是两回事。广播电视系统是舆论宣传机构，是党、政府和人民的喉舌，是重要的思想文化阵地，广播电视宣传权必须牢牢掌握在党的手里。而宣传权应该包括播出权、制作权、覆盖权，这三权是截然不能分离的，有了这三个权才能真正实施宣传权。当然，为了适应新形势，解决新问题，得到新发展，对这三权的具体实施可以作些改革，但改革不是简单的分离，而是要形成新的机制和运作方式，有利于我们更好地发挥宣传权。因此，不能笼统地讲广播电视节目的制播分离。我们可以委托一些社会制作机构制作一些新闻以外的节目，也可以有选择地购买节目，但广播电台、电视台自身的制作权绝不能让出去，否则，我们的宣传方针就得不到有效贯彻，舆论导向就得不到有效保证，关键时刻就会出大问题。

二是要大大加强行业管理力度。首先，要加强广播影视法制建设，完善广播影视法律法规体系，严格依法管理、依法行政。其次，要进一步完善管理机制，建立健全信息传递、宣传效果评价、听众观众意见反馈、年检年审、节目审批审查和相应的激励、约束、奖惩制度，真正形成既激发活力又规范行为，既满足需要又加强引导，既促进繁荣又健康发展的良好局面。第三是要始终坚持“守土有责”。

三是要大力加强改革创新的力度。改革是广播影视事业发展的根本出路。要在改革上狠下功夫，在创新上有所作为，在开拓上取得成就。

四是要大大加强事业发展的力度。

五是要大大加强队伍建设的力度。

希望和要求

面对新形势、新情况、新要求，广播影视工作任务繁重，压力大，难度大，动力也大。我们要高举邓小平理论的伟大旗帜，以“三个代表”重要思想为指针，以“三个创新”为动力，以“四项任务”为目标，全面推进广播影视事业跨世纪的发展。为此，要切实做到以下几点：

1. 政治坚定，保持一致。政治方向决定宣传和创作导向，宣传和创作导向体现政治方向。我们必须时刻牢记广播影视是重要的思想文化阵地，广播电视是党、政府和人民的重要喉舌，要始终与以江泽民同志为核心的党中央保持高度一致，坚定不移地贯彻执行党的路线、方针、政策。要正确处理社会效益和经济效益的关系，并始终把社会效益放在第一位。进一步严格宣传纪律，保证在宣传中不出重大问题，不出政治问题，不经常出问题。

2. 围绕中心，服务大局。广播影视必须紧紧围绕经济建设中心，始终坚持为人民服务，为社会主义服务，为全党全国工作大局服务的方向。大局观念特别重要。我们只有心系大局、立足大局、体现大局、服务大局，积极努力地做好各项工作，才能更好地为改革开放和现代化建设提供强大的舆论支持、精神动力和思想保证，为人民群众提供更加丰富优秀的精神食粮。

3. 解放思想，实事求是。解放思想，实事求是，是邓小平理论的精髓，是我们事业不断取得胜利的法宝。我们想问题、办事情，一切都要从实际出发，既不要墨守成规，也不要空想、空谈。要求真务实，大兴调查研究之风，切忌形式主义、表面文章，真正把工作做深做细做实，使工作水平有明显提高。

4. 大胆改革，积极创新。不改革、不创新就没有出路，要切实增强改革创新的积极性、自觉性、主动性。改革难免会有一些失误，但不能因为出现失误就不改革。全系统特别是各级领导干部都要进一步强化改革创新意识，要在探索工作的新思想、新途径、新办法、新举措方面下功夫，把全系统的改革引向深入，促进事业更快更好的发展。

5. 团结一致，艰苦奋斗。团结出力量，团结出效率，团结出人才，团结出成绩。全系统一定要加强团结，增强凝聚力。有了凝聚力，就有战斗力，就能不断把我们的事业推向前进。艰苦奋斗是我们党的优良传统，在新的历史条件下，我们要继续保持和发扬这种精神，积极进取，顽强拼搏，勇攀高峰，通过不懈努力，把一个更强更大、更加富有生机和活力的中国广播影视事业全面推向21世纪。

（摘自《电视研究》2000年第9期）

将奥运报道的精神成果发扬光大

——在中央电视台奥运报道总结表彰大会上的讲话(摘要)

中宣部副部长、国家广播电影电视总局局长　徐光春

我代表中宣部、广电总局党组对中央电视台在第二十七届悉尼奥运会报道工作中作出的积极贡献和取得的丰硕成果,表示衷心的感谢和热烈的祝贺。中国体育健儿在第二十七届奥运会上表现非常突出,取得优异的成绩,获得了28枚金牌,在奥运金牌榜上名列第三,这是过去从来没有过的,振奋了人心,弘扬了国威。中央领导和全国人民都非常高兴。在奥运会上除了拼搏在奥运赛场上的运动员队伍以外,还有一支新闻队伍,同样也表现得非常出色。在我们派往悉尼奥运会的新闻队伍中,中央电视台是最大的一支。中央电视台在奥运报道这场国际新闻竞争中打了一场大仗、打了一场硬仗、打了一场胜仗,再一次证明中央电视台这支队伍是一支特别能吃苦、特别能战斗、特别受欢迎、特别有影响的队伍。中央电视台的记者、编辑、技术工作人员和一切参与奥运报道工作的同志,同样是以顽强的斗志,克服了许多困难,通过电视把奥运健儿在奥运赛场上的精彩表现和顽强的拼搏精神传送给广大观众。当观众看到奥运健儿一次次地获得金牌,颁奖现场一次次地奏起了国歌,一次次地升起鲜艳的五星红旗,这是激动人心、振奋人心的喜事,大大地激发了全国人民的爱国之心。奥运健儿获得金牌,为中国人民争得了荣誉。同样,中央电视台的电视报道圆满成功,也功不可没。

通过这次奥运报道的成功实践,我认为此次奥运报道的基本经验是:

1. 牢牢把握舆论导向,是奥运报道成功的根本保证。体育宣传同样有导向问题,而且把握难度较大。此次中央电视台的同志们导向意识明确,自觉性高,及时调整报道内容和方向,总体上把握得很好。

2. 积极改革创新是做好报道工作的关键。奥运报道中,频道面貌、采访手法均十分新颖,使观众视角集中,并受到一次很好的爱国主义、革命英雄主义教育,宣传效果显著。

3. 大力倡导团结协作精神,是做好报道的重要条件。在这次重大战役性报道活动中,全台统一思想、统一指挥、统一步调,各部门相互创造条件,齐心协力,很好地完成了任务,为中央电视台、为广电系统、为新闻战线、为国家争了光。

当前宣传任务繁重,中央电视台责任重大,要求全台同志以党的十五届五中全会精神为指导,认真总结经验,在今后的工作中将奥运成功报道的精神成果不断发扬光大。

(摘自《电视研究》2000年第11期)

在改革开放中迅猛发展的中国广播影视媒体

——在2000年亚洲娱乐与传媒大会上的讲演(摘要)

国家广播电影电视总局原局长　田聪明

尊敬的女士们、先生们、朋友们:

应亚洲协会邀请,我和我的同事们愉快地来到洛杉矶这座美丽的城市。1993年我曾来此访问过,结识了不少影视界的朋友,留下了美好的印象。今天,能再次来这里会见老朋友,结识新朋友,并与同行一起讨论亚洲传媒和娱乐发展问题,我感到很高兴。我感谢亚洲协会提供的这一机会。

借此机会我先简要介绍一下改革开放以来中国广播电影电视媒体的发展情况,及如何应对新世纪挑战的想法,然后欢迎各位就广播电影电视方面感兴趣的问题提问或发表看法,我和我的同事十分乐意回答朋友们的问题。

新中国成立50年来，特别是近20年来，中国的广播电影电视随着经济发展、社会进步、科技水平和人民生活水平的不断提高，也发生了翻天覆地的变化。在相当长的一段时间里，看电影是中国老百姓最重要的娱乐形式之一。就在十几年前，中国曾经创下年度观众293亿人次的最高纪录。中国拥有30多家电影制片企业、2000多家电影发行机构和5万多家电影放映单位。近年来，随着广播电视的普及，中国收音机和电视机的社会拥有量分别达到5亿多台和3.5亿台，已有70套广播节目和43套电视节目信号上了卫星，有的送到了全球大多数地方。中国有线电视用户已达到7700多万户，并正以每年1000万户左右的速度增长。目前，中国城市居民一般都能收听、收看到30套左右的广播电视节目。在农村，中国政府正在实施一项名为“村村通广播电视”的工程，目的在于解决边远和贫困地区群众听广播看电视的问题。

可以这样说，听广播、看电影、看电视已成为中国人民日常生活中不可缺少的一部分。据中国权威机构1997年所作的调查结果：在中国的广播、电视、报纸、杂志四大传媒中，受众平均每周有5.11天看电视，2.07天听广播，1.97天和0.97天看报纸和杂志；平均每天看电视2.54小时，听广播0.92小时，看报0.75小时，看杂志0.6小时。在各类节目中，新闻报道最受关注。中国中央电视台、中央人民广播电台著名的新闻类栏目《新闻联播》、《新闻和报纸摘要》等，一直保持着极高的收视收听率；国家电台、电视台和省级电台、电视台都开办有访谈类栏目和节目，关注社会热点，采用公众讨论、专家参与等多种方式，传达公众意愿，监督国家公共权力的正确使用。著名的栏目有《焦点访谈》、《新闻纵横》等。

作为大众传媒，中国广播影视媒体普遍开办了形式多样的服务类节目和对象性节目，内容涉及社会生活的方方面面，如交通、气象、医疗、环保、证券、购物、教学、烹饪、家庭种养等等，由于针对性和实用性强，被称为大众生活的“良师益友”。利用专门频道开办远程教育课程是中国广播影视在发展中十分注重的问题。从1978年到现在，数千万青年从中收益，大批中小学教师在广播电视大学接受专业培训并取得合格证书。

同时，中国的广播影视文化以其鲜明的民族特色、独特的东方视角和丰富多彩的表现手法，吸引着全球的视线。一大批年轻而富有才华的广播影视艺术家，深得老百姓的喜爱，也得到国际同行的认可。我可以告诉各位这样一组数字：仅改革开放20多年来，中国共拍摄故事影片2949部，引进译制完成包括美国影片在内的世界各国的影片800多部，电台、电视台每年播放影视剧8000多集，其中进口剧2000集左右。电视台播放的晚会也在日益丰富，一年一度的春节联欢晚会已在很大程度上改变了中国人过去欢度除夕的传统习惯，十几年来收视率一直高居在56%至65%之间。

在中国，大中城市以上的电台、电视台无论是采、录、编，还是播出、传输，多数已基本采用了世界先进技术和设备。

中国的广播影视科技工作者在积极采用国际广播电视信号数字技术、卫星传输技术的同时，也在积极地开发我们自己的技术，比如“村村通”卫星直播试验、高清晰度电视的研制和开发，以及数字技术在电影中的应用，都取得了关键性的进展。

作为一个开放的国家，中国广播影视界十分关注国际广播影视业的发展，积极参加有关国际组织、会议、多边交流合作和市场交易，学习借鉴各国先进的管理经验和节目制作技巧。仅电影就曾与意、法、日、美等50多个国家和地区合作拍摄了《末代皇帝》、《马可·波罗》、《长江》、《西洋镜》等300多部，其中同美国合作拍摄10多部。在中国的上海、四川、长春等地定期举办电影电视节。其中上海国际电影节已经成为世界九大A级电影节之一。中国广播电视机构已同130多个国家和地区的200多个广播电视机构建立了合作关系。中国国际广播电台以43种语言对外播音，是世界最大的对外广播电台之一。

朋友们，同各国传媒同行一样，中国广播影视工作者始终密切关注全球经济和社会发展每一天的变化，尤其关注当代科学技术日新月异的发展，审视和把握新的挑战和发展机遇。

首先是高新技术的新发展。面对卫星技术、数字技术和计算机网络技术的挑战，我们将紧紧跟踪，及时掌握，并结合实际，分层次、有步骤地加以采用。

其次是市场经济的新变化。面对经济全球化和中国将在今后十年中建立社会主义市场经济体制基本框架的挑战，中国广播影视将努力抓住机遇，建设与市场经济体制相适应的具有竞争活力的广播影视体系。

第三是不同文化在全球传播的新形势。中国的对外开放无疑将长期坚持并逐步扩大。但不同国家之间的历史、文化和社会发展存在着巨大差异，不同文化在全球传播，竞争也将日趋激烈。中国的广播影视媒体将在不断扩大的对外开放中，既坚定不移地继承和弘扬中华民族优秀文化遗产，又积极地学习、借鉴、吸收人类一切文明成果，包括先进技术、先进艺术和先进的管理经验，充实和提高我们自己。

中国作为发展中国家，在前进的道路上会有许多困难和问题，但中国广播影视也有许多发展的有利条件。

首先是我们已具有发展广播影视的基本物质基础。仅近20年人均国民生产总值翻了两番多,即使在亚洲金融危机的严重干扰下仍保持了强劲的增长势头。广播影视媒体技术和设备也达到了一定的水平。

第二是中华民族五千多年悠久灿烂的文化底蕴和广袤而优美的自然景观,特别是目前正在进行的建设有中国特色社会主义的伟大群众实践,为广播影视工作者提供了得天独厚而又取之不尽的报道素材和创作源泉。连美国迪斯尼公司也成功地将《花木兰》这个题材搬上了银幕。

第三是已经制定了国家《电影管理条例》和《广播电视管理条例》等一系列行政法规,使中国的广播影视媒体走上了依法管理的轨道。

第四是中国广播影视媒体在多年的探索和发展中,逐步形成了民族特色与对外开放相结合的报道和创作风格,特别是形成了包括采、播、编、导、演、录,及发行、放映、教育、科研、评论、科技等在内的80多万广播影视工作队伍。其中有不少海外留学回来的人才。

第五是中国有12亿多广播影视受众,这是巨大而极富潜力的广播影视市场。

第六是长期以来,特别是改革开放20年来,中国广播影视已同世界各国建立了广泛的联系,加入WTO后,这种合作和交流将会进一步扩大。当然,合作和交流是双向的。我们有这个愿望,也希望美国等各国媒体能给以积极回应。

总之,中国广播影视工作者的共识是:中国广播影视的根在中国、在中国的广大受众,并首先满足中国受众的需求;中国广播影视也将在同各国广泛合作交流中不断繁荣,并为满足世界观众需求做出贡献。

中国广播影视媒体在当前和今后相当长时间里的主要任务是:依靠广播影视工作者的智慧和积极性,制作更多为受众喜闻乐见的广播影视节目;尽快建立起与社会主义市场经济和改革开放政策相适应、符合广播影视媒体自身发展规律的管理体制和运行机制;及时掌握运用高新技术,以增强中国广播影视的整体实力。

在结束我的讲话时,我想告诉各位同行,我对中国广播影视媒体的繁荣发展充满信心,对亚洲广播影视媒体的繁荣发展充满信心,对世界广播影视媒体的繁荣发展充满信心。同时,我也期待着中国广播影视界与亚洲和世界广泛的交流与合作,并祝愿这些合作结出更多的果实。

(摘自《电视研究》2000年第6期)

狠抓落实 务求实效

——国家广播电影电视总局副局长李树文在全国广播影视局局长座谈会暨“村村通”广播电视现场会上的总结讲话(摘要)

一、要汇报好、传达好会议精神

大家回去以后,要按照这次《会议纪要》和光春同志讲话精神,及时向省(区、市)党委、政府汇报。要着重汇报光春同志在会上代表总局党组提出的广播影视跨世纪发展的基本思路、任务目标和对策部署,汇报下一阶段广播影视改革和发展的重点任务与具体措施,使党委、政府能较为全面地了解广播影视事业的情况,从思想上、行动上更加重视广播影视工作,把广播影视工作列入党委、政府工作的重要日程。汇报时,大家要注意结合各地的实际情况,提出贯彻落实《会议纪要》和会议精神的具体意见与措施,包括工作中可能遇到的问题和困难,以便得到党委、政府的重视和关心,在政策上、工作上对广播影视工作给予更多的理解、支持和帮助,保证广播影视的各项改革和发展始终处于省(区、市)党委、政府的领导之下,扎扎实实地向前推进,获得更大的发展。

同时,各省(区、市)局要组织好系统内的传达学习。要结合当前学习宣传贯彻落实江泽民总书记“三个代表”的重要思想和他在中央思想政治工作会议上的重要讲话精神,深刻领会《会议纪要》和光春同志讲话的丰富内涵与精神实质,把全系统的思想统一到服从服务于全党全国的工作大局上来,统一到以宣传为中心上来,统一到抓住机遇,加快广播影视事业的改革和创新上来,正确认识当前我们所面临的形势,进一步增强政治意识、大局意识、责任意识和创新意识，增强全系统的团结和凝聚力，奋发努力，开拓进取，努力开创广播影视工作的新局面。

二、扎扎实实完成好下半年的工作任务

光春同志在讲话中明确提出了今后五至十年广播影视工作总的指导思想、基本思路、任务目标和对策部署。可以说，基本思路、发展方向已经明确，关键是这次会议之后，总局党组将专门研究如何贯彻落实这次会议精神，就组建广播影视集团、网络公司和网络融资等问题尽快提出指导性的原则意见下发各地，扎扎实实地把工作向前推进。同时，2001年初我们将召开21世纪的第一次全国广播影视工作会议，对新世纪我国广播影视事业的改革与发展作出更为具体的部署和安排。

关于下半年的工作，光春同志强调了八个方面的重点，我们要一项一项抓紧落实。这里，我代表总局党组谈几点意见。

1. 关于宣传工作。宣传工作是我们整个广播影视工作的中心，各级广播电视部门的领导尤其是局长、台长必须拿出主要精力来抓宣传、抓导向、抓水平、抓管理，其他各方面的工作都要为宣传服务。对在宣传和导向方面可能出现的问题、遇到的困难，我们决不能麻痹大意和有丝毫的松懈，要有十分强烈的阵地意识，始终坚持守土有责，牢牢把握正确的舆论导向，确保在宣传中不出重大问题。

2. 关于无线台和有线台合并的问题。从广播电视的发展来看，无线电视台和有线电视台必须合并。有线电视不设台，主要职能是传输，同时保留节目频道，实行频道化管理。

3. 关于以省为单位抓紧组建传输网络公司的问题。要根据广播电视的性质、任务和特点，采用行政手段整合市场机制运作的方式，逐步实现省、地(市)、县三级贯通，统一管理，统一运营。传输网络公司可归属省级广播影视集团，也可归属电台、电视台。组建传输公司的方案要经总局审核。凡有条件的省(区、市)都应争取在年内组建完成。同时，总局也要抓紧筹建中国广播电视传输总公司。

4. 关于加快集团化建设步伐的问题。与会同志一致认为，面对当前内挤外压的形势，为了更好地发挥广播影视在两个文明建设中的作用，满足人民群众日益增长的文化需求，有效抵御西方媒体的“侵入”和渗透，借鉴国际传媒发展的经验，结合我国实际，我们必须加快广播影视集团化发展的步伐。一是只要有利于加强和改善党对广播影视工作的领导，有利于强化思想文化阵地的建设，有利于发挥广大广播影视工作者的积极性，有利于促进事业的繁荣发展，就可以积极探索，大胆实践。二是组建广播影视集团，主要是中央和省级，要着力推进省（区、市）和省会城市、计划单列城市的联合，地、市一级不组建集团。各地组建集团的方案应报经总局审批同意后实施。三是广播影视集团属于事业性质，实行企业化管理，原则上暂不组建广播影视企业集团。四是广播影视集团应以广播影视为主业，以电台、电视台、电影制片厂、互联网站和传输公司为主体，同时可兼营其他相关产业，逐步发展成多媒体、多渠道、多品种、多层次、多功能的综合性传媒集团。五是广播影视集团化发展要与广播影视体制改革相结合，进一步推动体制改革，并进而带动广播影视的全面改革。各地要结合实际，加快集团组建步伐，力争若干个省（区、市）在今年内取得突破性进展。

5. 关于加强对地（市）、县广播电视机构改革的指导的问题。地（市）、县广播电视机构是我国广播影视事业不断前进和发展的基础，是扩大中央和省级广播电视覆盖、保证中央政令畅通的基础。对此，广播影视系统的同志不但要有清醒的认识，而且要向地（市）、县的党委、政府进行宣传。地（市）、县广播电视机构职能的调整，是为了进一步加强广播电视工作而不是“收缩”，是为了促进事业更快更好地发展而不是“关门。在新的形势下，地（市）、县广播电视工作只能加强，不能削弱。作为政府管理监督机关的地（市）、县广播电视局要予以保留，继续实施管理监督职能，做到依法行政。目前，地（市）、县的政府机构改革将陆续展开。希望各省（区、市）局要加强对这方面工作的指导和协调，主动向党委、政府汇报，积极做好有关工作。

6. 关于1千瓦以上中波台划转到省级管辖的问题。总局对1千瓦以上中波台划转到省级管辖的实施意见已经中央领导同志同意，很快将由广电总局、中宣部、财政部、中编办联合下发。中波台上划后，其事业费将按照1999年度预算基数上划省级财政部门管理，有关支出纳入省(区、市)政府的预算予以保证。同时，中波台属于宣传文化单位，还应列入文化事业建设费的使用范围，给予支持。各省(区、市)局要根据总局的实施意见，在党委、政府的领导下，结合本地实际，制订详细的实施方案并组织实施。

三、加强调研工作和沟通协调的问题

这次会议明确了未来五至十年广播影视事业改革和发展的基本思路、任务目标和原则要求，对我们来说

有许多都是新任务、新课题。我们要把握新情况，解决新问题，完成新任务，开辟新境界，必须求真务实，加强调查研究。具体到每个地区、每个单位怎么搞，都要从实际出发，认真分析实际、研究实际，在充分调研论证的基础上，提出切实可行的实施意见和措施，积极稳妥地推动工作。要树立全国一盘棋的思想，加强沟通和联系，加强信息交流和反馈。各地广播影视工作的重大进展、重要举措、重要活动和组建集团、网络公司的改革方案，也请及时报告总局，以便总局能够全面了解掌握各种情况，做好协调服务工作。

2000年是历史性、标志性的一年，我们正处在世纪之交、千年更替的重要历史关头，任务繁重、责任重大。让我们紧密团结在以江泽民同志为核心的党中央周围，高举邓小平理论伟大旗帜，团结一致，开拓进取，再接再厉，顽强拼搏，以良好的精神状态和优异的工作成绩，迎接新世纪的到来。

（摘自《电视研究》2000年第9期）

广播电视的宣传管理必须加强

国家广播电影电视总局副局长　吉炳轩

管理出水平，管理出效益。科学管理、规范管理，就能搞好宣传工作，做到少出问题或不出问题，什么时候疏于管理，就会漏洞百出，甚至出现失误。实践证明，好在管理，不好也在管理。1999年广播电视的宣传成绩，从某种意义上说得益于加强了管理，出现问题也是失之于管理。当前宣传上有八个方面的问题比较突出，需要引起高度重视。

一是热线直播，过多过滥，把关不严，经常出现纰漏，甚至出现严重的政治事故。据统计，全国省级广播电台共开办群众参与的热线直播节目就有600多个，而且有一半没有采取延时措施；全国省级电视台开办了40多个群众参与的热线直播节目，有三分之二没有延时措施。直播内容的把关审查，主持人的素质、水平，参与群众的审查等，都缺乏保障措施，隐患非常大，随时都可能出现问题。

二是广告太乱。一些地方见利忘义，滥播乱插，没有一点规矩，群众反映非常强烈，有的地方群众曾诉诸法律，强烈要求解决。

三是文艺宣传，群众也有不少意见。第一是对我们的电视剧里宫廷戏、辫子戏、戏说戏太多，港台味太浓，没有突出主旋律提出批评。特别是在国庆宣传期间，一些地方台的电视剧同国庆宣传不合拍，总局三令五申，情况才有所好转；第二是对一些群众参与性娱乐类节目一味追求嬉笑打闹，格调不高，既没有教育意义，又缺少艺术品位很反感；第三是批评一些文艺节目主持人太随意，一味模仿港台做派，缺乏文化内涵。

四是对重大报道的转播，一些地方重视不够，政治敏感性不强，个别的不转、晚转、早断或中间插播广告和其他节目，在群众中造成很不好的影响。

五是对重大活动的宣传配合不力，特别是1999年国庆50周年的宣传，一些地方台把钱看得太重，偏重经济效益，而忽视社会效益，已经临近国庆，还在播放与"三颂"、"四信"无关的电视剧，客观上形成了一种干扰，而且总局三令五申，还迟迟不予纠正，造成了很不好的影响。

六是对国际新闻的报道，世界上发生什么，就报道什么，随意选择，追求猎奇、轰动，缺乏把关意识，甚至客观上为他人张目，起了副作用还始终不知，还自认为是真实、客观、公正。

七是广播电视特别是电视宣传中的语言文字差错太多。字音不对、打错字幕、错别字等屡见不鲜，群众来信反映较多，既"误人子弟"，又影响宣传的质量和广播电视的形象。这是一个老问题，但一直未能很好解决，主要是有肤浅、浮躁之气，忙于应付，疏于管理，热烈有余，精细不足。

八是宏观管理不够。过去我们在宣传上只管中央三台，对地方台只是业务指导，1999年由于大事多、突发事件多，按照中央的统一部署，在一些重大宣传上，对地方实行了一点管理，总的看效果是好的，但也有一些地方受不了。一方面管得少，一方面又受不了，更主要的是管理缺乏规范、科学和有效的机制，还是急了抱佛脚，临时抓一把，这也是上下不够协调的一个主要因素。

上述八个问题，都是1999年宣传中出现的比较突出的，群众及各方面反映比较多的问题，也是需要认真解决的问题。

加强管理，就是要在宣传的宏观管理上逐步实现制度化、规范化、科学化，逐步建立一套规范、系统、科学的管理体系，努力做到：宏观要管住，微观要搞活，既能确保宣传导向的正确，又能不断提高舆论引导的水平。

加强管理，管什么，怎么管，简单说，就是要强化责任管理，完善行政管理，加大民主管理，逐步实行依法管理。当前的工作重点是要尽快建立起一套科学规范的、行之有效的视听宣传管理制度，把宏观管理的有效机制建立起来。在机制建设上，我们过去已经做了一些有益的工作，建立了一些规章制度，如，编委会制度、新闻工作会制度、宣传通气会制度、监听监看制度、视听评议制度、反馈制度、节目审查制度、请示报告制度等。这些制度的建立和实施，对确保宣传导向的正确和引导水平的提高起了十分积极有益的作用。但真正作为一个体系，作为一种有效的管理机制，还是远远不够的。我们要下决心在现有制度的基础上，通过完善、提高，逐步建立起信息、指导、协调、保障、约束、监督等规范、科学的管理机制。当前，要注意加强以下几个方面的工作：

一要进一步加强制度建设。要坚持和完善编委会制度、新闻通气会制度、情况通报制度、重大宣传任务和宣传活动打招呼制度、重大宣传活动作预案制度、重大事件请示报告制度、责任事故报告和处理制度、新闻阅评制度、监听监看制度、重大题材和重要节目管理审查制度等。要特别加强对新情况、新问题的研究，坚决做到发现一个问题，解决一个问题，并要建立相应的制度且加以规范。在切实抓好节目的政治性、政策性、导向性管理的同时，还要从发展战略上加强研究，注意解决发展中的问题。如，国内电视节目的多、滥、杂及无序竞争的问题；境外卫星电视节目直播落地对我们宣传的干扰和冲击问题；互联网信息传播对我们宣传的影响、干扰问题等，都是需要积极思考、制定对策的问题。我们要从“知情、利用、管理”的思路出发，抓紧进行研究、探索，并能有所突破，抓出成效。同时，还要加强宣传改革的研究，注意用改革的精神、改革的手段来加强宣传管理。

二是依照法律、行政法规和现行的规章制度，加强视听宣传的监督检查。要根据中央和国务院颁布的有关广播影视宣传的法律、行政规定和规章，对广播影视宣传的违规情况进行监督、检查、处罚。要在实践中不断建立和完善有关广播影视宣传的行政和规章制度，逐步进入依法管理的轨道。

三是积极发挥广播影视行政管理部门的职能，为广播影视的宣传提供有效服务。广电总局要通过定期或不定期的编委会会议、总编室主任会议、宣传工作会议、编前会、打招呼会等有关会议，及时向各级广播影视机构的负责人传达中宣部和总局党组有关广播影视宣传报道的精神和部署，下达宣传报道任务，研究部署广播影视的有关宣传报道，通过《广播影视宣传通讯》、《宣传通报》、《宣传通气会摘要》等刊物及时传达广播影视宣传的有关精神，通报有关广播影视宣传的计划、部署和要求，做好信息服务。加强对广播影视重点新闻、重大专题节目、理论文献影视片、有争议的广播影视节目和影视剧的审查把关，以确保不出问题，进一步做好视听评议和监听监看工作，对广播影视节目、栏目，对广播影视宣传导向、宣传艺术进行监听监看和及时评议，及时做好信息反馈。

四是牢固树立“三个意识”，切实做到守土有责。制度不是万能的，不能指望靠一整套制度就能解决视听宣传中存在的所有问题。同时，制度是靠人来操作、来执行的。人是决定的因素，因为一切事情都是靠人来做的。在强化制度管理的同时，必须注意充分调动人在管理中的积极性。要明确各级领导的责任，切实履行好各自的管理职能，建立领导责任制，真正做到在其位、尽其能、守其责。要建立明确的岗位责任制，使每个人员、每个环节、每个岗位都能做到任务明确，职责清楚，操作规范，赏罚严明。我们从事党的宣传工作的每一个同志，都要认清自己所肩负的责任，要牢牢记住“讲党性”，牢牢记住“为人民”，牢牢记住“知大局”，牢牢记住“守纪律”。

五是要实行开门办广播，开门办电视，充分重视群众监督，依靠群众的力量把我们的宣传搞好。为人民服务是我们党的宗旨，也是我们宣传工作的宗旨。要牢固树立群众观点，坚持走群众路线。对我们的宣传，最有发言权的是人民群众，节目的好坏，社会效益的大小，还是要由群众来看、来听、来评。要以群众喜欢不喜欢、满意不满意、赞同不赞同作为衡量好坏优劣的标准。要充分发挥群众监督的作用，注意收集、听取，尊重群众的意见、建议和反映。要建立通畅的群众评议和监督渠道，高度重视群众在宣传方面的来信来访，通过各种渠道加强与听众观众的沟通，及时了解和掌握各方面的意见和反应，不断改进和提高我们的节目质量和水平。总之，要强化制度、强化监督、强化服务、强化责任。做到：播前有计划、有部署、有要求、有服务；播中有检查、有督促、有协调、有监督；播后有评议、有总结、有反馈、有措施；平时有调研、有交流、有建议、有指导；人人有岗位、有责任、有纪律、有意识。

（摘自《中国广播电视学刊》2000 年第 1 期）

更好地为海外观众服务

——在《中国新闻60分》开播100天研讨会上的讲话(摘要)

国家广播电影电视总局副局长　吉炳轩

中央电视台《中国新闻60分》栏目成功播出100天,效果比预想的更好,不仅受到社会各界的广泛关注,而且各方面反应也是积极的。这充分说明这次节目改革是成功的。《中国新闻60分》节目改革是落实江泽民总书记关于外宣工作重要讲话精神的一个重要举措,是落实中央外宣工作会议精神的一个重要举措,也是落实国家广电总局关于外宣工作部署的一个重要举措。社会各方面对《中国新闻60分》的改革寄予了很大希望,也给予了很多支持,其中包括今天在座的各位专家和各级领导同志的大力支持。今天借这个机会,向各位关心、支持《中国新闻60分》节目改革的全体同志,同时也向中央电视台海外节目中心的同志们表示感谢。

《中国新闻60分》节目改革,是中央电视台整体节目改革的重要部分,给中央电视台改革提供了很好的经验。所以,《中国新闻60分》的改革经验值得注意,值得研究。

一是定位比较准确。目前,广播电视对外宣传工作主要存在着两个突出问题:一是内外不分。很多地方对内宣传和对外宣传没有分开,还是按照对内宣传的那套做法搞对外宣传。事实表明,对外宣传与对内宣传既有联系又有区别,既有共同性又有特殊性,两者最大的区别是宣传对象不同。对内宣传是面向12亿中国人,对外宣传是面向外国人和海外同胞。二是外外不分。必须看到,对外宣传对象之间也存在着差别。世界上许多国家、地区、民族,在语言文字、风俗习惯、生活方式、价值观念、宗教信仰和政治态度等方面,彼此之间也有许多差异。同时,各个国家和地区与我国的关系,以及他们之间的关系,由于种种原因在不同时期也会发生变化。还要看到,当今世界信息发达,多种传播手段并存,所有国家的不同社会集团都在努力宣传自己的主张和观点,人们对多种主张和观点有很大的选择余地。所有这些,使得人们对来自社会主义中国的声音,以各自的思维方式从不同的角度进行判断和取舍。我们的对外宣传不可避免地面临竞争和挑战,这既是外宣工作不同于内宣工作的特殊性,也是外宣工作面临的亟待研究和解决的问题。在相当长的时期内,由于外宣工作者对这种特殊性缺乏深刻的认识,往往机械地照搬对内宣传的做法,结果费劲不小,花钱不少,效果却不好。

宣传要看对象。我们对外宣传的对象主要是外国人,还有华侨、华裔、外籍华人和港澳台同胞。他们多年在外,受不同的社会制度、历史背景、文化传统、价值观念、宗教信仰的影响,其生活方式、思维方式、语言习惯也发生了很大的变化。因此,我们不能原封不动地照搬国内宣传的办法。否则,对外宣传不仅不能收到良好的效果,还会起反作用。要充分考虑到各个国家和地区的情况不完全相同。比如,欧洲的情况跟美洲的情况不一样,美洲的情况跟中东国家的情况不一样,这在外宣工作中一定要区别对等。还应看到,世界各国的人们对我国现状和传统的了解程度不一,所关心的问题也各不相同。所以,要搞好外宣工作必须做好调查研究,研究不同的宣传对象,采取不同的对策,有的放矢。我们的对外宣传是面向全球的,这是面,要考虑到;但更重要的是要抓好点。美国、西欧、日本、加拿大、澳大利亚等一些发达的资本主义国家,在国际上影响大,基本上左右着世界的宣传舆论。这些国家应成为我们对外宣传工作的重点。我们对外宣传的着眼点应主要放在争取国外最广大的群众上,同时要特别注意做好国外上层人士和接近决策层人士的工作,增进他们对我们的了解和友谊。我们必须根据不同的对象,采用不同的宣传方法,搞好对外宣传。并要十分注意宣传的时机、方法和策略,根据受众的特点,确定宣传内容,研究宣传形式。要用多种多样、生动活泼的方式方法,增强艺术性,淡化宣传味,提高说服力和感染力,力戒简单、干瘪、生硬和强加于人。

《中国新闻60分》宣传对象基本上定位在海外的华人、华侨、港澳台同胞和西方主流社会的一部分观众;宣传范围主要是欧洲、美洲的一些国家和地区。正因为定位比较准确,所以宣传效果很好。

二是目的比较明确。对外宣传工作的根本任务,是为我国社会主义现代化建设和祖国统一大业服务,为我国外交路线、方针、政策服务，为世界和平、各国人民友谊和人类进步服务。我们对外政策的核心有两条，第一条是反对霸权主义、强权政治，维护世界和平；第二条是建立国际政治经济新秩序。我们奉行的是独立自主的正确的外交路线和对外政策。坚定地站在和平力量一边，谁搞霸权就反对谁，谁搞战争就反对谁。

要看到对外宣传工作不仅是党的宣传工作的一部分，也是党的外交工作的一部分发。要宣传好我们自己，让外国人和海外同胞及时、全面、准确、真实地了解中国，为我国树立良好的国际形象，为改革开放和现代化建设创造良好的国际舆论环境。

三是内容比较丰富。《中国新闻60分》涉及的新闻报道面虽然比较广，但节目没有生硬和呆板的感觉。目前，《中国新闻60分》节目内容主要有四大部分：一是及时报道国际上发生的重大事件，表明我国政府的严正立场和主要观点；体现中国人民的意志。二是适时报道国内发生的一些重大事件。三是及时传播我国政府的重大方针政策和中国人民的声音。四是社会新闻的报道。总的来讲，信息容量比较大。

四是形式比较多样。《中国新闻60分》在播音形式上比较轻松活泼，一改过去枯燥、呆板和说教的播报形式。国外广播电视媒体在新闻播报时追求现场气氛，播音员、主持人的播报风格也很夸张。我们不能走到这条路上去，我们要活而有度，不失风范。今后《中国新闻60分》播音员、主持人的播报风格还可以再活泼一些，但是不能刻意模仿、追随海外一些媒体播音员、主持人的特别随意，想说什么就说什么的风格，一定要形成我们自己的风格。

以下再谈几点参考意见：

第一，要增强目的性。要按中央的要求，开展积极的舆论斗争。对外宣传的一个重要任务，就是要同国际反动势力歪曲、破坏中国形象的反华宣传进行针锋相对的斗争。在这个斗争中，我们一定要发挥主动性，取得主动权，打好主动仗。西方国家民众对中国不很了解，小少人把中国想像得一无是处、愚昧落后。我们要大力宣传我国经济、政治、文化等各个领域取得的成就，大力宣传党的路线、方针、政策；选好题目，精心组织，精心制作，要增强对外宣传的目的性，形成对外宣传的舆论强势。要加大对台宣传力度，旗帜鲜明地反对分裂祖国的言行，毫不动摇地维护祖国统一。要大力宣传"和平统一"、"一国两制"的基本方针和江泽民总书记提出的"八项主张"，为解决台湾问题营造良好的舆论氛围。继香港和澳门回归祖国之后，实现祖国完全统一的关注点已集中到台湾问题上。特别是在台湾"大选"之后，发挥好广播电视宣传的优势，加强对台宣传已成为我们面临的重要而紧迫的问题。

第二，要增强针对性。加强节目的针对性，解决内宣外宣不分的问题。要坚持内外有别、外外有别的原则，切实搞好对外宣传工作。目前，我们的外宣工作，外边的人不满意，我们自己也不甚满意，问题是针对性差。要把我们的宣传，谈到人家心里头去，打动人家的心。政治性、政策性、时效性、针对性是外宣工作时时都要注意把握好的问题，这"四性"达到了，外宣水平就出来了。要积极研究海外受众的心理需求，在"知需求、合情理、适口味"上狠下功夫。

第三，要增强时效性。增强节目时效性，解决见事迟、行动慢的问题。对国内有关重大事件、重要活动的报道要争取第一时间，先声夺人，不能让西方舆论先入为主，不能仅做"亡羊补牢"的宣传。对国际问题的宣传也要争取主动，扩大我们的影响。《中国新闻60分》要进一步强调时效性，把国内发生的重大事情，党和政府的重大决策、重大活动，以及有利于树立中国良好形象的新闻，都及时播报出去。

第四，要增加艺术性。在外宣工作中，要注意研究如何增强节目艺术性，解决宣传味过重的老问题。要增强节目的知识性、趣味性、娱乐性，改变生硬、呆板、枯燥、说教的老面孔。要多点人情，多点友情，多点亲情，少点政治腔，少点宣传味，把政治和宣传融于乡情友情亲情之中。要创名牌，出精品，增强节目的感染力、影响力。要推出一批名节目、名栏目、名主持人，使之在海外产生广泛影响，以期形成相对固定的观众群。

第五，要保持坚定性。对外宣传一定要坚持以我为主，以事实为主，以正面宣传为主的方针。坚持与外交斗争密切配合的原则，坚持原则性与灵活性相统一的原则，坚持严肃宣传的基本原则。要维护国家的根本利益，在涉及国家主权、民族尊严的问题上绝不退让。

关于国际新闻宣传。我们必须坚持以我为主、对我有利的原则。世界上每天发生的事情很多，有些重大的国际问题报不报、怎么报，是一个必须认真对待的重要问题，并不是任何事件都要报。对国际问题的宣传报道要认真贯彻"冷静观察、沉着应付、韬光养晦、有所作为"的方针。对一些敏感问题要注意分寸，把握好"度"。特别是重大问题的对外宣传必须严守纪律，坚决按照中央的方针、政策部署行事。外宣的方针政策是中央决定的，重大问题的宣传口径也是中央制定的，突发事件和敏感问题的报道必须经中央批准。要正确运用"先发制人"和"后发制人"的策略，该抢发的抢发，不该抢发的决不能抢发。

关于社会新闻的宣传。社会新闻报道要坚持以正面为主的方针。中国这么大,人口这么多,每天发生大量的事件,如果把眼睛都盯在突发事件和灾害问题上,今天这个地方翻车,明天那个地方滑坡,后天又有个地方出现恶性案件,全是负面的社会新闻,这样就偏了。摆到外国人眼前一看,会被误认为中国就是这个样子。社会新闻的正面东西很多,要端正选择态度,不断地去发掘、报道正面东西,特别是注意报道社会主义中国在精神文明建设方面取得的新成就,充分展示我国各族人民面向新世纪,致力于振兴中华的精神风貌。

第六,要提高播音水平。《中国新闻 60 分》的播报方式成了独特风格,希望这种播报风格发扬光大。同时,要进一步提高播音水平。不要为了活泼就变味,不要模仿港台味,不要去调侃。播音员的播音风格要庄重大气,在此前提下生动活泼。《中国新闻 60 分》现有的播报方式和播音员不错,风格基本上定型了,今后工作中还可以再进一步提高完善。

总之,《中国新闻 60 分》的改革是成功的,但是还需进一步努力。要通过不懈努力,把《中国新闻 60 分》办成一个导向正确、内容丰富、制作精良的优秀栏目,更好地为我国群众服务,为全世界的华人华侨服务。

(摘自《电视研究》2000 年第 7 期)

总结经验　再创辉煌

国家广播电影电视总局副局长　吉炳轩

一、关于 1999 年的工作

1999 年是不平凡的一年,大事多,喜事多,热点多,难点多,突发事件也多。我们欢庆了新中国成立 50 周年和澳门回归祖国两件大喜事,经历了"5·8"事件、揭批"法轮功"、批判李登辉分裂祖国三大政治斗争。在这两件大喜事、三大政治斗争中,中央电视台全体同志,团结协作,积极努力,按照中央的统一部署,非常认真、非常及时、非常精彩、非常圆满地完成了各项宣传任务,唱响了主旋律,打好了主动仗,为改革、发展、稳定提供了强有力的舆论支持,营造了良好的舆论氛围。

1999 年中央电视台的新闻宣传是异彩纷呈,硕果累累。从年初到年底,马不停蹄,紧张奔波,连续打了六个宣传战役,难点之多、时间之集中、任务之繁重、把握难度之大,都是不多见的,而准备之充分、工作之精细、把握之得当、成效之显著、群众反应之强烈,也是不多见的。

二、几点体会

回顾 1999 年的电视宣传,我有几点体会,提出来和大家共勉:

1. 要听招呼。我们是党的喉舌,承担着宣传党的路线、方针、政策和重大决策部署的重要任务。特别是在现代社会里,大众传媒的作用越来越大。群众看电视,既看导向,也看政策,还要获取知识和信息。从我们这里播出去的东西,不是代表哪个人的,而是反映了党和政府的意志,反映了人民群众的意愿,这是同西方社会传媒的本质区别。所以宣传什么,不宣传什么,以及怎样宣传,都要同党中央保持一致,一切行动听指挥。确保中央的声音畅通无阻,这是大局,是原则,是纪律。实践证明,只要坚持这样做,就能报得准、报得好。我们反复强调要一切行动听指挥,该请示的问题必须请示,该报告的事项必须报告,该反映的情况必须反映,这样做的效果是好的,是确保导向正确所必须的,也是最基本的原则。

2. 要讲政治。在 1999 年的重大事件和重大活动的宣传中,我们始终把讲政治放在第一位。基调怎样把握、新闻怎样报道、节目怎样安排和调整,都是从政治角度出发来考虑的。时刻保持政治上的清醒和坚定,努力增强政治敏锐性和政治鉴别力,才能在错综复杂的形势面前始终保持清醒的头脑,关键时刻才能经得起考验。

3. 要把握全局。新闻宣传必须牢固树立全局观念,从全局上看问题,特别是突发性事件的报道,怎样把握得准,报道得及时、准确,引导得当,而又不出现大起大落、顾此失彼的现象,是需要我们很好思考和认真把握的。中央电视台对重大事件、重大活动的宣传之所以引导得比较好,把握得比较平衡,过渡得自然,既符合中央的要求,又符合民心民愿,前后衔接,稳定连续,每个阶段都明确突出不同的重点。我们始终把维护稳定放在宣传工作的首要位置,并作为衡量宣传成败的一个临界线,有利于稳定的就多宣传,不利于稳定的就不宣传,就是大局观念的充分体现。1999 年新闻评论部《焦点访谈》共制作节目362期，其中批评性报道只有97期，仅占26.7%，其他大部分都是从当时的大局出发进行的正面配合性报道。什么叫大局观念？这就是最具体、最实际地讲大局，讲责任，讲纪律。

4. 要精心细致。宣传工作无小事，特别是电视宣传，影响大，责任也大，不能有丝毫的麻痹懈怠。重大活动、重大事件的宣传其成功的经验是吃苦、认真、勤奋。五四运动80周年、“5·8事件”、揭批“法轮功”斗争、国庆宣传报道、澳门回归、喜迎新千年的宣传，我们都做了非常充分的准备，制定了详细的报道计划和预案，并且在进行过程中及时进行修订、完善、调整、指导。每一步、每一环都非常认真，非常细致。重要的宣传，一句话、一句解说词都要反复推敲，认真把关。成功的背后是艰辛，就是要认真、具体，而不能怕麻烦，图省事。

5. 要形成合力。电视宣传是综合艺术，任何一个节目都不是哪一个人或哪一个部门能独立完成得了的，需要多个部门协同作战。特别是一些重大活动、重要工作的宣传，必须强调所有部门、所有岗位、所有节目、所有时段，都要从整体出发，通力合作，形成合力。

6. 要讲究艺术。电视宣传也是电视艺术，只有人们爱听、爱看，才能收到良好的效果，也才能达到社会效益和经济效益的统一，重大事件、重大活动的宣传，政治性、政策性非常强，把握好导向，确保正确是必须的，也是最基本的，但也必须要讲究宣传艺术，要让人能听得进、看得下，要避免说教。要在报道中自然引导，在引导中客观报道。

7. 要把关守责。这是搞好新闻报道的关键，以国庆宣传为例，我们明确提出把好政治政策、历史资料、文艺题材、国际新闻报道、广告播出、舆论监督、阶段节奏、安全播出等关口。这些都是根据当时新闻宣传中已经出现和可能出现的问题，有针对性地提出的。实践再次说明，新闻宣传任何时候都要讲领导，讲责任，讲纪律，上下共同努力，层层把关，这样才能把工作做好。

8. 要重视管理。管理出水平，管理出效益。科学管理、规范管理，就能宣传得好而少出问题或不出问题。什么时候疏于管理，就会漏洞百出，甚至出现失误。电视宣传是复杂的综合性劳动，特别是一些重大活动、重要工作的宣传，涉及到各个部门，方方面面。有内宣，有外宣，还有互联网；有新闻，有专题，还有文艺；有宣传，有技术，还有安全等，特别需要统一部署，统一协调，加强管理。

三、关于2000年的工作

可以概括为八句话：认清形势，把握大局，把准基调，突出主线，抓住关键环节，掌握好方针原则，落实好十项任务，组织好四个宣传战役。

认清形势。要看到，2000年是个历史性、标志性的大喜之年，是完成“九五计划”和本世纪末重要奋斗目标的最后一年。做好今年的工作，对于团结、激励广大干部群众胜利实现我国现代化建设目标，完成十五大确定的跨世纪历史任务，并向第三步迈进，具有重要意义。要看到平常中蕴含着不平常，把困难和问题想得多一点，看得充分一些，做到有备无患，把工作做在前边。

把握大局。要按照中央“认清形势、明确任务，抓住机遇、开拓进取，坚定信心、团结奋斗”的要求，继续深入宣传贯彻好十五大精神，坚持高举邓小平理论伟大旗帜，始终做到围绕中心，服务大局，团结鼓劲，弘扬正气，唱响主旋律，打好主动仗，牢牢把握好舆论导向，为促进改革发展，维护社会稳定做出积极贡献。

把准基调。要牢牢把握“坚定信念，振奋精神，弘扬正气，积极进取，着力营造中国要发展、民族要团结、社会要稳定的良好氛围。统一思想，凝聚力量，激励人民群众充满信心，充满希望。实现翻两番，胜利进小康，昂首阔步跨入新世纪。同心同德建设现代化”的宣传工作基调，多做增强信心，振奋精神的工作，多做促进民族团结，维护社会稳定的工作。

突出主线，要把加强和改进思想政治工作的宣传作为一条主线，贯穿全年，要以理想信念教育为核心，大力开展党的基本理论、基本路线、基本纲领的宣传教育，大力开展爱国主义、集体主义、社会主义的宣传教育，大力开展世界观、人生观、价值观的宣传教育，大力开展讲学习、讲政治、讲正气的宣传教育，大力开展科学知识、科学思想、科学方法、科学精神的宣传教育。坚定对马克思主义的信仰。坚定对社会主义的信念，增强对改革开放和现代化建设的信心，增强对党和政府的信任。

抓住关键环节。要始终抓住确保导向正确，不断提高引导水平这两个关键。

掌握好方针原则。要始终坚持团结、稳定、鼓劲，正面宣传为主，唱响主旋律，打好主动仗，促进改革发展，维护社会稳定的宣传方针。

落实好十项任务。要落实好深入进行党的基本理论、基本路线、基本纲领的宣传，继续抓紧抓好改革开放和经济建设的宣传，切实做好维护稳定的宣传，突出抓好加强和改进思想政治工作的宣传，深入扎实地搞好群众性精神文明创建活动的宣传，下功夫抓好广播电视的文艺宣传，进一步扩大对外宣传，加强网上宣传，进一步提高引导水平，切实加强广播电视宣传的宏

观管理，加强广播电视工作队伍建设十项任务，

打好四个战役。全年要以加强和改进思想政治工作为主线，打好四个宣传战役。

在2000年的宣传中，有五个方面的重点要特别关注，切实抓好：

1. 要牢牢掌握宣传工作的主动权，把主旋律唱响。要始终坚持高举马列主义、毛泽东思想和邓小平理论伟大旗帜，坚持用党的基本理论、基本路线、基本纲领宣传教育干部和群众，用爱国主义、集体主义、社会主义和艰苦创业精神宣传教育干部和群众，用一切有益于人们身心健康的精神产品占领思想文化阵地，大力弘扬社会正气和时代精神。

2. 要把加强和改进思想政治工作的宣传作为全年宣传工作的重中之重，切实抓紧抓好。要认真学习宣传好中央关于江泽民总书记的重要批示，学习宣传好加强和改进宣传思想政治工作的决定，为加强和改进思想政治工作提供舆论支持。要把理想信念教育作为宣传的重点，努力营造有利于思想政治工作的大环境，推动思想政治工作切实有效地开展起来。

3. 要认清大局、把握大局、服务大局，始终做到为改革稳定创造良好的舆论环境。要加大改革开放和经济建设宣传的力度，大力宣传伟大祖国光辉灿烂的美好前景，增强信心，鼓舞士气。要始终把维护稳定放在重要位置，多做解疑释惑、提高认识的工作，多做宣传引导、耐心说服的工作，多做统一思想、凝聚力量的工作。

4. 要在确保导向正确的前提下，不断提高电视宣传的引导水平。中央电视台是中国第一台。中国第一台就要有中国第一台的作派。我们要牢牢记住并切实履行"以科学的理论武装人，以正确的舆论引导人，以高尚的精神塑造人，以优秀的作品鼓舞人"的神圣使命。中央电视台群英荟萃，人才辈出，我们有优越的地位，有一流的设备，一流的技术，再加上一流的人才群体，毫无疑问，就应该做一流的节目，出一流的作品，显示一流的水平，表现泱泱大国的中国气派、中国风格，树起中国形象。所有节目、栏目及其主持人形象、播音风格等，都要规范，都要标准，都要有气势。在宣传上，要注意突出重点，抓住亮点，引导热点，搞好焦点，形成合力，贴近实际，讲究艺术，注重效果。要集中力量抓好重点工作、重大任务、重要活动的宣传。要抓好典型宣传，多深入基层、深入群众、深入生活，采访鲜活的事迹、鲜活的事例，拍出鲜活感人的画面，做出鲜活感人的节目。要适时适度地引导好热点，多做梳理情绪、化解矛盾、解疑释惑、团结鼓劲的工作。要加强和改进舆论监督，在深入、精细、准确、提高上下功夫，使领导、群众和实际工作部门都满意。

5. 要深化改革，加强管理，始终做到守土有责。要继续抓好节目改革，建立健全多出优秀节目、精品节目的激励机制。要抓好节目定位，鼓励探索创新。要特别加强专题类节目、文艺类节目的制作管理，在创作名牌节目、名牌栏目上下功夫。文艺宣传是很重要的宣传。群众对电视文艺的需求越来越大，要求越来越高，眼光也越来越挑剔。对电视文艺要有正确的评价，成绩很大，问题不少，要求很高，困难不小。千万不可自以为是，骄傲自满。要克服肤浅、浮躁、浮华之气，要多深入下去采风，多听听群众的要求和反应，不能关起门来搞创作。人民群众丰富生动的生产实践是艺术家们的创作之源，是取之不尽、用之不竭的艺术富矿。只有到人民中去，到生活中去，到改革开放的实践中去生活、去观察、去体验，才有可能制作出人民群众所喜闻乐见的优秀作品，才能制作出立得住、叫得响、传得开的经典之作。希望在新的一年里，中央电视台的各个文艺节目、各个文艺栏目都能有新作，有新人，有新气象，有新的成就和新的风貌，再创电视文艺新的辉煌。

（摘自《电视研究》2000年第3期）

深化改革，勇于创新，开创国产动画片繁荣发展的新局面

国家广播电影电视总局副局长　赵　实

这次"繁荣国产动画片现场会"是总局党组决定召开的，也是总局继1998年"振兴国产动画片研讨会"之后，为迎接新世纪和贯彻江总书记"三个代表"的重要指示，推动国产动画业加快发展的重要会议。会议的宗旨，就是要进一步深入学习贯彻中央领导同志关于繁荣国产动画片的指示精神，结合我国动画业的发展状况，学习交流上海动画影视(集团)公司的成功经验，共同研究繁荣创作、深化改革、加强管理的措施，从而

积极推动国产动画片的创作与改革实践，开创国产动画业繁荣发展的新局面。

下面，我代表总局就开好这次会议，讲三点意见。

一、深入学习领会中央领导同志的讲话精神，充分认识动画片在青少年教育和精神文明建设中的独特优势

改革开放以来，中央领导同志对国产动画片的创作生产始终给予高度重视和热情关怀，多次发表重要讲话，作过重要批示，极大地调动了广大影视动画人员的创作积极性。认真学习领会这些讲话精神，对于我们进一步端正指导思想，增强责任感、紧迫感，加快发展国产动画事业，具有十分重要的意义。

早在十年前，江总书记就为儿童影片《豆蔻年华》题词："继往开来，造福儿童，不断提供高尚的精神食粮。"

李鹏同志题词："今天奉献美好，明天喜看栋梁。"

1995年8月28日，江总书记祝贺上海美术电影制片厂摄制大型系列动画片《自古英雄出少年》致函："你们选取古今中外著名少年英雄的事迹拍摄系列动画片，是一件十分有意义的工作。

用优秀的作品鼓舞人，是文化战线的重要任务。少年儿童是中华民族的希望和未来。实现我国社会主义现代化建设第三步战略目标的历史重任，最终将落在这一代少年儿童身上。帮助他们从小树立起为中华民族全面振兴建功立业的远大志向，把他们培养成为有理想、有道德、有文化、有纪律的社会主义新人，是文艺工作者的历史责任。希望广大动画艺术工作者在党的文艺方针指引下，不断推出思想性、艺术性、观赏性高度统一的动画艺术精品，为少年儿童提供更多更好的精神食粮，让我国自己的动画英难形象成为广大少年儿童的楷模和朋友。"

1998年7月，李岚清同志对迪斯尼公司申请在我国公映《花木兰》一片时批示："聪明同志：请你们研究一下，一个中国的民间传说被制成卡通后为什么会引起如此轰动效应，以后我们自己能否也创作一些这类卡通。"

10月16日，李岚清同志亲临中央电视台视察电脑动画软件开发及国产动画节目制作工作，观看了电脑动画制作全过程演示，详细询问了国产动画生产、制作、发行情况和动画节目收视情况，在中央电视台进行了座谈。

李岚清同志说，看到中央电视台和北大方正在动画软件合作方面已经取得的重大成果，我非常高兴。这一合作成果，对于促进高等学校将知识和人才与经济建设和社会发展主战场紧密结合，摆脱传统的象牙塔似的教育具有重要意义。中央电视台是国家电视台，必须要用先进的技术来武装，从这个意义上来讲，我非常主张中央电视台以及整个广播电视领域与教学科研机构开展更广泛、更深入的合作。

动画节目的教育功能是直观的、形象的，对儿童少年观众的教育作用很大，要把动画这种节目形式与进行科学知识教育、培养孩子健康成长、开发孩子们的智力、培养他们的审美能力和创造力等结合起来，提供给小观众。遗憾的是前一段我们的动画节目市场主要让外国动画片占领了。不光是中央电视台，其他电视台也应该以播出国产动画节目为主。他说，动画节目市场很大，科研机构要进一步与中央电视台合作，通过提高动画前期制作效率等手段，降低动画制作成本。还要创作出好的动画剧本，满足国内外观众对国产动画节目的需要。

1999年12月，丁关根同志对中宣部《宣传信息清样》中《当前儿童动画片存在的主要问题》一文批示："送请聪明同志阅。请很好了解这方面情况。"

2000年3月14日，江泽民总书记针对河南一娱乐场所老板杀死三名小学生的事件批示指出：减少学生过重课堂负担是对的。要看到，即使没有采取减少负担的措施，如果不在家庭、学校、社会对学生的业余生活进行健康的引导，合理安排，也会发生这样的事儿。要看到，每个学生的智力水平存在差异，关键是对学生业余时间给予很好的安排和管理，促进学生德、智、体、美全面发展，健康成长。

2000年5月29日，李岚清同志为第五届"宋庆龄儿童文学奖"、第四届"全国优秀儿童文学奖"颁奖典礼发来贺信。他在信中说：今天我国的少年儿童将成为新世纪国家的主人。加紧对他们的培养和教育关系着国家和民族的未来。做好这件大事，当然要靠全党全社会的共同努力，但儿童文学工作者在这方面担负着义不容辞的历史责任。因此，我希望你们不断提高自己的思想和创作水平，深入儿童生活的各个领域，关注孩子们的德、智、体、美诸方面的发展，为少年儿童的健康成长，使他们成为建设有中国特色社会主义伟大事业的一代新人作出新的贡献。

重温中央领导同志的讲话，使我们感到深受鼓舞，这是党中央立足于中国的未来，加强对青少年进行德育、智育、美育教育的战略性思考，也充分说明影视动画业这一知识密集型、劳动密集型、高科技密集型的文化产业，在各种媒体、文艺形式和娱乐手段中，具有独特的教育功能、形象功能，具有独特的审美优势和艺术魅力，对广大观众尤其是青少年激发想象力，开发智

力，开阔视野，增长科学知识，提高判断力，满足审美追求和娱乐需求具有强烈的吸引力和潜移默化的影响。广大少年儿童对影视文艺作品中的人物形象、动画形象感知力非常之强。一部好作品，留给人们印象最深的是人物形象，这些形象往往是吸引观众、影响观众最直观、最生动的审美共鸣因素。因此，发挥动画片中的形象功能，教育启迪青少年一代具有十分重要意义。

为此，加快发展本民族的动画业，是我们广大动画工作者的重大责任和历史使命。我们应充满信心地看到：我国有 3.7 亿少年儿童观众，还有众多的成人观众，仅国内市场的需求潜力就相当大；我国还有悠久的历史文化和丰富的现代文化资源可供动画创作开掘；中国完全有条件成为世界动画大国，创作出更多具有中国特色，思想性、艺术性、观赏性、趣味性相统一的优秀动画片。

二、客观分析我国动画片创作与管理的现状，面向市场，深化改革，确立新的发展战略和目标

我国的动画事业从 1950 年起步，经过动画工作者 50 年的不懈努力，已经形成一定的规模，取得了较大的成就。广大动画艺术工作者创作了《大闹天宫》、《哪吒闹海》、《三个和尚》、《黑猫警长》、《葫芦兄弟》、《宝莲灯》等一大批优秀动画片，获得了许多国内和世界动画大奖，在国际动画领域享有盛誉。

改革开放以来，由于国外动画片的大量引进，给国产动画业的发展带来了新的挑战。为此，党和国家领导人格外关注和重视国产动画片的创作与播映，多次做出重要指示，有效地推动了我国动画事业的迅速发展，主要表现在：

1. 具有民族特色的中国动画形象逐年增多。如《西游记》、《宝莲灯》、《大头儿子和小头爸爸》、《小糊涂神》等动画片形象，颇受小观众的喜爱，位居我国各电视播出机构最受欢迎的 20 部中外作品的前四位。

2. 制作能力和水平有明显提高。到 1999 年底，以中央电视台和上海美影厂为龙头，全国已有上百家出品及加工制作单位，从业人员约 6000 多人。电视片产量每年递增 1000～2000 分钟，1999 年达 6000 分钟。制作手段丰富多样，制作质量在某些方面达到世界先进水平。

3. 国产动画片播出量增多，对引进片的管理力度加大。中央和地方电视台先后开办了一批国产动画片栏目，不断增加了国产片的播出数量。

4. 创作生产和技术更新的资金投入不断增长。目前每年投入动画片的资金达数千万元，仅中央电视台近 7 年的投资就达 2 亿元。

5. 国产动画产业的开发初见成效。以电影《宝莲灯》为典型的产业化开发和市场运作取得了两个效益的双丰收。充分表明以动画片为龙头的动画产业市场潜力极大。

但是，我们还要清醒地看到，目前国产动画片的现状还远远不能满足广大少年儿童日益增长的知识、文化以及审美方面的需要，还存在许多问题有待解决：

一是国产动画节目量与播映需求的比例相差还很悬殊，供不应求。

二是相当一些作品质量不高，或缺乏民族特色，“洋味”十足，或缺乏新颖的选题和创意，缺乏个性鲜明的动画形象，或缺乏艺术想象力，缺乏童趣和吸引力，或制作水平、艺术技巧不高等。

三是出品、制作单位布局分散，创作力量薄弱，形不成规模与合力；体制机制不顺，产业结构不合理；电视台制播一体，有的自投自制自播，但与市场、与质量、与经营脱节，远未形成市场机制和竞争机制；有的收购价位偏低，只占到制作成本的千分之一，投入和回报极不平衡，难以形成良性循环。

四是相当多的电视台进口动画片的播出比例太大，有的甚至占到少儿节目播出总量的 80%～90%。这些问题怎么解决？我感到关键是要我们进一步解放思想，更新观念，面向市场，深化改革，转换机制，科学管理，优化资源配置，调动各方面的积极性，研究、部署和实现我国动画业新的发展战略和目标。

我国动画业应该坚持：

——坚持民族化、大众化、科学化、产业化的发展方向；

——坚持以突出中国故事，塑造中国动画形象为重点，贴近时代，贴近生活，贴近少儿，吸收世界各国的先进手段，多出导向鲜明、内容丰富、风格多样、妙趣横生的动画精品；

——坚持以优秀的动画影视片为龙头，带动图书音像及衍生产品的综合开发，形成优势互补的动画产业发展模式；

——坚持以优质优价为经济杠杆，建立合理的市场机制和竞争机制；

——坚持以国产片为主导，适度播映思想艺术制作水平较高的进口片，建立进口片统一审查按比例播映的管理机制；

——力争以中央电视台和上海动画集团为核心，吸纳多种经济成分的加工制作力量，形成具有规模效益的全国两大动画制片生产经营基地。

三、学习借鉴上海动画影视工作的成功经验，勇于创新，大胆实践，全面提高动画片的创作与管理水平

上海是中国电影的发祥地，也是我国美术电影的发祥地。上海美影的动画片创作有着悠久的历史和传统，有着独特的创作风格和个性，在国内外动画市场享有较高的声誉。改革开放以来，特别是1995年江总书记题词以来，为提高国产动画片的竞争实力，上海美影在市委、市政府和广电局的领导支持下，遵循动画创作规律和产业发展规律，大胆改革，勇于创新，从民族动画形象的塑造到影视制片体制、加工体系、经营机制、技术手段、产品结构、市场运作、人才培养等方面进行了积极的改革和探索，使影视动画片产量和质量都有了明显的提高。从1994年年产100分钟到1999年年产1800分钟，产量翻了好几番，由于引进世界先进的电脑技术与传统工艺相结合，制作质量也达到了比较先进的水平。

这次上海的领导和同行们还将详细地给我们介绍经验，带我们到工作现场学习考察，观摩座谈。希望同志们一方面结合学习中央领导同志的讲话精神，一方面结合自身的实际深入思考，找到解决问题的突破口和新的办法，从而提出做好自身工作的新思路、新措施。

（摘自广电总局《决策参考》2000年第7期）

加强技术创新和体制创新，努力推进中国广播电视事业发展

国家广播电影电视总局副局长　张海涛

在过去的千年和世纪里，人类创造了巨大财富和高度文明，出现了无数的科技发明。广播电视被誉为20世纪影响最大的人类发明之一，它促进了人类的文化发展，加速了信息的传递，缩短了世界的距离，成为最具活力、最具影响力的现代传媒，推动人类的生活方式迈向新的文明阶段。经过新中国成立以来几代人的艰苦努力，我国已成为名副其实的广播电视大国。到1998年底，我国广播电视人口覆盖率分别达到88.21%和89.01%，全国有10亿以上的人能听到广播、看到电视，有线电视用户达到7700万户，居世界第一位。

当前，科学技术迅猛发展，正深刻地影响和改变着人们的工作和生活方式，以信息技术等为代表的高科技革命，使人类正进入知识经济的时代。特别是数字技术、卫星技术和网络技术的发展，使世界广播电视业、世界信息业处于大调整、大重组的过程中。我国广播电视面临着前所未有的发展机遇和挑战。当前和今后一段时期，我国广播电视事业发展的主要任务有以下八个方面。

一、继续利用多种技术手段，加快实施村村通广播电视工程，扩大广播电视有效覆盖

继续贯彻事业建设的重点是覆盖，覆盖的重点在农村的方针，因地制宜，利用多种技术手段，加快实施村村通广播电视工程，扩大广播电视有效覆盖。1999年1月1日，我们开通了数字卫星直播(DTH/FSS)试验平台，播出了中央电视台8套、中央人民广播电台7套以及中国国际广播电台1套节目；10月1日，又扩容播出了地方省级台的节目，有力地促进了全国村村通广播电视工程。到1999年底，北京、天津、江苏、福建等10个省区市可基本实现村村通，全国可完成60398个盲村的村村通广播电视工程，占总数的60%。据不完全统计，实施村村通广播电视工程，拉动内需近50亿元。到2000年底，基本实现有电的行政村村村通广播电视的目标，解决7000万人收听收看广播电视问题，使全国广播电视人口覆盖率达到91.5%和92.5%。

村村通广播电视是一项长期的任务，在基本实现全国行政村村村通广播电视后，还有50万个自然村需要解决广播电视盲点问题，广大农村还需要解决听好看好广播电视的问题。要从我国国情和我国广播电视的性质、任务出发，把村村通广播电视与发展农村广播电视结合起来，作为今后事业发展的重点和新的空间。努力扩大中央和省级广播电视节目覆盖、提高节目覆盖质量、加快实现村村通、户户通。

二、继续大力发展有线电视，提高广播电视有效覆盖质量

我国有3.3亿户家庭，有线电视用户7700多万，仅占20%多，发展有线电视用户，是当务之急。要努力使有线电视覆盖所有的城市家庭，要以县城为中心、以乡镇为基础，不断扩大有线电视在农村的覆盖范围，争取“十五”期间用户数达到1.2亿的目标。50年国庆前夕，开通了连结北京、天津、河北、山东、河南等5省市有线电视国家干线网；到2000年初，将开通连结北京、天津、河北、山东、河南、湖北等14个省市国家干线网；年底前，连结山西、陕西、四川、重庆等7个省区市的国家干线网也将开通。各地要抓住村村通广播电视的机遇，利用各种资源，完善有线电视网络，加快有线电视网的技术改造，用最好的频道完整转播中央和省级广播电视节目。要加强与有关部门的合作，积极开展视频点播等多功能服务，不断满足人们日益增长的精神文化生活的需要。

三、继续推进广播电视中心数字化，提高节目制作水平和播出效果

我国中央和部分省级广播电视中心基本实现节目制作、播出的数字化。数字音频工作站、调音台、数字摄像机、录像机、非线性编辑系统等得到较为广泛的应用，数字卫星新闻采集系统（DSNG）、综合业务数字网（ISDN）等得到应用，提高了新闻的时效性和节目信号质量。要进一步推进广播电视中心的数字化，提高从拍摄采集，前期后期制作到播出整个系统的工作效率和技术水平，力争为新闻宣传、艺术创作提供先进、有效和可靠的技术手段。要加强传输数字化对广播电视中心原有系统影响的研究，解决电台、电视台节目信号的交换传输质量问题。要把数字特技、电脑动画、非线性编辑、卫星新闻采集、视频服务器、虚拟演播室等新设备的应用，与采编、制作、播出和传输整个系统的改进结合起来，逐步建立以非线性编辑系统为核心的，硬盘自动播出的，集采编、制作、播出一体化的数字网络系统。要提高节目源、数据库的再利用率，提高节目的技术质量和艺术质量。

四、继续推进数字（高清晰度）电视、直播卫星等高新技术的研究开发和应用工作

在多年跟踪研究数字（高清晰度）电视的基础上，根据广电总局的总体部署，中央电视台建立了一套数字高清晰度电视、数字地面电视试验系统，广播科学研究院自主研究提出了数字高清晰度电视QAM混合调制方案，开发出了体现高清晰度电视关键技术的编码器、复用器、调制器及解码器，初步建立了数字电视/数字高清晰度电视的试验测试平台。在50周年国庆庆典活动中，中央电视台运用数字高清晰度电视技术对庆典活动进行了成功的转播试验，北京20多个接收点收看到了高清晰度电视。目前我们正在对包括美国、欧洲、日本等在内的不同制式进行测试比较，为制定我国数字地面电视标准提供技术数据。

要加强与国家计委、信息产业部、科技部、国家质量技术监督局等部委的沟通与协调，积极落实我国卫星数字电视标准、有线数字电视标准，做好我国数字地面电视研究开发工作，促进卫星、有线和地面数字电视的协调发展。当前主要有以下几方面工作：(1) 制定我国广播电视由模拟向数字过渡的方案，提出时间表，包括电视台节目制作、播出，地面传输、发射，有线电视网络传输，卫星传输等方面的过渡方案；(2) 研究我国地面数字电视覆盖频率规划方法及其技术参数，制定我国地面数字电视的频率规划；(3) 研究、制定、完善我国地面数字电视的技术体制和标准；(4) 编制我国地面数字电视示范台、试验台技术方案，建立地面数字电视示范台、测试台，为推广普及提供经验；(5) 自主研制开发数字电视系统设备，推动民族工业的发展。

继续做好直播卫星试验平台工作，进一步完善我国广播电视直播卫星系统总体规划，编制我国广播电视直播卫星系统实施计划，维护我国在国际广播电视专用频段资源方面的权益。

五、大力开展音视频节目的网上广播，扩大广播电视的宣传空间

随着计算机应用的日益普及，因特网作为超越地域和国界的网络，在人们的工作和日常生活中将扮演越来越重要的角色，因特网已迅速发展成为新兴的重要的传播媒体。目前，中央三台以及上海、北京、广东、江苏、山东等地方电台、电视台都设有自己的网站，扩大了宣传的空间和途径。要从战略高度上认识发展网上广播电视的重要性和紧迫性，组织各方面力量，抓紧制定出符合我国国情的网上广播电视发展的总体规划，攻克影视图像节目网上传输的主要技术难题，开发通过互联网向世界播出的网上广播电视体系，使我国广播影视节目能够进入更多国家，尤其是发达国家的主流社会，提高对外宣传的效果。

六、加速技改，调整布局，加强无线传输覆盖与监测

要在“九五”期间技改的基础上，继续推动发射设备及相关设备的技术改造和设备更新，降低能耗，提高效率，改善发射效果，使发射台机房实现自动化。同时，要加强中短波数字技术研究，合理调整布局，采用新制式、新技术，增强发送实力，改善实际收听收看效果。要加强中短波广播覆盖。增加发射功率，解决边远地区、少数民族地区，特别是中波覆盖确有困难地区的覆盖问题。要根据不同国家受众习惯，采取本土定向发射、租机互转、交换节目等方式，扩大我国国际广播的有效覆盖面。

要发挥中央和地方两个积极性，建设和完善广播电视实验网，保证重点地区的实验目标的基本实现；加强广播电视监测网建设，形成准确可靠、功能多样的全国广播电视监测网。要有计划地建成 VSAT 网，作为广播电视安全播出、安全传输的应急备用手段。

七、加强体制创新，积极稳妥地推进网络体制改革和全系统内部管理体制改革

为了确保广播电视的安全传输、防止重复建设，国务院办公厅下发了《转发信息产业部、国家广播电影电视总局关于加强广播电视有线网络建设管理意见的通知》(国办发[1999]82 号)。该通知是当前我国有线广播电视网络建设乃至整个广播电视事业发展、改革、管理的指导性文件。总局已召开两次厅局长座谈会，研究贯彻落实国办 82 号文件精神。

去年 7 月，在上海召开了全国广播电影电视系统内部管理改革座谈会，各省(区、市)要按照会议精神，积极推进系统内部的改革，主要做好以下几个方面的工作：(1)全面推广以事业单位内部成本核算为主要内容的财务制度改革，集中财力办大事，提高资金使用率；(2)在确保安全播出、完成宣传任务的前提下，根据条件对技术设施、传输网络、后勤保障等实行集中管理和产业经营；(3)积极推进除新闻类节目外的其他节目播出与制作的分离，进一步发挥市场机制对节目制作的基础性作用；(4)深化以考核、聘任、持证上岗等为主要内容的用人制度的改革，建立竞争激励机制，促进人才的合理流动。力争在 21 世纪初初步建立起适应社会主义市场经济发展要求的广电系统内部管理体制的基本框架。

八、加强发展战略研究、政策法规和标准研究，加强管理，努力提高队伍的整体素质

要根据我国的实际以及国际广播电视和信息产业的发展走向，加强我国广播电视发展战略、发展规划、改革方向以及技术标准和政策法规的研究，建立广播电视发展战略的研究体系和事业发展的基本数据库，加快广播电视标准的制定，完善广播电视政策法规，严格管理、科学管理、依法管理，促进我国广播电视事业健康有序发展。

我们正处在知识不断更新、科技突飞猛进、世界深刻变化的时代。事业的发展、科技的进步以及体制的创新，关键是人才。必须加强队伍的建设，提高队伍的政治素质和业务素质。要继续发扬自力更生、艰苦创业、勇于奉献、敢于创新的精神，营造尊重知识、尊重人才、崇尚创新的良好机制和环境，发挥全系统广大干部职工的积极性和创造性，为我国广播电视事业跨世纪发展作出应有的更大的贡献。

(摘自《中国广播电视学刊》2000 年第 1 期)

加强电视战略研究的新思路

中国广播电视学会常务副会长　刘习良

大家可能还记得，多年前曾经围绕着新闻是不是一门科学发生过争论。有人主张“新闻无学”。经过讨论，这个问题解决了，多数人认为新闻是一门科学。后来，又有人提出“广播电视无学”的意见，他们认为广播电视只是传播工具，本身不构成一门科学。近年来，陆续出版了一些有关广播电视学综合研究或分科研究的学术专著，广播电视学的学术体系正在形成。依我个人看，广播电视是一门大学问，它属于交叉学科、边缘学科，很值得我们认真研究。

电视学是研究电视传播活动及其规律的专门学科。为了和其他研究电视学分支学科的专业研究委员会做好分工，我觉得，电视学研究委员会应该把研究重

点放在电视战略上。

电视学研委会的领导成员都是各家电视台的台长、副台长、总编或副总编，总之都是各家电视台的领导成员，在开展战略研究上具有独特的优势。

关于电视战略研究问题，我想提出以下几点建议：

一是加强跨世纪电视发展战略研究。我们即将跨进21世纪的门槛。从1998年下半年起，对于21世纪我国电视发展战略研究已经成为电视业的热门话题，围绕这个题目在全国各地召开了多次专门研讨会。在21世纪，全世界以及我国电视业将朝着什么方向发展？这是一个比较难于做出准确预测的问题。但是，如果我们以21世纪前10年为期，就是说，到2010年我国电视可能发展成什么样子，这个题目还是值得大做文章的。

预测21世纪前10年的电视发展状况，并且提出相应的对策，可以有两种做法。学会、高等院校、科研机构的电视理论工作者可以根据他们掌握的国内外情况和数据提出一些发展战略的思路、设想和建议。电视行政管理部门和事业单位的负责同志可以根据他们掌握的国内外情况和数据提出发展战略目标、规划、政策以及具体措施。这两方面的人员得出的结论也许不完全相同，但是可以起到互补作用。而各家电视台的负责同志的独特优势在于你们既直接管理一个或大或小的制作和播出部门，了解本台以及其他台的实际情况，又握有决定重大问题的权力，应该在电视发展战略研究中起到中坚作用。

为了决策全面、准确，我只建议你们聘请几位确有真才实学、敢于直言不讳的电视理论工作者组成“智囊团”。所谓“知识经济”无非是把智慧投入经济运营，从而产生增值效果。搞电视，也是同样的道理，我们要以宽广的胸怀力争把人们的智慧统统纳入我们囊中。

二是着眼于长远目标研究下一步改革措施。关于下一步电视业改革，中央有关部门和国家广播电影电视总局最近发布了几个文件。我仔细阅读了这些文件，感到各家电视台的负责人需要根据文件精神及早考虑本台的改革措施。

文件提出的改革方向多是我们过去曾经思考过而未能付诸实现的。比如，制作机构和播出部门的改革，使部分电视节目进入市场流通；推进地（市）、省级无线电视台和有线电视台的合并，进一步优化资源的合理配置，减少内部矛盾；组建包括广播电台、电视台在内的广播电视集团公司；建立企业化的广播电视网络传输公司；省级电视台向所辖的县级电视台提供一个公共频道节目；逐步推进以成本核算为主要内容的内部管理改革，等等。我认为，这些举措勾画出今后一个时期电视业改革的走向。虽然有些细节还需要进一步明确，但是，大方向已经十分清楚了。面对这样的形势，电视学研究委员会以及各家电视台应该认真探讨共同性的问题。与此同时，现实生活中已经出现的发展变化，同样值得认真研究。比如，到本世纪末基本实现“村村通广播电视”，居住在农村的观众将大大增加，从而改变电视收视群的结构；一些广播电视机构已经组建了上市公司，开始引进实际的“资本运营”；国内外金融机构和其他企业以雄厚的资金介入电视制作业，并且把介入电视业视为新的经济增长点；以“因特网”为代表的第四媒体迅速扩展，既为电视台提供了新的传播渠道，又向传统的电视播出方式提出了挑战；数字化、网络化、信息化已经被确定为技术发展的方向，而且进展迅速，等等。

以上情况说明我国电视业正面临一个新的机遇与挑战并存的局面。如果说在不久的将来电视业管理体制和运行机制将会出现革命性的变化，我以为并非夸大其词。机遇不可轻易放过，挑战必须及时应对。这就为电视学研究委员会以及各家电视台提出了繁重的研究任务。

三是从更高的层次、更广的视角研究电视的总体问题。近年来，电视的理论研究颇有大的进展。无论是基础理论研究、应用理论研究，还是决策研究、史学研究，都出版了不少书籍，发表了不少文章。相比之下，应用理论研究和决策研究比较厚实，而基础理论研究和史学研究显得薄弱一些。这种现象一方面说明我们的理论研究是和实际工作紧密结合在一起的，另一方面也说明我们忙于日常工作，理论准备不足，在理论研究上投入的力量不够。

应该说，由各家电视台组成的电视学研究委员会具有强大的实力，有足够条件组织系统内外的专家学者在更高的层次上，以更广阔的视角研究电视的总体问题。

我建议，电视学研究委员会在“电视哲学”、“电视文化”和“电视美学”的研究上要投入更多的力量。

“电视哲学”，我不知道过去是否有人使用过这个词儿。如果没有用过，就算是我的发明吧。哲学是关于世界观的学说。马克思主义哲学是辩证唯物主义和历史唯物主义。我借用“哲学”这个词儿，是想说明我们要从理论思维的高度来研究电视问题。其中核心的问题是办电视的理念，或者说是办电视的指导思想。我对电视怎么看？我为什么办电视？我按照什么思路办电视？我要把电视办成什么样子？在这些问题上，不要说国内外大相迥异，就是在座的各位恐怕认识也不尽相同；口头说的和实际做了未必完全一致。

“电视文化”近年来谈论得较多。虽然还存在不少分歧意见，但是多数人已经承认“电视文化”是客观存在。电视荧屏集中了社会上各种文化成果，使用了所有传播符号——图像、声音、文字，构成一种形象、直观、生动的独特文化形态。另外，电视对观众的影响越来越大，直接导致社会文化氛围的变化。电视文化本身以及电视文化对社会文化的影响都是值得好好研究的。这种研究是从宏观角度审视电视的现状及其发展前景，综合考虑各类节目和各种传播手段的优劣，对电视的发展具有重要的指导意义。

“电视美学”也是近年来谈论较多的话题。有的专家认为，只有电视剧具备独立的审美价值。对这个论断，我个人表示不敢苟同。美学是人类审美活动和审美意识的经验总结和理论概括。电视文艺和社会文艺并不完全相同；电视中的文化性节目对社会文化形态进行了相当大程度上的改造。这两类节目具备独立的审美价值。电视广告是高度浓缩的艺术创造。至于节目本身是否成功，那是另外一个问题。研究电视美学，可以在更高的层次上探讨电视节目的美学价值，分辨节目的美丑，有助于全面提高节目的艺术质量。

电视研究委员会的研究领域当然不限于电视战略；电视学研究委员会的活动当然也不限于学术研究。我以为，社会团体的生命力在于多搞有益的社会活动。究竟开展哪些活动，先搞哪些活动，后搞哪些活动，都要量力而行，由电视学研委会自主决定。

（摘自《电视研究》2000 年第 1 期）

三、台长论坛

按照“三个代表”要求，繁荣发展电视事业

赵化勇

江泽民总书记“三个代表”的重要思想，高屋建瓴，总揽全局，内涵丰富，是对党的性质、宗旨、根本任务的最新概括，是面向新世纪的党的建设的纲领。在世纪之交，中国电视必须按照“三个代表”的要求，坚定不移地反映和表现中国先进生产力的发展要求，坚定不移地反映和表现中国先进文化的前进方向，坚定不移地反映和表现中国最广大人民群众的根本利益，创造出有中国特色社会主义的电视文化，在新世纪展现新的姿态、新的风貌。

一

中国电视要按照“三个代表”的要求，建设新型的电视文化，就必须始终坚持解放和发展生产力的正确方向，根据经济和社会的发展自觉改革和调整与之不相适应的部分，全面促进电视事业的发展。科学技术是第一生产力，电视是当代先进科学技术的结晶，反映了人类在传播领域的革命性变革。在信息社会，电视信息传播是生产力的一部分。同时，电视作为一种巨大的精神生产力，节目采编制作过程中的智力投入会产生出巨大的社会价值。改革开放以来中国社会生产力的发展，不仅使电视事业获得巨大的发展，也为它的进一步发展开辟了广阔的空间。

生产力是社会进步和发展的最终决定因素。面对 21 世纪，我国的电视事业只有更加敏锐地把握先进生产力发展的特点、趋势和要求，在正确的路线、方针、政策的指引下，建立与之相适应的体制，采取有效的措施，才能真正跟上时代，始终代表先进生产力。电视事业的发展也是如此。我们只有不断提高中国电视的综合实力，不断增强中国电视对于包括精品制作在内的资金保证和支持能力，才能保证电视事业与整个社会生产力的同步发展和持续繁荣。特别是在我国即将加入世贸组织的形势下，繁荣、发展电视事业有着更为特殊的意义。中国电视要应对国际传媒巨头的挑战，自立于世界电视之林，就决不能闭目塞听，固步自封。“发展才是硬道理”。我们要用改革和发展来解决前进道路上的问题，建立和完善符合中国国情的电视事业的运行体制。对电视生产的发展变化茫然无知，就会对整个社会生产力的发展起阻碍作用，就会被时代所淘汰。对此，中国电视人必须有紧迫感和责任感。

同时，我们也应清醒地认识到，电视台不具有国有大中型企业的性质，电视的综合实力决不是它的融资能力和盈利能力。电视的产业经营，决不等于企业化

和商业化。不断满足人民群众日益增长的信息和文化需求,提升全民族的精神文化水平,这才是电视事业的根本任务之所在。中国电视事业的发展,必须坚持正确的政治方向。

二

中国电视要按照“三个代表”的要求,建设新型的电视文化,就必须坚持以马列主义、毛泽东思想、邓小平理论为指导,以培育有理想、有道德、有文化、有纪律的社会主义公民为目标,为发展面向现代化、面向世界、面向未来的民族的、科学的、大众的社会主义文化而竭尽全力。我们必须清醒地看到,在当代世界,科学技术发展日新月异,思想文化相互激荡,先进文化与落后文化、科学与迷信、崇高道德理想与腐朽没落思想斗争仍很激烈。电视作为当今影响最广泛的大众传媒,在为改革开放和社会主义现代化建设提供强有力的精神动力、智力支持和科技保障中,负有特殊的使命,它必须代表先进文化的前进方向。

始终代表先进文化的前进方向,就要求中国电视必须坚持“两手抓,两手都要硬”,弘扬主旋律,提倡多样化。中国电视要坚持“百花齐放、百家争鸣”的方针,在坚持正确舆论导向的前提下,鼓励电视节目在风格、样式、体裁、观念、题材等方面的多样化,以适应社会各个阶层观众在各个方面的需要,不断丰富节目内容和丰富人民群众的精神文化生活。中国电视要不断丰富自身的思想文化内涵,促进电视文化向精致方向发展,处理好社会主流意识形态与商业娱乐形式之间的关系,为社会的稳定繁荣和文明进步不断提供更多的优秀作品。中国电视要始终以形成全社会的共同理想和精神支柱为己任,促进全社会成员树立正确的世界观、人生观、价值观,努力继承和发展中华民族的一切优秀文化传统,努力学习和吸收一切外国的优秀文化成果,坚决摈弃腐朽的、落后的、低级庸俗的文化,抵御境内外一切文化糟粕的传播和侵害。一句话,始终代表先进文化的前进方向,不断推进社会主义文化的繁荣发展,是时代赋予中国电视的神圣使命。

三

中国电视要按照“三个代表”的要求,建设新型的电视文化,就必须将广大人民群众的根本利益置于至高无上的地位,一切从实际出发,关心群众生活,倾听群众呼声,全心全意地为人民服务。中国电视要满腔热情地讲述老百姓自己的故事,永远保持人民群众在电视传播中的主体地位。

我们致力于推进生产力的解放和发展,致力于推进社会主义精神文明建设,归根到底,都是为了更好地代表最广大人民群众的根本利益,全心全意为人民服务。为此,我们的电视宣传,必须坚持实事求是的原则,发挥舆论监督的作用,匡扶社会正义,维护公众利益,同损害人民群众利益的腐败现象进行坚决的斗争。我们应当看到,在世纪之交的历史新时期,我们遇到了前所未有的许多新问题。比如,怎样看待和妥善处理国有企业改革和经济结构调整中出现的下岗问题,怎样密切同广大工人、农民、知识分子的联系,怎样解决基层党组织中出现的瘫痪、半瘫痪问题,怎样遏制腐败现象的蔓延,等等。这些问题,都与能否正确反映和表现人民群众的根本利益有直接的关系。中国电视必须从中国处于社会主义初级阶段这个最大的国情出发,从中国是世界上最大的发展中国家这个实际出发,牢记人民群众是历史的创造者的历史唯物主义的基本原理,纠正和反对电视传播的贵族化倾向。

总之,“三个代表”的思想集中体现了党的根本性质,集中体现了社会主义的性质,是一个紧密联系的整体。生产力是社会发展进步的最终决定力量;文化对经济和政治的发展起巨大作用;创造历史的是人民,人民推动着历史的发展。在当代中国,这三者有机地统一于党领导人民建设有中国特色社会主义的伟大实践。就中国电视而言,要始终代表中国先进生产力的发展要求,就要从中国电视的实际出发,抓住机遇,发展自己;要始终代表中国先进文化的前进方向,就要不断创造和推进有中国特色社会主义的电视文化,弘扬民族精神,始终站在中国文化建设的前列;要始终代表中国最广大人民群众的根本利益,就要体察民情,依靠民智,关心民生,反映民意,谋好民利,顺应民心,确保改革开放的顺利推进和经济社会的健康发展。

中国电视发展的历史说明,中国电视要继续保持永不衰竭的动力和活力,就必须始终坚持“三个代表”的要求,努力表现和反映“三个代表”,把中国电视的根牢牢扎在人民群众之中,扎在社会发展之中,扎在时代进步之中。

在新的历史条件下,按照“三个代表”的要求建设新型的电视文化,既是一项紧迫的现实任务,又是一项长期的历史任务。在这个伟大的历史进程中,电视战线的共产党员特别是党的各级领导干部要当好“代表”。“代表”是方向,是楷模,是希望,是力量。我们一定要在“三个代表”重要思想的指引下,解放思想,实事求是,励精图治,开拓创新,努力把中国电视建设得更加朝气蓬勃,更加坚强有力,更加兴旺发达。

(摘自《求是》2000 年第 20 期)

新千年中国电视的历史方位

赵化勇

相对于其他大众传媒，电视还显得很年轻，特别是中国电视，在2000年到来的时候，才刚刚走过不惑之年。然而，经过改革开放20多年的风雨历程，中国电视以自己的卓有成效的发展成果，成为中国最具可持续发展的一个领域。丰富多彩的中国电视实践，充分证明了中国电视是有理论、有文化、有人才的。电视成为中国的第一传媒，已经是一个不争的事实。以电视新闻为例，相对于世界电视新闻的发展来说，中国电视新闻的起步虽晚，但进步却很快，势头很猛；相对于已有100多年的报纸新闻来说，中国电视新闻的进步神速、影响极大。定期发布的中央电视台的收视率调查结果表明，以《新闻联播》、《焦点访谈》等为代表的中央电视台的一系列新闻性节目，一直高居收视率的榜首，成为最受观众欢迎的一批电视精品栏目。中国电视新闻的迅速崛起和持续繁荣，成为我们考察中国电视历史方位的最佳视角和切入点之一。

一

中国电视是有理论的。中国电视的理论建设经过起步阶段和发展阶段，到今天已经进入到了繁荣阶段，理论自主意识逐渐觉醒，争鸣创新意识不断强化，理论视野越来越开阔，为中国电视事业的发展做出了可贵的贡献。特别是有中国特色社会主义电视理论的确立，使中国电视的理论建设上了一个台阶。无论是从电视的意识形态属性看，还是从电视的学理层面看，中国电视的理论已经有了很大的丰富和发展。

中国电视是有文化的。作为中国电视传播的指导方针之一，弘扬主旋律、提倡多样化是时代进步的内在要求，也是文化发展的内在要求。中国电视坚持百花齐放、百家争鸣的方针，在健康有益的前提下，鼓励电视节目在风格、样式、体裁、观念、题材等方面的多样化，以适应社会各个阶层、观众各个方面的需要，丰富屏幕和丰富人民群众的精神文化生活。中国电视的思想文化力量决不是仅仅反映现代传媒自身的文化品位和层次，更重要的是电视传播会影响到中华民族文化素质的提高。中国电视在处理好社会主流意识形态与商业娱乐形态之间的关系时，把握了电视文化向精致方向的发展，为社会的稳定、繁荣、文明，不断提供更多的优秀作品。毫不夸张地说，中国的电视文化已经成为当代中国文化发展中的一道十分亮丽的风景。

中国电视是有人才的。从相对的意义上说，这是最值得我们自豪的地方。因为，“世间一切事物中，人是第一个可宝贵的”。中国电视可持续发展的关键所在和内在动力，在于电视传播中最活跃的因素——电视人的现代化。相对于人类悠久的大众传播历程，相对于壮怀激烈的新闻记者的历史，中国电视队伍是年轻的，但又是幸运的。相对于历史承载显得过重的报纸和广播，电视较少有“历史遗留问题”，电视工作者或许缺少“光荣传统”，但也因此而没有历史重负，他们更宜于突破和创新。更重要的是，中国电视事业的大发展恰逢改革开放的黄金时期，特别是社会主义市场经济的发展，为中国电视提供了高速成长的生态环境。电视工作者解放思想、实事求是，抓住机遇而不是丧失机遇，开拓进取而没有因循守旧，在20世纪中国人民前进道路上的第三次历史巨变中，担当着时代弄潮儿的生动角色。

二

中国电视在20世纪下半叶的迅速发展，为21世纪中国电视的可持续发展作了必要的理论准备、文化准备和人才准备。

今天，没有人怀疑中国电视已经取得的巨大成果和综合实力。然而，当我们站在21世纪的制高点上时，我们没有任何值得骄傲自大的理由，我们必须清醒地看到中国电视所面临的严峻挑战，我们必须有明确的历史方位。

从国际环境看，全球广播电视垄断集团的形成以及对全球的文化渗透，构成了对我国广播电视的严峻挑战。目前，随着中美有关我国入世谈判的成功，我国加入WTO已是时间问题。国际电视竞争日益激烈，发达国家电视正在实施争夺亚洲电视市场的战略，重点想进入中国市场。一旦我国加入世界贸易组织，它的《基本电信协议》要求开放国内电信（广义）市场，意识形态领域内的渗透侵蚀就会堂而皇之地进行。从我国现行的广播电视业情况看，一旦境外电子媒体大规模进入,不仅缺乏抵御渗透的能力,一些小的广播电视台连生存的能力可能都成问题,更谈不上进入世界舞台驰骋。

从国内环境看,我国的新闻传媒正面临着从数量规模型向质量效益型的转变,电视走外延发展、效率低下的路子的现象,再也不能继续下去了。中国电视长期存在的“散”、“乱”问题,成为现阶段电视事业发展的一个严重障碍。从宏观的角度看,中国电视事业发展中存在的结构失衡、力量分散、重复建设、效益不高、资源浪费等问题,严重制约了中国电视事业的健康发展。在不久的将来,电视业管理体制和运作机制将出现革命性的变革,中国电视体制上的制度变迁已不可避免。这同样是不以人的主观意志为转移的。

从技术层面上说,电子传播技术发展一日千里,作为第四媒体的因特网的异军突起,形成了对传统传媒的强有力的挑战。目前,许多发达国家正在紧锣密鼓地筹划电视网、电脑网并入公用信息网的“三网合一”的庞大社会工程,整个人类的信息传输,将呈现一幅前所未有的壮丽图景。

在这些挑战面前,我们的基本态度是:解放思想,实事求是,抓住机遇,发展自己。

首先,我们要始终不渝地坚持解放思想、实事求是的马克思主义的政治路线、思想路线和组织路线,遵循江泽民同志在中共十五大报告中指出的这样一个基本点:“一定要以我国改革开放和现代化建设的实际问题、以我们正在做的事情为中心,着眼于马克思主义理论的运用,着眼于对实际问题的理论思考,着眼于新的实践和新的发展。”我们一定要坚持辩证唯物主义和历史唯物主义的基本原则,对于束缚电视生产力发展的东西,对于不适应电视生产力发展的生产关系和上层建筑,对于处于探索阶段的新的实践和新的理论,我们的判定标准是邓小平同志的“三个有利于”。我们坚信:没有探索,没有创新,没有不同实验的比较和不同意见的讨论,我们的事业就没有生气。

其次,我们必须从中国现在处于并将长期处于社会主义初级阶段这个中国最大的国情出发,从中国是世界上最大的发展中国家这个实际出发,去考虑和制定中国电视的发展方向和发展战略,去考察和分析中国电视的价值取向和现实道路。中国电视一定要将人民高兴不高兴、赞成不赞成、答应不答应、拥护不拥护作为自己安身立命的根本所在,决不允许初级阶段最大国情的电视歪曲,满腔热情地讲述老百姓自己的故事,永远保持人民群众在电视传播中的主体地位。

我们必须从增强中国电视的可持续发展的支撑力和综合实力的高度,探索电视的产业化和集团化问题,用创造性的实践,去开辟具有中国特色社会主义电视事业的发展道路和模式。21世纪,我们将面对的是经济一体化的世界,地球村的信息传播特点将更加明显。我们要扩大我国电子媒介在国际上的影响力和竞争力,就必须探索电视产业集团的可行性和运作方式,按照市场经济规律优化电视的资源配置,讲究投入产出,加强科学管理,为电视传播的健康、有序、持续发展提供强有力的资金保证,全面适应社会主义市场经济的发展。我们要在坚持正确的舆论导向和正面宣传为主的前提下,积极开展电视媒体公有制,实现形式多样化的探索,破除制约电视发展的种种旧观念和旧模式,在自我积累、自主建设、自主发展的过程中,让中国电视的综合实力上一个更大的台阶。

(摘自《电视研究》2000年第1期)

展示整体实力　树立大台风范

——在中央电视台奥运报道总结表彰大会上的讲话(摘要)

赵化勇

第二十七届悉尼奥运会,是本世纪最后一次全球性体育盛会,是中国体育健儿在奥运赛场奋勇拼搏、为国争光的盛会,也是我台展示整体实力、树立大台风范的良好机遇。中央电视台从8月25日开始,陆续派出108人的报道队伍前往悉尼,对第二十七届奥运会进行了及时、全面的报道。

一、第二十七届奥运会宣传报道工作概况

此次奥运宣传报道是中央电视台有史以来奥运会转播规模最大、最复杂的一次,租用了亚洲2号和太平洋174度两颗卫星,动用了4个演播室,前方在国际广播电视中心(IBC)租用了380平方米的工作区,搭建了悉尼IBC主演播室和悉尼港实景演播室,在比赛现场

设立了单边注入点，实现了CCTV-1、2、5套节目全天播出或并机播出。

从1999年9月15日第一期《直通悉尼》节目开播到今年10月13日《奥运健儿西部行》节目播出，我台奥运会宣传共播出了584小时17分的节目，直播了160场比赛，录播了30场比赛，制作新闻826条（995分钟）、专题节目210期（6392分钟）、播出晚会两场（170分钟）。我台互联网站体育频道、《悉尼2000奥运专辑》分别发布了67条音、视频报道，图片新闻300余条。

二、第二十七届奥运会宣传报道工作特点

（一）认真贯彻中央的有关宣传精神，坚持"以我为主、兼顾其他"的方针，弘扬了爱国主义精神

在赛事的转播中，我们对中国队获得的28枚金牌的比赛全部进行了直播，奏国歌升国歌的颁奖仪式也无一例外地以直播的方式呈现给观众。在赛事的解说和评论中，着力弘扬运动员顽强拼搏、为国争光的爱国主义精神和对自身超越、对极限挑战的奥林匹克精神，激发了全国人民的爱国热情，振奋了民族精神。对奥运比赛中取得重大突破的其他各国选手，我们也给予了特别关注，让广大电视观众欣赏到了世界高水平的体育竞技比赛。整体报道做到了鼓劲不施压、热情支持不冷嘲热讽、实事求是不盲目加温。

（二）充分准备，开拓创新，精益求精，奉献精品

此次奥运报道综合运用悉尼IBC主演播室、悉尼港实景演播室、赛场单边注入点以及北京本台内大演播室，初步实现了"多角度、多层次、全方位"的报道目标，在频道的整体优势发挥上，在节目制作和新技术应用上，都有所创新和突破。

1. 报道的全方位、立体化。前期铺垫、赛事集中报道、后续报道相互贯通，增强了报道的完整性；我台互联网站、中国电视报与电视节目多种形式相互配合，在电视节目中又集新闻、专题、直播、音乐电视、大型晚会、大型报告会等形式互补、互动，形成了报道的整体合力。

我台的全面奥运报道分为三个阶段：前期报道9月14日转播女足比赛，《五环夜话》9月1日至15日推出了15期特别节目，邀请各参赛项目的教练员、运动员及官员展望奥运前景，解析金牌悬念；奥运期间报道，9月15日至10月1日，我台奥运频道对奥运会进行集中报道，一、二套节目现场直播部分重要场次比赛，一套黄金时间播出专题节目《直通悉尼》；后续报道，对中国奥运代表团抵京、江总书记会见奥运代表团、奥林匹克星——欢迎中国奥运健儿凯旋主题晚会、奥运会中国体育代表团报告会、奥运健儿祖国西部行等重要活动进行报道。

我台互联网站9月14日推出新版体育频道，把奥运报道放到了首要位置，并在显要位置及时发布并更新比赛新闻及我台播出信息，及时推出奥运奖牌榜。体育频道还专门设置了独家音视频报道，突出了中央电视台网站的特点，每天的平均访问人数为12万人，平均停留时间为6～7分钟；页面的平均浏览量为50万；平均点击数为750万。

中国电视报发挥电视特色，在奥运期间开辟4个专牌，全方位介绍我台投入奥运报道的情况，介绍赛场消息，预告电视播出信息；引导观众收视，在观众和电视之间架起沟通的桥梁。

2. 奥运频道的整体优势得到充分发挥。奥运频道以轻松、娱乐、辉煌为总基调，节目类型包括新闻、专题、比赛实况、节目预报、精彩回放 、评论等多种样式，编排浑然一体。奥运新闻在悉尼主演播室以多种手段实行动态播报。每天早7点至8点，《奥运晨风》在北京演播室播报前一天的奥运精彩回放、国内各界评述、当天赛事指南，以及与悉尼港实景演播室进行双向交流。随后的赛事转播以中国队有望夺金的项目为龙头，运用悉尼港实景演播室整体包装全天赛事，展示当天奥运赛场全过程。除现场直播或实况录像外，还穿插有节目预告，精彩回放和专家、记者、中国体育代表团官员的评述，节目丰富多彩。21点至22点为后方新闻类娱乐互动节目《悉尼猜想》。22点至次日凌晨2点，重播当日的精彩比赛。这样的节目编排既发挥了前后方的不同优势，又增加了频道的整体性，满足了不同层次观众的需求。

3. 新闻直播窗口与悉尼演播室对接，及时全面报道当天赛事。在一套节目《新闻联播》、《新闻30分》和《晚间新闻报道》中，实现直播窗口与悉尼演播室对接，及时报道当天奥运战况。对中国运动员夺冠的消息，除在各套节目迅速飞字幕外，还安排在各档新闻中及时播发。《晚间新闻报道》中，体育新闻增加至15分钟，放在第一档播出。

4. 专题节目注重纵深报道，并推出全新的新闻类娱乐节目《悉尼猜想》。综艺类节目继续发挥特殊的作用。《奥运晨风》以新闻、评论、收视指南为主，内容丰富，形式新颖，信息量大，指导观众关注奥运会赛场热点。《直通悉尼》制作了大量分析节目，增加奥运报道深度，注重挖掘运动员奋勇拼搏、为国争光的爱国主义精神和集体主义精神。作为对前方奥运报道的延伸和补充，后方推出的《悉尼猜想》是一档全新的新闻类娱乐节目，它每天紧扣赛事，以竞猜活动为主要表现形

式，以开放的话题和轻松娱乐的风格吸引观众看奥运、谈奥运，其新颖独到的形式、及时快捷的新闻特性、丰富广博的内容和贴近观众、与观众同步互动的特色吸引了广大观众。据初步统计，节目共接到“168 观众热线电话”140 多万人次，网上点击约 130 万人次。

5. 应用新技术，开通前后方信息通讯系统，成功播出虚拟广告。此次转播，我台在北京和悉尼之间开通了两条 128K ISDN 拨号数字电路，在悉尼设 10 部台内分机电话、两部台内分机传真、两条 64K 网络联网专线，悉尼报道中心可以通过台内分机随时与北京台本部联系，为前后方顺畅的通讯联络提供了良好的基础技术保障。

我台还成功播出虚拟广告。虚拟广告是电脑技术与电视相互融合的产物，使用便捷，且不占用实际播出时间。本届奥运报道中，我台首次通过卫星线路成功插入虚拟广告。

(三)围绕宣传中心，前后方密切配合，各工种团结协作，确保了安全播出

此次奥运会的成功报道是团结协作的结晶，各工种以宣传为中心，采、编、制、播互相协调，全台节目、技术、行政和后勤系统的 20 多个部门密切配合，充分发挥了集体合力。

奥运办公室充分发挥协调作用，增强服务意识，保证了节目方案的落实，下设的总值班室 24 小时值班，截止到 9 月 30 日，共接听记录了 6400 多位观众拨打的奥运热线电话，实现了信息的快速反馈。

奥运赛事直播多，情况多变，而且此次转播日程及播出时间、套数安排复杂，节目更改大，技术部门与播出导演密切配合，根据节目变化及时调整更改，并飞字幕进行预告，保证了转播的顺利进行。据不完全统计，奥运期间共下达各种节目变更单和直播通知单 360 余张，但前后方密切联系，主动沟通，互相补台，工作无一失误。

技术部门制定、实施了完善合理的总体技术方案，并根据报道需要，对几个演播室系统进行了较大的结构性调整，确保了播出、解说、收录、插入随机性广告节目等各项功能的正常实现。

(四)宣传与经营相互促进，社会效益与经济效益均获丰收

由于此次奥运宣传报道及时准确，信息量大，节目的收视率明显上升。在奥运广告期间，奥运频道的平均收视份额达到了 18.26%，超过第一套节目，奥运频道在北京的平均收视份额更是达到了 21.09%；奥运频道在上海并没有落地，但在奥运期间，奥运频道的平均收视份额达到了 4.69%，很多上海观众自己添置了解码器来接收奥运频道，观看奥运比赛。我台奥运报道对观众的吸引，使其他各套节目奥运期间的收视份额也由 9 月上旬的 27.47% 冲高到 42.81%，这在平时是从来没有达到过的。奥运节目取得了很好的社会效益。与此同时，在奥运广告推广过程中，面向市场，加强针对性，坚持“媒体与客户、节目与广告双向互动，共同发展”的思路，强化奥运品牌效应，拓展节目边际效益，取得了良好的经济效益。

三、再接再厉，不断努力

全面的奥运宣传报道工作已经结束，党和国家领导人以及广大电视观众对我台此次报道总体给予好评，认为我台的奥运报道准确、及时、精彩、信息量大，非常成功。这是对我们工作的肯定，也是对我们今后工作的鞭策和鼓励。我们一定要牢记我们代表的是中央电视台，一定要全心全意为广大观众服务。在肯定成绩和经验的基础上，要多找问题与不足，不能因为取得成绩而骄傲自满，固步自封。我们要敢打硬仗，表现我们的志气，要能打硬仗，表现我们的实力，要善打硬仗，不断总结提高我们的能力。

此次的奥运报道也是我们中国中央电视台与外国媒体在节目质量、新闻速度、管理水平、人员素质等方面整体实力的一场较量。我们取得了一定的成绩，但也要清醒地意识到，我们与一些国际大台仍存在较大差距，我们一定要树立开拓创新理念，勇于改革，勇于创新，为把中央电视台建设成名副其实的一流国际大台而努力奋斗。

(摘自《电视研究》2000 年第 11 期)

做好政治工作　促进电视改革

刘宝顺

中央电视台是党和政府的喉舌，要把握正确的舆论导向，没有正确的指导思想来统帅，没有一批忠于党

的事业，在政治上同中央保持高度一致的队伍，是不可能宣传好党在各个时期的路线、方针、政策的。从这个角度看，我们加强党的思想建设和组织建设，尤其是加强党的思想政治工作至关重要。

一、注重政治理论学习，学会自觉运用邓小平理论指导在宣传战线做好党务工作的本领

1999年中央17号文件指出，要“把用邓小平理论武装全党、教育干部和人民，作为思想政治工作的首要任务”。电视事业多年来的实践证明，正是在邓小平同志倡导的“一切从实际出发，实事求是，理论联系实际”的思想路线指导下，电视工作者才不断解放思想，改革创新，才取得了今天的成绩。对中央电视台的干部来说，学习好邓小平理论，一要解决人生观、价值观、世界观的问题；二要解决正确把握舆论导向问题；三要解决电视事业持续发展的问题。

学习理论、武装思想，是保持政治上清醒的重要基础，任何时候也不能放松。在社会主义市场经济条件下，人们的信念、信仰，思维习惯、道德观念，乃至价值观、人生观、世界观都出现了多元化的取向，一些人重物质轻精神，重实际轻理论，重个体轻集体，重利益轻奉献等问题给党的思想政治工作提出了新课题。所以党的工作就必须适应这种变化，在把握邓小平理论实质和精髓的基础上，密切联系电视改革实践中的理论和实践问题，增强工作的针对性和实际效果，创造性地开展思想政治工作。一方面要学习，一方面要多做调查研究工作，摸清当前社会的动态、职工的思想状况，有的放矢地做好工作。同时要掌握科学知识，将思想教育工作科学化、知识化、现代化。要明确党的工作的目标，找准自己的工作位置，更好地承担起专职党务干部的职责。

二、围绕中心任务，学会将思想政治工作紧密联系宣传实际的本领

把党的路线、方针、政策落到实处，具体地说，就是把邓小平理论、把中央的精神与职工的思想工作实际和中心任务紧密结合起来，抓落实，讲实效。

机关党委的工作之所以具有吸引力和持续的生命力，就是因为将党的工作与各项业务工作，特别是宣传工作结合了起来。比如，抗洪抢险期间，党委的人去前线慰问，北约轰炸南联盟时，党组织把工作做到出国人员的家里。对此，职工很满意。这样党组织就会有威信，就会有感召力。

三、把细致的思想工作与解决职工的实际问题结合起来，学会凝聚人心的本领

加强思想政治工作，必须既讲道理，又办实事，这两者缺一不可。党的工作要避免空洞说教，要多做得人心、暖人心、稳人心的工作。每个时期要有针对性地开展思想政治工作，不断把握职工的思想变化，他们在想什么，有什么困惑，工作和家庭中间有什么困难，你要摸清了，就能有的放矢地解决问题。所以，要把解决思想上的问题和解决实际问题结合起来，要把为电视宣传服务与为职工服务结合起来。特别是对平常毛病比较多的同志，找他们谈心，做一些引导工作，这样才能体现党组织的关怀，党组织的温暖。这既是党的优良传统，也是新时期对思想政治工作的新要求。

四、把党的队伍建设的重点放在培养年轻干部身上，学会当好“阶梯”的本领

各级党务部门有一项重要任务，就是注意发现并重点培养年轻骨干，使我们的事业后继有人。年轻人在业务上、思想上都有进取心，思想比较活跃，所以要正确引导，给他们压担子，使他们在实践中得到锻炼。事业是发展的，干部应该一代胜过一代，如果一个干部怕他周围的人、怕他下级超过他，那事业就不会发展。所以甘于当阶梯的思想非常重要，干部要主持正义，主持公道。对于一些正直、厚道的，老老实实、勤勤恳恳工作的同志，一定要给予支持、给予肯定、给予机会。对个别不把心思放在工作上，搞歪门邪道的人要引起警觉。至于有些同志有点小毛病、小缺点，要及时提醒，帮助解决，创造条件让他改正。

五、把各级组织建设成坚强的领导核心，学会利用并发挥组织优势的本领

从事党的工作的同志，自身的表率作用至关重要。干部自身要非常严格地要求、规范自己。任何时候都要身先士卒、严以律己、宽以待人。各级党组织要结合不同时期、不同部门、不同岗位、不同任务，区别各类人员开展思想教育工作。使我们周围的同志都能够树立坚定的信念，都能严格遵守党的纪律，严格遵守台里的各项规章制度。

六、善于把握党务工作规律，学会调查研究、总结经验的本领

当前的思想政治工作环境仍然很复杂，如果不牢

牢把握党务工作规律,不深入实际进行调查研究,仍然难以收到很好的效果。所以要不断解放思想、实事求是,要深入基层,要做调查研究,去了解新的历史时期思想政治工作新的情况、新的问题,寻找新的思路、新的对策,创造出新的办法、新的经验,这样才能使我们党的工作充满生机和活力。党的工作也要创新,年年都是那一套也不行。只有我们干一行、专一行,才可能摸索出新的规律。

七、深入基层、潜心工作,学会真抓实干的本领

要做到真抓实干,很重要的一条是思想政治工作不能放松。对"法轮功"的斗争就证明了这一点。这块阵地我们不去占领,敌对势力就会占领。因此,要发挥党的思想政治工作的优势,通过党员的工作,凝聚团结队伍。专职党务干部,不能仅仅局限于做党的工作,其他方面的工作也要做,这样才有生命力。

为宣传中心服务,把思想工作与解决职工的实际问题有机地结合起来等等,都是行之有效的工作方法,要继续发扬和保持。在新的时期还要研究人们的心态,掌握职工心态的变化和要求,要调动广大职工的积极性。我们一切工作的落脚点,最终都是要最大程度地调动广大职工的积极性,形成一种合力,共同完成党的宣传任务。

八、要善于学习、拓宽知识面,学会自我充实、提高本领

当前高科技的迅猛发展,对从事党务工作的同志提出了新的要求。我们不能只局限于理论上的学习,还要拓宽自己的知识面。在宣传部门工作,就要大概懂得宣传的一些基本的、基础性的知识;在技术部门工作,对技术上的一些基本概念、基本操作规范,要了解;在职能部门工作,对各方面的管理要有所了解。这样才能把党的工作渗透到业务工作中去。

党的十五大通过的党章中明确指出:党的基层组织是党在社会基层组织中的战斗堡垒,是党的全部工作和战斗力的基础。党的工作能不能做好,关键在基层党组织的作用发挥得如何;基层党组织工作开展得好不好,关键在我们各级组织的专职或兼职党务干部。

中央电视台的思想政治工作是极其重要的。因为中央电视台不但是精神文化领域的重要阵地,担负着武装人、引导人、塑造人、鼓舞人,激励全国人民齐心协力进行社会主义现代化建设的任务,而且自身也要做好思想政治工作,这样才能保证更好地发挥中央电视台的作用和职能。希望大家在实践工作中多开动脑筋,不断摸索,寻找出一整套适合于中央电视台在新的历史时期的党的工作方法,与思想政治工作条例结合起来,使工作有新的特点和起色。

(摘自《电视研究》2000年第2期)

加强科学规范管理,促进电视事业发展

刘宝顺

2000年是历史性的一年,是承前启后的一年,也是中央电视台全面推进事业改革走向更大发展的关键一年。在21世纪到来的时候,党和政府对我们台寄予着更高的要求和更大的希望,即在不久的将来,中央电视台要跻身于世界级大台的行列。为此,台分党组强烈意识到加强管理工作的必要性,千方百计地使管理工作更加科学、规范、严格。为了实现科学管理、规范管理、依法管理,使全台各项工作做到有章可循,依法办台,人事办会同台内相关部门,历时一年多,将全台各级机构设置及其职权范围、主要岗位职责等材料编辑成册,同时还收录了几年来各中心(室)、部(处)关于行政管理工作的一些好经验。这是一件非常有意义的基础性工作。

1998年以来,根据中央编委和国家广播电影电视总局关于对中央电视台机构改革的批示和要求,我们逐步建立健全和完善了台、中心(室)、部(处)三级管理体制,对台内机构及各自职能关系作了较大幅度的调整,基本理顺了职能部门之间、业务部门之间和职能部门与业务部门之间的工作关系,较为合理地划分出各自的管理权限,取得了初步成果。应该说,自1998年机构调整以来,各中心(室)、部(处)在内设机构的合理设置、职权界定、功能划分等方面均比以前有了较大的

进步。这些工作有力地促进了中央电视台各项事业的发展。但是，我们也应该冷静地看到，同党中央和广大人民群众对中央电视台的期望和要求相比，同把中央电视台早日建设成为与我国综合国力相称的世界级大台的目标相比，我们的管理工作还不能完全适应事业发展，还有许多需要不断改进的地方。我们需要将江泽民同志提出的“三个代表”精神作为我们的办台之本、宣传之基，去努力贯彻和实践。而在办台中明确方向、准确定位、明确职责、规范运作，则是做好管理工作的先决条件。本书的编纂，将会促进和推动我台管理工作在走向科学化、规范化、制度化的道路上又迈出一大步，为深化我台的行政管理体制改革奠定更为坚实的基础。

知识经济时代的到来必将推动电视事业的迅猛发展，同时我国即将加入 WTO 也将为我台提供前所未有的发展机遇和新的挑战。从某种程度上说，依法行政、科学管理已成为决定我台在世界性竞争中能否取胜的一个重要因素，因为矛盾转化的关键是内因而不是外因。只有练好“内功”，整合资源并形成合力，才有可能在竞争环境中不断占据优势。行政管理是一门学问，将伴随着事业的发展而不断推陈出新。中央电视台在近几年的行政管理工作中，大胆实践，努力探索，积累了很多有益的经验，制定了一系列切实可行的规章制度，本书的编印也是对这些经验和成果的一个集中和总结，为中央电视台更加科学、规范的管理提供了依据和借鉴。希望全台各级管理人员要认真学习，严格遵守。

本书在编制的过程中，由于种种客观原因，可能会有一些疏漏与不足，正如整个电视事业的发展一样，需要在不断发展的过程中，结合出现的新问题进行检验、修正、补充和完善。同时，我们也应该认识到，这本书的出台仅是我台依法行政的重要步骤或基础工作之一，大量繁重复杂的管理任务需要各级领导去承担和落实。我相信，只要全台各级各部门的同志共同努力，在工作中做到既照章办事，又开动脑筋，不断发现问题和解决问题，那么，我们就能够逐步建立起一个办事高效、运转协调、行为规范的现代化电视行政管理体制，更好地为电视宣传服务，为电视事业的健康发展服务。（此文为《中央电视台机构设置和岗位职责》一书的序言）

（摘自《电视研究》2000 年第 9 期）

交流与合作是加深了解的有效途径

——在 2000 年亚洲娱乐与传媒大会上的发言

张长明

主席先生、各位嘉宾：

我很荣幸有机会参加此次大会，也很高兴能和大家谈谈中国中央电视台与各国电视传媒合作制作电视节目的情况。这里，我谨代表中国中央电视台台长赵化勇先生，代表我的同事们，向主席先生、向各位来宾表示衷心的感谢。

50 年前，中华人民共和国刚刚建立的时候，中国还没有一台电视机，更没有一家电视台。半个世纪后的 1999 年当新中国庆祝 50 周年华诞的时候，全国的电视机拥有量已达 3.5 亿台，电视观众达 10 亿人。电视已成为中国人民生活中的一个重要组成部分。

中国的第一家电视台，即中国中央电视台诞生于 1958 年，此后的 20 年间，中国电视事业发展比较缓慢，国际间的交流与合作也很少。1978 年中国实行改革开放后，中国中央电视台开始有了蓬勃的发展。如今，它已成为中国规模最大、实力最强的电视台，拥有员工近万名，播出 9 套节目，每天节目播出总量达 160 小时，其中有 3 套节目的信号采用数字压缩技术通过国际通讯卫星覆盖包括亚洲、西太平洋、非洲、中东、美洲和欧洲等全球 98% 的陆地和海洋。

一

中国中央电视台一贯重视和发展国际间的交流与合作，特别是近 20 年来，中国中央电视台与世界各国电视媒体的合作交往日益加强，合作规模逐渐扩大，合作领域不断拓展。到目前为止，我们已与全世界近 60

个国家的电视媒体签署了合作协议。

70年代末，我们与日本广播协会NHK联合摄制了大型专题系列片《丝绸之路》(1979)。

80年代中期，我们与德国国家电视台WDR联合制作了文艺晚会《北京—波恩之夜》(1987)；与美国广播公司ABC联合录制了文艺节目《音乐桥》(1988)；与日本东京放送TBS联合摄制了大型纪录片《望长城》(1989)。

进入90年代，我们与世界各国电视传媒的合作全面拓展，合作方式呈现多样化态势。从1990年起，我们与泰国正大集团联合创办了固定栏目《正大综艺》；1995，与美国映佳集团联合创办了固定栏目《每日佳艺》；1997年，与加拿大国家电视台CBC联合制作了《枫雪桑梓情——'97多伦多华人华侨春节晚会》；1999年，与法国电视一台TF1合作直播了娱乐竞技节目《城市之间：巴黎—北京》，与奥地利国家电视台ORF联合制作了《音乐家舞台》。

跨入2000年，我们参加了英国广播公司BBC主办的环球联播《今日2000年》；与澳大利亚国家电视台联合制作了《上海—悉尼　跨越2000年》交响音乐会。

以上列举的只是一些比较大型的合作项目，实际上中国中央电视台与各国电视媒体的合作还有很多，合作的领域涉及新闻、娱乐、体育、青少、教育等各类节目。

二

近几年来，国际电视传媒业许多实力雄厚的大公司都看好中国广阔的市场，他们当中的一些高层人士纷纷前来与中国中央电视台洽谈，寻求合作。仅1999年一年前来我台访问的就有：美国新闻集团董事长默多克先生、美国时代华纳集团副董事长特纳先生、美国有线新闻网总裁汤姆·约翰逊先生、迪斯尼国际公司总裁罗特·艾格先生等。

随着中国改革开放的进一步深化和经济、科技的发展，今后这类交流与合作的机会将会越来越多，前景更为广阔。对于这些合作与交流，我们的态度是积极的。我们愿意本着互惠互利、共同繁荣的原则与世界各国的电视同行们开展广泛的合作与交流，在合作中发挥各自的优势，取得双赢的效益，同时，也在合作中加深了解，增进友谊。

三

各国电视传媒与中国中央电视台合作的领域是多方面的，合作的模式也可以是多种多样的。目前已有的方式大致有以下几种：

1. 合拍节目：双方共同投资联合摄制节目，节目完成后双方通过各自的渠道播出、发行，版权归双方共有；

2. 协拍节目：外方出资在中国摄制节目，中国中央电视台提供相关的协助，节目版权归外方独有；

3. 合作栏目：外方提供节目素材，中国中央电视台负责编译、包装、合成，节目定期在中国中央电视台频道中播出，广告收入双方按比例分成；

4. 交换节目：双方互相提供节目，以对等的原则在各自的频道中播出，取得的收益按比例分成。

5. 合作大型演出：双方联合组织、录制或直播大型文艺演出活动，双方按比例承担各自相关的费用。

除以上这些方式外，我们也愿意与各国同行们共同探讨其他的合作方式。

中国需要了解世界，世界也需要了解中国，而积极推进中外电视媒体之间的交流与合作，正是加深彼此了解的有效途径。中国中央电视台作为中国国家电视台在对外交流与合作中有着独特的优势。希望我的演说能引起大家对中国电视的兴趣以及与中国中央电视台合作的兴趣。

谢谢主席先生，谢谢大家！

(摘自《电视研究》2000年第6期)

分清对象　荟萃精华

——1999年度中国彩虹奖(电视)获奖作品评析

张长明

电视对外宣传报道的根本任务就是全面、准确、及时地把我国的真实情况传播出去，让世界全面地了解中国。长期以来，活跃在电视外宣战线上的电视工作者一直致力于既坚持全面、完整地贯彻党和国家的对内、对外政策，引导国际舆论正确地了解中国的改革开放和社会主义现代化建设，又注重研究海外观众的欣赏习惯和审美要求，增强报道的艺术性。因此，电视对外宣传报道的节目质量和艺术水平都有了长足的发展。可以说，电视对外宣传报道已成为我国对外宣传工作的重要组成部分，为增进世界对中国的了解，树立和维护社会主义中国的良好形象作出了贡献。

1999年度中国彩虹奖（电视）对外电视节目评选取得了圆满成功。同以往相比，节目质量有所进步，制作日趋成熟，节目的整体水平明显高于往年。无论新闻节目、专题节目，还是文艺节目，在针对性、时效性、深刻性、多样性和主动性上都有不同程度的提高，给评委留下了深刻的印象。

对象性更加明确　针对性有所加强

过去，我们的对外节目一个比较突出的问题是对象不明、针对性不强。内外不分、内外兼顾的情况比较多。电视外宣如不能认清对象，区别对待，那么，宣传报道就没有特色、没有说服力和良好的效果。应该看到，影响对外报道效果的最大问题就是对象问题。电视对外宣传报道要淡化一个“宣”字，突出一个“外”字。针对性是对外报道的关键。我们既要分析对外报道的服务对象，又要研究他们的爱好和兴趣点，以及社会制度、历史背景、文化传统、价值观念、宗教信仰以至生活方式、思维方式、语言习惯等诸多方面的不同。因为我们的外宣报道面对的是世界200多个国家和地区，只有找准了我们的观众对象群，才能把我们的报道做深、做透。这次的节目反映出我们搞外宣的电视工作者心目中的对象是明确的。我们的电视外宣对象包括华人、华侨受众，台港澳地区受众和中国境外的世界各国受众。这次参评的节目在报道中注重了以事实说话、以道理服人。这种用大量的事实进行客观、平实介绍的节目使人能够理解、接受。如中央电视台制作的《两岸风云》，就是运用真实的历史资料阐明海峡两岸分割的历史背景以及中国共产党为实现祖国统一所做出的努力。全片用事实本身的力量去影响和打动观众，引导他们去自己思考和判断，从而发挥了影响舆论的作用。

选题广泛　以情感人

这次参评作品的选题范围比较宽，海外华人、华侨和外国人关心的有关中国的话题基本上都有涉猎。其中既有对重大事件、重大活动、重大决策的报道，也有对海外普遍关心的如宗教、人权、民族、环保，以及改革开放、社会进步发展等情况的反映，而且，在手法上，注重以客观的视角，平实的风格，如实地进行报道。比如，中央电视台制作的《民众评说“两国论”》、《驻南使馆烈士遗体归国》、《十一世班禅》，都是重大题材，都是被国际社会普遍关注的。这些节目以客观的角度、纪实的手法反映了我国的立场，批驳了国外一些反华言论，维护了国家的尊严，有力地参与了国际舆论的较量，树立和维护了社会主义中国良好的形象，发挥了外宣工作应有的作用。

这次的许多节目还把眼光投向了当代人类面临的一些具有共同性的话题上，如广西电视台的《伙伴》、内蒙古电视台的《没有缝完的蒙古袍》、上海电视台的《我的潭子湾小学》、黑龙江电视台的《卡缅情愫》、内蒙古电视台的《迁移》等作品反映了民族、环保、社会变迁、人和自然与社会如何和谐相处等问题。这些问题不仅当代中国人必须面对、必须思考，而且，世界上许多民族、许多国家也都面临着同样的问题，同样地寻找着解决问题的方法。这些带有人类共性的话题，挖掘了人类思想、情感的深层内涵，因而，具有很强的感染力。比如，《没有缝完的蒙古袍》，它讲的是一个蒙古族家庭的故事。这家四代女人都缝制过蒙古袍。作品反映了她们从最早的手工操作到后来发展成开公司、办时装表演的心态变化，不但揭示了蒙古族文化丰富的内涵，而且，还反映出主人公顺应时代发展、勇于创新的时代精神。又如《伙伴》，故事叙述得非常流畅，富有情趣。它以普通人的视角，客观、平实的笔触，表现了人与人、人与自然和谐相处的动人故事。我们的外宣节目，还要体现一个“情”字。“人情味”是电视对外报道不可缺少的一环。它是增加可视性的重要因素。只有以情感人，才能深得人心。

制作精良　手法多样

电视节目对外报道是以世界电视激烈竞争为大背景的。参与国际竞争，不但要有充实的内容、恰当的选题、真实的情感，还要以精致的制作作为依托。只有内容和形式、思想性和艺术性完美结合的作品，才能赢得观众的信赖，才能与国际接轨，参与国际竞争，在国际电视节目市场占有一席之地。

这次参加中国彩虹奖（电视）评奖的作品，评委们一致认为在制作上的总体水平有较大提高。不论摄影、灯光、音响、音乐、解说，还是拍摄技巧和镜头语言的运用，都体现出精制作、细加工的特点。节目的拍摄手法比较丰富，拍摄角度多变，镜头讲究。比如，《十一世班禅》，这个节目是国际关注的重大宗教题材，作者以纪实的拍摄手法、客观的角度介绍了十一世班禅从出生、金瓶掣签、坐床以及成为十一世班禅的学习、生活情况。其拍摄手法的纯熟、画面的讲究、音响的丰富逼真，以及富有感染力的播音，都是专家所公认的。又如，上海东方电视台制作的《聚焦上海——大个子帕特里克》，选点巧妙，富于变化，充分地展现出主人公的鲜明个性和敏锐的洞察力。全片拍得鲜活、拍得轻松。

电视对外报道，一定要持之以恒地推行精品战略。无论是栏目还是节目，都要出精品。只有高质量的电视节目才能产生良好的宣传效果。有了良好的宣传效果，才可以谈得上有国际竞争力，才可能发挥强大的舆论引导作用。

发展不均衡　影响待加强

虽然这次参评的节目可谓琳琅满目，节目内容也更丰富、更生动，体现出外宣节目整体实力比以往有了很大提高，但是，总的看，“一条腿粗，一条腿细”的情况还是没有得到根本改变。具体表现在：中文节目多、外文节目少；专题类节目多、新闻类节目少。

对于我们的外宣工作来说，最直接、最广泛地深入到外国主流社会的观众中间去是我们的目标之一。因此，用海外观众熟悉的语言和易于接受的方式进行对话就成为一种必需。而中文节目的覆盖率毕竟有限，难以进入国外的主流社会，这不利于发挥我国舆论的影响力，加强我国在世界舞台的声音。因此，增强非中文语言节目的制作力量、提高制作节目的水平、理顺相关的管理体制、加强中央电视台和地方电视台的全方位合作、保障制作队伍的协调发展，是今后外宣工作亟待解决的问题。

这次评选还反映出了一个问题，就是新闻类节目少，只占全部节目的23%。而且，消息类新闻较弱，有些新闻从严格意义上来说并不是新闻。不论从品种(消息、报道、评论)上，还是从数量上，新闻节目与专题节目相比都显得有些失衡。应该看到，在我们的对外宣传报道中，产生影响最快的是新闻，它是电视外宣的重中之重。因此，我们应该加强日常新闻节目的制作，增加新闻节目的数量，提高新闻节目的水平，调整整体节目结构。要看到，我们的外宣工作相对于西方敌对势力的舆论攻势，力量还不够强大，声音还不够响亮，影响还不够深远。因此，我们必须认清形势，联合全国电视外宣的各方面力量，发挥整体优势，形成合力，进一步提高电视对外宣传报道的竞争力，进一步提高外宣工作的水平。

赵化勇台长(中)和张长明副台长(左)在节目录制现场

概 况

一、2000年中央电视台宣传工作概况

2000年，中央电视台牢牢把握正确舆论导向，全面贯彻中央精神，紧紧围绕经济建设中心，认真做好宣传工作。一方面出色完成了中央交办的各项重大宣传任务，领导出访报道、“两会”报道、“三个代表”宣传、揭批“法轮功”、舆论监督等报道任务受到好评；另一方面积极开拓，努力尝试新的节目形态，丰富节目内容；继续推进频道专业化，深入研究栏目特色化，努力建构节目精品化，使全年的电视屏幕呈现出精彩多样的特点。

(一)将加强和改进思想政治工作宣传当作全年的宣传主线，高度重视，长抓不懈

紧紧围绕党在新形势下“两手抓，两手都要硬”的方针，牢牢把握“坚定信念、振奋精神、弘扬正气、积极进取”的宣传基调，坚持以促进改革开放、推动经济发展为主题，从正确认识机遇与挑战入手，结合中央几项重点工作，加大了思想政治工作宣传力度。宣传中，注重针对新时期的新形势开展工作，强调研究新形势下的新问题，以新的形式将思想政治工作真正做到群众的心中。报道中注重连续性、时效性、典型性、贴近性、生动性、准确性，显示出其他媒体无法替代的优势。

继3月份在《新闻联播》中开辟“强化思想政治工作”专栏后，在每天的新闻等节目中，都对思想政治工作做充分报道，相继又推出了“时代楷模”等系列专栏，形成了强大的宣传声势。

江泽民总书记“三个代表”重要论述发表之后，中央电视台联系实际，有的放矢地展开配合宣传，报道工作同邓小平理论的宣传紧密结合；同当前的经济建设、改革开放宣传紧密结合；同精神文明建设和加强改进思想政治工作宣传紧密结合；同“三讲”教育的宣传紧密结合。在《新闻联播》等栏目中，充分阐述“三个代表”的重大意义，及时报道全国各地、各行各业学习江总书记“三个代表”重要讲话的情况。

此外，为做好配合宣传，还分别在一、二、八套节目中播出了一系列弘扬爱国主义精神，歌颂改革开放，展示新人新风尚的优秀电视剧，如《钢铁是怎样炼成的》、《女子特警队》、《突出重围》、《光荣街十号》、《嫂娘》、《一代廉吏于成龙》等。

(二)贯彻党的十五届五中全会和中央经济工作会议精神，为经济建设大局创造良好舆论环境

2000年，是“九五”计划实施的最后一年，也是经济改革攻坚的关键时期。全台相关节目紧扣国企改革和三年脱困、西部大开发、“八七”扶贫攻坚、中国加入世贸组织等热点问题，展开了重点报道。

结合国企改革和三年脱困进展，一方面报道企业改革和脱困典型，另一方面继续探讨国企改革方略。《新闻联播》中播出了“决战中的辽宁国企”等系列报道，在《焦点访谈》中播出了“面对差距，奋起直追”等节目。

配合中央西部开发战略的实施，《新闻联播》中组织了《西部迎春》等系列报道；经济类节目推出了《西部纪行》、国庆特别节目《财经西北行》、《井深情浓》西部找水特别节目及2000科技下乡直播节目；专题类节目在一套黄金时间播出了5集纪录片《中国大西北》；海外节目中心联合12省区电视台，共同制作了120集大型系列节目《到西部去》，以中、英文两种版本分别在中、英文两个频道及央视网站同步播出，形成了规模效应；《东西南北中》等文艺类栏目也推出了相应的系列节目。此外，还与全国妇联、北京市政府在人民大会堂联合推出了“情系西部——共享母爱”大型义演晚会——《世纪爱心》。

《新闻联播》从9月19日开始推出系列报道《继往开来话“九五”》，热情讴歌“九五”成就，展望“十五”未

来。节目报道范围涵盖了我国社会、经济、文化的各个重要层面,从鲜活的新闻事实出发,形象生动,说服力强。党的十五届五中全会期间,新闻报道从"发展是主题,结构调整是主线,改革开放和科技创新是动力,提高人民生活是根本"等四个方面,全面准确地阐述了党中央"十五计划建议"的精神,及时有效地配合了全国各界深入学习十五届五中全会精神的需要。

此外,还对全国范围内的反腐倡廉、打假、打黑除恶等重点工作进行了充分报道,为维护社会稳定,促进经济发展营造了良好的舆论氛围。

(三)集中兵力,打好宣传攻坚战

在完成元旦、春节、"五一"、"八一"、国庆等节日宣传报道的同时,全台各部门加强合作,圆满完成了几项重点宣传工作。

1. 精心组织"两会"报道

"两会"报道围绕和平统一、西部开发、国有企业改革、农业结构调整、再就业与社会保障及民族、宗教、人权等热点问题进行了充分报道。在编排上,将重要新闻"化整为零",压缩单条新闻长度,提高新闻含量。在报道形式上,强化会内与会外结合,代表委员与群众结合,现场声、同期声与解说词结合,使报道呈现出立体化格局,内容丰富,生动精彩。

2. 保持揭批"法轮功"的宣传声势,坚持不懈地做好揭批"法轮功"邪教的宣传。工作中充分认识到揭批"法轮功"邪教斗争的长期性和艰巨性,报道内容主要包括:继续揭批"法轮功"的邪教本质及其罪行;对做好原"法轮功"练习者思想转变工作情况作充分报道;积极宣传健康文明的生活方式,宣传科学思想,提倡科学精神;报道国外打击邪教情况。

3. 做好奥运会的宣传报道工作

对第二十七届奥运会的报道是历年来规模最大的一次。奥运期间,加强了体育频道的整体包装,以"奥运频道"命名,凸显频道整体意识,制作体育大片,延长新闻点,扩大新闻量,以纵深力度,充分展示我国体育健儿在奥运赛场奋勇拼搏、为国争光的风采,展示世界最高水平竞技大赛的动人场景。奥运会结束后,中央电视台还举办了大型文艺晚会《奥林匹克星》,并对"奥运健儿祖国西部行"报告会进行了充分报道。

4. 迎接新世纪

在新世纪到来之际,全台的整体宣传以"胜利迈向新世纪"为主题,唱响祖国颂、社会主义颂、改革开放颂。元旦前夕,第一套节目黄金时间播出了大型文献纪录片《世纪》,第二套经济生活服务节目重点安排了"2000 年中国经济年度人物"等特别节目,国际频道推出了特别节目《世纪关注》,英语频道推出了《世纪回响》等系列报道。突出宣传我国"九五"期间所取得的建设成就和基本实现"小康"的情况,介绍我国"十五"发展计划的主体内容,绘制新中国 21 世纪的美好蓝图。

在成功举办《相逢 2000》特别节目的基础上,推出了 10 小时特别节目《新世纪》。以回顾百年历史,展望未来蓝图为主题,力求从关注百姓话题的角度出发,在拓展主题深度、广度上有一个新的突破。

5. 澳门回归一周年宣传报道热烈、隆重

在庆祝澳门回归一周年期间,各套节目积极配合,烘托出了喜庆热烈的节日气氛。新闻节目中重点报道了江泽民总书记在澳门参加澳门回归一周年的相关活动,《新闻联播》、《中国新闻》、《新闻 60 分》等栏目都对澳门回归一周年的成就进行了充分报道;《焦点访谈》、《东方时空》、《中国报道》及英语频道也播出了相应的特别节目。12 月 20 日当天,第四套节目组织了现场直播《新澳门　新纪元》特别节目,第一套节目晚上黄金时间播出了《流光异彩濠江情——澳门回归一周年中央电视台"心连心"艺术团赴澳门演出》。此前,《欢聚一堂》、《中国音乐电视》等栏目也播出了为庆祝澳门回归一周年而制作的文艺节目。

6. 加大对外宣传力度

根据中央部署,结合当今国内外形势,全台调动各方面力量,以国际频道改版和英语频道正式开播为契机,围绕台湾、人权、民族宗教、西藏等热点问题,结合"中国文化美国行"等重大活动,加大了对外宣传力度。对台节目播出时间由每周 60 分钟增加到每周 160 分钟,《中国新闻》从 3 月 16 日起推出百集系列报道《台湾百问》,《新闻联播》、《英语新闻》、《中国报道》等栏目也重点播出了大量新闻和分析报道,对"台独"分子给予有力批驳,为祖国统一大业造了良好的舆论。同时,通过加强与境外合作机构的联络与服务,落地工作也取得较大进展。

此外,对中央领导人的各项重要活动、中央召开的一系列重要会议、经济特区成立 20 周年、"八一"建军节、中国人民志愿军抗美援朝出国作战 50 周年等重要活动也作了充分报道,推出了《半个世纪的回响》等重点节目。

(四)精心组织大型直播、特别节目和电视大赛,不断提高节目品质

在以往成功进行重大政治性直播的基础上不断拓展直播领域。其中,新闻节目中心组织了《2000 年全国高校网上录取现场直播》、《源头的呼唤——青海三

江源自然保护区成立仪式现场直播》、《北京老山汉墓挖掘现场直播》、《2000 钱塘江潮直播特别节目》、《穿越 2000 挑战极限——环太湖世界特技飞行大赛现场直播》、《第三届中国(珠海)国际航空航天博览会开幕式及飞行表演现场直播》;社教节目中心成功完成了《为了九亿农民的健康》120 分钟的直播;广告经济信息中心直播了以“绿色农业”为主题的 2000 年科技下乡活动。通过总结大量直播的经验,直播节目的运作正日趋规范化。

现场直播三江源自然保护区成立仪式

除现场直播外,各中心的特别节目也各具特色。社教节目中心《半边天》栏目在“三八”节推出了大型互动式谈话类节目——《我们的一个世纪》,《读书时间》在世界地球日播出了 60 分钟特别节目《我们只有一条长江》,在中国记者节制作了大型访谈性节目《中国记者》,《当代工人》在“五一”推出了 60 分钟特别节目《劳动是美丽的》,《今日说法》在国际禁毒日推出了 50 分钟特别节目《2000 禁毒备忘录》,在特区成立 20 周年之际推出了大型专题节目《历程》。6 月 1 日国际儿童节,青少节目中心在第一套节目从 8:00 至 22:00 成功播出了 12 个小时特别制作《我们的世纪》。中央电视台第一套节目黄金时间段全天属于孩子,这在中国电视史上还是首创。海外节目中心完成了《到西部去》、《统一的好处》、《黄河神韵》、《世纪中国》等大型系列节目 50 项。文艺节目中心完成了到福建莆田、长春一汽等地的七次“心连心”慰问演出活动。同时,科技、卫生、文化三下乡活动也进行得有声有色。

在各类大赛中强调创新。第九届全国青年歌手电视大奖赛、“荣事达”杯电视节目主持人大赛、首届全国电视舞蹈大赛、第四届全国儿童音乐电视大赛等,在比赛内容、比赛程序设计、组织实施形式方面都进行了较大的改革,在社会上引起强烈反响。

本着精办晚会的原则,除元旦、春节等重大节日晚会外,还成功举办和转播了一系列高水准的晚会节目。如:“为中国喝彩”系列之三——伦敦泰晤士河之夜大型音乐歌舞晚会、第六届中国艺术节、中国南宁国际民歌节、第九届金鸡百花电影节开幕式、上海国际艺术节、《同一首歌》文艺晚会、《2000CCTV-MTV 音乐盛典》、中韩歌会、2000 年维也纳新年音乐会、第五届全国电视“金童奖”颁奖晚会等。

在 2000 年国际、国内众多评奖活动中,有 6 个节目获第十届中国新闻奖,14 个节目获中国广播电视新闻奖,50 多个剧目分别获得第二十届全国电视剧“飞天奖”的各个奖项;80 多个栏(节目)获得第十四届全国电视文艺“星光奖”的各个奖项;23 个节目获得中国“彩虹奖”电视节目奖。在第十八届中国电视“金鹰奖”评选中,在 5 大类 7 个最佳奖评选中,获得 6 个最佳。在“神农奖”、“金牛奖”的评选中,获奖节目分别占总数的一半以上。有 10 部影片分别获得中国电影“金鸡奖”、“华表奖”评选中的 14 个奖项。有 3 部影片、1 首音乐电视作品分别在德黑兰第三十届国际教育电影节、匈牙利国际艺术节等国际影视作品评选中获奖。

10 月 25 日至 29 日,在上海电视节上,总编室与中国国际电视总公司精心策划,实施了一系列主题活动,以声、光、电、影视与图书资料展示等不同形式,大力推介中央电视台形象,同时重点宣传和推销《长征》、《孙中山》、《猫咪小贝》等 10 多部各类节目,吸引了国际国内众多参展商。

(五)频道专业化改革成效突出,宣传管理力度进一步加大

2000 年是中央电视台频道专业化改革力度最大的一年,本年度相继对一、二、三、四套节目进行了改造;正式推出了第九套节目;完成了第五套节目的改版方案;第七套节目的改版方案也正在酝酿之中。

2 月 7 日,第四套节目改版,推出了以《新闻 60 分》、《走进台湾》、《世界华人》、《语林趣语》、《东方时尚》和《真情》等为代表的新栏目。改版后频道定位更加明确,以新闻和新闻性节目为主导,以文化类节目为支撑,突出对台特色,服务海外华人。改版后节目首播量增加,时段安排更加合理,进一步突出了新闻节目的主导地位,加大了对台宣传的力度,自办栏目更加规范化,同时汇集全台优秀节目。

7 月 3 日,改版后的第二套节目经济生活服务频道正式推出,加大了经济生活服务类节目比重,对原有名牌栏目的播出时间进行了重大调整,新推出的栏目如《证券时间》、《证券之夜》、《互联时代》、《开心辞典》、《为您服务》、《健康之路》等更具平民性和服务性,节目

的实用性、服务性和娱乐性得到了全面提升，为观众构建了一个便利的经济生活服务信息网络。

9月25日，英语频道(CCTV－9)正式开播，从每天传送17个小时增加到24个小时不间断播出。英语频道突出对外特色，以新闻为主，每个整点都有新闻。除各档综合新闻外，还有国际新闻、亚洲新闻、财经报道、文化报道、体育新闻，以及一周新闻回顾、热点话题访谈等栏目，各档新闻实行滚动播出。在新闻节目的采访、编写、制作、编排、播出包装等方面都力求与国际接轨，适应海外观众的收视习惯。

11月27日，第一套节目改版，以新闻栏目为重点，电视新闻杂志《东方时空》从早晨6:00至8:30，以全新面孔出现在观众面前；《新闻30分》节目增加了3分钟新闻播报时间；在17:00时段新创办的25分钟国际新闻栏目《国际时讯》顺利首播。这三档新改版和创办的节目，加上于周末调至晚间黄金时段播出的《实话实说》等新闻评论节目和原有节目，使第一套节目呈现出全新的节目格局，新闻特征和新闻含量更加突出，为中央电视台新闻频道的建立奠定了基础。

12月8日，第三套节目改版。此次改版遵循了“弘扬优秀文化、重在文化品位、汇集文艺精华、注重社会效益”的宗旨，在保持原有节目优势的基础上，立足于实现频道专业化、栏目个性化、节目精品化的目标。突出了几大特点：频道整体节目时长增加，特别是首播黄金时段的节目时长明显增加；坚持横向连贯、对位重播的节目安排方法，方便观众收看；提升了频道的文化品位；在加强频道娱乐性的同时，保持了民族艺术和高雅艺术类节目的适当比例。此外，为强化频道个性，第三套节目还推出了一系列新的频道整体包装。

“心连心”共扬一汽红旗

体育频道的改版准备工作也已全部完成，于2001年1月1日推出。此次改版重点体现增加播出时间，提高节目质量，给特定观众群以特别安排的特点。

电视剧频道认真总结改版经验，适当调整节目比例、播出时段和栏目设置，改善了节目质量和收视率，推出了《大明宫词》、《农家十二月》、《北京女人》、《今生是亲人》等较受欢迎的电视剧作品。

在推出专业化频道的同时，也创办了一批个性鲜明的新栏目，如《国际时讯》、《三星智力快车》、《对话》、《开心辞典》、《同一首歌》、《走进台湾》、《台湾百科》、《天下足球》等，推出后获得观众好评。

二、2000年中央电视台技术工作概况

2000年，中央电视台技术部门积极配合全台宣传工作，确保节目安全播出和设备设施的安全运行，积极扩大节目生产能力，切实加强技术管理，大力推进新技术的普及应用，取得了良好的效果。

（一）安全播出创最好成绩，节目制作能力显著增强

全台9套节目播出总时间为62010小时(其中直播时间3550小时，近2500次)，全年节目播出的总事故率19.08/百小时，停播率2.57秒/百小时，播出时间有所增加，事故率和停播率大幅度降低，安全播出取得了历史最好成绩。节目制作的能力和水平进一步提高，全年技术系统各工种提供节目制作时间总量达98.35万小时，与过去几年相比都有较大幅度的增加。技术保障和技术服务的水平进一步提高，保证了全台宣传工作的开展和日常办公的顺利进行，与此同时还积极实施了多项重点工程项目的建设，技术系统的保障能力和运行水平获得新的提高和加强。

（二）实施专业化的技术保障，确保重大宣传活动顺利完成

技术部门积极配合各节目部门圆满完成了“春节联欢晚会”、“青年歌手电视大奖赛”、“悉尼奥运会”、“钱塘江大潮”、“珠海航展”、“太湖特技飞行表演”、“北

京国际马拉松赛”、“心连心慰问演出”等多项重要电视转播报道任务的技术工作,在设备、人员和各项技术服务方面都提供了可靠有效的技术保障,出色地完成了宣传报道任务。

(三)大力推进新技术的普及应用,数字化改造成果显著

根据广电总局的统一要求,将9套电视节目的卫星传输全部改为数字压缩方式;新闻制播系统进行了全面的数字化改造,目前已经竣工,即将投入使用;600平方米演播室系统也进行了全数字化的技术改造,改造后的系统在技术质量大幅度提高的同时,运行可靠性也大大提高;配合第九套节目的正式开播,建成了无磁带化的英语新闻编辑、制作、播出系统;这些都是数字化改造的几项重要的标志性的工作,通过这些工作的实施,使中央电视台技术系统的能力和水平得到新的加强和提高。

在台里的统一领导下,技术部门还专门组织有关的技术人员进行了中国广播电视音像资料馆(中央电视台部分)的工艺设计技术概要的编制工作,工艺设计的技术要求已经提供给广播电视音像资料馆的设计和施工单位,并在施工过程中参照工艺设计要求进行了部分修改和调整,以满足今后的使用要求。

(四)加大技术投入,提高设备能力

2000年度新建系统及系统更新的设备购置项目41项,其中重点项目9项,在年内已经完成的有5项,包括互联网站技术改造和系统扩充、新闻制播系统的数字化改造、600平方米演播室数字化改造等。在项目实施的过程中,技术部门加大了技术设备管理、工程项目管理力度,对每一个项目的技术方案、系统构成、设备选型、数量配置、工程进度、投资控制、质量检查、竣工验收、资料管理的整个流程实施全面规范化管理,使设备管理和工程管理走向规范化、科学化,在质量提高的同时,效益也在增加。

(五)加强互联网建设,促进开展网络宣传

技术部门主动配合和支持网络事业发展部筹备组开展工作。投入大量的资金和设备,完成了中央电视台国际互联网站点的信息制作系统和发布系统的技术改造和系统扩充,并且实现了发布系统主机在中国电信托管,出口接入带宽扩大到100M,为扩大网络宣传的影响和效果,推动和促进中央电视台国际互联网事业的建设创造了良好和充分的技术条件。

(六)合理调整节目卫星覆盖,提高卫星节目信号质量

由于数字压缩技术不断成熟,同时也针对目前存在的中央电视台卫星节目重复覆盖的问题,在保证节目套数有所增加、技术质量继续提高的前提下,对第四套节目在亚太地区的卫星覆盖进行了调整,采用数字压缩技术,将一个转发器只传输CCTV-4一套节目,调整为传输CCTV-3、CCTV-4、CCTV-9三套节目,提高了转发器的利用效率,同时使CCTV-9刚一开播,即可在亚太地区实现落地。中央电视台全球覆盖的卫星调整工作也在进行,技术磋商和商务谈判工作已经完成,将从过去的4颗卫星4个转发器调整为3颗卫星3个转发器,整个卫星覆盖调整工作完成后,将增加节目传输的套数,提高节目传输的效率和质量,并每年可为台里节省资金600万美元。

(七)重视技术交流,着力技术革新

全台开展的各项技术培训、交流、研讨活动,在规模、水平和技术含量上都有相当大的提高和突破。组织的各项大型技术交流活动,由于准备充分、主题突出、技术含量高,受到各方面的一致肯定。在开展技术交流活动中,注意提高质量、突出实效,从主要进行产品宣传向重点介绍新技术和新知识方向转变;从少数专家仅仅介绍技术理论概念向大家共同探讨技术应用和普及的方向转变,收效明显。在台内,针对技术设备不断更新,在设备的操作和维护上遇到不少新问题的情况,技术部门根据不同设备和不同使用对象的具体需要,有针对性地开展了多项(次)专门的技术讲座及培训,通过培训注意解决工作中遇到的疑难问题,取得了很好的效果。

(八)贯彻技术标准,严防技术事故

技术部门在着力提高技术质量和运行效率的同时,注意在工作中加强技术标准的贯彻执行,在新设备的选型、新系统的验收当中,以保证技术质量为主要的目的,突出技术手段的作用。为有效地保障播出安全,对播出数据管理系统进行了技术改造,与台内网进行了隔离;还加强了对于相关技术标准的宣传、贯彻和制定工作,组织召开了电视中心制作播出系统相关标准宣传贯彻会;针对播出事故的发生,组织召开了播出事故分析会,并起草下发了电视节目直播系统安全播出程序;另外还组织进行了EPG(电子节目指南)软件的汉化工作等。在技术标准的制定方面,由于成绩显著,荣获了国家广播电影电视总局颁发的“中国广播电影

电视系统标准化工作先进集体”荣誉称号。

(九)强化管理手段,狠抓质量管理

技术部门在强化管理措施、完善管理手段、加大管理力度上做了许多工作,技术质量管理得到明显加强。一方面坚持对制作完成并即将播出的节目进行重点的技术抽查,另一方面不断规范节目制作和播出的技术标准和管理规程,并且结合电视制作工艺的改革和设备性能指标的发展变化,修订了电视节目技术质量奖奖励办法。在2000年下半年进行的全国电视节目技术质量奖的评选中,获一等奖4项、二等奖3项,居全国各电视台之首。同时,台内也开展了年度节目技术质量评奖工作,有力地促进了节目技术质量水平的普遍提高。技术部门还配合全台改革要求,制定并提出了一些技术系统改革的措施、计划和构想。完成了技术系统工作流程和管理制度(第一部分)的编撰工作,并已在2000年5月下发全台技术系统各部门执行。

三、2000年中央电视台党政工作概况

2000年,中央电视台充分发挥行管会的作用,发挥集体的积极性和创造性,提高了民主决策和科学决策水平,提高了行政管理工作质量和效率。行政职能部门认真贯彻落实台分党组的各项工作部署和要求,紧紧围绕电视宣传,夯实行政后勤工作基础,大力提倡规范服务、专业服务和优质服务,勤政务实,不断创新,为中央电视台完成重大宣传任务、实施各项改革举措提供了有力的行政后勤保障,也为带动提高全台的行政管理水平作出了积极的贡献。

(一)加强信息调研,推行规范服务

台办室加强信息调研,增加工作主动性。台办室注意提高服务意识,重点抓好信息调研服务,给台领导决策当好助手。从8月1日起,对台《工作日报》进行了改版,在信息的“准、快、实、多”上下功夫,建立起完善的信息管理网络和信息员队伍。在加强内部信息收集整理的同时,台办室还牵头组织完成了台制播制度改革调研报告。加强了全台办公业务管理,出台了评比标准,使中央电视台办公业务工作进一步规范、科学、严谨。2000年,经过台办室多方努力,实现了“日报早投”,最大限度地满足了台内对当日重要信息的需求。事业发展调研处在挖掘培养台内调研人才的同时,注意利用社会调研机构,召开多个专题研讨会,完成了三个大型调查报告,从节目、技术、管理以及国际媒体的集团化和产业化趋势等方面对世界电视传媒进行了全方面的比较分析,为今后的调研活动积累了大量数据资料。

为维护中央电视台合法权益,规范合同及知识产权管理,法律事务人员立足于为全台宣传工作服务,利用法律武器,依法处理了33起中央电视台涉诉或有关纠纷案件,维护了中央电视台的根本利益及声誉。从年初开始,在全台实施新的合同管理办法。同时修订格式合同,已形成20多份完善的格式合同。还参与了“奥运会中央电视台独家报道权问题”等十余个重大项目谈判,加强了对知识产权的管理,尤其是对名牌栏目商标注册工作进行了调研。由于几年来在普法教育和法制宣传方面成绩突出,被评为广电总局系统“三五”普法先进集体。

加强治安保卫,妥善接待上访人员,加大消防监管力度。综合治理取得明显成果。全年无重大治安刑事案件,消防工作连续几年被广电总局和北京市评为先进单位。台内环境卫生、绿化美化成效明显,饮食服务质量进一步提高,职工生活更加便利。外事管理逐步规范,来访满意,出访顺利。共接待团组142批612人,出访团组251批1748人次。到2000年底,向全台职工出售住房1962套,建筑面积16.9万平方米。共收购房款1.2亿元。

(二)加快机构和人事制度改革,建立适应需求的内部机制

2000年,出台了《中央电视台机构设置及主要岗位职责》,为加强科学规范管理奠定了基础。根据中央电视台发展的实际情况,在第九套节目正式推出时,对海外节目中心的相关部门进行了调整,组建了英语频道编辑部,率先实行频道总监负责制,频道总监负责该频道的所有工作,制片人直接向总监负责。减少了中间环节,有利于提高工作效率,同时,取消了制片人的行政级别,为今后在全台试行制片人制打下基础。

为了进一步拓宽用人渠道，根据中组部、人事部《关于党政机关推行竞争上岗的意见》、《党政领导干部选拔任用工作暂行条例》的有关规定及广电总局人教司的指示精神，对台处级干部的任用制度进行了改革试点，选定团委书记职务进行竞争上岗试点，为下一步在较大范围内实行干部竞争上岗积累了宝贵经验。

人事部门还在2000年改变聘用人员续聘管理办法，将续聘工作与聘用职工年度考核相结合，提高中央电视台的人事管理水平。健全组织机构，加强播音员、主持人管理。改进接收大学毕业生办法，主动出击，选拔吸纳优秀人才。建立健全社会保障体系，逐步建立和完善以失业、医疗等为重点的社会保障体系，进一步完善失业保险工作，逐步增加商业保险覆盖面。完成职称评聘及相关工作，建章立制，使职工教育培训更加规范化，制定和下发了《关于学历教育的暂行规定》、《关于公派出国留学的暂行规定》、《关于职工岗位培训的暂行规定》，使广大职工参加各类学习培训有据可依，也为整个培训工作提供了可靠的制度保证。认真做好老干部工作，落实《中华人民共和国老年人权益保护法》，充分发挥老同志作用，落实老干部的政治待遇和生活待遇。加强离退休人员党支部建设，逐步做到老同志“自我教育、自我提高、自我管理、自我服务”。2000年又完成红莲、甘家口、五棵松三个老干部活动站的建立，原有的三个活动站被广电总局老干部局评为先进活动站。全台形成了一个敬老、尊老、支持老干部工作的氛围，使中央电视台老干部真正做到“老有所养，老有所乐，老有所为，老有所学”。许多老同志都认为生活在电视台真幸福。

(三)加强队伍思想建设，保证和促进电视宣传中心工作的完成

2000年，台机关党委以中央思想政治工作会议精神为指导，认真落实广电总局及台加强思想政治工作的实施意见，把“三个代表”论述的学习作为加强党员队伍思想建设的重要任务，保证和促进电视宣传中心工作的完成。要求基层单位结合电视事业发展和本单位改革现实，对全体党员、干部职工进行共产党员先进性的教育；围绕全台深化改革，把思想政治工作的创新贯穿党的工作的各个环节；落实中央思想政治工作会议精神，认真检查全台思想政治工作责任制落实情况。把党的思想政治工作和解决职工实际问题紧密结合，通过党团工会各级组织办实事，解难题。特别是认真做好“法轮功”人员的思想工作，深入细致不歧视，耐心帮助不厌烦，巩固成果不反弹，效果显著。为防止“法轮功”痴迷者冲击中央电视台，同时加强对全台职工的教育，台分党组主要抓了三个方面的工作：一是采取周密的保卫措施，确保节目安全播出和台内良好的工作环境；二是充分发挥基层党组织的作用，各级党组织和行政领导及时做好本台原“法轮功”练习人员的思想政治工作，巩固教育转化成果；三是采取多种形式开展唯物论、无神论等科学思想学习活动，并组织一些健康向上的文娱体育活动。通过全台同志的努力，台内没有出现异常情况，确保了宣传任务的完成。

新闻节目中心记者谢力、汪成健在
海拔6000米以上的普若岗日冰原采访

(四)加强基层党组织建设，发挥党团员模范带头作用，增强队伍凝聚力

台分党组认真组织“三讲”回头看，并顺利通过总局验收。各级领导班子和领导干部通过“三讲”教育，进一步增强了政治意识、责任意识、大局意识，从而有力地保证了2000年所有重大宣传任务的圆满完成。配合“三讲”回头看、“三个代表”论述和五中全会精神的学习，台党委及各单位党组织及时组织处以上干部、总支支部委员、宣传一线的编辑记者参加“许志功学习研究宣传邓小平理论先进事迹报告会”、“学习宣传贯彻五中全会精神邱晓华辅导报告”、“新时期共产党员的模范作用”、“学习小平党建理论提高干部素质”等多场报告会。

结合学习“三个代表”的论述，以强化党员的党性意识、保持共产党员先进性为主题，做好2000年的党员民主评议工作，共评出台级先进党支部18个，优秀党员行政领导干部15名，优秀共产党员58名，优秀党务工作者50名。其中2个党总支、15个党支部、47名党员、17名党务工作者被评为广电总局先进；中央电视台机关党委被评为1998—1999年度广电总局先进基层党组织。

台党委还通过在奥运会前方报道组成立临时党

委，举办入党积极分子培训班，加强基层团组织建设，进一步发挥共青团员的作用。成功组织喜迎千年和庆新春系列活动、2000年职工摄影展、第三届职工田径运动会、首届CCTV杯职工乒乓球比赛、参加中直系统足球联赛等活动，增强了电视队伍的凝聚力和战斗力。同时，内部宣传教育工作也成效显著。利用制作和播出闭路电视专题片，制作学习资料节目、宣传橱窗、电视生活报、党内通讯等方式积极开展内部宣传教育，取得较好的收效。

（五）认真总结经验，促进党建工作

中央电视台党的工作经过多年实践，各级基层党组织积累和创造了许多新思路新做法，有效地推动和促进了全台党的工作的开展。一年中，党、团、工会和基层党组织在进行一系列调查研究的基础上，认真总结分析，撰写了《认真贯彻落实中央思想政治工作会议精神，努力将中央电视台思想政治工作推上新台阶》、《中央电视台思想政治工作调查报告》等十几篇文章。各基层党委、中心总支也配合中组部与中直工委有关调查，对本单位党的工作、思想政治工作进行了总结、回顾，共同探讨和思考了加强与改进党的工作的重点、难点问题，对于有的放矢开展党的工作，进一步提高党建工作水平起到了重要作用。

（六）纪检监察工作以狠抓舆论导向为根本，坚持标本兼治，全台反腐败工作和党风廉政建设取得明显成效

2000年台纪检监察部门把严肃政治、宣传纪律，保证正确舆论导向作为反腐败的首要工作进行部署落实，与总编室等部门共同研究草拟了《中央电视台违反政治纪律、宣传纪律责任追究暂行规定》、《编辑记者外出采访规定》，加大了维护政治宣传纪律，保证正确舆论导向的廉政教育力度和惩处力度，树立了政治纪律、宣传纪律是全台各项工作生命线的意识。同时以反腐败三项任务为重点，全面落实领导干部廉洁自律的各项规定，制定并下发了《中央电视台局级以上领导干部配偶、子女个人经商办企业有关规定》，对全台局级以上干部配偶、子女经商办企业情况进行了检查。全年压缩会议64个，节约资金约500万元，清理自用小汽车669辆。对各单位民主生活会进行了检查指导，对新上任的5名中心主任进行了廉政谈话。加强监督检查，严肃党纪政纪，对全年收到的141件各种形式的群众举报进行了核查处理，重点查处了违反政治纪律、宣传纪律、失职渎职以及经济违纪行为，给予5名同志党纪政纪处分。巩固精神文明示范单位成果，加大了治理有偿新闻等行业不正之风的力度，针对有偿新闻出现的新问题扩大治理范围，规范政府采购制度，对“收支两条线”进行检查监督，试行“会计委派制度”。全面推行党风廉政责任制，组织全台15个中心及4个下属单位与台长签订了《党风廉政建设责任书》。在年中、年末对各单位执行情况进行了严格检查，并选择试点，层层推进。还利用胡长清、成克杰等重大典型案例在全台开展了警示教育，编辑出版了《电视廉政论》、《廉洁自律制度汇编》，拍摄制作了廉政教育电视片，举办了三场廉政法制讲座。坚持标本兼治思想，在充分调研的基础上，制定了《中央电视台反腐败抓源头工作实施意见》。顺利完成纪检组监察室与机关纪委合署办公工作，增强了纪检监察队伍的力量。

（七）充分发挥审计的监督作用，促使全台经济工作健康发展

审计部门在人员少、任务重的情况下，充分调动职工的积极性，出色地完成了台领导交办的各项审计任务，全年共完成4项经理离任经济责任审计和2项财务收支审计，提出20项改进管理、提高经济效益的合理化建议，并以《管理建议书》的形式，两次向台领导提出加强和改善经营管理的重要举措。全年核减基建工程27项，核减资金1280万元。为加强干部管理和干部监督，制定了《中央电视台经理任期经济责任审计暂行规定》，使审计工作更加规范化。在加强财务管理，维护财经纪律，监督被审计单位遵纪守法方面，做了大量工作。

（八）巩固成果，乘势而上，全方位推进精神文明建设

在坚持党性原则，坚持实事求是，牢牢把握正确的舆论导向和唱响主旋律、打好主动仗的同时，进一步拓展精神文明建设，走出了一条精神文明建设与电视宣传、理论学习、“三讲”教育以及职工思想政治工作紧密结合的新路子。一方面以正确的舆论导向，积极营造精神文明建设宣传的良好氛围；另一方面，中央电视台自身精神文明建设创建活动开展得有声有色，颇具规模。干部职工的参与意识、服务意识和敬业意识在创建活动中不断得到充分体现，党组织建设、思想道德建设、党风廉政建设、文化建设和环境秩序建设等取得了扎扎实实的成效，有力地推动了全台精神文明建设，中央电视台连续第八次被评为首都文明单位标兵。

四、2000年中央电视台财务经营工作概况

2000年，财务经营部门较好地完成了台经费预算和调整、财务改革和管理、物资保障和清产核资、经济实体的清理整顿和各项基建工程的财务管理任务，全台收支总量创历史最高水平，做到收支平衡，略有节余，确保全台电视事业持续、稳定、健康地发展。

(一)三轮预算包干成效显著，新的预算管理办法上报待批

实行了三轮的经费预算包干政策，大大激发了中央电视台的频道创优、栏目创新、节目创新和经营创收。截至2000年，在三轮预算包干期间，实现广告收入约255亿元，占总收入的比例由1990年85%提高到98%。台综合实力的增强，优秀人才的引进，电视设备的更新，宣传力度的加大，广告收入的稳定增长都得益于优惠的经费预算包干政策。2000年是台第三轮预算包干的最后一年，财务部门认真总结了前三轮预算包干的经验，拟订了新的财务预算管理办法，并积极与财政部、广电总局沟通，以取得上级领导机关的理解与支持。

(二)配合改革，不断完善内部成本核算方案

为贯彻广电总局关于对节目经费实行成本核算的批示精神，财务部门分析整理了1999年节目经费的划分和使用情况，初步完成了内部成本核算对象的确定，相关数据资料的采集和成本费用的归集工作。2000年，财务部门以“成本核算是一切改革的基础”为指导思想，成立了“台成本核算领导小组”，起草了《中央电视台2000年内部成本核算实施方案(研讨稿)》，着手全面推进成本核算。方案实行后效果明显，上半年全台节目成本总量下调5%，全台共压缩节目费用2247万元。下半年，方案经过四次修改，使内容更完善，职责更明确，各职能部门的参与意识得到了强化。

(三)落实国家审计规定取得成效

1999年5月，国家审计署对中央电视台1997－1998年度财务收支情况进行了历时7个月的审计工作。收到审计结论后，台分党组对审计中提出的数十个问题，立即组织相关部门领导认真研究，提出落实措施和解决办法。通过沟通、协调、查找原始资料、发函、派人等措施，在规定的限期内，较好地完成了各项应收款项，对应补办手续的事项经财政部和中央领导批准补办了有关手续，并制定了相应的管理办法，使审计结论中提出的问题逐步得到解决，并向国家审计署和有关领导作出了全面的书面报告。

(四)清产核资工作基本完成，新的管理条例即将出台

根据广电总局文件精神，中央电视台清产核资工作从1999年4月开始，分三个阶段进行，目前已进入全面整改阶段，此项工作临近尾声。按照上级要求，对清产核资数据进行了统计和汇总，完成了《通用及专用设备资产明细表》等数十种报表填报工作，做到账实相符、账账相符、账表相符。同时还对境外资产进行了一次全面清理，使境外固定资产纳入台内统一管理。这次清产核资工作，是对中央电视台固定资产的一次彻底清理，意义重大，不仅摸清了全台固定资产总量、分布和使用效益，而且解决了因过去设备管理不善，经办手续不规范造成的大量遗留问题，为今后促进全台资源合理配置、固定资产科学管理和推进成本核算工作打下坚实基础。

为提高资产的科学管理水平，结合这次清产核资中暴露出的问题，制定了《中央电视台固定资产管理条例》，对设备购置计划申报、审批、采购、入库、出库、日常管理等都作了明确规定，规范了工作程序，加强了资产购置、固定资产管理等方面工作的力度。

(五)规范企业行为，完成对台属经济实体的清理整顿工作

按照广电总局的通知精神和台分党组部署，组织成立领导小组开展对台属经济实体的清理整顿工作。在深入调查研究的基础上开展对台属企业产权登记填报工作，对债权债务的清理、追缴，对企业不良资产的清理和清算，研究起草了对经济实体实施改造、重组的建议方案，《关于中央电视台深化清理整顿工作的报告》已上报广电总局。目前台属经济实体产权登记确认工作正在进行中。

(六)顺利完成音像资料馆工程结构施工

在广电总局和台领导的关心支持下,台和总局重点建设项目音像资料馆工程,结构主体已于 2000 年 12 月 5 日顺利封顶,比原计划提前三个月完成。经北京市工程质量监督检查部门评审,音像资料馆工程建设质量在全市 250 家参评工程中名列前茅,评为北京市施工管理样板工程。

(七)清理整顿,重组重建,谋求更好经济利润

2000 年,中国国际电视总公司经过反复调查讨论,制定了具体可行的三年发展计划。总公司基本完成对所属经济实体的清理整顿工作,经过清理整顿,目前有各类公司 61 家。

(八)广告指标超额完成,实际收入大幅上升

2000 年,在全国电视广告经济效益普遍下滑的背景下,中央电视台的广告收入比上年增长 12%。黄金段位广告招标额超过上年总招标额,成为可持续发展的强有力链条。图文电视作为新的媒体形式其年收入、利润均有大幅增长,创历史最好水平。中央卫星电视传播中心收视用户达 2200 万户。

中央电视台“心连心”艺术团赴长春“一汽”慰问演出

五、2000 年中央电视台大事记

1　月

1 月 1 日　中央电视台圆满完成《相逢 2000 年》特别节目“首都各界迎接新世纪新千年庆祝活动——中华世纪坛揭幕仪式”直播。中央领导同志丁关根、贾庆林、曾庆红分别对直播报道给予肯定。此次从 1999 年 12 月 31 日 17:30 至 2000 年 1 月 1 日 17:30 连续 24 小时的直播,报道了国内各主要城市迎接新千年的活动,并通过国外媒体信号和中央电视台外派记者报道了世界各主要国家进入 2000 年的庆祝活动。同时,本台互联网站进行了网上同步直播,高清晰电视试验系统也播出了 38 分钟的专题节目。据央视调查中心对国内 100 个城市的 2001 户家庭的调查显示,共有 81.3%的家庭收看了直播,其中 46%的观众收看了大部分或全部节目,有 86.8%的收视观众对直播表示满意或比较满意。香港多家媒体也转播或插播了中央电视台信号。

世纪钟声就要敲响，
中央电视台记者正在现场拍摄

1月1日　中央电视台总编室被广电总局社管司授权核发部分电视剧发行许可证。用于中央电视台播出、由台所属单位独立制作或与境内其他单位合作且使用中央电视台所属单位《电视剧制作许可证》的国产电视剧及用于中央电视台播出的引进电视剧(每部限20集)，可到中央电视台总编室宣传规划处领取电视剧发行许可证，一剧一证。但是，中央电视台与境外合拍的电视剧及由中国国际电视总公司引进、拟向有线广播电视台发行的境外电视剧等，仍应按规定报总局审查。

1月5日　全国人大常委会办公厅新闻局来函，感谢中央电视台1999年对人大新闻报道的大力支持。来函称赞新闻中心时政组的同志一年来积极参加全国人大各种会议、活动的采访，他们工作勤奋，不辞辛苦，有很强的敬业精神。

1月5日、12日　中央电视台文艺中心国际部《环球》栏目在第一套节目黄金时间分别播出自拍节目——介绍日本轨道交通的专题片《话说日本轨道交通》(上、下)，受到江泽民主席及社会各界的普遍关注。12日当晚，江泽民主席收看节目后，亲自给铁道部部长傅志寰打电话询问片中介绍的有关情况，并索要有关日本轨道交通的具体材料。

1月8日　在由中国广播电视学会主办的'99国际老年人年全国优秀电视片大赛颁奖及研讨会上，中央电视台《夕阳红》栏目的《老夫老妻》获一等奖。

1月10日　中国北京高新技术产业国际周组委会召开第一次全体会议。中央电视台作为惟一的支持单位参加此届国际周活动。

1月11日　体育中心《康乐年华》栏目在全国体育工作会议上被国家体育总局授予“全民健身宣传报道特别奖”。是全国新闻媒体中惟一获特别奖的单位。

1月12日　电视系列节目《台湾同胞在大陆》审片会在中央电视台举行。《台湾同胞在大陆》是国台办、广电总局1999年11月联合立项的对台宣传节目，被列为国台办2000年对台宣传重点项目之一。

1月12～13日　由中央电视台编制的《电视中心制作系统维护规程》经全国广播电视标准化技术委员会审查后原则通过。该标准的制定，对我国电视中心制作系统的安全播出和规范管理将起到重要作用。

1月13日　中央电视台第四届职工教育工作会议召开。

1月14日　全国政协主席李瑞环观看了中央电视台2000年戏曲晚会——《世纪龙腾》。李瑞环同志称赞晚会现场气氛热烈、演员表演认真，节目精彩，给春节增添了喜庆气氛。他表示，京剧艺术博大精深，要很好地继承发展。中央电视台为弘扬京剧艺术作了大量工作，京剧的音配像工作要继续抓紧搞好。

1月15日　中央电视台召开外销工作会议，总结1999年外销工作。总公司1999年积极开展中国电视节目的海外销售活动，全年共签约116份，涉及30个国家和地区、58家影视机构，售出各类节目192部，共5674集，计4635.5小时。

1月15～31日　新闻节目中心社会新闻部派出20多名记者，跟踪报道了国家林业局组织的广东、广西、福建、云南四省区森林公安部门开展打击盗猎、运输、走私、倒卖、经营野生动物及其制品的“南方二号”行动。中共中央政治局常委、全国政协主席李瑞环委托全国政协副主席赵南起致电国家林业局，对中央电视台的报道表示肯定。

1月18日　中央电视台将两件珍贵文物——江泽民主席亲笔题写的《香港沧桑》、《澳门岁月》片名题字捐赠中国革命博物馆收藏。

1月18～20日　中央电视台信息部以“中国展会”节目形象应邀参加首届“国际展览和会议展示会”。

1月20日　中央电视台召开春节晚会新闻通气会。来自30多家新闻机构的记者出席。赵化勇台长向与会者介绍了中央电视台2000年春节晚会的有关情况；张长明副台长介绍了春节联欢晚会在海外和互联网播出的情况。至此，本台和各媒体对2000年春节晚会的宣传全面展开。

1月20日、21日　中央电视台《新闻联播》、《焦点访谈》和第七套节目相继报道了“用忠诚托起使命”的理论战士许志功学习、研究、宣传邓小平理论的先进事迹，在国防大学引起了强烈反响。师生们认为，从许志功教授身上，能够看到思想政治工作者的精神境界、信念之光和人格魅力。

1月21日　中央电视台2000年春节联欢晚会首

次彩排。广电总局吉炳轩副局长认为:第一次彩排基本上反映了晚会的整体风貌。主要反映在"六新"——构思有新意、舞台有新人、歌曲有新词、音乐有新曲、曲艺有新编、设计有新景。彩排情况突出了喜,体现了乐,有群众性、娱乐性、参与性。但初次彩排也反映出一些节目和现场组织存在的"散、松、乱、粗"等不足。他要求剧组根据彩排中发现的问题,在"精"(节目精致)、"细"(手法细腻)、"情"(以情动人)、"美"(引人入胜)上下功夫。

1月21日～2月8日 外语新闻部《英语新闻》和《环球了望》栏目推出20集系列报道"龙年春节",受到英语观众的欢迎。一位美国观众发来电子邮件,称赞这一系列节目无论是采访、制作都具国际水准,希望中央电视台英语新闻能多一些这样的自采新闻。

1月21～24日 由中国广播电视学会电视军事节目委员会举办的第八届优秀电视军事节目评选揭晓。中央电视台制作的《东南沿海渡海登陆作战演习》获新闻节目特别奖。《新时期的好战士——李向群》获新闻系列报道特别奖。

中央电视台《军事报道》记者在漠河边防站采访

1月23日 中央电视台"心连心"艺术团赴闽西革命老区慰问演出——《风展红旗》,在古田会议会址前热烈举行。除文艺演出外,还首次增加了卫生医疗小分队和科技下乡小分队的内容。这些新举措使"心连心"活动的内涵更加丰富,社会影响力日渐提高。

1月23日 由中央电视台新闻中心制作、中国国际电视总公司出版的理论专题片《伟大的旗帜》荣获新闻出版署首届"国家音像制品奖"。此奖项是音像出版界的国家级最高奖。

1月25日 中央电视台召开处以上干部会议,广电总局党组副书记、副局长李树文宣布了广电总局、总局党组关于中央电视台领导班子任免通知。广电总局党组任命罗明、何宗就同志为中央电视台分党组成员,胡恩同志仍担任台分党组成员,免去刘宜勤同志台分党组成员职务;广电总局任命罗明、胡恩、何宗就同志为中央电视台副台长,免去刘宜勤同志中央电视台副台长职务。

1月25日 在北京市羊坊店地区城市管理工作总结会上,中央电视台被评为长安街及其延长线整治工作先进单位、北京市亮丽工程优秀景点、海淀区绿化美化工作先进单位。

1月26日 中央电视台国际频道(CCTV—4)2000年改版新闻通气会召开。30家在京新闻单位的记者应邀参加。

1月27日 据北京王府井百货集团公司来信反映:尉健行同志特意提到,前几天,《新闻联播》里播出了王府井百货大楼劳模到武汉传经送宝的消息,而且放在头条播出,这很重要。劳模的行动能上《新闻联播》,这充分表明我们党和政府对普通劳动者的尊重和关心,给新闻界带了个好头。

1月28日 海外节目中心就如何办好《民族大家庭》栏目与国家民委文宣司负责同志进行商谈。国家民委文宣司副司长陈乐齐转达了国家民委领导对栏目开办的祝贺,认为:民族宣传很重要,在当前的国际形势下,中央台在国际频道开办民族栏目具有特殊意义,国家民委会给予大力支持。国际频道开办《民族大家庭》栏目具有战略眼光。应向全世界广为宣传我国民族工作及各民族的进步发展,宣传各民族团结和睦的大好形势。栏目于2月11日在第四套节目首播。

1月29日 中宣部副部长徐光春审看了春节晚会彩排节目。他说,这台晚会充分体现了丁关根同志提出的喜庆、欢乐、祥和、亲切的基调,弘扬了主旋律。晚会有新人、新节目、新形式、新创意。

1月29日 中央电视台召开《经济半小时》开播十周年研讨会。中宣部副部长徐光春对今后的经济宣传工作提出了三点要求:1. 牢牢把握经济宣传的舆论方向,做好党和人民的喉舌;2. 牢牢抓住"三个贴近",即让节目"更加贴近群众"、"更加贴近生活"、"更加贴近实际";3. 节目改革应在如何做好经济宣传上做文章,为经济宣传摸索出一条新的路子。

1月29日 中央电视台召开座谈会,听取广电总局各职能司局领导对本台去年工作的意见。

1月29日 中央电视台召开老台长座谈会。现任台领导赵化勇、刘宝顺、李东生、张长明、罗明、胡恩、何宗就、陈君,与孟启予、戴临风、蒋建忠、孙同耕、洪民生、张君实、黄惠群、陈汉元、林景云、马瑞流、沈纪等老领导共话新春。

1月30日　中央电视台书画院召开顾问座谈会。会议宣布了台书画院新的领导班子：台长赵化勇任名誉院长，副总编赵立凡任院长，台办室主任李晓明任副院长。

1月31日　在台工作例会上，赵化勇台长通报了台领导分工情况：赵化勇台长主管全台全面工作；刘宝顺副台长协助台长抓好行政、人事、经营工作，主抓台办室、财经办、人事办、机关党委、总公司；李东生副台长协助台长抓好全台宣传工作，主抓新闻节目中心、体育节目中心，联系新影厂，辅助配合张长明同志主抓的工作；张长明副台长协助台长抓好对外宣传和海外落地的工作，主抓海外节目中心、社教节目中心，联系科影厂，辅助配合胡恩同志主抓的工作；罗明副台长协助台长抓好编委会工作，主抓总编室、广告经济信息中心、节目引进的工作，联系中央卫星电视传播中心，辅助配合李东生同志主抓的工作；胡恩副台长协助台长抓好文艺宣传，主抓文艺节目中心、青少节目中心，联系剧中心，辅助配合罗明同志主抓的工作；何宗就副台长协助台长抓好全台的技术工作，主抓技管办、技术制作中心、播出传送中心。其余台分党组成员的分管工作不变。

1月31日　由海外节目中心与陕西瑞博集团联合摄制的大型系列节目《世界华人》首映式在中央电视台举行。外交部、国台办、总局外事司及中国侨联、陕西瑞博集团等单位的领导和《人民日报》等新闻媒体的记者参加了首映式。节目于2月10日在第四套节目播出。

1月31日　国家林业局给中央电视台发来感谢函，感谢本台1999年对林业宣传报道所作的贡献。来函说，“一年来，贵台成功地组织了多项宣传报道活动，尤其是新闻评论部组织的《焦点访谈》关于贵州台江乱砍滥伐天然林的报道、社会新闻部组织的‘关注森林，保卫绿色’、‘可可西里一号行动’以及近日的‘南方二号行动’三次大型系列报道，形成了强大的宣传声势，有些报道得到了江泽民、李鹏、朱镕基、李瑞环等中央领导的高度重视。李瑞环同志还专门就社会新闻部组织实施的《关注森林》系列报道作了‘很有意义，初见成效，坚持不懈’的重要批示”。

1月　广电总局对参加澳门回归庆祝活动宣传报道工作的单位和人员给予通报表彰。

1月　研究处成立《中国全面“入世”对CCTV的影响及因应方略》专项课题组，着手中央电视台新千年的重大战略课题研究工作。

2　月

2月2日　中共中央政治局委员、书记处书记、中宣部部长丁关根到中央电视台慰问正在紧张排练的中央电视台2000年春节联欢晚会全体成员。丁关根同志对晚会推出的歌曲《家和万事兴》非常满意，认为可以尽快向广大观众介绍。

2月2日　中央电视台领导赵化勇、刘宝顺、李东生、张长明、何宗就视察了新影厂、科影厂，对两单位的全体职工进行春节慰问。

2月4日　广电总局局长田聪明，台领导赵化勇、刘宝顺、李东生、张长明、罗明、胡恩、何宗就走访、慰问了全台各岗位工作人员。

2月4日　20:00，中央电视台第一、四、九套节目并机直播2000年春节联欢晚会。根据央视调查咨询公司对全国100个城市的2140个家庭的电话调查情况统计，中央电视台2000年春节晚会平均收视率为94.3%。对晚会满意度调查的结果证实，89.4%的观众认为这台晚会“好或比较好”。在接受调查的2000多户家庭中，有81.7%的家庭自始至终看完这台晚会，另据统计，从2月4日20时至2月5日0时30分，共有19370人次收看了中央电视台国际互联网站通过因特网进行的春节联欢晚会网上视频直播；从2月4日19时至2月5日1时，共有84626人次访问中央电视台主页，点击数达1250421次。收看直播的观众来自包括中国、美国、加拿大、德国、日本、英国、澳大利亚在内的60多个国家和地区。

2月7日　经过近一年的筹备，中央电视台国际频道《新闻60分》栏目正式开播，同时中央电视台国际频道（CCTV－4）正式改版播出。中央电视台第四套节目（国际频道）自1992年创办以来，凭借传媒优势，创办了53个栏目，全天24小时播出。此次国际频道再度改版，突出特点是：1. 节目首播量增加，时段安排更加合理。2. 进一步突出了新闻节目的主导地位。3. 加大了对台宣传的力度。4. 自办栏目更加规范化。5. 荟萃全台优秀节目。国务院新闻办、广电总局领导自开播后相继对国际频道改版表示祝贺，并对《新闻60分》给予充分肯定。

2月10日　由中央电视台海外节目中心和陕西瑞博集团公司联合摄制的系列节目《世界华人》在第四套播出。节目着重介绍海外华人中杰出人物的生平、爱好和在所从事的事业中取得的成就，用他们的语言和事例展示他们的性格特征。该系列节目摄制组从1999年6月以来，先后赴马来西亚、新加坡、德国、英国、法国、美国等国家采访，完成了42位杰出华人的拍摄任务。

2月13日 全国22家省市电视台代表受中央电视台广告经济信息中心经济部邀请，来京参加2000年“3·15特别行动”联动会议。建立“3·15节目交流中心”，在选题线索和节目资源上与地方台实现共享和双向交流，以统一的“3·15特别行动”栏目呼号，统一的节目包装和标识与地方台联动，于3月1日至15日共同推出“3·15”宣传报道。

中央电视台记者正在拍摄“3·15”特别节目

2月14日 赵化勇台长在台工作例会上宣布了国家广播电影电视总局《关于宋宜纯等同志职务任免的通知》：任命宋宜纯同志为中央电视台副总工程师、高峰同志为社教节目中心主任、高建民同志为文艺节目中心主任、程宏同志为广告经济信息中心主任、马国力同志为体育节目中心主任、李宏虹同志为技术制作中心主任；免去阎连俊同志体育节目中心主任职务，同时退休。

2月16日 台机关党委召开第六届二次全委会，研讨2000年工作计划。

2月16日 在剧中心全体处级干部会上，胡恩副台长代表赵化勇台长在会上宣布了中心领导班子新的分工情况：由邹庆芳副主任主持剧中心的全面工作，并分管党政、计财、人保处的工作；王伟国副主任分管生产、制作、涿州基地的工作，兼管技术处的工作；张华山副主任分管文学部的工作。

2月17日 根据中央和广电总局党组关于开展“三讲”教育“回头看”活动的总要求，台分党组召开了专题民主生活会。

2月18日 台机关党委召开总支书记联席会。通报台分党组“三讲”教育“回头看”生活会情况及2000年全台党的工作的五项重点任务。

2月18日 台分党组纪检组、监察室召开台属各单位专职纪检监察干部会，传达江泽民、尉健行在中纪委四次全会上的讲话和广电系统纪检监察工作会议精神，明确了2000年台纪检监察部门坚持加强领导干部廉洁自律的工作，加大查办案件的力度，纠正行业不正之风等三项工作重点。

2月20～26日 世界乒乓球锦标赛团体赛在马来西亚举行，中央电视台现场直播四分之一决赛之后的所有赛事。

2月21日～3月2日 中央电视台分党组纪检组组长陈君、纪检组副组长兼监察室主任张海鸽分别与技术制作中心、社教节目中心、体育节目中心、文艺节目中心、广告经济信息中心新任主任进行廉政谈话，这是中央电视台落实党中央及中央纪委关于加强干部任前监督和任后监督教育指示的重要举措。中央电视台从2000年起开始对新上任的领导干部实行廉政谈话制度。

2月21日 中央电视台总编室宣传规划处召集国际部、体育部、外事处、总公司及节目引进组等部门，就中央电视台节目进出口报关、出国拍片入关等问题与北京海关监管处负责人进行专题座谈。

2月21日 中央电视台举办了电视连续剧《突出重围》的“精品赏析”活动。专家们认为该剧反映了部队认真贯彻江泽民主席提出的“科技强军、质量建军”的思想，具有较丰富的内涵和强烈的震撼力。

2月22日、23日 中共中央台湾事务办公室副主任王永海、宣传局局长张铭清等领导在审看国际频道《天涯共此时》、《海峡两岸》、《走进台湾》和《台湾百科》栏目的部分节目时表示，中央电视台国际频道加强新闻、加强对台宣传的改版思路正确，措施得力，成效显著，改版后台湾观众对节目给予好评。改版后的节目针对性强，感召力强，制作也很精良，比以往节目有了很大的突破。

2月23日 由中央电视台影视部、总公司及深圳市委宣传部等单位共同摄制的电视连续剧《钢铁是怎样炼成的》首映式在人民大会堂举行。该剧于2月28日起在第一套黄金时间播出。

2月23～27日 中央电视台联合西北五省区和兰州军区共同摄制的5集纪录片《中国大西北》在一套播出。纪录片集中反映西北五省区的政治、经济、文化等内容。

2月24～26日 中央电视台2000年工作会议在顺义培训中心召开。来自全台各中心、室及新影厂、科影厂、剧中心、总公司的代表共170余人参加了会议。赵化勇台长代表台分党组作了题为《认清形势，明确任务，深化改革，开拓进取》的报告，部署全台2000年工作；刘宝顺副台长代表台分党组作了题为《突出重点，扎实工作，稳中求进，初见成效》的1999年工作总结。吉炳轩副局长说：他对中央电视台1999年工作有八点体会，即：听招呼，讲政治，把握全局，精心细致，形成合力，讲究艺术，把关守责，注重管理。

2月24日　由研究处组织的“国史”（中国电视部分）撰稿座谈会在台影视之家举行。

2月24日　中央电视台历时半年的老山汉墓发掘跟踪报道拉开序幕。

2月28日　中央电视台开始举办“六个一百”精品展播活动。这是对自1996年实施的一百首儿歌、一百集童话剧、一百集动画片、一百集科普专题片、一百集人物系列片、一百集的游戏节目“六个一百”工程的全面回顾。

2月29日　中共四川省委宣传部致函中央电视台，2月28日《焦点访谈》栏目播出了《安岳县燃料建材公司两度破产为哪般》节目后，四川省委书记周永康、省长张中伟等领导高度重视，周永康书记批示：“今天中央电视台《焦点访谈》揭露了资阳市安岳县燃料建材公司假破产，采访中，法人代表满不在乎，县政府值班人员围着打扑克，搪塞记者。看到这些情况令人深思。请政府派人同资阳市一起来查清情况，认真处理，并以此为例，举一反三，全面审查并纠正我省企业破产工作中的问题。同时请宣传部感谢中央电视台给予的帮助”。

2月　朱镕基总理、李岚清副总理提出了压缩、控制电视综艺晚会的指示意见，中央电视台根据领导同志的讲话精神拿出改进办法。

2月　教育部部长陈至立致函赵化勇台长，代表教育部党组对中央电视台一年来大力支持配合教育改革与发展的特殊贡献表示感谢，并致以新春的良好祝愿。

2月　《新闻联播》在春节期间开辟的系列报道《西部迎春》，以西部12个省市区迎接新年为切入点，围绕西部大开发做好相关报道，使《西部迎春》的系列报道与中央有关部委的新闻宣传有机结合。

2月　《新闻联播》陆续播出了7集反映辽宁国企的改革与发展的节目，国家经贸委负责人表示节目播出很及时，对于全国的国企改革有很好的推动作用。辽宁省委书记闻世震、省长张国光给台里来信，表示报道将对辽宁国企改革下一步的工作有很好的推动作用。

中央电视台《科技博览》记者
正在青藏高原拍摄《认识西部》

2月　《新闻联播》推出系列报道《龙年新春话农民增收》推出后，农业部等有关部门的领导认为节目对广大农民和农村基层干部极具指导作用。

2月　中共甘肃省委办公厅、宣传部致函台机关党委，感谢中央电视台积极宣传西部大开发战略的实施工作。甘肃省委书记孙英高度评价了中央电视台在党中央实施西部大开发战略决策中所表现出来的强烈政治敏锐性和大局意识，对采访组全体同志为宣传甘肃舍弃小家团圆、节日期间坚守工作岗位的崇高精神给予了热情赞扬。

3　月

3月1日　“两会”报道领导小组办公室召开第一次报道碰头会，传达中央关于“两会”新闻报道计划，中央电视台“两会”宣传全面拉开帷幕。

3月2日　台制播改革实施领导小组召开会议。赵化勇台长要求制播改革实施领导小组扎实工作，稳步推进，为全台的制播改革工作起到示范作用。并再次强调，实施制播改革不强求一步到位、一个标准、一种模式。体育节目中心、文艺节目中心分别草拟了体育频道和电视剧频道实施制播改革的初步方案，并提出多种选择方式。文艺节目中心还成立了“电视剧频道制播分离改革领导小组”和“制播改革方案策划小组”。

3月2日　为落实中央纪委党风廉政建设室《关于开展对中央和国家机关干部自用小汽车清理工作的实施方案》的文件精神，中央电视台纪检组监察室、台办室、机关纪委共同组成台清理车辆办公室。

3月3～17日　国际频道播出大型系列专题片《中国军队》。据央视调查咨询中心调查，其收视率列国际频道第五位;海内外观众反映,此系列节目振奋人心,对"台独"势力具震慑作用。

3月4日 文艺节目中心影视部召开2000年工作会议。吉炳轩副局长在会上全面分析了电视剧市场形势,要求电视剧制作人要有强烈的精品意识、观众意识、责任意识、创作意识。

3月5日 "人大"开幕式现场直播圆满成功。有40个国家和地区的116家电视机构完整或部分转播,其中100家转播CCTV-4,16家转播CCTV-9;87家全部转播,29家部分转播。CNN、美联社、加拿大广播公司、路透社、保加利亚国家电视台、NHK、香港亚视、TVB无线电视、台湾TVBS、澳门广播公司等重要媒体都对人大开幕式进行了转播。CNN全部转播了由中央电视台CCTV-9提供的九届人大第三次全体会议开幕式的实况,还不时加入字幕。

3月5日 广电总局副局长吉炳轩在赵化勇台长、张长明副台长等陪同下,来到英语频道直播现场,询问海外电视机构转播人大开幕式的情况。

3月8日 在"两会"报道碰头会上,李东生副台长传达了中宣部副部长徐光春关于加强对江总书记关于"三讲"教育的重要讲话以及对"加强党的领导"、"加强党的基层组织建设"、"加强思想政治工作"、"致富思源,富而思进"、"发展是硬道理"等的宣传工作精神。

3月8日 李东生副台长在"两会"报道办公室晨会上转达了丁关根部长等中宣部领导对中央电视台"两会"报道的肯定及对所有参与报道的编辑记者和技术人员的慰问。

3月8日 台工会联合会召开庆"三八"暨"五好文明家庭"表彰大会。

3月8日 广告经济信息中心经济部召开《我们共同的事业——2000年"3·15"特别节目》新闻发布会。司法部副部长刘飏、国家工商行政管理局副局长甘国屏,国家质量技术监督局副局长朱明暹,国家出入境检验检疫局副局长宋明昌,中国消费者协会秘书长杨竖昆等出席会议。

3月8~10日 人事办培训职称处和台办室外事处联合举办"现代广播管理研讨班"。来自中央电视台、广电总局科技司以及中央人民广播电台的20余名处以上管理干部参加培训。这次培训是由亚广联统一安排的,邀请亚太广播发展机构的麦克·丹尼尔教授授课。

3月9日 台分党组召开会议,传达学习中纪委四次会议精神和广电总局系统纪检监察会议的有关情况。会议传达了江泽民总书记在中纪委第四次全会上发表的重要讲话、尉健行同志在中纪委四次全会上所作的工作报告及尉健行同志在全国纪检监察宣传教育工作会议上的讲话。王德新同志代表纪检组作的1999年工作报告,并传达了李树文同志在本系统会议上的讲话精神。

3月9日 中央电视台精神文明建设委员会召开工作会议。

3月10日 梅地亚中心在北京市旅游局、北京市人事局举办的第八届"首都旅游紫禁杯"评比活动中,荣获先进集体、先进个人、最佳餐厅、最佳门卫四项大奖。

3月11日 信息部召开中外汽车界《清风车影》联系会。

3月15日 第一套节目现场直播中央电视台第十届"3·15"晚会:《我们共同的事业——为2000年"3·15"国际消费者权益日特别制作》大型节目。"3·15"大型系列宣传得到最高人民法院、司法部、国家工商局、国家质量技术监督局、国家出入境检验检疫局、中国消费者协会等6个单位的配合。全国23家省市台与中央电视台从3月1日至15日共同开展规模宏大的2000年"3·15特别行动"报道。"2000年3·15网上行动"专题网站已先期开通,共同行动的网站有:"央视网站"、"新浪网"、"首都在线"、"国中网"、"东方网景"、"焦点网"、"找到啦"。

"3·15"晚会直播现场的导演台前

3月15日 据统计,有40个国家和地区的117家海外电视机构租用了整场"朱镕基总理记者招待会"的卫星线路,其中,101家转播CCTV-4,16家转播CCTV-9;78家全部转播,39家部分转播。

3月16日 中宣部副部长刘鹏主持召开了电视连续剧《钢铁是怎样炼成的》专题观众座谈会。教育部、团中央、中央电视台、中国国际电视总公司等单位的领导出席。据统计,一套节目播出该剧的收视率达9.05%,最高达9.59%,在不同知识阶层、不同年龄段的观众中均产生较大影响。

3月16日　《中国新闻》连续播出由中央电视台海外节目中心新闻部推出的百集系列报道《台湾百问》。在100天的时间里，为海内外观众逐一解答与台湾有关的100个重要问题。

3月17日　中央电视台召开"两会"宣传报道工作总结会。赵化勇台长分析了2000年"两会"报道工作的特点，并指出报道中存在的不足之处，要求全台继续做好"两会"后续报道工作。

3月18日　中央电视台召开会议，传达中宣部《关于台湾选举情况报道的意见》。

3月18日　由广电总局主办，中国电视艺术委员会、中国广告协会电视委员会联合承办的第十三届全国电视文艺"星光奖"电视广告节目颁奖大会召开，对获奖公益广告和商业广告的制作单位进行表彰。

3月19日　中央电视台1999/2000全国男篮甲A联赛转播工作圆满结束。整个赛季共转播33场比赛。联赛半决赛、决赛收视率最高达1%，名列体育频道收视排行榜前茅。

3月20～22日　2000年度全国电视对外宣传协作会在贵阳市召开，来自全国40家电视台的56位代表出席了会议。会议要求地方台应充分利用中央电视台的频道优势、覆盖优势、落地优势、技术优势、资金优势、资料优势，中央电视台应充分发挥地方电视台的地域优势、人才优势、特色优势，开展形式多样、内容广泛的合作等问题，为共同迎接电视外宣事业新时期的到来而努力。

3月20日　中央电视台网络事业发展部(筹备组)正式成立。筹备组由李志平同志牵头，李志平、尹学东、顾军三位同志负责，直属中央电视台管理。

3月21日　中央电视台召开1999年度工作总结表彰大会。广电总局副局长吉炳轩和全体台分党组成员出席了会议。吉炳轩副局长代表总局党组和田聪明局长向受到表彰的单位、个体表示祝贺，并称赞中央电视台有一支政治过硬、业务精湛的队伍。他说，1999年，我们成功地进行了国庆50周年、澳门回归的报道活动，圆满完成了声讨以美国为首的北约袭击我驻南使馆、揭批"法轮功"、批驳李登辉"两国论"三项政治斗争任务。赵化勇台长在会上从10个方面回顾了1999年全台工作，对2000年工作做了部署。刘宝顺副台长宣读了《中央电视台1999年度表彰决定》。

3月21日　中央电视台社会新闻部因宣传《南方2号行动》受到国家林业通报表彰。

3月22日　中央电视台召开纪检监察工作会议。会议传达了中央、总局有关反腐败工作的重要指示，总结中央电视台1999年纪检监察工作，部署2000年廉政建设和反腐败任务和重点。

3月23日　中宣部、广电总局组织召开电视《太平天国》审片研讨会。

3月23日　中央电视台召开2000年度技术工程立项审查会议。

3月24日　由教育部、共青团中央、中央电视台共同主办的"电视剧《钢铁是怎样炼成的》观众座谈会"在北京大学召开。

3月25日　第一套节目现场直播由中央电视台《综艺大观》栏目组与TCL集团共同举办的"TCL杯"《综艺大观》观众喜爱的节目评选颁奖晚会。

3月26日　中共中央政治局常委、国务院副总理李岚清收看了中央电视台《焦点访谈》后，就节目披露的安徽省寿县板桥镇金汇小学新建教学楼因质量问题不能使用，致使数百名小学生不得不在四面漏风的草棚中上课一事作出指示：一要彻底查处严办；二不能只就事论事，要抓住此事举一反三，查找根源，认真治理。

3月26日　中国国际电视总公司第二届董事会第二次会议在台影视之家召开。会议审议通过了总公司总经理李培森所作的《中国国际电视总公司1999年经营工作报告》、《中国国际电视总公司2000年工作思路》，总公司财务总监张小毛所作的《中国国际电视总公司1999年财务分析报告说明》、《中国国际电视总公司2000年度经济计划指标编制说明》。会议审议并原则通过了《中国国际电视总公司中长期发展战略规划》等有关议案。

3月26日　全国政协提案委员会致函中央电视台，称赞"两会"期间《新闻30分》、《现在播报》栏目开设的《委员提案》专栏。来函说，该专栏形式新颖，内容丰富详实，从多个角度、不同层面介绍了委员提案中反映的当前党和国家的工作重点，紧扣人民群众普遍关心的热点问题，既有对委员的专访，又有较为详尽的背景资料，达到了较好的宣传效果。这是对政协提案工作报道的一次有益尝试。

3月27日　《新闻出版报》发表题为《中国电视报：适应市场赢得读者》的文章，称赞《中国电视报》2000年进行的成功改版。

3月28～31日　在广电总局召开的1999年度精神文明总结表彰大会上，中央电视台连续第七年被评为广电总局精神文明标兵单位。同时，播出传送中心和33名职工被评为广电总局精神文明先进集体和先进个人。

3月31日　《中国电视报》荣获由北京市委宣传部、北京市广告协会、北京市工商行政管理局颁发的

1999年度“首都广告业社会主义精神文明建设先进单位”荣誉称号，这是《中国电视报》连续两年获此荣誉。

3月　由梅地亚中心电视部拍摄的专题片《让笑容重返无罪孩子脸上》，在日本完成后期制作，批量投入海外音像市场，并参加2000年法国戛纳电视节展卖活动。这是梅地亚中心制作的电视节目首次走向世界。

4　月

4月1日　《商务电视》全面改版。改版后的节目突出了信息时效性和独到分析，以跟踪热门行业动态，注重产经信息整合、提供市场环境监测、突出背景预期分析为特点。

4月1日　《供求热线》推出全新改版栏目——《中国市场信息》。它采取多元组合、独立成章的结构，每日一个特定版面。以全方位、大容量的信息报道，置身于经济发展的前沿，追踪商业热点，反映市场动态，传播产业信息，沟通供求渠道。

4月4日　第四届中国东西部合作与投资贸易洽谈会在西安举行。中央电视台《中国财经报道》、《经济半小时》、《中国报道》等多个报道组奔赴西安，对洽谈会进行了报道。

4月5日　剧中心召开会议，传达广电总局精神文明表彰会精神。剧中心在此次表彰会上连续第五年被评为总局精神文明标兵单位，并连续第二年被评为首都精神文明先进单位。

4月6日　国防部外事办公室来函，称赞中央电视台对在哈萨克斯坦首都阿斯塔纳举行的中、俄、哈、吉、塔五国国防部长首次会晤进行了充分报道，有力宣传了我国在会晤中取得的积极成果。军委副主席、国防部长迟浩田对中央电视台的宣传报道工作非常满意。

4月6日　中央电视台荣获1999年北京市交通安全管理先进单位称号。

4月8日　在庆祝中国吸烟与健康协会成立10周年暨第九届全国吸烟与健康学术研讨会上，中央电视台被授予中国控烟最高奖项——中国控烟贡献奖，以表彰本台长期以来为减少烟草对人类健康的危害所进行的电视宣传。这也是本台继1995年被世界卫生组织授予“要烟草还是要健康奖”之后在控烟方面所获得的又一荣誉。

4月10日　以繁荣电视文艺、挖掘新人新作为主旨，由国家广播电影电视总局主办，中央电视台承办的第九届“步步高杯”全国青年歌手电视大奖赛全面展开。创办于1984年的全国青年歌手电视大奖赛已历8届，自本届比赛开始，它首次成为国家政府级赛事。

4月10日　中央电视台举办荣获“中国新闻名专栏”称号的优秀电视新闻栏目精品赏析，认为中央电视台《焦点访谈》、山西台《记者调查》、河南台《中原焦点》、北京台《今日话题》、江苏台《大写真》等，代表着中国电视新闻栏目的较高水平。

4月11日　行政处组织本台职工无偿献血。216名职工参加。

4月12日、14日　中央电视台体育中心主办的“可口可乐杯”2000年全国体育解说员大赛，乒乓球、排球项目总决赛举行。

4月14日　中央电视台与中宣部新闻阅评小组召开座谈会。中宣部新闻阅评小组组长刘祖禹通报了近期对中央电视台《东方时空》、《焦点访谈》、《读书时间》、《海峡两岸》等栏目的阅评情况，对中央电视台的节目给予很高评价，对节目中存在的问题与台各节目中心负责人交换了意见。

4月14日　2000年“六一”国际儿童节12小时特别节目领导小组召开协调会，就特别节目的组织筹备工作进行协调。

4月14～18日　中央电视台在西安主办有12省区参加的“西部大开发电视经济宣传合作会议”。在这次会议上，中央电视台提出了以《中国财经报道》为依托建立西部开发报道网，在《中国财经报道》中与西部地方台合作开辟《西部开发现在时》专栏、组织《6·5世界环境日特别节目》、《2000年科技下乡现场直播》、联合拍摄《西部一日》，以及《架金桥特别节目——瞩目西部》等8项与西部12省区电视台联合制作方案。

4月15日　受广电总局委托、由中国广播电视学会承办、中央电视台海外节目中心协办的1999年度中国广播电视新闻奖——对外电视节目中国彩虹奖评选活动结束。中央电视台独立制作或与兄弟台联合制作的共23部作品获奖。

4月15～18日　在第七届北京大学生电影节期间，科影厂拍摄的大型科教影片《宇宙与人》获得电影节科教片特别奖。

4月17～23日　中央电视台第一期岗位业务轮训班在顺义培训中心举行。

4月18日　联合国人权委员会第五十六届会议决定，对美国提出的所谓“中国人权状况”议案不予审议和表决。这是美国在日内瓦人权会议上利用人权问题干涉中国内政的图谋第九次遭到失败。中央电视台对此次人权会议的报道准确及时、内容充分。

4月18～21日　在国家广电总局老干部工作研讨班上，中央电视台连续第七年被授予国家广电总局离退休工作先进集体称号。

4月20日　《焦点访谈》播出《拦车"了难"谁在忙》节目，报道了湖南岳阳市交警支队个别民警勾结社会无业人员敲诈勒索过往司机的严重违纪违法问题。节目播出后，中共中央政治局委员、中央政法委书记罗干在公安部的《要情摘报》上作出批示，要求公安部及时报告最后查处及整改的结果。公安部交通管理局向全国各省、自治区、直辖市公安厅、交通管理局、处发出紧急通报，要求各地交警部门要以此案件为反面教材，引以为戒，吸取教训；要采取措施，狠抓队伍建设，坚决防止类似问题的发生。湖南省公安厅交警大队党委在节目播出当晚，连夜召开党委会研究整改措施。同日，岳阳市公安局党委和交警支队党委也召开紧急会议，对两名涉案民警隔离审查，对交警支队直属二大队大队长做停职处分，并连夜组织警力，抓捕涉案无业人员。

4月20日　电视剧制作中心召开46集电视连续剧《太平天国》看片座谈会。与会专家认为该剧总体上坚持了历史唯物史观，又注入了新现实主义的创作方法，艺术化程度高，人物鲜活，战争场面大，是里程碑式的作品。

长篇电视连续剧《太平天国》剧照

4月20日　西南、西北地区10家广播电视报和《中国电视报》参加的第九届好新闻评选在京揭晓，《中国电视报》选送的10篇稿件全部获奖。

4月21日　《焦点访谈》"沙漠离我们有多远"节目反映的土地荒漠化问题，引起中央领导的高度重视。节目播出后，国务院总理朱镕基立即指示国务院办公厅复制这期节目，并在4月27日江泽民总书记出访回京的当天，由朱总理办公室送至江泽民总书记处审看。5月12日至14日，受江泽民同志委托，朱镕基总理沿《焦点访谈》记者采访的路线，对河北、内蒙古进行了实地考察，沿途一再指示治沙止漠刻不容缓，绿色屏障势在必建。水利部专门致函中央电视台新闻评论部，认为《焦点访谈》制作的《沙漠离我们有多远》为党中央和国务院决策提供了重要依据，对此表示感谢。

4月21日　中央电视台互联网站联合光明日报网站、北京信息港、阜外医院对医院一例心脏搭桥手术进行了网上直播。播出传送中心传送部、网络发展部筹备组圆满完成网站微波传送任务。在中国开创了网上直播外科手术的先河。首都主要新闻媒体均报道了此事，成为热点新闻。

4月22日　中央电视台第五套节目现场直播第五届全国残疾人运动会圣火火种采集仪式。直播后，邓朴方对中央电视台竞赛部领导说：转播很好，请转达全国残联对中央电视台的感谢。

4月22日　《读书时间》栏目于世界地球日制作播出特别节目——《我们只有一条长江》。节目对长江生态环境遭受自然和人为双重破坏的现状给予重点关注。播出后，纽约人寿保险公司和许多观众与杨欣等环保工作者取得联系，积极投入到长江沿岸的环保工作中。

4月23日　第九届全国青年歌手电视大奖赛组委会在台影视之家召开了全体评委会议。

4月24日　中共中央政治局委员、中央政法委书记罗干在公安部《要情摘报》第328期刊载的信息"湖南公安部门虚心接受媒体监督，认真整顿交警队伍，严肃处理岳阳违法违纪民警"上批示：我看了这期《焦点访谈》，湖南公安部门认真查处违法违纪交警，很有必要。广大交警日夜辛劳，尽职尽责，创建平安大道，深受大家欢迎。但是极少数违法违纪的人员，严重损害了交警的形象。请公安部告我最后查处及整改的结果。

4月25日　中央电视台精神文明建设委员会换届工作完成。刘宝顺副台长当选为中央电视台第三届精神文明建设委员会主任。

4月25日　为纪念《东方时空》开播7周年，新闻评论部和网络事业发展部筹备组合作，第一次实现了《东方时空》的网上直播。

4月26日　海外节目中心邀请国务院新闻办、国家计委、国家经贸委、广电总局、国家信息中心和部分地方电视台有关负责人，参加中央电视台召开的大型系列片《到西部去》策划研讨座谈会。张长明副台长到会并提出了"对象明、选题准、立意新、制作精"的要求，希望创作人员要把明确受众对象放在第一位，充分了解海外观众需求，明确宣传目的，使目的性和有效性达到统一。

4月26日　中央电视台召开"节目资料存储和管

理系统”项目汇报会，台领导罗明、何宗就，副总工程师宋宜纯，项目合作单位中创软件工程股份有限公司负责人参加会议。台节目资料存储和管理系统于1999年10月开始启动，2000年3月投入试运行。

4月26日　全国体育解说员大赛足球项目总决赛举行。

4月27日　在“五一”国际劳动节前夕，中央电视台“心连心”艺术团受中央领导和中宣部的委托，来到中国一汽进行慰问演出。

4月28日　台纪检组监察室、总编室召开禁止有偿新闻座谈会。会上传达了在中宣部等四部门电视电话会议上徐光春、郑梦熊同志的讲话。与会者围绕新闻行业如何严格遵守政治纪律和宣传纪律、新闻行业中容易产生有偿新闻的薄弱环节以及严格管理，净化屏幕的具体对策等问题展开探讨。

4月29日　中央电视台圆满完成全国劳模和先进工作者表彰大会报道工作。江泽民主席出席表彰大会并发表重要讲话，朱镕基总理主持会议。全国近3000名劳模和先进工作者受到表彰。这是继2000年“两会”之后国内规模最大的一次重要政治活动。当天的《新闻联播》播出了10余分钟的消息，根据现场实况录像制作的新闻专题也于19时45分顺利播出。节目播出后，很多观众打来电话对节目给予好评。

4月30日　在台工作例会上，广电总局人事教育司司长雷元亮宣布了对张海鸽、刘国良、孙玉胜、丁文华、陈君、邵昌有六位同志的任免决定。总局党组任命张海鸽为台分党组成员、纪检组组长，免去陈君台分党组成员、纪检组组长职务，并按有关规定办理退休手续；总局任命刘国良为台总会计师、孙玉胜为台副总编辑、丁文华为台总工程师，免去邵昌有总工程师职务，并按有关规定办理退休手续。

4月　中央电视台组织批驳“台独”谬论。组织福建、香港、澳门各界人士对吕秀莲的“台独”谬论进行深入批驳的报道，先后在《焦点访谈》、《新闻联播》、《现在播报》、《晚间新闻》等栏目中播出。

4月　中央电视台新闻中心积极配合公安部，宣传在全国开展的“打击人贩子、解救被拐卖妇女、儿童专项斗争”。截至4月底，共播出40余条相关新闻，发稿数量和报道质量均在各媒体中居前列，受到公安部领导、全国各级公安机关及社会各界好评。公安部政治部还来函称赞中央电视台关于“打拐”行动的宣传报道工作。

5　月

5月1日　中共中央政治局常委、中纪委书记尉健行审看了中央电视台《社会经纬》栏目制作的两集法制专栏节目《代号9898》。该片长达60分钟，以中纪委1999年查处湛江特大走私受贿案为题材，生动记述了那场打击走私、惩治腐败的惊心动魄的斗争。

5月1日　中央电视台名牌栏目《东方时空》创办7周年。《东方时空》同日播出4月25日录制的特别节目《共同的时空》，以增进节目制作人员与观众的交流，并向观众征询对栏目的意见与希望。中央电视台互联网站也开通BBS，在网上全程直播交流场面。

5月6～14日　中央电视台全程转播在上海举行的第五届全国残疾人运动会。直播开幕式及四场决赛时，为便于聋哑观众收视，在解说、采访中尽可能加入手语直播，受到聋哑观众赞扬，使观众了解了残疾人运动，使残疾人事业进一步得到全社会的关注和理解。

5月7日　中共中央政治局委员、书记处书记、中宣部部长丁关根当晚来到中央电视台演播大厅，看望了第九届全国青年歌手电视大奖赛的评委和参赛歌手。他希望大家坚持“二为”方向，“双百”方针，共同努力，推出一批思想性、艺术性都很好的作品。希望大家深入生活，深入实际，用优秀的作品去讴歌我们的时代，歌唱我们的人民，“多出新人、多出新歌、多出好歌”。

5月7日　全国残运会颁奖仪式上，中国残联主席邓朴方接受了中央电视台《英语新闻》栏目记者的独家采访。

5月8～24日　中央电视台派出的随全国政协主席李瑞环出访美洲四国电视新闻报道小组圆满完成随访报道任务，共采制播出了54条新闻，总长度51分钟。访问途中，李瑞环主席从中央电视台第四套节目中看到他出国访问的电视报道后，对每次新闻处理都表示十分满意，并三次公开表扬电视报道小组。

5月9日　由中央电视台剧中心、广州市委宣传部、广州电视台联合摄制的20集电视连续剧《紫荆勋章》在广州开机拍摄。

5月13日　中央电视台银河少年电视艺术团合唱团参加“2000相约北京”联欢活动，在北京中山公园音乐堂进行的专场演出圆满成功。

5月13日　中央电视台第三届职工田径运动会在丰台体育中心举行。

5月13日　首届女子世界乒乓球俱乐部锦标赛在江苏省江阴举行。中央电视台现场直播此次比赛的半决赛和决赛。

5月16日　中央电视台海外新闻部召开《新闻60分》开播百日研讨会。吉炳轩副局长说，这次改革很有成效，是落实江总书记讲话和中央外宣工作会议精神以及总局外宣精神的一个具体措施。《新闻60分》定位准、目的明确、内容丰富、形式活泼。栏目开播后所取得的效果好于预料，受到社会广泛关注。《新闻60分》的成功为中央电视台新闻节目改革提供了很好的经验。

5月16日 第九届“步步高”杯全国青年歌手电视大奖赛业余组比赛全部结束。

5月18日 中央电视台分党组集中学习了江泽民同志关于“三个代表”的重要论述，并对全台的学习宣传工作进一步作出部署。

5月18日 在北京举办的1999年度中国电影华表奖颁奖晚会上宣布，北京科学教育电影制片厂摄制的科教影片《征服病毒病》、《简易无土栽培》、《棉籽脱绒包衣》获优秀科教片奖。中央电视台与北京科学教育电影制片厂联合摄制的大型儿童动画片《猫咪小贝》获优秀美术片奖。

5月19日 新闻“中国与欧盟就中国加入世贸组织问题达成双边协议”在中央电视台《新闻联播》中及时播出。

5月20日 《焦点访谈》播出《治病无术 骗钱有方》节目，对天津市武清县下伍旗镇暂住人员蔡秀芹利用封建迷信骗取钱财的情况进行了报道。当晚8点，中央政治局常委、国务院副总理李岚清给天津市领导打电话，要求认真查处此事，并做跟踪报道。21日，武清县委县政府就此事向天津市委、市政府做了专题报告，对于工作中出现的问题进行了认真检查，并表示承担全部责任，有关责任人也受到了党纪、政纪处分。

5月21日 《新闻调查》播出《沙起额济纳》节目，报道内蒙古额济纳旗由于严重荒漠化而成为2000年三、四月份多次沙尘暴和扬沙的源头。当时正在内蒙、河北考察防沙治沙工作的朱镕基总理看了这期节目后，希望随行部长看看这期节目。在国务院举办的科技知识讲座上，朱总理又多次对《焦点访谈·沙漠离我们有多远》和《新闻调查·沙起额济纳》提出表扬。他说：“中央电视台做了大量的工作，为我们决策（防沙治沙）提供了依据，我要表扬中央电视台。”

5月21日 受中宣部和广电总局的委托，中央电视台“心连心”艺术团赴包头演出暨第九届“步步高杯”全国青年歌手电视大奖赛业余组颁奖晚会在内蒙古包头市的阿尔丁广场隆重举行。内蒙古自治区党委书记刘明祖在观看演出后表示，党中央国务院实施西部大开发的战略决策，不仅需要物质的准备，也需要精神的力量，这次“心连心”艺术团来到地处西部的内蒙古包头，是对西部大开发的巨大鼓舞和鞭策。

5月22日 中央电视台分党组对行政处的机构和班子作出调整，决定：行政处和服务中心合并，成立新的行政处。

5月23～24日 中央电视台在顺义培训基地举行了2000年奥运会报道方案讨论会。

5月23日～6月2日 《今日成都》大型电视易地采访活动在成都举行。活动由中央电视台海外节目中心和成都市委宣传部、成都市人民政府新闻办、成都电视台联合主办，31个选题涵盖了今日成都社会生活的方方面面，对宣传中央关于西部大开发的总体方针，展示今日成都作为西部大开发战略支撑点的总体形象起到积极作用。

5月24日 中国电视剧制作中心、空军政治部在人民大会堂联合举行电视连续剧《壮志凌云》首映式。5月31日中央电视台第一套黄金时间播出。

5月24日 中央电视台驻埃及记者梁玉珍和刘苗野两位同志在以色列从黎巴嫩南部撤军后，赴黎巴嫩进行采访，冒着生命危险往返于贝鲁特和南部边境地区，陆续发回5条新闻，圆满地完成了赴黎采访任务。

5月25日 《焦点访谈》播出《铲苗种烟 违法伤农》节目，反映巫山县官阳区违反党在农村的基本政策，强令农民铲苗种烟，侵犯农民合法权益，危害农民人身安全的问题。节目播出后受到朱镕基总理关注。他要求国务院办公厅对节目中反映的问题进行调查，尽快了解清楚。5月26日上午，国务院办公厅秘书二局召集有关部门开会，决定调查组由国务院办公厅、国务院研究室、中农办、农业部、国税总局组成。6月7日，国务院办公厅发出情况通报（国办发41号文件），要求各级政府和各部门汲取教训，引以为戒。通报同时刊发了国务院调查组关于此事件的“调查报告”和朱镕基总理的多次重要批示。

中央电视台《焦点访谈》播出《铲苗种烟 违法伤农》节目后，农民正在向国务院调查组诉说

5月25日 中央电视台召开“六一”12小时特别制作《我们的世纪》节目新闻通气会。如此大规模地在特定的长时间内为3.6亿少年儿童特别制作精神食粮，在中央电视台尚属首次。

5月25日～6月10日 由中国科学院大气物理所和中国科学探险协会组织的“珠峰环境科学考察队”在海拔5100米的珠峰脚下，成功进行了世界上首次珠峰地区臭氧探空试验及预定科考项目。社会新闻部5人报道组进行了为期8天的连续报道。

5月26日 《焦点访谈》播出了18分钟特别节目《法轮功最凶险的邪教》。节目通过对14个案例的分析，揭露了法轮功进行的有组织犯罪活动。节目受到中央领导同志的表扬，认为节目有力度、有新意，要求中央电视台把节目翻录成录像带送海外使馆，同时译成英文对外播出。

5月26～30日 台长赵化勇、副台长刘宝顺、台分党组纪检组组长张海鸽视察威海、无锡、南海影视基地。赵化勇台长对各影视基地经营工作的成绩给予肯定，要求各基地领导把握发展优势，不断提高市场竞争能力，加强专业化分工协作，延揽高精尖人才，提高经营水平和效益：严格管理，堵塞漏洞，建立科学管理体系，完善激励机制，做好成本核算，制定切实可行的发展规划；增强公关意识，加强与旅行社、各电视剧制作单位的联系，发挥基地拍摄、旅游等项功能。

5月28日 《第二起跑线》栏目正式推出新版节目。改版后的节目侧重中学生的情感交流，符合中学生特点，时代感强。

5月29日 李东生副台长在工作例会上谈到台互联网站建设时指出：台网站要服务于全台，要无条件地推介全台的节目；有些部门已经与台外网站签署了协议除外，不得再与台外网站签署协议；已经签署的，到期不得续签。

5月31日 中央电视台召开加强播音、主持人员管理和推进播音、主持人员持证上岗工作专题会议。

5月 中央电视台第三届“十优青年”评选揭晓。

5月 由《中国电视报》和株洲日出江南实业集团公司联合举办的“我最喜爱的电视剧”观众评选活动在北京揭晓。《雍正王朝》、《开国领袖毛泽东》、《牵手》、《澳门的故事》、《中国命运的决战》和《走过柳源》获得优秀长篇电视剧奖；《昆仑女神》、《虎踞钟山》、《大学女孩》、《尊严》、《济南战役》和《变脸》获得优秀中短篇电视剧奖。

5月 由文化部中国社会音乐研究会、中央电视台中视演艺中心主办，公安部金盾影视文化中心协办的“全国公益、城市、企业(行业)歌曲评选活动”在京拉开帷幕。

5月 为方便广大观众查询中央电视台当周各套节目，中央电视台试验推出“电视节目信息自动电话查询服务”，服务电话是(010)68500168。观众可依据电话提示，查询本周中央电视台1～8套节目播出信息；收听近期重点节目(包括重大活动、重要比赛和晚会)的时间安排，及时了解节目播出变更调整情况。此外，观众还可以在语音信箱中留言，对节目安排及节目内容提出意见和建议。这一服务电话不额外收取信息服务费。此服务系统由台节目播出管理处与信息通讯处合作开发。

6 月

6月1日 中央电视台第一套节目从8时至22时(除新闻节目外)，为全国三亿六千万少年儿童精心策划、倾力奉献12小时特别制作《我们的世纪》播出。节目包括《异想天开》、《未来百年》《小鸟依人》、《科学探险》、《国际儿童节目展播》、《动画城》、《成语寓言音乐剧》等等。节目的拍摄得到国务院妇女儿童工作委员会、全国妇联儿童工作部、团中央少工委、宋庆龄基金会、中国科协等单位的大力支持，当天还在央视网上直播节目，通过BBS，小朋友和同学们可以和自己喜欢的主持人进行交流。6月2日，国务院妇女儿童工作委员会办公室致函中央电视台，对该节目表示赞扬：“这一特别节目十分有创意，有远见”，“在中国电视史上尚属首次”，“是献给孩子们的最好礼物。”

6月2日 台机关党委召开第六届三次常委会。台机关党委书记、副台长刘宝顺传达了总局机关党委关于学习贯彻江泽民同志“三个代表”重要论述的通知，并根据总局机关党委安排和台分党组的要求，就中央电视台进一步深入学习“三个代表”论述提出要求。

6月5日 中央电视台播出国务院总理朱镕基在世界环境日发表的电视讲话。同日，第二套节目播出“6·5世界环境日”特别节目《我们共同面对》。节目结合西部大开发的时代背景，紧扣水资源主题，围绕水资源枯竭、水资源浪费、水资源污染等问题，多层次、多视角剖析日益恶化的水资源状况。

6月5～9日 中央电视台圆满完成中国科学院第十次院士大会、中国工程院第五次院士大会新闻报道工作，5天共播发新闻14条。

6月6日 《新闻联播》播出新闻《我国考古又一重大发现，尧舜不是神话传说》引起海内外普遍关注，《中国报道》等其他各档新闻及凤凰卫视等海内外媒体均进行转载、转发；新华社也摘录编发了通稿。这条新闻得到国内考古学界专家的肯定。

6月6日　《新闻30分·出行参考》开播。节目为观众提供了大量实用的出行信息。《出行参考》与铁道部运输局信息中心、全国各大航空公司及机场、沿江沿海各大港口、全国所有省、市交通部门取得了稳定的联络。

6月6日　“中国百家优秀网站评选”活动在京揭晓。本次活动在全国近两万家网站中评选出10大类、100家优秀网站。中央电视台网站名列“十佳传统媒体网站”第二名。中央电视台网站还被评委称为“网上播报的典范”。

6月8日　中央电视台举办高清晰度电视发展与未来座谈会。何宗就副台长等技术系统领导就高清晰度电视在中央电视台和全国范围内的发展与广电总局有关领导交换了意见，认为应积极协调，引导高清晰度电视在国内的发展。制定统一标准，鼓励有序发展，避免盲目一哄而上。

6月8日　为提高台专职纪检、监察干部和相关部门干部的法律业务水平，台分党组纪检组监察室、台办室法规处、财经办基建处联合举办法律知识讲座，邀请国家计委政策法规司法规处处长朱建元博士讲解《中华人民共和国招标投标法》。

6月10日　中央电视台第一套节目现场直播了在北京国际展览中心举办的“2000年北京国际汽车工业展览会”。在电视直播的同时，观众还可在中央电视台网站上收看网络视频直播。

6月10日～7月2日　中央电视台全程直播在荷兰和比利时举行的“2000年欧洲足球锦标赛”所有31场比赛。

6月10日　全国省级广播电视报第九届好新闻评选在南宁揭晓。《中国电视报》选送的作品中共有十篇获奖，其中两篇获一等奖。

6月11～26日　中央电视台随全国人大常委会委员长李鹏出访南斯拉夫、斯洛文尼亚、克罗地亚、斯洛伐克、阿塞拜疆、乌克兰六国报道组出色完成随访报道任务。

6月14日　中央电视台及卫生部领导在台方楼门前为赴延安“送医、送药、送知识慰问团”举行欢送仪式。卫生部副部长彭玉和中央电视台副台长刘宝顺发表讲话，对这次活动寄予很大希望，对社教中心专题部坚持四年的送医、送药、送书活动给予充分肯定。中央电视台一套节目于6月24日上午9:30现场直播延安义诊实况，同时还对北京专家为延安农民做“双髋关节置换”的高难度手术进行直播。

6月14～16日　由全国政协主办的“21世纪论坛”在北京召开，来自世界各地的著名政治家、国内外学者500多人出席了开幕式。国务院总理朱镕基在开幕式上讲话。全国政协主席、论坛组委会名誉主席李瑞环主持大会。中央电视台顺利完成了报道。

6月16日　中央电视台召开播音员、主持人大会。赵化勇台长指示，要做好播音、主持工作，应全面学习文化知识，不仅要成为专家，更要成为杂家；要苦练基本功，不要刻意模仿港台风格，要保持自己的风格；要多动脑子，多反思自己。

6月16日　由卫生部与中央电视台组织的“健康之路情系延安”医疗队来到当年红军长征到陕北的第一个落脚点——吴起镇，即现在的吴旗县，开始了为期两天的义诊。

6月17～18日　2000年亚洲杯铁人三项系列赛暨全国锦标赛在江苏省徐州市举行。体育节目中心派出10多人和徐州电视台合作摄制了60分钟专题片《融入自然，超越极限》。节目播出后，徐州电视台致函赵化勇台长表示感谢。

6月18日　在所罗门群岛政变中受困的116名中国侨民安全回到祖国。中央电视台在此行动中紧急受命，精心组织，圆满完成了全程报道。18日当晚《新闻联播》的头条播出《新闻背景：中国侨民撤离所罗门群岛》，6月19日晚播出《焦点访谈·撤侨大行动》。

6月19～29日　台纪检监察部门根据《中央电视台党风廉政建设责任制的规定》，对台属各中心和直属部门执行责任制的情况进行了考核。

6月20日　海外中心为即将开播的大型系列报道《到西部去》举行新闻通气会。

6月20日　广告经济信息中心在北京举办“中央电视台经济·生活·服务频道推介会”。台长赵化勇、副台长罗明及300余家广告代理公司的近500名代表参加了会议。此举旨在推出中央电视台全新改版的专业化频道CCTV－2(中央电视台经济·生活·服务频道)，加大广告招商力度。

6月21日　召开中央电视台第二套经济生活服务频道新闻通气会，台长赵化勇、副台长罗明等分别向来自首都28家新闻单位的记者介绍了中央电视台第二套经济生活服务频道的有关情况。

6月23日　零时，中央电视台网站全面改版。新版分为8个中文频道和1个英语版，突出了新闻及电视指南，增加了《旅游》、《中视精品廊》、《主持人》、《推荐收视》等一批新栏目，增加了图片新闻。

6月23日　中央电视台及时播发了国务院新闻办发布的《西藏文化的发展》白皮书的内容摘要，从24日起组织了一批自采新闻，并及时编发西藏电视台传送的有关西藏的新闻，形成了一定的宣传声势。大型系列报道《到西部去》采访了西藏自治区主席列确等，对7月15日至17日在拉萨召开的国际藏医药大会的报道受到国务院新闻办西藏局局长董云虎等领导的好评。

6月24日　中央电视台第一套节目现场直播特别节目《为了九亿农民的健康》。这是由卫生部与中央电视台联合组织的第五次"送医送药送知识"下乡活动的一个重要项目。观看节目的彭珮云副委员长说："你们办了一件好事，办了一次非常好的公益活动"。张文康部长还代表卫生部来信衷心感谢中央电视台全体工作人员为此付出的辛勤努力。

6月25日　中共中央政治局委员、书记处书记、中宣部部长丁关根来台看望了参加第九届全国青年歌手电视大奖赛专业组决赛的选手、评委和工作人员。他说，举办大奖赛是音乐界的一次盛会，对于锻炼青年歌手，普及音乐知识，提高欣赏水平，丰富群众文化生活有着积极意义。

6月25日　中央电视台第一套节目黄金时间播出歌颂抗洪英雄的电视剧《惊涛》。

6月26日　赵化勇台长在台工作例会上通报了台领导分工调整情况。台分党组决定：张海鸽同志在台分党组书记的领导下，负责全台党风廉政建设和反腐败工作，分管纪检组监察室、审计处和机关纪委工作；赵立凡同志在台长和分管副台长领导下，协助负责海外节目中心工作，分管中国电视报社和研究处；刘国良同志在台长的领导下，负责全台的财务、成本、预算、会计管理和会计监督等方面工作，参与全台重要经济问题的分析和决策，分管财经办工作；孙玉胜同志在台长和分管副台长领导下，协助负责新闻节目中心、体育节目中心工作，分管全台网络事业；丁文华同志在台长和分管副台长领导下，协助负责全台技术工作，分管技委会、重大技术工程（含基建工程）和技术方案等项工作；宋宜纯同志协助总工，分管信息网络、技术教育等工作。会上还通报了两项人事决定：成立台事业发展调研处；撤消原演职培训处，其人员整建制划归行政处。

6月27日　中央电视台"心连心"艺术团在中国共产党成立79周年之际，赴山东沂蒙罗庄区举行了名为《情系沂蒙》的大型慰问演出。

6月27日至7月13日　中央电视台圆满完成随朱镕基总理出访保加利亚、德国、卢森堡、荷兰、意大利、比利时和欧盟总部的宣传报道任务。共传新闻10次，发综合新闻11条。7月17日，外交部新闻司发来感谢函，称赞中央电视台随朱总理出访欧洲六国和欧盟总部的报道组圆满完成了此次报道任务。

6月27日　总编室、文艺节目中心召开第八套电视剧频道开播一周年座谈会。电视剧频道自1999年5月3日改版推出后，频道全天平均收视率为0.53%，全天平均占有率为3.06%，比改版前分别增长89%和90%。

6月28日　中央电视台机关党委"七一"表彰大会召开。70多名新党员面对党旗庄严宣誓。会上宣读了《关于表彰1999—2000年度创先争优先进集体和优秀个人的决定》，表彰了19个先进党支部、58名优秀共产党员、50名优秀党务工作者、15名优秀党员领导干部。

6月29日　广电总局召开机关党委1998—1999年度优秀共产党员、优秀党务工作者、先进基层党组织表彰大会，中央电视台机关党委荣获"广电总局先进基层党委称号"。同时中央电视台46名共产党员、17名党务工作者、15个党支部、2个党总支在大会上受到表彰。

6月30日　中央电视台召开播音员、主持人业务指导委员会第一次会议。会议决定：委员会每月最后一周召开例行会议，具体日期由执行主席确定；执行主席可根据工作需要临时召开会议。委员们一致同意委员会实行主席轮流负责制，每一个季度由委员们轮换担任执行主席。经推举，李瑞英任第一任执行主席、倪萍任第二任执行主席、罗京任第三任执行主席。

6月30日　由中央电视台、中央人民广播电台等单位联合主办的《同一首歌——相聚2000大型歌会》第二集在北京举行。百名海内外著名歌手会聚一堂，演绎百首世纪金曲，再掀世纪怀旧热潮。

7　月

7月1日　中央电视台顺利完成"2000年中国瑞典男子乒乓球世纪争霸赛"现场直播。国家体育总局副局长李富荣对中央电视台圆满完成转播工作表示感谢。

7月3日　作为频道专业化改革的重要步骤，中央电视台推出全新包装定位的专业化频道CCTV－2，即中央电视台经济生活服务频道。改版后的二套节目将原来的名牌栏目《经济半小时》、《中国财经报道》、《生活》、《商务电视》等以全新理念重新包装，同时推出8个全新的栏目《中国房产报道》、《对话》、《证券时间》、《开心辞典》、《互联时代》、《清风车影》、《为您服务》和《健康之路》直播版。栏目均在实用性、服务性、信息性上做文章、出新意，以观众需要为出发点，强调大众化的节目风格和亲和力。

中央电视台记者在香港
采访北美皮革协会总裁赫尔曼

7月3日　由中央电视台海外中心联合西部12省、市、自治区外宣办和12家省级电视台共同制作的大型系列报道《到西部去》在国际频道开播。报道全方位介绍中国西部的历史、地理、人文、经济等方面的情况，报道西部开发开放的最新进展。节目特别针对海外观众的需求，揭示中国西部大开发与世界经济的关系，让有意参与西部开发的人士能看到来自中国西部的商机。系列报道共120集，每集10分钟，每周一至周五在国际频道《新闻60分》栏目中播出。系列片的英文版也将在国际频道英语节目及英语传送频道（第九套）中随后播出。节目内容还通过中央电视台网站进行传送。

7月3日　为适应海内外电视观众的需要，中央电视台第四套推出一个全新栏目——《台湾百科》。节目内容和选题突出知识性，全方位深入细致地展示台湾的自然地理、人文历史、民族人口、经济文化、科技教育、风土人情、工农业物产、旅游风情、百姓生活、社会风貌等，使人们了解台湾的历史，认识台湾的现状，把握台湾的未来。节目周一至周五每天播出一期，每天播出两次。

7月3日　《健康之路》直播节目在中央电视台二套开播。这是中央电视台惟一一档现场直播的健康咨询节目，设置9部直拨电话，每期由邀请的主任医师、副主任医师值守，观众通过热线电话实时参与。凡是热线中有代表性的问题，由主持人提问，现场的二位主嘉宾（主任医师以上的专家）回答。节目每周一至周五10时30分现场直播。

7月3日　证券直播栏目《交易日》开播。栏目以直播为主，于北京、上海、深圳三地交易所和营业室设立直播室，同时在北京设演播室，进行沪、深交易所行情、动态实时播报，并于每日上午开市时间和下午收市时间进行两档现场直播，每次直播时间为20分钟。

7月4日　中共中央政治局常委、国务院副总理李岚清在听取赵化勇台长关于中央电视台“心连心”艺术团将组织青年歌手电视大奖赛获奖选手赴陕西杨凌演出情况的电话汇报后说，中央电视台最近举办的青年歌手电视大奖赛活动很好，对出新歌、推新人，提高演唱艺术水平很有好处，这次比赛是一个良好的开端，应当总结经验，继续办好。“心连心”到陕西基层演出，对西部群众是个鼓舞，对演员自身的成长也将起到积极的作用。

7月4日　台机关党委召开党委扩大会议，台机关党委委员、总支专职副书记和台属独立支部书记参加了会议。台分党组书记、台长赵化勇传达了江泽民总书记在中央思想政治工作会议上的讲话精神。

7月6日　中央电视台分党组书记、台长赵化勇主持召开分党组会议，学习讨论江泽民总书记在中央思想政治工作会议上的重要讲话。

7月6日　全国人大常委会办公厅新闻局来信感谢中央电视台对李鹏委员长访问欧亚六国的新闻报道工作。信中说：“中央电视台对访问活动进行了积极、充分的报道，得到代表团领导同志的肯定。由庄殿君同志带队的采访组分工协作，团结一致，勤奋工作，发挥电视报道的优势，成绩突出。国内值班、编播的同志也付出了辛勤的劳动。特此致信，向贵台表示衷心感谢。”

7月7日　中宣部和广电总局联合在中央电视台召开电视剧《太平天国》播出新闻通气会。

7月7日　由中央电视台独家摄制、影视部运作的30集电视连续剧《抗美援朝》在中南海西花厅正式开机。大连市人民政府专门成立了由市委常委、常务副市长刘长德为组长，主管文化的副市长贺旻为副组长参加的《抗美援朝》摄制协调领导小组，以确保摄制组拍摄的顺利完成。洪学智老将军担任该剧的总顾问。

7月7日　第二套节目经济类娱乐节目《开心辞典》开播。每期节目时长60分钟，二套每周五晚10点首播。

7月10日　中共中央政治局委员、书记处书记、中宣部部长丁关根，在万寿宾馆亲切看望了第九届全国青年歌手电视大奖赛的部分专家、评委和部分编导组成员。他希望大家要按照江泽民总书记“宣传科学理论，传播先进文化，塑造美好心灵”的批示精神，用优秀的作品，讴歌我们的时代，歌唱我们的祖国和人民。

7月10日　中央电视台中国电视剧制作中心历时三年，精心策划组织创作拍摄的46集大型历史题材电视剧《太平天国》在中央电视台第一套节目黄金时间隆重推出。

7月10～27日 银河少年电视艺术团访欧演出团在奥地利、德国访问演出11场,获得成功。

7月10日 中央电视台转播"健力宝"中华少年小甲A足球活动开幕式及首场比赛。在中国足球史上,举办这个年龄层的足球赛事尚属首次。

7月11日～8月13日 中央电视台圆满完成随中国海军舰艇编队对马来西亚、坦桑尼亚、南非三国进行友好访问的宣传报道。这是中国海军舰艇编队第一次穿越印度洋、第一次到达非洲大陆、第一次绕过好望角进入大西洋,意义重大。

7月12日 《抗美援朝》摄制组部分演职员拜访洪学智将军。

7月12日 中央电视台召开信息工作会议,就进一步做好全台信息报送、信息服务工作提出要求。

7月13日 中宣部副部长、广电总局局长徐光春来台听取工作汇报。他就中央电视台工作提出要求:1.宣传工作要牢牢把握舆论导向。同时,要不断提高电视宣传水平,将其作为全台的中心工作。2.要进一步加快电视事业的发展步伐。抓住当前多种媒体、内外宣传相互交融的发展趋势,在理论、体制、技术和宣传、管理等多方面坚持创新。要开阔思路,树立紧迫感,着眼于全局和未来;要有战略性、前瞻性、预见性,站在较高起点;要有大视野、新观念、大手笔,不拘泥于电视行业,真正将事业发展壮大,建成中央的、全国的、世界的大媒体。徐光春同志对中央电视台进行的人事、财务等方面内部管理运作机制的改革探索给予肯定。

7月13日 《焦点访谈》栏目对安徽省蚌埠医学院附属医院"开单提成"问题曝光之后,安徽省省长许仲林对查处工作提出了"检查、整改、通报"的明确要求。7月18日,安徽省人民政府办公厅致电中央办公厅、国务院办公厅,对问题处理情况做了报告。报告中说,这次《焦点访谈》节目的播出,对安徽省正在深入开展的医疗机构行风专项治理工作起到了积极的推动作用。

7月13日 台办室召开全台专职信息员工作会议,来自全台各部门和台属单位的近90名信息员参加了会议。

7月13日 《中国全面"入世"对CCTV的影响及因应方略》专项课题组在京召开课题研讨会。

7月14日 台分党组、编委会举行2001年春节联欢晚会招标会。来自两大节目中心的10组、共16位编导参加竞标。竞标导演分别阐述了各自的竞标方案。

7月14～17日 中央电视台网站进行关于第二套节目收视情况的网上调查。共1万多人接受调查。调查显示,有74.9%的网民认为第二套生活·服务·经济频道改版成功。认为改版后不如以前的占12.35%,没什么变化的占12.73%。网上认为新改版的《生活》栏目"比以前好"的占76%,"一般,能接受"的占13%,"不好,不如以前"的占近11%。

7月16日 中央电视台推出与韩国三星集团合作的中学生强档知识竞赛栏目《三星智力快车》。

7月16～30日 中央电视台圆满完成随国家副主席胡锦涛赴亚欧五国访问的宣传报道任务,累计播发新闻40条。

7月17日 中国电视报社在京召开青年读者座谈会。

7月17日 《焦点访谈:要从此地过　留下买路钱》报道了沈阳市和平区"中国小食品城"周围的一些地痞流氓,强行向外地货车主收取所谓"线路费"。节目播出后在社会上引起强烈反响。国家有关部门和辽宁省委、省政府对此给予高度重视。国家交通部在第二天即向辽宁省交通厅发出明传电报,指出《焦点访谈》曝光的事件性质十分恶劣,交通部责令辽宁省交通厅立刻采取措施予以严肃处理。辽宁省委书记闻世震要求立即对《焦点访谈》揭露的交通运输市场管理中存在的严重问题进行查处,对全省交通管理工作和其它执法部门进行自查自纠,为辽宁省的改革开放和经济建设创造一个良好的社会环境。

7月18日 受中宣部、广电总局委托,中央电视台"心连心"艺术团慰问演出暨第九届全国青年歌手电视大奖赛专业组颁奖晚会在陕西省杨凌农业高新技术产业示范区隆重举行。程安东省长说:"心连心"的演出体现了党中央国务院的亲切关怀,是对陕西工作的促进和鼓舞,节目非常精彩、催人奋进、鼓舞人心,"心连心"艺术团吃苦耐劳的好作风值得我们很好学习。7月21日,中共陕西省委、陕西省人民政府致电中央宣传部、国家广电总局和中央电视台,对"心连心"艺术团在陕西杨凌农业高新技术产业示范区的慰问演出表示感谢。

7月18日 泛美卫星公司技术代表团一行4人应中央电视台邀请来台参观、访问。中央电视台与美国泛美卫星公司自1996年起签订了10年的卫星租用合同,长期租用泛美公司1号、2号、3号、4号、5号卫星,用于第四套节目的传输。目前,中央电视台第四套节目已覆盖了亚洲、欧洲、非洲、美洲、大洋洲。

7月20日 由国家林业局、青海省政府和中国科学探险协会首次举办的为期一个月的三江源科学考察活动圆满结束，中央电视台对三江源科考活动的新闻报道工作也顺利完成，青海省委、省政府对这次报道十分满意，赵乐际省长认为这次宣传有力地配合了中央关于西部开发的政策，为青海省加快开发进程营造了更浓厚的氛围。玉树藏族自治州州长杨学武说，电视新闻播出后，他们不断接到全国各地观众打来的电话，向当地提供各种保护好生态环境的建议。

7月20日 中央电视台2000年年中工作会议召开。关于下半年工作，赵化勇台长要求全台坚持推进以“频道专业化、栏目个性化、节目精品化”为内容的宣传改革，继续探索电视管理体制的改革途径，全面提高管理服务水平，提高中央电视台的综合竞争实力，力争创造最佳的社会效益和经济效益，以全新的面貌、昂扬的姿态迈入21世纪。

7月21日 中宣部副部长、广电总局局长徐光春，广电总局副局长吉炳轩出席了年中央电视台年中工作会议。徐光春同志说：中央电视台的宣传应该具备以下一些基本特性：代表性、权威性、指导性、正确性、可靠性、导向性、高雅性、全局性、主动性、创造性。要坚持：导向金不换，提高无止境，创新要加劲，管理不可松。他对中央电视台的同志提出了几点要求和希望：境界要高、视野要宽、眼光要远、思路要新、工作要实、团结要紧。这是我们取得事业成功的重要保证。吉炳轩同志在讲话中充分肯定了中央电视台上半年的工作，并对下半年工作提出意见。1.要用总书记的重要讲话精神统一思想，指导工作；2.要牢固树立阵地意识，认清中央电视台的“十种特性”，并要在工作中充分体现这些特性，切实把好党和人民交给我们的这块阵地，做到寸土不让；3.要始终保持清醒头脑，放眼未来，开拓进取，加快发展自己。4.要深化改革、加强管理。向改革要动力，要活力，要发展，要效益。5.要增进团结，真抓实干。防止浮浅、浮躁和奢华之气，把分党组提出的各项任务扎扎实实、圆满地完成好。

7月23日 中央卫星电视传播中心召开机房责任人竞标演讲会，在中心内部对节目制作机房管理工作进行公开、公平、公正招标。中标者与中心签订“节目制作机房目标管理协议”，中心依据“协议”实施管理。

7月24日 为在最大范围内发掘优秀主持人，以“探索先进的主持理念，张扬个性化的电视主持”为宗旨，历时8个月的中央电视台“荣事达杯”电视节目主持人大赛全面展开。

7月25日～8月4日 技术制作中心举办2000年非线性编辑研讨与展示会，对参加展示的各公司产品在视音频特性、软件硬件配置、特技实时性及性能价格比等诸多方面进行调研，共列出8个类别近100项调研考核参数。

7月26日 《现在播报》栏目播出的《河北灵寿：万名干部蜂拥下乡收提留》在社会上引起强烈反响。中央“三讲”办主任张全景专门邀请本台记者到“三讲”办询问了有关情况。张全景说，河北灵寿发生的万名干部下乡收提留的事情严重败坏了干部在群众中的形象，发生在“三讲”教育“回头看”阶段更具有典型性，对此事中央“三讲”办将派工作组赴河北调查处理。张全景表扬中央电视台记者在此次报道中发挥的作用，鼓励记者不要害怕打击报复，党是新闻舆论监督的坚强后盾。

7月29日 由中央电视台体育中心和中国羽毛球协会联合主办的“2000摩托罗拉中国羽毛球天王挑战赛”在北京结束。

7月31日 胡恩副台长在台工作例会上传达了吉炳轩副局长对中央电视台2001年春节联欢晚会工作的指示精神：春节晚会举国关注，2000年必须有新气象、新提高，不负人民的期望。要力争推出三段好小品、三段好相声、三首好歌，要能立得住，传得开；把晚会办好，要认真研究一下，能否把全国各地的优秀编导人员和优秀文艺节目吸纳到文艺晚会上来。

7月 中央电视台2000年奥运会广告项目格式及价格正式对外发布。

7月 第三、四、九套电视节目改为数字压缩传输信号后，中央电视台将6台卫星数字接收机运送抵港，由香港记者站分别送交中央政府驻港联络办公室、外交部驻港特派员公署和中国人民解放军驻港部队，使中央主要驻港机构能够及时收看中央电视台节目。

7月 由中央电视台青少中心和国家知识产权局联合全国31个省、市、自治区举办的首届“创新之星”电视大赛拉开帷幕。大赛分两组进行，一组是神奇的专利发明，展示选手发明的专利技术和专利产品；一组是新颖的创新方案，展示选手独特的创新思路。

7月 在中央电视台《大风车》栏目中播出的《辉煌童年》——第二部“百首动物动画儿童歌曲卡拉OK”，在京举行了电视片及VCD光盘的首播、首发式。

7月底8月初 台播音员、主持人业务指导委员会对中央电视台未经出镜审定的播音、主持人员进行首次出镜业务审定。共审看180人，“通过”76人，“需要培训”58人，“建议换人”46人。

7月 中央电视台1999年度个人所得税代扣代缴工作成绩突出，被评为“市级代扣代缴先进单位”。这已是中央电视台连续第六次获得此项殊荣。

8 月

8月1日 台《工作日报》全面改版。新版《工作日报》重新明确了定位:它是全面反映中央电视台整体工作情况,传达落实台分党组部署精神,及时报道全台最新动态,交流台内工作经验的综合性刊物。

8月1日 中央电视台团委书记竞争上岗咨询和报名工作圆满结束。

8月1日 为庆祝"八一"建军节,中央电视台第一套节目录像播出大型演唱会《军人道德组歌》。

8月2日 海外中心与湖南经济电视台在北京联合召开《真情》栏目座谈会。

8月3日 中央电视台三江源直播节目第一次协调会召开。江泽民总书记已经为三江源自然保护区亲笔题词,因此这次直播具有重要的政治意义。

8月3日 总局计财司和中央电视台共同组成的验收委员会对顺义培训中心综合馆工程进行了竣工验收。

8月5日、6日、8日 《新闻联播》栏目播出关于安徽农村进行税费改革试点的三集电视新闻节目《中国农村又一次重大变革》。温家宝同志说,报道准确反映了安徽农村税费改革试点的主要内容,舆论导向正确。财政部部长项怀诚在全国财政工作会议上对中央电视台记者拍此片提出了表扬。

8月6～12日 由中央电视台主办、新疆电视台承办的2000年全国电视新闻年会在新疆乌鲁木齐召开。国家广播电影电视总局局长徐光春发去贺信。

8月6～10日 具有广泛社会影响力的"黄山杯"2000年全国大专辩论会复赛及决赛阶段的比赛在北京举行。

8月7日 赵化勇台长在台工作例会上传达了中央和国务院关于李东生同志的任命:李东生同志任广电总局党组成员、广电总局副局长,协助徐光春同志分管日常宣传工作,联系总局总编室、中央三台。

8月7日 胡恩副台长在台工作例会上通报了总局对中央电视台2001年春节晚会总导演招标的批复。经总局领导批准,决定由参与竞标的第一组导演王冼平、王宪生与第二组中的金越组合成2001年春节晚会的总导演。

8月7日 《经济半小时》8月5日播出的反映陕西省汉中市强行推销本地香烟的节目受到中央领导重视。国务院办公厅专门派人来台,复制节目后送往北戴河供中央工作会议调看。国家计委有关部门要求《经济半小时》提供节目资料,拟专题研究此事。

8月7日 广告部对"奥运金牌榜"等5个特殊广告项目以及3个广告套装中的广告指定位置进行了公开竞价,销售总额比底价高出22%。

8月8日 为纪念中国共产党成立80周年拍摄的20集电视连续剧《日出东方》在京开机。该剧由中央电视台电视剧制作中心承制。再现了从1919年"五四运动"至1927年"秋收起义"前后一系列重大历史事件,塑造了李大钊、陈独秀、毛泽东、周恩来、朱德等伟人形象,艺术地再现了中国共产党的建党过程。

8月8日 中直工委常务副书记武连元在广电总局机关党委简报第六期转载的"中央电视台青少节目中心建立监督检查员制度,实行思想政治工作和业务工作'一岗两责'责任制"一文上作了批示:"这个办法好,望经过一段实践,能总结出好经验"。

8月10日 22:56至次日00:20,中央电视台和教育部联合在中央电视台第一套节目对2000年普通高等院校远程网上录取进行了直播。中央电视台网站从下午14:00至午夜02:00开通了两条免费热线和网上留言板,并邀请教育部高校学生招生处同志和体检顾问回答热线提问,与现场直播互动。

中央电视台现场直播《2000年全国高校网上录取》的演播室

8月10日 北京奥申委举行申奥网络联盟成立暨北京奥申委接受赠送《实现梦想》唱片发布会。中央电视台网站等23家有影响的网站成为首批申奥网盟的成员。

8月14日 国务院农村税费改革工作小组办公室致函中央电视台,肯定中央电视台《新闻联播》中播出的《来自中国农村的又一次重大变革——关于安徽农村税费改革的报道》。来函说,该片报道了安徽农村税费改革试点工作的开展情况,反映了安徽省贯彻中央7号文件精神,减轻农民负担,农民依法纳税,农村广大干部、农民衷心支持和拥护改革的场面。报道比较客观、真实,把握政策比较准确,宣传主题比较突出,对推进党中央、国务院提出的农村税费改革试点工作具有积极的意义。

8月14日　《经济半小时》播出的个案追踪节目《青啤扩张盖不住》引起了国家计委的重视。8月22日，国家计委专门调看了此节目，并取走节目文字稿，准备对青岛啤酒在扩张中受到的地方保护的阻碍作为典型案例专门研究。

8月15～20日　在庆祝中国人民解放军诞生73周年之际，经中共中央总书记、国家主席、中央军委主席江泽民批准摄制并题写片名的6集文献纪录片《聂荣臻元帅》，在中央电视台第一套节目中播出。

8月15日　《北京晚报》记者从国家工商局获悉，根据各广告经营单位上报的情况，1999年中国媒介广告经营单位100强评选中，中央电视台高居榜首。

8月15日　中央电视台按计划接收的18名2000年应届高校毕业生按时报到。

8月16日　文化部"1998暨1999年度文化新闻奖"在京揭晓，中央电视台文艺中心胡迎节、向韬、王珊制作的11集电视文艺专题系列报道《迎国庆百戏献演》荣获一等奖。

8月18日　中央电视台工会在中共中央直属工委举行的"中直机关青少年教育现场会"上，汇报了开展校外教育的成功经验。

8月18日　中央电视台社会新闻部报道了西安至安康铁路全线铺通庆典活动。新闻播出后，铁道部有关领导打电话对记者表示感谢，铁道部政治部还给中央电视台发来感谢信。

8月19日　由江泽民总书记题词的三江源自然保护区成立仪式直播在中央电视台第一、四套节目并机播出。社会新闻部承担直播并制作播出了两个小时的特别节目《源头的呼唤》。分别在北京和玉树通天河畔设立直播点，并派出三路记者分别从长江、黄河、澜沧江的源头发回现场报道。

8月20日　中央电视台第一套节目对北京老山汉墓考古发掘工作进行现场直播，取得圆满成功。当日平均收视率5.59%，收视占有率31.81%。2个多小时直播中，收视率和收视占有率一直保持着较高稳定状态。中央电视台网站同步网上直播的最高同时在线人数突破6000人。

8月20日　零时，中央电视台网站按预定计划进行切割转换，新的托管发布系统投入使用。至此，中央电视台网站出口带宽由20兆扩大至100兆，服务器已在中国电信托管。

8月20日　第五套节目对在北京昆玉河举行的第二十一届世界大学生运动会倒计时一周年水上庆祝活动，即"剑桥大学——清华大学赛艇对抗赛"进行了历时一小时的直播，这是中央电视台第一次对该项水上赛事进行直播。

8月21日　在中国设立经济特区20周年之际，《中国报道》栏目推出系列节目《中国经济特区20年》。节目共5集，每集30分钟，向海内外观众全面展示中国经济特区20年来的发展历程和辉煌成就。

8月22日　中央电视台召开奥运报道动员大会。赵化勇台长等台领导和前后方报道人员400多人参加了大会。

8月22日　广播电影电视总局副局长李树文前往新影厂视察工作。他与厂领导班子成员举行了座谈。他说，新影厂要根据广电总局关于广播影视集团化发展的方针，充分发挥自己的优势，扩大自身影响。同时也要看到，当今媒体发展迅速，中央新闻纪录电影制片厂在所有电影厂中担负着更重要的任务。

8月23日　由中央电视台主办的"第十九届飞天首播奖"颁奖大会在长春召开。《走过柳源》、《雍正王朝》等72部在中央电视台首播的电视剧获奖。

8月26日　中央电视台第一套节目黄金时间播出纪念经济特区成立20周年特别节目《历程》。

8月26日　作为中央电视台"六个一百工程"的重要组成部分，"旭日升杯"第二届全国动物动画卡拉OK歌曲电视邀请赛颁奖晚会《快乐的朋友》，在中央电视台第三套节目现场直播。

8月28日　赵化勇台长在工作例会上传达中共中央政治局常委、国务院副总理李岚清的指示精神。李岚清同志要求，广电系统要加强实地调查，抓好边疆地区的广播电视"村村通"工作，要让边疆群众听到、看到中央台的声音和图像。我国是多民族国家，要注重培养少数民族主持人、播音员，体现出国家台的风貌。

8月28日～9月1日　李鹏委员长率全国人大代表团出席联合国千年议长大会，并于9月2日至19日对冰岛、波罗的海三国、白俄罗斯、俄罗斯等欧洲六国进行正式友好访问。中央电视台新闻报道组共发回新闻约70条，近120分钟，拍摄新闻素材1000分钟。李鹏委员长在代表团的工作总结会和9月21日会见全国人大某次会议代表的讲话中充分肯定中央电视台电视新闻报道工作。

8月28～31日　由中国佛教、道教、伊斯兰教、天主教、基督教五大宗教的7位主要负责人组成的中国宗教领袖代表团出访美国并应邀参加了在联合国举行的宗教领袖"世界千年和平大会"。社会新闻部随同采访。

8月29日　在已故无产阶级革命家、忠诚的马克思主义者张闻天100周年诞辰之际，由中央党史研究室和中央电视台合作拍摄的电视文献片《张闻天》在中央电视台第一套节目与观众见面。

8月29日 深圳市委副书记李统书、深圳市委宣传部副部长张春雷一行4人专程来到中央电视台，向纪念特区20周年特别节目《历程》的圆满播出表示祝贺，对参与节目的全体工作人员表示慰问和感谢。

8月31日 中共中央政治局常委、国务院副总理李岚清致信中央电视台，对成功举办首届CCTV杯全国英语演讲比赛表示热烈祝贺。首届CCTV杯全国英语演讲比赛于8月20日展开，30日圆满结束。

8月31日 为了给《东方时空》改版提供机制保障，新的早间节目领导组织机构"东方时空工作室"成立。其人员来自新闻评论部《东方时空》各栏目组、新闻编辑部、早间新闻节目组以及新闻中心其他部门的人员，新机构隶属于新闻中心，栏目实行总制片人负责制。

8月31日 中央电视台后期制作机房和多功能排练厅(即"一号厅")项目通过了由广电总局计财司和中央电视台联合组成的验收委员会的审查验收。

8月31日 中央电视台社会新闻部制作的新闻《油地共建保治安》、《小偷现形记》，在由中央社会治安综合治理委员会与中华全国新闻工作者协会联合举办的"1999年度全国社会治安综合治理好新闻评选"活动中分获一、二等奖。

8月 《中国电视报》举办读者问卷调查活动。观众对现有32个版"满意"和"比较满意"，得分率平均为81.61%；对《中国电视报》版面设计"满意"和"比较满意"的为82.33%；对《中国电视报》节目表编排设计"满意"和"比较满意"为83.84%；认为《中国电视报》信息量"大"和"比较大"的有76.75%；认为《中国电视报》文字差错"很少"和"少"的占72.11%。

9 月

9月2日 曾经成功报道南极科考的新闻采访部记者谢力、汪成健赴西藏，随"中国科学院普若岗日冰原考察队"全程跟踪报道内陆冰川科考活动。普若岗日冰原位于藏北高原的那曲地区，是中国科学家1999年才发现的，被列为1999年中国十大基础研究发现。

9月3日 20:00，国内首次政府级别的网上记者招待会在中央电视台网站举行。这次题为"走近中国"的记者招待会是中央电视台网站邀请在美国纽约及华盛顿两地的中国常驻联合国副代表沈国放大使和我国驻美大使馆刘晓明公使，就"江泽民主席出席千年首脑会议"和"2000中华文化美国行"等活动回答各大新闻媒体记者的网上提问。

9月3～11日 中央电视台与四川电视台合作，现场直播第六届全国大学生运动会开幕式、闭幕式，每天两次转播大会比赛新闻。

9月4日 在台工作例会上，赵化勇台长传达了中宣部部长丁关根对中央电视台互联网与电视宣传工作的指示精神。网站要定位在对外宣传上，纳入外宣阵容，以美国、欧洲、港澳台为重点对象，以把中国良好的形象介绍给世界、让世界更好地了解中国为宗旨，全面、公正、客观地介绍中国，在内容上以视频为主，充分地介绍我国悠久的历史、优秀的传统、灿烂的文化、美好的河山和勤劳的人民。

9月4～10日 江泽民主席前往纽约出席联合国千年首脑会议。中央电视台派出由新闻节目中心、技术系统10名同志及驻美记者站4名记者组成报道组，圆满完成了报道任务。

9月5日 中央电视台召开警示教育活动动员会。会上宣读了台分党组关于利用胡长清、成克杰等重大典型案件对党员干部进行警示教育的实施意见。

9月5日 由动画片部制作的系列动画片《中华传统美德故事》之14至39集开始在中央电视台《动画城》栏目中播出。

9月6日 由北京2008奥林匹克申办委员会、中央电视台、新世纪成功集团联合主办，中央电视台文艺中心戏曲音乐部承办的"为奥运加油——《同一首歌》大型演唱会"在北京奥林匹克体育场隆重举行。

9月8日 广电总局副局长李东生、中央政策研究室文化局局长严昭柱、中央文献研究室副主任杨胜群、中央党史研究室研究员庞松、广电总局重大历史题材创作领导小组副组长张振东等同志，到新影厂审看了《盛典》和《怀念》两部文献纪录片。《盛典》展示了国庆50周年盛况；《怀念》以毛泽东、周恩来、刘少奇、朱德、陈云、邓小平同志的光辉形象为主题，完成后将在毛主席纪念堂定点放映。

9月8日 中央电视台在梅地亚宾馆举行中外记者新闻通气会，宣布中国第一个面向全世界英语观众的、全天24小时不间断播出的英语电视频道(CCTV－9)将于9月25日正式开播。

9月8～29日 外交部部长唐家璇出席在美国召开的联合国大会并访问拉美四国。中央电视台新闻报道组完成播发《新闻联播》及《晚间新闻》共18条，拍摄新闻素材100多分钟，受到了外交部的表扬。

9月8～10日 中央电视台'99第二届全国电视诗歌散文展播颁奖活动在京举行。有来自全国98家省市电视台和影视公司制作的229部作品参展。第二届展播自1999年2月开始截至2000年2月底结束。

9月10日　长篇电视连续剧《孙中山》开机。该剧是中国电视剧制作中心投拍的重点剧。沈好放执导，台湾演员赵文瑄出演孙中山。

9月11日　在台工作例会上，胡恩副台长传达了总局领导徐光春、吉炳轩在全国广播影视系统管理干部培训班上的讲话精神。徐光春同志要求，认真贯彻"三个创新"，进一步增强政治、大局和责任意识，要确保正确的舆论导向，把握一个阶段的工作重心，做到守土有责；要加强舆论引导、行业管理和改革创新力度，坚持正确导向，将宣传置于工作首位，提高宣传水平，抓好两个效益；要加强系统内管理工作，管理前移，关口提前。

9月11日　北京时间18:00，悉尼时间21:00，中央电视台设于悉尼的IBC演播室交付使用，《体育新闻》实现了在悉尼的首次直播，标志着中央电视台奥运电视报道开始全面进入正常运转阶段。

9月11日　历时9天的第六届全国大学生运动会圆满结束。中央电视台第五套节目现场直播闭幕式。比赛期间中央电视台共直播了五场精彩比赛，《新闻联播》、《体育新闻》均充分进行了新闻报道，受到组委会的赞扬。

9月11～15日　文化部、中国老龄协会、中央电视台在无锡共同举办"'世纪的歌声'2000年夕阳红老年合唱电视大赛暨'永远的辉煌'第二届中国老年合唱节"活动。

老年合唱节展现永远的辉煌

9月12日　中共中央政治局候补委员、中央组织部部长曾庆红在审看中央电视台新闻评论部采制的《焦点访谈·选出好干部》时说：我们的工作包括党的建设和组织工作必须得到媒体的支持，这样才能唤起广大群众的积极参与和关注，无论是观念的更新还是干部人事制度的改革，都离不开新闻媒体的支持。特别是像《新闻联播》、《焦点访谈》这样影响面大、政治性强、反响强烈的栏目。他说：中央电视台《焦点访谈》节目办得很好，中央领导很喜欢看，连街道的老太太都喜欢看。我很喜欢看《焦点访谈》，只要有时间，我会尽量收看这档栏目。

9月12日　由中国记协主办的第四届范长江新闻奖、韬奋新闻奖、全国百佳新闻工作者评选揭晓，中央电视台新闻中心副主任李挺获韬奋新闻奖，海外专题部主任吴明训获全国百佳新闻工作者称号。

9月13日　中央电视台记者在悉尼的摄政王酒店采访了奥委会主席萨马兰奇。北京时间晚7:00，《新闻联播》播发了萨翁接受中央电视台记者采访的消息。

9月13日　受广电总局局长徐光春委托，总局办公厅主任王甘文，保卫司司长方源、副司长宋为民来中央电视台检查安全保卫工作。

9月13日　广电总局吉炳轩副局长和总编室金德龙主任来中央电视台审看即将开播的英语频道新闻和专题等栏目样带。吉副局长强调，要进一步明确英语频道宗旨，把良好的中国形象介绍给世界，让世界更好地了解中国。按照这样的宗旨，要在树立良好形象上大做文章：第一，要树立泱泱大国的形象；第二，要树立中国改革开放的形象、爱好和平的形象、主持正义的形象、民主自由的形象；第三，要树立中国历史悠久、文化灿烂、经济繁荣、民族团结、人民安康的形象。吉副局长要求英语频道的编辑记者要矫正好自己的视角，在采访制作节目时严防"土、苦、古"，提倡"精、美、靓"。

9月13日　由戏曲音乐部与影视部联合录制的4集戏曲电视剧《锁麟囊》于怀柔飞腾影视城开机，这是戏曲音乐部第一次拍摄此种样式的戏曲电视剧。

9月14日　中央电视台收到国家宗教事务局发来的感谢信，对中央电视台派出记者圆满报道中国宗教领袖代表团访美和出席"宗教与精神领袖世界和平千年大会"表示感谢。

9月15日　中央电视台对奥运会开幕式进行了长达5个多小时的全程直播。奥运开幕式上中国代表团入场后仅3分钟，中央电视台网站就发布了相关图片，这是网站中最早报道的图片。

9月16日　中央电视台从悉尼时间10:00开始全天候播出奥运节目。此次中央电视台自9月15日起全力报道本届奥运会，播出时间为中央五套节目北京时间早上7时至次日凌晨2时，节目类型主要包括新闻、专题、比赛实况、节目预告、精彩回放、评论等。奥运新闻在悉尼主演播室以多种手段实行动态播报。在总主持人引导下，以赛事直播、赛场单边采访、新闻模块播报等表现方式，向观众介绍赛场情况。

9月16日 12:10至14:50,中央电视台第一套节目、第四套节目并机直播了《'2000钱塘江潮直播特别节目》。中央电视台和浙江电视台利用水、陆、空全方位的报道,对这一年中最大的一次涌潮进行了全程直播,全球的电视观众首次从电视屏幕上观赏到这一世界奇观。

9月16日 《经济半小时》栏目播出《管城金融案,蛀虫一连串》节目,披露了郑州市农行管城支行发生的四起经济案件。9月25日,中国农业银行河南省分行负责人专程来到栏目组,感谢《经济半小时》的舆论监督。

9月19日 为集中反映我国"九五"期间不平凡的建设成就,《新闻联播》播出20集系列报道《继往开来话"九五"》。节目报道范围涵盖了我国社会经济文化的各层面,展示"九五"成就,激励全国人民为新的发展目标而努力奋斗。

9月20日 为配合中央关于西部大开发战略的宣传,中央电视台专题部《中华民族》栏目计划推出题为《走进西部》的大型系列片。当日,该片摄制组在方楼前举行了隆重的发车仪式。

9月21日 赵化勇台长主持召开台分党组会议,认真传达学习了江泽民总书记在听取民主党派关于西部大开发问题汇报时,对加强西藏、新疆广播电视覆盖的重要指示,传达了李岚清、丁关根在9月18日召开的贯彻落实江泽民总书记重要指示的协调会议上提出的八个要点精神,以及徐光春局长关于落实江总书记重要指示的三点意见。

9月21日 在清华大学化学系召开的暑期社会实践总结会上,中央电视台网站在暑期开辟了《清华学子甘肃行》网上专集栏目,受到清华大学化学系党委和学生的高度评价。

9月23日 中宣部、外交部、外宣办和广电总局领导来台审看定于9月25日正式开播的英语频道16个主要栏目的样带。广电总局副局长吉炳轩在总结时说,英语频道从过去的传送频道到正式开播是一大突破。再次看到的样带体现了鲜明的特点:1. 定位准确,即进入西方主流社会;2. 宗旨明确,体现了向世界客观真实地介绍中国,让世界更好地了解中国;3. 重点突出,以新闻为主,体现了电视发展的趋势,有一定的竞争力;4. 栏目丰富,共有22个栏目(不含直播),体现了新闻性、知识性、趣味性和可视性;5. 针对性强,不是直白地宣传。他要求英语频道讲究对外宣传"十要,十不要"的艺术:1. 要斗争不要对抗;2. 要适合不要迎合;3. 要顺应不要逢迎:4. 要坚定不要生硬;5. 要引导不要说教:6. 要情趣不要流俗;7. 要丰富不要庞杂:8. 要精美不要土古:9. 要新颖不要猎奇:10. 要规范不要呆板。

9月24日 中央电视台英语频道(CCTV-9)开播庆祝晚会在中央电视台一号演播厅举行。晚会通过国际频道(CCTV-4)和英语频道联合向全球120多个国家和地区现场直播。

9月24日 广电总局副局长吉炳轩就中央电视台奥运会宣传报道作出具体指示:1. 要注意全面报道奥运会赛事;2. 要注意做好"精彩回放";3. 要把播出重点放在重点赛事上;4. 第一、五套节目要各有分工;5. 直播时注意处理好关于"啦啦队"的画面;6. 要把奥运的宣传放在第一位,注意调整广告量;7. 要增强国内群众关注奥运的报道,重点放在凝聚爱国热情、振奋民族精神上。

9月25日 中共中央政治局委员李铁映对中央电视台奥运报道给予充分肯定。他说,中央电视台奥运报道整体不错,特别是当中国运动员取得好成绩的时候,节目中对他们过去的训练镜头都有所体现,看得出中央电视台为奥运报道做了很充分的准备。与此同时,我们也看到了很多老将甘为人梯的精神。奥运会是对人的生命和智慧的挑战,运动员奋力拼搏的精神将对全体人民产生极大的激励作用,中央电视台的奥运报道也是一次很好的爱国主义教育。国务院副秘书长徐荣凯也打来电话说,从目前中央电视台的奥运报道看,观众普遍对奥运报道感到满意。中央电视台的奥运报道准确、及时、信息量大。在此,对中央电视台参加奥运报道全体人员的辛勤工作表示感谢。

9月25日 一个以新闻和新闻性节目为主,专题、文化和文艺类节目为补充的英语电视频道(CCTV-9),在中央电视台正式开播。英语频道实行全天24小时不间断播出。播出信号经过数字压缩后,和中文国际频道(CCTV-4)一并通过8颗卫星上的9个转发器,覆盖亚洲、欧洲、美洲、非洲等全球98%的陆地和海洋。此外,还将通过中央电视台的互联网进行有效传播。新西兰总理海伦·克拉克、澳大利亚前总理鲍伯·霍克、国际奥委会主席萨马兰奇等外国政要,美国有线电视新闻网(CNN)总裁兼首席执行官汤姆·约翰逊、卫星电视有限公司董事长兼首席执行官詹姆斯·默多克等世界大媒体负责人纷纷发表贺词表示祝贺,并相信随着CCTV-9的开播,中央电视台将会取得更大的成绩。我国有关部门领导和媒体负责人,包括国务院新闻办公室主任赵启正、中国驻美大使李肇星、全国侨联副主席唐闻生、外交部发言人章启月、《中国日报》总编辑朱瑛璜、澳门广播电视有线公司副主席兼行政总裁江濠生、香港无线电视台总经理何定钧、台湾无线卫星电视台董事长邱复生、香港高技术集团公司总裁王至力等也对英语频道正式开播表示热烈祝贺。

9月25日　《中国电视报》推出豪华彩版试刊首期(第39期),总发行量超过81万份。

《中国电视报》豪华彩版与读者见面

9月25日　中共中央政治局委员、中宣部部长丁关根在广电总局报送的有关中央电视台奥运报道工作的报告上批示:"大家工作很辛苦,请向大家问好"。广电总局副局长吉炳轩在此份报告中对中央电视台前一阶段奥运报道给予很高评价,认为:总体情况反映不错。通过这次奥运报道给全国人民进行了一次很好的爱国主义教育。奥运报道使全国人民的精神一下子振奋起来。海外华人在现场唱国歌,充分反映了民族精神、民族气派。要继续努力,做到精彩、圆满,善始善终。

9月25日　《焦点访谈》24日以《变味的自来水》为题,采访报道了四川省双流县太平镇群众一直使用污浊的自来水,长达6年无人解决的问题。中央"三讲办"致电《焦点访谈》,转达张全景同志对节目高度重视的意见,并询问有关情况。同日上午,四川省委书记周永康带领四川省委常委、成都市委书记、市长王荣轩,立即赶到双流县太平镇进行调查并督促解决。他还特意感谢中央电视台《焦点访谈》栏目,让他了解到了基层的真实情况。

9月28日　江泽民总书记给中国体育代表团发去贺电,热烈祝贺我国体育健儿在悉尼奥运会上奋力拼搏、为国争光,取得了优异成绩。中央电视台于17:41和17:44分别在第五套和第一套节目的跳水、田径比赛转播中播出贺电全文,随后在《体育新闻》中作详细报道,《新闻联播》也播出了这一新闻。

9月28日　中央电视台与全国妇联共同举办全国优秀艺术家文艺汇演,王光英、彭珮云、杨汝岱等领导同志出席观看。晚会展示了群众文化、家庭文化的成果,受到全国妇联的好评和感谢。于10月7日在中央电视台播出。

9月28日　第三套节目在江苏南京直播第六届中国艺术节开幕式。

9月28日　中央电视台组织进行团委书记竞争上岗面试。共有5位同志参加面试。经过科学全面的综合考核,确定吴克宇同志为中央电视台团委书记,成为台第一位通过公开竞争产生的处级干部。为中央电视台下一步在较大范围内实行干部竞争上岗积累了宝贵经验。

9月30日　台分党组纪检组监察室、机关纪委正式合署办公。

10　月

10月1～4日　以繁荣舞蹈创作、发现培养人才、创作电视精品为宗旨的中央电视台首届电视舞蹈大赛展开决赛阶段的比赛。前期共有111个作品参赛,30个作品进入决赛。包括三场决赛及一台颁奖晚会在内的4台节目在中央电视台第三套节目中现场直播。丁关根同志说,电视舞蹈比赛的形式是好的,希望认真总结经验,广泛听取意见,不断完善提高,推出更多优秀作品奉献给人民。同日,广电总局局长徐光春及台长赵化勇出席了颁奖晚会,并为获奖者颁奖。

10月1日　第二十七届奥林匹克运动会闭幕。本届奥运会期间,中央电视台电视转播坚持"以我为主"的方针,对中国代表团所获28枚金牌的比赛、颁奖仪式全部进行了直播。此次奥运报道是中央电视台自1984年转播第二十三届洛杉矶奥运会以来规模最大的。

10月1日　中央电视台第一套节目播出庆祝中华人民共和国成立51周年特别节目《可爱的中国》。

10月1日　梵蒂冈不顾中方的强烈反对,举行"封圣"仪式,把曾经在中国犯下丑恶罪行的一些外国传教士及其追随者册封为"圣人"。从10月1日至5日,中央电视台在《新闻联播》中通过相关报道,有力揭露被梵蒂冈封为所谓"圣人"的真实嘴脸。

10月1日　广告经济信息中心与节目播出管理处共同承担的"经济生活服务频道导视"节目正式与观众见面。

10月2日　《中国财经报道》国庆特别节目《财经西北行》在第二套节目中播出,这是继4月该栏目对中西部贸易洽谈会大规模报道之后的又一重点西部报道战役。

10月2日　国际频道(CCTV—4)隆重推出30集台湾历史文化系列片《台湾百科》。

10月3日 《东方时空》工作室推出大型奥运特别节目《光荣中国》9集系列片,《凯旋》、《瞬间》、《传奇》、《永恒》、《希望》、《幕后》、《拼搏》、《感受》、《辉煌》,集中展示了中国奥运健儿的顽强拼搏精神,纪录了中国奥运军团的辉煌成绩。节目播出后,国家体育总局领导来电话表示祝贺。认为系列片报道全面,催人奋进。

10月3日 台长赵化勇等前往首都机场迎接圆满完成第二十七届奥运会报道任务首批回国的报道人员。

10月3日 中央电视台第八套节目播出由总后勤部电视艺术中心创作的18集电视连续剧《光荣之旅》。

10月6日 为发扬奥林匹克精神,弘扬爱国主义精神,迎接中国奥运军团凯旋,中华全国体育总局、中国奥委会、国家广电总局、中央电视台联合主办《奥林匹克星》大型文艺晚会。

10月6日 14:00至16:00,中央电视台成功直播了在江苏省吴县举行的"穿越2000挑战无限——环太湖世界特技飞行大赛"。广电总局副局长李东生打电话到直播线,对直播圆满成功表示满意,认为非常精彩,同时也对技术方面的新突破提出表扬。

中央电视台直播太湖特技飞行大赛

10月8日 中国奥运健儿带着奖牌分赴祖国西部,向人民汇报。体育节目中心派出11个报道组,随团开始为期一周的采访报道活动。

10月8日 第八套节目《百姓剧场》推出特别系列节目《校园之星》,这一系列节目是根据李岚清同志关于高度重视艺术教育,为经济和社会发展培养高素质人才的指示而制作的,以宣传当代有成就、有影响的国内影视明星为主,揭示他们获得成功的心路历程和精神本质。

10月9日 剧中心召开了大型电视连续剧《曹雪芹》剧本研讨会。著名红学家周汝昌,作家李国文,有关方面专家蔡义江、胡文彬、解玺璋、刘心武、陆善家及作者王家惠出席了会议。

10月10日 "中非合作论坛——北京2000年部长级会议"在人民大会堂隆重开幕。国家主席江泽民和来自非洲各国的领导人出席开幕式。中央电视台、中央人民广播电台和中国国际广播电台同时直播开幕式实况。中央电视台在第一套、第四套、第九套同时播出开幕式。

10月10日 中央电视台海外节目中心联合12个西部省级电视台联合拍摄的120集大型系列报道《到西部去》在京召开研讨会,国家计委、国务院新闻办、国务院发展研究中心等单位和各新闻媒体参加了研讨会。节目播出后,国务院新闻办多次提出表扬,认为"这是自发出《关于加强中国西部大开发对外宣传报道通知》后,中央级新闻单位中反应最快、报道量最大、社会效果最好的外宣节目"。

10月10～12日 社教节目中心专题部《健康之路》栏目组织召开了全国电视卫生节目研讨会。

10月10～14日 中国广播电视学会老年节目颁奖暨研讨会在黑龙江绥化市召开。中央电视台《夕阳红》栏目获栏目一等奖,《夕阳红·敬老车的故事》获节目一等奖。

10月11日 中央电视台按照中央要求,准确、及时地在《新闻联播》中将中共十五届中央委员会第五次全体会议的报道头条播出,节目长度11分06秒。

10月11日 赵化勇台长会见了我驻德国大使卢秋田。他向卢大使介绍了中央电视台9月25日正式开播的英语频道(CCTV-9)及国际频道(CCTV-4)卫星电视节目在海外的落地情况。

10月12日 中央电视台分党组召开扩大会议,及时传达、学习刚刚结束的党的十五届五中全会精神。

10月12～22日 国务院总理朱镕基访问日本、韩国并出席第三届亚欧会议。中央电视台报道组根据朱总理关于新闻报道从简的指示,在《新闻联播》等新闻节目中播出新闻30余条，圆满完成了随访的电视报道工作。代表团领导对电视报道非常满意，给予了高度评价。

10月12日　中央电视台2001年黄金段位广告招标说明会在北京京都信苑饭店召开，三百多名知名企业和广告公司的嘉宾出席会议。16日，大型招标推介会在广州召开。小型座谈会分别在成都、厦门、上海和哈尔滨等地召开。

10月12～17日　第二届中国国际高新科技成果交易会在深圳举行。中央电视台先后采编新闻20余条，圆满完成“高交会”的新闻报道任务。中共深圳市委宣传部对中央电视台在“高交会”期间给予的多方位、大力度的宣传报道和舆论支持发函表示感谢。

10月12～29日　中央电视台亚洲杯足球赛转播组赴黎巴嫩，圆满完成四年一度的亚洲杯足球赛转播工作。全程转播26场比赛，其中现场直播23场，录播3场。

10月13日　由中央电视台制作的、富有中国特色的环保纪录片《左江日记》，在世界最大的自然电影节——布里斯托尔国际自然电影节上从参赛的423部作品中脱颖而出获得提名，并在参赛期间反复播放。

10月15日　由新影厂摄制的大型电视文献纪录片《半个世纪的回响》经过广电总局理论文献片重大题材领导小组审查通过，将在纪念志愿军抗美援朝出国作战50周年之际在第一套节目黄金时间播出。

10月15日　中央电视台圆满完成第20届北京国际马拉松赛直播报道活动。

10月15日　台书画院、中国美术家协会、丝宝集团共同制作的电视系列片《国画50家》举行观摩座谈会。系列片《国画50家》自1999年5月开始拍摄，反映当代我国有影响的著名画家的有关情况。于1999年9月至2000年8月在中央电视台第三套节目中播出。

10月16日　“2000科技下乡”活动召开领导小组会议。

10月17日　徐光春、吉炳轩等总局领导听取了2001年春节晚会剧组汇报，基本肯定了晚会总体方案。

10月17日　海外专题部《中国报道》栏目制作特别节目《走近天山南北》，全国人大常委会副委员长铁木尔·达瓦买提来到演播室接受了专访。

10月17日　经济部录制了《欢乐好时光——幸运52百期公益节目》。节目为亚洲最大的孤儿学校——吉林省孤儿学校募集32万元现金和价值12万元实物，投入该校特别助学奖励基金。

10月18日　第十一届残疾人奥运会在悉尼开幕，中央电视台体育频道现场直播了开幕式盛况。

10月19日　中央电视台召开奥运报道总结表彰大会。徐光春同志总结了此次奥运报道的几条基本经验：1. 牢牢把握舆论导向，是奥运报道成功的根本保证。2. 积极改革创新是做好报道工作的关键。3. 大力倡导团结协作精神，是做好报道的重要条件。赵化勇台长代表台分党组作了题为《展示整体实力，树立大台风范》的全台奥运报道总结报告。何宗就副台长宣读了中央电视台《关于表彰参加第二十七届奥运会电视宣传的部门和个人的决定》。

10月19～21日　首届中国金鹰电视艺术节在湖南长沙隆重举行。本届电视节共收到全国数十家电视台、影视机构选送的参赛作品641部，经过对全国各界观众投票结果的统计，共有76个作品分获各奖项，中央电视台占30个；由专家评选的23个奖项中，中央电视台占14个。全部五大类7个最佳奖，除电视广告片外，其余均为中央电视台获得。

10月20日　中央电视台《焦点访谈》栏目播出的《与民为敌必覆亡》节目受到中宣部副部长王晨和“610”办公室的表扬。节目对“法轮功”邪教少数顽固分子国庆节在天安门广场非法聚集、捣乱滋事行为进行了严肃的剖析和批判。

10月20日　《新闻联播》节目在新的400平方米演播室顺利播出。

10月22日　信息部顺利完成“金蝶杯”第二届全国会计知识大赛录制任务。本届大赛为配合《中华人民共和国会计法》正式实施而举行，由国家财政部委托中央电视台录制。

全国会计知识大赛发奖仪式

10月24～26日　体育节目中心召开奥运报道研讨会。

10月25～29日　第八届上海电视节隆重举行。来自世界五大洲43个国家和地区的近四千位电视界同行与参展商参加盛会。中央电视台在电视节上重点宣传和推销的节目有电视剧《长征》、《孙中山》、《日出东方》、《大宅门》、《郑成功》、《文成公主》、《笑傲江湖》、《秦始皇》、《铁齿铜牙纪晓岚》、《武林外传》;纪录片《我的草原》、《小鸟依人》、《野生动物王国的朋友》、动画片《猫咪小贝》、《蓝皮鼠大脸猫》;专题栏目《世界影视博览》等。

10月25日 中央电视台隆重推出纪念中国人民志愿军抗美援朝出国作战50周年大型电视文献纪录片《半个世纪的回响》。纪录片全面展示抗美援朝宏大的历史进程,热情歌颂志愿军战士的英雄主义气概,着力表现全国人民空前的爱国主义热情。

10月25日 新影厂召开中国人民志愿军抗美援朝出国作战50周年随军摄影记者座谈会。

10月26日 总局机关党委副书记罗盛明等来台,通报中央电视台被评为广播影视系统“三五”普法先进集体,并对中央电视台“三五”普法工作情况进行检查验收。

10月26日 《焦点访谈》栏目播出的《离奇的话费单》披露了湖南醴陵电信局计费服务中存在的大量计费问题。朱镕基总理看后对中国电信提出了严厉批评。为此,中国电信集团公司于11月1日召开电视电话会议,贯彻落实总理的批评意见;通报湖南醴陵市电信局服务中存在的问题,要求各级领导切实负起责任,改进电信服务水平。

10月26日 《东方时空》记者水均益、孟和前往耶路撒冷,对不断升级的以巴冲突进行采访报道。

10月26日 《同一首歌》走进西部——中国体操奥运健儿“青春的旋律”大型歌会在成都隆重举行。

10月26日 由北京广播学院、中央电视台影视部、八一电影制片厂三家联合拍摄的8集重大革命历史题材电视连续剧《井冈山》在江西省吉安市举行开拍仪式。

10月26日～11月4日 在中国广播电视学会电视科技教育节目奖评选活动中,中央电视台《走近科学》、《认识西部》、《龙腾千年》、《田野》分获栏目类、科普类、文化教育类、特别节目类一等奖,并有6个节目分获二、三等奖。在第七届全国农业电影电视“神农奖”评选活动中,科教部的《田野》栏目获组委会奖,科普电视片《麋鹿回家》获“神农奖”铜奖,并荣获编导奖。

10月26日 中央电视台代表队在广电总局举办的第五届消防运动会上,荣获团体总分第一名,蝉联冠军。

10月27日 《焦点访谈·以质量为本 筑千年之坝》集中表现和反映了三峡大坝建设因速度快、建筑质量高而受到中外专家一致赞扬的内容。节目播出后,受到李鹏委员长的表扬,认为节目内容充实,很有说服力。

10月27日 台总编室在湖南省湘西土家族苗族自治州首府吉首市召开观众座谈会。

10月28日 为真实记载西部地区缺水的现状和展示科技在西部找水过程中发挥的巨大作用,国家国土资源部、陕西省人民政府、中央电视台、陕西电视台通力合作,在第一套节目现场直播反映我国西部地区第一口深达850米的深层岩溶井成功出水的特别节目:“《井深情浓》——架金桥西部找水”。

10月28日 600平方米演播室视频系统数字化改造工程完工,经科技处测试,信号指标完全符合直播录像的技术要求,正式投入使用。

10月29日 由国家农业部、国家体育总局、中国农民体协主办,四川省人民政府承办的第四届农民运动会在四川省绵阳市开幕,中央电视台第五套与第七套节目并机直播了开幕式。10月29日至11月4日,圆满完成第四届全国农民运动会的转播和新闻报道任务。

10月30日 中央电视台《焦点访谈》栏目播出《饼干吃出工业油》,披露河南某食品厂以工业用油替代食用油生产饼干,造成江苏某地幼儿园孩子集体中毒的事件。中共中央政治局常委、国务院副总理李岚清收看节目后迅速作出批示:“昨晚在电视中看到此条报道。此乃属于制假谋财、草菅人命的重大事故,其中暴露出一系列问题。请抓住此事,在依法惩处的同时,研究杜绝类似事故再次发生的标本兼治的有效措施”。节目播出后,河南省委、省政府立即对河南清丰县豫华食品厂的工业油加工饼干行为做出反应,省委副书记、省长李克强当即指示立即组成调查组,严肃查处,并采取有力措施,杜绝此类问题再次发生;副省长李志斌当晚即召集卫生、工商、技监、公安、广电等部门一起开会研究具体措施。

10月30日 在台工作例会上,赵化勇台长通报了中央电视台援助少数民族地区电视工作的进展情况。他说,中央电视台近年来每年向西藏提供1000小时免费电视节目,从2000年起也向新疆、内蒙古等少数民族地区提供每年1000小时的免费电视节目;中央电视台近几年已先后援助西藏电视台演播室及转播车,为新疆调配的设备可装配一个600平方米的演播间,据估算,价值约1500万元。

10月30日 赵化勇台长和罗明、胡恩副台长在800平方米演播室首次审看了第一批2001年春节晚会节目。

10月30日～11月2日　中央电视台在顺义培训中心连续举办两期“马克思主义新闻观”培训班。全台节目部门科组长以上干部、制片人及访谈节目主持人约200人参加培训。

10月31日　广播电视音像资料馆工程领导小组召开扩大会议，讨论资料馆装修、工程结构封顶仪式、施工进展情况与2001年工程任务安排等。

10月31日　建设部新闻处来电话称，建设部部长俞正声看了10月30日《经济半小时》播出的《优质工程吓跑居民》节目后，对抚顺市一幢被评为优质工程的住宅楼出现严重质量问题的报道非常重视，当晚批示相关部门进行调查，表示必要时将派工作组进驻抚顺，并提出调看此期节目。

10月31日～11月5日　中央电视台第一套节目播出8集系列片《思源》。系列片以文化为视角，思古老文化对现代影响之源，思共产党和人民的鱼水之源，思改革开放共同富裕之源。

10月　西藏自治区党委宣传部副部长格桑朗杰与剧中心领导共同审看了剧中心摄制的20集电视连续剧《文成公主》。格桑朗杰认为剧中文成公主的形象塑造得非常成功，是藏族人心目中的文成公主。剧中运用的藏族民族谚语非常亲切，很有藏族特色。该剧播出后将对加强和维护祖国统一和民族团结发挥积极作用。他还感谢中央电视台拍摄出高水平的作品。

10月　中央卫星电视传播中心与上海文化广播影视管理局、上海有线电视台签署了合作传输中央电视台加扰电视节目的协议。从2000年12月起，上海有线电视台将通过有线网把中央电视台加扰节目送至全市有线电视用户家中。

11　月

11月1日　由中央电视台组织召开的首届全国电视新闻通联工作会议在京举行。全国31个省、市、自治区电视台和3个计划单列市电视台新闻中心(新闻部)主任和主要通联人员共70人参加会议。

11月1日　胡恩副台长在文艺中心召开的处以上干部会议上就加强电视文艺节目的审查把关提出具体要求：1. 进一步强调牢牢把握正确舆论导向。文艺中心要时刻不忘国家大台的风格、气派，电视文艺不能媚俗、庸俗，但要通俗，要让老百姓易于接受。2. 中央电视台文艺节目要体现国家台风范，具体表现在节目内容、质量、风格、制作水平及主持人服饰、举止、语言等各方面。3. 在各环节、岗位都要认真抓好落实，及时处理工作中发现的问题。4. 要加强节目的审查把关。5. 要勇于开拓创新。

全国电视新闻通联工作会议会场

11月1日　台机关党委邀请国家统计局副局长邱晓华博士来台作《学习宣传贯彻五中全会精神专题讲座》。台领导、中心领导、处以上干部及总支、支部委员300余人听取了讲座。

11月1日　在“2000北京国际科教电影电视展评研讨会”闭幕式上，北京科学教育电影制片厂参展的影片《宇宙与人》获得了科普类银奖。

11月4日　《综艺大观》第203期节目在重庆珊瑚公园进行了现场直播。以重庆当地的群众文化为契机，融入浓郁的川蜀风情。节目播出后，广电总局副局长吉炳轩打来电话，肯定《综艺大观》在整个西部大开发的宣传中所起到的带头作用：称赞《综艺大观》的节目品位高、内容新颖：并对《综艺大观》剧组在每次直播中所体现出的团结精神给予了赞扬。

11月4日　由农业部、广电总局联合主办，中国农业电影电视中心、中国农业电影电视协会和中国电视艺术委员会共同承办的第七届“全国农业电影电视神农奖”颁奖大会上，在电视剧类7个奖项中，中央电视台囊括特别奖、金奖、银奖、铜奖。

11月6日　中央电视台第一套节目现场直播第三届中国国际航空航天博览会开幕式盛况及精彩的飞行表演。

11月8日　中国记协和中央电视台于10月12日联合录制的大型专题节目《中国记者》播出，庆祝新中国第一个记者节的诞生。节目回顾了本世纪中国新闻史，展现了各时期重大新闻事件，讴歌了近百年来我国优秀的新闻工作者。

11月8日　中央电视台黄金段位广告招标活动在梅地亚中心举行。全国近百家企业和广告公司参与竞标。总招标额比1999年招标额增长10%。

11月9日　为贯彻落实全国广电影视系统精神文明示范单位座谈会精神，台纪检组监察室、机关纪委和总编室联合召开中央电视台加强职业道德建设、禁止有偿新闻工作会议。下发《中央电视台反腐败抓源头工作实施办法和2000年下半年工作重点》、《关于中央电视台局级以上领导干部配偶、子女个人经商办企业活动的规定》和《中央电视台关于台属公司领导人任期经济责任暂行规定》,制定《中央电视台节目播出事故责任追究办法》。

11月10日 国务院新闻办公室三局局长郭长建、副局长李向平等与中央电视台座谈第四、九套节目的落地工作。

11月11日、12日 中央电视台第一套节目对由国家科技部、国家农业部、陕西省人民政府和中央电视台联合主办的"2000·科技下乡"节目进行了为期两天的现场直播,节目总时长180分钟,陕西电视台一套节目同时并机播出。

11月11～18日 中央电视台圆满完成随江泽民主席出访老挝、柬埔寨、文莱三国,并出席亚太经合组织第八次领导人非正式会议的宣传报道工作。在7天的时间里,《新闻联播》报道新闻52条,共计91分钟。

11月12日 《焦点访谈》栏目播出《天鹅之死——吉林大安毒杀珍禽暗访记》节目,反映在吉林大安的农贸市场上,不少商摊在公开贩卖天鹅肉和其他被毒杀的受国家法律保护的珍稀鸟类。节目播出第二天,吉林省省长洪虎调看了节目,并当即指示副省长杨庆才要尽快查处。省政府组成的联合调查组也赴吉林大安。

11月12～14日 中央电视台举办首届CCTV杯职工乒乓球比赛。

11月13～17日 海外节目中心与台人事办公室联合举办"中央电视台第二期对台新闻评论研讨班",国务院台办新闻局局长张铭清参加了研讨会。

11月16日 在广电总局先进党支部工作经验交流会上,被评为1998年-1999年度广电总局先进党支部的新闻中心新闻编辑部党支部在会上介绍了党支部的工作经验。

11月16～21日 在第九届中国金鸡百花电影节上,北京科学教育电影制片厂送展的三部影片《宇宙与人》、《新疆北鲵》、《简易无土栽培》均获提名,《宇宙与人》获得本届"金鸡奖"评选的最佳科教片奖,这也是北京科学教育电影制片厂自1981年"金鸡奖"评选以来获得的第十六个奖项。

11月17日 中央电视台召开新闻通气会,通报了第一套节目改版的有关情况。

11月17日 台编委会第二次审看了第三套节目改版样片。审看后,台编委会成员一致认为:改版样片总体上汇萃精华,展示了中国文化和艺术;栏目制作精细、简洁、流畅、画面精美;栏目要合理配置,保持水准。台编委会决定,第三套节目将于12月18日全面推出新版。

11月18日 《焦点访谈》播出《局长醉死歌舞厅》,反映云南昭通地区永善县乡镇企业局局长杜明祥等8名干部在"三讲"总结会后大吃大喝,杜明祥醉死歌舞厅的事件。当天晚上,中共中央办公厅调阅节目解说词。22日晚,江泽民总书记打电话给云南省委书记令狐安,专门问及这一事件的处理情况,进行了严肃的批评。中央"三讲办"张全景同志也打电话给云南省委,要求加强干部的管理监督工作。云南省委已向中共中央政治局常委写出情况汇报,正在研究贯彻江泽民总书记的指示。省纪委向全省发出通报,要求全省各级党组织和全体党员干部要引以为戒,从中汲取深刻教训。

11月18日、19日 中央电视台全程直播了2000—2001中国男篮甲A联赛(CBA)的揭幕战。此次CBA转播推出了演播室形式,对节目进行全新整体包装。新赛季的CBA历时四个月,到2001年3月25日结束。转播将近40场,每周三、周日19时30分至21时30分准时与观众见面。

11月19～23日 中央电视台"荣事达"杯电视节目主持人大赛五场复赛在第一套节目播出,形成了收视热点。

11月20～21日 由中宣部组织召开的文艺评论工作座谈会在北京举行。中央电视台《精品赏析》栏目组代表在会上作了题为《让文艺评论"触电"》的专题发言。中宣部文艺局局长李牧在大会总结中指出:中央电视台坚持正确导向,以办好精品节目、精品栏目、精品时段、精品频道为目标。《精品赏析》努力突破传统的电视工作思路,牢牢把握电视节目的基本特点,"以电视手法研究电视",把研究重点选在电视节目上,定在电视节目制作的各个环节上。将文艺评论转化为直观、形象、生动的电视画面,赏析已有精品,推动创作新的精品,使《精品赏析》栏目成为广大观众喜闻乐见的精品节目。

11月20日 在台工作例会上,广电总局党组成员、纪检组组长王德新,总局人教司司长雷元亮来中央电视台宣布总局党组、总局有关中央电视台干部任命的通知。总局党组任命电视台分党组成员张长明为中央电视台分党组副书记:总局任命电视剧制作中心副主任张华山为台副总编辑。

11月20日 被国务院台办立项为2000年对台宣传重点项目的30集电视剧《开台英雄郑成功》开机拍摄。此剧由中央电视台投资,厦门东方影视公司和厦门电视台方面负责剧本创作和承制。

电视节目主持人大赛现场的评委和观众

11月20日　广电总局办公厅档案工作检查小组来台进行档案检查，检查组人员认为中央电视台档案现代化管理水平高，档案工作人员尽职尽责、爱岗敬业，很好地完成了“九五”广播影视系统档案工作的总体目标：“门类齐全、收集完整、整理规范、技术先进、服务有效”。

11月20日　由台团委主办的中央电视台第六届“红绿蓝”杯青年职工歌手大赛结束。

11月21日　中央电视台2001年春节晚会办公室成立。春节宣传工作正式启动。

11月21日　“2001年维也纳新年音乐会”转播工作第一次协调会召开。

11月22～24日　人事办离退休人员管理处在顺义培训中心举办了首次老同志退前学习班。

11月22～24日　总公司在顺义培训基地举办首届经理级经理管理培训班。培训班邀请国务院发展研究中心副主任陈清泰、中国人民大学管理学会主席李宝山、中国民生银行高级研究员张金顺、北京工商大学会计学院副教授袁琳做了专题报告。

11月23日　广电总局精神文明办来中央电视台检查精神文明建设工作。

11月23日　中央电视台《长征》剧组与瑞金的文艺工作者共同举办了“情系红都”大型义演。剧组将这次演出的全部收入捐献给了瑞金市希望工程——“长征希望小学”。

11月23～26日　中央电视台派出报道组，完成国务院总理朱镕基赴新加坡参加东盟与中日韩领导人会晤和东盟与中国领导人会晤的新闻宣传。在《新闻联播》等节目中及时播出新闻共30余条。据了解，朱镕基总理看了每天的《新闻联播》报道后，表示很满意。

11月24～25日　由中央电视台动画片部主办的大型系列片《哪吒》的创意方案研讨会召开。

11月24日　第六届中国人口新闻奖在京揭晓，中央电视台送评节目获特等奖1篇、一等奖4篇、二等奖4篇，研究处再次获组织奖。研究处自第四届评选活动中荣获组织奖以来，已连续三届荣获该奖。

11月25日　胡恩副台长赴江西瑞金《长征》剧组慰问全体同志。9月16日，电视剧《长征》正式开机。

11月25日　体育中心完成2000年全国女足超级联赛转播。联赛自2000年3月25日开始，体育中心全程转播了18轮的比赛，为全面有效地宣传中国女足做出了积极的努力。

11月27日　新版《东方时空》亮相。《东方时空》从早晨6时至8时30分，由原来的40分钟延长到150分钟，进一步加大新闻信息量和实用资讯服务，满足广大观众对早间节目的需求。周一至周五播出的普通版节目包括《早新闻》、《时空资讯》、《传媒链接》、《直通现场》、《面对面》、《百姓故事》周末版在保留《早新闻》、《时空资讯》的基础上增加了《世界》、《纪事》、《直播中国》3个子栏目。

11月27日～12月3日　随着新版《东方时空》的亮相，中央电视台第一套节目进行全新调整。此次调整第一套节目的目的，就是要突出该套节目的新闻优势，体现精品特色。压缩调整了一批与新闻关系不大的栏目，加大了新闻节目在频道中的整体份量，其中早、中、晚几档新闻节目的改版和创办，使第一套节目新闻含量更加提高、新闻栏目的布局更趋合理。

11月27日　科教部《科技博览》组制作的17集节目《国际科技合作巡礼》开播。节目基本涵盖了众多科技领域的骨干项目。科技部领导审看后认为，该节目从文字稿到节目合成做得比较扎实，显示了中央电视台较高的业务水平。

11月28日　张长明副台长听取了社教中心、科教部领导及《夕阳红》栏目部分同志关于2001年将要举办的“‘青春常在’《夕阳红》老年风采电视大赛”活动设想汇报。此活动由中央组织部老干部局、中国老龄学会和中央电视台联合主办。

11月28～30日　由中央精神文明建设指导委员会办公室与中央电视台合作，由社教中心纪录片部摄制的大型电视专题片《伟大的创造——创建文明城市巡礼》连续三天在中央电视台第一套节目黄金时间播出。中央文明办主任胡振民称赞该片是现实题材政论性专题片的有益尝试，寓政治于电视艺术之中，既充分展示了成绩，又指明了未来发展的方向。北京市委宣传部宋贵伦同志认为，该片“政”而不空，“论”而不虚。吉林市有百余万人收看了此片，有的城区和单位还进行了收录,组织广泛收看。

11月29日　朱镕基总理收看了《新闻联播》中的《全国最大的土炼油生产基地被捣毁》后,在第二天中央经济工作会议上对此新闻提出表扬。朱总理说这条新闻是自2000年全国打假电视电话会议召开以来,有关打假方面新闻中做得最好的,反映了党和政府在打假方面的决心和力度,起到了很好的新闻宣传和教育作用。全国联合打假领导小组称赞中央电视台记者是"打假先锋"。

11月29日　春节晚会办公室召开首次工作协调会。副台长胡恩、副总编张华山、春节晚会办公室主任李晓明和台内相关各部门负责人、三个剧组导演参加了会议。

11月30日　赵化勇台长主持召开了由台分党组成员和全台各中心(室)主任参加的党组扩大会议,传达学习江泽民总书记和朱镕基总理在"中央经济工作会议"上的重要讲话,并结合台内实际,就学习、宣传、贯彻、落实中央经济工作会议精神,提出了明确的要求。

11月30日　中组部老干部局、中国老龄协会、中央电视台在梅地亚中心,联合举办"'青春常在'《夕阳红》老年风采电视大赛"新闻发布会。

11月　全国人大副委员长成思危在福建泉州接见20集电视连续剧《闽南名流世家》摄制组主创人员时说:"感谢中央电视台为促进台湾回归做了一件好事,希望你们能拍出一部观众喜爱的电视剧。在制作方面要精良,不要让专家们在年代、地域文化、民俗民风和技术方面挑出毛病来。"

11月　国家审计署致函,对《经济半小时》栏目制作播出的《反腐败——做官要过审计关》、《部长专访——离任审计:贪官难以"软着陆"》两专题节目给予赞扬,并表示希望今后加强审计监督和新闻监督的合作关系。

11月　根据中央电视台对聘用职工参加商业医疗保险的有关规定,劳动工资处完成聘用职工及其子女医疗保险投保工作。

11月　中央电视台《图文电视部系统建设方案》得到台领导的批准。该方案的确定,为中央电视台图文电视及数据广播的可持续性发展奠定了坚实的基础。

12　月

12月1日　总编室与中央卫星电视传播中心联合举办座谈会,纪念卫传中心开播5周年。5年前,中央卫星电视传播中心正式成立,在国内率先采用世界先进的数字压缩技术,通过KU波段卫星加扰传输中央电视台的四个频道节目。5年来,中央加扰卫星电视收视用户以每年递增1000多万户的速度不断扩大,成为中央电视台的重要经济支柱之一。

12月2日　《焦点访谈》节目播出《建楼岂能靠罚款》的节目,反映了黑龙江克东县检察院在几年的时间里,违法办案、违法羁押当事人,违法扣押涉案当事人款物达100余万元,并用这些钱款为自己盖办公楼、宿舍楼的事实。节目播出后引起最高检察院高度重视,韩杼滨检察长立即要求就此事件迅速进行调查,并在12月4日直接听取了黑龙江省检察院有关此案的初步情况汇报。高检院要求,对此案要彻底查清。对违法办案的当事人严肃追究责任;对负有主要责任的克东县人民检察院检察长必须严肃处理;对克东县检察院违法办案拖欠涉案当事人的扣押款物,限期进行彻底清退,对应予刑事赔偿的迅速赔偿。

12月2日　新版《新闻调查》进入周末黄金档,播出时间改为每周六的21时15分,时间也延长为40分钟。改版后加重记者调查过程的分量,强化现场感,用画面语言传达更多的信息,并进一步突出出镜记者的作用和形象。选题上更多贴近社会生活的主流。

12月2日　中央电视台2001年春节歌舞晚会进入前期录像。

12月3日　新版《东方时空》周末版成功推出。同日,《实话实说》节目正式在晚间黄金时段21时15分第一套节目中亮相。

12月3日　为进一步提高报纸质量,中国电视报社召开改版工作座谈会,台副总编辑赵立凡参加会议并讲话。

12月4日　30集系列片《新生活2000——商品的故事》在第二套节目《商务电视》中播出。该节目继续采用和地方台联播的形式,由中央电视台策划,确定选题方向,把握节目风格,统一进行节目包装;由30家地方电视台(省或市台)报送选题,并成立摄制组实施拍摄。

12月5～7日　2000北京国际电视技术研讨会在京召开。代表们就数字化技术、高清晰度电视技术、节目音像资料的存贮和重复利用技术等展开探讨。

12月5～8日　中国广电学会电视译制研究委员会第二届二次理事会、第三届学会译制片奖颁奖大会暨第六次研讨会在武汉召开。中央电视台的《基督山伯爵》等9部作品和栏目在99个参评节目的角逐中获一等奖。

12月5日　中央电视台召开世界大学生运动会电视转播第一次协调会。按照大运会组委会意见,台成立了以马国力为主任,徐威、岑传理、王建宏、梁迎利为副主任的电视转播委员会，负责组织中央电视台与北京电视台为大运会提供12个比赛项目的半决赛与决赛的国际信号。

12月6～8日　事业发展调研处联合北京广播学院共同策划举办了“电视合作与发展研讨会”。

12月6日　中央电视台人事办劳动工资处为全台正式、聘用职工投保了一年期境内、外意外伤害和救援险，投保单位为泰康保险公司。

12月7日、9日　根据广电总局关于实现播音员、主持人全部持证上岗的有关要求，中央电视台组织未参加过普通话水平测试及参加测试未达到一级甲等的播音、主持人员进行普通话水平测试。共有两批71名播音、主持人员（含电影频道等外单位在中央电视台出镜的播音、主持人员）参加了测试。

12月8日　广电总局副局长吉炳轩和《综艺大观》栏目组的部分成员进行座谈，听取《综艺大观》10月份开始的西部行的情况汇报。《综艺大观》此次西部行是电视文艺的一种创新，它突破了原有的程式化，使文艺真正回到了群众中间，取得了很好的社会效益。《综艺大观》栏目从201期开始，在乌鲁木齐、南宁、重庆、呼和浩特、西宁进行了栏目成立以来的第一次连续异地直播，走出演播室，深入西部地区，把当地的多种艺术形式展现给全国电视观众，活跃了表现形式，丰富了创作思路。

12月8日　台领导赵化勇、罗明、赵立凡与《电视研究》全体编辑人员进行了座谈。赵台长强调，在电视传媒飞速发展的今天，电视理论建设工作者肩负着提高电视从业人员文化素养、科学指导电视实践的重任，发挥着越来越重要的作用；研究处要树立为全台服务的意识，全面做好期刊编辑、图书出版、课题研究、信息资料服务、精品赏析等各项理论建设工作，不断推进电视实践的发展和电视改革的深化。

12月8日　台编委会确定第七套节目改版启动，社教节目中心随即开始具体实施。各新栏目临时召集人按照“教科文频道”设置的总体要求，就栏目的宗旨、样式、风格等方面进行阐述，听取中心领导及有关人员的意见建议后，再次调整制作思路，充实制作方案。

12月9日、10日　2001年全国女子排球联赛分别在江苏省仪征市和云南省昆明市进行。中央电视台将对其中的44场赛事进行直播，22场赛事进行录播和重播。

12月9日　中央电视台黄惠群、洪民生、宋培福、赵忠祥、王录、赵恩义、李淑明，获中国广播电视学会“荣誉证书”；曾文济、徐世荣、杨宪文、程仁沛、冯万友、陈风龄、强西京、王亚平、黄海星、祖菊红、苏英、张敬邦获“优秀学会工作者”称号。

12月9～11日　第五届全国电视“金童奖”颁奖典礼暨研讨会在大连隆重举行。中央电视台青少中心选送的13个节目获金奖，占金奖的80%。第三套节目12月10日对颁奖典礼《金色梦想》进行了直播。

12月10日　2001年春节戏曲晚会进入正式录音阶段。

12月11日　中央电视台在梅地亚多功能厅召开新闻通气会，通报了第三套节目改版的有关情况。罗明副台长宣布，第三套节目新版于12月18日推出。新版节目遵循“弘扬优秀文化、重在文化品位、汇萃文艺精华、注重社会效益”的宗旨，在保持原有节目优势的基础上，立足于突出频道专业化的特色，与台其它各套节目形成互补关系。

12月11日　《中国电视报》召开庆祝创刊20周年大会。台副总编辑赵立凡代表台领导对《中国电视报》创刊20周年表示祝贺。

12月12日　张长明副台长召集体育节目中心及各部负责人开会，听取体育频道改版工作的情况汇报。从2001年1月1日起，体育频道全面改版。播出时间从现在的每天15.5小时增加到20小时（从早6:00到次日凌晨2:00）；原有的34个栏目缩减为17个，增加体育赛事现场直播的数量，精彩赛事将在次日安排重播；增加体育新闻时段，形成早、中、晚风格各异的新闻。

12月12日　为迎接中国证券市场诞生10周年，信息部《证券之夜》栏目推出10周年特别节目——《同一段故事》。节目以证券交易所、投资者、上市公司、中介机构的典型事例为着眼点，全方位扫描中国证券市场的发展轨迹，展示中国股市10年的历程。

12月14日　广电总局、台领导审看了2001年春节联欢晚会备选的语言类和歌曲类节目。吉炳轩副局长认为，语言类节目的整体水平高于往年，普遍能够做到以小见大，富于生活气息。赵化勇台长认为，语言类节目内容生活化，利于与观众沟通，能够体现欢乐气氛。

12月14日　中央电视台举办“中央电视台证券报道高层研讨会”。中国证监会副主席高西庆、中央电视台副台长罗明以及来自证券行业、深沪交易所的代表及证券类报纸的主编、经济学家、传播学家、国际传媒界、上市公司高层管理人员参加了研讨会。高西庆副主席说：电视证券报道极具优势，电视证券报道应该讲政治。中央电视台的证券报道影响很大，所以更应讲政治。罗明副台长向与会者介绍了中央电视台的证券报道节目，并重点介绍了《证券时间》栏目注重客观报道、倡导理性投资、不做股评的做法。

12月15～25日　中央电视台在《新闻联播》《晚间新闻》共播出有关婚姻法宣传报道的新闻30多条，其中《晚间新闻》"聚焦婚姻法"专栏播出26条；这些新闻节目就《婚姻法》修改过程中社会各界普遍关注的热点难点问题以及《婚姻法》的历史沿革、全国人大立法程序等背景知识进行了系统、全面、深入的报道。李鹏委员长充分肯定了这次报道说"聚焦婚姻法"专栏大部分节目他都看了，觉得这种报道形式很好，宣传效果不错。人大常委会秘书长、副秘书长和法律工作委员会的领导也对"聚焦婚姻法"专栏播出的连续报道表示称赞。专栏的一些独家报道还被报纸、网络等媒体广泛转载。

12月15日　胡恩副台长主持召开了中央电视台电视剧题材规划和管理工作会议。副总编辑张华山和中国电视剧制作中心、影视部、中国国际电视总公司、新影厂和总编室宣传规划处负责同志参加会议。

12月16日　《经济半小时》栏目播出对国家财政部部长项怀诚的专访，他在节目中就积极的财政政策进行了全面的阐述。财政部办公厅专门打来电话表示：访谈紧紧抓住了积极财政这个问题的核心内容，提问设计到位，能让部长以聊家常的方式谈国家财政，宣传效果很好，看完节目后，鼓舞人心。另外，项部长本人也认为访谈内容的剪辑，很好地展示了三年来实施的积极财政政策。节目的播出也引起了社会各界广泛的关注，央视国际、新华网、人民网等十几家网站，均在新闻首页上，全文刊登了项怀诚部长的访谈录。

12月16～20日　中央电视台技术管理办公室科技处和全国广播电视标准化技术委员会秘书处，在深圳联合举办了由中央电视台工程技术人员主要负责起草制定的《电视中心制作系统运行维护规程》、《电视中心播控系统数字播出通路技术指标和测量方法》两个行业标准和《数字编码彩色电视系统用测试信号》国家标准宣传贯彻会议。

12月17日　全国人大常委会副委员长、中国科协主席周光召以及科技部部长朱丽兰、中科院院长路甬祥应邀来中央电视台参加元旦特别节目《新世纪科技论坛》的录制，并发表主题演讲。周光召副委员长、朱丽兰部长、路甬祥院长以及到场的科学家、科技界人士和观众对中央电视台以科普讲坛方式迎接新年予以高度评价，认为这是中央电视台对"科教兴国"的有力支持，表明了中央在新世纪实施科教兴国的决心。希望中央电视台坚持下去，发挥更大作用。同时他们也希望《新世纪科技论坛》节目办出特色，力争成为像春节晚会一样的名牌节目。

12月17日　8时至8时30分，《东方时空·直播中国》现场直播了四川省广汉市境内的三星堆文化古迹发掘工作，使电视观众亲眼目睹了这一世纪大发掘，领略了中华古蜀王国的神秘文化。

12月17～20日　由军委主席江泽民亲笔题写片名的4集电视专题片《中国最高军事学府——国防大学》在第一套节目黄金时段播出，节目在国防大学校内外引起热烈反响。

12月17～19日　由国家民族事务委员会、广播电影电视总局、文化部、中国文学艺术联合会共同主办，中国电视艺术家协会协办，北京电视台承办的第八届全国少数民族题材电视艺术"骏马奖"评选结果在北京揭晓。中央电视台《中华民族》栏目荣获电视栏目类一等奖，13部电视片获"骏马奖"。

12月17日　由经济部牵头，《电视研究》编辑部、中国人民大学舆论研究所共同举办的《从益智到公益——中国特色益智类电视娱乐节目发展趋向研讨会》在京召开。研讨会在分析以《幸运52》为代表的益智类电视娱乐节目成长与发展的社会文化背景的基础上，深入探讨了此类节目的现状与发展前景。

《幸运52》节目录制现场

12月18日　中央电视台第三套节目全面改版。包括《周末喜相逢》、《同一首歌》、《挑战主持人》等在内的34个各类栏目以全新姿态面对观众。改版的第三套节目是融戏曲、综艺、音乐、资讯服务、文学、谈话、歌舞等各类节目为一体的一个综艺频道。重点突出黄金时段和周末节目、戏曲节目以及高雅严肃音乐。

12月19日　上海证券交易所成立10周年，经济部《证券时间》栏目全程直播上交所纪念仪式，纪念中国证券市场走过了10年历程。直播以民生银行隆重上市为主要内容，以证券市场发展为背景，全面展示我国证券市场目前状况，同时展望市场前景。

12月19日　台总会计师刘国良、财经办主任许二春等陪同国家审计署新闻通讯审计局贾文英、刘素英局长到涿州基地检查基地对审计决定的落实情况。

12月19～22日　“2000年度对外电视节目奖”评选在京举行。全国30家电视台选送的130个节目参加了评奖。中央电视台的《见证北京动物园大熊猫喜生双胞胎》获中文新闻节目一等奖，中央电视台、上海电视台联合摄制的《世纪风——2000年中英文双语元旦晚会》获中文文艺节目一等奖。

12月20日　技术系统召开安全播出座谈会。何宗就副台长感谢各兄弟单位在2000年为保证中央电视台节目安全播出所做的工作，向大家通报了2001年中央电视台的几项重大宣传活动，希望各单位早做准备，保证传输设备的完好和传输线路的畅通。播送中心负责人在会上汇报了一年来中央电视台安全播出工作取得的成绩和存在的问题。

12月20日　在澳门回归一周年之际，为了让更多的海内外观众了解今天的澳门，中央电视台国际频道(CCTV一4)推出60分钟特别节目《新澳门　新纪元》。

12月20日　国际部承担转播2001年维也纳新年音乐会的编导人员与嘉宾、主持人就节目中的具体内容和操作方案进行了讨论。此前，国际部与中央电视台网站合作，在央视网站开辟有关“2001年维也纳新年音乐会”有奖竞猜网页，为广大音乐爱好者提供了参与机会。

12月20日　《中国电视报》召开2001年广告招商会，40多家广告公司的代表参加了会议。

12月20日　总局治安消防综合治理检查组来中央电视台检查、验收治安消防综合治理工作。

12月21日　为进一步提高节目质量，改进电视宣传工作，中央电视台召开“中央电视台观众座谈会”，赵化勇台长、罗明副台长以及各中心、部门负责人与来自首都各界的观众代表20余人参加了座谈。

12月21日　由中央统战部副部长、中华海外联谊会副会长田鹤年为团长、中央电视台赵立凡副总编为副团长的庆祝澳门回归祖国一周年中国画展览访问团一行10余人赴澳门举办中国画展览和交流访问活动。

12月21日　中央电视台召开2000年办公业务工作会议，全台各中心综合部主任、部(处)秘书110多人参加。在2000年办公业务评比中，体育节目中心、新闻节目中心获得一等奖。

12月22日　中国电视剧制作中心、广州市委宣传部、广州电视台在北京人民大会堂联合举行了电视连续剧《紫荆勋章》首映式。该剧将于2001年1月3日在中央电视台第一套节目黄金时间播出。

12月22日　广电总局召开理论学习交流会。中央电视台机关党委专职副书记南玉敏作了题为《学好邓小平理论是做好电视工作的根本保证》的发言，

12月22日　由全国妇联、北京市政府、中央电视台三家主办的《情系西部、共享母爱——世纪爱心大型义演晚会》在北京人民大会堂现场直播。晚会时长125分钟，观众打来热线电话25863个，接受海内外捐款1.16亿元人民币。全国妇联也致函感谢中央电视台对《世纪爱心》大型义演的大力支持和精心策划组织，称赞中央电视台工作人员敬业奉献的工作精神、认真负责的工作态度和精益求精的艺术创作。

12月22日　戏曲音乐部在三套隆重推出大型周末音乐栏目——《同一首歌》。2000年春节期间，戏曲音乐部推出了大型演唱会《同一首歌》，此演唱会一经推出，立即在全国掀起歌坛怀旧风。

12月25日　在台工作例会上，赵化勇台长传达了国家广播电影电视总局《关于李挺等人职务任免的通知》。广电总局任命李挺为新闻节目中心主任、程宏为总编室主任、袁正明为广告经济信息中心主任、徐威为技术管理办公室主任、黄平刚为播出传送中心主任。免去罗明的总编室主任、何宗就的技术管理办公室主任、孙玉胜的新闻节目中心主任、丁文华的播出传送中心主任、程宏的广告经济信息中心主任职务。

12月25日　中央电视台11月24日起在第一套节目黄金时间播出19集电视连续剧《一代廉吏于成龙》后反响强烈，收视率直线上升。据央视—索福瑞的收视调查数据显示，截至今日，该剧最高收视率为10.51%，平均收视率为8.38%，是2000年下半年第一套节目黄金时间收视又一高潮，在全年第一套节目黄金时间电视剧收视排行列第四。

12月25日　《科技博览》栏目摄制的《展望未来科技》33集系列节目与观众见面。该节目从自然科学主要领域的不同侧面，介绍新世纪科学技术研究和发展的趋势。

12月25日　《中央电视台公司经理任期经济责任审计暂行规定》正式下发有关单位执行，标志着此项审计工作开始向制度化、规范化方向发展。

12月26日　中央电视台央视国际网络挂牌仪式在梅地亚中心举行。中央电视台台长赵化勇宣布中央电视台互联网站正式更名为“央视国际网络”，简称“央视国际”，并点击鼠标，启动了崭新的零首页。国务院新闻办副主任杨正泉称赞央视国际网络作为国家6大

重点网站之一,在网络传播的优势中注入了电视传播的魅力,很有特色,前景广阔。他希望更名后的央视国际网络视野更广阔,内容更丰富,成为向世界展示中国的窗口。

12月26日 罗明副台长、赵立凡副总编辑会见了专程来台感谢中央电视台举办“2000科技下乡”活动的陕西省商洛地委、行署代表。商洛地委、行署的负责人介绍说,在商洛地区举办的“2000科技下乡”活动效果和效益空前,目前正在逐项落实,已签订合同金额3.58亿元。活动的举办,不仅宣传了商洛,提高了商洛在全国的知名度,而且还转变了当地农民的致富观念,促进了科技知识的普及和科技成果的转化。

12月26日 胡恩副台长、张华山副总编辑听取了动画片部《哪吒》剧组的工作汇报并提出几项要求。

12月27日 技术管理办公室召开处以上干部会议,赵化勇台长、何宗就副台长、人事办公室主任王晞建参加,会议传达了广电总局关于徐威任职技术管理办公室主任的通知。

12月27日 中央电视台召开2000年度信息员总结表彰大会。会议总结了台《工作日报》自2000年8月1日改版并实行信息员制度后的工作情况,并对4个月来为丰富《工作日报》内容、提高《工作日报》质量做出积极努力的信息员进行了表彰。

12月28日 科教节目制作中心和国家科技部联合举行了向西部12省区赠送电视系列片《让生命永存——生物多样性保护与可持续发展》VCD光盘仪式。科技部邓楠副部长在讲话中说,《让生命永存》这部系列片很好地宣传了科学,宣传了科学精神、科技意识。赠送这批VCD光盘,目的是为了支持在西部地区普及生物多样性与可持续发展科学知识,在开发西部过程中,使各级领导干部以及广大群众充分认识和了解普及生物多样性的重要性,促进西部地区的生态环境建设,走可持续发展之路。《让生命永存》系列片是科技部会同各有关部委与科教节目制作中心用三年时间精心策划、摄制的,引起了国内各界和全球环境基金会、世界自然环境基金会、世界自然保护联盟、联合国环境规划署等国际组织的密切关注。

12月28日 由中央电视台主办的“CCTV2000经济年度人物”评选活动在《经济半小时之夜》颁奖庆典活动中落下帷幕。《经济半小时》栏目向国内100位经济学家和50位资深财经记者发出了调查问卷,还联合了11家著名网站进行互动,共有123万多人次参与了“征集精彩评论”和“推选最佳人气候选人”的网上投票,创央视国际单一活动网民参与人数之最。著名经济学家吴敬琏赢得了“最佳人气”的桂冠,吴敬琏、柳传志、张瑞敏、梁定邦、彭作义、周厚健、王石、张宏伟、田溯宁、求伯君获得十大经济年度人物称号。

12月28日 广电总局理论文献片创作领导小组、中央文献研究室、中央档案馆、中央党史研究室、军事科学院、国家体育总局、中宣部理论局、广电总局总编室、中国国际广播电台、中央人民广播电台等有关部门的领导、专家对体育节目中心新闻部拍摄的4集专题片《体育元勋——贺龙》进行了审看。与会领导、专家一致认为该片角度新颖、内容详实、材料生动,成功地展现了老一辈革命家贺龙同志领导新中国体育事业的魄力。

12月29日 总编室召开会议,传达广电总局关于程宏任职总编室主任的通知。赵化勇台长充分肯定了总编室的工作,并要求:总编室要成为全台宣传工作的参谋部、指挥部和后勤部,要做好这三个方面工作必须增强政治意识、大局意识和责任意识,必须搞好管理,搞好队伍建设。

12月30日 19时45分,2001年新年京剧晚会在怀仁堂开始录制。党和国家领导人江泽民、李瑞环、胡锦涛、尉健行、丁关根、曾庆红以及中宣部、文化部、广电总局、中直管理局的有关领导孙家正、徐光春等出席晚会。

12月30日 中科院举办第六届“科星新闻奖”颁奖活动,张长明副台长应邀参加颁奖。中央电视台在此次评奖中喜获丰收,在“科星新闻奖”的广播电视奖项中,中央电视台社教节目中心科教部《走近科学》特别节目《展望21世纪的科学——诺贝尔获奖者与青年共话未来》获一等奖;新闻节目中心《“辽宁古盗鸟”化石回国》获一等奖;科教部《走近科学》栏目制作的《中国院士》、《中国植物王国》,信息部的《释放科技巨能——院士与企业家对话》,新闻评论部《诺贝尔奖离我们有多远》分获二等奖;科教部的《走近科学》荣获丰收奖。

12月31日 中央电视台与台湾中视通过卫星连线成功录制60分钟大型访谈节目《新世纪新契机新起点——未来两岸关系展望》。

12月31日 16时起,中央电视台第一、四套节目并机播出10个小时的特别节目《新世纪》。节目回眸百年历史,追溯人类文明发展的进程,展望新世纪的美好蓝图。

专　辑

一、把握机遇 乘势而进 开创中央电视台21世纪新局面

回　顾

告别20世纪，我们欣喜地看到，"九五"计划期间，在以江泽民同志为核心的党中央正确方针的指引下，在中宣部、广电总局的领导下，中央电视台全体职工团结一致，奋发进取，开拓创新，齐抓并举，各项事业均获得迅速发展。中央电视台已经成为国内一流的、具有一定国际影响的电视大台。

"九五"期间，特别是近两三年来，中央电视台事业蓬勃发展，充满活力。随着在宣传工作中取得一个又一个胜利，综合实力明显增强，所取得的成绩令人振奋，也为新世纪的可持续发展奠定了坚实的基础。

中央电视台2000年工作总结会议

（一）宣传改革整体推进，节目质量和宣传水平明显提高

"九五"期间，特别是1998年以来，全台职工更清醒地认识到所面临的竞争和挑战，坚持以宣传为中心，把握正确舆论导向，在注重"量"的增长的同时，更加注重"质"的提高，初步形成频道专业化、栏目个性化、节目精品化的发展格局，宣传方式、手段和效果都发生了显著变化，成绩斐然。

1.舆论引导和宣传艺术水平提高，成为人民群众获取信息最权威的媒体之一

近年来，中央电视台紧紧围绕党中央出台的各项重大改革措施和方针政策，坚持团结稳定鼓劲，正面宣传为主，不断提高政治意识、大局意识、责任意识，始终注意把握正确的舆论导向，为改革、发展、稳定提供了积极的舆论支持。1996年以来，中央电视台几乎参与了全部国内重大活动和部分国际活动的报道工作，已经成为广大人民群众了解国家大政方针、国内外形势的最直接、最重要、最权威的媒体之一，并得到上至中央领导、下至普通群众的肯定和好评。

作为舆论引导的重要组成部分，近年来中央电视台舆论监督工作开展得有声有色，并取得了一些成熟的经验，已由单纯的批评，向由批评引发思考，以至寻求解决问题、化解矛盾的纵深方向发展，不回避热点、难点问题，紧紧依靠各级组织和政府，依靠广大人民群众，始终从全国大局出发对待具体问题，做到帮忙不添乱，维护安定团结的大好局面。

通过对近年中央电视台八套节目收视份额的比较发现，尽管观众总体收视时间和收视份额有所减少，但中央电视台依然是全国最具影响力的电视媒体。由于中央电视台各频道特色日益突出，"九五"期间，除第一、二套节目外，第五、六、八套节目已在全国观众中形成较大影响，收视份额高于大部分省级上星台。经过专业化改造，第八套节目收视占有率迅速上升，翻了一番；第三、四、七套节目优化栏目设置，提高节目针对性，收视占有率也呈上升势头；到2000年底，中央电视台一至八套节目基本遏止了收视率下滑势头，并略有回升。从满意度来说，第一套节目的权威性毋庸置疑，

排名连续稳居第一；专业化程度较高的第五、六、八套节目保持较高数值，且排名居前五位。

2. 领导肯定，群众认可，社会影响力显著增强

“九五”期间，中央电视台宣传工作得到党和国家领导人的高度重视和肯定。中央领导多次对中央电视台工作给予指示，对中央电视台对重大活动的成功报道给予表扬和鼓励，并数次来台视察指导工作。

中央电视台也一直备受广大观众的高度关注，在人民群众中享有较高声誉。1996 年至 2000 年，中央电视台共收到电视观众来信、来电和电子邮件多达数千万件，而且呈逐年增长态势。

同时，“九五”期间，中央电视台的国际影响力也有所增强。中央电视台已在一些国家和地区建立了 13 个记者站。目前，中央电视台已成为世界各国了解中国政治、经济、文化和社会发展等各个领域信息的重要来源。

3. 直播报道展示整体实力，访谈类节目备受欢迎

近年来，中央电视台不断寻找新闻热点，推出不同题材的大型直播活动，满足受众及时获取信息的多元化需求，受到观众的极大关注和社会各界的瞩目。中央电视台的新闻事件直播已成为观众在第一时间了解重大新闻的主要途径。2000 年，中央电视台宣传部门积极发挥主观能动性，保持很高的新闻敏感性，敏锐捕捉战机，进行了包括第二十七届奥运会在内的数次现场直播报道活动，组织缜密严谨，直播技巧纯熟，取得了很好的收视效果，进一步证明中央电视台的综合报道实力明显提高。

2000 年中央电视台连续举办了“全国青年歌手电视大奖赛”、“全国电视舞蹈大赛”和“中央电视台电视主持人大赛”，对频道和所处时段的收视率起到很强的拉动作用。

近年中央电视台的访谈类栏目一直受到观众的普遍欢迎。《焦点访谈》、《实话实说》、《中国报道》、《海峡两岸》、《今日说法》、《社会经纬》等开播后，收视率一直居高不下，部分栏目甚至保持上升趋势。

4. 频道日趋专业化，相互补充，共同发展

2000 年 9 月 25 日，中央电视台第九套节目（英语频道）正式开播，使中央电视台频道总数增至 9 个，内容几乎涵盖社会生活的各个领域，初步满足了国内外广大受众对电视节目的不同需求。尤其值得提出的是，近年来中央电视台频道建设改变了过去只重规模、数量的外延式、粗放型的发展模式，转变为集约型、内涵式的增长模式。

5. 栏目定位突出个性，栏目数量有增有减

应当看到，过去的大众传播方式正逐步向“小众”、“分众”传播的方向转变。在这一认识的基础上，中央电视台于 1998 年之后提出了“栏目个性化”的改革方向。伴随着频道专业化进程，强调栏目重新定位，栏目建设坚持“有增有减”的总方针，即关闭定位不准、收视率低下的栏目，增开针对性强、个性鲜明的栏目，全台栏目数量呈波动变化，栏目总体质量和个性逐步突出。事实证明，一批个性彰显、针对性强、定位准确的栏目得到了观众的认可。

6. 节目创作精益求精，优秀节目层出不穷

近年来，中央电视台各部门高度重视节目质量，鼓励多出精品，先后推出了一大批思想性、艺术性强，深受观众喜爱的优秀节目，如电视剧《水浒传》、《雍正王朝》、《突出重围》、《钢铁是怎样炼成的》、《开国领袖毛泽东》、《中国命运的决战》、《苍天在上》、《牵手》等不仅成为观众收视的热点，而且在社会各界产生了广泛影响；系列专题片《邓小平》、《新中国》、《改革开放 20 年》、《共和国外交风云》、《香港沧桑》、《澳门岁月》等也受到普遍好评。此外，“九五”期间还有一大批优秀作品荣获多种国内奖项和国际奖项。

7. 节目覆盖范围扩大，电视外宣针对性增强

“九五”期间，中央电视台电视节目全国人口综合覆盖率略有增加。1996 年至 1999 年分别为 86.2%、87.68%、89.01% 和 90.35%。

中央电视台电视对外宣传工作成绩显著，从 1996 年到 2000 年可谓一年迈出一大步。2000 年是中央电视台对外宣传工作取得进步最大的一年。9 月 25 日，英语频道正式开播，这是我国第一个英语电视频道，大大增强了对西方主流社会的宣传力度，有效拓展了外宣手段；海外落地工作也取得进展。

8. 积极发展互联网络宣传，体现电视媒介特色，实现双向互动

中央电视台将互联网建设列为重点项目之一，“CCTV 国际互联网站”（www.cctv.com）始建于 1996 年 12 月 25 日，于 1999 年 1 月 1 日正式推出，2000 年 8 月 20 日服务器带宽达到 100 兆，2000 年 12 月 26 日更名为“央视国际”，成为一家以新闻、娱乐为重点的综合类多频道网站。“央视国际”已正式被列为国家六大重点网站之一。

（二）加快技术进步，坚持科技创新，始终保持国内电视技术领先地位

1. 实现对全国和世界 98% 国家和地区的有效覆盖

“九五”期间，中央电视台节目在国内和境外的覆

盖范围不断延伸、拓展。1998年采用直播卫星，进一步加强了全台八套节目对全国的覆盖，为广播电视“村村通”工程创造了有利条件。通过10颗卫星的14个转发器，实现中央电视台节目对世界98%的国家和地区的有效覆盖。

2.面对繁重报道任务，实现安全播出

近年来，中央电视台宣传任务繁重，重大报道活动密度高、强度大，全台技术系统通力协作，不仅圆满完成了香港回归、党的十五大、国庆50周年庆典、澳门回归、迎接新世纪等一系列转播任务，而且做到了事故率、差错率逐年降低，实现了安全播出。

3.加大技术投入，数字化程度不断提高，制作能力增长

1996年以来，中央电视台每年投入数亿元，引进大量先进设备，在节目的生产创作中发挥了巨大的效能。目前，中央电视台已拥有大量具有世界先进水平的技术设备和设施，并形成一定的规模。全台节目播出均已采用机械手自动装带播出系统，大量运用智能化控制功能节目制作系统，采录制作设备已趋向数字化，数字设备已占全部生产能力的80%左右。

（三）管理工作趋于科学、规范，队伍综合素质明显提高

“九五”期间，由于电视事业迅猛发展所带来的管理相对滞后的问题日益凸显。对此，全台上下给予高度重视，先后两次将全年工作的重点放在加强管理上面，提出了明确的目标、措施。从目前状况来看，收效突出，管理力度加强，队伍素质、工作效率、服务水平都有明显提高，管理工作正步入科学、规范的轨道。

1.建章立制，促进各项管理工作的科学、规范

抓住管理工作的基础环节，加强制度建设。1996年6月、1997年12月，中央电视台两度进行全台规章制度的修订、完善，分系统汇编成册，形成了具有中央电视台特色的管理模式。2000年，制定了全台岗位职责，推动规范化运作。在党风廉政建设方面，制定了《中央电视台党风廉政建设责任制》和领导干部经济责任审计制度，加大了对有偿新闻的查处力度。

2.根据事业发展需要，加快人事管理改革，全台队伍素质进一步提高

数年来，中央电视台坚持“人才兴台”的方针，面向社会公开招聘，加快引进高素质人才，职工来源和组成均发生了很大变化。新入台人员大大改善了中央电视台职工队伍的学历结构、年龄结构，整体队伍的人员结构进一步趋于合理，知识层次有所提高。

（四）增收节支，手段创新，实现宣传与经营相互促进的、良性循环的“双赢”局面

全台收入保持稳定增长，给予电视宣传以有力支持；1999年中央电视台总收入突破50亿元，2000年总收入已成功突破60亿元。

启 示

“九五”期间，中央电视台各项工作取得了巨大成绩，令人鼓舞。认真分析这一阶段的工作经验，将对我们进一步做好工作起到积极的启示作用。

（一）增强政治意识、大局意识、责任意识，严把舆论导向关

作为国家电视台，作为党、政府和人民的喉舌，中央电视台要不断增强政治意识，始终坚持团结、稳定、鼓劲，以正面宣传为主的方针，制作播出鼓舞人心、鼓励上进、弘扬正气的主旋律电视作品；要不断增强大局意识，积极发挥主观能动性，发挥创作人员的聪明才智，紧紧围绕党和政府的各项方针政策，多做解疑释惑的工作；要不断增强责任意识，根据党中央的各项指示，周密部署，狠抓落实，务求实效。舆论监督、批评报道坚持鼓励先进、批评后进、惩恶扬善、伸张正义，同时做到张弛有度。实践证明，坚持舆论导向正确，事关国家稳定和改革发展，是立台之本，是任何时候都不能动摇的。

（二）稳中求进，处理好改革、发展与稳定三者的关系

“九五”期间，中央电视台事业取得较大发展，这得益于改革的不断深入、改革力度的不断加强。中央电视台面临的种种问题，大多是事业发展过程中所产生的，也必须通过进一步的改革才能得到真正切实的解决。改革过程中，首先要坚持维护国家利益，坚持维护中央电视台利益，在此前提下，逐步提高个人所得；其次，要维护全台工作的延续性、稳定性，保证正常有效的工作秩序，确保各项宣传任务的顺利完成。台分党组确定并坚持“稳中求进”的工作原则，根据事业发展的总体规划，分出轻重缓急，抓住主要矛盾，积极稳妥，分阶段、分步骤地实施。

(三)遵循传播规律,坚持创新,满足观众需求

随着群众文化生活日趋丰富多彩,人民对电视所提供的信息和服务功能的要求也越来越高。以互联网络为代表的新媒体对电视业已形成强烈的冲击。在此背景下,电视媒体已呈现出专业性和分众化的特点。数年来,中央电视台坚持电视理论研究创新、电视高新科技创新和创作思维手段创新,不断摸索新的电视传播规律,整体推进以"频道专业化、栏目个性化、节目精品化"为内容的改革,不断提高节目质量,更新节目样式,提供时效快捷、容量丰富的信息,满足观众的各方面需求,从整体上提高了中央电视台的权威性和社会影响力。

(四)节目创作与广告经营相互促进、共同发展

随着电视收视率调查的科学化和广告市场的细分,广告客户的投放更加理性和多元化,可以说,电视观众的喜好在某种程度上直接决定了节目播出所能够产生的社会效益和经济效益。现代媒体的经营是一项庞杂的系统工程,首先是"内容为王",节目质量的优劣至关重要,直接关系到观众的取舍和宣传效果的大小,这需要有雄厚的资金支持;其次是积极主动拓展广告市场,又需要节目能够吸引观众。节目与经营工作相互影响,越来越密不可分。只有节目宣传与经营工作做到相互促进、共同发展,才能不断提高中央电视台的综合竞争能力。

(五)发挥整体优势,全台动员、集团作战的报道模式日趋成熟

出色地完成重大事件,特别是国家重大政治事件的宣传报道,是国家电视台的重要任务,也是竞争中最突出的强项之一。而做好此类报道工作,需要在短时间内动员、集中起大量的人力、设备,进行多工种协同作战。中央电视台已初步形成了一整套具有中央电视台特点的全台动员、集团作战的报道模式。实践证明,这种报道模式,在历次重大报道活动中发挥了重要作用,提高了工作效率。

(六)脚踏实地,坚持实事求是的作风

"九五"期间,中央电视台各项事业均取得了快速发展,但台分党组和全台干部职工并未被胜利冲昏头脑,而是求真务实,正视成绩,力戒浮夸,坚持"热运行"中的"冷思考",认真查找管理工作中存在的漏洞,分析产生的原因,树立强烈的危机意识,培养浓厚的竞争意识和市场意识,寻找与世界一流电视台的差距,树立更高的奋斗目标。在这一原则的指导下,台分党组和全台各级领导干部的作风明显改观,提倡"讲实话、办实事、求实效",深入实际,脚踏实地,开展了多项富有战略意义的调查研究活动,使全台近两三年的重大决策基本上做到民主、科学、规范。

文艺节目中心影视部
拍摄的电视剧《长征》剧照

工作部署

2001年是新世纪的元年,是"十五"计划的起步年,也是中国共产党诞生80周年的纪念年。因而,做好各项工作对于中央电视台具有十分重要的意义。全台上下要紧密团结在党中央周围,贯彻中宣部、广电总局的各项部署,认清形势,坚定信心,统揽全局,把握重点,狠抓落实,乘势而进,始终坚持正确的舆论导向,不断强化政治意识、大局意识、责任意识,为改革开放和社会主义现代化建设创造良好的舆论氛围,以优异的工作成绩,为"十五"计划开好头、起好步。

(一)确保导向正确,提高舆论引导水平,深入宣传"三个代表"的要思想,抓好重大报道战役

要完整理解、准确把握、深入宣传江泽民总书记关于"三个代表"的精辟论述。要重点报道农村开展"三个代表"的学习、教育活动,坚持正面宣传为主,为学习教育活动的深入进行和健康发展创造良好的舆论环境。

认真贯彻十五届五中全会精神和中央经济工作会议精神，以“十五”计划的实施为重点，加大经济宣传力度，并贯穿全年工作的始终。

围绕纪念建党80周年，宣传党的光辉历史和丰功伟绩，宣传马克思主义与中国实际相结合的理论成果——毛泽东思想和邓小平理论，宣传我党建设具有中国特色社会主义的实践。充分发挥电视形象化的特点，唱响共产党好、社会主义好、改革开放好的主旋律，鼓舞全国人民在中国共产党的领导下，坚持改革开放，努力在新世纪实现中华民族伟大复兴的宏伟目标。

要做好新世纪第一次“两会”的宣传报道，加大报道分量，做好重点活动的直播，改进报道手段，选取鲜活事例，就新出台的政策做好解疑释惑工作，力争使此次会议报道出新出彩。

（二）坚持推进宣传改革，提高中央电视台竞争力和影响力，增强创新能力

要继续推进以“频道专业化、栏目个性化、节目精品化”为主要内容的宣传改革，进一步增强中央电视台频道、栏目、节目的竞争力，使已有的市场份额稳定或进一步增长，使中央电视台的社会影响力进一步扩大，保持发展和前进的良好势头。

要继续对现有频道不断进行微调，使之定位更加准确，更加符合电视观众的收视规律，提供专业的更高标准的服务信息。

要认真细致地分析当前我们所面对的受众市场环境，促进栏目设置的个性化、分众化。栏目的改造要遵循三项原则，即：栏目内容设置与目标观众需求相统一、栏目播出时间与电视观众收视规律相符合、栏目形态与观众欣赏习惯相一致。要针对对象群体，发挥所长，找准定位，突出中央电视台特有的栏目格调与品位，形成具有整体品牌形象、各具特色、相互补充的栏目体系。

要继续推行节目精品化，提高节目整体质量。节目质量永远是中央电视台宣传工作的生命线。频道专业化、栏目个性化的改造，最终要体现在大量精品节目的涌现；面对来自境内外各种媒体的挑战，坚持精品节目的创作是取胜的关键。

要重点做好中国加入世界贸易组织相关活动、奥运会主办权表决和航空展览、特技飞行及富有意义的文化活动直播报道。要做好世界大学生运动会的整体报道工作，发挥主播电视台的作用，提供国际公用信号，全面检验中央电视台转播世界性大型综合运动会的能力。要组织好《孙中山》、《大三峡》、《台湾风云》、《祖国》等专题片的拍摄，安排好《抗美援朝》、《孙中山》、《郑成功》、《大宅门》等精品电视剧的播出，组织生产《哪吒》、《小虎还乡》等一系列国产动画片。本着“少而精”的原则，组织好重点节日的文艺晚会；举办好电视主持人大赛决赛、全国青年京剧演员电视大赛、相声电视大赛、律师电视辩论赛、国际大专辩论会等重点赛事；继续组织“心连心”艺术团文化下乡、《健康之路》送医送药下乡和科技下乡活动。

（三）抓住有利时机，适量增开频道，拓展电视增值服务，抢占新的制高点

在广电总局的领导下，中央电视台将充分发挥节目资源、专业人才、技术制作等方面优势，力争在2001年7月1日增开两个电视频道，即“科教频道”和“戏曲频道”，开辟新的宣传阵地，壮大中央电视台整体竞争实力。

积极推进节目制播制度改革，原则上不再建立大规模的节目制作队伍，而由各个节目中心提供节目，按照内部市场运作机制合作、购买，并向地方电视台、社会有实力的节目制作机构购买优秀节目，建立严格的成本控制机制。

（四）对外宣传积极主动“走出去”，网络互动发挥优势创品牌

电视对外宣传要抓住“上天、落地、进户、入心”四个环节，目前工作的关键是抓好节目落地工作。2001年，要按照中央统一部署，积极配合广电总局启动外宣“走出去”工程，重点拓展中文国际频道和英语频道在非洲、欧洲和南美洲地区的落地范围。同时，巩固现与海外电视机构的合作关系，把握主动权，增强中央电视台在海外的影响力。

央视国际网络要努力办成国内媒体行业最先进、最具特色的新闻网站，办成电视媒体业最著名的门户站点，办成世界知名的、具有国际水平的电视中文新闻站点。2001年，央视国际网络要重点抓好在美国建立镜像站点的工作；充分发挥视音频资源优势，重点加强网站新闻宣传力度，严把导向关，提高网上信息量；努力探索网络与电视的合流趋势，积极开展网上互动服务，广泛推介中央电视台节目，对此要采取稳扎稳打、逐步发展的战略步骤。

（五）以二期工程为契机，加快中央电视台基础建设，推动事业发展

2001年要抓紧并切实推进台二期工程的选址、立项工作，这是事关电视事业新世纪发展的大事。要以此为契机，推动电视事业的改革与发展。

在未来的5至10年，为确保及时准确传达党和政府的声音，满足人民群众日益增长的精神文化需求，专业电视频道的数量必然有所增长。

（六）依靠科技进步，坚持创新，提高技术管理和服务水平

2001年，技术系统的首要任务仍是以宣传工作为中心，以技术创新为动力，确保安全播出，提高节目生产和技术质量，做好各项重大宣传报道任务的技术支持和保障工作。

要坚定不移地树立安全第一的思想，反复强调安全播出观念，加强重要岗位操作培训和考核，制定科学的应急方案和事故补救措施，最大限度地避免播出事故，坚决杜绝人为事故。

要坚持科技创新，要继续稳步推进电视技术的数字化工作，重点研究高清晰度电视技术、交互式电视技术和直播卫星技术的应用，关注互联网技术的发展，推进节目数字化存储和数据化生产工艺的形成和应用。

（七）积极参与广电集团化改革，促进电视事业的强大

2001年，在广电总局的统一部署和领导下，将加快广播电视集团化建设。中央电视台要积极参与广电集团化改革，要有积极的推进措施。

要在思想上充分认识到集团化的必要性、迫切性，认识到这是广播电视改革发展的大方向，是一场所有电视从业人员都应积极参与的改革，不能观望等待；要切实投入这场改革，顾全大局，积极配合，多做工作，围绕广电事业发展的整体思路，服从广电总局的统一领导；要使集团化改革有利于传播党和政府的声音，有利于电视进入千家万户，有利于中国电视走向世界，有利于电视事业的做强做大。同时，要在改革过程中，确保队伍的稳定，调动全台职工的积极性。

（八）适应市场需要，加大管理机制改革力度

要继续完善在台分党组领导下，以编委会、技委会、行管会为架构的宏观管理机制，明晰管理内容，细分职责范围，裁减重复环节，将全台工作归口，提高管理运营质量。

管理工作全年的首要任务是建章立制。现有的规章制度已不能适应当前的工作需要，有必要结合全台现状，集合全台节目、技术、行政、经营管理部门，重新梳理1997年制定的五个分册的管理规章，再次进行全台规章制度的修订完善，删繁就简，要有较强的操作性，做到奖罚分明。规章制度修订后，全台各部门均要严格执行。

要加强全台宣传管理，重点是切实推进建立科学的节目制作成本核算体系，逐步实行内部市场机制，鼓励台内节目部门和台所属节目制作企业创作、提供优秀节目，适量引进国内外优秀节目，满足中央电视台不断增长的节目需求。

（九）加快人事制度改革，充分调动全台职工的积极性

2001年，人事管理部门要重点推进临时用工管理改革，以人力核算为基础，试行临时人员工资总额包干。要提出完整的、具有较强可行性的操作方案，经台批准后，即在局部先行试点，待取得经验后，逐步、分阶段推至全台。通过此项改革，较好地保障临时人员的合法权益，解除他们的后顾之忧。同时，要根据国家事业单位人事制度改革的举措，结合中央电视台特点，制定人事管理机制改革的步骤、策略，有条件的应适时先行。

此外，要重视年轻干部的选拔与培养，加强各中心（室）内部、全台各部门间和台内外的干部交流力度，使真正有才华、具有较强管理能力的优秀人才走上管理岗位，提高干部队伍的整体素质。

（十）面向市场，积极开拓，促进经营格局的转变

要加强全台财务预算支出的管理，做到稳定可靠、量入为出、适度从紧、收支平衡。要针对《著作权法》修订后出现的新情况，研讨中央电视台节目制作中向演员、著作权拥有人付酬的方式。要加强全台的资产管理，认真研究清产核资过程中出现的问题，并逐步加以解决，促进资产的保值增值。

要继续促进建立节目宣传与广告经营相互促进的格局，建立更加市场化的广告经营管理机制，确保广告收入持续增长，为广播电视事业发展提供有力支持。要改变广告经营销售、审核、播出分散管理的状况，增强制约监督力度，整合各频道广告资源，统一归口管理。

要加快电视产业发展，切实推行第二经济支柱的建立。2001年是中国国际电视总公司长期发展战略的起步年，也是三年发展计划的头一年。要力求全年工作有实绩、有实效，为今后实现质的飞跃打好基础。总公司要紧紧抓住与电视密切相关的节目制作和节目

经营两个主要业务，挖掘潜力，迅速提升在节目制作、营销的市场份额。

（十一）大力加强思想政治工作，抓好党的建设和廉政建设

江泽民总书记强调，“党的思想政治工作，是经济工作和其他一切工作的生命线，是团结全党和各族人民实现党和国家各项任务的中心环节，是我们党和国家的重要政治优势。”

中央电视台是党、政府和人民的喉舌，是重要的思想文化阵地。要把邓小平理论和江泽民总书记“三个代表”重要思想的学习作为全年重要内容，围绕纪念建党80周年，把思想政治工作渗透到全台各项业务和管理工作之中，落实到基层，切实加强全台职工特别是共产党员的理想信念教育，增强党性观念。

要加强党风廉政建设，加强反腐败力度，坚持从严治党、从严治台，从“三个代表”要求的政治高度深入开展反腐败斗争。要坚持“两手抓、两手都要硬”的战略方针，在全台党员干部中进行正确认识反腐败形势、树立正确利益观的思想教育，营造“讲学习、讲政治、讲正气”的廉政氛围。审计工作的重点是开展对栏目经费收支和经理任期经济责任的审计。

总之，全台干部职工要精诚团结，奋发进取，勇于开拓，不断创新，在以江泽民同志为核心的党中央的领导下，在中宣部、广电总局的具体部署下，认真做好2001年各项工作，努力把中央电视台建设成为国内主力、亚洲一流、世界前列的电视大台，为中国电视事业在新世纪的腾飞而奋斗！

（摘自赵化勇台长在中央电视台工作会议上的报告）

二、2000年中央电视台精神文明建设的基本情况和经验

（一）情况回顾

中央电视台在上级机关的亲切关怀和正确领导下，精神文明建设始终按照巩固提高、稳中求进的原则，坚持“两手抓，两手都要硬”的方针，积极探索，努力创新，求真务实，乘势而上，抓基层、抓载体、抓机制、抓建设、抓典型，积极营造健康向上、充满活力的内外部环境，为促进电视宣传改革和电视事业的发展发挥了重要的作用，连续八年获得“首都文明单位标兵”的荣誉称号。

1．唱响主旋律、打好主动仗，持续加大精神文明建设的宣传力度

2000年，中央电视台紧紧围绕新形势下“两手抓，两手都要硬”的方针，牢牢把握“坚定信念、振奋精神、弘扬正气、积极进取”的宣传基调，把思想政治工作提到新的高度。继3月份在《新闻联播》中开辟“强化思想政治工作”专栏之后，《当代工人》、《讲座》等电视栏目用各具特色的方式对党组织建设和思想政治工作进行了专题报道，形成了强大的宣传声势。在新闻节目中，联系实际，有的放矢，积极宣传“三个代表”的重要思想，充分阐述“三个代表”的重大意义，及时报道全国各地、各行各业学习“三个代表”重要思想的情况。

与此同时，在专题节目和电视公益广告中，以“爱国主义、集体主义、社会主义”教育为主题，以宣传“社会公德、职业道德、家庭美德”为重点，倡导文明新风，提倡科学精神。拍摄的三集电视纪录片《伟大的创造》则全景展示了改革开放20年来精神文明建设的巨大成就，为宣传精神文明建设写下浓墨重彩的一笔。

2．以培养“四有”新人为核心，努力加强职工的思想道德教育

2000年，中央电视台按照“政治强、业务精、作风正、纪律严”的要求，紧紧围绕全台的中心工作，以人为本，教育优先，坚持不懈地开展了以爱国主义、集体主义、社会主义为主要内容的思想道德教育，积极提倡和鼓励“开拓、创新、团结、奉献”精神，使思想政治工作、党风廉政建设和党组织建设取得了突破性的进展。

（1）加强政治理论学习，大力推进党组织建设。

为了全面提高干部的政治理论水平，按照台分党组提出的“学习好、宣传好”的要求，结合党员队伍思想状况，深入学习了邓小平党建理论、江泽民同志关于“三个代表”的重要思想和“致富思源、富而思进”的论述，先后举办了“许志功同志学习研究宣传邓小平理论先进事迹报告会”、“学习宣传贯彻五中全会精神邱晓华同志辅导报告”等，党员干部的理论素质有了明显提高，政治意识、大局意识、责任意识和服务意识有了明

显增强，而且能够落到实际工作中，体现在屏幕上。

(2)以“三讲”教育为契机，深入开展党风廉政建设。

结合“三讲”教育，中央电视台把严肃政治纪律、宣传纪律作为党风廉政建设的首要任务来抓。实行了党风廉政建设责任试点和新上任领导干部廉政谈话制度；继续深入开展了禁止有偿新闻，纠正行业不正之风工作；对党风廉政建设责任制的实施情况进行了严格考核；加强廉政教育，举办了法制讲座，制作并播放了多部廉政宣传教育片。

(3)围绕培育“四有”新人，不断提高职工的思想道德素质和业务水平。

为了培养干部职工有强烈的光荣感和责任感，有强烈的事业心和进取心，树立正确的世界观、人生观和价值观，树立崇高的理想信念，淡泊名利，无私奉献，谦虚谨慎，兢兢业业，中央电视台开展了一系列实实在在、富有成效的教育活动。一是开展了业务培训和学历教育。结合当今电视发展的趋势，举办了诸如“中国加入 WTO 对新闻传播的影响”、“电讯新技术新业务”等专题讲座和岗位业务培训班 32 期。二是加强了法规台规等教育。三是机关文体活动丰富多彩。

目前，中央电视台职工队伍的整体素质有了较大提高。许多职工工作扎实，业务过硬，吃苦耐劳，敬业奉献，在各自的工作岗位上努力展现新时期电视工作者的风采。正如中宣部副部长、广电总局局长徐光春称赞的那样：“中央电视台的队伍是一支特别能吃苦、特别能战斗、特别受欢迎、特别有影响的队伍。”

(二)经验体会

2000 年，中央电视台精神文明建设再度迈出新步伐。这些成绩的取得，是与上级机关的正确指导、关心支持和全台干部职工团结协作共同努力的结果。

1. 领导重视，体制健全

抓好精神文明建设，领导是关键。台分党组历来都把精神文明建设作为事关全局的大事，与电视宣传工作一起全面规划，统筹安排，合理布局。同时，一直坚持把精神文明建设作为考核各级领导班子工作好坏的重要标准，建立健全各级党政领导目标责任制，并经常加以检查监督。

抓好精神文明建设，体制是基础。中央电视台不断调整和充实精神文明建设委员会，切实做到领导责任到位，思想认识到位，党员干部表率到位和财力投放到位。同时，还制定了一整套规章制度，使精神文明建设的指导思想、工作任务、机构职能、组织建设、工作制度和奖励机制进一步明确和规范，从制度上保证了精神文明建设健康有序地发展。

2. 围绕中心，明确定位

中央电视台是重要的宣传阵地，是党和政府的喉舌，其中心工作任务就是搞好电视宣传。这决定了中央电视台精神文明建设的一切工作都要围绕这个中心，服务这个中心，努力为完成中心工作任务创造良好的内外环境，这是精神文明建设最基本也是最根本的定位。

在宣传活动中，一方面全台宣传、技术和行政后勤各部门团结协作，密切配合，全力以赴，各司其职，充分体现精神文明的凝聚力和向心力。另一方面党员干部吃苦在前，享受在后，身先士卒，率先垂范。虽然 2000 年是个相对的宣传“平年”，但在精神文明建设的强有力支持下，中央电视台宣传工作实现了“平年出新，平年出奇，平年出彩”。

3. 发挥优势，重在载体

这几年，精神文明宣传载体建设取得了很大的进展。闭路电视、宣传橱窗、党内通讯和《电视生活报》等已成为精神文明建设的宣传阵地和手段，也是对职工进行思想道德教育的有效载体。

4. 主动出击，狠抓落实

重在建设，贵在坚持，是中央电视台精神文明建设的基本方针。2000 年，不但狠抓了精神文明创建活动，而且还积极落实了上级的各项工作部署，保证精神文明建设有计划、有步骤地展开。

（综合整理）

三、中央电视台服务大局 发挥特色 推陈出新 “两会”宣传报道再上新台阶

第九届全国人民代表大会第三次会议和中国人民政治协商会议第九届全国委员会第三次会议分别于

2000年3月5日至15日和3月3日－11日在北京举行。中央电视台参加"两会"报道的全体同志牢固树立"政治意识、责任意识、大局意识"，认真贯彻中央关于"两会"报道的指示精神，本着"服务大局，发挥特色，推陈出新"的原则，连续奋战、团结协作、互相配合，紧张有序，使"两会"宣传报道工作重点突出，舆论导向正确，内容丰富，热点引导恰当，难点把握适度，对外报道针对性强，节目形式创新，报道方式灵活多样，时效性强，受到各级领导和广大观众的肯定和称赞。

（一）"两会"宣传报道情况

为了做好2000年"两会"报道工作，根据中央精神，确立了"两会"报道的指导思想：全面深入地宣传党和国家的工作部署，充分反映社会各界团结奋斗、开拓进取的精神风貌；充分反映我国在坚持和完善人民代表大会制度、中国共产党领导的多党合作和政治协商制度方面取得的新进展；宣传实行依法治国基本方略的重大意义和取得的成就。报道各级人民代表和政协委员自觉履行职责，为两个文明建设献计出力的情况。在确保程序性报道的前提下，充分发挥特色，做好"自选动作"，充分体现人大、政协特色。

截止到3月13日，中央电视台在第一套节目、第二套节目、第四套节目和第九套节目播出有关"两会"的新闻、专题节目主要内容统计如下：

第一套节目：现场直播：九届全国人大三次会议开幕式（总计1小时52分钟）；唐家璇外长答中外记者问（总计1小时20分钟）；朱镕基总理会见中外记者。

《新闻联播》播出新闻166条，总计455分26秒；播出新闻专题21个，总计360分2秒，其中一档专题11个，207分18秒；二档专题10个，152分44秒。《今日说法》5期，75分钟。《焦点访谈》3期，49分6秒。《东方时空》4期，30分40秒。《新闻调查》1期，30分。

第二套节目：《中国财经报道》播出"两会"经济新闻223条，总计494分56秒；《经济半小时》播出新闻31条，62分20秒；专题12个，总计155分20秒。

第四套节目：九届全国人大三次会议开幕式（3小时35分钟）；唐家璇外长答中外记者问（1小时18分钟）；朱镕基总理会见中外记者。

第九套节目：九届全国人大三次会议开幕式（1小时43分钟）；唐家璇外长答中外记者问（1小时12分钟）；朱镕基总理会见中外记者。

《中国新闻》播出新闻389条，总计410分8秒；《英语新闻》播出新闻14条，总计169分10秒；《中国报道》播出专题节目12期，总计360分钟；《今日中国》播出英语专题3期，总计90分钟。

传送：3月2日至3月15日为境外27家电视台传送194次，总时长2425分钟；为新疆台传送14次215分钟；为西藏台传送8次155分钟；为中央人民广播电台和国际广播电台传送"两会"信号24次，总时长3421分钟。为新闻节目中心传送"两会"信号两路28次，总时长4057分钟；为海外节目中心传送"两会"信号两路28次，总时长4057分钟。为新闻节目中心收录"两会"信号3套22次，总时长3205分钟。

（二）"两会"宣传的主要特点

1．坚持正确舆论导向，确保安全播出

在"两会"宣传报道过程中，始终以邓小平理论和党的基本路线为指导，认真贯彻党的十五大和十五届三中全会、四中全会精神以及中央经济工作会议精神，牢固树立"政治意识、大局意识、责任意识"，坚持正面宣传为主的方针；把握正确的舆论导向，确保安全播出；报道中充分体现民主、求实、团结、稳定、鼓劲的基调，为保证两个会议的圆满成功，为动员和激励全国各族人民满怀信心地做好2000年的各项工作，营造了良好的舆论氛围。

在宣传报道中，紧紧围绕中央部署，以江泽民总书记重要讲话精神为指导，把江泽民重要讲话精神的宣传与"两会"宣传有机结合，融为一体，形式自然生动、贴近性强，使中央精神得到及时充分有效的贯彻，取得了良好宣传效果。对热点焦点问题的报道，加强引导，提高质量，为全党全国工作大局营造了良好的舆论氛围。

宣传报道中，在选题内容、报道重点、宣传口径、播出流程方面做到了正确无误，确保了安全播出。

2．"两会"报道重点突出，紧紧围绕中央精神，使江泽民总书记重要讲话精神的宣传与"两会"宣传有机融为一体

在做好程序性报道、充分体现人大政协特色、对内对外报道增强针对性的基础上，报道主体紧紧围绕江泽民总书记重要讲话这条主线充分展开。在报道中，及时调整宣传部署，制定周密计划，紧密结合"两会"议程，抓住代表委员充分发表意见的精彩场面，使江总书记讲话精神与"两会"报道协调一致，融会贯通，生动而不生硬，主线明确，自然流畅，天衣无缝。

围绕江总书记重要讲话精神，中央电视台利用新闻、系列报道、专栏、专题等多种形式，结合"两会"代表发言和座谈，展开宣传。如《新闻联播》通过播出《两会代表座谈江总书记在高州市的讲话》、《政协委员呼吁加强精神文明建设，巩固社会主义文化阵地》、《人大代表认为，开展"三讲"教育要在注重实效上下功夫》等新

闻以及转发《人民日报》评论员文章，开辟系列报道专栏《代表委员话辉煌》、《强化思想政治工作》等形式展开宣传，一档专题播出了《致富思源、富而思进——人大代表畅谈农业发展》，《焦点访谈》播出了《认真学习，搞好三讲》。在报道中大量采用同期声，用人大代表、政协委员自己的语言，发表的言论代表了广大人民群众的心声，使报道更加贴近群众，更具感染力，使中心内容反映得更充分，效果更好。

3．规定动作质量高，自选动作有新意。

中央电视台第一套、四套、九套节目成功地现场直播了九届人大三次会议开幕式、唐家璇外长答中外记者问、朱镕基总理会见中外记者，确保了海内外在第一时间段收看到“两会”的重要内容；对“两会”大会开幕式、政协常委会工作报告、人大常委会工作报告、政府工作报告，最高人民法院工作报告，最高人民检察院工作报告、国民经济和社会发展报告、预算报告等重要程序和内容在各类新闻节目、“两会”专题以及《经济半小时》、《中国报道》、《今日中国(英文)》的专题中作了充分报道。关于立法进程和《立法法》，《今日说法》等栏目作了重点报道。对15场“两会”新闻发布会、记者招待会全部做了直播、录播或新闻、专题报道。对中央领导参加人大代表团小组审议、政协小组讨论、看望人大代表、政协各界委员同代表委员座谈，作了全面报道。在报道中对代表委员的发言作了充分的反映，做到了中央领导活动和代表委员活动兼顾。

在完成程序报道过程中，除了报道全面无遗漏，充分翔实外，还改进了报道方式增强了报道效果。

在报道中，充分注意体现共商国是的民主气氛，充分体现代表和委员代表人民行使当家做主权利，发挥电视报道手段优势，抓细节，抓情节，真实记录充分反映中央领导耳听手记、与代表对话交流的情景，充分展示了本次大会是一次团结的大会，胜利的大会。

在报道中，不同性质的栏目注意发挥自身特色，根据自身特点，多角度全方位地对“两会”进行报道，形成合力，全面丰富。

为有效增强“两会”的宣传报道效果，本着突出“两会”报道特色、贴近百姓、增强信息传递的宗旨，在《新闻30分》、《现在播报》等栏目中增设了“人大议案”、“委员提案”系列报道。在以往的“两会”报道中，一般只重点报道人大代表议案、政协委员提案的总体情况。群众对于人大代表和政协委员究竟提出了哪些具体内容，只有通过一定的程序和手续才能了解清楚。与此同时，代表和委员非常希望听到广大群众对自己所提议案和提案的反应。为适应这一双向需求，在这次“两会”报道中，增设了“代表议案”、“委员提案”两个系列报道。具体形式是每条新闻都以议案、提案为核心，使观众对议案、提案的内容，议案、提案提出的背景及提案人的有关情况有了基本了解。“代表议案”播出了《代表刚抵京，提交议案忙》、《1999年议案全部办理完毕》、《积极提交议案的老代表》、《第一号议案产生：电子商务要立法》、《保护长江环境：两地代表一个心声》等。“委员提案”播出了《委员提案：保护唐顺陵石刻珍品》、《让互联网路更宽更畅》、《广场草坪热要适度》、《委员提案：电话费应以秒计费》、《委员提案：尽早开设廉价门诊》等。在选题上还是尽量选择老百姓关心的问题，通过深入的采访展开报道，目的就是反映广大基层代表委员的声音。“两会”期间，“代表议案”系列报道在14天中共播出了26条，“委员提案”共播出18条。这种报道形式受到人大代表、政协委员和广大观众的欢迎。看过报道的人大代表们说，开播这个栏目非常好，新闻做得也很好，在这个栏目里真正反映了代表的心声，让代表说出了自己想说的话。不少观众来电说：感到这种报道形式很新鲜，在电视上能听到委员的声音，真实地感觉到了我国民主建设的进程。

4．热点引导恰当，难点把握适度，焦点报道充分

这次“两会”热点多、难点多、焦点多，如何引导热点，把握难点，分析焦点是“两会”报道成功与否的关键所在，关系到是帮忙还是添乱。为此，在宣传报道中注意把握热点引导、难点报道、焦点分析，充分体现了正面宣传为主的方针，坚持了团结、稳定、务实、鼓劲的原则。

关于胡长清案报道，《焦点访谈·惩治腐败 为民除害》全面翔实地揭露了原江西省副省长胡长清的腐败违法行为，表明了我们党加强自身建设，严惩腐败的决心和力度，在观众中引起强烈反响。在对内对外新闻中对反腐败做了充分报道。在报道中，宣传基调把握准确，密切了党同人民群众的血肉关系，鼓舞了民心。

关于国企改革和脱困，下岗职工再就业，结合政府工作报告、“两会”新闻发布会、“两会”专题，在《中国报道》、《经济半小时》等栏目中都作了充分报道。节目中从总结脱困企业成功经验，建立健全社会保障体系，转变观念等角度，作出了许多建设性的报道。

《西部大开发》是海内外普遍关注、东西部共同关心的热点话题，也是中央经济工作会议确定的事关我国经济发展的一个战略性举措。中央电视台专题节目、经济节目、对外节目采取多种形式，充分、全面、深入报道，极具建设性。如：《东方时空》的《东方之子》、《时空报道》对西部地区人大代表和西部开发中的生态建设等作了报道，《新闻调查》对西部开发的深度报道，对有关西部开发的记者招待会的专题报道，《中国财经

报道》播出的"东西对话：探寻西部的商机"系列节目和"西部开发热中的冷思考(6条)"，《经济半小时》西部开发系列专题报道"西部的诱惑"和"论坛"节目，以及一档专题《发展是硬道理》和《中国报道》栏目，都作了充分报道。

5. 对外报道针对性强，特色突出

根据中央精神和宣传部署，确定了突出对外特色，加强针对性；展示民主气氛，反映基层代表声音；体现上下共商国是的氛围，讲究宣传艺术，加强深度报道的方针。

在全面报道"两会"的基础上，对外报道本着"内外有别"的原则，对台湾问题、从严治党、西部开发、扩大开放等敏感、热点问题作了充分报道。表现出以下特点：

(1)针对海外观众的需求，满足海外观众了解中国的愿望。对外各主要新闻、专题栏目在作好"两会"程序报道的同时，《中国新闻》通过调研，确定了"台湾问题与祖国统一"、"西部大开发"、"民族宗教"、"中国加入WTO"等对外报道的10个重点主题，从3月4日开始，每天围绕一个主题采用组合式报道方式展开。在报道中，记者从多侧面、多角度采访人大代表和政协委员，运用背景资料介绍、新闻透视等方式，使整个报道主题鲜明、全面丰富。《英语新闻》也采取了主题式报道方式，并开辟了专栏"他们如是说"，连续报道人大代表、政协委员谈"两会"。《中国报道》以专题形式围绕"如何安排下岗职工再就业"、"海外与西部的对话"、"国际形势与中国"等问题作了报道。在报道中，还根据台湾问题的发展及时调整宣传部署，加大对台湾问题的报道。

(2)作好敏感问题的宣传，配合外交，形成有利舆论声势。根据中央精神，加大对敏感问题的报道，努力形成对我有利的国际环境，形成一定的宣传声势。如：《中国报道》播出的"两岸统一问题不能无限期拖延被广泛关注"等，对台湾问题作了层层剖析，《中国新闻》、《英语新闻》等都播出了相关新闻，加大了对台湾问题的报道力度，形成了一定的宣传声势和对我有利的国际舆论氛围。

(3)报道形式上深入浅出，讲究艺术，增强了报道效果。如采取主题式报道方式，使宣传重点突出，使海外观众容易理解和掌握；加强新闻背景资料的介绍和对热点的透视分析，把事情说深说透，增强了报道效果。《中国新闻》、《英语新闻》、《中国报道》、《中国投资指南》、《环球瞭望》、《今日中国》等多个栏目互相配合，各有侧重，形成合力，使对外报道全面丰富。

6. 互联网"两会"宣传有新突破

"两会"期间成功地对"九届全国人大三次会议开幕式"、"唐家璇外长答中外记者问"、"朱镕基总理会见中外记者"进行了网上视频直播，并将直播的内容压缩成视频文件，放到网上，以便于网民收看。

据统计，中央电视台网站"两会专辑"共发布新闻510条，合计约37万字。发表议案95条，提案41条，文件摘编9份，热点问题6个，委员论坛33项。

此次"两会"报道实现以下突破：

(1)由等新闻变为抢新闻，大大提高了"两会"新闻的时效性。为了适应"两会"宣传这一重大新闻事件的需要，中央电视台网站对新闻的网上发布途径做了改革，由等新闻变为抢新闻，强调新闻性、时效性，充分发挥中央电视台新闻快的优势。以《新闻联播》为例，从下午5点半到7点左右随时在中央电视台网上滚动发布。这样使新闻发布时间比以前提前了四五个小时，网上的新闻甚至抢在了电视的前面。为了达到提高时效性的目的，采取了随时采访、随时编辑、随时上网发布的方式，改变了过去由新闻节目中心统一集中供稿、定时发送、定时接收的不灵活的做法，改变了过去网站新闻滞后于电视新闻、信息陈旧、不能吸引人的状况。而且使"两会"新闻成为所有网上媒体中最快速、最及时、最权威的。

(2)"两会"宣传充分发挥网站容量大、查询快捷方便的特点，使网上宣传资料丰富，弥补了电视信息量受时间限制、过后消失的不足，与电视报道相辅相成，互为补充。"两会专辑"设立了"两会新闻"、"两会议程"、"热点问题"、"代表名单"、"背景资料"、"视频回顾"、"两会提案"、"文件摘编"、"专集荟萃"等九部分内容，并随报道深入增加了"委员论坛"、"热点问题"等。在"专集荟萃"中，与人大、政协、新华社、新浪等网站中"两会专辑"进行了链接，"视频回顾"将网上直播内容压缩成视频文件，便于网民收看。

(3)发表独家新闻。本着源于电视、高于电视的原则，在新闻发布内容上，除制作本台播出的新闻外，还敢于发表独家新闻。典型的例子是"文件摘编"、"两会提案"，网站大量摘编了"两会"的报告，篇幅大大超过台里的摘编，网站"两会提案"比电视播出的内容多得多。增强了网站的吸引力、可视性，取得良好宣传效果。

7. 报道形式创新

(1)新闻编排：在开幕式、政府工作报告等新闻报道中，将过去一大条汇总式的综合新闻，分成几条，由播音员出导语串联播出，突出重点，也更加符合观众的收视习惯，有效地减少了新闻冗长带来的信息损耗，使观众容易抓住主要内容，提高了报道效果。《中国财经报道》也采取了这种形式，如对政府工作报告的报道，对西部开发的报道等。

(2)抓细节、抓鲜活，很好地体现了民主参政议政的氛围。通过电视画面，捕捉代表发言的精彩场面，在报道中央领导参加分组讨论和审议时，注意抓拍领导同志与代表或委员充分交流的场面，使镜头画面生动，很好地反映了会议的民主气氛。

(3)开设专栏，充分体现人大政协特色。根据报道内容的需要，开设专栏，如《新闻30分》、《现在播报》的“代表议案”、“政协提案”和《中国财经报道》的“提案精选”等，使“两会”内容的反映更充分具体，更贴近群众，更好地体现了人大政协特色。

8. 报道中处理好了八个关系

在报道中较好地处理了八个关系：人大与政协的关系；中央与地方的关系；领导代表和群众代表的关系；对内宣传与对外宣传的关系；部门与部门之间的关系；成绩与不足的关系；会内与会外以及会前、会中、会后的关系，同时还注意了报道数量的平衡。在“两会”宣传过程中，各频道、各栏目都根据自身情况对节目作了相应调整，使此期间的其他节目与“两会”宣传相呼应。

(三)取得成绩的主要原因

1. 各级领导的高度重视

中宣部、广电总局和台领导、各中心领导对“两会”报道给予了高度重视，明确2000年“两会”报道的指导思想，要求大家牢固树立政治意识、责任意识和大局意识，对报道工作作出部署，提出要求，明确重点。多次明确安全播出的重要性。每逢重大活动，各级领导都亲临一线指挥，确保了整个“两会”报道工作顺利完成。

2. 提早准备，精心组织，精心实施

全台及各部门提前制定宣传计划，精心设计报道方案，并不断充实和完善。春节刚过，各部门、各工种便进入状态，开始积极准备“两会”的报道。“两会”召开期间，无论是人大报道组、政协报道组、记者招待会报道组、海外报道组、经济报道组、《今日说法》报道组，还是负责录制、播出、传送的技术保障的部门，都能做到有方案、有预案，并落实到人。同时密切关注程序变动、节目变化及时间调整，随时与相关部门、相关工种保持密切的联系和合作，确保了工作的顺利完成。

3. 各部门、各工种密切配合，树立全台一盘棋的思想

全台继续发扬团结合作精神，无论是宣传、技术部门还是后勤部门，都为了一个共同的目标加强沟通，最大限度地为其他部门提供方便。直接参加“两会”报道工作的就有新闻节目中心、海外节目中心、总编室、广告经济信息中心、社教节目中心、播送中心、技术制作中心、行政处、财经办公室、服务中心等。大家团结协作、密切配合，每一道工序都为下一道工序提供方便，确保了“两会”报道工作的圆满完成。

(综合整理)

四、中央电视台奥运报道
展示整体实力 树立大台风范

第二十七届悉尼奥运会，是20世纪最后一次全球性体育盛会，是中国体育健儿在奥运赛场上奋勇拼搏、为国争光的盛会。中央电视台从8月25日开始，陆续派出108人的报道队伍前往悉尼，对第二十七届奥运会进行了及时、全面的报道。

(一)宣传报道工作概况

此次奥运宣传报道是中央电视台有史以来奥运会转播规模最大、最复杂的一次，租用了亚洲2号和太平洋174度两颗卫星，动用了4个演播室，前方在国际广播电视中心(IBC)租用了380平方米的工作区，搭建了悉尼IBC主演播室和悉尼港实景演播室，在比赛现场设立了单边注入点，实现了CCTV－1、2、5套节目全

天播出或并机播出。

从1999年9月15日第一期《直通悉尼》节目开播到2000年10月13日《奥运健儿西部行》节目播出，共播出了584小时17分钟的节目，直播了160场比赛，录播了30场比赛，制作新闻826条（995分钟），专题节目210期（6392分钟），播出晚会两场（170分钟），互联网站体育频道、《悉尼2000奥运专辑》分别发布了67条音视频报道，图片新闻300余条。

（二）宣传报道工作特点

1. 认真贯彻中央的有关宣传精神，坚持"以我为主、兼顾其他"的方针，弘扬了爱国主义精神

在赛事的转播中，中央电视台对中国队获得的28枚金牌的比赛全部进行了直播，奏国歌升国旗的颁奖仪式也无一例外地以直播的方式呈现给观众。在赛事的解说和评论中，着力弘扬运动员顽强拼搏、为国争光的爱国主义精神和对自身超越、对极限挑战的奥林匹克精神，激发了全国人民的爱国热情，振奋了民族精神。对奥运比赛中取得重大突破的其他各国选手，也给予了特别关注，让广大电视观众欣赏到了世界高水平的体育竞技比赛。整体报道做到了鼓劲不施压、热情支持不冷嘲热讽、实事求是不盲目加温。

2. 充分准备，开拓创新，精益求精，奉献精品

此次奥运报道综合运用悉尼IBC主演播室、悉尼港实景演播室、赛场单边注入点以及北京本台内大演播室，初步实现了"多角度、多层次、全方位"的报道目标，在频道的整体优势发挥上，在节目制作和新技术应用上，都有所创新和突破。

（1）报道的全方位、立体化。前期铺垫、赛事集中报道、后续报道相互贯通，增强了报道的完整性；中央电视台互联网站、《中国电视报》与电视节目多种形式相互配合，在电视节目中又集新闻专题、直播、音乐电视、大型晚会、大型报告会等形式互补、互动，形成了报道的整体合力。

奥运报道分为三个阶段：前期报道，9月14日转播女足比赛，《五环夜话》9月1日至15日推出了15期特别节目，邀请各参赛项目的教练员、运动员及官员展望奥运前景，解析金牌悬念；奥运期间报道，9月15日至10月1日，奥运频道对奥运会进行集中报道，一、二套节目现场直播部分重要场次比赛，一套节目黄金时间播出专题节目《直通悉尼》；后续报道，对我奥运代表团抵京、江总书记会见奥运代表团、奥林匹克星——欢迎中国奥运健儿凯旋主题晚会、奥运会中国体育代表团报告会、奥运健儿祖国西部行等重要活动进行报道。

中央电视台网络9月14日推出新版体育频道，把奥运报道放到了首要位置，并在显要位置及时发布并更新比赛新闻及中央电视台播出信息，及时推出奥运奖牌榜。体育频道还专门设置了独家音视频报道，突出了中央电视台网站的特点，每天的平均访问人数为12万人，平均停留时间为6～7分钟；页面的平均浏览量为50万；平均点击数为750万。

《中国电视报》发挥电视特色，在奥运期间开辟4个专版，全方位介绍中央电视台投入奥运报道的情况，介绍赛场消息，预告电视播出信息；引导观众收视，在观众和电视之间架起沟通的桥梁。

（2）奥运频道的整体优势得到充分发挥。奥运频道以轻松、娱乐、辉煌为总基调，节目类型包括新闻、专题、比赛实况、节目预报、精彩回放、评论等多种样式，编排浑然一体。奥运新闻在悉尼主演播室以多种手段实行动态播报。每天早7点至8点，《奥运晨风》在北京演播室播报前一天的奥运精彩回放、国内各界评述、当天赛事指南，以及与悉尼港实景演播室进行双向交流。随后的赛事转播以中国队有望夺金的项目为龙头，运用悉尼港实景演播室整体包装全天赛事，全面展示当天奥运赛场全过程。除现场直播或实况录像外，还穿插有节目预告，精彩回放和专家、记者、中国体育代表团官员的评述，节目丰富多彩。21点至22点为后方新闻类娱乐互动节目《悉尼猜想》。22点至次日凌晨2点，重播当日的精彩比赛。这样的节目编排既发挥了前后方的不同优势，又增加了频道的整体性，满足了不同层次观众的需求。

（3）新闻直播窗口与悉尼演播室对接，及时全面报道当天赛事。中央电视台在一套节目《新闻联播》、《新闻30分》和《晚间新闻报道》中，实现直播窗口与悉尼演播室对接，及时报道当天奥运战况。对中国运动员夺冠的消息，除在各套节目迅速飞字幕外，还安排在各档新闻中及时播发。《晚间新闻报道》中，体育新闻增加至15分钟，放在第一档播出。

(4)专题节目注重纵深报道，并推出全新的新闻类娱乐节目《悉尼猜想》。综艺类节目继续发挥特殊的作用。《奥运晨风》以新闻、评论、收视指南为主，内容丰富，形式新颖，信息量大，指导观众关注奥运会赛场热点。《直通悉尼》制作了大量分析节目，增加了奥运报道的深度，注重挖掘运动员奋勇拼搏、为国争光的爱国主义精神和集体主义精神。作为对前方奥运报道的延伸和补充，后方推出的《悉尼猜想》是一档全新的新闻类娱乐节目，它每天紧扣赛事，以竞猜活动为主要表现形式，以开放的话题和轻松娱乐的风格吸引观众看奥运、谈奥运，其新颖独到的形式、及时快捷的新闻特性、丰富广博的内容和贴近观众、与观众同步互动的特色吸引了广大观众。初步统计，节目共接到"168观众热线电话"140多万人次，网上点击约130万人次。

(5)应用新技术，开通前后方信息通讯系统，成功播出虚拟广告。此次转播，中央电视台在北京和悉尼之间开通了两条128K ISDN拨号数字电路，在悉尼设10部台内分机电话、两部台内分机传真、两条64K网络联网专线，悉尼报道中心可以通过台内分机随时与本部联系，为前后方顺畅的通讯联络提供了良好的基础技术保障。

3. 围绕宣传中心，前后方密切配合，各工种团结协作，确保了安全播出

此次奥运会的成功报道是团结协作的结果，各工种以宣传为中心，采、编、制、播互相协调，全台节目、技术、行政和后勤系统的20多个部门密切配合，充分发挥了集体合力。

奥运办公室充分发挥协调作用，增强服务意识，保证了节目方案的落实，下设的总值班室24小时值班，截止到9月30日，共接听记录了6400多位观众拨打的奥运热线电话，实现了信息的快速反馈。

奥运赛事直播多，情况多变，而且此次转播日程及播出时间、套数安排复杂，节目更改大，技术部门与播出导演密切配合，根据节目变化及时调整更改，并飞字幕进行预告，保证了转播的顺利进行。据不完全统计，奥运期间共下达各种节目变更单和直播通知单360余张，但前后方密切联系，主动沟通，互相补台，工作无一失误。

技术部门制定、实施了完善合理的总体技术方案，并根据报道需要，对几个演播室系统进行了较大的结构性调整，确保了播出、解说、收录、插入随机性广告节目等各项功能的正常实现。

4. 宣传与经营相互促进，社会效益与经济效益均获丰收

由于此次奥运宣传报道及时准确，信息量大，节目的收视率明显上升。在奥运期间，奥运频道的平均收视份额达到了18.26%，超过第一套节目，奥运频道在北京的平均收视份额更是达到了21.09%；奥运频道在上海并没有落地，但在奥运期间，奥运频道的平均收视份额达到了4.69%，很多上海观众自己添置了解码器来接收奥运频道，观看奥运比赛。中央电视台奥运报道对观众的吸引，使其他各套节目奥运期间的收视份额也由9月上旬的27.47%冲高到42.81%，这在平常时间是从来没有达到过的一个份额。奥运节目有效地宣传了奥运健儿奋勇拼搏、为国争光的精神，弘扬了爱国主义精神，增强了民族凝聚力，取得了很好的社会效益。与此同时，在坚持确保"导向金不换"的前提下，尽可能多地创收，在奥运广告推广过程中，面向市场，加强针对性，坚持"媒体与客户、节目与广告双向互动，共同发展"的思路，强化奥运品牌效应，拓展节目边际效益，取得了良好的经济效益。

（摘自《电视研究》2000年第11期）

五、中央电视台用大型谈话节目回顾我国经济特区建立20周年

2000年8月26日是深圳、珠海、厦门、汕头四个经济特区成立20周年的纪念日。它标志着中国改革开放这一伟业在中国的成功实践，也标志着这一历程正在进入一个新的历史阶段。为了全面、立体、生动地展现这个具有重大历史意义的事件，中央电视台制订了一个4小时大型谈话节目的播出方案，在8月26日一、四套节目中并机播出。由于是将原定12月播出的节目提前到8月，因此从开始策划一直到播出，只有不到两个月的时间。后来有媒体称之为“用特区的速度赶制出的节目”。

这个以《历程》为名的大型谈话节目，以“再读新闻，重说历史”为出发点，既对20年的特区发展历史做了宏观回顾，同时也利用新闻纪录片和新闻照片等资料，重现了特区发展不同时期的社会风貌。在演播现场，又请来了众多特区人，到现场讲述他们自己和特区息息相关的故事。宏观和具体，历史和人生，高层决策和百姓命运，社会图景和新闻事件就这样有机地结合了起来。节目形态是以演播室现场谈话的形式支撑整体结构，以多种方式有机植入外拍内容和相关视觉材料，将谈话节目和视觉影像彼此作为佐证，使特区“体制改革的试验田，对外开放的窗口，现代文明的先行者”的形象得到充分展示。

演播室分为三个功能不同的区域，主持人唐师曾和东方月所在的为评述特区历史进程的评述区，他们以大量反映特区人生活状态的图片为背景，向观众展示由一张张图片所组成的既片段又完整的历史。主持人张羽、李潘所在的为展示特区影像历史的影像区，这里有1980年8月26日《新闻联播》节目宣布特区成立时的最早的影像资料，也有像后来在百姓口中传诵的下海、跳槽、打工、炒股、兼职等等词汇的由来，把大的背景藏在这些陈旧而又新鲜的资料中。而谈话区的主持人张越，则通过一对一的对一些普通人的访谈，来讲述特区人的命运。这里有第一批深圳的建设者，有特区的第一批股民，还有亲眼目睹着中国特区巨大变化的美国人；有独闯特区的外来妹，人人喜欢的泉水哥，以及与我们有着血脉亲情的台湾同胞……

在演播室内容之外，还有介绍四个特区基本概况的纪录短片《城市档案》、《城市测试》、《城市名片》穿插其中。

这个节目通过影像的回顾把人们带回到特区成长的历程中，在主持人张越的探询中，十几个特区人走进了演播室，他们是从前期采访过的上百个对象中精选出来的。在这个小舞台上讲述他们在特区大舞台上的人生故事。他们和特区有关的故事让人们看到了“特区”这两个字在他们生活中的特殊意义。这是一个完全不同的切面，因为这是一个关于命运的命题——个人的，特区的，最后，是国家的——它告诉人们个人的命运是怎样同这座城市、这个国家连在一起的。这是这个节目特点最显著、也最深刻的地方。

这个节目是迄今为止中央电视台最长的谈话节目。外界媒体评论说，《历程》也许是一个迹象，表明谈话节目将在电视屏幕上竞相生长。

节目播出后，在全国引起了强烈的反响。外界媒体评论说，在娱乐节目遍地开花的情况下，中央电视台以这样的方式来纪念特区成立20年，是别具匠心的策略，收到了很好的播出效果。8月29日，深圳市委市政府的主要领导专程来到中央电视台，向《历程》节目的圆满播出表示感谢。他们说，节目播出当天，深圳人家家收看，商场家电柜台的电视机全部锁定在中央一套，街头巷尾都在谈论这个节目。他们希望这台节目能够更加激励和鞭策特区人，把对过去20年历程的回顾化成继续改革开放的精神动力。

（综合整理）

主持人张越与深圳的
企业家回顾特区的发展历程

六、中央电视台对“中华文化美国行”的报道让世界认识真正的中国

美国当地时间2000年8月24日晚，当中国著名指挥家陈燮阳手中的银色指挥棒最后在空中完全定格时，联合国总部大会议厅内，联合国秘书长安南和全场一千多名观众起立并报以长时间的热烈掌声和热情欢呼，至此，中国中央民族乐团在联合国总部的演出取得了圆满成功。这不仅是中国人在联合国大会议厅举行的第一场音乐会，也揭开了2000年“中华文化美国行”大型文化活动的序幕。

2000年“中华文化美国行”是中国政府第一次在美国举行的大规模的文化活动。为了向海内外充分展示这一举世瞩目的文化盛会，中央电视台组成了以台副总编辑赵立凡同志为领队的电视报道组赴美进行采访报道工作。

(一)“中华文化美国行”电视报道的总体情况

2000年“中华文化美国行”是由国务院新闻办和文化部主办的，其目的在于向美国主流社会和美国人民全面介绍中国自改革开放以来所取得的成就，加强相互之间的了解，为中美关系的发展架起一座桥梁，并在联合国千年首脑会议期间营造有利的舆论环境。历时近一个月时间的“中华文化美国行”，包括大型展览、主题演讲和文艺演出，活动先后在联合国总部和美国7个城市进行，约10万人次观看了展览或文艺演出。

中国国家主席江泽民、美国总统克林顿和联合国秘书长安南分别为该活动发来了祝词。江主席在祝词中说，“中美两国人民是伟大的人民，对世界文明进步都作出了卓越贡献。这次‘中华文化美国行’活动，为美国人民打开了一个窗口，从中他们可以了解中华民族几千年从未中断的灿烂文化，了解当代中国人民在弘扬中华优秀文化传统的基础上进行的新的文化创造。希望这次活动能够对促进中美两国乃至东西方文化的交流发挥积极的作用”。江泽民主席的祝词，就是报道组搞好这次报道的指导思想。

中央电视台2000年“中华文化美国行”电视报道组由14名成员组成，分别来自新闻节目中心、海外节目中心和外事处等部门。同时，中央电视台驻美记者站和驻联合国记者站记者、洛杉矶中国电视公司的同志也积极参加了工作。为了向海内外全面展现、及时报道“中华文化美国行”这一大型文化活动，报道组先后在纽约、华盛顿、德梅因、芝加哥、圣路易斯、旧金山、洛杉矶等7个城市全程跟踪采访报道了中央民族乐团、锦绣中华民族舞蹈团的音乐舞蹈演出，《走近中国》大型展览（包括中国摄影艺术展、中国工艺美术珍品展、中国旅游风光展、中国服装服饰展），以及新闻办主任赵启正、文化部部长孙家正、国家旅游局局长何光玮的主题演讲。

根据国务院新闻办领导和中央电视台领导关于报道要面向美国主流社会人士的指示，报道组充分发挥外语人才多的优势，采访了一大批美国主流社会人士，其中包括联合国副秘书长、联合国高级官员、美国政府官员和美前任驻华大使、圣路易斯市市长、洛杉矶市副市长，美国GM公司、休斯公司等世界著名大公司的总裁，以及美国商会、美国亚洲协会、美中关系协会等机构的负责人。

在为期近一个月的采访报道中，新闻节目中心的新闻组和《焦点访谈》组及时向国内传回了16条新闻和2个专题节目，并为国务院新闻办、文化部、国家旅游局制作了有关三位领导演讲的内部资料片。海外节目中心英语新闻组向国内传回了17条英语新闻，专题节目组在美国7个城市访问了近200位各个行业的美国人，并深入到普通的美国人家庭中采访，共计拍摄了2000多分钟鲜活生动、富有说服力和感染力的图像素材。

和以往的出国采访报道任务相比，这次“中华文化美国行”电视报道任务有着成员来源不同（报道组14个人来自全台的12个部门）、准备时间短、报道任务繁重、牵涉面广、采访地点分散、转换城市多、技术传送条件复杂等特点，报道组在采访拍摄和对外交往中体现出较高的政治素质和业务素质，高质量地完成了“中华文化美国行”的全程报道任务，赢得了各界的广泛好评。

(二)"中华文化美国行"电视报道在组织运作上的主要特点

1. 正确把握宣传口径,管理措施严格到位

中央电视台2000年"中华文化美国行"报道组人员确定后,在张长明副台长和赵立凡副总编辑的主持下,报道组全体成员先后召开了7次会议,充分学习领会国务院新闻办关于"中华文化美国行"活动的宣传报道精神和电视台领导的指示,做到每个人都能牢牢把握宣传口径和报道分寸,明确报道任务和报道对象,强化对外报道的意识,贯彻将镜头对准美国主流社会的报道思想,树立强烈的使命感和责任感,紧紧把握正确的导向,为"中华文化美国行"电视报道的圆满完成提供了可靠的保障。

抵达美国后,针对美国的政治、舆论形势复杂多变的现状,报道组领导重申并强调外事纪律,严格管理,建立了生活会制度,每天在完成采访拍摄的任务后,所有人员都要参加报道组的生活会,总结当天的工作,发现和处理出现的各项问题,布置第二天的任务,努力做到在报道工作的各个环节都不出差错,消除报道工作中存在的隐患,保证了在复杂条件下电视报道工作的顺利进行。

另外,报道组还主动和主办单位的有关人员联络沟通,与之保持密切的联系。经常向国务院新闻办的有关领导请示,汇报工作的进展情况,并根据国务院新闻办的统一部署,及时调整报道计划,确保了报道工作的准确性和权威性。

2. 发扬团队精神,发挥整体优势

"中华文化美国行"电视报道组成员来自不同的部门,人员的整体结构上有着党员多、科组长多、业务骨干多、外语人才多的特点。面对报道过程中出现的各种困难,台领导始终在报道第一线把关,党员骨干吃苦在前,整个报道组人员认真敬业,大家心往一处想,劲往一处使,在各项大型活动中体现出很强的集体荣誉感和团队凝聚力。本次报道中几个摄制组虽然有着不同的报道任务,但在整体报道中都能主动按照领导的安排,业务上分工合作,图像资料上共用共享。在"走近中国"大型展览开幕式和在联合国总部、林肯艺术中心演出的拍摄中,由于受时间的限制,如果靠以往的单兵作战便难以反映整个活动的全貌。报道组发挥整体优势,对人员和技术设备统一调配,多机位、多角度地拍摄了活动、演出的场面,整个展览及音乐会的图像经剪辑后镜头流畅,画面生动丰富,具有很强的艺术感染力,节目播出后收到了很好的宣传效果。

(三)关于对外电视报道的对策与思考

中央电视台"中华文化美国行"电视报道及时、准确、全面地反映了整个大型活动的全貌,中、英文新闻以及专题节目均按原定计划完成播出,得到了国务院新闻办、主办单位以及海内外观众的充分肯定,对"中华文化美国行"的各项活动起到了积极的推动作用。总体来看,本次报道之所以取得成功,就在于确立了正确的报道思想,强化了对外报道的意识以及在整个报道过程中所进行的探索。

1. 突出"外"字,淡化"宣"字

在"中华文化美国行"电视报道组成立后的几次动员会上,张长明副台长明确指出:在这次报道活动中,无论是对内新闻还是对外新闻都要强化对外报道的意识,突出"外"字,淡化"宣"字,在报道角度和报道方式上下功夫。报道组确立了将镜头对准美国主流社会的报道思想,在美国的采访拍摄过程中,报道组克服许多困难,积极主动,"围追堵截",不仅访问到联合国的高级官员、美国地方政府的要员以及美国许多重要社团和大财团的总裁,还采访到居住在美国东部、西部和中西部城市的各个阶层的普通的美国人。通过这些美国人说出他们参加"中华文化美国行"大型活动的所见所闻和所感,大大增强了中央电视台"中华文化美国行"电视报道的可信度和说服力。报道组的专题节目组在深入到美国的一个家庭中采访拍摄时发现,作为美国国际合唱节协会主席的这家主人,他家里的音响播放着来自中国的民族音乐,墙上挂着中国的山水画和书法作品,居室中摆放着中国的红木家具,主人如数家珍地向客人介绍这些来自中国的收藏品,言语中显示出他对中国文化的尊崇和热爱。记者用摄像机把这些生动的画面完整地记录了下来,成了全面反映"中华文化美国行"特别节目中最富有感染力的段落,给观众留下了难忘的印象。

2. 将镜头对准美国主流社会

由于种种原因,以往中国在美国举办的大型活动大都在东部和西部的城市举行,中西部城市很少涉及。报道组在出国前制定计划的过程中发现,中央民族乐团将在中西部的四个城市(德梅因、芝加哥、圣路易斯、印第安纳波利斯)举行演出,虽然在这些城市演出的内容和东西部城市相似,但报道组领导敏锐地意识到除了芝加哥以外,这些中小城市居民中华人很少,而且大多从来没有观看过中国文艺团体的演出,对中国了解甚少,一定会出现和东西部大城市不同的效果,于是报道组确定了由承担对外报道任务的专题节目组和英语

新闻组到中西部城市担负采访拍摄任务的计划。

当报道组抵达中西部城市采访拍摄时,发现在芝加哥交响乐厅的一场演出最高票价卖到150美金一张。而当在圣路易斯交响乐厅演出结束后,由中央民族乐团带来的几百盘音乐光碟被一抢而光;圣路易斯市市长宣布将这一天定为“中国音乐日”。对于报道组来说,在中西部城市的拍摄中最难忘的是在德梅因的一场演出。8月29日,由中央民族乐团举办的中国民族音乐会在德梅因市艺术中心举行,演出过程中,观众席上不断地爆发出热烈的掌声和欢呼声。在演出即将结束时,著名指挥家陈燮阳指挥乐团加演《花好月圆》、《卡门》等曲目,观众和着乐曲节拍击掌,气氛十分热烈。最后,陈燮阳一连谢幕三次,观众仍不愿离去,于是陈燮阳指挥中央民族乐团加演了一曲《花好月圆》,掌声依然持续不断,中国艺术家们再奏一曲《卡门序曲》,最后,在老施特劳斯的《拉德斯基进行曲》的音乐声中,全体观众站立起来和着音乐节奏鼓掌,音乐演奏会达到高潮。应该说,摄制组所有的成员都被这一令人激动的场面感动了,我们是在一种无以名状的兴奋和激情支配下用摄像机记录下这一过程的。由于在众多的海内外电视媒体中,抵达中西部城市跟踪拍摄的只有中央电视台,所以我们拍摄到了独家的也是整个活动中最令人激动、最具有说服力的画面。因为在这些观众中,非华裔美国人占了九成,他们对中国民族音乐产生的欣喜而热烈的反应,标志着中国文化受到了美国主流社会的欢迎。

芝加哥总领馆的总领事激动地跟我们说:非常欢迎你们,没有想到中央电视台的报道组能来中西部地区。这里有美国主流社会的主体,仅在芝加哥,世界500强的大企业就有40家,他们非常需要了解、认识中国,希望在美国中西部地区加强中国的对外宣传力度。

3. 树立现代中国形象,让世界认识真正的中国

一位美国中学历史教师在“走近中国”大型展览的留言簿上写道:美国中学的历史教科书有关中国的内容不到十页,因此我们对中国难免产生隔膜。美国人民不了解中国,是由于不客观的宣传造成的。明天我就把今天展览的丰富内容告诉学生们。希望这样的展览今后能经常展出,因为还有很多美国人对中国感兴趣。

看了上面的留言,我们感到作为中国国家电视台的一名记者肩上所应承担的责任。应该说,这次“中华文化美国行”大型活动和电视报道工作都已取得了圆满的成功,但目前在世界上中国的声音与中国在国际上的大国地位相比还有很大的距离,这就需要我们大力加强对外宣传工作。通过电视工作者不断的努力,提高对外报道工作的针对性和艺术性,树立现代中国形象,让世界认识真正的中国。我们深感任重而道远。

(摘自《电视研究》2000年第11期)

七、中央电视台加大新闻改革力度 第一套节目进行全新整合

(一)

从2000年11月27日开始,中央电视台的第一套节目早、中、晚几档新闻节目的改版和创办,使新闻含量大大增加,栏目设置更趋合理。

早晨6点至8点30分,在社会上具有广泛影响力的电视新闻杂志《东方时空》,以崭新的形象出现在中央电视台的屏幕上。新的栏目构成、新的节目编排、新的演播室、新的主持人、新的播报方式、新的节目包装、大信息量的节目,涵盖了新闻、专题、资讯等多种内容。

下午5点是一档全新的《国际时讯》。新创办的《国际时讯》既保持了国际时事报道的权威性,又重点加强了对世界科技、文化、时尚、环保等方面的报道;突出了知识性、可视性;多方面展示世界多元文化,凸现人文色彩。

每周日中午播出的一周新闻总汇《时事纵横》节目,从12月3日起由原来的10分钟增加为20分钟,新名称为《本周》。这个新栏目力求通过讲故事的方式,从观众最基本新闻收视需求出发,将一周内的大事和实用的资讯,用深入浅出的方式讲述出来。

与以上早晨、中午、下午几档新闻节目的改版相呼应,从12月2日起,第一套节目的晚间黄金时段也增加了新闻节目的播出量。《新闻调查》节目和《实话实说》节目分别于周六、周日晚间的21点15分黄金时段

播出，节目时长分别增加到40分钟，形成了两个名牌栏目组合成的新闻节目周末强档。

（二）

新版《东方时空》的推出和第一套节目的改版是中央电视台频道专业化建设的重要步骤，一直受到各级领导的高度重视。中宣部丁关根部长多次询问改版的进展情况，审看策划方案和样片。广电总局徐光春等领导多次听取汇报，审看策划方案和样片，并对样片作出了批示，提出了具体的修改意见。赵化勇台长等台领导不但对改版工作直接进行指导，还从技术上和物质条件上积极给予支持和协调，要求各中心、各部门必须对《东方时空》的改版工作予以全力配合。

在新版《东方时空》播出结束的总结会上，赵化勇台长说："经过半年时间的精心准备，新版的《东方时空》终于出台了。1993年5月1日《东方时空》的开播拉开了中央电视台新闻改革的序幕，随后《焦点访谈》、《新闻调查》、《实话实说》等一系列新闻栏目的创办和随后各档节目的不断改版，使中央电视台挺立在新闻改革的潮头。2000年11月27日在中央电视台历史上是一个有深远历史意义的日子，新版《东方时空》的开播和第一套节目的调整，标志着中央电视台第二次新闻改革正式启动。

（三）

新版《东方时空》在早晨6点到8点半的150分钟的时段内，以演播室调度为中心，将新闻、资讯、新闻专题、人物访谈等诸多内容有机地串联在一起，构成浑然一体气势宏大的早间节目。两个半小时的直播流畅顺利，圆满成功，新闻信息量大，资讯实用性强，主持人播报形式新颖，节目整体具有大台风范。

《东方时空》继承了原有节目多年来形成的"关注社会、激浊扬清、锐意进取"的优良传统，并在保留原节目精华的基础上，大胆进行探索和实践，策划设计了新的节目形态和形式，加大了新闻信息含量，提供了多项即时实用资讯服务，以充分满足广大观众对早间节目的需求。

新版《东方时空》分为普通版和周末版两种节目形态。从周一至周五的普通版节目有《早新闻》、《时空资讯》、《传媒链接》、《直通现场》、《面对面》、《百姓故事》等栏目。周末版推出三档全新的大型节目：《世界》、《纪事》和《直播中国》。

《早新闻》由首发国际新闻、昨日晚间后发生的重要国内新闻、昨日要闻等组成，是一档大信息量，突出新闻性和时效性的节目。

《时空资讯》包括气象、交通、生活、文化、时尚等实用资讯服务。

《传媒链接》是四个主持人共同构成的对其他媒体新闻的摘要节目，主持人将接触到的媒体信息，经过分析、梳理、选择后再传播给观众。《传媒链接》可视作信息平台，容纳各方信息后再有选择地进行二次传播。

《直通现场》强调记者的现场报道和强烈的现场纪实的镜头语言，选题侧重于新闻事件过程的丰富性，展现新闻事实现场的过程、细节和相关背景。

《面对面》是一档新闻人物专访节目，这档节目将借鉴原《东方之子》人物访谈的成功经验，突出人物的新闻含量，达到人物的社会代表性和新闻性共同传播的目的。

《百姓故事》是在原《生活空间》讲述老百姓自己的故事的基础上进行革新，突出时代感，加快叙事节奏。

《世界》在《东方时空》日常版中，国际新闻只作短讯处理，在每周日的国际专栏节目《世界》中，将对本周国际新闻中的焦点事件和人物进行深度报道。

《纪事》的定位与原来的《生活空间》相似，可视为一个经典的老百姓故事。时长由平日的10分钟，扩展为25分钟，从而解决过去一个故事分好几集播放的问题。《纪事》将进一步突出其文化和精品特色。

《直播中国》是一档每周一次的直播节目。《直播中国》每周将在全国选取一个直播点，充分利用直播报道的魅力，从自然、地理、人文、民生的角度报道中国，认识中国。

在传播方式上，新《东方时空》注重轻松生动的表达，以贴近观众；在内容编排上，根据观众早间的作息与收视特点，约以30分钟为一个单元设计节目，不同单元有不同侧重，重要新闻滚动播出；在整体结构上，强调节奏明快；在主持方式上，强调自然轻松，与受众平等交流。

（四）

《新闻调查》是目前中央电视台时长最长的新闻专题节目，也是信息量最大、分量最重的新闻专题节目。但是因为周五晚上的大型娱乐节目较多，该节目过去经常被推迟播出。这次调整之后，《新闻调查》播出时间更有保障，更有利于观众形成固定的收视习惯。另外，调整之后40分钟的含量使该节目很容易与其他专题类节目区别开来，为《新闻调查》在节目的选题、结构和制作方面作进一步的探索提供了新的契机。

《实话实说》作为一个谈话节目，创办以来，一直是拥有观众最多的电视栏目之一。该栏目活泼的形式和主持人崔永元幽默诙谐的谈话风格对谈话节目在我国的发展具有深远的影响。在进入晚间后,《实话实说》继续发挥其鲜明的节目特色,同时,进一步拓展话题领域,以吸引更多层面的观众。

这两档名牌专题节目进入晚间,并不是简单的播出时间的更改,而是在新闻选题、制作环节等方面更注重新闻性和时效性。

12月3日开播的《本周》是一个服务于聋哑人的双语节目。它的前身是《时事纵横》,以报道时政活动为主要内容,时长仅10分钟。《本周》时间延长到20分钟,而且极大地丰富了内容。《本周》最突出的特点就是具有个性化。主要体现在浓厚的人本主义色彩,关心人、关怀人,不仅说事,而且讲情。新闻的写作风格和主持人的播报方式也发生很大改变,如话家常娓娓道来,让观众备感亲切。《本周》报道的都是过去发生的旧闻,而独到的角度让旧闻变得新鲜。在一个主题下,将若干新闻事件联系起来,通过精心的串联,使整个节目浑然一体。《本周》把"精"作为努力的目标,吸纳精华,编辑精心,制作精良,内容精彩。

（五）

这次《东方时空》的改版和第一套节目的调整是在充分调查、尊重观众意愿的基础上进行的,是对中央电视台新闻栏目的总结、肯定和提高,它预示着中央电视台第二次新闻改革浪潮开始启动,也是中央电视台开办新闻频道的有益探索。

《直播中国》是新版《东方时空》周末版每周固定播出的一档直播栏目,每期25分钟,每周在全国选取一个点作现场直播报道。通过直播报道魅力的牵动,从自然、地理、人文、民生的角度报道中国,认识中国,内涵"早安,中国"的问候与祝福。这档节目不但使观众对祖国人文风貌、悠久历史有更直观的了解认识,还是一堂生动活泼的爱国主义教育课,可有效激发观众的爱国热情。

《直播中国》让观众体验一种纯粹现场的感受,每星期天上午8点到8点半,在半个小时的时间里,传递现场信息,从而最大限度地使观众感觉到"我就在现场"。直播的内容以特定地区的独特景观,神奇现象,历史遗踪和特定人群的独特生活方式为主,向观众展示在广袤的中国国土上,一些闻所未闻,见所未见,或者是耳闻但未目睹,或者是耳虽熟但不能详的事物。节目在强调环境独特的同时,特别突出环境中人的生活。为此,节目采取走访式的报道,以主持人为观众向导,以摄像机作观众眼睛,边走边看,边走边听,在半个小时中,融入到直播现场的环境和氛围里,领略丰富多彩的地理景观和区域文化,浓缩历史的沿革和社会生活的变化。概括地说,《直播中国》是一个人文地理直播节目。

（六）

这次第一套节目改版调整,也是对国际新闻的处理进行了一次全面的整合。过去新闻编辑部有三个国际新闻组,以时段来分割节目,有的负责早间的节目,有的负责午间的节目,有的负责晚间的节目,行政系统分割了全天连续的新闻业务链条,给几档栏目间国际新闻的衔接带来了很多的问题,同时一个栏目组在所辖时段内有不同类型的国际新闻栏目,编辑们也感到无所适从,所以这次通过《国际时讯》栏目的创办把三个国际新闻组整合成一个国际新闻系统,由三个制片人来统一管理,下面根据栏目的不同特点,设若干个子系统由栏目主编分工负责,既解决衔接的问题,也使栏目组的目标更加明确。在此基础上,为了节约人力和实现专业化,还组建了国际新闻的翻译平台作为整个国际新闻系统的公共支持系统,翻译平台24小时发稿,增加了栏目的可选择性和时效,同时,也为将来建立CCTV的国际新闻共需系统做了准备。应当说,新的国际新闻运行体制在一定程度上为拟议中的新闻频道打下了良好的基础,它的价值高于我们新开办一档国际新闻栏目。

（根据新闻节目中心韩彪、李锦提供的稿件摘编）

八、中央电视台第三套节目全面改版向频道专业化迈出新的步伐

继中央电视台第一套节目于11月27日成功实施大幅调整之后,酝酿已有相当时日的第三套节目(综艺

频道）改版方案获准通过，自2000年12月18日起，包括《周末喜相逢》、《同一首歌》、《挑战主持人》等在内的34个各类栏目，以全新姿态面对广大观众，至此，中央电视台现有频道专业化的改造又迈出了新的步伐。伴随电视事业的迅猛发展，以及全国各省、自治区、直辖市电视台信号的纷纷上星，中央电视台面临着前所未有的挑战。在成功实施1993年以《东方时空》开办为标志的新闻改革进而带动中国电视改革之后，中央电视台居安思危，审时度势，又于今年11月27日推出新版《东方时空》，并对第一套其他节目进行了包括内容和形式的全新整合，意在通过第二次的新闻改革，带动其他频道节目全面提高，增强现有节目的竞争实力。

第三套节目最早为戏曲·音乐频道，1999年8月对内容进行了部分调整。这次改版将以创作精品栏目、繁荣电视文艺为宗旨，坚持强化频道的服务性、娱乐性、民族性、参与性、艺术性和群众性的原则进行，改版后的第三套节目将是融戏曲、综艺、音乐、资讯服务、文学、谈话、歌舞、广告包装各类节目为一体的一个综艺频道。

改版后的第三套节目，每天开播时间提前到早6:00，每天播出时间为19小时，其中从18:00开始均为首播节目，约3817分钟，比改版前的3149.5分钟有了很大提高。改版以后，第三套节目将重点突出黄金时段和周末节目、戏曲节目以及高雅严肃音乐。

在晚间19:30至22:00的黄金时段，安排了两档60分钟的主打栏目，如《音乐擂台》、《音画时尚》、《新视听》等，意在增强节目的娱乐性、参与性和欣赏性。

在黄金档节目中，又特别加强了周五至周日节目的竞争力，其中，既有融表演性和语言性节目于一体的《周末喜相逢》，也有将不同时期脍炙人口的优秀歌曲汇集一台的《同一首歌》；既有通过家庭竞赛形式，着重突出综艺特点的《神州大舞台》，也有寓竞赛于娱乐，悬念迭出的《挑战主持人》，这些创意独特、体裁各异、形式多样的文艺节目，将为热爱艺术的观众提供更广阔的可供自由选择的空间。

为保持全频道的整体质量，除保留部分原有优秀栏目如《朋友》、《旋转舞台》、《舞蹈世界》、《中国音乐电视》外，本次改版还开设了一批短小精悍的全新栏目，如提供最新娱乐动态的《综艺快报》，具有浓郁文学意蕴的《艺术之窗》和为地方台节目播出提供窗口的《八面来风》等，这些内容鲜活、视角别致的全新栏目，也将引起观众的广泛注意。

此外，重点介绍国外优秀表演艺术和绘画、雕塑、文学等方面内容的《国际艺苑》和《外国文艺》，使该频道的节目内容更加丰富、多样，也更具权威性，基本上能满足广大观众对不同形式文艺节目的需求。

（摘自《中国电视报》第50期）

九、科影厂隆重庆祝建厂40周年

电影事业管理局给科影厂的贺信

北京科学教育电影制片厂：

值此北京科学教育电影制片厂迎来建厂40周年之际，国家广电总局电影局谨向你们致以热烈、诚挚的祝贺！

北京科学教育电影制片厂有着辉煌的历史，特别是改革开放以来，你们坚持以邓小平同志“科学技术是第一生产力”的理论为指导，认真学习和贯彻以江泽民同志为核心的党中央关于繁荣民族电影的一系列方针政策，以“科教兴国”为己任，为提高全民科学素质，传播科学知识作出了很大的贡献。拍出了一大批艺术质量上乘的优秀佳作，为广大人民群众提供了丰富的精神食粮。有众多的作品在国际上获奖，为我国赢得了荣誉。影视合流以后，你们在制作电视节目的同时，积极响应中央“科教、卫生、文化”

三下乡的号召,调动精兵强将,继续坚持科教影片的创作生产,勇于承担更多拍摄农村实用科教片的重担,为科教兴国、科技兴农和繁荣我国的科教电影事业作出了突出的贡献。

抚今追昔,科教电影硕果累累;展望未来,科教兴国任重道远。预祝北京科学教育电影制片厂在21世纪,坚持改革开放,坚持"二为"方向和"双百"方针,继续发挥影视合流的优势,为人民群众献上更多的影视佳作,为繁荣我国影视事业再创辉煌。

国家广播电影电视总局电影事业管理局

2000年3月3日

赵化勇台长致词

科影厂各位老前辈、各位职工,各位领导、各位来宾:

首先,请允许我代表广播电影电视总局和中央电视台对科影厂的全体职工表示衷心的祝贺,祝贺你们迎来了40周年喜庆的节日。

40年来,科影厂职工用你们自己的智慧,用你们的双手,为普及科学知识,提高全民族的科学文化素质做了大量的工作。两个简单的数字很能说明问题,就是40年来生产了1370部、2900余本的科教影片的总量。这个总量可不得了。应当说一代又一代的年轻人,也是看了我们的科教影片长大的。这些影片对于普及科学知识,提高年轻人的科学文化素质,无疑起到了非常好的作用。

另外,我们的科教影片对推广科技知识、推广科技成果起到了非常重要的作用。刚才万厂长讲到的《地膜覆盖》这部影片,可以说对中国农村产业革命,产生了非常大的作用。可以说科技影片的生产、播出,对中国经济的发展起到非常重要的作用。

再就是,40年来科影厂为我们中国科技电影事业培养了一批又一批新人,正是这几代人为中国的科技电影事业作出了非常不平凡的贡献。

1995年科影厂在原广电部的决定下与中央电视台合并,我说这是中央电视台的荣幸,中央电视台有幸能和科影厂的同志们一起,为中国的电视事业、电影事业共同奋斗,虽然只有短短的5年,5年当中中央电视台从科影厂学到了很多好的东西。科影厂用自己的长处,弥补了中央电视台的短处,现在年产300小时的科技影片量,对于补充中央电视台科教片的不足,起到了非常重要的作用。科影厂的科教节目经过电影、电视的播放,在全国产生了很大的反响,这些功劳是不能抹杀的,也应该写入历史的记载。应当说这些成绩的取得,是我们科影厂的老前辈、现在科影厂的职工,几十年来呕心沥血,用自己的心、用自己的血汗、用自己的智慧写成的。为此,我在这里还要代表中央电视台向科影厂全体职工表示感谢,感谢你们长期以来作出的贡献。

社会在发展,科影厂也需要发展。中央电视台这么多年来,在各位的支持下,取得了一个又一个成绩,特别是刚刚过去的一年,无论对中央电视台,还是对科影厂,都是非常难忘的一年。过去的一年大事多、喜事多、难事多、热点多,但正是中央电视台职工、科影厂职工、新影厂职工联合在一起,征服了一个又一个的困难,非常圆满地完成了党中央交给我们的任务,向党中央、向国务院、向全国人民交上了一个满意的答卷。但是事情没有到此结束,还要向前发展,为此中央电视台提出了2000年奋斗目标。1999年我们提的是"稳中求进",2000年我们提的是"开拓进取",这个"开拓进取"同样离不开科影厂全体职工的努力。希望我们科影厂的职工在2000年,和电视台本部的同志一起,抓住机遇、深化改革、开拓进取,利用这个机会使科影厂再进一步地发展,为我们的国家、为我们的人民、为我们的观众再立新功。

2000年3月16日，北京科学教育电影制片厂在京隆重举行庆祝建厂40周年大会

万迪基厂长在厂庆40周年纪念会上的讲话(摘要)

新千年第一春，我们迎来了北京科学教育电影制片厂建厂40周年的喜庆日子。40年来，科影厂先后在北京市、文化部、广播电影电视部、广播电影电视总局、中央电视台的领导下，经过两代人的努力，已经成为我国最重要的科教电视节目和科教电影的创作、生产基地。建厂以来，创作、摄制了1370余部、2900余本影片，主要是科教片也包含一定数量的动画片及其他类型影片。1995年划归中央电视台后，已经制作、播出了以科学、教育类为主的各类电视节目1000多小时，形成了我厂目前以电视节目、科教电影、动画片和译制片为四大支柱产业的生产、经营格局。建厂以来，遵循“普及科学知识，为提高全民族的科学文化水平服务”的方针，摄制了一大批有较高社会效益和产生广泛影响的影片，有些成为各个时期我国科教片的代表作。并曾创造了一部影片发行2000多个拷贝的纪录。由于重视人才培养和坚持实施精品战略，自1980年文化部设立电影政府奖以来，发展到广电总局的电影“华表奖”，我厂已有57部影片获奖；自1981年中国电影家协会设立中国电影“金鸡奖”以来，我厂已有15部影片获得了“金鸡奖”。自1964年以来，在参赛国际科学、教育、环境、农业等电影或影视节中，有62部次影片或电视片获奖，其中包括多部影片获得金奖、大奖。促进了中外科技文化交流，为祖国争取了荣誉。建厂以来，由于国家的不断投入，5年以来中央电视台的扶持和40年来经营的积累，国有资产与1960年底相比增加了180倍。今天，步入不惑之年的科影厂欣逢我们伟大祖国改革开放取得巨大成就的太平盛世，国兴厂兴，科影人将以创业的冲动和发展的激情，迎接新的千年和表明自己不惑之年的成熟。

40年前的1960年3月，国家正处于三年灾害的困难时期，很多行业按照国家调整的方针，人员精简、机构下马。就是在这样的时期，成立了以普及科学知识，提高国民科学文化素养为宗旨的北京科影，由此可见当时党的决策者的远见卓识。也由此，才有了创业者们按照“边建厂、边生产、边培养干部”的方针，开始书写科影厂的历史。厂址只是个平房小院，依靠兄弟厂支援的少量设备，当年组成了7个摄制组，5月份摄制完成了我厂第一部35毫米黑白科教片《声波及超声波的应用》。在随后的几年中，发扬自力更生、艰苦奋斗的精神，陆续建起并逐渐完善了动画、录音、特技、显微摄影、水下摄影等部门。这些设备虽然是简陋的，有些是自己动手设计、制造的，但为科教片生产提供了技术保证。这种使用简单设备，摄制有较高艺术、技术水准影片，成为了我厂的传统，并一直保持至今。创业的年代，是垦荒的年代，播种的年代，随时都会收获到一份惊喜，随时都会有新的成果诞生。1962年摄制完成了《花为谁开》等第一批彩色科教片。1963年摄制了大量采用显微、放大、定格摄影的影片《揭开棉蚜虫生活的秘密》，摄制了演员和实景特技合成、科幻和现实相结合的影片《一支铅笔》。1964年影片《对虾》在国际电影节获奖，成为我厂第一部在国际电影节获奖的影片。同年，我厂《触电急救》等9部影片获得了文化部、国家科委、农业部、全国科协、影协颁发的“科教片为农业服务奖”。列举以上影片是为了说明创业阶段的科影已经具备采用多种手段摄制优秀科教片的能力。

1978年党的十一届三中全会确立了改革开放，以经济建设为中心的基本路线。迎来了祖国大地改革开放的春天，科学的春天，文艺的春天。“科学技术是第一生产力”这一伟人名言深入人心，“科教兴国”成为我们国家的基本国策，中国电影在这一时期的繁荣，为科影厂带来了一个发展时期。

发展，对于一个制片厂来讲首先是创作、生产的繁荣。在“普及科学知识，为提高全民族的科学文化水平服务”的方针指导下，摄制了一大批既有严谨的科学内容，又具有审美价值，既广泛涉猎科学、技术、社会的各个领域，又在艺术形式、风格化、个性化上色彩缤呈，既发扬、继承我国科教片的优秀传统，又不断迸发出思维创新与作者睿智交融的佳作。它以《昆虫世界》、《昼夜节律》、《崛起的第三金属——钛》等十余部获得中国电影“金鸡奖”的作品为代表；它以一些大制作《生物进化》、《万里藏北》等为代表；它以具有我国特色的动物片《灰喜鹊》、《朱鹮》等为代表；它以一批反映中国文化精粹的影片《不朽的古代建筑》组片、考古、国画等系列片为代表。

我厂这个时期摄制了大量的密切联系实际，为社会主义现代化建设，为传播先进的农业科学技术，为农民脱贫致富服务的影片。它以《地膜覆盖》、《旱地水窖》、《鲁西小尾寒羊的家庭饲养》、《水稻旱育秧稀植栽培新技术》、《紧凑型高产玉米》等为代表；移风易俗为社会主义精神文明建设服务的影片，它以《计划生育》、《人口与经济》、《巫师的骗术》等为代表。这些影片具有良好的社会效益，取得了广泛的社会影响。

多样性，是这一时期我厂的另一特色。自1981年创作了第一部动画片《小小机器人》后，我厂的动画车间由单纯为科教片制作动画，发展为两者并举，今天已成为颇具规模的动画片创作生产基地。这时期创作的动画片《兰花花》、《七色花》、《麻雀选大王》、《方脸爷爷和圆脸奶奶》、《三只小狐狸——收西瓜》等获得了电影“华表奖”，还有的在国际电影节获奖。这期间，我厂还摄制过故事片、舞台艺术片、电视剧等，已具有一个综合电影制片厂的能力。

发展的另一标志，是形成了较大的规模。1987年达到了76部156本影片的历史最高年生产量，并将相近的产量保持到了90年代初。

国家改革开放的良好环境，也使科影厂摆脱了封闭状态。这一时期与国外电影制片单位合作，以协拍、交换摄制组、出境拍片等多种形式摄制的影片达百部以上。1983年以北京科学教育电影制片厂的名义，代表我国参加了当时总部设在巴黎的国际科学电影协会，成为该组织的正式会员国。这期间，广泛参加了在世界各国举办的国际科教电影节。建厂以来，62部次影片在国际电影节获奖，有56部是改革开放后获奖的。参赛国际电影节，宣传了我国科技成就，促进了中外科技文化交流，也为祖国争取了荣誉。同时，通过商业渠道，将我厂的很多影片销售到亚、欧、澳、北美等地区国家的教育机构和电视台。

1995年4月根据广电部党组的决定，科影厂划归中央电视台。台分党组对科影厂，政治上予以关心，政策上予以扶持，设备上予以支持。要求科影厂三年实现转轨，即由以电影生产为主转为以制作电视节目为主，建成为中央电视台的科教节目、动画片、译制片的制作基地。经过市场经济严峻考验的人，十分珍惜工作的机会、发展的机会。对于这次转轨，我们没有把它视为简单的由电影转轨为电视，没有把它视为简单的在厂的大门上多加了一块中央电视台科教节目制作中心的牌子，而把它看作是观念的转变、机制的转换、结构的调整，看成是科影厂的第二次创业。

在台分党组的领导和各部门的支持下，经过全厂职工的努力，科影厂提前完成了三年转轨任务。随后的两年，又有了长足的发展。今天，进入不惑之年的科影，已具有年制作300小时以上电视节目、每月制作两集以上动画片，年完成300集以上译制节目的能力。同时，也逐步适应了电视的高效率、快节奏、时效性强、贴近观众的创作特点，掌握了策划、制作大型系列节目和电视栏目的一般规律。全厂人员结构的调整，已取得明显成效，一个高素质、高学历、年轻化的创作队伍群体正在形成。五年来，经营效益提高，国有资产增值，职工待遇改善，企业呈现出勃勃生机。

在电视制作占主导地位的情况下，我们并没有远离电影。经过一个暂短的调整期，1996年又以全新的面貌出现在电影“华表奖”和“金鸡奖”的获奖名录中。它以《种子正传》、《介入疗法》、《基因与转基因动物》、《征服病毒病》、《长城》等影片为代表。同时摄制了一批为科技下乡服务的农业技术影片，它以《良种包衣》、《暖棚养畜》等为代表。为庆祝国庆50周年，1999年摄制了一批献礼或重点影视节目，其中大型影院动画片《猫咪小贝》，是我厂的首次尝试，这部影片已在伊朗第二十九届国际发展教育电影节获得金奖。走影视结合的路，并没有使我们顾此失彼。恰恰相反，在人才培养、相互借鉴等多方面，相得益彰，取得双赢。今天作为纪念会的一项内容，将放映我厂近期完成的科普片《宇宙和人》。该片制作广泛采用了高新科技，这不仅在我厂是空前的，在我国也是首次。它试图科学地阐明人类最关心的两个问题："天是怎么回事，人是怎么来的"。放映的目的是表明，我国科教片在艺术和技术上所达到的水准，完全可以和世界水平接轨。

进入不惑之年的科影厂，决心以邓小平同志建设有中国特色社会主义理论为指针，按照江泽民总书记提出的"努力以科学的理论武装人，以正确的舆论引导人，以高尚的精神塑造人，以优秀的作品鼓舞人"的要求，在总局党组和中央电视台分党组的领导下，讲政治、抓管理、出精品。通过我们的工作，"让公众理解科学"，为提高全民族的科学文化素质和创造能力服务。

（根据科影厂提供的材料摘编）

中央电视台记者在"两会"上

频道·栏目·节目

一、2000年中央电视台频道介绍

新闻·综合频道(CCTV－1)

以新闻为主的综合频道,1958年9月2日正式播出,通过亚太1A、鑫诺1号卫星覆盖全国。目前每天平均播出20小时。一套节目荟萃了全台的优秀栏目,是中央电视台的精品频道。在第一套节目中,每天播出13次滚动新闻,包括《早间新闻》、《新闻30分》、《新闻联播》、《现在播报》、《晚间新闻》、《世界报道》、《体育新闻》等,保证了国内外重大新闻事件能够及时播发。其中《新闻联播》为收视率最高的栏目,是全国公众获取信息的主要渠道。

第一套节目还拥有每年一次的现场直播春节联欢晚会,以及《焦点访谈》、《东方时空》、《新闻调查》、《实话实说》、《综艺大观》、《科技博览》、《今日说法》、《曲苑杂坛》、《旋转舞台》、《体育大世界》、《人与自然》、《大风车》、《半边天》、《社会经纬》、《电视你我他》、《国际影院》、《军事天地》等一批优秀栏目,每天晚上黄金时间还播出一至二集国产优秀电视剧。

经济·生活·服务频道(CCTV－2)

以经济生活服务报道为主的专业频道，1973年5月正式开播，通过亚太1A、鑫诺1号卫星覆盖全国。每天平均播出20小时左右。它以更具权威性和大众化的节目风格、更加多样化的角度，全面提升节目的实用性、服务性和娱乐性，全方位地报道发生在中国及世界各地的重要经济新闻，力求成为广大观众了解和从事经济活动的参谋，为观众构建便利的经济生活服务信息网。拥有《经济半小时》、《生活》、《中国财经报道》、《幸运52》、《为您服务》、《健康之路》等名牌栏目。

戏曲·音乐·综艺频道(CCTV－3)

以播出戏曲和音乐节目为主的戏曲·音乐频道,1995年11月30日正式播出,通过亚洲2号卫星覆盖全国。1999年8月30日正式改版为戏曲·音乐·综艺频道,每天平均播出17小时以上,其中首播节目时长占49.4%。改版后的戏曲·音乐·综艺频道加强了节目内容和整体包装,在保留原有的《中国音乐电视》、《每周一歌》、《戏苑百家》、《戏迷园地》、《梨园群英》等栏目的基础上,推出了许多新栏目,如《电视诗歌散文》、《朋友》、《新视听》、《艺术入门》、《艺文手册》、《演艺网站》、《八面来风》、《音画时尚》、《精彩十分》、《交响世界》、《国乐飘香》、《走进幕后》、《戏曲采风》、《戏曲神韵》、《学唱京剧》等。

国际频道(CCTV－4)

1992年10月1日开播。是以海外华人、华侨和港、澳、台同胞为主要服务对象的卫星电视频道。它及时、客观地向全世界报道和介绍当代中国的政治、经济、社会、文化、科教、历史等各方面的情况，是海外观众了解中国的窗口，也是让中国与世界各国家和地区之间加深了解，增进友谊的桥梁和纽带。这一频道的播出信号采用技术压缩技术，通过泛美2号、3号、4号、9号，银河3R，亚洲2号、3S以及热鸟3号等8颗卫星基本覆盖全球。近年来，中央电视台陆续与多家海外电视传媒机构合作，使国际频道以进入当地有线电视或卫星直播电视网等多种方式，在遍布于亚、非、拉美、北美、欧洲和大洋洲的许多国家和地区实现了全频道或部分节目的落地。

为了方便世界不同时区的观众收看这套节目，国际频道全天24小时播出，主要节目编排大致以8小时为一单元，全天滚动3次。国际频道是以新闻类节目为主导、以文化类节目为支撑、以对台湾报道为重点的综合频道，其中既包括了具有鲜明对外特色的《中国新闻》、《中国报道》、《中国文艺》、《天涯共此时》、《海峡两岸》、《欢聚一堂》、《中国风》、《东方家园》、《千秋史话》等国际频道自办栏目，也荟萃了中央电视台其他频道的名牌栏目，如《新闻联播》、《东方时空》、《实话实说》、《经济半小时》、《动画城》、《夕阳红》、《综艺大观》、《曲苑杂坛》和优秀国产电视剧等。

体育频道（CCTV－5）

1995年1月1日正式开播，通过亚洲2号卫星覆盖全国。每天平均播出16小时以上，成为内容包括国内外重大赛事的现场直播、体育热点问题的追踪报道、全民健身及娱乐休闲、体育知识普及教育的全方位专业频道。主要栏目有《体育新闻》、《世界体育报道》、《足球之夜》、《天下足球》、《NBA赛场》、《棋牌乐》等。2000年各项赛事的现场直播超过1000场，并成功报道了第二十七届奥运会。

电影频道（CCTV－6）

1996年1月1日正式开播，通过亚洲2号卫星覆盖全国。每天平均播出近17小时，每天播出8部电影，包括1部新影片。电影频道自开播以来播出了大量国内外优秀的故事片、纪录片、科教片、动画片、戏曲片和部分电视剧，同时还开办一些相关栏目。

少儿·军事·科技·农业频道（CCTV－7）

1995年11月30日开播，通过亚太1A卫星覆盖全国。每天平均播出近17小时。主要栏目包括《东方儿童》、《大风车》、《动画城》、《儿童短剧》、《芝麻开门》等儿童节目，《军事报道》、《军营文化》、《当代军人》、《军事百科》等军事节目，《农业新闻》、《农村经济》、《农村文艺》、《农业教育》、《致富经》、《科技苑》等农业节目，《科技之光》等科技节目。

电视剧频道（CCTV－8）

在1986年1月1日开播的文艺频道的基础上创办，于1999年5月3日正式播出，通过亚洲2号卫星覆盖全国。平均每天播出17小时。电视剧频道在节目设置中，国产电视剧占48.8%的主导地位，境外影视剧占35%，影视资讯专题节目占6.6%，影视音乐占3%，综艺节目及其他节目占6.6%，全天不同时段安排有《黄金强档》、《海外剧场》、《百姓剧场》、《少儿剧苑》、《子夜剧》、《精品重播》等不同风格的电视剧栏目，以及周末特别安排的《原声影视》、《世界影视城》、《世界名著名片欣赏》等充满异域风情的境外影视佳作。节目时段安排上采取横向打通、纵向连贯、播出时间固定、白天对位重播的编排方法，使观众容易掌握收视规律。电视剧频道在宣传包装上与国际接轨，频道标识、总片头、宣传片等全天候播出，整合视觉效果，为频道形象全面定位。

英语频道（CCTV－9）

2000年9月25日正式开始播出。是我国第一个以非母语播出的电视频道，节目全部使用英语播音或叠加英文字幕。其播出信号通过泛美2号、3号、4号、9号，银河3R，亚洲2号、3S以及热鸟3号等8颗卫星基本覆盖全球。英语频道以新闻和新闻性节目为主，以专题、文化和文艺类节目为补充，实行全天24小时不间断播出。英语电视频道及时、准确、客观、充分地报道发生在中国和世界各地的新闻时事和重大事件，介绍中国的历史、地理、文化和自然风光等，为广大海内外英语观众提供服务。

二、2000年中央电视台栏目目录

总编室

《请您欣赏》
《星火科技》
《中国人口》
《收视指南》
《电视你我他》
《精品赏析》
《专题片》(外单位送片,播出不固定)

新闻节目中心

《新闻联播》
《现在播报》
《晚间新闻》
《世界报道》
《新闻30分》
《国际时讯》
《滚动新闻》
《本周》
《焦点访谈》
《新闻调查》
《实话实说》
《东方时空》
《军事报道》
《人民子弟兵》
《军事天地》
《祝你成才》
《军营文化》
《部队生活》
《中国武警》
《军事百科》
《当代军人》
《走军营》

海外节目中心

《中国新闻》
《新闻60分》
《中国报道》
《中国风》
《中华医药》
《纪录中国》
《华夏文明》
《语林趣话》
《民族大家庭》
《旅行家》
《欢聚一堂》
《中国文艺》
《东方家园》
《千秋史话》
《东方时尚》
《世界华人》
《音乐电视》(英)
《中华艺苑》(英)
《电视剧》(英)
《教汉语》
《华夏风情》(英)
《投资指南》(英)
《外国人看中国》(英)
《中国各地》(英)
《厨艺》
《功夫》
《荧屏导视》
《综合新闻》
《提要新闻》
《财经新闻》
《文化新闻》
《体育报道》
《亚洲新闻》
《简明新闻》
《环球瞭望》
《一周回顾》
《今日中国》(英)
《纪录片》(英)
《中华文明》
《今日话题》
《天涯共此时》
《海峡两岸》
《走进台湾》
《台湾百科》
《收视指南》

《下周屏幕》
《观众之友》
《栏目宣传》
《华夏掠影》
《今日中国》(法)
《变化中的中国》
《周末影院》
《真情》

社教节目中心

《为您服务》
《读书时间》
《半边天》
《社会经纬》
《中华民族》
《当代工人》
《美术星空》
《今日说法》
《银幕采风》
《健康之路》
《周末健康之路》
《电视讲座》
《外语教学》
《科技博览》
《走近科学》
《田野》
《希望——英语杂志》
《学烹饪》
《夕阳红》
《科技之光》
《地方台 30′》
《纪录片》

文艺节目中心

《每周一歌》
《剧场》
《综艺大观》
《旋转舞台》
《曲苑杂坛》
《电视书场》
《艺苑风景线》
《文化视点》
《戏剧天地》
《精彩十分》
《舞蹈世界》
《周末喜相逢》
《演艺竞技场》
《午间乐园》
《爱心与梦想》
《挑战主持人》
《艺文手册》
《音画时尚》
《朋友》
《神州大舞台》
《聊天》
《综艺快报》
《影视金曲》
《电视剧》
《影视同期声》
《黄金强档》
《百姓剧场》
《少儿剧苑》
《子夜剧》
《影视俱乐部》
《正大综艺》
《佳艺五线间》
《国际艺苑》
《外国文艺》
《国际影院》
《正大剧场》
《世界影视城》
《世界名著名片欣赏》
《佳艺影院》
《佳艺剧场》
《世界影视博览》
《世界文化广场》
《佳艺大世界》
《佳艺新视点》
《海外剧场》
《原声影视》
《世界各地》
《人与自然》
《动物世界》
《环球》
《九州戏苑》
《东西南北中》
《戏曲直播》
《地方文艺》
《音乐厅》
《音乐电视城》

《戏曲精品库》
《艺术入门》
《中国音乐电视》
《交响世界》
《国乐飘香》
《中国京剧音配像精粹》
《同一首歌》
《艺术人生》
《岁月如歌》
《音乐擂台》
《艺术之窗》
《八面来风》
《戏苑百家》
《新视听》
《走进电视》
《与您相约》
《走进幕后》

广告经济信息中心

《广而告之》
《电视购物》
《经济导视》
《证券时间》
《生活》
《经济半小时》
《欢乐家庭》
《商界名家》
《幸运52》
《中国财经报道》
《对话》
《开心辞典》
《地球故事》
《商桥》
《中国市场信息》
《互联时代》
《中国房产报道》
《清风车影》
《证券之夜》
《商务电视》
《金土地》

体育节目中心

《体育专题》(不固定)
《回音壁》
《体育欣赏》
《体坛快讯》
《体育新闻》
《体育世界》
《世界体育报道》
《足球之夜》
《康乐年华》
《天下足球》
《五环夜话》
《早安中国》
《体育现场直播》
《体育商城》
《实况录像》
《体育系列教学片》
《NBA赛场》
《健身房》
《棋牌乐》

青少节目中心

《东方儿童》
《精彩屋》
《芝麻开门》
《非常之旅》
《美育课堂》
《12演播室》
《第二起跑线》
《三星智力快车》
《大风车》
《儿童剧场》
《同一片蓝天》
《动画城》

农业电影制作中心

《农村文艺》
《农业教育》
《专题报道》
《纪录片之窗》
《世纪回眸》
《纪录片》

北京科学电影制片厂

《科教片之窗》

三、2000年中央电视台新增和改版栏目介绍

《东方时空》

改版后的《东方时空》是一个长达150分钟的大型综合性新闻栏目。它的定位是强化政治意识，突出信息服务和时效，在早间为观众提供不同类别信息的综合服务。新《东方时空》以演播室为调度中心，将新闻、实用资讯、新闻专题、直播节目等诸多内容有机串联，构成浑然一体的早间新闻杂志类栏目。

周一至周六节目构成及内容：第一单元：6:00～6:30。《早新闻》、《时空资讯》、《天气预报》。第二单元：6:30～7:00。《传媒链接》、《时空资讯》。第三、四单元：7:00～8:00。《早新闻》、《直通现场》、《面对面》、《百姓故事》、《时空资讯》。第五单元：8:00～8:30。《早新闻》、《天气预报》。《东方时空》在中央电视台二、四套的重播将以7:00～8:00段的专题节目为主，时长40分钟。周日版节目构成及内容：6:00～7:00与平日节目相同；7:00～8:30为《世界》、《纪事》、《直播中国》。2000年11月27日起每日6:00～8:30在第一套节目首播，13:00～13:40重播；17:30～18:10在第二套节目重播；15:30～16:10在第四套节目重播。栏目网址：www.cctv.com.cn/tvguild/anchors/dfsk/dfsk.html；电子信箱：dfsk@cctv.com。

《东方时空》总制片人与部分编播工作人员

《新闻调查》

1996年5月17日开播的大型新闻评论性栏目。该栏目以记者的调查采访为主要形式，以平实、冷静、客观、科学的报道态度，对社会普遍关注的事件或现象进行多侧面、多角度、深层次的剖析，融社会性、故事性、调查性为一体，记录“正在发生的历史”，报道“新闻背后的新闻”。2000年12月2日，《新闻调查》扩版，由30分钟扩至40分钟。每周六21:15在第一套节目播出，次周四16:20重播。

《本　周》

新闻综述栏目《本周》是中央电视台惟一一个服务于残疾人的双语节目，于2000年12月3日开播。《本周》的前身是《时事纵横》。它报道的都是过去一周发生的旧闻，而独到的角度让旧闻变得新鲜。在一个主题下，将若干新闻事件联系起来，通过精心的串联，使整个节目浑然一体。《本周》最突出的特点就是具有个性化，它的个性就是它浓厚的人文色彩，关心人、关怀人，不仅说事，而且讲情。新闻的写作风格和主持人的播报方式也发生很大改变，如话家常、娓娓道来，让观

众备感亲切。每周日 11:40 在第一套节目播出,时长 20 分钟。

《新闻 30 分》

1995 年 4 月 3 日开播的以社会新闻为主的综合性新闻栏目。该栏目的题材集中在社会民生、社会法制和社会生活等方面，突出当日新闻和事件性新闻，注重服务性和贴近性。2000 年在栏目中开设的《出行参考》等子栏目，为观众介绍交通、天气等生活信息。每日 12:00 在第一套节目播出，时长 30 分钟。

《国际时讯》

2000 年 11 月 27 日开播的一档综合性国际新闻。该栏目立足于迅速、全面地对外部世界进行全景式报道。它在保持中央电视台国际时事报道权威性的基础上，重点加强了对世界科技、文化、新知、时尚、环境等方面的报道；突出知识性、趣味性、可视性；展示世界多元文化，凸现人文色彩。根据观众收视习惯，《国际时讯》分为四大板块：时事、发现、文化、地球。时事：荟萃当日国际时事精华，突出新闻事实的原汁原味。发现：追踪世界新事物、新成就，展示人类最新发现，使观众感觉世界日新月异。文化：展示世界多元文化，关注人类生存状态。地球：关注我们的地球，人类的生存环境。每周一至周六17:00～17:25在第一套节目播出。

《实话实说》

1996 年 3 月 16 日播出的大型谈话栏目。节目采用群体现场谈论形式,它以“真话面前人人平等”为理念。通过主持人、嘉宾、观众的共同参与和直接对话,在生动活泼的气氛中,展开社会生活或人生体验的话题,经过叙述、讨论或辩论,达到各抒己见、增进参与者之间交流和理解的目的。2000 年 12 月 3 日起每周日 21:15 在第一套节目首播,次周一 16:05 重播;次周日 15:30,22:05 在第四套节目重播,时长 40 分钟。栏目网址:www.cctv.com/news/talkshow.html; 电子信箱:n038@mail.cctv.com。

《中国新闻》

1992 年 10 月 1 日开播的对海外播出的新闻栏目。其受众主体为海外华人华侨、港澳台同胞、留学生等。它荟萃了中国国内要闻、国际要闻、来自中国各地的反映、中国方方面面变化和百姓生活的新闻,以及中国各地和世界部分城市的天气预报。具有信息量大,内容丰富,针对性强;讲究编排,突出主题,包装精致,背景材料用得及时,可视性强;注重现场报道,感染力强等特点。几年来,《中国新闻》逐渐增加播出次数,先后开办了《中国新闻综合要闻版》、《中国新闻午间版》等系列节目。每日21:00～21:30在第四套节目播出。

《新闻 60 分》

2000 年 2 月 7 日开播的新闻栏目。该栏目以北美的华人华侨、驻外机构人员、留学生为受众主体,兼顾亚太地区、中国大陆、台港澳地区的电视观众。它主要是通过对台内丰富的新闻资源的利用,并按照观众需求进行汇编、改编,从而向世界展示现代中国的精神风貌,树立中国媒体新形象。该栏目设置了《综合要闻》、《网络新闻》、《体育新闻》、《热点透视》等小栏目,具有信息量大、针对性强、形式多样等特色。每日8:00～9:00在第四套节目播出。

《语林趣话》

2000 年 2 月 7 日开办的文化类专题栏目。汉字是世界上历史悠久的文字之一，她形成、衍变、发展的历史，也是中华民族成长、成熟的历史。对于海内外十几亿华人来说，方块汉字有着许多传奇故事，它是维系中华民族血脉关系的纽带。有鉴于此，国际频道才特意开办了这个栏目。汉字是文字，也是艺术品。从甲骨文开始，汉字不断地衍变、发展，出现了大篆、小篆、楷书、行书、草书等字体，中国的书法艺术早已风靡全世界。有人说，汉字是飞旋的舞蹈，是美丽的诗歌，是凝固的音乐……《语林趣话》栏目充分利用汉字的这一特点，配合以精纯的电视手法，将每一期 5 分钟的节目做得精彩纷呈、有声有色。汉字悠久的历史，厚重的文化积淀为《语林趣话》营造了浓郁的文化氛围。为了使节目既有高品位，又有普及性，该栏目在知识性、艺术性相结合上进行了尝试，采取了书法、画面、主持人串联相结合的手法，从而保证了节目质量。每周一至周六9:55和22:05，周日6:15在第四套节目播出，电子信箱：T196@mail.cctv.com。

《民族大家庭》

2000 年 2 月 11 日开办的专题类栏目。它以反映民族生活，宣传民族发展，展现时代风貌，营造国际空间为宗旨。该栏目主要关注中国各民族的现实生活和建设成就，包括各民族的生产活动、生活状态、经济建设、文化发展、科技进步和民族团结，以及活跃在各个领域的少数民族杰出人物等等。力求通过此栏目，反映中国各民族在当今社会的生活全貌和各民族求发展、求进步的时代精神。栏目强调时代感、生活感和民族性。栏目分日常版和特别节目两种版式。日常版设置《民族之星》、《民族礼仪》、《大地彩虹》3 个小栏目。特别节目即适当集中力量制作播出的系列节目，在选题上，要求题材有分量，摄制中要求挖掘有深度、表现有特点；在内容设置上，不受板块限制，可视主题需要来进行结构。每周五11:20，20:00在第四套节目播出，时长 30 分钟。

《欢聚一堂》

是一个集观赏性、娱乐性、趣味性、知识性为一体的综艺栏目。2000 年 10 月改版推出了《明星碰撞》、《挑战基尼斯》、《华夏风情》、《有朋自远方来》、《中华一绝》、《星迹之约》等板块。改版后的《欢聚一堂》更加贴近海外的电视观众，达到了很好的收视效果。同时，该栏目在 2000 年还推出了一些有特色的综艺晚会。如《世纪风——2000 年中英文双语元旦晚会》、《英语频道开播庆典晚会》、《盛世观灯——国际频道元宵晚会》、《'99 中国彩虹奖颁奖晚会》、《手拉手——跨越彩虹晚会》等，在海内外产生较大反响，并通过晚会展示了当今的中国文化，成为连接海内外观众的一条纽带，在沟通东西文化中架起了一道彩虹。《欢聚一堂》栏目以扎实的创作，认真的制作，较好的观众反响，再一次荣获中国电视文艺“星光奖”的优秀栏目奖。每周日10:50，19:30，周一02:35在第四套节目播出，时长 50 分钟。电子信箱：www.cctv.com。

《中国文艺》

1996 年 5 月 1 日创办的文艺类杂志型栏目。曾于 1997 年和 1999 年进行了两次微调，并于 2000 年 2 月 7 日实现周一至周五打通式改版。设有《缤纷世界》、《世纪回声》、《神州戏坛》、《轻松节拍》、《新民乐》等小栏目。《缤纷世界》的内容涉及各艺术门类、艺术盛典、地方文艺、名家纪念日等，其突出特点是主题鲜明、风格多样化。《世纪回声》以编年史的方式系统介绍本世纪百年来华人艺术的经典作品、产生的背景和对社会的影响。《神州戏坛》是海外节目中心惟一的戏曲栏目，改版后，受到海内外观众的普遍好评。《轻松节拍》以轻松活泼的方式向观众介绍积极、健康的新歌、新人。《新民乐》以民族音乐和歌曲的重新改编包装为内容，使民族音乐成为海内外观众认同的人类文化遗产之一。每周一至周五19:30在第四套节目播出，时长30分钟。

《东方时尚》

2000年2月12日开播的服装、服饰类文化栏目。该栏目以完全时尚化的电视风格，全面展示今日中国服装、服饰领域的最新变化，百姓衣着与时尚人物，流行趋势与东方时尚文化。《东方时尚》定位于向世界呈现全景式的东方时尚生活景观，具有鲜明的海外节目特色。节目内容及表现风格以精、美、亮为特色，给观众一个多彩、绚丽、时尚的中国新形象。栏目所凸现的是一种时尚文化内涵的揭示，一种现代意识的东方人文文化的精神闪烁。下设的子栏目及主要内容：《第一视觉》追踪时尚潮流的最新动态，捕捉流行文化的新主张、新概念，报道最新时尚活动。《百年时尚》回顾百年来中外服装、服饰的衍变与发展。《时尚风》以大文化的概念透析种种流行现象和时尚事物，展示时尚中人的生活与个性、现实与梦想。《时尚风》将把世界时尚潮流与全新概念引入中国人的生活；另一方面，也力求在东方文化的背景下向世界展现中国的时代风采，提高全民的生活品位。《东方时尚》播出后，据央视调查统计：上榜率为100%，第一名次数占总播出次数的58%，是2000年国际频道50余档栏目中收视率最高的栏目。每周日11:40～11:50在第四套节目首播，20:20～20:30重播。

《综合新闻》

2000年9月25日开播的新闻栏目。该栏目以中国新闻为主，包括政治、经济、金融、文化、体育等各类新闻，也选播一些重要国际新闻。自采一部分，主要是汇编、译制海外节目中心、新闻节目中心、广告经济信息中心、体育节目中心等部门及全国各地方电视台的新闻，以及中央电视台和中国国际广播电台驻外记者发回的新闻。周一至周三12:00～12:30，13:00～13:30，16:00～16:30，23:00～23:30，01:00～01:30，04:00～04:30在第九套节目播出。电子信箱：ae45@mail.cctv.com。

《亚洲新闻》

2000年9月25日开播的地区性新闻栏目。该栏目内容为亚洲地区发生的，或与亚洲地区有关的政治、经济、社会以及突发事件新闻。《亚洲新闻》因其特殊的地域特色而拥有自己的观众群。每日6:00～6:15，05:00～5:15在第九套节目播出。电子信箱：ae45@mail.cctv.com。

《对话》(英语)

2000年9月25日开播的英语访谈节目，由原来每周一期的《今日话题》发展而来。该栏目由主持人就当前的热门话题和观众共同关心的事同被邀请来的政府官员、专家、学者、来访的外宾或普通观众等嘉宾进行交谈、问答、讨论。节目中间穿插相关的背景资料、各界人士的反应等镜头。每周二、四、六5:30－6:00在第九套节目播出。电子信箱：ae45@mail.cctv.com。

《文化新闻》

2000年9月25日开播的文化类新闻栏目。该栏目由5分钟的要闻和10分钟的文化新闻组成，首播一次，滚动更新播出一次。新闻源主要靠选编、译制文艺节目中心、新闻节目中心、海外节目中心以及地方电视台的同类新闻，自采一部分。每日9:00～9:10，20:00～20:10，03:00～03:10在第九套节目播出。电子信箱：ae45@mail.cctv.com。

《财经新闻》

2000年9月25日开播的经济新闻栏目。该栏目由5分钟的要闻和10分钟的经济、金融新闻和财经信息组成，实行滚动播出，不断更新内容。新闻源主要靠选编、译制广告经济信息中心、新闻节目中心、海外节目中心以及地方电视台的同类新闻，自采一部分。每日10:00～10:15，14:00～14:15，18:00～18:15，00:00～00:15在第九套节目播出。电子信箱：ae45@mail.cctv.com。

《中华文明》

2000年9月25日开播的专题类栏目。该栏目即翻译、浓缩、改编的《中华文明之光》系列专题节目，以向海外介绍中国五千年文明史的精华。每周日10:15～10:20，17:10～17:15，19:30～19:35在第九套节目播出。电子信箱：ae45@mail.cctv.com。

《体育新闻》

2000年9月25日开播的体育新闻栏目。该栏目由5分钟的要闻和10分钟的体育新闻组合而成，首播一次，滚动更新播出两次。新闻源主要靠选编、译制体育节目中心、新闻节目中心、海外节目中心以及地方电视台的同类新闻，自采一部分。每日7:00～7:15，22:00～22:15，02:00～02:15在第九套节目播出。电子信箱：ae45@mail.cctv.com。

《纪录片》(英语)

2000年9月25日开播的英语专题类栏目。该栏目选择并精心译制本台、各地方电视台或社会独立制片人摄制的有关历史、地理、人物、政论、科技、文化或重大事件的纪实性经典纪录片。每日播出一次，时长30分钟，在第九套节目播出。电子信箱：ae45@mail.cctv.com。

《天涯共此时》

这是一个以台湾观众为重点收视对象，兼顾祖国大陆和海外华人观众的专题性栏目。该栏目以介绍中华民族传统文化和悠久历史为主要内容。开播近10年来，曾进行过多次重大改版和调整。通过寻亲、姓氏寻根、大陆各界名人访问、介绍台湾和台湾各界人士在大陆生活的故事等内容，广泛报道海峡两岸共同关心的历史文化、重大事件和亲情故事。该栏目已成为海峡两岸及海内外观众熟悉和喜爱的名牌栏目，被誉为“海峡两岸亲情交流的桥梁”。设有《名人访谈》、《台湾故事》、《百家姓》、《寻亲》等小栏目。2000年下半年，《天涯共此时》栏目又进行了一次大范围的改版，增加了对去过台湾的祖国大陆各界名人的专访，通过大陆各界名人对台湾的印象和评论，使大陆与台湾各界人士的交流更直接、更有亲情意义。这次改版使栏目面貌获得了很大的变化，同时，栏目的包装也比以前更丰富多彩。节目的收视率得到了大幅度提高。每周六10:20，20:30，01:08在第一套、第四套节目播出，时长30分钟。栏目网址：www.cctv.com.cn。

《海峡两岸》

该栏目创立于1996年，最初名为《海峡两岸关系论坛》，每周一次，每次20分钟。后来几经改版，发展到每周一次，每次30分钟，1998年6月改版定名为《海峡两岸》。2000年年初，中央电视台在台北、福州、厦门等9个城市，调查了1000名台胞，请他们对节目提意见。根据台湾观众的意见，同时在调查了大陆观众的需求后，对栏目做了重新定位：在注重宣传中央对台方针政策的同时，节目采访与制作更加贴近两岸百姓，注重岛内观众收视心理，注重服务性。其宗旨为：跟踪海峡热点，反映两岸民意，分析新闻背景，提供资讯服务。栏目内容：宣传“一国两制”及大陆有关的对台方针政策；及时报道两岸关系中的重大事件，邀请两岸专家学者进行深入的分析和点评，分析相关背景；反映两岸人民共同关心的有关经济、文化、社会生活及交流交往中的新闻事件；就台湾同胞在大陆投资、旅游、探亲、求学过程中遇到的相关问题，邀请有关专家进行法律解答；等等。同时还调整了节目的内容和编排。此次改版取得了很好的社会效果，提高了在观众中的声望，节目收视率大幅度上升。该栏目已成为台湾民众了解大陆的重要窗口，充分发挥了政府的喉舌作用，为宣传“一国两制”，批驳台独发挥了重要作用。周二至周六4:30，10:20，20:30在第四套节目播出，时长15分钟。栏目网址：www.cctv.com.cn。

《台湾百科》

2000年7月3日推出的一个全面介绍台湾的百科全书性的专题系列栏目。该栏目主要是选取台湾或与台湾有关的内容，分门别类地向海内外观众介绍有关台湾方方面面的知识，使人们认识台湾，了解台湾，关注台湾，对台湾的历史与现状，对台湾与祖国大陆密不可分的关系有全面正确的认识。周一至周五10:10，17:15在第四套节目播出，时长 5 分钟。栏目网址：www.cctv.com.cn。

《走进台湾》

2000 年 2 月 13 日开办的专题性栏目。该栏目以大陆人看台湾为切入点，走进台湾，用台湾百姓身边发生的生活现实，谈两岸的“同根同祖”、“血脉相连”，以拉近两岸民众的距离，在中华大文化背景下连接两岸百姓的情感。每周日10:20，20:30在第四套节目播出，时长 30 分钟。栏目网址：www.cctv.com.cn；电子信箱：cctv－zjtw@yeah.net。

《真　情》

2000 年 2 月 12 日开播的一档情感类谈话型文艺栏目。由中央电视台海外节目中心与湖南经济电视台联合制作。该栏目以“联结着海内外华人情感世界，敞开心扉道出人间真情”为宗旨。“突显人性本色，讴歌世间真情，鞭笞假恶丑，颂扬真善美”。其特点是：用戏剧悬念的方式拨动情感线，节目的真实性和悬念性相统一，最终实现大团圆。每周六10:50～11:20，19:30～20:00，02:35～03:05在第四套节目播出。

《为您服务》

创办于 1983 年的《为您服务》曾经是全国收视率最高的栏目，经过调整于 2000 年 7 月 3 日再度推出。该栏目是以都市家庭为主要收视对象的大型家庭生活指南类节目。在秉承了《为您服务》细心周到、全心全意服务精神的同时，新版《为您服务》将更贴近观众的需求，更关注身边细微的变化，以一个热心人的形象，为观众提供权威、可信、真诚、到位的家政、法律、旅游等方面的服务指南；推荐最新的产品、最科学的生活方式，将一切对生活有益的信息直接提供给观众。栏目在保证质量的同时，采用专业的形象推广策略，以各种形式保持和其他媒体的合作，充分共享资源，共同发展。栏目宗旨是“实用、时效、时尚，我们的任务是服务生活、服务精神”。设有《家事新主张》、《生活培训站》、《法律帮助热线》、《旅游风向标》4 个小栏目。每周一至周五17:30在第二套节目首播，周一至周五23:50重播，时长 50 分钟。

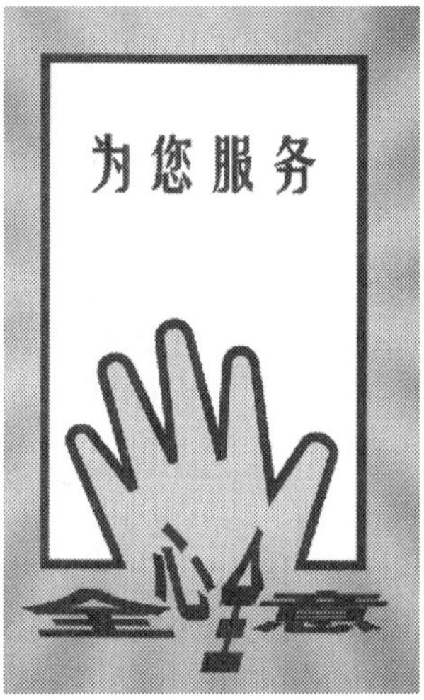

《银幕采风》

1995 年 5 月开播的电影导视宣传栏目。她以宣传优秀国产电影为己任，介绍最新影片，追踪拍摄过程，推介优秀演员，播放优秀电影插曲（音乐）。栏目庄重、大方、权威、客观、唯美。2000 年 7 月改版后，由原来的四个板块改为“听、说、看”三部分，三块有机地联系在一起，互为补充，加大了话题的分量，就电影界的热点、观众关心的问题进行客观、权威的评说。播出后，受到有关部门和观众的关注和喜爱。每隔周日 23:00 在第一套节目播出，时长 30 分钟。电子信箱：Ymcf@263.net。

《健康之路》（直播版）

《健康之路》直播版是在《健康之路》周末版推出 4 周年之际，于 2000 年 7 月推出的一个直播栏目。每期节目一个主题，直接回答观众在防病治病中提出的问题,为观众提供优质的咨询服务。节目主要在演播室进行,演播室分主、副两个演区。主演区有一位主持人、两位嘉宾(副高级以上的医学专家),副演区设7部热线电话,分前后两排,分别由4名主治医师和5名护士接线,后排护士是和观众沟通的第一道程序,凡和当天节目主题有关的问题给前排的接线大夫,无关的则婉请拨打场外的服务热线(即播后服务热线)。接线大夫对来电中的个性问题及时给予解答,把共性问题转到主演播区。主演播区则通过屏幕直接和观众对话,解疑释惑,普及医学卫生知识。《健康之路》直播版和《健康之路》周末版相互呼应,互相配合,观众参与感强,服务到位。周末节目则改称周末《健康之路》。每周一至周五10:30～11:20在第二套节目首播,次日6:00～6:50重播。栏目网址:www.drgama.com;电子信箱:cctv jkal@sina.com。

《健康之路》的直播现场

《纪录片》

该栏目2000年11月27日开播。播出的内容以历史文化类纪录片为主,兼顾其他类型纪录片。每周二、三、四23:30在第一套节目播出,时长30分钟。

《周末喜相逢》

2000年12月18日开播的大型综艺娱乐栏目。该栏目内容:每期邀请一位嘉宾,围绕嘉宾展开所表演的绝技绝活或娱乐性节目。如相声、滑稽、小品、谐剧、喜剧、相声TV、技能展示、幽默歌舞、影片错位剪接等。以喜剧的“喜”字做文章,均用“喜相逢”为题,不拘形式,突出欢快、愉悦功能。是一个观众喜爱的品位较高、特点鲜明的娱乐性栏目。每周六19:30在第三套节目首播,周日13:40重播,时长60分钟。

《演艺竞技场》

2000年12月18日开播的竞技娱乐性栏目。该栏目通过全新的视角重新表现和诠释杂技和魔术艺术,表现它们各自作为人类文化中一门古老艺术而存在的独特的人文色彩,突出杂技和魔术本身所具备惊险、刺激、神秘、趣味、诙谐等特征。该栏目由杂技与魔术两部分组成。节目的资料将充分利用台内现有的丰富资源,选取多重视角、受众喜欢的内容;对资料进行精心编辑,以突出人文色彩。每周三20:35在第三套节目播出,时长30分钟。

《爱心与梦想》

2000年12月19日开播的综艺性栏目。本栏目由两个板块组成:《爱心世界》——讲述真实的爱心故事,传播美丽的人间真情。每期一位爱心人物,现场讲述其爱心故事,在纷杂的人际关系中展示真情,倡导奉献、博爱的社会风尚。《梦想剧场》突出观众参与性,为广大戏剧表演爱好者提供展示才华的机会,观众自编、自导、自演、自唱。每周二20:35在第三套节目首播,周三14:45重播,时长60分钟。栏目网址:www.cctv.com;电子信箱:xiaoxiong bing@china.com。

《挑战主持人》

2000年12月23日开播的竞赛性栏目。其基本立意是通过科学、严格、公平的遴选方式,鼓励和引导文化型、智慧型、主动型电视主持人的诞生。内容设置是通过“特别出镜”、“点击名人”、“绝对现场”三个环节来考评选手的一些主持的潜质。节目通过科学、公平的竞赛机制和丰富多彩的竞赛内容吸引观众,满足观众益智、娱情的需求。每周六21:10、周日14:45在第三套节目播出,时长60分钟。栏目网址:www.cctv.com;电子信箱:tiaozhan@mail.cctv.com。

《聊　天》

2000年12月22日开播的一档文化生活类谈话栏目。该栏目以倾听与倾诉营造一种沟通的方式,用话语滋养心灵,鼓励人们的梦想。在每期节目中主持人倪萍将邀请一到两位来自各界的嘉宾走进演播室,选择能引起共鸣的话题,结合嘉宾的自身体验和经历,以聊天的方式,以轻松的姿态和轻松的节奏进行自然、平等、真诚的沟通。在完成主持人与嘉宾的心理互动和情感交流的过程中,让观众得到多元的话语内容。每周五、六、日23:15在第三套节目播出,时长20分钟。电子信箱:ehitchat@dongyu.com.cn。

《环　球》

《环球》栏目为自办性国际栏目,它融知识性与趣味性于一体,重在展示国际优秀文化作品,介绍国外科技和社会发展的成果,内容涉及文化艺术、社会经济、科技发现、人文风情等各方面;《环球》栏目坚持"窗口"意识,探寻世界文化的脉络,坚持节目的学术性和通俗性的结合,展示和分析人文社会的精粹。2000年,《环球》节目根据栏目调整,加强了对主题类节目的制作。年初播出了自拍节目《话说日本轨道交通》受到了观众的好评,江泽民主席看后也打电话给铁道部有关部门表示关注。之后,《环球》又在原有的译本基础上,改编了大型系列片《千年沧桑》,加入了大量的采访,使原片的内容更加丰富准确,收到很好的效果。每周三21:25在第一套节目首播,每周四9:20重播,时长30分钟。

《综艺快报》

2000年12月18日开播的文化娱乐资讯栏目。该栏目由国内外文化新闻、娱乐消息、明星访谈、热点追踪等主体内容构成,设有《本期预览》、《点击数字化艺文世界》、《尽收艺文世界风采》、《点击娱乐、网络星闻》、《个性调查》、《综艺预览》6个小栏目。周六版是旅游板块,周日版是介绍国际方面的文化、娱乐资讯。每周一至周日18:00在第三套节目播出,时长20分钟。电子信箱:zykb200101218@sina.com。

《中国音乐电视》

1993年开播的音乐栏目。2000年改版后,在保持原有风格特色的基础上,给栏目注入新的元素、新的理念以及新鲜的血液,使《中国音乐电视》以全新的形象出现在观众面前。新版《中国音乐电视》设置有《流行节拍》、《本周主打》、《点唱时间》、《大赛阵地》、《星际特别访》、《我与音乐电视》、《金曲排行》等小板块,同时还推出了《中国音乐电视·第7日》周日版,以播出国内外最新的音乐电视资讯为主,编播大量的台前幕后花絮和精彩的中国音乐电视作品。每周一至周日22:08在第三套节目首播,周一至周日8:00重播,时长30分钟。

《同一首歌》

2000年12月22日开播的大型周末音乐栏目。该栏目设有《音乐台》、《排行榜》、《网上行》、《歌迷行》、《外景队》、《艺术人生》等小板块。其中,《音乐台》是栏目的主体,集中展示中外高水准演唱会,以及《同一首歌》演唱会的实况;《排行榜》包括《金曲库》,由观众通过电话,E-Mail,信件等方式产生;《网上行》不定期邀请文艺界名人、明星到网上与网友倾心交流;《歌迷行》采访歌迷,深入幕后;《外景队》主要是第一线、第一时间拍摄的精彩花絮;《艺术人生》通过访谈的形式,展示艺术家丰富多彩的艺术人生。每周五19:35在第三套节目首播,周六13:40重播,时长60分钟。

《新视听》

1999年9月3日开播的综艺性文艺栏目。2000年12月进行了全新的改版,改版的宗旨是繁荣歌坛,为歌坛注入新鲜活力,促进原创音乐的发展及创作水平的提高,推出歌坛新人。60分钟的节目充分展现20世纪经典作品和当代优秀的、充满中华民族特点的通俗音乐,全面关注当代音乐作品及发展,以现场乐队演出的形式演绎各类风格、各种体裁的歌曲。改版后的栏目充满青春向上的活力和时代气息。每周五21:10在第三套节目首播,周六 12:45 重播。

《艺术人生》

《艺术人生》是由《新视听·艺术无极限》改版而成。2000 年 12 月 23 日开播。该栏目每期都邀请一些国内外著名演艺界人士作为嘉宾到演播室,与观众、主持人进行面对面的对话,谈话、演唱同时进行。每周五 20:25 在第三套节目首播,周六 6:00、8:00 重播,时长 30 分钟。栏目网址:artlife@cctv.com;电子信箱:Zhujuncctv@sohu.com。

《岁月如歌》

2000 年 12 月 20 日开播的一个新型电视文学专题欣赏栏目。《岁月如歌》在风格清新、靓丽的栏目包装下,以中国从古典到当代丰富的优秀文学作品为表现对象和节目资源,用现代时尚的音、诗、画多种电视艺术手段,每期节目侧重不同的角度和题材,形成系列化、高品位的全新的电视文学节目。如“城市系列”、“乡情系列”、“诗歌欣赏系列”等。每周三 21:10 在第三套节目首播,周四 14:45 重播,时长 30 分钟。栏目网址:www.cctv.com;电子信箱:Alll@mail.cctv.com。

《音乐擂台》

《音乐擂台》由《星光无限》改版而成。2000 年 12 月 21 日开播。改版后的《音乐擂台》仍保持丰富电视屏幕、力推新人新作的栏目宗旨。在加大节目播出密度的同时,更加强调了节目的时尚性及群众参与性。每周四 21:10 在第三套节目首播,每周五 14:45 重播,时长 60 分钟。

《八面来风》

1998 年 8 月开播的综合性的文艺栏目。该栏目以汇集全国电视文艺精品,展示中华民族文化风采为宗旨。该栏目于 2000 年 12 月进行改版。改版后的栏目主要包括《舞风》、《乐风》、《乡风乡韵》和各类文艺专题等,一些重大演出的文艺节目也在选播范畴(如一年一度的地方台春节晚会)。每周日 12:55 在第三套节目播出,时长 60 分钟。

《艺术之窗·音乐桥》

1993 年开播的音乐栏目。2000 年 12 月进行改版。改版后的《音乐桥》最大的特点是增加了文学性。该栏目把文学与音乐有机地结合起来,开拓了《音乐桥》深远而广阔的空间,形成了它特有的“诗情音韵”风格。除此之外,《音乐桥》基本保持了原有清澈、透明、高雅的艺术风格,但在节目内容、形式、制作的质量上都有很大的突破。该栏目下设《音乐使者》、《音乐传真》、《采风》、《音乐家》、《华夏流韵》、《音乐与格言》等小栏目。每周三 21:40 在第三套节目首播,周四 6:00,8:45 重播,时长 30 分钟。

《艺术之作·电视诗歌散文》

1999 年 9 月 11 日开播的电视文学栏目。2000 年 12 月 18 日进行改版,新版的《电视诗歌散文》继续保持原来清新淡雅的风格,以满足较高文化层次观众群对电视文学的需求。由于播出时间增加到一周一次,《电视诗歌散文》更加注重题材和内容的多样化,创作手法和表现形式的多样化,以保持栏目鲜活的生命力,给予观众心灵的净化和精神的启迪。该栏目除保持原有的《文苑折技》、《名家谈散文》、《导演创作淡》,又新增设了《诗词苑》,以欣赏唐宋名篇为主。每周二 21:40 在第三套节目首播,每周三 6:00、8:30 重播,时长 30 分钟。栏目网址:A121@mail.cctv.com。

《艺术之窗·戏曲采风》

《艺术之窗·戏曲采风》由《戏曲采风》栏目改版而成。2000 年 12 月 18 日开播。该栏目依旧禀承原有《戏曲采风》栏目的关注梨园动态，立足戏曲文化的宗旨，只是在定位上更为严谨，在节目操作和栏目设置上更为规范。改版后的《艺术之窗·戏曲采风》

设有《戏里人生》、《艺术长廊》、《经典回眸》3个小栏目。其中，《戏里人生》讲述戏曲人的艺术理念及独特的生存状态。《艺术长廊》阐释戏曲艺术的源流、发展、演进及其魅力所在，以“史”和“论”为主。《经典回眸》主要对戏曲史上经典作品进行介绍和赏析。每周一21:40在第三套节目首播，每周二6:00、8:45重播，时长30分钟。

《艺术人生·艺术之旅》

《艺术之旅》是《艺术入门》栏目中的一个独立的文艺专题性板块栏目。2000年12月24日开播。该栏目以配合全民素质教育中的艺术素质教育，向观众介绍各种艺术门类发展的历史、轶闻趣事，使观众得到知识性、艺术性的享受。每周18:30在第三套节目首播，周一6:40重播，时长30分钟。

《艺术入门·走进音乐》

《走进音乐》是《艺术入门》栏目中的一个独立的文艺专题性板块栏目。2000年12月23日开播。这是一个带领观众走进严肃音乐、促进艺术歌曲普及和提高的节目。它通过专家、嘉宾、主持人三位一体的论谈，和有观众参与的广泛讨论，把普通人带进音乐世界，欣赏、讲述音乐故事，集趣味性、知识性、实用性、思想性于一体，并且把音乐还原给生活，使每个人都能在生活中找到音乐。每周六18:30在第三套节目首播，每周日7:40重播，时长30分钟。

《艺术入门·音乐教室》

《音乐教室》是《艺术入门》栏目中的一个独立的文艺专题性板块栏目。2000年12月22日开播。这是一个形象、生动的教学节目，由一位专家讲授、一位主持人客串。讲授内容为钢琴、小提琴、电子琴等西洋乐器和琵琶、古筝、二胡等民族乐器。教学由浅到深，从初级到高级，循序渐进，形成系列。在教授器乐的同时，还为喜爱专场声乐的青少年开辟声乐讲座。可以说，这个节目包含了音乐演奏乐、演唱的各个领域。每周五18:30在第三套节目播出，时长30分钟。

《艺术入门·名段欣赏》

《名段欣赏》是《艺术入门》栏目中的一个独立的文艺专题性板块栏目。2000年12月18日开播。该栏目开办的宗旨是为满足广大戏曲观众欣赏名家演唱名段的需要。栏目定位以京剧著名表演艺术家和新秀演唱的经典传统剧目为节目主体，同时兼顾全国上百个剧种。每期向观众介绍一个剧种的一二位著名演员及其演唱的精彩片段和相关的戏曲知识。每周一18:30在第三套节目首播，每周二6:40重播，时长30分钟。

《艺术入门·教学地方戏》

《教学地方戏》是《艺术入门》栏目中的一个独立的文艺专题性板块栏目。2000年12月21日开播。该栏目宗旨是面对广大地方戏曲观众，争取更多的青少年观众，使他们对国粹艺术有一个全面的了解，进而产生兴趣。同时兼顾提高，即通过具有较深艺术造诣的老师教授，让一些专业青年演员从中得到教益，从而使这个栏目成为内外行的良师益友。每周四18:30在第三套节目首播，每周五7:40重播，时长30分钟。

《国际艺苑》

2000年12月21日创办的文艺类栏目。该栏目以多视角、全方位地向广大电视观众推荐优秀的国外音乐文化作品，引导电视观众关注国际音乐、歌舞、时

《国际艺苑》栏目编导与主持人交流

尚等文化艺术为宗旨。《国际艺苑》分常规节目和特别节目两类。常规节目设有《时尚手册》、《音乐空间》、《舞蹈大观》、《杂技园地》、《时代金曲》和《开心时刻》6个小栏目。特别节目以介绍世界各大音乐奖项、音乐节及重要的演唱会为主。每周四19:30在第三套节目首播,周五13:40重播,时长60分钟。

《证券时间》

2000年7月3日创办的以中国资本市场交易为主要内容,面向广大投资人的新闻类实时证券资讯栏目。本栏目紧紧依托沪、深两个交易所的现场交易活动,对每日的财经新闻和正在进行的股市交易作即时报道,为各类投资人提供充分、准确、丰富的信息。每日9:15～9:35,15:00～15:20在第二套节目播出。栏目网址:www.cctv.com finacial/zhengquan/index.html;电子信箱:Zqsjcctv@263.net。

《欢乐家庭》

该栏目以开心、幽默、好玩、好看为特征,以讲述老百姓经济生活故事为宗旨。2000年7月,推出了《我爱股票》系列集。以一家证券交易所里的大户室作为故事背景,以炒股作为故事线索,以股民作为贯穿人物展开故事,强调"剧"的因素,强调故事性以及人物性格、人物关系、矛盾冲突、悬念命运,形成大连续、小系列的结构设置,从表、导、演的风格上更加强调喜剧风格的多样化,可合理夸张。该栏目已经形成独特的"生活喜剧"节目风格,它兼容了新闻类节目的时效性、情景喜剧的娱乐性和专题类节目的知识性。每周一、周二12:00在第二套节目播出,时长30分钟。电子信箱:cctvzs.263.net。

《对　话》

2000年7月8日推出的一档演播室谈话栏目,是中央电视台目前播出时间最长的"脱口秀"栏目。《对话》借鉴国际流行的"脱口秀"节目形式,通过主持人和嘉宾以及现场观众的对话与交流,直逼热点新闻人物的真实思想和经历,展现他们的矛盾痛苦和成功喜乐,折射经济社会的最新动向和潮流,同时充分展示对话者的个人魅力及其鲜为人知的另一面。从节目形式的角度来讲,《对话》提供的是一个交流和对话的平台,左右经济走向的权威人士、经历商海沉浮的企业巨头、见证热点事件的当事各方,将会走进《对话》演播室。每周六22:50～23:50在第二套节目播出,时长60分钟。电子信箱:cctv duihua@sina.com。

《开心辞典》

为推动与经济生活有关知识的普及,促进家庭的和睦团结,加强对社会公益事业的关注,中央电视台于2000年7月7日推出了全新的知识娱乐栏目——《开心辞典》。《开心辞典》面向更为广泛的观众,通过预赛、复赛多重选拔,挑选出智力知识超群的"知识英雄"到现场展示普通人的才华和风采。《开心辞典》是借鉴国内外相关经验,经过精心设计的电视知识问答节目,首次实现的电视网络联动使电视娱乐和观众之间结束了以往单纯的播出和收视关系,形成了真正互动的全面参与。每周五22:00～23:00在第二套节目播出,时长60分钟。栏目网址:www.800buy.com.cn;电子信箱:kxcd@sina.com;gameshow@sinohome.com。

《地球故事》

2000年7月3日推出的新栏目,它是由原《世界经济报道》栏目改版而成。改版后的《地球故事》引进国际优秀纪录片,通过新奇而考究的画面、精致而离奇的情节、丰富而引人的现场音效,给观众一种全方位的视听享受，同时引发观众对环境的关注、对财富的思考、对历史的回顾。本栏目旨在通过故事情节与观众进行情感互动。它的定位不仅能满足东方人传统的合家团圆的收视习惯，同时具有初中以上文化水平的观众都能从节目中获得各自不同的享受或教益。每周一至周五21:00－21:25在第二套节目首播，每周一至周五14:00－14:25重播。电子信箱：t207@mail.cctv.com。

《互联时代》

《互联时代》栏目着力追踪国内外信息产业的发展潮流,深入报道网络新科技发展的焦点、热点,大力传播网络新经济的理念,推动信息领域的优秀产品在网络新生活中的运用。是一档具有权威性、专业性、可视性的网络经济信息栏目。栏目主要以电脑、网络、通讯三大板块为重点报道内容。设置有《交互视线》、《锋线接触》、《拍案惊奇》、《海外传真》、《移动之声》、《数字前沿》、《电脑商情》、《数字趋势》、《网络故事》、《网络导航》等小栏目。2000 年 7 月开播,每周一、三、五20:40在第二套节目播出,时长 20 分钟。栏目网址：www.businessbeijing.net.cn；电子信箱：hulian@mail.cctv.com。

《清风车影》

《清风车影》栏目立足于市场的角度发布国内外最新的业界动态；个性化地展示世界名车的靓丽风采；为观众提供安全驾驶体验和驾驶技术知识；回顾汽车百年的一章一幕；在强调知识性、实用性、服务性、趣味性的基础上，办成国内最具权威性、律动感和冲击力的汽车电视杂志。栏目内容涉及车界的各个领域，各个环节，各个角度，如消费、服务、历史、市场、人物、事件、话题、政策、潮流等，核心是围绕人与车做文章，强调时尚、服务、知识的融合。《清风车影》栏目采取中央电视台与多家地方电视台联播的方式。下设《车市经纬》、《试车体验》、《爱车有道》、《动感视线》等小栏目。2000 年 7 月开播，每周六20:55在第二套节目播出，时长 30 分钟。栏目网址：www.cctv.com.cn 电子信箱：qingfeng@mail.cctv.com。

《中国房产报道》

2000 年 7 月开播的一个融指导性、服务性、知识性于一体的房地产专业栏目。下设《圈点》、《发现》、《理财》、《关注》等小栏目。《圈点》以社会关怀为主题,对大到城市的设计规划,小到一种户型的谋篇布局进行简短评述。《发现》是以发现生活智慧为主体内容的服务性板块,集中展示人们在营造自身生活空间的过程中倾注的个性化智慧。《理财》选取房地产领域的相关话题,以算账为基本节目样式,辅助观众进行细致入微的理财和投资分析。《关注》则对当前业界的重大新闻进行集纳、分析、整理、加工和软化后,以图像、图表多视窗的方式集中发布。每周二、四20:40在第二套节目播出，时长 20 分钟。电子信箱：fangchan@mail.cctv.com。

《证券之夜》

是面向资本市场而开办的一档新闻类谈话节目。自开播以来,一直秉承严谨务实、开拓创新的栏目宗旨,凭借证券、谈话、深度报道三张特色牌,得到了证券业内外人士的认可和好评,栏目收视率呈稳步上升的势头。《证券之夜》现有《新闻延展》、《机构看盘》、《观察员报道》、《特别关注》等几个板块。《证券之夜》与广大观众一道“关注股市冷暖,探寻投资之道”,为广大投资者解读证券市场的热点现象。栏目每天还有《桥讯》,以新加坡、上海、深圳三方观察员和栏目驻沪、深交易所记者的报道,对海内外资本市场进行全景式的分析和概括,为投资者提供权威、周到、细致的资询服务。《证券之夜》凭借最新的电视手段与互联网技术形成互动,使传播集资本、文化、资讯于一体,为中国证券报道开拓一片新天地。2000 年 7 月开播,每周一至周四 22:05、周五23:05在第二套节目播出,时长 30 分钟。

《商务电视》

《商务电视》栏目面对国内外各种类型企业的商务人士，向投资者、经营管理者以及公司白领阶层提供灵活多样的资讯服务，同时也辐射到更广泛的消费人群。栏目内容主要关注名牌企业行为，跟踪主力机构动向；荟萃各界精英市场观点，介绍相关背景，发布预测前瞻；提供休闲时尚和商务交际服务；营造商业文化氛围，追求市场文化内涵。自 2000 年 4 月，《商务电视》进行了多次改版，针对观众对新的经济信息类节目的要求在节目内容和风格上做了进一步论证。采用了“日常版”和“周末版”概念，推出了以商务观点、公司动态、商务观察、商务便利等小板块为主的周一至周五“日常版”和周六、周日的“赢家”、“艺术品投资”专栏节目。《商务电视》设有《公司动态》、《商务观察》、《商务备忘》、《商务时尚》等小栏目。每周一至周四22:40，周五23:40，周六23:05，周日 20:10 在第二套节目播出，时长 30 分钟。栏目网址：Http://business.beijing.cn.net；电子信箱：shang wu@mail.cctv.com。

《金土地》

面向农业、农村、农民的综合新闻杂志型栏目。它以关注现代农业发展，体味新型农村变化，追踪国内外市场热点和当代新农民为重心；以报道中国农村经济生活，展现全球农业发展态势，为城乡观众提供全新理念的服务为目的。2000 年 7 月《金土地》栏目由原来每周播出 3 次增加到 5 次，丰富了板块内容，扩大了服务内容，开办了周末版。《金土地》的小栏目有：《信息链接》、《市场传真》、《每周一村》、《领潮人》、《海外农业》、《科技创新大擂台》。周末版特别节目以主题报道形式介绍各地农村经济发展中的典型经验。每周一、四、五12:50，周二、三8:50在第二套节目播出，时长 20 分钟。电子信箱：hotlinejtdcctv@263.net。

《天下足球》

2000 年 11 月 27 日开播的体育栏目。该栏目主要侧重于国际足球新闻，节目风格追求简洁明快，注重欣赏性、可视性，同时还在一定程度上兼顾最新发生的国内足球新闻。设有《绿茵重量级》、《足球制造》、《新一周》、《看球听歌》、《第一落点》、《精彩下载》、《绝对巨星》等小栏目。周一20:00在第五套节目首播，周二10:30和23:40重播，时长 85 分钟。

《东方儿童》

2000 年 7 月 9 日改版后，该栏目的宗旨是益智教育，创新思维，为系列性儿童栏目。设有《天天动画》、《七巧板》、《和爸爸妈妈一起看》、《非常之旅》、《信息树》、《大追踪》6 个小栏目。改版后的栏目以包装串联为主，由原来的情景式串联改为观联互动式串联。这样，增强了与观众的联系，加强了沟通。每周一至周日 20:00 在第七套节目播出，时长 60 分钟。栏目网址：www.cctv.com.cn。

《芝麻开门》

《芝麻开门》是青少年科普栏目。改版后的栏目，既重视科学知识的普及，更重视科学思想、科学方法和科学精神的传播。《异想天开》系列节目是《芝麻开门》最新的版本，于 2000 年 6 月 1 日推出。该节目通过参赛选手精彩、激烈的答辩和异想天开的科技发明、试验等将最大限度地为电视观众提供一个想象空间和创造空间，增强了广大电视观众的参与意识，为电视观众提供一种全新的、科学的思维方式。节目播出后受到了观众广泛的好评。每周一至周五10:10在第一套节目播出，时长 10 分钟。栏目网址：www.cctv.com.cn 电子信箱：tb01@mail.cctv.com。

《第二起跑线》

该栏目自 2000 年 5 月 28 日改版以来，秉承栏目的一贯宗旨：走近中学生，服务中学生，捕捉他们的思想，贴近他们的生活。同时，节目更致力于展现他们最生动的故事、最真实的感受、最直接的交流、最富个性的空间。改版后的节目分为两部分：前半部分为以谈话形式为主的演播室节目，时长约38分；后半部分为介绍国外中学生学习和生活情况的英文小片子，时长约12分。演播室节目为改版的重点。每期以中学生中的热点话题为主题，通过现场讨论和小品表演，辅以外景的学生采访、专家访谈和小专题片等形式，加大信息量，丰富节目内容。改版后栏目形式清新活泼，符合中学生的欣赏口味；栏目内容来源于中学生的真实生活，每期选题所涉及的内容都是现代中学生最关心、最敏感或最困惑的问题。节目不仅为中学生提供一个倾诉心里话的空间，更为他们提供一些切实可行的解决问题的办法，并在广大中学生与父母，与老师，与社会之间架起了一座心灵的桥梁。每周日14:35(首播)，周五16:10(重播)在第一套节目播出，时长50分钟。电子信箱：exqpx@hotmail.com。

《三星智力快车》

2000年7月16日开播的强档竞赛栏目。该栏目旨在通过竞赛形式，表现当代中学生广博的文化科学知识，表现他们在道德、心理、纪律、法制、体育等方面的良好素质，在竞赛中，使中学生发现并强化自己潜在的能力和智慧。为有效引导中学生适应信息社会的趋势，每期节目特邀一名有社会影响的人士做嘉宾，与中学生共同探讨一些有意义的问题。栏目将陆续邀请全国一些著名大学校长、教授、中科院院士等参与节目。节目节奏快，充满了知识性、科学性和趣味性。每周日10:10(首播)，周五00:30(重播)在第一套节目播出，时长50分钟。电子信箱：dajingsai@263.net。

《动画城》

《动画城》栏目是中央电视台惟一播出国产动画片的窗口，是全国少儿观众最喜爱的栏目之一，其动画片和主持人在0岁至14岁儿童中有着广泛的影响力。《动画城》每期节目包括22分钟动画片，4～5分钟小栏目，2～3分钟串联包装内容。设有《放映厅》、《风火轮》、《异域传真》、《新漫画一族》、《周末版》等小栏目。2000年改版后，增设周末版，加强了在《异域传真》中对优秀国外动画片动态的宣传力度，增强服务性；更新串联包装的虚拟演播室布置，尝试用群像式卡通主持人包装样式，并获得成功。2000年4月26日，在CCTV网站增设了动画城网页，网友在网上就可以了解《动画城》的播出安排计划、故事介绍。为了更好地为观众服务，动画片部还在2000年组织了两次观众收视调查活动，共取得1980个有效数据，为科学分析提供了保证。改版后的《动画城》栏目色彩更绚丽了，内容更丰富了，形式更活泼了，观众更满意了。每周一至周六17:30～18:00在第一套节目首播；每周一至周六6:00～6:30，16:15～16:45在第四套节目重播；每周一至周六8:30～9:00在第七套节目重播。时长30分钟。网址：www.cctv.com；电子信箱：donghuacheng@e-tang.com。

《电影人物》

2000年11月开播的人物传记栏目。该栏目将陆续介绍从我国有第一部影片时开始，所有对中国电影事业作出过突出贡献的电影人物以及那些毕生为这一事业默默无闻、辛勤耕耘的电影工作者。每周三18:28在第六套节目播出，时长15分钟。

《影事聚焦》

2000年12月开播的谈话性栏目。该栏目是中国电影界一系列重要问题的谈话场，是热点的聚焦，问题的聚焦，是中国电影创作状态的跟踪、评说、焦点谈。

每周四21:15在第六套节目播出,时长 15 分钟。

《音乐之声》

2000 年 8 月 8 日开播的电影音乐栏目。该栏目设有《爱乐悟语》、《靓声坊》小栏目。《爱乐悟语》挖掘中国电影幕后精英的音乐创作精髓;《靓声坊》聆听世界电影配乐大师的动人佳作。《音乐之声》为观众打开了一个了解和欣赏电影的新窗口,解析电影音乐创作的来龙去脉,台前幕后的感怀和激情,品味电影音乐大师们的不朽旋律。每周二 18:30 在第六套节目播出,时长 15 分钟。

四、2000 年中央电视台重点节目介绍

《新闻调查·贪官胡长清》

2000 年 3 月 8 日，原江西省副省胡长清因贪污受贿罪被最高法院核准判处死刑，结束了他罪恶而肮脏的一生。本片通过对胡长清行刑前 72 小时的独家专访，让观众清晰地了解到许多鲜为人知的内容：胡长清如何走上腐败之路；采取什么样的手段大搞腐败；他的罪恶是怎样败露的；胡长清自己是如何认织和看待自己的罪恶行径的，等等。在表现手法上《新闻调查·贪官胡长清》不同于一般的反腐败节目，该片通过行贿人周雪华的“鱼钓说”将行贿和受贿的关系说得极其清楚和深刻：游鱼贪食，钓者诱之，人皆为鱼，我为钓者。对行贿人和受贿人“互为钓者”的心理层面在节目中作了充分挖掘，从而将腐败的社会根源阐释得更为清晰，显得独特而难能可贵。节目播出后受到了全社会的广泛关注，很多观众打来电话，就如何杜绝腐败问题畅谈了自己的看法，提出了自己的建议；在该节目基础上改编的《胡长清腐败案》已成为全党反腐倡廉的教材，从而超越了常规节目制作的意义。2000 年 3 月 17 日在第一套节目播出，时长 30 分钟。

《实话实说·对不起,老师》

1966 年,9 岁的史国良“揭发”了老师申世恩的“反革命言论”。申老师因此被打成反革命,受到了非人的摧残。目睹这一切的史国良受到了极大的震动,幼小的心灵背上了巨大的精神负担。几十年以后,史国良成为知名画家,他想寻找到申老师,说出自己的忏悔。34 年后,当他有机会面对申老师说出对不起时,申老师说,她还记得她在厕所中被关押时,史国良送给她的西红柿。那个西红柿曾是她活下去的精神支柱。听完这个故事之后,忏悔和宽容这一沉重的历史主题凸现出来。在场的观众无不为之动容。节目播出以后引起极大反响。观众认为节目具有重要的历史意义和现实意义,超越了一般的悲情故事,留下了一个民族如何反思历史、对待历史的当代文本。2000 年 4 月 9 日在第一套节目播出,时长 40 分钟。

《正大综艺》开播十周年特别节目

《正大综艺》是由中央电视台与泰国正大集团合作开创的栏目，从 1990 年 4 月 23 日播出第一期开始，已有 10 年的历史了。节目内容分为两大部分，即《正大综艺》现场和《正大剧场》，时长为 150 分钟。10 年来《正大综艺》一直是广大观众喜闻乐见的节目，是观众周末丰盛的精神大餐。10 年来《正大综艺》的足迹遍及全球，在中国各省的专辑也颇受好评。《正大综艺》开播 10 周年特别节目，更是创下了收视新高，推出的幽默配音等节目深得业内外人士的赞扬。作为一档高雅的文化益智节目，《正大综艺》将在未来的时日里发挥更大的作用。2000 年 4 月 23 日 20:45 在第二套节目首播，时长 150 分钟。

《东方时空》七周年特别节目《共同的时空》

《共同的时空》是栏目组创作人员和七年来一直关注《东方时空》的观众共同献给这个名牌栏目的一份真挚的祝福。这期特别节目成功地设置了一个“交流场”，观众与主持人、主持人与主持人、观众与观众之间形成了多角度多层次的交流，尖锐而富有诚意、中肯而不乏幽默的话语不断出现，将节目一次一次推向高潮。这期节目丰富地展现了“时空”的广阔，90多名现场观众来自全国二十几个省市，带来了来自广大收视群最直接的声音。同时，这期节目首次将网络请进演播室，实行互联网同期音频直播，更产生了强大的号召力。几十万电视观众通过中央电视台网站与现场交流，使谈话方式变得更丰富，谈话空间变得更开放。这期节目生动地体现了《东方时空》七年来始终追求的主旨“真诚面对观众”。面对观众或直接或含蓄或粗浅或精辟的点评，无论是现场的主持人还是在座的《东方时空》各栏目制片人以及幕后的创作人员，都以认真的态度倾听观众的发言。以真诚赢得真诚，这不仅是七周年节目收到的效果，更是《东方时空》这七年获得的最好回报。这期节目为《东方时空》的改进和电视工作者的创作提供了可贵的借鉴。在节目中，观众的精辟点评，善意忠告，诙谐提醒，促进了《东方时空》对自身的深刻反思。《东方时空》用“向我开炮”的方式与热爱她的观众一起度过了自己七周年的生日。2000年5月1日在第一套节目播出。

《焦点访谈·铲苗种烟　违法伤农》

这个节目报道的是重庆市巫山县官阳区干部违反国家政策强行铲苗种烟，违法伤农的问题。该问题很具有典型性，事后国务院调查组认定，这是一起违反党在农村的基本政策，侵犯农民合法权益，危害农民人身安全的严重事件。节目播出后，社会反响强烈。朱镕基、李岚清等中央领导同志立即作出重要指示。国务院的联合调查组迅速赶赴事发地巫山县进行调查。重庆市委市政府也采取积极措施解决这一问题。随后，国务院办公厅向全国发出通知，对这一事件进行了通报，要求各地从中汲取教训。2000年5月24日在第一套节目播出，时长13分钟。

系列报道《安徽农村税费改革》

为了全面、深入、完整、准确地报道农村税费改革，在中央农村税费领导小组的支持下，中央电视台制作了《安徽农村税费改革》系列报道。该节目准确报道了这次改革的具体内容，揭示了改革的重大意义。在新闻报道形式上，充分发挥了电视媒体的特点，画面语言准确到位，大量运用了现场声和同期采访，以新闻故事生动地解释新闻主题，转场自然、内容递进。在后期制作中运用了动画的形式，形象地展示了整个改革的具体内容。节目播出后产生了良好和积极的社会反响。2000年8月5日、6日、8日在《新闻联播》中连续播出。

《张健横渡渤海海峡》连续报道

2000年8月8日至10日，北京青年张健历时50小时22分钟，成功横渡109公里宽的渤海海峡，创造了男子公开水域横渡的世界纪录。中央电视台第一套节目对此进行了全程报道，共播发新闻达22条之多。这组系列报道充分发挥了电视滚动新闻的优势，借助卫星电话和微波传送等现代通讯手段，对整个横渡过程过行了及时、翔实和生动的跟踪，每两小时播发一次张健横渡情况，使观众在第一时间里了解到前方的最新进展，具有突出的时效性和独家性，消息被多家媒体同步转发。同时，报道的形式多样化，既有前方传回的大量精彩画面，也有后期制作的丰富新闻背景。此外，记者还为中央电视台网站提供最新消息，实现了电视和网络的联动。

《东方时空》奥运特别节目《光荣中国》

为了把最精彩的节目奉献给正在欢度国庆的全国

观众和凯旋归来的奥运英雄们,《东方时空》推出了大型奥运特别节目《光荣中国》。这部系列片以“凯旋”、“瞬间”、“传奇”、“永恒”、“希望”、“幕后”、“拼搏”、“感受”、“辉煌”为主题,集中展现了中国奥运健儿的顽强拼搏精神,纪录了中国奥运军团的辉煌成绩。该片共9集,总时长306分钟。2000年10月3日起在第一套节目连续播出。

《源头的呼唤——三江源自然保护区成立大会现场直播》

2000年8月19日9:00～11:30，中央电视台一、四套节目并机直播了三江源自然保护区成立大会。直播分为北京演播室和青海玉树三江源自然保护区成立大会现场两个部分。主持人和嘉宾结合大会现场的情况，介绍了江河源头神奇美丽的自然风貌，浓郁独特的风土人情与古老的藏族文化，同时揭示出：在这片神奇的土地上，正发生着令人忧虑的生态恶化，而她的每一个变化都将极大地影响着人类的生存与发展。直播包括10个专题，比较全面地展现了三江源的生态状况、日益严重的沙化和鼠害、源头人家眼中的三江源头等。

《北京老山汉墓挖掘现场直播》

对如北京老山汉墓挖掘这类考古活动进行直播，在中央电视台还是第一次。针对考古挖掘的进程比较缓慢，而且缺乏强烈的冲击力和迅速的进程性的特点，编导在设计整个直播结构时，用考古进程将现场的每一个片段串联起来。以总长三分之二的篇幅，展示现场出土的陶器、玉器、漆案，带着观众走近两千年前的文明，去感受历史，触摸历史，极大地满足了观众对考古挖掘的好奇。为了紧紧抓住观众的兴趣点，摄制组还制作了《老山汉墓发掘回顾》、《盗墓贼引起惊世发现》、《黄肠题凑》、《大红门》、《墓主人之谜》5个专题片，穿插播出，使整个直播显得更加跌宕起伏，情节更丰富，内容更饱满、厚重。2000年8月20日9:30在中央电视台第一、四套节目并机播出，时长130分钟。

北京老山汉墓挖掘现场

经济特区建立20周年系列报道《伟大的实践》

为集中反映深圳特区建立20周年的辉煌成就，中央电视台特采制了8集系列报道《传大的实践》在《新闻联播》中播出。该报道从不同的角度将深圳20年来取得的巨大成就生动地展现给观众。片中捕捉的事例有代表性，细节鲜活，角度新颖，气势宏大。节目播出后，不断有观众打电话，说看了节目后非常振奋，认为特区能在短短20年的时间里，取得如此巨大的成就，说明了我们党改革开放的路线是正确的，英明的，我们对中国的未来充满信心。2000年8月26日起在第一套节目《新闻联播》中连续播出。

《李鹏委员长出席千年议长大会及访问欧洲六国的新闻报道》

2000年8月28日至9月1日，李鹏委员长率中国全国人大代表团出席联合国千年议长大会，并于9月2日到19日对冰岛、波罗的海三国、白俄罗斯、俄罗斯等欧洲六国进行正式友好访问。中央电视台组成新闻报道组，全程报道了这次活动。这次报道的难点在于：国际会议组织上的混乱造成新闻报道难，卫星线路的不良造成新闻传送难，外交关系的多变性和复杂性使访问日程多变从而造成新闻报道难。但是我新闻报道组在代表团有关领导、当地工作人员及报道组成员的通力协作下，克服了种种困难，圆满完成了此次新闻报道工作。李鹏委员长对此次的电视新闻报道工作给予了充分肯定。在23天中，报道组共发回新闻约70条，近120分钟，拍摄新闻素材1000分钟。

《江泽民主席出席联合国千年首脑会议报道》

2000年9月4日至10日，国家主席江泽民前往美国纽约，出席举世瞩目的联合国千年首脑会议。这次会议是联合国跨入新千年的重大事件，中央电视台高度重视这次报道任务，派出由14名同志组成的报道组进行采访。为保证拍摄任务的顺利进行，新闻报道组认真研究每天的报道任务，做到责任到人，从而保证各项任务的圆满完成。同时，在台里负责接收新闻的同志也是加班加点工作，保证了每一档有关江泽民主席活动的报道都做到及时准确。6天共播发新闻6条，还为《焦点访谈》特制一期节目，全面圆满地完成了报道任务。

《2000年钱塘江潮直播特别节目》

2000年9月17日12:10～14:50，中央电视台第一、四套节目并机直播了著名的天文奇观钱江涌潮。此次直播租用了9颗卫星，并在钱江两岸40多公里路段的大缺口、盐官、老盐仓、萧山美女坝4个观潮点设了34个机位，搭建了3套转播系统，铺设了地面移动轨道，还在水面安放了无人值守的固定机位，空中安排了专用直升机全程跟踪拍摄。水、陆、空全方位立体的机位设置，使观众充分领略钱江潮的壮观景象。3个小时的节目以直播大潮为主，以背景性的专题节目和演播室话题为辅，整个直播将自然奇观与人文景观有机地融合一起，条理清楚，逻辑顺畅，加上15个讲述钱江政治、历史、人文、地理以及有关江潮的民俗故事穿插其间，更使节目具有了深厚的人文意蕴，提升了直播的文化品位。

现场直播《第三届中国国际珠海航空航天博览会》

2000年11月6日9:45～13:00，中央电视台在第一套节目对第三届中国国际航空航天博览会（珠海航展）进行了195分钟的现场直播，并取得圆满成功。本届珠海航展直播实现了四个突破：一是这次直播除了技术人员之外，全由新闻采访部独立完成。二是第一次实现了大型现场直播节目中对重要领导人的现场采访。三是空军方面特许我们在“八一”飞行表演队的飞机上安装微型摄像机，使电视观众得以看到飞行时驾驶员机舱和运行情况。四是第一次真正实现了大型新闻节目现场直播与网上直播的合一。直播当天，央视国际网站视屏在线人数达2万多人次，上网访问量达40万人次。另外，还采制了不少小新闻专题。

《聚焦婚姻法》专栏连续报道

《婚姻法》的第二次修改引起了社会各界的广泛关注。中央电视台在《新闻联播》和《晚间新闻》节目中播出了大量有关新闻，尤其是在《晚间新闻》中推出了《聚焦婚姻法》专栏，进行连续报道，先后共播出有关新闻26条，形成了新闻宣传的一个热点。这些新闻节目就《婚姻法》修改过程中社会各界普遍关注的热点问题以及《婚姻法》的历史沿革、全国人大立法程序等背景知识进行了系统、全面、深入的报道。李鹏委员长充分肯定这次报道。该节目于2000年12月15日至25日在第一套节目播出。

系列节目《西部自然》

本着西部开发生态先行的宗旨，中央电视台国际部《人与自然》摄制组精心制作了一套系列节目——《西部自然》。该片以极富感染力的镜头，展示了中国西部12个省、区、直辖市的山川概貌和自然的精华。全片12集，每集10～12分钟。2000年12月起在第一套节目连续播出。

《"荣事达"杯电视节目主持人大赛复赛》

"荣事达"杯电视节目主持人大赛是由中央电视台主办、荣事达集团独家赞助的一项大型活动，是中央电视台有史以来举办的涉及面最广、权威性最强、规模最大的一次全国性的电视节目主持人大赛。大赛遵循"探索先进的主持理念，挖掘个性化电视主持"的宗旨，奉行"公开、公正、公平"的原则，经过初赛，有50名选手入围。本次大赛的复赛分5场进行，每场有10名选手参加。参加复赛的选手必须完成专业素质和综合素质两项考核。节目播出后，引起了社会各界的广泛关注，一时形成了社会热点，成为观众街谈巷议的热门话题。通过这次大赛复赛节目可以看出，举办主持人大赛是选拔主持人的有效手段之一。本次大赛复赛节目，2000年11月19日至23日20:05～21:50在第一套节目播出。

《圣城之争》

《圣城之争》是《东方时空》改版之后的周末版国际专栏《世界》的一期节目。该片在巴勒斯坦和以色列流血冲突的关键时刻适时播出,简洁明了地向观众报道了这一世界瞩目大事,融汇历史与现实的大量信息,为中国人关注时事提供了客观公正的视点。《圣城之争》是中国电视记者在国际热点采访领域开创性的成果。巴勒斯坦和以色列环境复杂,头绪纷杂,记者组凭借国际采访的丰富经验,使节目不仅有在硝烟弥漫的现场的报道,也有深入的人物采访,比较全面、平衡地反映了巴以双方的观点,充分显示了中央电视台在国际现场报道方面的实力和优势。该片在策划、撰稿,图像编辑等方面均可称质量上乘。节目播出后,受到广泛好评,在播出的那一周,《世界》栏目的收视率列《东方时空》各栏目之首,观众占有率居本台各栏目前茅。2000年12月10日在第一套节目播出,时长17分5秒。

特别节目《新世纪》

该节目以回顾百年历史、展望未来生活为主题，以9集电视短片《世纪素描》为贯穿节目的主线。主要板块构成有：神州共此时、时间的故事、世纪素描、科学的世纪、2000年国际国内十件大事、世纪之交直播、缤纷多米诺、世纪神州行、世纪梦圆、世纪工程、世纪国宝展、新世纪新生活、祝福新世纪、国内庆典活动集锦等。《新世纪》节目采用了双视窗、网络与电视相结合等先进的技术手段，借助在具有历史性、标志性建筑的中华世纪坛搭建透明演播室等新颖的节目包装形式，进一步丰富了节目的内容。这次大型直播节目避免了简单的歌舞烟花式的传统庆典节目的狂欢，而是以关乎百姓生活话题的新视角，融合了传统的谈话节目、文艺晚会等多种形式，在拓展主题的深度、广度上有一个新的突破，在整体基调的把握上更趋向于庄重大气，是2000年的收官之作，也是2001年的开篇之作。2000年12月31日在第一套节目播出，时长10小时。

《2000年十大国内新闻》

《2000年国内十大新闻》是一个年终特别节目。十大国内新闻大多具有很强的政治性，2000年的报道采用了比较平实的行文风格，将相对枯燥的政治性很强的新闻，变得较为通俗。同时在报道中还大量运用了同期声，使报道更具可视性，形式上也更显生动。另外，报道中还穿插了大量最新的、对权威部门负责人和新闻事件中的当事人的采访，一方面通过对他们的采访，对一些政策性很强的新闻作出准确、权威的评价，另一方面，也使一个专题节目变得具有相当的新闻性。

2000年中央电视台评选的十大国内新闻是：1. 江泽民总书记提出"三个代表"的重要思想，阐述了中国共产党的立党之本，执政之基，力量之源。2. 中共十五届五中全会审议并通过《中共中央关于制定国民经济和社会发展第十个五年计划的建议》，提出了今后五至十年经济社会发展的指导思想、奋斗目标和重大措施。3. 贯彻中央重大决策，西部大开发战略开始全面实施。4. 国民经济发展出现重大转机，国民经济增长速度超过8%。5. "中非国际论坛"在北京隆重举行，中国全方位外交硕果累累。6. 中国体育代表团在第二十七届奥运会上，金牌和奖牌总数名列第三位，实现了奥运历史性突破。7. 中共中央台湾事务办公室和国务院台湾事务办公室重申世界上只有一个中国的原则立场。8. 一批大案要案被查处，党风廉政建设和反腐败斗争取得新的明显成效。9.

“五一”、“十一”放长假，假日经济火爆全国。10. 我国进入低生育水平国家行列，全国范围进行第五次人口普查。该节目2000年12月31日在第一套节目播出，时长25分钟。

《2000年十大国际新闻》

《2000年十大国际新闻》是《世界报道》节目的年终特别节目。作为国际时事专栏节目，《世界报道》承担了中央电视台年度十大国际新闻的评选工作。本次十大新闻的评选既突出了本台的自主性（由本台独立评选），又结合资深专家学者和上级主管部门的意见，极具权威性。在节目构成上，调动了本台10个驻外记者站中的8个，他们从驻在国的视角，并结合全年国际形势的发展趋势，在叙述新闻事件的同时揭示了世界形势的脉络。在节目形式上，充分运用电视手段。以十大新闻的发布开篇，先声夺人；以片花隔场，流畅自然；以本台驻外记者的报道为主线，突出了国际新闻报道领域中中国的声音。十大国际新闻的评选结果获得了领导、学界的好评，节目播出后观众反响热烈。

十大国际新闻是：1. 联合国千年峰会举行，中国首倡五常首脑会晤。2. 朝韩首脑平壤会晤，半岛局势趋于缓和。3. 巴以爆发大规模冲突，中东和平进程再陷僵局。4. 普京当选俄罗斯总统，俄内外政策作重大调整。5. 美国大选久拖方决，选举制度遭受质疑。6. 维护战略稳定人心所向，美国被迫推迟部署国家导弹防御系统。7. 世界经济持续看好，市场动荡隐忧尚存。8. 重大灾难频频发生，库尔斯克潜艇沉没、协和空难震惊全球。9. 人类基因组草图绘制完成，生物技术取得重大突破。10. 解除制裁大势所趋，伊拉克打破外交孤立。该节目2000年12月31日在第一套节目播出，时长25分钟。

系列报道《台湾百问》

中央电视台海外节目中心海外新闻部在《中国新闻》中推出系列报道《台湾百问》。它以问答的形式深入浅出地介绍了台湾问题的由来与实质，阐述中国政府对台的有关方针政策，解答了人们最关心的有关台湾的问题，融政策性、知识性与服务性于一体，达到解疑释惑效果。需要指出的是，该系列报道选择的播出时机是在全国人大和全国政协“两会”结束后的第一天，又是“台湾大选”的前两天，因此这一报道呼应了“两会”所传达的中国人民要求祖国统一的呼声，又密切关注所谓“台湾大选”的选情，进行有针对性的报道。《台湾百问》的播出安排也做了适时的调整，及时制作了一批揭露“台独”本质的报道，积极配合了中央对台的宣传部署。该系列报道共100集，每集约3分钟，从2000年3月16日起在第四套节目中陆续播出。

系列专题片《统一的好处》

为系统全面地介绍中国政府提出的“和平统一，一国两制”解决台湾问题的政策和原则，分析和剖析“一国两制”的好处，向台湾观众展示“一国两制”构想实现后的未来两岸格局，中央电视台海外节目中心制作了8集系列节目《统一的好处》。这8集分别是：《“三通”对台湾经济的好处》、《军购买不来安全》、《台湾军购将带来灾难》、《“一国两制”下的台湾对外交往》、《为民族历史正源》、《延续文化生命力》、《股市和旅游新契机》、《百姓受益多多》。内容涉及台湾经济、军事、安全、金融、贸易、旅游、航运、教育、文化、公共事业、日常生活等诸多领域，摆事实，讲道理，有针对性地回答了台湾百姓最关心的问题。节目立意深远，风格清新，话题凝炼，语言朴实生动；注重说理，以理服人；叙事平和、客观，以小见大，娓娓道来，入情入理；广泛采访各界权威人士及两岸百姓，具有较强的说服力和代表性；采用了政治性评论与新闻事实相结合的报道方式，使之具有权威性、针对性和较强的可视性。2000年5月24日起在第四套节目首播。

专题节目《李敖谈“一国两制”》

《李敖谈“一国两制”》是中央电视台海外节目中心制作的一部专题节目。节目以书面访问李敖的形式重点谈了以下内容：民进党候选人上台会对未来两岸关系带来什么影响；李敖如何解读爱台湾与爱中国，怎样看待“一国两制”；美国是否会用自己纳税人的金钱和美国青年的鲜血来保卫台湾的“独立”；两岸一旦发生“统独”之战，台湾军队的士气将如何维持；不统不独与统后两制哪种情况对台湾同胞来说是更好的选择；李敖起诉李登辉违宪与贪污这场官司的前景如何，等等。节目话题新颖，立意独特；观点鲜明，导向作用良好；入岛宣传效果明显；构思有新意，内容有突破，深受观众喜爱和媒体关注。该节目共6集，每集15分钟。2000年7月20日在第四套节目首播。

系列专题片《两岸风云》

在李登辉抛出“两国论”之后台海关系骤然紧张的时候，中央电视台海外节目中心专题部推出了系列专题片《两岸风云》。该片系统地回顾了中国台湾问题产生的原因及不断复杂化的过程，揭示了台湾问题的实质，分析并批判了李登辉背离“一个中国”原则的种种做法及其险恶用心，指出“两国论”给两岸人民和统一大业带来的损害和危险。本片史实准确翔实，论证全面严密，观点鲜明，分析透彻。国台办领导和台湾问题专家们认为是近年来阐释台湾问题最系统、最准确的一部电视片。该片获1999－2000年度中国电视“彩虹奖”特等奖。该片共4集：《变局》、《硝烟》、《大势》、《信念》，每集30分钟。1999年9月6日起在第四套节目播出。

《英语频道开播庆典晚会》

为庆祝中国中央电视台英语频道（CCTV－9）开播，中央电视台于2000年9月24日晚19:30～21:00在国际频道（CCTV－4）和英语频道（CCTV－9）联合现场直播了《英语频道开播庆典晚会》。该晚会通过国际通讯卫星向120多个国家和地区现场直播。各国驻华外交使节、媒体代表、演艺界明星欢聚一堂共同庆贺中国电视对外报道事业又迈上了一个新的台阶。由于英语频道的服务对象是国外主流社会，因此，晚会在形式、内容上均与其他类型的庆典晚会有较大区别。晚会以“献给世界的礼物”为开篇，以未来英语频道的栏目为支点，节目既包含了中国传统的经典、现代中国的时尚，同时也容纳了来自世界各地艺术家的艺术精品。通过插播，传送了许多国家政要、媒体、著名艺术家的良好祝愿。

《世纪梦圆》

《世纪梦圆》是中央电视台大型直播节目《新世纪》中的主要节目之一。半个世纪前人为形成的两岸隔绝，造成了海峡两岸许多家庭的骨肉分离。而半个世纪以来，两岸离散家庭对亲人的思念和寻觅从没有中断过，这中间演绎出多少悲欢离合的故事！2000年岁末，中央电视台海外节目中心对台编辑部与台湾TVBS电视台合作，通过两岸卫星双向传送，使一对离散50多年的兄妹通过演播室荧屏相见和相认，圆了他们半个多世纪的寻亲梦。这是海峡两岸电视媒体第一次为寻亲人携手合作。节目通过一对亲人在屏幕上相见，暗示海峡两岸之间还有障碍，而亲人彼此的思念，自然引发人们对祖国统一的热切盼望。节目播出后，在海峡两岸引起了强烈反响。观众和媒体对两岸连线的形式给予高度评价，认为很新颖，很吸引人。该节目在2000年12月31日晚第一套和第四套节目的黄金时间播出，时长30分钟。

《手拉手——跨越彩虹》

为对外宣传中国、扩大中国文化的影响，加大中国中央电视台国际频道（CCTV－4）和英语频道（CCTV－9）在非洲的落地，中央电视台与南非米瑞法亚洲国际控股有限公司（MIH）联合录制了综艺节目《手拉手——跨越彩虹》。该节目以中非两种文化的鲜明反差为基调，采用内景外景相结合、中文英文相结合、文艺与专题相结合、专业与业余相结合的方式，互派摄制组，将对方国家最具代表性的画面插播到节目中，播出后在南非的主流社会及华人华侨中引起较大的反响。2000年11月12日在第四套节目播出，时长90分钟。

《我们的一个世纪》——2000年“三八”国际妇女节特别节目

1999年，《半边天》栏目摄制完成20集大型电视系列节目《20世纪中国女性史》。此片以独特的视角，对100年来中国女性的历史进行了回顾。2000年3月，中央电视台又据此录制了《我们的一个世纪》。为能更直观、更生动地表现主题，主创人员采用了人物现场访谈、穿插历史资料和歌舞表演的综合形式，并邀请十余位有代表性的女性以及百余名嘉宾，共同完成了这部历史人文画卷。节目播出后，在电视界及观众中产生了巨大反响。2000 年 3 月 8 日在第一套节目播出，时长 90 分钟。

专 题 节 目
《我们只有一条长江》

《我们只有一条长江》是中央电视台为纪念“世界地球日”30 周年而推出的一台专题节目。节目以《长江源》、《长江传》等有关长江文化和环境内容为依托，展现了长江美丽神奇的风光和壮美的历史文化图景。节目重点关注了长江生态环境遭受自然和人为破坏的现状及人们对长江的关怀。表现了“关怀长江就是关怀我们自己，关注环境就是关注人类自身”的主题，从而使环境保护意识更加深入人心。该节目于 2000 年 4 月 22 日在第一套节目播出，时长 60 分钟。

“五一”特别节目
《劳动是美丽的》

党中央、国务院决定在 2000 年召开五年一次的全国劳动模范和先进工作者表彰大会。《当代工人》栏目根据大会组委会的要求，制作了一期“五一”特别节目《劳动是美丽的》。该节目的主题是：反映党和国家对劳模的关怀，社会对劳模的尊重，强调劳动光荣、劳动伟大、劳动创造世界。节目以谈话的形式，邀请 100 多名工人同 50 年代的全国劳模和 2000 年表彰的新劳模一起，就劳动与劳模、劳动与奉献、劳动与价值、劳动与理解、劳动与需要五个方面进行交谈。节目清晰、流畅。该节目于 2000 年 5 月 1 日在第一套节目播出，时长 60 分钟。

《2000 禁毒备忘录》

人类在即将步入新世纪之际，却受到日益加剧的毒品的侵害。世界各国针对这一问题都给予了前所未有的关注。中国政府在 2000 年 6 月 26 日“国际禁毒日”颁布了《中国的禁毒》白皮书，充分论述了中国政府禁绝毒品的战略和决心。《2000 禁毒备忘录》正是在这个大背景下播出的。《2000 禁毒备忘录》旨在立足世纪之交，把视角拓展到全世界范畴，全面审视毒品的由来和发展，揭示毒品的罪恶以及给人类带来的严重危害；同时也展示了毒品犯罪的状况和世界各国及中国政府与毒品犯罪的斗争。在 50 分钟的篇幅中，编导采用纪实手法，着力通过大量的真实材料和一组组生动的故事拓展主题，产生了颇具震撼力的效果。该节目于 2000 年 6 月 26 日在第一套节目播出，时长 50 分钟。

缉捕毒犯

《“希望之星”
英语风采大赛》

《希望——英语杂志》栏目于 2000 年 8 月 6 日、8 月 13 日在中央电视台第一、二套节目播出了特别节目：《“希望之星”英语风采大赛》。此次大赛从 2000 年 3 月开始筹备，经初赛、复赛，最后有 20 名选手获得了

决赛权。大赛的评委由英语界知名的中、外教授、专家组成。比赛除英语演讲外，还有个人才艺表演，赛场气氛既紧张又活泼。经过紧张的角逐，最后评出了第一、第二和第三名各一人，评出优胜奖2名，最佳学识奖、最佳口才奖、最佳勇气奖、最佳风度奖、最佳才艺奖、最佳表现奖各一名。这次大赛观众反响良好，对英语学习和"申奥"、普及英语都起到了一定的推动作用。该节目共2集，每集30分钟。

特 别 节 目
《为了九亿农民的健康》

送医送药下乡和送书下乡，是《健康之路》和《读书时间》两个栏目开展的外延活动。2000年6月24日，以这项活动为中心内容，在第一套节目直播了一台题为《为了九亿农民的健康》特别节目。该节目以延安市富县乡村教师郑树岗的髋骨节双侧置换手术为中心线索，在中央电视台演播室、延安大学附属医院手术室、延安凤凰山革命旧址义诊现场三处进行切换直播。郑老师忍受着大骨节病的折磨，在山村学校勤勤恳恳耕耘30年，在他面临瘫痪的时刻，卫生部和中央电视台送医送药送知识慰问团向他伸出了援助之手，免费为他进行双髋关节置换手术。手术牵动着亿万观众的心，义诊现场气氛热烈，演播室里的专家点评恰到好处。节目既普及了医学知识，又颂扬了医务工作者的高尚医德。内容充实，感染力强，是栏目外延活动和节目相结合的一次成功尝试。时长120分钟。

《今日说法·围剿"注水肉"》

2000年8月1日，《今日说法》栏目播出了《围剿"注水肉"》一片，报道了北京市工商行政管理局朝阳分局与公安部门组成100多人的联合执法大队，于6月30日凌晨3点30分，突击检查了一个私屠乱宰生猪的黑窝点。节目播出后，引起了广大观众的强烈反响，称赞《今日说法》帮助百姓解决实际问题。节目也引起了国务院副总理李岚清同志的重视，并为此作详细批示。该片1集，15分钟，在第一套节目播出。

《新世纪·新英语》

这是《希望——英语杂志》栏目献给元旦的特别节目。节目由英语教学专家陈琳、顾曰国、林生香等，以谈话的方式和现场的观众讨论了学习英语的方法，专家们当场回答观众提问，做具体的指导。节目邀请内蒙古贫困县的师生来到演播室，向现场观众介绍他们如何在极其困难的条件下，坚持英语教学，努力学好英语的感人事迹。节目还邀请了集资办学的女劳模刘先芳、北京外国语大学申奥志愿者代表、北京钱粮胡同居委会学英语的大爷大妈们来到演播室，介绍他们社会办学、为普及英语而作出的努力。该节目共2集，每集30分钟。2000年12月31日，2001年1月7日分别在第一套节目和第二套节目播出。

大型系列片
《百年中国》

这部系列片以编年和专题相结合的方式，全面回顾了一个世纪以来中国从屈辱走向辉煌的历史进程。将百年中国的沧桑风云融化在生动的历史故事中。《百年中国》充分关注了百年民生以及这个世纪许多新生事物，涉及到社会和文化的方方面面。在历史的主脉络下，这部片子将目光投向民间，投向历史故事，投向学术研究所忽视的地方，从这些被历史遗忘的角落和细节中发掘历史本身的魅力。本片首次披露了大量珍贵的影视镜头，资料之全面、系统、真实为国内罕见。本片制作精良，规模庞大，是历史文献片中的精品。该片共分为52大集，365期，每期5分钟，总时长1800多分钟。2000年1月2日至2001年1月2日在中央电视台第一套节目播出，历时一年。

《新世纪科技论坛》

2000年12月17日晚，全国人大常委会副委员长、中国科协主席周光召以及科技部部长朱丽兰、中科院院长路甬祥，应邀来中央电视台参加元旦特别节目《新世纪科技论坛》的录制，并发表主题演讲。

《新世纪科技论坛》是一个全新的科技节目形式，旨在宣传“科教兴国”，倡导科普。将科技界三位领导人一起请上讲坛，在新年伊始向全国公众发表科普演说，这在全国电视界还是首次。三位领导在演说中对20世纪一系列重大科技成果，特别是新中国科技的发展进行了历史性的回顾，形象地阐述了“科技是第一生产力”的伟大论断，以及“科教兴国“的伟大战略，并就21世纪初期科技的发展作了前瞻性、方向性的展望。在节目录制现场，还展示了我国科技成就的部分实物和模型，我国第一例克隆羊“阳阳”也在演播室登台亮相，引起现场观众的极大兴趣。科学家、科技界人士和观众对以科普讲坛方式纪念新年予以高度评价，同时希望《新世纪科技论坛》节目办出特色，力争变成每年一度的像春节晚会一样的名牌节目。该节目2001年1月1日在第一、二套节目播出，时长60分钟。

电视连续剧《突出重围》

此剧以当前国际国内形势为背景，以某集团军依据科技强军、质量建军的精神，组织进行的一场大规模军事演习为情节背景，塑造了一批富有革命传统和革命精神的高层、中层军事干部形象。全剧内容紧凑，场景宏大，真实、生动地展现了当代军人和军队的风采和情怀，具有较强的震撼力和感染力。在世纪之交，它是扬我国威、壮我军威，高扬爱国主义的艺术作品，在军事题材上具有突破意义。该剧由中央电视台影视部、成都军区、重庆电视台联合摄制，共22集。2000年1月3日起在第一套节目连续播出。

《56个祝福》——2000年春节歌舞晚会

中央电视台2000年春节歌舞晚会《56个祝福》，以56个民族在团结进步、喜庆吉祥之中携手并肩走向21世纪为主题，第一次在电视上由56个民族的演员表演56个民族的歌、舞、乐作品。其中，像撒拉族、东乡族、保安族、土族、俄罗斯族、门巴族、珞巴族、水族、仡佬族、普米族等极少或从未在电视上出现的民族演员，均在除夕之夜一展他们的风采。《56个祝福》包含了《团结篇》、《幸福篇》、《憧憬篇》。这些节目既有整体的统一，又展示了民族艺术的个性；既有浓郁的民族风格，又有时代的新意，在强调电视特点的同时力求典型性和大气得体，与节日气氛融为一体，使56个民族的节目有56个特色。节目播出后收到了大量观众赞誉的来信和来电。2000年1月23日在第二套节目播出，时长180分钟。

《56个祝福》剧照

电视连续剧《钢铁是怎样炼成的》

此剧在忠于原著思想精髓的基础上，站在今天的高度，观照、回顾、反思半个世纪前的历史，使该剧具有较强的思想力度和历史的厚重感，这是它区别于前苏联的同名电影，给人以新的思想启迪的关键所在。其次，此剧通过生动感人、真实可信的情节和外部环境，成功地塑造了保尔、冬妮娅、朱赫莱、丽达、托卡列夫等一批有时代特征的人物形象。该剧演员阵容整齐，表演功力深厚，人物总体把握到位，表演上乘。该剧制作精细，镜头感强，摄像、灯光讲究，剪辑流畅，画面优美而凝重，有鲜明的时代感，音乐富有浓郁的俄罗斯民族色彩。这是中国人拍摄的第一部外国文学名著，演员除一人外全部是乌克兰演员。由于在后期配音上注重探索，不给人以译制片的感觉，是一部地地道道的中国风格的电视剧。该剧由中央电视台影视部、中国国际电视总公司、深圳市委宣传部联合摄制，共20集。2000年2月28日起在第一套节目连续播出。

电视连续剧《大明宫词》

《大明宫词》讲述的是唐朝武则天与太平公主之间矛盾和斗争的故事。该剧制作精良,画面优美,可视性强,人物形象鲜明,具有莎士比亚式的台词风格,播出后受到广大观众,尤其是大学生们的喜爱,收视率创第八套节目开播以来的最高。该剧由中央电视台影视部、中国国际电视总公司联合摄制,共 37 集。2000 年 3 月 3 日起在第八套节目连续播出。

电视连续剧《女子特警队》

该剧是描写四川女子特警队生活的一部长篇连续剧,反映了部队女战士入伍后,与部队生活不适应并由此发生种种冲撞及她们以后成长的过程。故事有一定的可视性。该剧由中国电视剧制作中心摄制,共 14 集。2000 年 4 月 21 日起在第一套节目连续播出。

电视连续剧《太平天国》

该剧艺术地展示 19 世纪中叶具有重大历史意义的太平天国的兴衰。全剧追求历史真实与艺术真实的统一,艺术性、思想性、观赏性的统一。该剧由中国电视剧制作中心摄制,共 46 集。2000 年 7 月 10 日起在第一套节目连续播出。

《香江明月夜》——2000 年中秋联欢晚会

中秋是团圆的节日，也是思念的日子。2000 年中秋在香港国际会议展览中心，举办的本世纪最后一个中秋节——象征着团圆节日的联欢会，更具有特殊的意义。这是两岸四地海内外众多艺人首次在香港联袂出演的中秋联欢晚会，它带给了所有的炎黄子孙一份节日的祝愿、团圆的祝福。2000 年 9 月 13 日在第一套节目播出，时长 99 分钟。

《首届 CCTV 电视舞蹈大赛》

该赛事是在中央电视台《舞蹈世界》栏目举办的电视舞蹈大赛的基础上进行的。从 1999 年 9 月开始的预赛到 2000 年 9 月的复赛，再到国庆节期间的总决赛，共历时一年零一个月，参赛作品也由预赛的 111 个，到决赛的 30 个，再到最后的“十佳”（10 个）。大赛涉及中国古典舞、中国民间舞、芭蕾舞、现代舞、国际舞、新舞蹈等多项舞种和单、双、三人及群舞多种样式。参赛演员来自全国各地，人数逾千，是有史以来规模最大、范围最广、影响最大的一次电视舞蹈比赛。它不仅获得了圆满成功，而且有力地推动了舞蹈艺术与电视文化的结合，在一个新的起点上促进了电视文艺比赛的良性发展。《首届 CCTV 电视舞蹈大赛》的成功举办，既是舞蹈界和电视界通力合作的结晶，又是各路学者、专家、广大电视观众积极参与、倾情支持的结果。连续四场直播的收视率达到了国庆期间第三套节目的最好水平。该大赛的成功举办在社会上引起了强烈的反响，文化界、舞蹈界和广大观众希望这种赛事能继续办下去，成为百姓喜闻乐见的文艺形式。2000 年 10 月 1 日至 10 月 4 日第三套节目播出，总时长 10 小时。

电视连续剧《光荣之旅》

该剧通过一个家庭三代军人的悲欢离合，艺术地再现了当代军人的精神风采，歌颂了老一代军人从战争年代到和平年代的无私奉献，也赞扬了新一代军人在新时期的卓越创造，尤其难能可贵的是全剧较为成功地从多方面探索剧中主要人物丰富多样的内心世界，塑造了几个有血有肉的老、中、青三代军人的艺术形象。这部作品由于深入表现了当代军人的高尚精神境界而深深吸引观众。中央电视台影视部、总后艺术中心联合摄制，共 18 集，每集 30 分钟。2000 年

10月3日起在第一套节目连续播出。

《奥林匹克星》——欢迎中国奥运健儿凯旋主题晚会

这是由中央电视台《焦点访谈》、《生活》、《朋友》、《世界体育报道》、《幸运52》等栏目联合推出的，以迎接中国奥运代表团凯旋为主题的大型综艺性现场直播节目。全部悉尼奥运会的中国奖牌获得者均出席晚会，众多知名演员也都登台表演祝贺。2000年10月6日第一、三、五、九套节目并网播。

《人间天堂》——中国杭州2000年西湖博览会开幕式大型文艺晚会

为祝贺"中国杭州2000年西湖博览会"开幕，杭州市人民政府和中央电视台联合主办了《人间天堂》大型文艺晚会。这台晚会通过人文历史、神话传说来宣传西湖的自然山水、优美的环境、独特的地域文化以及走向新世纪的杭城新貌。悠久的历史沉淀，浪漫的民间神话传说，透着浓厚文化气息的近代文人墨客的踪影及现代化歌舞构成本台晚会的特殊艺术风格。整台晚会由神话传说"西湖明珠"，近代文人抒怀，民间舞蹈《采茶新曲》，神话传说《白蛇传》，梁祝千古悲剧留传人间，气壮山河"岳家军"，八面来风，古诗词越剧联唱，通俗音乐剧，时装表演，钱江大潮等11部分组成。2000年11月5日在第三套节目播出，时长100分钟。

《大地飞歌》——2000年南宁国际民歌艺术节开幕式晚会

一台大型的开幕式演出拉开了2000年南宁国际民歌艺术节的序幕。这是一台形式新颖、内容丰富、气势恢弘、构思精巧的音乐盛典。来自海内外的近1200名演员在广西南宁，用歌声和心声共鸣一曲民族团结的交响曲。这台演出以展示民族音乐、弘扬民族文化为主旨，紧紧围绕着民族性、国际性、现代性进行构思与制作。在不失民族音乐特征、韵味和表现形态的基础上，主创人员对一些经久不衰广为传唱的民族民间歌曲进行全新的诠释和编配，以求用最完美、最准确、最丰富的艺术手段，达到充分展示民族、民间歌曲之魅力的目的。开幕式的节目定位在少数民族歌曲的表演上。整个晚会体现了现代与民族融合一体的新面貌。2000年南宁国际民歌艺术节开幕式成为在融合海内外众多著名歌手的基础上，集多种演绎形态于一台，多种表演风格于一炉的音乐盛典。2000年11月19日在第一套节目播出，时长99分钟。

电视连续剧《一代廉吏于成龙》

该剧说的是顺治、康熙年间，山西省人于成龙从45岁开始做广西罗城县令至两江总督期间，为官清正廉洁，刚直不阿，受到百姓爱戴，被康熙誉为"天下廉吏第一"的故事。该片由太原电视台、中央纪律检查委员会联合摄制，共19集，每集30分钟。2000年11月24日起在第一套节目连续播出。

"相逢2000年"24小时直播《天·地·人·合》文艺晚会

这是一台迎接2000年新年的文艺晚会。在过去的百年，中国人民靠前仆后继的努力，用鲜血与汗水改变了自己的命运，中华民族也随着新千年的到来而准备迎接信息社会的腾飞。走向世界、跟上世界、融入世界的发展之中才是新千年中国人的理想和行动。基于以上的想法，这台晚会把坐标定在了中国人看待时空理念特有的认识上——"天、地、人、和"。晚会表现了各国各地区人民喜迎千年的活动，更着力营造了新千年临近时分分秒秒里现场观众热烈兴奋的气氛。在九大行星组成的时光轮的舞台上，歌舞演进的是一种时间的推移，而观众席上世界各主要时区钟表的走动，又与现场和电视观众热盼新千年到来的心声呼应。这是一台形式和内容并重的晚会。1999年12月31日在

第一套节目播出,时长 90 分钟。

《迎接新世纪·新千年京剧晚会》——2000 年新年京剧晚会

1999 年 12 月 30 日，在中南海怀仁堂成功地演出了《迎接新世纪·新千年京剧晚会》——2000 年新年京剧晚会。这台晚会由中宣部、文化部、广电总局、中直管理局联合主办，晚会名称由中央领导亲自拟定（往年通称新年京剧晚会）。江泽民、朱镕基、李瑞环、胡锦涛、尉健行等党和国家领导人以及各民主党派负责人出席晚会，并接见了全体演员，对晚会给予高度评价。这台晚会场面喜庆、隆重，节目精彩而又高雅。节目内容既有优秀传统的名剧名段，又有精彩现代剧的片断，还有为迎接新世纪到来而创作的新唱段。参加晚会的演员既有享誉海内外的京剧名家，又有青少年新秀及京剧研究生班的学员，他们分别来自北京、上海、天津。行当齐全，阵容整齐，流派纷呈。晚会录像于 2000 年 1 月 2 日在第一套节目播出，时长 100 分钟。

《同一首歌》大型演唱会

2000 年 2 月,《同一首歌》——相逢 2000 大型演唱会在北京工人体育馆隆重举行,它以宏伟的气势,独特的风格,时尚的手法和强大的阵容在中国乐坛刮起了一股旋风。2000 年 7 月,《同一首歌》第二次演唱会又在广大观众的期盼中诞生了。这场演唱会包括了“流行金曲”、“名歌名曲”、“中国音乐电视回顾”及“走进校园”等,不仅在灯光、舞美上比上次有了长足的进步,更从不同的侧面满足了各种观众的需要。2000 年 8 月,《同一首歌》以“为奥运加油”为主题的大型演唱会在北京奥体中心举行。这是一场大型露天演唱会,汇集了文体界的明星与冠军,气势磅礴,个性鲜明,不仅为我国奥运健儿的胜利奏响了序曲,也充分展示了北京申奥的决心。

《同一首歌》作为中央电视台最新、最受欢迎的品牌,足迹遍及了全国二十几个省市,多次深入煤矿、油田、农村,与基层观众联欢、交流。演唱会分别于 2000 年 2、7、8 月在第一、三套节目播出。

《盛世龙腾》——2000 年中央电视台春节戏曲晚会

2000 年中央电视台春节戏曲晚会,以经典剧目片断和新创曲目相结合,充分展示了戏曲艺术的古典美、民族魂、时代风,营造万民同欢的民族传统节日气氛。晚会喜庆、红火、浓烈、抒情、新颖。这台晚会的内容展示了一个世纪以来几代艺术家的杰出创造,展示了新中国 50 年来出戏、出人的成果,展示了新时期的新人新作;体现了传统风韵与时代气息相结合,欣赏与参与相结合;突出了龙年民族特色。晚会囊括了 20 个剧种,43 个节目,文武兼容,色彩各异,英才云集,精品荟萃,大陆与港澳台的专业、业余演员集于一台共歌赤子心、民族情。2000 年 2 月 4 日在第一、二、三、四套节目播出,时长 222 分钟。

《我们的时代——商品的故事》特别节目

《我们的时代——商品的故事》特别节目的主题是展现商品发展不断改变了人们的生活。节目以现场谈话为主要形式，现场嘉宾与观众，无论是做学问、搞研究的人，还是普通市民，都在说亲历事，讲真心话，形成了节目的多个亮点。整个节目的构成以故事为内容，以时间做脉络，以信息发布做段落小结，用纪录片、小品、服装表演、歌曲等新闻和文艺形式做辅助手段，将信息融入其中，构成一个严谨的整体。整台节目主次分明，节奏明快，情绪自然，既实用又好看。2000 年 1 月 7 日在第二套节目播出，时长 90 分钟。

《2000 年达沃斯世界经济论坛特别报道》

随着经济全球化的发展,“达沃斯论坛”越来越为我国所重视,中央电视台特地推出《2000 年达沃斯世界经济论坛特别报道》系列节目。整个节目分为 3 集,每集时长 60 分钟:第一集《新经济、新规则》。介绍会议上各国与会代表关于“新经济”的不同看法与观点，共同探讨新千年国际经济面临的新规则；第二集《新企业、新领导》。目前，全球经济的竞争，从某种程度上已经转变到企业之间的竞争，企业家在世界经济当中的作用日渐重要；第三集《新市场、新定位》。“新经济”必将给世界经济带来新的机遇和挑战，各国应该认清潮流，找准定位，开拓新市场。中国必将在“新经济”下的世界格局中发挥更重要的作用。该系列节目既体现了“达沃斯论坛”的主题精神，又与中国的经济发展脉搏紧密相连。《2000年达沃斯世界经济论坛特别报道》系列节目是中央电视台第一次对“世界经济论坛”现场进行全方位的综合性报道，也是中国电视媒体关于“世界经济论坛”最全面、最权威的一次报道。2000年1月30日至2月1日第二套节目20:00～21:00播出。

特别节目《我们共同的事业》

由最高人民法院、司法部、国家工商行政管理局、国家质量技术监督局、国家出入境检验检疫局、中国消费者协会、中央电视台共同主办的2000年“3·15”国际消费者权益日特别节目《我们共同的事业》于2000年3月15日在中央电视台第一套节目播出，时长120分钟。整台特别节目发扬以往注重监督力度，在强调知法用法的传统基础上，突出一个主基调：“在市场法则的促动下，营造安全、平等、和谐的消费环境。”特别节目以五种形态来表达主题表现内容：现场论谈、典型案例、权威发布、今日回眸、文艺节目。另外，在这次特别节目中还第一次尝试采用了话题节目直播的形式。

《中国财经报道·东西对话》

在2000年全国人大和全国政协“两会”期间，《中国财经报道》推出26集系列访谈性节目《东西对话》。该节目以演播室访谈的形式，让东、西部的地方官员和企业家代表与《中国财经报道》的记者一起，就西部开发的商机与东、西合作问题进行对话。东西部代表各抒己见，对话气氛轻松，言语实在，内容十分贴近生活，颇受专家好评。专家评说：“节目创意很好，在西部大开发的重大背景下及正值‘两会’召开之时，节目做得恰逢时机，策划到位。”同时，《东西对话》节目还使东西双方的合作有了实质性发展，如节目中海尔集团执行总裁和贵阳市市长进行对话后，海尔即希望5月份去贵州就技术进行合作；大连市市长薄熙来代表和四川省常务副省长杨崇汇代表就某些合作项目进行了畅谈等。该节目于3月5日至4月27日在第二套节目播出。

特别节目《我们共同面对》

为配合宣传2000年“6·5”世界环境日，由国家环保总局和中央电视台联合制作了特别节目《我们共同面对》。本次特别节目结合西部大开发的时代背景，紧扣水资源主题。节目总体风格为大型整体演播室谈话，强调现实的严峻性与震撼力量，强调理性与力度。节目围绕水资源枯竭、水资源浪费、水资源污染等方面，多层次、多视角展现中国日益恶化的水资源状况。节目为一条条母亲河无泪的哭泣、一个个湖泊急剧的萎缩而大声疾呼；展现出严重缺水与严重浪费的巨大反差，震聋发聩；对重大污染事件进行的披露、探访，触目惊心；节目展开的环境保护与经济发展的理性思辨发人深省。2000年6月5日在中央电视台第二套节目播出，时长100分钟。

《我们共同面对》节目现场

《动感2000》——北京国际汽车工业展现场直播

2000年北京国际汽车工业展是有史以来在中国

举办的规模最大的国际汽车展，6月8日上午10:00～11:00中央电视台第一套节目进行了现场直播。直播采用了两级切换和与台里中心演播室对传的方式。节目夹叙夹议地介绍了多款代表世界汽车工业先进水平和引领中国市场消费潮流的车型与最新技术，紧紧把握住了时代感、现场感、丰富性和服务性等原则。在以丰富的节目内容吸引观众的同时，不放弃细致的服务性内容，并注重节目样式上的创新，其收视率在同时段节目中形成了一个高峰。

《财经西北行》特别报道

《中国财经报道》栏目邀请西北五省区电视台以及五省区的业内人士共同策划推出一部国庆特别节目——《财经西北行》。节目分篇展示陕西、新疆、宁夏、青海、甘肃五省区资本市场的成长历程,宣传西北五省区上市公司中的精华企业,采访五省区主管经济的省长和最基层股民、券商,使观众看到西北资本市场发展的成果及感觉到他们独特的观念冲突与转变。节目播出后引起各方面的广泛关注,西部五省区有关部门来电表示感谢,也引起了电视观众极大的兴趣。该片共5集,时长100分钟。2000年10月1日至7日在第二套节目连续播出。

《井深情浓——架金桥西部找水》特别节目

为配合国家西部大开发战略的实施,中央电视台广告经济信息中心信息部制作了一台大型现场直播节目《井深情浓——架金桥西部找水》。该节目的特点是:第一,题材重大。水是西部大开发的关键,对此国家还在西部开展了西部找水特别行动计划,该节目紧扣住这个计划寻找典型做文章。第二,角度新颖。打井是个人尽皆知的事,过去从来没有节目对此进行反映,更谈不上直播,但找水和出水对西部干旱地区来讲是一个有着特殊意义的工作。这其中带有很多悬念、精彩场面和科学知识,对电视来说它又是一个可视的工作过程,符合电视现场直播节目要求。第三,将电视直播节目对准普通的百姓生活,将摄像机设在了百姓家中,在节目平民化方面做了一次成功的尝试,被称为"生活空间的直播形态"。第四,大型节目小型化操作。此次节目突出了参与人员少、投入费用少的特点,在以最小的投入产生出最大的社会效益方面做了一次有益的尝试。2000年10月28日在第一套节目播出,时长70分钟。

《井深情浓——架金桥西部找水》特别节目总演播室

《2000·科技下乡》特别报道

由国家科技部、农业部、陕西省委和省政府、中央电视台主办的直播节目《2000·科技下乡》,把关注的目光对准了贫困山区的普通农民,把观众的视角引向了中国农村缺乏科技、渴求科技的实际状况,是一期较好地切合了主旋律的特别报道。节目报道的内容选取针对性极强的农业实用技术,把更多的镜头对准农民,使普通农民成为节目的主角的做法不仅赋予节目质朴的光彩,增添了一份真实的生动,而且也从根本上获得了实实在在的生命。该节目2000年11月11日、12日在第一套节目播出,时长180分钟。

《幸运52》百期公益特别节目——《欢乐好时光》

该特别节目在《幸运52》原有节目形态基础上,对常态节目流程进行了调整,别出心裁地将公益内容融入节目构成,由重返现场的老选手、初次报名的新选手和有孤儿经历的特邀选手分别组成代表队,进行知识竞答和游戏竞技,其成绩与捐赠金额挂钩。选手答对的题目越多,赞助机构向该公益项目捐助的款额也越多。通过本次节目,共为吉林省孤儿学校《幸运52》助学成才奖励基金募集到32万元人民币和价值12万元的实物捐助。一些长期从事和积极参与公益事业的社会名流作为特邀嘉宾出席了现场录制，并对中央电视台利用自身的社会影响来推动社会公益事业的做法给予了充分肯定。他们对《幸运52》这种将节目与公益事业相互嫁接的方式给予了高度评价，认为它创造了宣传社会公益的新理念，开辟了推动社会公益的新渠道。节目播出后引起了强烈反响。许多观众来信来电表示，《幸运52》以这种方式举办百期纪念，以快乐和有趣的方式表达爱心，营造了一个积极、乐观的公益氛围，比简单地搞个特别节目更有意义。该节目2000年11月28日在第二套节目播出，时长60分钟。

《新生活2000——商品的故事》系列片

继1999年《我们的时代——商品的故事》系列片成功播出后，中央电视台广告经济信息中心信息部又推出了《新生活2000——商品的故事》系列片。该片力求通过商品这一载体，反映新时代人们新的生活风貌，展现在新时代背景下，人们对新生活方式的不断追求，对新的生活观念不断变化的理解。系列节目每集讲述一个商品与人的故事，既有信息类节目的服务功能，又让观众看到一个个生动的故事和有趣的生活情景。故事的描写真实、感人，信息发布具体、系统。此次节目操作采用由中央电视台与30家地方台联播的形式，中央电视台负责节目策划，确定选题方向，把握节目风格，30家地方电视台（省或市台）报送选题，并成立摄制组实施拍摄，然后节目统一由中央电视台进行包装，在保证节目有序进行的同时充分调动了地方台资源，突出了地方特色。该片共30集，每集7分钟。2000年12月4在第二套节目连续播出。

《2000年百姓关心的十大生活话题》系列

2000年，世纪之交，哪些问题是政府最关注的，哪些是百姓最关心的，《生活》栏目与国家统计局城市调查队联合进行了城镇居民生活意向调查，得出最权威、最准确的“百姓关心的十大生活话题排行榜”。其中医疗卫生制度改革高居榜首，关注率为87%；社会保障制度完善，关注率为81.8%，排在第二位；失业与就业排名第三，关注率为68.1%；住房制度改革、环境保护、生活质量和教育体制改革分别排在第四至第七位，关注率也均超过50%。而交通、旅游、通信网络这三匹黑马也杀入排行榜，位列第八至第十。这一系列节目针对排行榜，对每一问题分别展开现象的综述和背景的剖析，并且和1996年所做的相关调查进行纵向比较，以突出百姓经济生活方面的变化。该片共11集，每集7分钟。2000年12月27日至30日在第二套节目播出。

《经济半小时之夜——2000经济年度人物揭晓特别节目》

节目回顾2000年最重大的经济事件，开创性地推举出国内最权威的评选——10名最具影响力的年度经济人物，并邀请国内经济界著名的专家学者、知名的企业家、从事经济报道的知名记者共聚一堂，评点分析，纵横捭阖，成为经济界、企业界的一次盛会。作为2000中国经济年度人物推选活动的高潮，这台晚会当场揭晓了十大经济年度人物，他们是：吴敬琏、柳传志、张瑞敏、梁定邦、彭作义、周厚健、王石、张宏伟、田溯宁、求伯君。这10位年度人物由国内100位经济学家和50位资深财经记者共同评出。此外，120多万网民参加了“征集精彩评论”和“推选最佳人气候选人”的活动，著名经济学家吴敬琏赢得了“最佳人气”的桂冠。在轻松活泼的颁奖活动中，穿插了主持人与获奖嘉宾的对话，对2000年中国经济进行了一次别开生面的大盘点。与会人士对此次活动给予了积极的评价，认为在新世纪到来之际举办这样的活动具有开创性的意义，今后应该继续搞下去，成为经济界例行的年度盛会。2001年1月1日在第二套节目播出，时长60分钟。

文献纪录片《百年传奇》

《百年传奇》是由中央电视台体育新闻部纪录片工作室摄制完成的一部中国体育史实的力作。该片以最具代表性，并对中国体育产生过重大影响的6位体坛历史人物为线索，以他们富有传奇色彩的真实故事，真实地反映了百年来中国体坛在各个历史时期、各个侧面的沧桑变化；以独特的视角，典型的事例，展示了一百年来为中国体育事业立下过汗马功劳的体育英豪。全片生动而真实地描述了武林双侠霍元甲、韩慕侠，一代球王李惠堂，体育教育家马约翰，中国棋圣聂卫平，体坛元勋贺龙。该片融思想性与艺术性为一体，在创作上大胆尝试跳越闪回的表现手法，强化人文关怀，使片中的人物与时代有机地交融在一起，有力地突出了思想内涵，具有较强的思想性和时代感。该片中的《元帅与体育》四集在创作过程中，得到中共中央宣传部、国家理论文献电视专题片创作领导小组、国家广播电影电视总局、国家体育总局等有关部门和领导的关注与支持。全片共16集，每集30分钟。2000年2月19日起在第五套节目连续播出。

《直通悉尼》

中央电视台体育节目中心为2000年悉尼奥运会特别播出的一档专题节目。其宗旨是让每一位观众都能在更早的时间感受到悉尼奥运会的脉搏在跳动。在节目设置上设立了多个板块。其中"奥运新闻"是一个时效性板块，而"人在奥运年"则是一个人物谈话板块，集中反映了中国体育健儿在奥运年中的备战情况。"巅峰时刻"是表现中国运动员在历届奥运会中夺金过程的精品。从2000年3月开始，《直通悉尼》派出了四个报道小组分赴世界各地，制作的专题集中反映了奥运历史的精典瞬间。另外，"五环巨人"板块是中央电视台和美国NBC电视台合作的一档节目，观众朋友可以通过这个板块认识世界上的许多奥运精英。该节目共55集，每集30分钟。2000年1月20日起在第五套节目连续播出。

《2000/2001 全国男篮甲A联赛》

这是2000/2001全国男篮甲A联赛现场直播节目。该节目由赛场报道、背景材料及明星球员介绍、现场采访等组成。具有立体交叉式的节目表现形式，"服务性"互动式的主持方式，突出明星的个性化和人性化等特点，达到了节目与观众互动的理想效果，增强了节目的娱乐性和可视性，充分展示了篮球文化的活力和生命力，增强了节目的文化品位。2000年11月18日起(跨年度)在第五套节目播出，每次播出时长120分钟。

《欧洲2000》

2000年欧洲足球锦标赛是中央电视台全力以赴进行转播的一项大赛。在专题节目方面，《欧洲2000》很好地承载了加大、加深报道力度的任务。由于这一届欧锦赛的比赛质量很高，在中国广大球迷和观众中掀起了一股"欧锦赛"热潮，因此，制作专题节目压力很大，难度也很大。该节目创作组按照足球报道的基本规律，在高水平足球赛事的观赏性以及对观众的感染性上做足文章，同时在新闻性上扬长避短，突出了电视化因素，节目播出后受到观众和专家的好评。该片共20集，每集55分钟。2000年7月4日开始在第五套节目播出。

《圣火燃亮地球之巅》

1999年，恰逢新中国成立50周年、西藏民主改革40周年，第六届全国少数民族传统体育运动会在拉萨召开。藏族人民把这本世纪最后一次体育运动会看成是一件吉祥的盛事，有关方面决定在世界最高峰——珠穆朗玛峰的顶峰采集中华民族圣火，这不仅是体育运动史上的一大壮举，同时也是人类登山史上的一个创举。有中国登山界"梦之队"之称的西藏登山队12名队员，4月初开始向珠峰进军，经过一个多月的艰苦攀登，终于在5月27日上午8点05分顺利登顶并成功地采集到了圣火火种。为了详细记录西藏登山队的这一壮举，中央电视台体育节目中心特派记者前往珠峰大本营采访。《圣火燃亮地球之巅》这部片子记录了西藏登山队准备、攀登、途中遇险、成功登顶、携火种返回拉萨的全过程，其中大量镜头是极其珍贵的资料，包括在海拔8848米珠峰峰顶采集圣火的全过程。1999年8月在中央电视台第四、五套节目播出。

《最后一枪》

9月22日是中国奥运军团勇夺6枚金牌的"奥林匹克中国日"，而在这6枚金牌中，射击选手杨凌最后一枪以0.1环的微弱优势胜出是一个非常具有戏剧性的内容。本片牢牢地抓住了这一“戏剧性”情节，较好地再现了杨凌夺冠那最后一枪的前后情景，并且巧妙地融入了当事人自身的感受，给人以跌宕起伏之感。2000年9月22日在第一套节目播出，时长5分钟。

《奥运晨风》

在悉尼奥运会的17个日日夜夜里，中央电视台奥运频道每日节目都由《奥运晨风》开始。每日清晨7:00～8:00，《奥运晨风》节目率先推出“奥运新闻聚焦”，20分钟“奥运新闻快讯”，涵盖中国运动员夺金信息，聚集了大量奥运会花絮新闻；随后是“奥运点评”，对奥运会方方面面作出深度报道；“明日瞭望”为观众分析报道每日的奥运热点看点。该节目共12集，每集60分钟。2000年9月16日至10月1日在第四套和第五套节目播出。

专题片《中国骄傲》

这是一部2000年悉尼奥运会中国体育健儿夺金实录。中国体育健儿在悉尼奥运赛场赢得28枚金牌，为祖国赢得骄傲，该片忠实纪录了28次辉煌瞬间。第一集《破晓时刻》，中国运动员是如何打破坚冰，为祖国赢得第一块悉尼奥运金牌。第二集《黑马旋风》，中国运动员夺金项目上冷门报捷，出人意料。第三集《中国之日》，中国运动员一日夺得6枚金牌，世界瞩目。第四集《小球大捷》，中国运动员在乒乓球、羽毛球优势项目上夺金抢银势不可挡。第五集《险峰决胜》，中国运动员金牌数突破上届，士气高昂。第六集《跨越巅峰》，中国运动员金牌总数达到28枚，全国人民为之骄傲。本片共6集，每集25分钟。2000年10月2日至7日在中央电视台第一、四、五套节目中连续播出。

《我们的世纪》——“六一”国际儿童节联欢晚会

2000年6月1日中央电视台第一套节目从8:00至22:00（除新闻节目外）成功地播出了12小时特别制作《我们的世纪》。中央电视台第一套节目黄金时段让给孩子，这在中国电视史上还是首创。12小时特别制作创造了“三新三高”，被誉为中国少儿电视节目的“世纪之作”。一是创意新，质量高。抓住了世纪交替，千载难逢的机遇，在全世界主要的电视媒体都忙碌着新千年的盛典的时候，该节目组首先想到的是新世纪的主人——孩子们，大胆设想在“六一”国际儿童节那天，专门为他们举办一个迎接新世纪的盛典，全天为孩子们提供一个“回顾历史，展望未来，放眼世界，表达心声”的机会，为他们跨入新世纪奏响序曲。二是理念新，收视率高。12小时特别制作是以儿童频道为制作理念。以儿童为本，为不同年龄段的孩子分别提供了不同的节目，符合国际上电视节目“分众播出”的新趋势。孩子们收看电视节目有了更大的选择空间。三是运作新，收益高。12小时特别制作，是一次少儿节目的世纪行动。青少节目中心集中精兵强将，全台上下紧密配合，国内联合各兄弟台，国外十几家电视机构加盟，社会各界名流乐此不辞，企业单位慷慨解囊，实现了社会效益与经济效益的双赢。

“六一”晚会剧照

《2000年全国大专辩论会》

2000年全国大专辩论会经过预赛，选拔出武汉大学、中国科技大学、中国青年政治学院、中国政法大学、西安交通大学、电子科技大学等6支代表队，并与特邀的香港中文大学和东吴大学代表队一并于8月6日至10日在北京举行了复赛和决赛。经过了5天的激烈角逐，武汉大学代表队力克群雄，夺得冠军。本次辩论会的规模为历届之最。辩题内容的生活化、现实化，将公众话题引入辩论会，成为本届辩论会最引人注目的特点。比赛规则的创新是本届辩论会的另一突出特点。为使比赛更加精彩，本次辩论会减论增辩，设立攻辩环节，增加观众提问，场上场下互动，气氛更加激烈。本次辩论会倡导一种儒雅机智、轻松幽默的辩风，使得比赛中辩手掉书袋的方巾气大大减少,幽默智慧之光不断闪现。本次辩论会共进行了 8 场比赛,其中包括 4 场复赛、2 场半决赛、1 场决赛和 1 场由每队各出一人组队的趣味友谊赛。2000 年 8 月 14 日至 21 日 23:10 在第一套节目播出,每场时长 50 分钟。

《"金童奖"颁奖典礼》

2000 年 12 月 9 日至 11 日,第五届全国电视"金童奖"颁奖典礼暨研讨会在大连隆重举行。此届"金童奖"颁奖典礼是历届中惟一一次在外地进行现场直播的。为了成功地直播好 20 世纪最后一台少儿晚会,在创作上注重新的突破,既突出颁奖的典礼仪式,又打破常规的程序式;既突出政府奖的庄重性,又不失儿童节目的情趣性;既突出节目的艺术欣赏性,又注重场内外的互动性;既突出本届"金童奖"的特点与水平,又回眸了 20 世纪少儿电视的发展历程,憧憬美好的未来。12 月 10 日晚 8 时,在第三套节目成功地直播了这次颁奖典礼,时长 90 分钟。

央视国际网络

一、综　　述

央视国际网络（www.cctv.com）的前身为中央电视台国际互联网站。1996 年 12 月建立并试运行，是我国最早发布中文信息的网站之一，其定位为“以信息服务为主的综合媒体网站”。1999 年 1 月 1 日网站全面改版正式运行对外发布；2000 年 12 月 26 日中央电视台网站更名为“央视国际网络”，简称“央视国际”。

作为一种新的媒体形式，央视国际充分利用中央电视台品牌优势和丰富的节目资源，把网络节目从单纯的电视节目翻版，变为以新闻为主打，以娱乐为特色的节目；把节目内容从单一的新闻频道发展成全方位的综合信息服务频道；带宽从建站初期的 2 兆到后来使用的 10 兆、20 兆，直到今天的 100 兆，实现了服务器托管，保证信息更新速度，增强了服务功能，强调互动特色，使央视国际跻身于国内最受欢迎的站点的前列。现在，网站日均更新页面 2500 页；日均访问人次为 45 万（User sessions）；日均页面浏览量为 168 万（Pageviews）；日均点击量为 2400 万（Hits）。目前网站拥有网页浏览、电子信箱、在线投票、在线主持以及在线订阅等多种技术能力，并提供 REAL 及 Win-media 格式的视频点播功能。网站访问量稳步上升。详见下列图表。

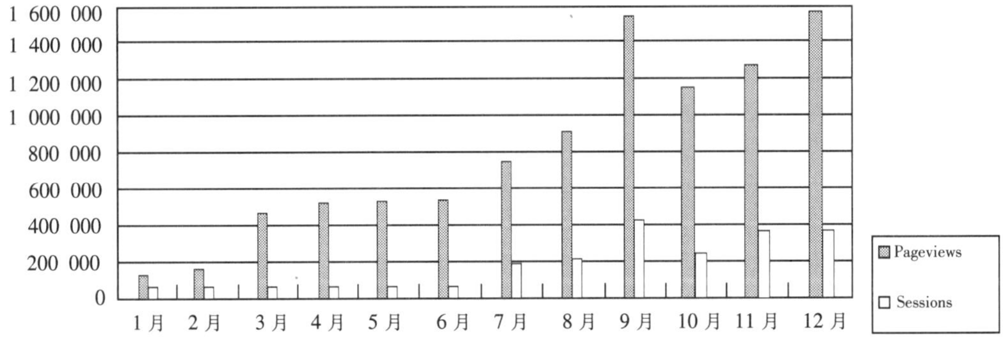

2000 年（1～12 月份）日均访问量统计数据

项目＼月份	1月	2月	3月	4月	5月	6月	7月	8月	9月	10月	11月	12月
Hits	2 982 327	4 260 469	4 742 152	5 945 365	6 428 802	6 428 799	11 241 148	9 707 766	17 814 870	11 122 745	12 670 697	19 151 122
Pageviews	118 517	169 311	468 352	540 270	551 476	551 573	709 288	911 386	1 570 618	1 158 858	1 267 291	1 579 249
Sessions	43 706	62 436	74 984	81 838	87 931	87 929	180 237	223 163	505 250	309 620	360 913	381 917

央视国际的发展方向：以新闻、娱乐为重点的宽带互动多媒体网站。

央视国际的奋斗目标：办一流网站，创国际品牌。

央视国际的注册域名：www.cctv.com 与 www.cctv.com.cn

央视国际的 LOGO 为 CCTV.COM 央视国际

二、网　站　宣　传

(一)坚持正确舆论导向,准确宣传中央精神

2000年,央视国际网络全体员工认真学习和领会中央精神,把握正确的舆论导向和报道尺度,充分发挥网络的宣传功能,制作了《江泽民主席出席千年首脑会议》、《朱总理访问日韩》、《宗教与和平统一》、《学习五中全会精神》、《2000年两会专辑》、《中国人权发展记录》、《成克杰受贿案》、《禁毒专辑》、《朝鲜南北会谈》、《纪念志愿军赴朝参战50周年》、《西部大开发》、《关注台湾　期盼统一》、《揭露"法轮功"真相》、《申办奥运》等近30个大型专题。特别是以"背景资料"、"新闻评论"、"最新新闻"等详尽资料深刻揭露"法轮功"及"台独"的丑恶嘴脸与危害,多角度、全方位阐述党和政府的严正立场,取得较好的宣传效果。广大网友特别是海外华人华侨纷纷通过电子邮件、电话等方式表示支持,同时也对中央电视台网站快速、真实的报道予以肯定,网站成为我国对外宣传的重要窗口。

(二)加强对外宣传,扩大网站影响

"家事、国事、天下事,点击央视!"——这是全体央视国际工作人员的心愿,也表达了广大网友对网站的支持与厚爱。各级领导一直关怀央视国际网络的建设与发展,中宣部部长丁关根、国务院新闻办公室主任赵启正等领导多次视察网站,对网站的迅速发展表示祝贺。

2000年10月初,中央电视台网站被正式划入国家6大重点网站。同年12月26日,中央电视台网站举行隆重的挂牌仪式,正式更名为"央视国际网络",简称"央视国际"。国务院新闻办副主任杨正泉、国家广电总局副局长李东生、中央电视台台长赵化勇出席"央视国际网络"挂牌仪式并讲话。从网上调查情况看,网友对这次改版基本认同。其中,有65%的网友认为"非常好"和"比较满意"。据历次中国互联网中心(CNNIC)测评报告显示:中央电视台网站列媒体类网站排名第一。

(三)发挥频道优势,增强视频特点

网站现设新闻、电视指南、体育、财经、文娱、科技、生活、视听在线、英语9个频道。目前,已经上网的电视栏目将近40个,其中包括一些名牌栏目,如《焦点访谈》、《实话实说》、《足球之夜》、《中国报道》、《今日说法》、《海峡两岸》等等,基本体现了中央电视台节目的整体风貌。网站还通过综合查询、邮件订阅、网上调查、网上购物等形式提供包括医疗信息、节目预告、出行参考等服务内容。网站新闻内容随时更新,《新闻联播》、《新闻30分》、《晚间新闻》栏目与电视同步在网上直播。中央电视台第四套、第九套电视节目通过合作方式也已经在美国实现网上直播。

新闻频道

包括《中国新闻》、《国际新闻》、《财经新闻》、《体育新闻》、《文娱新闻》、《地方新闻》、《图片新闻》、《音视频新闻》、《网站专稿》和《热点新闻专题》等,充分体现网络快速、海量的特点,实现了24小时滚动更新发布,每天更新各类新闻约1000余条。为了适应网站内容的竞争和网友的要求,特开辟了网站专稿区,收集了中央电视台驻世界各地记者站采写的稿件和网站特约采写的稿件,以独特的魅力吸引网民。音、视频新闻的大量采用,充分发挥了中央电视台电视媒体的优势,其中《新闻联播》、《午间30分》、《晚间新闻》、《直播中国》等栏目实现了网络直播,受到广大华人华侨的喜爱,扩大了宣传效果。

电视指南频道

设有《荧屏导视》、《近期影视动态》、《电影空间》、《电视剧介绍》、《主持人》、《电视时间表》、《CCTV介绍》等栏目,频道的服务功能逐渐增强。其中,"网上订

阅电视节目时间表"受到广大网友特别是海外网友的一致好评,目前,订阅用户已达6万多人。为了更好地服务于网友,我们和台里有关部门建立联系,迅速拓展了信息来源渠道,目前约有近20个部门定期供稿,除简单的节目介绍外,还荟萃了幕后花絮、相关评论、精彩剧照等内容,并视情况制作相应的视频片段,给观众收看电视节目提供更好的导视服务。另外,还利用其他信息来源,尝试推荐地方台优秀电视节目,努力保证观众及时获取电视节目播出信息,保障重大、优秀节目不漏报。与此同时,配合电视栏目组,制作了《高朋满座》、《"中国西部论坛"调查》、《西部找水特别节目》等专辑,在网络与电视节目的互动方面迈出了可喜的一步。

2000年11月,央视岁末大餐——60集香港电视剧《开创世纪》登场。电视指南频道提前半月制作了相应专辑,设有明星档案、动态花絮、精彩剧照、在线视听、在线调查、网友点评等内容,发挥网络迅捷、交互性好的优势,全方位、立体式介绍该剧,探索一条有别于传统媒体推广影视剧的路子。由于更新快,内容丰富、独到,收到良好效果,不少网站和报纸转载或引用了该专辑的部分内容。

电视指南频道还附带有其他一些与电视相关的服务,例如紧密联系网友与CCTV的纽带——《点评CCTV》节目。2000年12月,强力推出同台办室合作的《CCTV动态》亮相,有重大报道快讯、屏后纪事、节目获奖信息、精彩视频等内容,宣传优秀电视人和幕后花絮等,使观众能够深入了解中央电视台。

体育频道

作为央视国际的一个重要组成部分,访问量一直位居网站前列。体育频道在配合体育节目中心重大宣传任务的同时,还推出了有网络特色的栏目,如:《特约评论》、《精彩视频》、《网友评论》、《体育影集》和《戏说体育圈》等。

《特约评论》是央视国际体育频道第一个以原创作品为主要特色的栏目,所聘特约评论员都为国内体育评论界著名人士,他们在本网站所发评论在体育界有很大影响。《精彩视频》是发挥央视国际视频优势的一个栏目,本栏目为方便网友在窄带情况下能看到视频片断,专门为网友提供可以下载收看的视频格式。2000年奥运会及2000年亚洲杯期间的视频作为独家报道,一直吸引着国内外成千上万的网友。《网友评论》是与《特约评论》相互补充的栏目,本栏目开办以来,每天收到网友发来的评论几十条,可以发表在本栏目上的文章五六篇。《体育影集》是把体育方面的照片分类整理展现给网友,现在有"巨人舞台"、"网坛英豪"、"铿锵玫瑰"、"小球风采"等集子。《戏说体育圈》是有专栏特色的评论栏目,作者的风趣幽默,深受网友喜爱。

2000年,体育频道还与电视互动,推出了"欧洲足球锦标赛"、"奥运专辑"、"亚洲杯专辑"等大型网上专辑,在网络界引起强烈反响。

财经频道

设《财经新闻》、《证券时间》和《证券之夜》等栏目。

文娱频道

文娱频道页面颜色设计采用国际流行色,整体框架结构简洁,脉络清晰,内容丰富,信息量大,栏目极具个性化。目前中央电视台文艺栏目在网站上网数目已增至8个,即《综艺大观》、《旋转舞台》、《演艺网站》、《同一首歌》、《艺术人生》、《电视诗歌散文》、《欢聚一堂》、《曲苑杂坛》;同时网站编辑又自行策划了《明星新干线》、《流行音乐》、《影视撷英》、《才艺展示》、《央视歌曲库》、《央视流行音乐榜》、《影音评论区》等7个栏目,在第一时间内向网民全面介绍国内娱乐资讯。频道栏目内容的更新次数为每周1次,更新文字量在10万字左右,还包括上百张图片以及大量的音视频节目。

科技频道

设《科技新闻》、《科技博览》、《走近科学》栏目。

生活频道

生活频道以"追求时尚品味,引导健康生活"为频道宗旨,为网友提供了全面周到的生活相关服务。下设《品味时尚》、《健康养生》、《生活百科》、《旅游天地》、《美食天下》及《网友园地》几个栏目。

《品味时尚》分成《时尚家居》、《时尚服饰》、《时尚人物》、《时尚报播》、《妆点时尚》、《时尚话题》等小栏目,将该栏目办成既充分体现流行趋势又不失中央台大台风范的高品质生活类栏目。《健康养生》满足人民群众强身健体的愿望及治病防病的要求,向广大网民介绍各种健康养生的方法及食品,并努力把最好的医院、最好的医生、最好的疗法、最好的药品、最好的康复锻炼方法告诉网友。《生活百科》分成《家庭投资指南》、《生活传真》、《生活常识》、《帮助平台》几个小栏目,帮助网民解决生活中所遇到的一些问题,引导网民如何赚钱如何花钱。《旅游天地》分成《神游八方》、《旅行用品》、《旅行文化》、《旅行常识》等几个小栏目,在从地理知识的角度入手介绍中国的山川河流、沙漠森林、高原平地,中国的海疆地域、行政区划、城市的兴衰,中国气候变化、成因及自然灾害等状况的同时,强调服务功能,运用各种视听手段,拓宽观众视野,开发旅游资源,同时又不乏适当的文化内涵。《美食天下》分成《快乐厨房》、《饮食文化》、《到哪去吃》等几个小栏目，介绍各种菜肴的制作方法及如何营养饮食，同时介绍中西饮食文化及全国著名食府。《网友园地》将征集来的文章、照片及视频归类后发表于此。自春节前《网友园地》板块正式运行以来，已举办了“新年祝语”、“回家过年”、“寄情情人节”等主题征文，收到数百份网友投稿。

视听在线频道

视听在线是综合多媒体频道，集合了中央电视台网站的音视频节目。下设《在线直播》、《新闻视听》、《文艺娱乐》、《生活服务》、《体育健身》、《后台写真》、《律动空间》、《教育科技》等栏目。

英语频道

英语频道是外国人士了解我国最新发展状况、了解相关政策信息的窗口，目前以新闻为主。

(四)依托电视媒体，实现网络互动

网络相比于电视，有自由交互信息、空间无限等优势，央视国际在配合台内的重大宣传报道上，推出一系列的网上专辑，进一步树立网站形象。

奥运会专辑

奥运会期间我们派出两名网站编辑赴悉尼，在中央电视台前方报道团的支持下，及时报道了此次奥运会的盛况。网站非常注重比赛及中央电视台播出信息的及时发布，为了突出央视国际的特点，体育频道专门设置了独家音视频报道。奥运期间网站体育频道、“悉尼2000奥运专辑”分别发布了67条音、视频报道；图片新闻300余条，前方记者发回的第一手图片有100余幅，专稿17篇。9月14日推出的网上调查“预测中国队在悉尼奥运会上的成绩“，共有27万多人参与调查。网站的努力得到了网友的认可，受到广泛关注：奥运会期间日均点击量突破2000万；日均页面浏览达197万；日均访问人次达48.7万。

《东方时空》特别节目

在《东方时空》栏目成立7周年时，我们将电视和互联网的优势结合起来，实现了网友、观众、主持人的互动交流。网友对此次活动给予了热情的关注和支持，上贴文章2270篇(平均4秒钟一篇)，约有3860人次收听网上音频直播，访问人数为21268人次(session)。这是一次可喜的尝试，一方面，网络的参与克服了电视以往单向传输方式的局限，为电视节目提供了新的表现形式，观众的参与性也大大提高；另一方面，电视的加盟又为网络互动提供更为强势的表现舞台，可谓“双赢”。

《东方时空》特别节目创作人员合影

《经济半小时》特别节目

为配合《经济半小时》栏目主办的“CCTV2000经济年度人物评选”活动，央视国际专门制作了网上推介专辑。在短短的20多天时间里，参与投票活动的网友总数已突破123.67万人次。创下了国内各网站单项活动投票总数的最高纪录。同时，网友还对参选的人物进行了犀利、精辟的评价，为节目的制作提供了丰富的素材。活动的策划也充分吸取了网友的意见和建议，使本次活动更加了解群众的呼声，更能反映民意。在活动揭晓之际，我们特邀了两名当选的“年度人物”青岛啤酒集团总经理彭作义、金山集团董事长求伯君在颁奖晚会现场做客央视国际的《在线主持》，与广大网友畅谈新世纪、新经济，回答了网友的问题。通过网络与电视的互动，大大增强了活动的影响力，充分调动了各企业以及广大观众的积极性。使本次活动成为电视节目与网络互动的成功典范。

(五)塑造网络品牌，拓展央视资源

2000年，央视国际在网上音视频节目直播、网络节目与传统节目互动、网上互动直播，在线主持、网上记者招待会等方面做了许多有益的尝试，取得了良好的效果。目前，网站的访问量以每月30%的速度递增。

在线主持

网站大胆创新，推出每周一期的《在线主持》栏目，每周根据网友需求，请电视台的主持及编导与网友交流。改变了目前大多数网站无主题的聊天方式，并且严格管理，成为越来越多的网友周末休闲的一方净土，

访问量稳步攀升，逐渐成为央视国际的名牌栏目。

心脏搭桥手术

4月21日，网站与北京阜外医院合作，网上直播“心脏开心搭桥手术”，取得很好的社会反响。各大媒体争相报道，《北京青年报》用“明天直播我的心”的显著标题和大半个版面加以报道，许多医院与网站联系要求现场观摩。

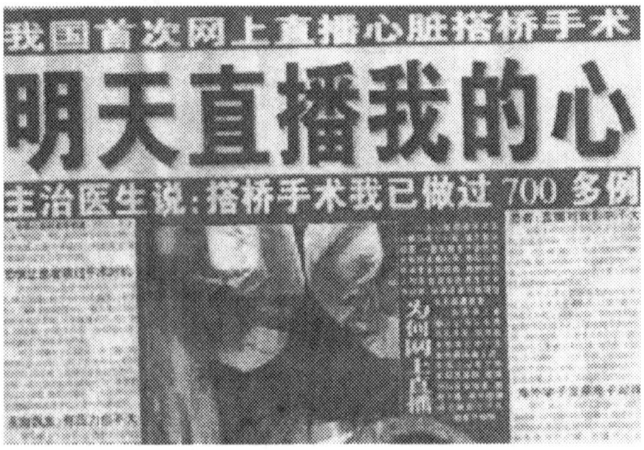
我国首次网上直播心脏搭桥手术
明天直播我的心
主治医生说：搭桥手术我已做过700多例
为何网上直播

网上记者招待会

2000年9月2日，为配合江泽民主席访美和“中华文化美国行”活动，中央电视台网站举办我国第一次网上记者招待会，邀请驻联合国的副代表沈国放、驻美公使刘晓明分别在华盛顿和纽约回答北京主要中央媒体记者的问题。网上直播了这次记者招待会，取得了良好的宣传效果。

网上记者招待会

珠海航展

“珠海航展”期间，网站派出自己的网络主持人，采用国内首次纯网络视频互动直播的方式，就网民提出的问题，现场音视频直播，受到网民的欢迎。仅11月6日珠海航展开幕式，网友共发2523个帖子，在线人次数达4403，共有20691人次通过网上视频直播观看开幕式的盛况。这说明，网络与电视互动这种方式深受网友喜爱。

世纪神州游

2001年元旦晚会上，为了提高电视节目的互动性，让更多的观众参与到电视节目中来，央视国际策划并推出了《世纪神州游》大型网络游戏，并连续开通10小时主题为“我的新世纪梦想”的在线主持，成功地配合了中央电视台新年《新世纪》节目的直播。

三、网　站　建　设

（一）2000年技术能力上了新台阶

2000年网站在技术系统建设上有了一个质的飞跃。在近4个月的时间内，网站技术系统克服了人员少、时间紧、系统规模大、技术条件复杂等多方面的困难，经过调研、方案设计、技术论证、设备选型、系统开发、设备安装及网络调试等大量的工作后，网站制作中心及信息发布中心于8月20日正式投入使用，其中信息发布中心托管到中国电信的托管中心，出口带宽扩容到100兆。系统建设顺利、优质的完成，在技术上为网站的快速发展提供了基础保证。

建立了网站新闻制作与发布实时、动态、全自动系统，建立了基于ORACLE数据库的信息存储、查询、用户信息注册、在线投票等功能，建立了用户访问负载均衡功能，建立了功能完备的BBS系统，建立了邮件列表系统，建立了视音频发布系统等。2000年的技术建设使网站在信息内容、响应速度、系统服务功能、视音频处理能力及效果上有了很大提高。

日均总页面更新量为2500页，每日在线视频直播新闻类节目长度总计为100分钟（未包括重大事件及大型宣传活动直播）。每日点播视音频节目制作长度总计为200分钟。网站访问响应速度平均5～10秒，访问高峰期平均为30秒。同期还完成了网站的综合布线工程及视频机房搭建工程。

(二)为网站正常运行保驾护航

技术部门经过与编播部门多次交流、反复修改,开发出友好的节目录入界面,为各频道的改版搭好了后台。在应用开发方面技术人员也下了很大的功夫,如开发出多种投票程序,特别是对在线主持系统的应用,为确保安全,设计出二次提交的发布形式,有效地控制网友帖子的质量。

在日常的页面设计、技术制作方面,技术部门保持网站形象的统一、鲜明,利用有限的网络条件和网络资源,通过合理配置,在保证下载速度的前提下尽可能地使页面表现形式多样化,保证页面质量的优质性。9月至12月,在时间短、任务重、压力大的情况下出色地完成了新闻、电视指南、文娱、生活、视听在线等频道的改版工作。

技术支持部门从多方面提供给网站及节目部门各种具体的技术支持与技术应用服务,多次配合节目部门进行远程的节目制作与传输。

网站机房

四、2000年央视国际网络大事记

3月20日

经台分党组决定,成立网络事业发展部筹备组。

4月26日

发挥网络互动性的特点,以《东方时空》七周年特别节目为契机,首次直接参与电视节目制作。

8月2日

网站首次派出网络记者,对"张健横渡渤海"进行跟踪采访。

8月20日

网站启用新平台,服务器实现中国电信托管,带宽增加到100兆。

9月1日

中央书记处书记、中宣部部长丁关根听取中央电视台网站汇报,中央电视台网站正式被划入国家6大重点网站。

9月5日

网站与国内网络界首次举行"网上记者招待会",邀请沈国放大使、刘晓明公使网上回答记者提问。

9月15日～10月12日

网站推出"奥运专辑",及时、全面地报道了悉尼奥运会盛况,受到广泛关注。

9月22日

网站创国内网络先河,首次举行(北京—悉尼)异地《在线主持》节目,在悉尼演播室邀请马国力与国内网友聊奥运。

12月26日

中央电视台网站正式更名为"央视国际网络",并正式启动新首页。

12月31日

央视国际网络与2001年《新世纪》大型元旦直播节目组合作,推出《世纪神州游》互动游戏。

(网络宣传部供稿)

获奖·表彰

一、新 闻 类

第十届(2000年)中国新闻奖中央电视台获奖名录

特别奖

国庆50周年电视现场直播(新闻节目中心)

一等奖

“吉烟”现象(《焦点访谈》王文雁、张林刚)

北约空袭南联盟系列报道(顾玉龙、孙平等)

二等奖

事实证明:李洪志既有病也吃药(王铁刚、李清波等)

《现在播报》(1999年9月21日)

第五届中国国际新闻奖中央电视台获奖名录

广播电视类

一等奖

从中美首脑会晤看中美关系(新闻节目中心胡向群、王同业、李晓明)

二等奖

不寻常的日本通常国会(新闻节目中心孙宝印、杨少波)

1999年度中国广播电视新闻奖中央电视台获奖名录

短消息类

一等奖

朱颖父亲痛悼女儿女婿(新闻节目中心)

二等奖

中美就中国加入世界贸易组织达成双边协议(新闻节目中心)

长消息类

一等奖

打着灯笼奔小康(河北电视台、中央电视台)

二等奖

病死鸡岂能当烧鸡(新闻节目中心)

三等奖

事实证明:李洪志既有病也吃药(新闻节目中心)

系列(连续)报道类

一等奖

南联盟科索沃危机系列报道(新闻节目中心)

三等奖

群众信得过的建房人——范玉恕

(天津电视台、中央电视台)

评论类

一等奖

“吉烟”现象(新闻节目中心)

二等奖

违法乱纪　乱收乱罚(新闻节目中心)

专题类

一等奖

面对歹徒(新闻节目中心)

新闻节目编排及现场直播类

特别奖

庆祝澳门回归电视直播报道(新闻节目中心)

国庆50周年电视直播报道(新闻节目中心)

二等奖

《新30分》(1999.5.9)

《现在播报》(1999.9.21)

1999年度中国广播电视社教节目奖中央电视台获奖名录

短片类

一等奖

亲历(一)——国歌奏响(新闻节目中心)

长片类

一等奖

老夫老妻(社教节目中心)

三等奖

我是巴西的儿子,我以世界的名义——访阿维兰热(体育节目中心)

栏目类

一等奖

《今日说法》(1999.6.19)(社教节目中心)

二等奖

《半边天》(1999.9.23)(社教节目中心)

经济节目类

特别奖

为了绿色家园——1999世界环境日特别报道(广告经济信息中心)

二等奖

中关村缺什么

三等奖

《商务电视》(1999.8.24)

目击中美世贸谈判

科教节目类

一等奖

永远的探索者——达·芬奇与爱因斯坦

二等奖

《走近科学》(第226期)(社教节目中心)

《希望——英语杂志》(1999.9)

三等奖

森林:人类的摇篮(1999.6.4)

《天天饮食》(第41集:绣球薯圆)

《澳洲之旅》(第22集:牧场赶牛)

让生命永存——生物多样性保护与可持续发展(北京科学教育电影制片厂)

系列片类

特别奖

新中国(新闻节目中心)

第十届(2000年)宣传人民代表大会制度好新闻奖中央电视台获奖名录

一等奖

吴瑞林代表在人大主席团会议上的两次发言(林键、

李东、陈晓斌）

二等奖
全国人大常委会关于修改公路法的决定草案未获通过（林键、冯卓、胡玮、李东）

三等奖
八十岁人大代表张仲礼 8 次向大会提交一号议案（孔琳琳、刘沙）

第九届宣传中国共产党领导的多党合作和政治协商制度好新闻奖中央电视台获奖名录

一等奖
朱镕基看望政协经济界委员并听取委员的意见和建议（骆红、邢栋、王纯星）
庆祝中国人民政治协商会议成立 50 周年大会在京举行（王连生、申家安、汪保国、邓睿）

二等奖
拳拳报国心，浓浓协商情（穆莉、粟国祥、李春波、骆红、阎洪）
梦里回故乡（孔琳琳、刘沙）
国运兴衰，教育为本（孙杰、武伟、项飞、孙树文、刘美佳、促伟林）

三等奖
政协提案组成了新闻富矿（刘弋、杨泽）

1999 年“中国彩虹奖”中央电视台获奖名录

新闻类

一等奖
民众评说“两国论”
驻南使馆烈士遗体回国

二等奖
名牌大学成为农民旅游观光的新选择
何厚铧专访

三等奖
“财富”关注中国
’99 两岸暨亚洲经济展望
台湾9·21 大地震两岸寻亲热线特别节目
安徽省五河县张圩村民主选举村委会主任

专题类

特别奖
两岸风云

一等奖
十一世班禅
伙伴（广西电视台、浙江电视台、中央电视台）

二等奖
罗汉传奇
秦始皇兵马俑
四姐（湖北经济电视台、中央电视台）
算盘收藏家——陈宝定
中国体操王子李宁

三等奖
中国邪教“法轮功”
人间仙境黄山游
穿越大峡谷
红色坡鹿（海南电视台、中央电视台）
绿色的呼唤——’99 昆明世博会侧记（云南电视台、中央电视台）
村官、村民、村事
马勺李——社会马勺艺术家李继友

文艺类

一等奖
《欢聚一堂》特别节目：西藏民主改革 40 周年文艺晚会——雪域欢歌

三等奖
在她寂寞的世界里

参加颁奖典礼的获奖代表

第六届(2000年度)
中国人口新闻奖
中央电视台获奖名录

特等奖

千秋大业——中国计划生育50年回眸(刘健、安奇志)

一等奖

中国计划生育的成功实施使60亿人口日推迟4年来临(孔琳)

面对艾滋病(刘凤琴、田喆)

为了未来的母亲(马琳、杨健、张敏、李岳松、白墨、龙配合)

萨迪克访华(韩玉萍)

二等奖

60亿人口纪念大会(姚俊英)

安全套安全吗?(翟欣生、周炜)

社会化养老(张翎、韩玉萍)

注目惠安女(樊蔚泉、卢小凡、付恺)

第六届(1999年度)
“五四”新闻奖
中央电视台获奖名录

特别奖

李大钊(上、下集)(社教节目中心阎东)

一等奖

青年文明社区大有可为(中央电视台刘京山)

加入中国共产党成为当代大学生的崇高追求(中央电视台陈征等)

青春中国(六集电视系列片)(中央电视台潘超、徐彬)

二等奖

社会联动为中国少年雏鹰争章开辟新天地(中央电视台孔琳琳、于志辉)

第六届“科星”新闻奖
中央电视台获奖名录

一等奖

展望21世纪的科学
——6位诺贝尔奖获得者与优秀青年学者共话未来(社教节目中心王宝安)

“辽宁古盗鸟”化石回国(社教节目中心黄虹)

二等奖

中国院士(系列片)(《走近科学》人物组)

中国的植物王国——中科院12个植物园(系列片)(社教节目中心孙素萍、李萍、车爱琳、王晓斌、梁栋、李民、樊金晖、周俊)

释放科技巨能——院士与企业家对话(李强、李彦庭、李萍)

诺贝尔奖离我们有多远(新闻评论部罗芳华)

三等奖

中科院启动“西部行动计划”(海外节目中心李德琼)

新中国科技50年(系列)(《科技博览》)

穿越大峡谷(张军)

国家重点开放实验室(系列)(社教节目中心李萍、刘民朝、杜长彬、刑增福、张茂西、高慧芬)

中国科学家对“天体大十字”作出科学解释(海外节目中心李峰、于志辉)

“丰产”奖

《走近科学》栏目(社教节目中心)

1999年度全国社会治安综合治理好新闻中央电视台获奖名录

一等奖

山东东营:油地共建保治安(陈杰、武伟、仲伟林、陈雷、李景芳、冯建义)

回家(朱凌、刘澄宇、肖晓琳)

二等奖

小偷现形记(黄智、许可、王丹)

作恶难逃(叶晓林、赵丰)

三等奖

湖北警方打拐纪实(陈耀文、谢子猛)

如此"硕鼠"(钱蔚、何淑文、张国飞、撒贝宁)

第五届"金盾文化工程奖"中央电视台获奖名录

一等奖

给报案人一个说法(专题部黄灿红、云南省公安厅薛跃)

百姓爱戴的民警(徐榕、张利)

中国展开全境范围内的追捕逃犯行动(殷捷、章林)

二等奖

反盗猎并非最后行动(陈响园)

中国实施警务公开制度(海外节目中心刘伟民)

不变的誓言(武伟、陈雷)

三等奖

现场目击(陈杰、陈雷、杜宏彬)

陕西盗墓疯狂(系列)(刘君、王鹏)

第二届(1997年~2000年)中央新闻单位"扫黄""打非"宣传报道工作奖中央电视台获奖名录

优秀单位

中央电视台新闻节目中心社会新闻部二组

中央电视台《焦点访谈》节目组

先进个人

陈雷(社会新闻部二组)

喻晓轩(《焦点访谈》节目组)

特别奖

盗版工具书:危害多多(陈雷)

"法轮功"非法出版的背后(包军昊、王同业、郭峰)

新闻优秀奖

打盗版,端窝点(孟克、朱帮录)

走私电影走上银幕(范本吉、康锐)

"打拐"专项斗争金盾新闻特别奖中央电视台获奖名录

电视新闻类

北京首例DNA比对成功(陈雷)

屈辱十三载终朝被解救(陈杰、武伟、李克明)

河南集中送返被拐卖妇女儿童(河南省公安厅邓克辉、中央电视台翟旗)

被拐少女服毒自杀,买主反得村民同情(黄智、胡海宁)

被解救女教师起诉人贩子(翟旗、王鹏、宋晶、李克明)

电视专题类

中国"打拐"记录之一(何淑文)

中国"打拐"记录之二(王冬玲)

第二届民族好新闻中央电视台获奖名录

特别奖

塞上春潮——中央代表团参加宁夏40年大庆纪实（专题）（新闻节目中心刘静、姜帆、顾朝安、高伟强）

一等奖

西藏民主改革40周年（系列报道）（新闻节目中心白玛央金、李玲等）

干净做人，勤恳干事——访国家民委主任李德洙（专访）（中央电视台刘静、刘萍、刘京山）

二等奖

团结进步齐发展《新闻评论》（中央电视台喻晓轩）

越来越多的少数民族有了自己的硕士和博士（消息）（中央电视台陈小梅）

守卫可可西里（专题）（中央电视台王承友、朱云）

三等奖

新疆阿勒泰：牧民定居御天灾（消息）（中央电视台白玛央金、王威）

今日班觉伦布村（消息）（中央电视台滕双双）

历史性的飞跃（专题）（中央电视台克明、焦建成、于红）

我国已形成完备的少数民族高等教育体系（消息）（中央电视台陈征、赵一民）

拉萨八廓街上的女老板们（特写）（海外节目中心孔琳琳、刘沙）

圣火燃亮地球之巅（专题）（体育节目中心张伟、赵晶、毕然、纪朝阳）

少数民族扶贫调查之七——怒江儿女（专题）（社教节目中心克明）

优秀编辑奖

刘静、克明

第十届（2000年）全国杜邦杯环境好新闻中央电视台获奖名录

一等奖

第八次沙尘暴组合报道（新闻节目中心周立婕、刑颖宏、盛云、孟立为、杨建民、戴峰）

二等奖

保护野生动物“南方二号”行动（吴光秋、粟国祥、沈伟、周立婕）

三等奖

认识西部——西北的生态（社教节目中心杜岩、李国强）

首届党风廉政建设好新闻奖中央电视台获奖名录

特等奖

天网恢恢湛江特大走私受贿案查处记（一）

打私须反腐（二）（新闻节目中心赵微、杨再飞、朱邦录）

一等奖

部委违法更要查（广告经济信息中心石正茂、张雪梅、哈学胜、朱海峰）

二等奖

中央纪委查处辽宁卫生防疫站顶风违纪（武伟、李克明、张庆喜、仲伟林）

《东方之子》曹克明（上、下）（新闻节目中心张守荣、刘洪波）

绿色通道明查暗访（中央电视台陈杰、吴伟、克明、刘君、树文）

优秀奖

谁用公款建豪宅(中央电视台俞圣宏、王守城)

第四届韬奋新闻奖 中央电视台获奖名录

李挺(新闻节目中心)

二、文艺类

第二十届(1999年度) 全国电视剧“飞天奖” 中央电视台获奖名录

长篇电视剧

特别奖

钢铁是怎样炼成的　(深圳市委宣传部、中国国际电视总公司、中央电视台影视部)

西藏风云　(中央电视台影视部、西藏自治区党委宣传部)

中国命运的决战　(中国电视剧制作中心)

一等奖

开国领袖毛泽东　(中央电视台影视部)

突出重围　(中央电视台影视部、成都军区政治部电视艺术中心、重庆电视台)

二等奖

儿科医生　(中央电视台影视部、东西南北中电视制作联合体、武汉电视艺术中心、杨子江音像出版社、四川电视剧制作中心、上海永乐电影电视(集团)公司创新影视制作社、长春电视台电视剧部、广东电视剧制作中心)

红岩　(中央电视台影视部、北京文化艺术音像出版社、北京紫禁城影业公司、中国北方工业装备总公司、上海东方电视台)

兵谣　(中国电视剧制作中心、山东电影电视剧制作中心)

村主任李四平　(中央电视台影视部、枣庄电视台、山东电影电视剧制作中心)

黄土地、蓝土地　(天津市委宣传部、中央电视台影视部、天津电视台)

三等奖

家园　(广东省委宣传部、汕头市委市政府、广东电视台、中央电视台影视部)

苦泉纪事　(中央电视台影视部、宁夏回族自治区党委宣传部、宁夏回族自治区文化厅、宁夏回族自治区农建委)

光荣街十号　(辽宁电视台电视剧制作中心、中国文联影视中心、中央电视台影视部)

李克农　(中国电视剧制作中心、国安影视中心)

澳门的故事

钱塘人家　(浙江省电视剧制作中心、中央电视台影视部)

中篇电视剧

一等奖

嫂娘　(中央电视台影视部、中国国际总公司)

裂缝　(中国电视剧制作中心)

《嫂娘》剧照

二等奖

邓小平在1950年 （政协贵州省委员会、贵州省委宣传部、中央电视台影视部、贵州电视台、中国电影家协会、贵州电视剧制作中心）

开心就好 （中央电视台影视部、北京雅迪星影视文化有限公司）

大树临风 （中央电视台影视部、大同市委宣传部、大同有线电视台）

扶贫司令 （中央电视台影视部、湖南省委宣传部、湖南省军区、长沙电视台）

三等奖

黑嫂 （中央电视台影视部、哈尔滨马大哈文化艺术发展有限公司、黑龙江电影电视剧制作中心）

华丽瞬间 （中国电视剧制作中心、新疆维吾尔自治区党委宣传部、天山电影制片厂）

天边有个威海卫 （中央电视台影视部、威海市委宣传部、山东电影电视剧制作中心）

小城交警 （中央电视台影视部、辽宁电视剧制作中心、北京北斗文化发展有限公司）

一天零一夜 （中央电视台影视部、中国铁路文工团、黑龙江电影电视剧制作中心）

短篇电视剧

一等奖

有这样一个支部书记 （中央电视台影视部、哈尔滨电视台、淄博电视台）

二等奖

一个人的背影 （山东省委宣传部、中央电视台影视部、济宁市委宣传部、济宁电视台、山东电影电视剧制作中心）

秋落电话亭 （中国电视剧制作中心）

大女 （国家计划生育委员会、中央电视台影视部、太原电视台）

三等奖

希望的天空 （中央电视台、中国青少年发展基金会、黄石市委宣传部、共青团黄石市委、阳新县委）

好大一个家 （中央电视台影视部、荆州市委宣传部、湖北电影制片厂）

少儿连续剧

一等奖

小鬼鲁智胜 （中国电视剧制作中心）

二等奖

小萝卜头的故事 （中央电视台影视部、杭州电视台、贵阳电视台）

三等奖

翩翩小白鸽 （中央电视台、南京电视台、江苏飞天电视艺术中心、莱芜电视台）

今天我是升旗手 （中央电视台影视部、江苏电视台）

都市少年三部曲之一——月亮船 （中央电视台影视部、黑龙江省电视艺术家协会）

少儿短篇电视剧

二等奖

苹果青青 （中国电视剧制作中心）

三等奖

向日葵 （哈尔滨电视台、中央电视台影视部）

喊海 （浙江慈溪市广播电视台、宁波电视台电视剧制作中心、中央电视台影视部）

戏曲电视连续剧

三等奖

茶妹情 （浙江教育电视台、中央电视台影视部、杭州电视台）

三请樊梨花 （中央电视台影视部、辽宁电视台、吉林电视台）

戏曲短篇电视剧

二等奖

石龙湾 （山东省吕剧院、中央电视台影视部、山东电影电视剧制作中心）

三等奖

旋转的钞票 （中央电视台影视部、常德市鼎城区委区政府、潇湘电影制片厂）

冬暖夏凉 （吉林市电视台、中央电视台影视部、吉林省吉剧团）

系列剧奖

农家十二月　（中央电视台影视部、无锡中视影视基地股份有限公司、吉林省大地影视传播有限公司）

译制片奖

德伯韦尔家的苔丝　（中央电视台国际部）
呼啸山庄　（中央电视台国际部）
自由时光　（中央电视台国际部）
卡弥尔·克洛代(罗丹的情人)　（中央电视台国际部）
卡温顿城堡　（中央电视台国际部）

单项奖

优秀编剧奖:《开国领袖毛泽东》
编剧提名奖:《突出重围》
优秀导演奖:《钢铁是怎样炼成的》
导演提名奖:《突出重围》
《开国领袖毛泽东》
优秀摄像奖:《钢铁是怎样炼成的》
摄像提名奖:《嫂娘》
优秀美术奖:《嫂娘》
评委会特别美术奖:《钢铁是怎样炼成的》
优秀照明奖:《钢铁是怎样炼成的》
优秀剪辑奖:《开心就好》
剪辑提名奖:《突出重围》
优秀音乐奖:《钢铁是怎样炼成的》
音乐提名奖:《西藏风云》
优秀音响奖:《突出重围》
优秀男演员:唐国强　在《开国领袖毛泽东》中饰毛泽东
杜雨露　在《突出重围》中饰方英达(军长)
评委会特别奖:安德烈·萨米宁　在《钢铁是怎样炼成的》中饰保尔
优秀女演员:张小磊　在《儿科医生》饰周小蕙
宋　佳　在《嫂娘》中饰嫂娘
女演员提名奖:李　芮　在《有这样一个支部书记》中饰李淑梅
原　华　在《一年又一年》中饰徐平平
译制片配音女演员:廖　菁《德伯韦尔家的苔丝》、《呼啸山庄》

提名奖

红鹤　（河北电影制片厂、中央电视台影视部）
《西游记》续集　（中国电视剧制作中心）
老嘎包村记　（中央电视台影视部、大连电视台）
白领农民　（烟台市委宣传部、烟台电视台、中国国际电视总公司）
为了明天　（中央电视台影视部、浙江省关心下一代委员会、海盐电视台、浙江关心桥影视制作有限公司）
杨虎成的最后岁月　（贵阳市委宣传部、贵州电视剧制作中心、中央电视台影视部）
红翻绳　（中国电视剧制作中心）
活出个样儿　（中央电视台影视部、黄石市委宣传部、黄石铁山区委、黄石电视艺术中心）
人往高处走　（中央电视台影视部、荥阳市委市政府、河南电视台）

第十四届(1999年度)全国电视文艺“星光奖”中央电视台获奖名录

综艺节目(长)

[中直组]

特别奖

中央电视台2000年春节联欢晚会　（文艺节目中心）
祖国颂——庆祝中华人民共和国成立50周年大型文艺晚会　（中宣部、文化部、国家广播电影电视总局、解放军总政治部、北京市人民政府、中央电视台）
江山如此多娇——庆祝中华人民共和国成立50周年大型文艺晚会　（文艺节目中心）

一等奖

青春之歌——纪念“五四运动”80周年大型文艺晚会　（中宣部、教育部、文化部、国家广播电影电视总局、解放军总政治部、共青团中央、全国青联、中共北京市委、中央电视台）

二等奖

共有的家园——中国'99昆明世博会世博之夜文艺

晚会 （中央电视台、云南电视台）

世纪的春天——2000年军民迎新春文艺晚会 （全国双拥工作领导小组、民政部、国家广播电影电视总局、解放军总政治部、中央电视台）

祝福平安——2000年公安部春节联欢晚会 （公安部政治部、中央电视台）

三等奖

今夜月正圆——'99苏州乐园中秋晚会 （中央电视台、苏州市人民政府）

第八届中国电影金鸡百花电影节颁奖典礼 （中国文学艺术界联合会、中国电影家协会、沈阳市人民政府、中央电视台）

相逢2000年"天地人合"特别节目 （文艺节目中心）

这里通向世界——迎接万国邮政联盟大会文艺晚会 （第22届万国邮政联盟大会中国组委会、中央电视台）

大道行——庆祝人民政协成立50周年文艺晚会 （政协全国委员会办公厅、中央电视台）

情深谊长——中央电视台"心连心"艺术团赴云南演出实况 （中央电视台、云南省委宣传部、昆明市委市政府）

同心唱祖国——中央电视台"心连心"艺术团赴西藏慰问演出 （中央电视台、西藏电视台）

正大综艺——庆祝西藏民主改革40周年特别节目 （文艺节目中心）

［地方组］

一等奖

第十九届全国电视剧"飞天奖"颁奖典礼 （中央电视台、长沙电视台）

二等奖

世纪风——2000年中英双语元旦晚会 （中央电视台、上海电视台）

三等奖

难忘今宵在上海 （上海东方电视台、中视影视基地股份有限公司、中央电视台）

综艺节目(短)

［中直组］

二等奖

《综艺大观》(第180期) （文艺节目中心）

《正大综艺》——冰岛专辑 （文艺节目中心）

三等奖

《正大综艺》——保加利亚专辑 （文艺节目中心）

《正大综艺》——俄罗斯专辑 （文艺节目中心）

《正大综艺》——德国专辑 （文艺节目中心）

专题节目

［中直组］

一等奖

唐山皮影戏 （中央电视台、唐山电视台）

二等奖

祖国大地的儿子——作曲家李焕之 （文艺节目中心）

思念汇成一条河——纪念人民音乐家刘炽 （海外节目中心）

三等奖

《文化视点》——阅读澳门 （文艺节目中心）

《文化视点》世纪情怀——永远的冰心 （文艺节目中心）

《佳艺五线间》(2000年第5期) （文艺节目中心）

永恒的旋律 （文艺节目中心）

热爱生命 （文艺节目中心）

音乐桥——友谊的使者 （中央电视台）

传奇骆玉笙

乡下人——腾格尔 （中国国际电视总公司）

音乐节目

［中直组］

一等奖

中外艺术歌曲系列音乐会(1—4)

纪念黄河大合唱60周年音乐会 （文化部、中国文学艺术界联合会、中央电视台）

二等奖

中国心——迎接澳门回归祖国倒计时100天天安门广场大型音乐会 （共青团中央、全国青联、文化部、北京市人民政府、中央电视台）

同一首歌——相聚2000大型歌会　（中央电视台、中央人民广播电台、共青团北京市委）
在和谐的世界里——第六届国际童声合唱节　（海外节目中心）
音乐电视城(2000—1)　（文艺节目中心）

三等奖
龙年新春音乐会　（文艺节目中心）
CCTV——MTV1999音乐盛典　（文艺节目中心）
星光无限(7)——沱牌杯新人新作歌唱比赛　（中央电视台、北京晚报、北京青年报、北京达人文化传播）
中国音乐电视('99—10)　（文艺节目中心）
2000年北京新年音乐会　（北京市人民政府、文化部、国家广播电影电视总局、中央电视台）

音乐电视节目

[中直组]

一等奖
一千九百九十九个祝愿　（文艺节目中心）
五星红旗　（中央电视台、北京电视台、中国吉利集团、胜利油田电视台、重庆凯麒实业有限公司、北京富卓房地产开发有限公司）

二等奖
寻找青鸟　（战友歌舞团、中国广播电视学会电视音乐研究会、中央电视台）

三等奖
新中国　（中央电视台、荆州有线广播电视台）
万家灯火　（文艺节目中心）

[地方组]

一等奖
古丈茶歌　（河北电视台、长沙电视台、古丈县人民政府、中央电视台）

二等奖
天堂　（中视演艺中心、广东电视台、中央电视台）

三等奖
为祖国干杯　（天津电视台、中央电视台）
喜喜喜一九九九　（咸阳电视台、中央电视台）
跨越　（湖北稻花香集团、福建电视台、中央电视台）

歌舞节目

[中直组]

特别奖
56个祝福——2000年春节歌舞晚会　（文艺节目中心）
祝福你，祖国——首都各界庆祝建国50周年晚会　（中央电视台、北京电视台、首都国庆联欢晚会总指挥部）

一等奖
音乐家舞台文艺晚会　（中央电视台、奥地利国家电视台）
为中国喝彩——克里姆林宫大型音乐歌舞晚会　（中央电视台、上海东方电视台）

二等奖
《舞蹈世界》(5)　（文艺节目中心）
中华鼓舞　（海外节目中心）

三等奖
《东西南北中》——走进上海　（中央电视台、上海卫视）
《东西南北中》——走进河北　（中央电视台、河北电视台）

[地方组]

一等奖
首届上海国际艺术节开幕式暨大型服饰舞蹈《金舞银饰》　（文化部、中央电视台、上海东方电视台）

三等奖
跨越世纪——第四届全国城市运动会开幕式文艺表演　（陕西电视台、中央电视台）

戏曲节目

[中直组]

特别奖
中国京剧音配像精萃——《陈三两》、《柳荫记》、《碧

玉簪》、《赤壁之战》、《义侠记》　（天津市中华民族文化促进会、中央电视台）

盛世龙腾——2000年春节戏曲晚会　（文艺节目中心）

一等奖

迎接新世纪——新千年京剧晚会　（中宣部、文化部、国家广播电影电视总局、中共中央直属机关事务管理局、中央电视台）

庆祝新中国和人民政协成立50周年京剧和昆曲专场演出　（文艺节目中心）

二等奖

国庆50周年献礼剧目——新编历史京剧《贞观盛世》　（文艺节目中心）

'99中国地方戏曲名家名段演唱系列首场演出　（文艺节目中心）

三等奖

山西的梆子戏(上)

《九州戏苑》——三秦之声　（中央电视台、陕西电视台）

《九州戏苑》——菊苑百年情　（文艺节目中心）

国庆50周年献礼剧目——川剧《金子》　（文艺节目中心）

'99少儿京剧演唱会　（文艺节目中心）

豫剧《花木兰》　（中央电视台、河南电视台）

首届中国越剧艺术汇演展播闭幕演出——《玉簪记》　（中央电视台、上海东方电视台）

[地方组]

二等奖

齐鲁梨园春——纪念德艺双馨演员方荣翔戏曲晚会　（山东省委宣传部、山东省文化厅、山东省广播电视厅、大众日报社、中央电视台、山东电视台）

三等奖

《九州戏苑》——中州梨园景　（中央电视台、河南电视台）

曲艺杂技节目

二等奖

《曲苑杂坛》(第90期)

正月正——《曲苑杂坛》春节特别节目　（中央电视台、浙江电视台）

三等奖

2000年元旦相声小品晚会　（江苏林海集团、中国公共关系协会、中央电视台）

戏剧小品节目

三等奖

《戏剧天地》——西藏专辑　（中央电视台、西藏电视台）

阳光老人:老唐头当官　（中央电视台、哈尔滨日报报业集团）

文学节目

三等奖

写给秋天　（中央电视台）

文艺节目中心制作的《抗美援朝》剧照

广告奖

公益广告

二等奖

公共汽车篇　（中国国际电视总公司）

迎接澳门回归《朗诵篇》　（中央电视台、北京润达广告公司）

三等奖

迎接澳门回归《民族篇》　（中央电视台、北京利嘉辉煌广告公司）

拍手歌　（中央电视台、北京创意反省广告公司）

形象广告

一等奖

中央电视台第三套节目包装系列（文艺节目中心）
中央电视台第八套节目包装系列（文艺节目中心）

二等奖

演绎精彩，关注未来（中国国际电视总公司、北京未来广告公司）
南海影视城（中国国际电视总公司）
超越梦想（中国国际电视总公司、北京未来广告公司）

商品广告

三等奖

悦达汽车“芭蕾舞”（中国国际电视总公司）

广告单项奖

优秀制作：中央电视台第三套节目包装系列

单项奖

优秀音响：2000 年春节联欢晚会
优秀照明：2000 年春节联欢晚会

优秀栏目

欢聚一堂（海外节目中心）
美术星空（社教节目中心）
曲苑杂坛（文艺节目中心）
九州戏苑（文艺节目中心）
综艺大观（文艺节目中心）
正大综艺（文艺节目中心）
影视同期声（文艺节目中心）
电视诗歌散文（文艺节目中心）

第十八届（2000 年度）中国电视“金鹰奖”中央电视台获奖名录

电视剧类

长篇电视剧

最佳奖

钢铁是怎样炼成的（中央电视台、深圳宣传部、中国国际电视总公司）

优秀奖

开国领袖毛泽东（文艺节目中心）
突出重围（中央电视台、成都军区政治部电视艺术中心、重庆电视台）
中国命运的决战（中国电视剧制作中心）
大明宫词（无锡中视影视基地股份有限公司、中央电视台、中视冠华公司、北京荣信达影视艺术中心）
北京女人（中国国际文化艺术中心、北京金广广告公司、中央电视台、无锡中视影视基地股份有限公司）

中短篇电视剧

最佳奖

嫂娘（中央电视台、中国国际电视总公司）

优秀奖

邓小平在 1950 年（政协贵州省委员会、贵州省委宣传部、中央电视台、贵州电视台、中国电影家协会、贵州电视剧制作中心）
独立寒秋（中央电视台、淮北市委宣传部、滁州海顿国际大酒店）
天边有个威海卫（山东电影电视剧制作中心、中央电视台、威海市委宣传部）
今天我是升旗手（江苏电视台、中央电视台）
一天零一夜（中央电视台、中国铁路文工团、黑龙江电影电视剧制作中心）
大树临风（中央电视台、大同市委宣传部、大同有线电视台）

电视剧歌曲

观众最喜爱奖

《西藏风云》主题歌（中央电视台、西藏自治区委宣传部）

电视文艺类

电视文艺

最佳奖

2000 年春节联欢晚会（文艺节目中心）

优秀奖

同一首歌——相聚2000大型歌会
（文艺节目中心）
江山如此多娇——国庆50周年文艺晚会　（文艺节目中心）
上海、悉尼——2000年的跨越　（上海卫星电视中心、上海电视台、中央电视台）

音乐电视

最佳奖

爱我中华　（河北电视台、中央电视台、南宁市委宣传部）

优秀奖

永不分开，世界的爱　（文艺节目中心）
跨越九九　（文艺节目中心）

电视纪录片类

最佳奖

共和国外交风云　（中央电视台、中共国际电视总公司、派格影视文化公司）

优秀奖

新中国　（中央电视台、中央文献研究室、中央党史研究室、当代中国研究所）
最后的马邦　（中央电视台、云南电视台、云南红塔影视中心）
让生命永存——生物多样性保护与可持续发展
（国家科学技术部、中央电视台）

电视美术片类

最佳奖

西游记　（中央电视台、中国国际电视总公司）

优秀奖

蓝皮鼠和大脸猫　（中央电视台、深圳方块美术设计公司、北京智慧神图公司）

电视剧类

最佳导演：《钢铁是怎样炼成的》韩刚　嘉娜·沙哈提
最佳摄像：《大明宫词》曾念平　袁晓满　底津生
最佳照明：《大明宫词》王　浩　倪宗泽　董少松
最佳音乐：《嫂娘》赵季平
最佳录音：《突出重围》吴　昊　王邱钢　陈　力

特别美术奖：

《钢铁是怎样炼成的》谢尔盖·罗兹俄夫斯基

电视文艺类

最佳导演：《同一首歌》——相聚2000大型歌会孟欣
最佳照明：《中央电视台春节联欢晚会》袁　骏
最佳录音：《上海、悉尼——2000年的跨越》陶明成
最佳音乐电视创意：《永不分开，世界的爱》孟欣

电视纪录片类

最佳编导：《让生命永存——生物多样性保护与可持续发展》郭宝通、迟计、廖烨、孟传辉、李明伦
最佳摄像：郝耀骏、曹玮

电视美术片

最佳形象设计：《西游记》陈家奇
最佳音乐：《西游记》方兵

第八届（1999年度）全国少数民族题材电视艺术“骏马奖”中央电视台获奖名录

特别奖：

西藏风云　（中央电视台影视部）

一等奖

阿里山女儿　（山东省影视剧制作中心、中央电视台影视部）

二等奖

苦泉纪事　（中央电视台影视部、宁夏党委宣传部、文化厅、农建委）
我和小东　（中央电视台影视部、广西公安厅）

三等奖

啊，雀儿山　（中央电视台影视部、四川省电视台、四川省公安厅）
三请樊梨花　（中央电视台影视部、吉林省电视台、辽宁省电视台）

第七届全国农业电影电视“神农奖”中央电视台获奖名录

党员二愣妈　（中央电视台影视部、内蒙古电影剧制片厂）
嫂娘　（中国国际电视总公司、中央电视台影视部）
农家十二月　（中央电视台影视部）
村主任李四平　（中央电视台影视部、山东省影视中心）

《农家十二月》剧照

三、电影类

第二十届(1999年度)中国电影“金鸡奖”中央电视台获奖名录

最佳科教片奖
宇宙与人(科影厂、电影频道)

最佳科教片奖提名
新疆北鲵(科影厂)
简易无土栽培(科影厂)

第二十届(2000年度)中国电影“华表奖”中央电视台获奖名录

优秀科教片奖
征服病毒病(科影厂)
简易无土栽培(科影厂)
棉籽脱绒包衣(科影厂)

优秀美术片奖
猫咪小贝(中央电视台、科影厂)

第七届北京大学生电影节奖中央电视台获奖名录

科教片特别奖
宇宙与人(科影厂、电影频道)

第七届全国农业电影电视“神农奖”中央电视台获奖名录

科普类金奖
良种包衣(科影厂)

技术推广类银奖
暖棚养畜　(科影厂)

组委会特别奖

《田野》第 174 期

铜奖

"羊教授"扶贫记 （新影厂）

麋鹿回家

提名奖

村民档案 （新影厂）

四、综 合 类

2000 年中国广播电视学会播音学研究委员会第十二届优秀播音与主持作品奖中央电视台获奖名录

一等奖

老夫老妻(陈志峰) （社教节目中心）

二等奖

国企最大破产案(王志) （新闻节目中心）

《中国新闻》(卢琛) （新闻节目中心）

2000 年中国广播电视学会播音学研究委员会第十一届优秀播音与主持论文奖中央电视台获奖名录

一等奖

论我国电视新闻节目主持人的走向(纳森) （新闻节目中心）

二等奖

谈谈体育节目主持人(孙正平) （体育节目中心）

三等奖

浅谈如何做好行业类电视节目主持人(朱环) （广告经济信息中心）

第三届中国广播电视学会译制片奖中央电视台获奖名录

影视节目

一等奖

基督山伯爵

德伯韦尔家的苔丝

二等奖

远大前程

看得见风景的房间

代理总裁

待到重逢时

借来的情感

婚礼

三等奖

心感

梵高

父子情深

专题节目

一等奖

新好莱坞之前的先行者
人类的起源
探险之谜

二等奖
纪想的艺术——好莱坞特技 100 年
环球(第 35 期)
环球(第 17 期)法国专辑
综艺节目(第 342 期)
环球(第 268 期)

专题优秀栏目
环球

中国广播电视学会科教节目委员会全国科普教育类节目奖中央电视台获奖名录

科教类一等奖
盐荒地上绿色梦　　(科影厂)

科教类二等奖
夏洛来羊的杂交利用　　(科影厂)

优秀摄像奖
盐荒地上绿色梦　　(科影厂)

中国广播电视学会电视科技教育节目奖中央电视台获奖名录

栏目类一等奖
《走近科学》(2000－87)

科普类一等奖
认识西部

文化教育类一等奖
《龙腾千年》(上)

三等奖
希望—英语杂志

教学类二等奖
汽车维修技术(19)

特别节目类一等奖
《田野》特别节目

特别节目类二等奖
风云再起
新中国科技 50 年

优秀编辑奖
《走近科学》—斯蒂芬·霍金
《龙腾千年》(上)

优秀摄影奖
《田野》特别节目

中国广播电视学会老年节目奖中央电视台获奖名录

栏目一等奖
夕阳红

节目一等奖
敬老车的故事

2000 年首届国家音像制品奖中央电视台获奖名录

让生命永存——生物多样性保护与可持续发展
(科影厂)

第六届中国电视纪录片学术奖中央电视台获奖名录

长篇类一等奖

让生命永存——生物多样性保护与可持续发展（科影厂）

长篇最佳解说词奖

让生命永存——生物多样性保护与可持续发展（科影厂）

中国电视艺术家协会行业电视委员会第四届中国行业电视节目展评奖中央电视台获奖名录

专题长篇类二等奖

让生命永存——生物多样性保护与可持续发展（科影厂）

第五届全国少儿电视“金童奖”中央电视台获奖名录

动画片二等奖

小贝流浪记（科影厂）

第四届（2000年度）“地球奖”获得者

万昆　（新闻节目中心）

2000年广电总局电视节目技术质量奖中央电视台获奖名录

电视节目录制技术质量奖

新闻类二等奖

《新闻联播》　（张宝安、袁萍、金旭、张峻峰）

专题类二等奖

《中国风》——中国趣谈　（李宏海、李树站、叶红、高岩）

综合文体类一等奖

音乐家舞台文艺晚会　（李劲松、范凌桦、颜枫、沈志宏、陈明、赵伟、武晋生、陈辰）

电视剧类二等奖

澳门的故事（第10集）　（梁福臻、陈荫川、宋炜、韩立梅、郑军、陈刚、赵静、葛树文）

电视节目播出技术质量奖

二等奖

杨　建、李　键、黄建新、高海珠、陈明培、祥祖军、付力军、王　晟

电视节目视频图形制作技术质量奖

片头类一等奖

第三套节目包装系列　（冯炜思、周珏、国雯、董杰）

短片类一等奖

动画城虚拟演播室　（林伟、王大纲、孙晓丹、边志琨）

动画片类一等奖

世纪犬　（蔡启华、李丹、邢博钧、聂永达）

电视节目技术质量综合奖

中央电视台

2000 年中央电视台优秀栏目、优秀节目名录

一、优秀栏目

一等奖

新闻联播　（新闻节目中心）
焦点访谈　（新闻节目中心）
综艺大观　（文艺节目中心）
人与自然　（文艺节目中心）
英语新闻　（海外节目中心）
中国报道　（海外节目中心）
今日说法　（社教节目中心）
体育新闻　（体育节目中心）
大风车　（青少节目中心）
幸运 52　（广告经济信息中心）

二等奖

新闻 30 分　（新闻节目中心）
东方时空　（新闻节目中心）
军事报道　（新闻节目中心）
电视诗歌散文　（文艺节目中心）
影视同期声　（文艺节目中心）
新闻 60 分　（海外节目中心）
东方时尚　（海外节目中心）
科技博览　（社教节目中心）
夕阳红　（社教节目中心）
当代工人　（社教节目中心）
足球之夜　（体育节目中心）
康乐年华　（体育节目中心）
动画城　（青少节目中心）
东方儿童　（青少节目中心）
中国房产报道　（广告经济信息中心）
经济半小时　（广告经济信息中心）
生活　（广告经济信息中心）
电视你我他　（总编室）
纪录片之窗　（中央纪录新闻电影制片厂）
科教片之窗　（北京科学教育电影制片厂）

二、优秀节目

特别报道奖

元旦特别节目"相逢 2000"
第二十七届奥运会报道
2000 年三台春节晚会

一等奖

安徽农村税费改革系列报道　（新闻节目中心）
江泽民主席检阅全军科技练兵成果汇报演示　（新闻节目中心）
钱塘江潮直播　（新闻节目中心）
《实话实说》:对不起,老师　（新闻节目中心）
第九届全国青年电视歌手大奖赛　（文艺节目中心）
钢铁是怎样炼成的　（文艺节目中心）
《同一首歌》　（文艺节目中心）
《天涯共此时》特别节目"世纪圆梦"　（海外节目中心）
手拉手——跨越彩虹　（海外节目中心）
台湾百问　（海外节目中心）
为了九亿农民的健康　（社教节目中心）
百年中国　（社教节目中心）
中国骄傲(1—6 集)　（体育节目中心）
2000 年北京国际马拉松直播　（体育节目中心）
我们的世纪——2000 年"六一"国际儿童节 12 小时特别制作　（青少节目中心）
2000 年全国大专辩论会　（青少节目中心）
动感 2000　（广告经经信息中心）
2000 年十大百姓关心的生活话题　（广告经济信息中心）
半个世纪的回响　（中央新闻纪录电影制片厂）
《壮志凌云》　（中国电视剧制作中心）

二等奖

伟大的实践——深圳特区成立 20 周年系列报道　（新闻节目中心）
张健横渡渤海海峡　（新闻节目中心）
吃喝白条 40 万,镇政府吃垮小饭店　（新闻节目中心）
2000 年十大国际新闻　（新闻节目中心）
2000 年十大国内新闻　（新闻节目中心）
专题片:卢新瑞的幸福生活　（新闻节目中心）
圣城之争——耶路撒冷　（新闻节目中心）
《新闻调查》:贪官胡长清　（新闻节目中心）
可爱的中国——国庆晚会　（文艺节目中心）
《走进电视》(第 38 期)　（文艺节目中心）
正大综艺十周年特别节目　（文艺节目中心）

突出重围　（文艺节目中心）
鹿国一日——美籍华人聂华苓　（海外节目中心）
系列报道:李敖谈"一国两制"　（海外节目中心）
新闻特写:我们代表中国　（海外节目中心）
英语专题:敦煌古乐器的复活　（海外节目中心）
英语访谈节目:欧洲学者批美国人权观　（海外节目中心）
伟大的创造　（社教节目中心）
世界大科学家系列片　（社教节目中心）
历程　（社教节目中心）
"三八"特别节目　（社教节目中心）
世纪　（社教节目中心）
美能多体育大放送　（体育节目中心）
欧洲足球锦标赛　（体育节目中心）
人比牛疯狂(上、下)　（体育节目中心）
世界冰球C组锦标赛(中国队——匈牙利队)　（体育节目中心）
20 00/2001全国男蓝甲A联赛《世纪之战》　（体育节目中心）
金色梦想——第五届全国电视"金童奖"颁奖典礼　（青少节目中心）
《三星智力快车》(第25期)　（青少节目中心）
菲菲的行为　（青少节目中心）
歌声伴我世纪行　（青少节目中心）
新世纪的呼唤——2000年"三优"专题晚会　（青少节目中心）
《开心辞典》2000年第24期　（广告经济信息中心）
井深情浓—架金桥西部找水特别节目　（广告经济信息中心）
夫妻创业　（广告经济信息中心）
正视国际油价波动—"证券之夜"(9月26日节目)　（广告经济信息中心）
公益广告(广告经济信息中心)
女子特警队(中国电视剧制作中心)
农村调查(北京科学教育电影制片厂)
《精品赏析》:共同的时空(总编室)
第二、三、八套频道包装(总编室、文艺节目中心)

2000年中央电视台技术系统获奖名录

一、电视节目技术质量奖名单

新闻类

一等奖

商务电视　（技术制作中心）
新闻联播(2000.06.13)　（新闻制作部）

二等奖

环球瞭望(2000.02.24)　（海外技术制作部）
环球瞭望(2000.06.20)　（海外技术制作部）
新闻联播(1999.11.05)　（新闻制作部）
新闻联播(2000.01.01)　（新闻制作部）

专题类

一等奖

《中国风》蝈蝈趣谈　（海外技术制作部）
《中国风》供春壶艺　（海外技术制作部）

二等奖

自然的欢歌——古城与新园的随想(上)　（技术制作中心）
《中国报道》中国在东太平洋实施环境基线调查　（海外技术制作部）
《中国报道》来自大熊猫社会的报道　（海外技术制作部）
《生活》(2000－97)　（技术制作中心）

综合文体类

一等奖

2000年春节歌舞晚会精编版　（技术制作中心）
百年经典——二十世纪中外音乐舞蹈(39)　（技术制作中心）

二等奖

交响世界(第11期)　（技术制作中心）
中国文艺(2000－41)　（海外技术制作部）
交响世界(2000－13)　（技术制作中心）
朋友(2000－8)　（技术制作中心）

电视剧类

一等奖

西游记(第二集)　（中国电视剧制作中心）
澳门的故事(第九集)　（中国电视剧制作中心）

二等奖

壮志凌云(第十九集)　（中国电视剧制作中心）

李克农(第八集)　（中国电视剧制作中心）
华丽瞬间(第五集)　（中国电视剧制作中心）
裂缝(第一集)　（中国电视剧制作中心）

二、安全播出班组奖名单

一等奖

播出传送中心播出部　播控一科 A、B、C、E
播控二科 A、B、D、E
新闻节目中心新闻制作部　B、C、D

三、优质工程项目

1. 技术制作中心
   1000 平方米演播室视频数字化改造
   1000 平方米演播室音频数字化改造
   1000 平方米演播室灯光改造
2. 技术制作中心　高级非线性编辑合成系统
3. 播出传送中心　微波中心机房及天线系统改造
4. 播出传送中心　120 平方米演播室数字化改造
5. 海外技术部　第十六演播室改造
6. 技术管理办公室、财经办
   中央电视台一号演播厅
7. 财经办基建处　顺义培训中心综合馆

四、技术维护先进集体奖

1. 动力处
2. 信息通信处网络中心科
3. 技术制作中心综合部
4. 动画技术部后期制作五科
5. 播出部播控一科、二科
6. 新闻制作部中心科

2000 年中央电视台优质管理服务获奖名录

一等奖

秘书处二科
保卫处四科
外事处接待科
房管处房管科
行政处行政科
行政处食堂二科
干部管理处干部管理岗位
劳动工资处奖金管理岗位
培训职称处培训岗位
离退休处医疗保健岗位
财务处综合科
财务处财务二科
计划统计处计划科
财产物资处设备管理科
其建处工程管理科
工会文体岗位
团委
监察室廉政宣传教育岗位
审计处基建审计组

二等奖

秘书处档案科
保卫处一科
房管处维修科
法规处
行政处医务科
行政处综合科
干部管理处调配管理岗位
劳动工资处工资管理岗位
培训职称处职称岗位
离退休处文体生活岗位
财务处财务一科
财务处财务三科
财产物资处设备供应科
经营管理处企业科
基建处综合科
党委办公室宣传岗位
工会财务岗位

三等奖

秘书处一科
保卫处二科
外事处欧美大科
行政处食堂一科
行政处接待科
事业发展调研处
干部管理处档案管理岗位
离退休处生活福利(工资)岗位
财务处财务四科
财务处财务五科

经营管理处综合科
财经办办公室
党委办公室组织岗位
工会女工岗位

五、文稿类

1999～2000年度教育部优秀教育新闻、论文中央电视台获奖名录

声像类

一等奖

我国高校后勤社会化改革加大力度
（作者：陈征、央姬、孟丹红、武国栋）

二等奖

中国西部成为今年大学生择业新热点
（作者：陈小梅、李荣国）

草棚传出的读书声　（作者：赵阳、钟实）

三等奖

我国西部高校首次实现贫困生全部入学的目标
（作者：陈征、央姬、胡兆衡、李炼成、高伟强、武国栋、石冬梅）

武汉治理校园周边环境　（作者：孟丹红）

提名奖

不该发生的悲剧　（作者：翟树杰、范本吉）

改革开放以来中国基础教育有长足发展
（作者：陈小梅、李荣国）

六、国际类

2000年中央电视台参加国际评奖获奖名录

1.《永不分开，世界的爱》在匈牙利国际艺术节上获“可视艺术成就奖”和“中国艺术海外传播贡献奖”。

2.《宇宙与人》（科影厂、电影频道）在伊朗德黑兰第三十届国际教育电影节上荣获最佳导演奖，在斯洛伐克第二十七届国际科教电影节上获教育部奖，在“2000北京国际科教电影电视展评研讨会”上获科普类银奖。

3. 电视系列片《让生命永存》第四集《中国人的家底》和第八集《路在脚下》在罗马尼亚第七届国际生态旅游电影电视节上，获生态类节目优秀电视片奖。

4.《简易无土栽培》（科影厂）在斯洛伐克第十七届国际农业电影节上获斯农业大学校长奖。

5. 纪录片《牧魂》在法国巴黎奥博威尔国际电影节上获提名奖。

6. 纪录片《左江日记》在布里斯托耳国际自然电影节上获提名奖。

7.《相依年年》（2集）（中央电视台、大连电视台、五洲影视有限公司）获第八届国际“白玉兰”大奖。

七、大赛类

首届全国电视舞蹈大赛座谈会

第九届“步步高杯”全国青年歌手电视大奖赛获奖名录

业余组美声唱法

金奖:王铁刚

银奖:贾春雷　刘媛媛

铜奖:马阿荣　李　玫　樊　琳

业余组民族唱法

金奖:樊洪岩

银奖:托力嘎夫　吴春燕

铜奖:温洪武　张克东　胡承忠

业余组通俗唱法

金奖:倪睿思

银奖:容忠尔甲　刘小幻

铜奖:肖娅娴　许曼筠　崔莲花

专业组美声唱法

金奖:梁召今

银奖:王　燕　和　慧

铜奖:吴艳域　乌兰雪蓉　严圣民

女声四重唱(沈亚丽　张慧勇　褚云霞　高　旖

专业组民族唱法

金奖:王宏伟

银奖:黄华丽　龚琳娜

铜奖:麦　穗　胡小娥　张晓芬

专业组通俗唱法

金奖:谭　晶

银奖:俗　峰　周　鹏

铜奖:郭　祁　支　予　任　真(本名张亭)

优秀歌手奖获得者

专业组民族唱法:雷　佳　严当当

专业组通俗唱法:“风组合”

业余组通俗唱法:王　铎　海军政治部女声三重唱小组

业余组民族唱法:萨仁呼

首届全国电视舞蹈大赛获奖名录

金奖

《萋萋长亭》　表演者:山羽中、汪　洌

《哈达献给解放军》　表演者:杨　怡、夏小虎等

银奖

《风采》　表演者:夏小虎、王海洋、仇　浑、张　苏等

《秦王点兵》　表演者:汪子涵、高　骞

《弈》　表演者:夏小虎、刘　辉

《云上的日子》　表演者:蒋　卉、张文联等

铜奖

《红扇》　表演者:郝天翼、李斯琪等

《诉》　表演者:腾爱民

《长鼓舞》　表演者:崔香丹等

《爱恨交加》　表演者:梁思源、张丹妮

《红扇》 表演者:曾焕兴、刘小荷
《士兵的旋律》 表演者:总政歌舞团舞蹈队

十佳作品

《庭院深深》、《舞之梦》、《哈达献给解放军》
《红风筝》、《风采》、《水乡童谣》、《秦王点兵》
《红帽子》、《西楚悲歌》、《红扇》

最佳舞蹈编导奖

《哈达献给解放军》 张继刚

最佳电视编导奖

《舞之梦》 白志群

最佳电视摄像奖

《舞之梦》 姚 尧

最佳作曲奖

《哈达献给解放军》 丁小里

最佳舞美设计奖

《西楚悲歌》 孙天卫

最佳灯光设计奖

《风采》 沙晓岚

最佳服装设计奖

《红帽子》 汤继珊

最佳化妆奖

《庭院深深》 朱秋月

最佳电视剧制作奖

空缺

优秀表演奖

《仨儿扑里》 张晓梅
《女钟馗》 袁 莉
《空间》 张国勇、佘欢欢
《水乡童谣》 王佳维
《红风筝》 李冰心、余颗等
《红色交响》 臧莉、谷亮亮
《红油伞》 张文联
《卒》 魏思佳
《咖啡—伴侣》 王枚、杨云涛
《杵舞》 林颖等
《生命》 北京舞蹈学院编导系96级毕业生
《节奏》 王小洲、叶 薇
《华尔兹之夜》 曹峻、刘红梅
《西班牙之舞》 邵克强、杨 娜
《新嫁娘》 雷清平、雷胜辉等
《赶潮》 刘宇辉、李思佳等
《呼吸》 赵烨
《牵着你的手》 王 鑫 石王林

中央电视台“荣事达杯”电视节目主持人大赛前20名名录

第一名:撒贝宁	第十一名:沈 悦
第二名:沈 冰	第十二名:庄稀海
第三名:张 齐	第十三名:刘芳菲
第四名:杨 春	第十四名:王筱磊
第五名:曾 晶	第十五名:冀玉华
第六名:尹 莉	第十六名:何贵平
第七名:白 桦	第十七名:王 婷
第八名:谢颖颖	第十八名:陈青昊
第九名:周 宇	第十九名:王端端
第十名:陈伟鸿	第二十名:全 河

孙晓梅采访“荣事达”杯
电视节目主持人大赛的评委

八、表彰类

中央电视台荣获第二届全国“百佳电视艺术工作者”名录

张晓海　王洗平　白志群　李真惠
潘宝瑞　陈　岩　吴明训　朗　昆
赵　安

中央电视台荣获全国“百佳老电视艺术工作者”名录

靳雨生　潘　霞　陈汉元　张天民
杨　洁　寿沅君　刘瑞琴　王　娴

中央电视台荣获第四届全国百佳新闻工作者名录

吴明训

中央电视台荣获全国“3·15”金质奖章名录

王雪莲

2000年中央电视台精神文明建设获得的荣誉称号

首都创建文明单位活动示范点
首都文明单位标兵(连续八年)
首都绿化美化花园式单位
北京市献血工作先进单位(连续八年)
北京市爱国卫生红旗单位(连续八年)
北京市交通安全工作先进单位(连续二年)
北京市消防工作先进集体
广电总局计划生育工作标兵单位
广电总局献血工作标兵单位
广电总局消防工作先进单位
广电总局绿化美化先进单位
彩电宿舍区继续保持“首都创建文明城市活动示范点”和“首都文明居民区”荣誉称号
彩电宿舍区(连续三年)、羊坊店合作大院(连续二年)获得首都绿化美化花园式单位称号
彩电宿舍区、羊坊店合作大院获得广电总局绿化美化先进单位称号
彩电宿舍区、羊坊店合作大院被评为北京市节水型文明小区

2000年中央电视台先进党支部、优秀共产党员、优秀党务工作者、优秀党员领导干部名录

一、先进党支部:

台机关党委党纪团联合党支部
离退休人员管理处302党支部
总编室宣传规划处党支部
技术管理办公室信息通讯处党支部
新闻节目中心新闻采访部党支部
海外节目中心外语新闻部党支部
社教节目中心科教部党支部
文艺节目中心戏曲音乐部党支部
广告经济信息中心信息部党支部
青少节目中心动画片部党支部
技术制作中心采录部党支部
播出传送中心播出部党支部
剧中心技术处党支部
新影厂编辑部党支部
新影厂党纪工团党支部
科影厂行政第二党支部
总公司中视实业第一党支部

总公司节目代理第二党支部
总公司三国水浒景区党支部

二、优秀共产党员：

刘徐风　刘迎春　吴卫勇　于　德　张吉庆
邓文发　南　敏　邓广生　曹　倩　王　录
黄平刚　杨德新　穆　莉　谢继红　潘林华
刘跃滨　刘　文　王有才　张立中　王世林
段忠应　肖同庆　高菊莲　陈大平　刘　放
郭振玺　郎占岭　吕明俭　尹永斌　蔡启华
刘淑英　王轲平　陈元铮　石　炜　孙建萍
陈超英　林竞红　朱小渝　李功达　刘永恩
邵振堂　陆　黎　王　坚　陈玉忠　闫国安
张岳林　李向东　连　洁　姚大禹　张宝凤
孟玉湘　王利荣　刘之朋　李启清　曹兴成
张茂林　郝占刚　郭国清

三、优秀党务工作者：

薛进荣　王玉倩　梁　萍　李彦吉　贾世骏
郭玉华　毛国信　贺常余　张文琴　刘　申
刘宗仁　陆海亮　高振生　强西京　王翠霞
王冀林　郭书兰　武晋先　孙克文　王雄先
李树站　王　晰　魏淑青　李　虹　黄瑞英
高讲文　闫维毅　吴淑环　邬纯芳　沈　雁
徐　进　彭香莲　丁京平　任　力　韩立梅
张伟绪　胡桂玲　吴宝来　王锡鹏　许文敏
叶福文　赵文早　杨俊雄　白　杨　史家振
董春虎　杨宝亮　王树明　魏　平　崔屹平

四、优秀党员领导干部：

唐世鼎　王　霞　胡运芳　王国佑　陆伟昌
吕　斌　王进友　张海潮　张　兴　潘　超
陈　默　于　志　侯向强　王辅善　吴达审

2000年中央电视台先进集体、先进个人名录

一、先进集体

台办公室

秘书处
行政处

人事办公室

培训职称处

财经办公室

财务处
财产物资处

机关党委

办公室

审计处

中国电视报社

总编室

研究处学术组

新闻节目中心

新闻制作部
新闻编辑部国际新闻组
社会新闻部记者一组

海外节目中心

《新闻60分》栏目组
《天涯共此时》栏目组
海外制作部五科
英语频道编辑部

社教节目中心

《走近科学》栏目组
《健康之路》栏目组
纪录片《中华文明》摄制组

文艺节目中心

综合部
国际部
文艺部

广告经济信息中心

经济部《经济半小时》
广告部资讯科

体育节目中心

体育新闻部编辑策划组

青少节目中心

青年部

技术管理办公室

动力处机电管理科

信息通讯处

技术制作中心

综合部

录制部后期制作四科

音频部录音二科

播出传送中心

播出部

传送部

中国电视剧制作中心

办公室

文学部

技术处录音科

中央纪录新闻电影制片厂

中央摄影组

技术管理处

卫生所

北京科学教育电影制片厂

第三编室《农村调查》摄制组

录制部

计财处

中央卫星电视传播中心

网络经营部

中国国际电视总公司

北京未来广告公司

中国电视节目代理公司节目外销部

二、先进个人

台办公室

何增麟(房管处)

李兴无(保卫处)

人事办

晋延林(干部管理处)

财经办

聂九龙(基建处)

监察室

曾进清

总编室

陈　静(规划处)

新闻节目中心

张玉山(新闻采访部)

孙　杰(新闻评论部)

卜晓春(地方新闻部)

何绍伟(新闻评论部)

海外节目中心

时学祥(海外专题部)

许嘉陵(海外编辑部)

王雄先(海外联络部)

社教节目中心

李　欣(专题部)

亓克君(纪录片部)

文艺节目中心

胡迎节(戏曲音乐部)

肖　航(影视部)

广告经济信息中心

刘保平(信息部)

孙　丽(图文电视部)

体育节目中心

方　钢(体育新闻部)

青少节目中心

鞠　萍(少儿部)

技术管理办公室

路晓俐(技术业务处)

马天波(动力处)

技术制作中心

张力云(动画技术部)

刘淑英(制作部)

李明强(采录部)

播出传送中心

梁迎利

李　曼(总控部)

中国电视剧制作中心

王东利(技术处)

袁牧女(生产处)

郭秀英(党委办公室)

中央纪录新闻电影制片厂

王美彪(编辑部)

毓　鸿(编辑部)

程佳宏(编辑部)

杜丽萍(计划财务处)

毕建华(动力水暖车间)

郭融融(制作部)

北京科学教育电影制片厂

李露光(人事处)

李向东(三编室)

徐晓鸣(录制部)

李炳坤(生产处)

鲍永红(一编室)

中国国际电视总公司

黄艳荣(广告部)

中央电视台第三届“十优青年”名录

王晓斌(社教节目中心)

王　钧(中国国际电视总公司)

方　青(海外节目中心)

过　彤(文艺节目中心)

刘　新(技术制作中心)

张　卫(体育节目中心)

何新宇(台办室)

赵平洋(中央纪录新闻电影制片厂)

郑加强(广告经济信息中心)

柏　杨(新闻节目中心)

“十优青年”提名

武金鑫(总编室)

王　谦(技术制作中心)

王朝晖(财经办)

吕大庆(新闻节目中心)

孙　宏(中国电视报社)

李向东(中央纪录新闻电影制片厂)

林　辉(播送中心)

洪　宇(青少节目中心)

钱　蔚(社教节目中心)

韩　斌(海外节目中心)

中央电视台分党组对本台参加第二十七届奥运会宣传报道的所有人员给予表彰

《官井》剧照

观众调查

一、2000 年中央电视台节目收视情况年度报告

第一部分　总体收视状况

(一)观众总的收视时间在增加

1.2000 年观众平均日收视时间达到了 190 分钟，较 1999 年增加 6 分钟(如下图)。

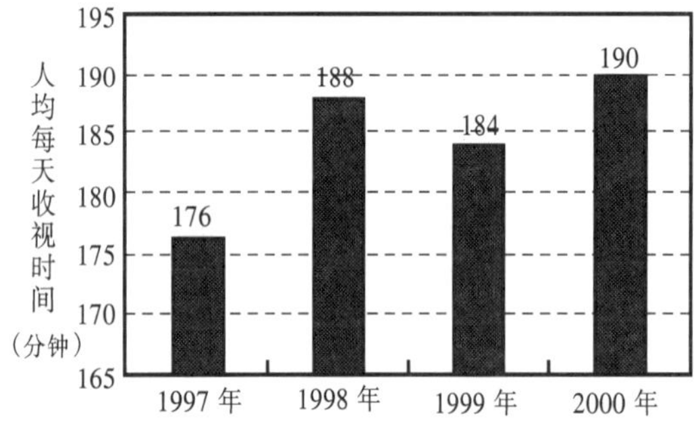

1997～2000 年观众人均每天收视时间比较

2. 白天各时段的收视人数在增加，而黄金时间的收视人数反而下降。从 1999 年和 2000 年的对照看，白天看电视的人数有增加，尤其是12:00～13:00的午间时段，黄金时间的收视人数反而有所下降(如下表)。

午间和晚间黄金时间所有频道观众总体收视率的对照(%)

时　　段	1999 年	2000 年	变化值
12:00～12:30	14.8	16.1	↑1.3
12:30～13:00	14.8	16.4	↑1.6
19:00～19:30	54.6	52.8	↑1.8
19:30～20:00	57.7	56.3	↑1.4

(二)中央电视台 1～8 套节目的吸引力有所增强

1. 收视时间比较与分析。2000 年观众收看中央电视台 1～8 套节目的时间较 1999 年增加了 2 分钟，达 58 分钟，占观众总的收视时间的 30.5%，与 1999 年所占的比重基本相同(见下表)。看来，经过前两年的激烈竞争和市场的重新分配，中央电视台维持 30% 这样一个市场份额是比较现实的。各省台、省市卫视台 2000 年的收视时间较 1999 年分别增加了 4 分钟，上升速度要高于中央电视台。

1997～2000 年观众平均每天收看各频道时间的比较　(分钟)

年份	CCTV 1～8	CCTV 1	CCTV 2	CCTV 3	CCTV 4	CCTV 5	CCTV 6	CCTV 7	CCGV 8	省台	市台	省市卫视	有线台
2000	58	35	3	2	1	5	6	1	5	70	23	34	32
1999	56	36	3	1	1	3	7	1	3	66	23	30	33
1998	67	42	4	1	1	6	10	1	3	57	24	29	34
1997	65.6	43.2	4.1	1.0	1.0	3.83	10.4	0.67	2.1	53.8	21.9	26.4	29

2. 改版促使部分频道的收视形势好转。CCTV－3、CCTV－5、CCTV－8 经过改版，定位更加明确，赢得了观众，观众日平均收视时间略有增加。CCTV－1、CCTV－6 的观众日平均收视时间略有减少。CCTV－2、CCTV－4、CCTV－7 没有太大变化。

3. 中央电视台全年的成绩基本是靠第一季度创下的。详见下表。

中央电视台 1～8 套节目 2000 年与 1999 年分季度收视时间的比较（分钟）

季 度	CCTV－1		CCTV－2		CCTV－3		CCTV－4	
	2000	1999	2000	1999	2000	1999	2000	1999
一季度	42	40	3	3	2	1	1	1
二季度	34	34	3	2	2	1	1	1
三季度	32	34	3	3	2	1	1	1
四季度	33	38	3	3	2	1	1	1
季 度	CCTV－5		CCTV－6		CCTV－7		CCTV－8	
	2000	1999	2000	1999	2000	1999	2000	1999
一季度	2	4	6	10	1	1	6	3
二季度	4	3	6	8	1	1	5	2
三季度	9	3	6	6	1	1	4	4
四季度	4	3	7	6	1	1	5	5

4. 重大转播活动在中央电视台收视状况中举足轻重。纵观全年收视情况，全年的到达率基本都在 50%以上，比较平稳。2000 年除夕春节联欢晚会的到达率达到 74.1%，《西游记》续集、奥运会转播又创造了两个峰值，到达率都超过了 60%。

（三）面临的竞争环境不容乐观

1. 在 2000 年电视市场上，中央电视台占到了 30%的份额。详见下表。从这张表格上，我们看到 2000 年省台、省市卫视台市场份额进一步扩大，中央电视台面临强大的竞争压力。

2. 中央电视台的竞争力七八月份最弱。造成这一现象的原因主要是：首先和季节有关。暑期白天比较长，观众看电视的时间自然往后推移，在 19:00～19:30 这个时段，2000 年七八月份观众的平均开机率为 49.4%，而三四月份的平均开机率达到 58.5%，这一时段对中央电视台八套节目的频道贡献率达 57%。其二，各省台、地市台往往在暑期推出一些强档电视剧，来吸引青少年观众。如，《欲望》在宁夏一套播出时达到 34.77%的最高收视率；北京二套在播出《康熙微服私访记》第三部时的最高收视率为 30.07%。看来，按照收视对象的特点和要求安排电视节目是赢得市场、赢得观众的关键。

1997～2000 年各频道拥有收视份额的比较（%）

年 份	CCTV 1～8	CCTV 1	CCTV 2	CCTV 3	CCTV 4	CCTV 5	CCTV 6	CCTV 7	CCTV 8	省台	市台	有线台	省市卫视
2000	30.4	18.6	1.4	1	0.6	2.5	3.2	0.5	2.6	36.6	12	17.1	17.7
1999	30.38	19.75	1.48	0.63	0.51	1.81	4.03	0.31	1.86	35.57	12.37	17.96	16.37
1998	35.58	22.48	1.88	0.61	0.48	3.09	5.4	0.3	1.34	30.53	12.72	18.02	15.18
1997	36.54	23.92	2.60	0.44	0.37	1.86	6.06	0.31	0.98	31.2	12.74	16.1	15.1

由于七八月份的低谷，尽管 9 月份有奥运会转播，也创造了较好的成绩，但整个三季度中央电视台的收视份额是全年中最低的（见右表），第三季度和第四季度的市场份额低于 30%。相反，省台、省市卫视台都在第三季度有突出的表现。这也正说明了市场的竞争是此消彼涨的。

3. 中央电视台节目午间时段的竞争力提高。详见下表。

几个主要频道 2000 年四个季度收视份额的比较（%）

季 度	CCTV 1～8	省 台	省 市 卫 视	市 台	有线台
一季度	31.45	36.18	17.11	12.43	15.66
二季度	30.40	34.72	16.52	11.64	18.34
三季度	29.3	37.8	18.6	11.5	17.7
四季度	29.6	36.9	17.8	12.5	17.5

1999～2000 年中央电视台八套节目收视份额提高的时段

年　份	12:00～12:30	20:00～20:30	20:30～21:00	21:00～21:30	21:30～22:00	22:00～22:30
2000 年	33%	27%	25.4%	21.7%	20.9%	23.2%
1999 年	29.98%	24.27%	22.09%	19.17%	18.85%	22.38%
变化值	↑3.02	↑2.73	↑3.31	↑2.53	↑2.05	↑0.82

2000 年中央电视台八套节目在午间时段和晚间时段的竞争力增强了。午间时段是因为《新闻 30 分》和《今日说法》越来越受到欢迎，晚间则因为几部强档电视剧创下的不俗成绩。其他时段节目的收视份额都出现下降。下降幅度较大的时段集中在早间和傍晚（见右表）。

2000 年，中央电视台节目收视份额出现下降幅度较大的几个时段都是过去曾经一直占据优势地位的几个时段，收视份额都在 40% 以上。但是 2000 年省台、省市卫视恰恰在这些时段都较 1999 年出现较大幅度的提高（见下表），这说明，省台、省市卫视已经开始在中央电视台的强项上与其展开了争夺战。

1999～2000 中央电视台
八套节目收视份额下降的时段

年 份	6:30～7:00	7:00～7:30	7:30～8:00	17:00～17:30	17:30～18:00
2000 年	37.6%	45.7%	47.6%	36.9%	37.2%
1999 年	46.65%	56.69%	55.76%	42.43%	43.83%
变化值	↓9.05	↓10.99	↓8.16	↓5.53	↓6.63

1999～2000 年省台和省市卫视收视份额提高的时段

单位	年份	6:30～7:00	7:00～7:30	7:30～8:00	17:00～17:30	17:30～18:00	18:00～18:30
省台	2000	37.7	38.5	35.7	31.6	28.8	35.7
	1999	31.5	31.5	31.9	28.3	24.6	34.4
省市卫视	2000	32.4	28.3	22.9	—	14	16.2
	1999	25.6	20.8	19.6	—	12.2	12.9
单位	年份	18:30～19:00	21:30～22:00	22:00～22:30	22:30～23:00	23:00～23:30	23:30～24:00
省台	2000	47.4	39	36.7	36.1	37.2	37.9
	1999	46.9	37.1	33.1	31.6	30.8	31.7
省市卫视	2000	20.8	19.7	18.3	17.3	17.9	19.4
	1999	16.4	17.3	15.8	15.7	17.3	18.9

第二部分　年度点评

（一）频道改版取得良好成绩

2000 年中央电视台在频道资源优化配置上做了大量工作，自 2000 年 2 月以来，第四套、第二套、第一套、第三套节目先后进行了重大调整。各频道的定位进一步明晰，时间安排更为合理，内容更为丰富、更有针对性。从观众的收视情况看，这次频道改版取得了一定成效。

1. 改版使第四套和第三套节目的收视份额明显提高。频道改版后，第三套和第四套节目的整体影响力有明显提高（如下图），这种提高体现在不同层次的

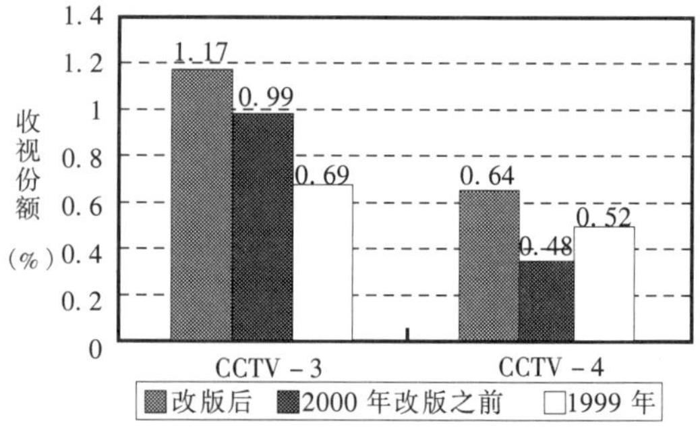

第三套、第四套节目改版前后收视情况比较

观众群体中。其中，第四套节目收视份额的提高体现在除早间6:00～8:00、下午14:00～19:00之外的各时段中，尤其是早间《中国新闻 60 分》的推出，使8:00～9:00时段的收视率和收视份额提高显著，收视率较1999年同期提高了两倍。第三套节目收视份额的提高也体现在全天的大部分时段。尤其在周末，全天各时段的收视份额均明显提高。

2. 第一套节目改版时段影响力明显增强。具体分析改版时段，可以发现：①改版扩大了早间时段第一套节目的影响力。《东方时空》的改版稳定了原有的忠实观众（7点时段的收视份额由改版前的42%提高为46%）。同时，《东方时空》的改版也使其品牌效应在6:00档时段和8:00～8:30档时段得到发挥，这两时段的收视份额都较改版前有不同程度的提高（6点时段的收视份额由改版前的24%提高到41.4%，8:00～8:30时段的收视份额由改版前的34.5%提高到38.5%）。②节目调整之后，《新闻调查》进入周六晚黄金时段，其收视率和收视份额都较以前同时段节目的数据有一定程度的提高。《新闻调查》节目本身的收视率和收视份额也较改版以前有一定程度的提高。③《实话实说》进入周日晚间黄金时段以后，也为周日晚间带来了新鲜活力。与以前同时段的节目相比，晚间黄金时段的《实话实说》的收视率和收视份额有了不小的提高（收视率增加0.66%，收视份额增加1.8%）。同时在周日晚21点档，《实话实说》也很快形成了相对稳定的观众群，观众重叠比率达到了34.9%。④《时事纵横》改版为《本周》，以及17点档《国际快讯》的推出，在特定层次的观众中产生了一定的影响。如《国际时讯》在13岁至18岁观众的收视份额较以往同时段提升了1.2个百分点，《本周》也使13岁至24岁观众的收视份额略有提高。

3.CCTV-2 改版吸引了高收入阶层的观众　第二套节目改版后，频道在观众总体中的日平均收视份额并没有提高，收视份额还有一定程度的降低。但由于经济节目的特色得到了进一步强化，该频道在经济收入较高的群体中的影响进一步加大，在月收入3200元以上的观众群体中的收视份额较改版前翻了一番。从时段分析，《证券时间》、《证券之夜》、《开心辞典》等新栏目的推出使对应时段的收视份额较改版前也有明显提高。

（二）奥运转播受到观众好评

2000年9月，中央电视台历时半个多月的第27届奥运会报道取得圆满成功。9月15日奥运会的开幕式直播在工作日的非黄金时段播出收视率达到7.93%，全国收视份额为32.93%。奥运会期间，全国有75.9%的观众通过第一套节目、第二套节目、第五套节目收看过奥运转播，其中47.9%的观众收看过第五套节目转播的奥运会节目。中央电视台八套节目总体收视份额及第五套节目的收视份额在奥运会期间均有明显提高（如图所示）。

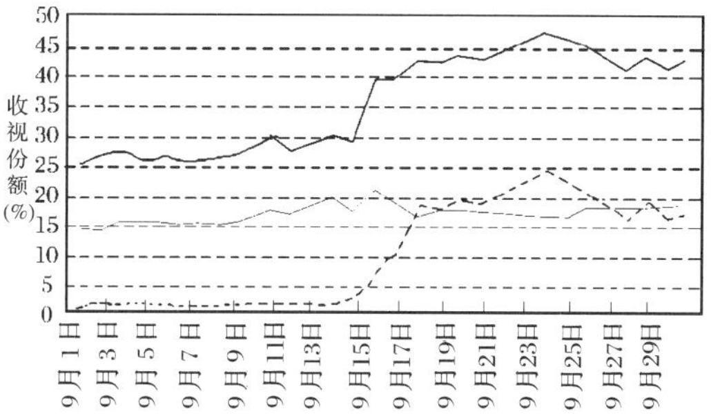

9月以来中央电视台八套总体
及第一套和第五套收视份额走势图

通过收看中央电视台奥运转播，观众迸发出的对奥林匹克运动及我国奥运英雄们的激情也延续到了《奥林匹克星》晚会，该晚会全国收视率达到13.51%，收视份额达到28.7%。

奥运转播也使中央电视台第五套节目的影响范围进一步拓展。比如在上海，在奥运会之前中央电视台第五套节目的市场份额为0。9月15日之后，尽管上海有线电视台依然没有让中央电视台第五套节目落地，但由于不少观众为了收看奥运节目购买了解码器，使中央电视台第五套节目的收视份额有了明显的提高，截至10月7日在上海全天24小时的平均收视份额达到4.16%，最高达到8%，上海观众对中央电视台第五套节目的接触率最高也曾达到17%。

（三）大型专题直播节目产生较好的收视效果

在2000年，中央电视台多次对观众关心的新闻热点及自然奇观进行了现场直播，在“六一”儿童节期间还首次打通全天主要播出时段，为孩子们推出大型直播节目《我们的世纪》。这些举措不仅充分利用了电视的优势，展示了作为国家大台的实力，而且产生了良好的社会效益，取得了较好的收视效果。直播期间各档节目的收视率均较平时有明显提高（如下图），各次直播的收视份额也基本达到了较高的水平。如：6月1日《我们的世纪》大型节目在全国4岁至14岁儿童中的收视份额为24.77%,8月19日在第一套和第四套节目直播的《源头的呼唤》的收视份额达到10.3%;8月20日在第一套节目直播的《老山汉墓挖掘》在全国观众中的收视份额达到31.8%;9月16日直播的《钱江潮》在全国观众中的收视份额达到35.0%;10月6日《环太湖特技飞行大赛》在全国观众中的收视份额达到26.08%;11月6日《中国国际航空博览会》在全国观众中的收视份额为25.51%;11月11日和11月12日推出的两次"科技下乡"节目的直播在全国农村观众中的收视份额达到了7.95%。

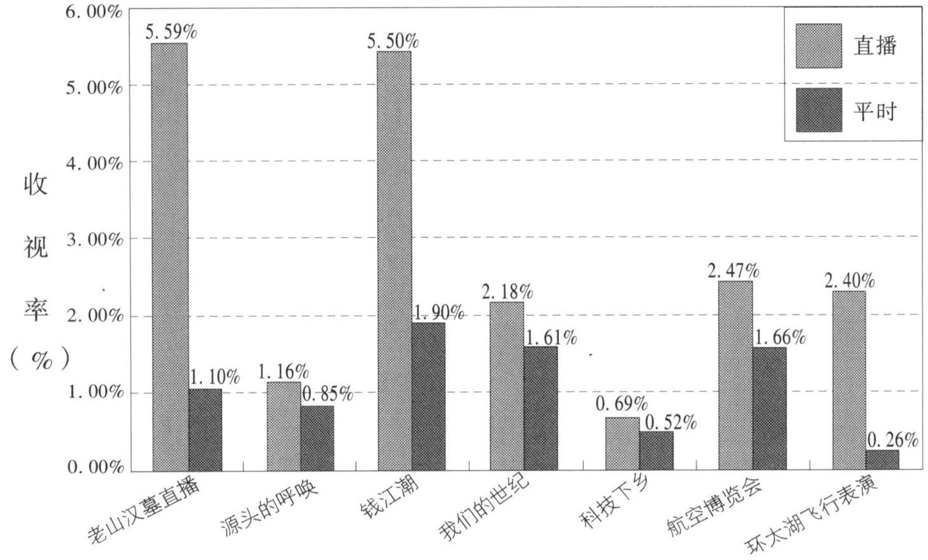

2000年中央电视台几次专题直播节目收视情况示意图
说明:《我们的世纪》是以4岁至14岁儿童的收视情况进行比较的。
"科技下乡"直播是以农村观众的收视情况进行比较的。

(四)电视大赛观众反响积极

各项电视大赛是2000年中央电视台的荧屏不容忽视的亮点。这不仅在于这些大赛的权威性已得到了大家的认可,影响力日益增强,更主要是比赛的可视性得到了明显加强,引得不少观众密切关注。

1.全国青年歌手大奖赛　《全国青年歌手电视大奖赛》直播取得成功。全部22场直播在全国的平均收视率达到2.57%,最高达到3.37%(7月9日),在部分地区如青岛平均收视率甚至达到了7.06%,收视份额达到16.02%。22场大奖赛直播的收视率走势基本呈上升趋势。与平常第三套节目同一时段的收视率(0.3%)相比,大赛期间的收视率提高7倍多。

2."荣事达杯"电视节目主持人大赛　中央电视台第一套节目《2000年"荣事达杯"电视节目主持人大赛》吸引了许多观众的注意。节目的收视率逐期走高,五期节目的平均收视率为8.11%,较以往(9～10月)同时段的平均收视率(6.2%)有明显提高。大赛期间,共有28.1%的观众(相当于3.07亿观众)至少收看过15分钟大赛节目。

3.CCTV首届舞蹈大赛　10月播出的《CCTV首届舞蹈大赛》尽管规模和影响不如前两项赛事,但平均收视率为0.91%,也较平时同时段第3套节目的平均收视率0.59%及平时周末同时段的平均收视率0.81要高。

(五)午间时段成为第一套节目又一"热点"时段

午间时段是各电视台竞争日趋激烈的时段。2000年中央电视台对第一套节目午间时段的节目做了进一步整合。《新闻30分》、《今日说法》、《东方时空》精编版作为午间时段三个主打栏目,成为了午间观众收视的"热点"。

《新闻30分》作为午间的老牌节目收视率一直呈现稳步攀升的态势,在观众中的影响力逐年提高(如下图)。

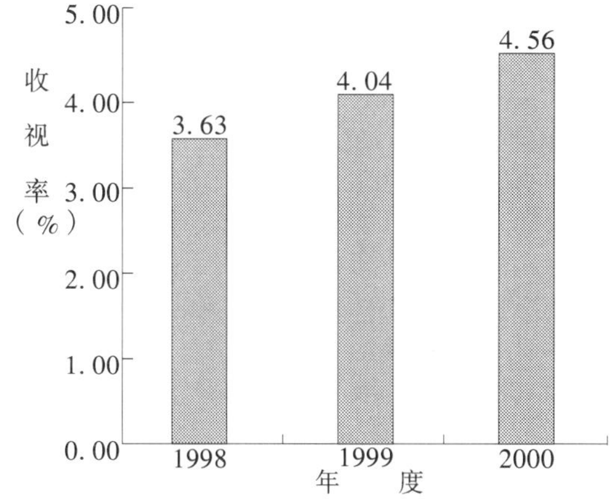

1998～2000年《新闻30分》年度收视率比较

《今日说法》作为1998年推出的栏目,2000年在观众中的影响力显著提升。2000年平均收视率较1999年提升了近50%(如下图)。

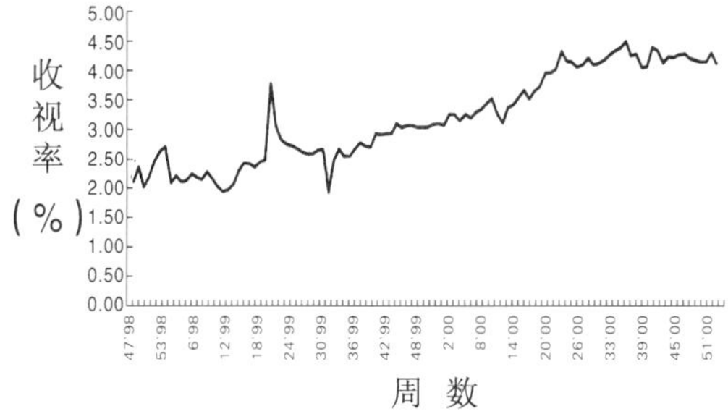

1998～2000年《今日说法》每周收视率走势图

《东方时空》精编版是2000年11月27日新推出的午间栏目,目前已形成稳定的观众,平均收视率达到1.23%,收视份额达到10.21%,较2000年改版前(8.45%)和1999年同期(9.62%)有一定程度的提高。

2000年11月27日～12月30日,第一套节目12:00～14:00时段在全国的收视份额为21.02%。上面三个栏目的忠实观众比率也达到了39.57%,已成为午间观众收视的主要选择对象。

(六)经典电视剧再展精品魅力,收视效果不错

2000年中央电视台为观众奉献了不少电视剧精品,如《西游记》(续集)、《突出重围》、《钢铁是怎样炼成的》、《大明宫词》、《一代廉吏于成龙》等。正是这些力作的推出,使中央电视台第一套和第八套节目电视剧时段的收视走势有了明显的亮点,也使第一套节目20点时段的电视剧收视率扭转了往年的颓势(如下图)。

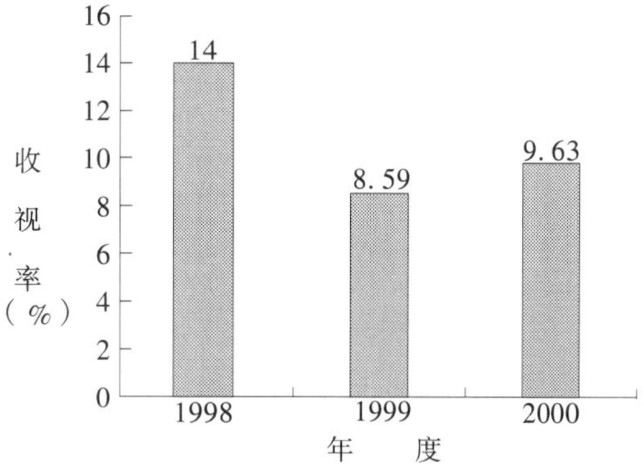

1998～2000年第一套节目20:00电视剧年度收视率比较

但2000年在电视剧方面真正让大家惊喜的是以往精品电视剧的重播。《西游记》和《三国演义》重播,观众的收视热情异乎寻常。《西游记》重播的平均收视率为9.63%,最高收视率达到12.94%,创第八套节目收视率的新高。重播的《三国演义》也使第八套节目18点时段的收视率呈上升趋势,平均收视份额较以往年份明显提高。

(七)纯娱乐节目势头减弱,《综艺大观》收视回升

在品味过娱乐性游戏节目的新鲜、轻松、娱乐之后,观众的收视热情在新的千年并没有继续膨胀。冷静与反思之后,文化与内涵成为人们欣赏综艺娱乐类节目时不再忽视的内容。从收视率数据可以看到,纯娱乐性的综艺节目的收视份额在2000年有所萎缩。然而,2000年《综艺大观》等在第一套节目黄金时段播出的综艺节目的收视人数终于遏制了减少的势头,2000年平均收视率较1999年略有增加(如下图)。

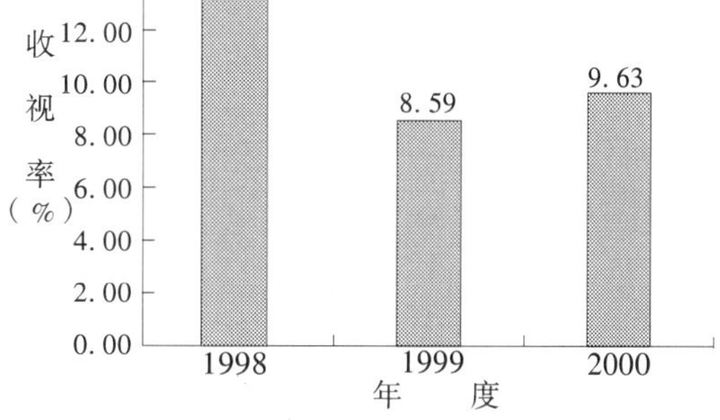

1998～2000年《综艺大观》年度收视率比较

第三部分　讨论与分析

回首2000年,观众用自己的收视行为为中央电视台的节目作出了真实的评价。中央电视台为满足观众需求的种种努力得到了观众最热诚的时间付出。2000年于是有了许多收视热点,有了许多让电视人满意的数字"高峰"。也因此,2000年10亿多观众每天会把近1小时的时间交付给中央电视台的荧屏。

2000年观众的热情并不只给了中央电视台,电视业的蓬勃发展使得观众每天投入在电视节目上的时间较以前有增无减。兄弟电视台的节目也赢得了观众日益增加的时间投入。2000年观众收看中央电视台节目的时间较上年有了增加,但份额并没有增加。竞争的压力依然在增大。

新的世纪我们如何面对这种压力呢?我们从以下几个方面进行讨论。

1. 扩大频道覆盖,尽可能地满足观众对丰富电视节目的需求。央视调查咨询中心2000年曾做过一个基础调查(如下表)。调查数据表明,中央电视台各频道在全国的覆盖状况差异非常大。第一套、第二套节目在全国可接收观众比率相对较高,其他几个加密频道可接收观众比率相对较低,甚至低于几个上星比较早的频道。这种差异还体现在城乡的差别上,在城市,可接收观众比率相对较高,一半以上的家庭都可以接收到中央电视台各频道,但在农村,由于电视信号落地等条件的限制。第3套至第8套节目的观众可接收比率都比较低。要进一步稳定和提高中央电视台的收视份额,我们有必要抓住"村村通"广播电视工程的机遇,进一步提高中央电视台各频道在农村的接收比率,满足农村观众对丰富电视文化的需求。

2000年各主要频道全国覆盖情况表(%)

项　目	全　国	城　镇	农　村
调查样本数(户)	7476	4827	2649
推及户数(千户)	327921	71064	256857
中央电视台第一套	75	92	71
山东卫视	51	53	51
中央电视台第二套	50	72	44
浙江卫视	41	55	37
四川卫视	40	46	38
中央电视台第六套	35	60	25
中央电视台第五套	33	60	25
中央电视台第八套	32	56	26
中央电视台第七套	30	54	24
贵州卫视	27	31	26
中央电视台第三套	26	52	19
中央电视台第四套	26	55	18

2. 动态编排节目,满足观众需求的实际变化。前面已经谈到中央电视台2000年七八月的收视份额在年度中最低,暑期青少年观众在CCTV的荧屏上难以找到为他们定制的节目。因此我们认为:当时段的静态板块划分为节目的编排制作带来方便时,我们也不能忽视其中的弊端。时段的割据在服务于提高各栏目竞争力的同时,如果牺牲了中央电视台整体的吸引力,那无疑也是令人遗憾的。当激烈的竞争催化了电影的"暑期档"、"秋季档"、"贺岁档"之时,激烈的电视市场的竞争也将使我们注意到不同时期最大受众群体的变化。在进行栏目板块操作,把握节目编排的动态平衡的同时,也应该为不同时期的重点观众定制他们的电视节目"套餐"。

3. 合理配置频道资源,满足观众需求的多样性。2000年中央电视台在频道资源优化配置上做了大量的工作,取得了一定成绩。但分析2000年中央电视台各频道在不同类型观众中的份额差异(如下图),我们认为中央电视台八套节目的频道优势依然可以得到进一步的发挥,我们在一些观众层次中应该发挥更大的作用,这主要体现在以下一些方面:①中央电视台的大部分频道都是对男性的影响力高于女性,这些频道2000年在男性观众中全天时段和晚间黄金时段的收视份额均高于女性。②中央电视台所有频道对城市观众的影响力高于农村观众。③在年轻观众中,中央电视台的收视份额明显低于省级台,中央电视台的主要优势在55岁以上的观众中(如下图)。

对青少年观众,从未来品牌的角度,我们有必要重视他们,优化我们的频道结构,为青少年观众提供特定的频道和节目。

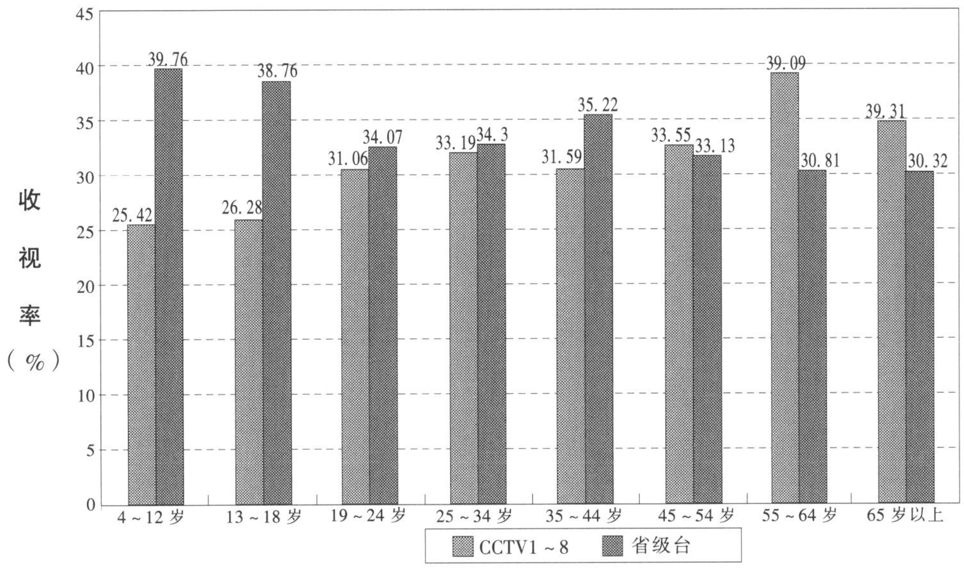

晚间黄金时段中央电视台与省级台在不同年龄观众中的收视份额比较

有关年度报告的技术说明

1. 本报告收视率数据由央视—索福瑞公司提供。

2. 本报告所推断的中央电视台各套节目在全国的收视数据及全国所有频道的收视数据是基于央视—索福瑞公司提供的55个收视率调查站点数据推断而得。

3. 本报告所分析的2000年收视率数据范围是：2000年1月1日到2000年12月30日。

4. 本报告所推断的某栏目或频道的全国观众人数是基于1997全国电视观众抽样调查所得观众总数10.94亿计算而得。公式为：

全国观众人数＝10.94×栏目(频道)平均收视率

5. 部分收视率概念说明：

平均收视率：在特定时段内收看某一栏目(或某一频道)的观众数占分析区域内电视观众总数的比率。计算方式为：特定栏目(或频道)播出时各单位时段收视率之和除以该栏目(或频道)包含单位时段总数所得比率。平均收视率也称绝对收视率，反映的是特定时段内收看某一栏目较为稳定的观众比率。一般而言，人们平时所称某栏目收视率为多少即指该栏目的平均收视率。

收视份额：在特定时段内收看某一栏目(或某一频道)的观众数占分析区域内该时段正在收看电视的观众总数的比率。它反映的是在特定时段内某一栏目(或某一频道)在分析区域内(如全国范围)所有电视频道中所占的份额，收视份额是体现该栏目(或频道)竞争力的指标。收视份额又称相对收视率、收视占有率。计算公式为：

$$\frac{\text{某栏目(频道)的平均收视率}}{\text{同时段所有频道的总平均收视率}}\times 100\%$$

到达率：在收视率的日记调查法中，到达率的概念是指在特定时段里，至少收看过某频道(或栏目)8分钟的观众数占观众总数的百分比。它反映的是在特定时段内观众对某频道(栏目)的接触情况。一般到达率要高于平均收视率。

省市卫视：本报告将所有上星省(直辖市)的卫视频道作为一总体进行收视率分析。

有线频道：本报告将分析样本区域所有有线频道作为一总体进行分析。

(观联处　徐瑞青　刘志忠)

观联处的同志在进行数据分析

二、2000年中央电视台观众调查研究工作综述

研究观众，研究市场，为中央电视台栏目更新、调整、淘汰提供科学依据；为稳步推进以“频道专业化、栏目个性化、节目精品化”为主要内容的宣传改革工作服务，是中央电视台总编室观联处2000年观众调研工作的主要任务。

（一）推出节目评价体系，促进节目质量提高

随着电视业竞争的加剧，电视界业内人士认识到仅仅依靠收视率、满意度来评价节目、分析电视市场是不全面的，十分渴望能有一个科学、公平、公正的电视节目评价体系，来指导节目的优胜劣汰，促进节目质量的提高。建立自己的节目评价体系，中央电视台在1998年就有此设想，经过几年的思考和摸索，2000年节目评价体系（方案）经过多次论证、改进后于年底经台编委会通过，决定分频道试行。

中央电视台节目评价方案主要通过综合影响力指标、综合趋势指数、忠实观众比率、节目的竞争力等指标对全台各栏目进行评价。通过评价，评定节目的优良等级，以奖优罚劣；把握节目的周期变化，以推陈出新；指导节目的准确定位，以鼓励细分市场，优化频道资源。

（二）充分利用收视数据，为节目部门研究观众服务

理性地分析栏目质量的优劣，查询收视数据已成为各栏目、各部门常规的做法。2000年为进一步提高数据查询的效率，观联处加强了日常收视率数据的加工管理，做到了新数据即来即更新。同时，还加大了技术开发力度，优化了数据检索与统计的方法与途径。与有关部门合作，完成了收视率查询软件的编制，实现了通过台内节目生产管理系统（局域网）对收视率数据的自助查询。

在做好为全台提供优良的数据服务工作的同时，还对中央电视台每周、每季度、年度的收视情况进行分析，为栏目提供专题分析。分析力求做到了及时、准确、深入并具有一定的建设性。在被称为“宣传的平年”的2000年，中央电视台组织了《老山汉墓挖掘》、《钱塘江潮》和《源头的呼唤》现场直播，我们及时利用掌握的收视率数据对这三场现场直播节目进行分析，证明了在没有重大事件的宣传时，精心组织的现场直播节目，仍然能引起观众的收视兴趣，取得不俗的社会效益和经济效益。

为了比较清楚地了解观众收视行为的变化取向，观联处还与央视调查咨询中心合作开展了“电视观众生活形态调查”，通过调查获取的数据，使我们在对节目内容分析时更有理有据，内容充实。

2000年收视率的调查，开始试用收视测量仪的调查数据。

（三）研究观众反馈信息变化，提高汇总信息质量

2000年，中央电视台获得观众反馈信息的方式中，观众通过电话或电子邮件反馈节目信息增多。一般说来，城市和经济发达地区的观众多以电话和电子邮件来反映对节目的意见、建议；经济欠发达地区的观众和农村观众仍主要以写信反映问题、咨询信息。据统计，2000年全台共获得观众信息731.1万多条，比1999年增加326万多条。其中收到观众来信200多万封；观众电话527.1万个，电子邮件4万多件。

观众反映在内容上也较过去有所变化，观众对节目的欣赏水平明显提高；对节目主持人的意见反映较多且强烈；观众对电视广告的意见多集中在创意和制作质量上。

为了解观众收视需求，除依靠观众来信、电话和电子邮件外，主动走出去，到各地了解观众，是中央电视台坚持多年做法。2000年，观联处先后在四川省广元市、宁夏回族自治区吴忠市、吉林省延边朝鲜族自治州首府延吉市、湖南省湘西土家族苗族自治州首府吉首市、广东省肇庆市和北京市召开了6次观众座谈会。座谈会地点的选择既考虑了地域特点，还考虑了民族特点和观众的代表性。通过召开观众座谈会，搜集到很多对改进节目、提高质量十分有价值的意见。观众代表对中央电视台深入边疆地区倾听意见建议的做法给予了肯定。在2000年召开的5次外地观众座谈会

上，还对观众“主动与电视台联系的动机”进行了问卷调查，结果是“希望反映某些社会问题”、“发现节目出现错误时”和“节目不满意时”主动与电视台联系，而“对节目非常喜欢时”则不一定向电视台表达自己的感受。这一调查结果对我们正确地使用观众意见有重要的参考价值。

2000年，针对研究观众、改进节目的需要，对搜集到的具有典型意义的观众信息，汇总整理成《近期观众反映》，每周一期，提供给中央电视台办公例会上通报；大量的观众信息则集中刊发在观联处内部刊物《观众反映及分析》上，供台内有关部门参考。

（四）积极开展受众调查研究，成果显著

频道的增加，栏目的增多，使得各级电视台在节目评价中多以收视率作为重要指标。因此，了解和掌握收视率的基本概念，了解调查数据生成的过程，搞清楚各种调查方法之间的差异，了解各级电视台在收视率应用上的经验，成为电视受众研究工作者的共识。为此，中央电视台与全国部分电视台开展了收视率应用研讨活动，邀请国内的专家先后召开了三次研讨会，围绕收视率的概念、调查方式以及收视率在电视台宣传和经营管理中的应用等进行了深入探讨，并将这三次专题研讨的成果编辑成《收视率透视》一书出版。这是目前第一本反映国内电视业在使用收视率指导电视宣传和经营运作的书籍。

2000年观联处在受众研究中，联系工作实际写出了多篇较有价值的研究论文。在中国广播电视学会受众研究委员会举办的2000年受众研究作品评奖中，有一件作品获特别奖；三件作品获一等奖；一件作品获二等奖；一件作品获三等奖，获奖总数在全国电视台同类作品中名列前茅。

（五）加强对屏幕语言文字差错的管理

《中央电视台屏幕语言文字差错奖罚条例》经过试行和修改补充后于1999年8月23日正式实施。总编室观联处负责执行《条例》中屏幕语言文字差错的搜集、统计、核对工作。由于在工作中加大认真核对力度，各部门、各栏目高度重视，2000年屏幕语言文字差错比1999年总数减少14%。

（六）推动全国电视受众研究工作深入开展

收视率不能作为评价电视节目优劣的惟一依据，已成为全国电视从业人员的共识；较全面评价电视节目应该采用哪种形式，则众说纷纭。作为中国广播电视受众研究委员会电视部办事机构的中央电视台观联处，认为应该尽快统一思想，以利于推动受众研究的深入发展。为此，2000年9月在哈尔滨市召开的中国广播电视学会受众研究委员会电视部年会上，围绕“电视节目评价与观众”这一主题，广泛深入地展开讨论。最后较为认同的节目评价模式，主要由四个板块作为框架模型，即收视率、满意度、专家评议和投资收益。这次年会，对推动全国各级电视台深入开展受众研究，提高对节目评价的质量，有较大影响。

（观联处　虢亚冰）

讨论观众调查研究工作

三、2000年中央电视台观众信息反映综述

（一）观众信息获取方式及结构特点

1. 观众信息获取方式和数量上的变化

据统计，2000年中央电视台共获得观众信息731.1万多条，比1999年增加326万多条。其中收到观众来信200多万封，电话527.1万个，电子邮件4万多件，在观众反馈信息中，《焦点访谈》、《今日说法》和

广告经济信息中心占的比例较大,主要是反映社会问题及询问经济信息等。由于2000年竞猜类节目较少,有关竞猜类的信件也比1999年减少,但向春节晚会提建议的信件增加,可见观众对2001年春节联欢晚会的关注。

在较长时间里,观众来信一直是电视台获取观众信息的主要渠道。近年来,随着我国信息产业的发展,以及我国人民生活水平的提高,电话、电脑进入普通百姓家庭。电视观众通过电话和电子邮件与电视媒体进行交流,使它们成为电视台获取观众信息的新渠道。一般说,观众电话和电子邮件提供的信息较普通信件及时、迅速。

2. 观众来信分类及内容上的变化

为了解观众对电视的需求,总编室观联处对观众来信进行了分类统计。2000年,观联处共收到观众来信30569封,比1999年来信总数减少13013封。主要原因是中央电视台一些主要栏目向观众开通了热线电话或建立自己的通讯联系,许多信件直接投向各栏目。尽管如此,2000年的观众来信内容仍很广泛。涉及电视宣传及其他各个方面。来信大体分为两大类:一类是与电视宣传相关的来信,共17677封。来信内容有表扬、批评、希望、建议,对主持人意见,信息咨询及其他,以希望、建议、信息咨询信为主。根据1999年来信统计,在3172封咨询信中农业信息方面的来信就有2578封,占咨询信中的81%。2000年所占比例接近1999年的水平,这说明观众对农业节目的关注程度较高。同时也说明农村观众多采用写信这一传统的联系方式。因此如何根据农业生产的特点和农民群众的需求,办好农业节目,并合理安排播出时间是非常必要的。另一类是其他方面的来信,约12892封,占来信总数的42%。这类来信内容主要是反映社会问题及投诉、投稿、提供线索等,其中反映社会问题的占相当比例。来信内容大多反映地方政府部门存在的严重腐败问题及人民群众的不满情绪。观众出于对中央电视台的高度信任,纷纷来信反映情况,倾诉苦衷,希望中央电视台进行调查、采访、曝光,发挥新闻舆论的监督作用,为他们伸张正义,帮助他们摆脱困境,以促进社会风气的好转。

3. 观众反映内容上的变化特点

从观众反映的总体来看,其内容上的变化有以下特点:

(1)观众对节目的欣赏水平明显提高。观众对电视节目的思想内涵、艺术形式、主持人、节目制作等方面提出意见的来信比例增加,甚至有些来信对电视频道和各类栏目编排定位、节目的服务对象和宗旨也能提出自己的看法,关注的内容明显拓宽。

(2)观众对节目主持人的意见反映强烈。大量观众对主持人的形象气质、文化素质、语言表达能力、服装修饰等诸多方面提出意见。观众认为栏目主持人表现的好坏关系到栏目的形象和栏目的成败。

(3)观众对电视广告的意见相对减少,但是对电视广告的创作质量要求越来越高。观众对广告的艺术创意、广告画面和广告语言经常提出不同意见。

(4)观众对中央电视台8个频道节目编排播出的意见减少,说明各频道的定位和各时间档节目的布局趋向合理,中央电视台"频道专业化,栏目个性化,节目精品化"建设初见成效。

(5)各地观众对地方台在转播中央电视台节目中随意插播广告的意见明显减少,说明各地电视台较好地贯彻执行了广电总局有关规定。

(二)观众反映要点及分析

1. 重大宣传报道舆论引导水平明显提高,受到观众肯定

(1)加强与改进思想政治工作和"三个代表"重要思想的宣传报道形式活,典型有说服力,有的放矢。加强和改进思想政治工作的宣传是2000年中央电视台宣传工作的"重头戏"。从3月至6月,《新闻联播》推出45集系列报道《强化思想政治工作》,播发典型报道95条,受到观众肯定。观众普遍认为报道内容多样,视角新颖,先进典型事例鲜明,不空洞,播报风格平实。由于报道从宣传的意义和作用入手,保持报道的连续性,不断开掘深度和广度,因而取得满意的报道效果。

上半年,中央电视台精心组织了江泽民总书记关于"三个代表"重要思想的宣传报道。包括《新闻联播》在内的各档新闻栏目,充分阐述了"三个代表"重要思想的重大意义,及时报道全国各地、各行各业学习动态,受到观众普遍关注。观众反映说总书记讲话精神和"三个代表"重要思想意义重大,影响深远,表示要认真学习和深刻领会精神实质。观众反映表明通过宣传报道,广大观众深刻认识到"三个代表"重要思想的重大意义。

2000年中央电视台继续保持揭批"法轮功"的宣传报道声势。由于坚持宣传报道揭批"法轮功"邪教本质及其罪行,报道"法轮功"练习者的思想转变情况,通过宣传报道,使多数"法轮功"练习者得到转化。2000年"法轮功"练功者来信大幅下降,表明对揭批"法轮功"的宣传报道取得显著成果。

(2)围绕国家出台的重大政策方针和"两会"提出的实施"西部大开发"战略,中央电视台各类节目进行

配合，推出各具特色的报道，形成一定的规模效应。如新闻节目中心组织的《西部迎春》系列报道，120集大型系统报道《到西部去》、《科技先行大西北》、《西部之光》、《西部记行》等节目受到观众好评，特别受到西部各省区领导和广大观众的称赞，认为这些节目使观众进一步了解和认识西部地区，增进对国家方针政策和实施西部大开发战略的理解。报道效果表明宣传报道国家重大方针政策一旦形成规模效应，就会在广大人民群众中产生较大反应，成为自觉行动。

(3)奥运报道全方位、多角度、及时充分，满足了观众要求。中央电视台全面、及时、深入报道了中国体育健儿在悉尼赛场上奋力拼搏为国争光的辉煌业绩，展示了世界体育竞技最高水平的动人情景，令全国观众瞩目。据收视效果调查显示：CCTV－1和CCTV－5的收视率和占有率9月下旬比上旬有不同程度的提高，尤其是CCTV－5在9月下旬的平均收视分额达到18.26%，超过CCTV－1。CCTV－5在北京地区的平均收视分额更是达到了21.09%。奥运报道对观众的吸引，使CCTV1～8套在9月下旬的报道分额由上旬的27.47%一下冲到42.81%。CCTV－5的日平均到达率也远远超过它的日平均收视率，为23.4%。平均每天有近2.6亿观众收看奥运节目。

本届奥运报道能获得这么好的收视效果，我们认为一方面因为我国与悉尼的时差较小，我国观众可以更多地从屏幕上同步观看奥运比赛直播，另一方面也说明在CCTV－5开辟奥运频道直播重大赛况和及时报道新闻，以及采用“现场＋评论＋背景”的报道方式，满足了观众获得最新奥运比赛信息的要求。

2. 重大电视赛事、文艺活动和特别节目受到观众欢迎，获得好评

(1)2000年的重大电视赛事成为观众收视热点，关注热点。中央电视台精心策划组织的第九届全国青年歌手电视大奖赛、首届全国舞蹈电视大奖赛和第五届电视节目主持人大奖赛，极大的丰富了电视屏幕，吸引了广大观众。

第九届青年歌手电视大奖赛是升格为政府级比赛后首次在荧屏亮相，格外引起观众注目。这次大赛历时两个多月，连续22场现场直播，开创了中央电视台文艺节目连续直播的最高记录。播出期间，收到大量观众来信，接到热线电话27000多个，电子邮件13000多件，168台投票88万人次，全部22场直播在全国的平均收视率达到2.57%，最高达到3.37%，比平时第三套节目同一时段的收视率(0.3%)提高了7倍多。

第五届“荣事达”杯电视节目主持人大奖赛在第一套节目中播出，影响大，反应强烈，形成电视大奖赛的又一收视热点。观众认为这次大奖赛的比赛选题好，参赛选手的综合素质和公众形象得到观众认可。5期直播节目的平均收视率为8.11%，比以往第一套节目同时段平均收视率(6.2%)有明显提高。

首届全国舞蹈电视大奖赛令观众耳目一新，平均收视率达到0.91%，比平时同一时段第三套节目的平均收视率要高。

广大观众对2000年三大赛事投入如此大的热情，不仅因为大赛本身吸引观众，而且因为2000年三大赛事在比赛程序和规则上有所改革创新。此外，监审组的设立，第二现场点评，综合素质考核的合理和规范化，也使2000年的大奖赛更具可视性；加上热线电话和电子邮箱的开通，调动和吸引观众的参与，使整个赛事一时成为关注热点。

(2)2000年的“文化、科技、卫生”三下乡活动有声有色。“心连心”艺术团先后到福建古田、长春一汽、内蒙古包头、山东临沂、陕西杨凌等地慰问演出，所到之处都受到群众热情欢迎，仅在杨凌的一次演出活动观众就达到16万人之多。各地观众非常期盼“三下乡”活动的到来。以“心连心”演出形式的“三下乡”活动极大地推动了农村精神文明建设。

(3)2000年，中央电视台各频道推出多个各具特色精彩的特别节目，受到观众赞赏。如《半边天》制作的特别节目《我们的一个世纪》、12小时特别节目《我们的世纪》，创新意，播出后观众反馈信件超过10万件；“八一”专题节目《军人道德组歌演唱会》、国庆特别节目《可爱的中国》，令人振奋。在一项调查中，10小时特别节目《新世纪》家庭到达率为60.9%，84.2%的观众对节目表示满意。观众的反应表明各类特别节目这种大容量、跨时空的创作充分表达了节目的主题思想，增强了节目的可视性和观众的收看兴趣。

(4)2000年，《焦点访谈》、《社会经纬》、《新闻调查》、《今日说法》等重要新闻评论性栏目报道了一系列有影响的节目，如《沙漠离我们有多远》、《铲苗种烟，违法伤农》、《非法使用童工法理不容》，《拍卖本是一场戏》、《草棚传出读书声》、《治病无术、骗钱有方》等，这些节目由于调查深入客观，分析精当入理，在报道中坚持以事实说话，在深度上下功夫，加大舆论监督力度，受到中央领导的肯定，并在社会上产生广泛的积极反响，进一步树立了舆论监督的权威性。但观众指出有的节目播出时间常因种种原因受到冲击，影响收看。观众要求节目播出时间要相对固定，确保观众正常收看。

此外，其他新闻、专题、文艺性栏目和电视剧等以及经济、体育类节目也受到了观众的称赞，获得好评。总之，形态多样的节目，丰富多彩的内容和不断提高的

节目质量满足了广大观众文化生活的需求。

3. 专业频道建设，栏目改版受到观众关注，观众较满意

2000 年 2 月 7 日，改版后的第四套节目以全新面貌推出。该频道以新闻性节目为主体，以文化节目为支撑，突出新闻节目的主导地位，突出对台宣传，加强重点对象地区晚间黄金时间的节目编排，首次推出新闻杂志性栏目《中国新闻 60 分》，在海内外引起很大反响，得到观众肯定。观众认为该栏目新闻性强，信息量大，内容丰富，编排清晰，播报风格清新自然，体现了对外宣传的针对性、时效性和主动性，树立了国际频道的全新形象。

(2)7 月 3 日，第二套节目进行了改版，推出了全新包装定位的经济·生活·服务性频道。在加大经济生活类节目比重的同时，又增设一批新栏目，如《证券时间》、《为您服务》、《健康之路》、《地球故事》、《开心辞典》等，这些创意新颖的节目吸引了不同的目标观众。观众反馈表明，社会各层面对经济·生活·服务频道的改版反应热烈。据中央电视台互联网站网上调查显示，在参加调查的 9247 名网民中，认为改版成功的观众达 75.02%。

(3)11 月 27 日第一套节目改版推出的《东方时空》引起社会广泛关注，反响强烈。总体反应给予肯定，认为新版节目内容丰富，信息量大，形式新颖，主持人年轻有朝气。但部分观众对新版节目提出意见，认为栏目容量庞大，节目内容编排零乱，主持人太多，许多观众不适应。

(4)12 月 18 日第三套节目改版推出《周末喜相逢》、《同一首歌》、《挑战主持人》等 34 个各类栏目，成为融戏曲、综艺、音乐、歌舞、文学、谈话等各类节目为一体的综艺频道，目前反应良好。

2000 年中央电视台频道节目改版从总体来看，第四套、第二套、第一套节目改版反应强烈，受到称赞。第四套节目改版后，节目针对性强，对台栏目具有鲜明的民族文化特色，对海外华人观众有较强的吸引力和感染力。第二套节目改版后，节目内容、形态和时间设置均适应和满足了不同层面观众的需求。第一套节目的改版尽管取得了一些成功，但仍有部分观众不尽满意，如何对新闻节目进一步改革还需要相关部门进行探索和研究。

4. 建议和希望

(1)观众对节目的屏幕错别字、各种语病或不规范用语，对播音和主持节目中出现的各种错误提出批评，希望播音员或主持人加强业务学习，提高文化素质，减少出错率，树立国家大台形象。

(2)观众对播出节目有时不打字幕，节目播出和更改节目不预告等提出意见，希望各级领导和相关节目部门加强服务意识，建立制度，真正为观众着想，满足观众需求。

(3)观众认为中央电视台各种文艺娱乐性节目丰富多彩，但民族传统文化艺术，如戏曲剧种及民族音乐歌舞节目比例失调，希望在挖掘和弘扬优秀民族文化方面作出更多努力。

(三)观众信息管理回顾与希望

为了全面及时地了解、掌握全台观众信息，1997 年建立了中央电视台观众信息管理网，目前，观众信息管理工作开始步入规范化轨道。从信息收集整理到利用，有序进行。从每周提供的《近期观众反映》中，可随时把握观众脉搏，及时反映观众意见，保持观众信息利用的及时性和一贯性；由观联处编辑的《观众反映与分析》中，可从宏观上把握观众反映动态，保证了观众信息的利用，为改进宣传报道，提高节目质量起到应有的作用。但是这项工作目前仍有不尽如人意之处，由于我们工作中的问题，有个别部门和栏目还没有参加到全台观众来信管理网中，使得这些部门和栏目的工作成绩不能得到较全面的展现。

2000 年中央电视台观众来信管理网观众反馈信息统计见下表。

部门、频道和栏目	观众来信（封）	观众电话（人次）	电子邮件（件）	总　数
新闻评论部	41 547	10 447	9 716	61 710
经济部	15 488	26 789	3 240	45 517
海外联络部	218	246	5 922	6 386
影视部	12 755	735	—	13 490
中国电视报	89 354	8 106	—	97 460
观联处	28 070	5 800	20 000	53 870
农业影视部	19 551	52 049	—	71 600
军事部	783	—	—	783
新闻联播	5 441	810	—	6 251
大风车	50 817	3 169 113	—	3 219 930
动画城	139 585	1 928 215	—	2 067 800
科技博览	3 972	3 668	225	7 865
今日说法	27 930	11 136	—	39 066
健康之路	15 190	26 286	154	41 630
夕阳红	5 047	3 096	—	8 143
半边天	2 305	4 620	—	6 925
当代工人	333	61	—	394
社会经纬	1 779	50	—	1 829

续表

部门、频道和栏目	观众来信（封）	观众电话（人次）	电子邮件（件）	总　数
曲苑杂坛	1 198	139	—	1 337
旋转舞台	200	34	87	321
环球	172	—	—	172
正大综艺	31	—	—	31
第三套节目	717	3 400	4	4 121
第八套节目	1 120	1 120	—	2 240
体育节目中心	12 200	14 800	600	27 600
总　数	475 803	5 270 720	39 948	5 786 471

（观联处　陈希贤）

观联处的同志每天都处理大量的观众来信

四、重视观众需求　真诚为观众服务

——2000年中央电视台六次观众座谈会汇总

为了进一步了解观众的收视需求，为改进电视节目提供参考，2000年总编室观众联系处先后在四川省广元市、宁夏回族自治区吴忠市、吉林省延吉市、湖南省吉首市、广东省肇庆市和北京市召开了座谈会。座谈会地点的选择，既考虑了地域特点，又考虑了民族特点和其代表性。

与会的观众代表有工人、农民、个体劳动者、公司职员、教师、学生、军人、文艺工作者、离退休人员、少数民族代表和专业技术人员等。观众代表会前普遍征集了同事和朋友的意见和看法，所以具有比较广泛的代表性。

在座谈会之前，我们还通过请观众代表回答问卷的形式对我们感兴趣的问题进行了调查，本文中也将这部分内容一并进行汇总分析。

（一）中央电视台的宣传工作得到了广大观众的一致肯定

观众认为，在众多媒体中，中央电视台最具权威性。中央电视台勇于改革创新，体现出国家电视台的气魄。2000年节目的改版，使频道定位逐渐清晰，栏目的编排设置也逐渐形成了频道的风格。许多栏目都经过了调整，推出了不少新的主持人和新的栏目，给人以耳目一新的感觉。

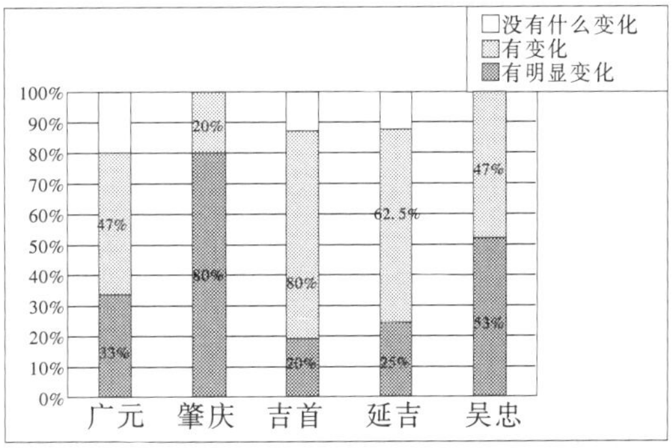

图1　五城市观众认为中央电视台节目整体上的进步程度

在2000年的五个地方观众座谈会上，有80%以上的观众代表认为，中央电视台的节目在整体上有进步，其中广东肇庆和宁夏吴忠的观众代表对此作出的肯定达到100%。在宁夏吴忠有53%的观众代表认为中央电视台的节目比以前“有明显进步”，如图1所示。其中第一套、第二套、第三套和第八套节目的进步程度依次排名前四位。

对中央电视台目前第一至第八套节目的栏目设置和节目编排格局,各地观众代表的满意程度都比较高,在吉林延吉、宁夏吴忠和湖南吉首观众的满意程度达100%(比较满意和满意),在广东肇庆的满意程度略低,为87%,如图2所示。可见,在经济发达和较富庶的地区,观众对外交往多,眼界开阔,对节目的要求就较高。

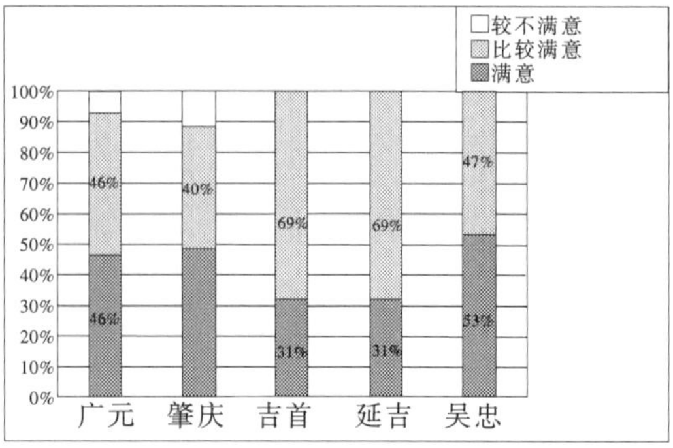

图2　五城市观众对
中央电视台频道设置的满意程度

观众对中央电视台的信任程度也比较高,回答"比较信任"和"很信任"的观众占90%以上,在四川广元和宁夏吴忠回答"很信任"的观众比例达到80%。

观众认为,中央电视台的整体风格比较大气、凝重、高雅、如果把这种风格与灵活性有机地结合起来,多一些社会化和生活化的内容,将会拥有更多的观众。

(二)频道定位仍需明确,频道特点仍需突出

1.第一套节目满意度较高,但观众的期望值更高

虽然观众对第一套新闻类栏目的满意度较高,但从第一套节目整体定位来看,观众认为应该增加新闻节目的比重,增加社会新闻和国际新闻的信息量,突出频道特色。

2.第三套节目需要充实、丰富地方戏曲和少数民族歌舞戏曲等内容。

3.第六套节目存在的问题与1999年相同

观众普遍认为老影片的重播率太高,而且重播的间隔时间较短,希望多播放国内外新影片和经典影片。

4.第七套节目内容杂而乱

在中央电视台的第一至第八套节目中,观众认为目前频道的定位最需要明确的是第七套节目。目前该频道的内容比较杂,吸引力不强,希望进一步明确定位,精办栏目。在1999年的观众座谈会上,已经有观众提出过这样的意见。

5.第八套节目应以播放精品电视剧为主

观众认为播出的电视剧的可视性有所增强,但与地方台相比,该频道的电视剧不太吸引人,希望多一些精品,适当播放一些电视短剧,增加改革题材的内容。适当开办电视剧评议类节目。在四川广元、广东肇庆、宁夏吴忠和湖南吉首四个座谈会上都有观众提出,将电影频道和电视剧频道合并,减少频道资源浪费,提高所播放的电影和电视剧的质量。

(三)对各类节目的评价

1.中央电视台新闻节目满意度高

与1999年观众座谈会上的调查结果类似,中央电视台的新闻节目仍是观众收视的主要选择,并且满意程度较高。在观众最满意的栏目中,新闻类栏目占较大比例,其中对《焦点访谈》、《东方时空》、《实话实说》、《新闻联播》和《新闻调查》等栏目持满意态度的观众最多。不过观众同时也提出,新闻节目要适当减少会议新闻,增加社会新闻和国际新闻,多一些百姓关心的话题,增加新闻的背景资料和深度分析等等。

《今日说法》、《经济半小时》、《生活》等栏目,在2000年座谈会上所调查的最满意的栏目中仍然榜上有名。观众认为《今日说法》的纪实性和专家点评,对提高人们的法律意识和法律知识都发挥了不可替代的作用。在肯定《经济半小时》和《生活》等经济专栏节目的同时,观众认为经济报道的内容还应拓宽。《人与自然》、《曲苑杂坛》等栏目也得到了观众的肯定。

2.电视剧的总体评价不很高

观众认为,中央电视台播出的电视剧思想性较强,但可视性不够。除反映较好的《突出重围》、《女子特警队》、《光荣之旅》等少数几部电视剧外,观众对中央电视台播出的电视剧的总体评价不高。认为目前电视连续剧普遍节奏太慢,有的长达几十集,内容拖沓,并且在周六停播,不连续;第一套节目的黄金档电视剧选材范围窄,2000年军事题材的电视剧安排过于集中;我国农村人口占绝大多数,但农村题材的电视剧却很少;第一套节目播出的电视剧一般都是重大历史题材的"宏篇巨制",最好能选择贴近现实、反映普通人生活的电视短剧安排播出,张弛有度。

3.主持人要进一步提高专业素质

中央电视台的主持人和播音员普遍比较端庄,大方,有国家台的气质。但要进一步扩充知识面,提高语言表达能力和综合素质,不能背稿子,说出来的话应该是对内容深刻理解后的自然表达和流露。在一些直播

节目中，主持人应想观众之所想，说观众之欲知，增强亲和力。要注意包装主持人，推出新人。观众认为，有个别主持人过于表现自己，游离于节目之外，显得做作，观众不认可；个别综艺节目主持人缺乏主持特点和对艺术的理解；少儿节目中个别主持人缺少与少儿沟通的语言，实际上是在用儿童腔调说大人话。

4. 对综艺娱乐类节目的评价

对中央电视台近年来新开办的栏目，如《梦想剧场》、《影视同期声》和益智类节目《开心辞典》等，观众的评价较好。对老牌栏目《曲苑杂坛》也基本认可。但在观众认为最不满意的栏目中，一部分老牌的综艺类栏目已被列入其中，这些老牌的综艺节目对观众的吸引力逐渐降低，像《综艺大观》、《正大综艺》等栏目在形式和内容方面已趋于老化，很难抓住观众。有的文艺节目过分注重形式上的包装，内容却远离观众。

观众建议：增加观众参与，增强娱乐性和趣味性。对现在正在学习的歌手、戏曲表演和演奏方面的学生，应多给他们展示才艺的空间，多推出新人。在内容上应增加各民族歌舞和地方戏曲，多一些地方采风节目。戏曲节目应在继承的同时兼顾新作品的推出。作为国家电视台，在创新的同时，还要保持自己的风格，不追风，不媚俗。

5. 法制节目得到观众的欢迎

中央电视台的法制节目以其参与性、纪实性和专家点评的特点，在观众中产生一定影响，对提高人们的法律意识、普及法律知识都发挥了不可替代的作用。观众希望在现有的基础上，增加法制节目的比例，进一步加大普法力度，拓宽法律知识面。多采用说案议法这种普通百姓易懂易知的方式提高群众的法律意识，对犯罪团伙作案过程不要过细表现。

6. 应加大民族宣传的力度

一些少数民族地区的观众代表认为，中央电视台应以西部大开发为契机，加强对西部地区社会经济、科技文化和历史等方面的报道；加强对边疆少数民族地区发展的宣传力度，反映当地各民族的精神风貌和自然风光，让人们通过中央电视台充分认识西部、了解西部、热爱西部、建设西部。应利用中央电视台信息来源广的优势，为边疆少数民族地区的发展提供经验，促进民族地区的经济和社会各项事业的发展。希望对现有的民族栏目进一步在针对性和服务性上下大功夫，以促进民族间的交流。

7. 应适当增加科技节目的比例

中央电视台目前科技类节目比较少，节目的形式也不够灵活，应考虑从节目的选题到制作手法等方面尽可能吸引观众。观众代表希望，媒介应在科教兴国方面发挥重要作用，应做好对城市居民科普意识的宣传教育，在科技信息服务方面加大力度，特别是实用科技的宣传比例要适当增加。还提出，要重视尖端技术的普及宣传报道；增加高校教育和科研状况的报道。希望增加对农民的科技宣传和信息服务，希望充分发挥中央电视台在知识、信息、技术和手段方面的优势，加大种植、养殖和科学致富方面的内容。

8. 应加强与青少年观众的沟通

目前中央电视台的青少年节目过于侧重低龄儿童，不对青少年的"胃口"，严肃有余，活泼不足，气氛显得沉闷。有的青少年节目形式趋于老化，内容不太贴近现代青少年的生活，可视性不强。希望此类节目寓教于乐。观众代表认为，青少年观众意见比较集中的是，寒暑假期间的节目编排没有打破常规，学生找不到适合自己收看的节目，希望双休日能安排综合性的青少节目。反映青少年生活的电视剧和电影太少，质量也一般，远远满足不了青少年，尤其是少年观众（高中和初中学生）的收视需求，希望重视青少年题材影视剧的拍摄和播出。观众代表还指出，有些少儿节目成人化，以成人的思维办少儿节目；游戏缺少新意，形式单调，由于对少年儿童的吸引力不大，相当一部分儿童就偏爱国外动画片。

9. 对广告的看法

观众普遍反映电视广告多，尤其是在节目中间插播广告的做法让人难以忍受。认为中央电视台的大多数广告品位高雅，创意、拍摄俱佳，看了既可了解商品信息，又是一种放松和享受。希望今后对广告内容要从严审查筛选，要对观众负责。

10. 要净化屏幕语言文字

中央电视台的播音员和节目主持人错读字词现象时有发生，荧屏字幕的错别字、标题语病也经常出现。在电视剧和专题片中也经常出现演员和解说员的错误读音和字幕中的错别字现象。观众建议：应该严格监督检查制度，把错字错音消灭在播出之前。中央电视台应该成为学习宣传贯彻《国家通用语言文字法》的榜样，加强正字正音的学习，可以举办讲座，增加一些诗歌、散文朗读会推行普通话，可以利用公益广告宣传推广普通话。

（四）按照观众收视规律编排节目

观众认为，电视台应该充分了解观众，按照观众的收视规律和需求编排节目。目前，观众选择节目的随机性很强，很少按照节目预告来选择节目，所以要注意栏目间的衔接，在黄金时段不宜过多集中播出广告。

观众代表还提出一些很好的意见和建议。如《读书时间》等栏目的播出时间太晚，不便收看；一些青少年节目不应安排在上课时间；《半边天》的栏目定位和播出时间不一致。观众对第八套节目黄金时段电视剧的时间安排不理解，因为大多数电视台晚间电视剧的开播时间都在 19:40 左右，而第八套电视剧几乎晚了一个小时才播出，这样的节目编排缺乏竞争力。建议一些好的电视剧要放在好的时段播出。如精品电视剧的回顾。应增加周末或假日期间节目的色彩。老百姓生活多元化了，对生活质量有了较高追求，更需要色彩丰富、生活化的、使人放松的节目。

(五)观众主动与电视台联系的动机分析

在观众座谈会前，我们对观众主动与电视台联系的原因和动机作了问卷调查，结果是“希望反映某些社会问题”、“发现节目出现错误时”和“对节目不满意时”在五个地区基本位于前三位。

在回答“对节目非常喜欢时”与电视台联系的，五个地区中只有湖南吉首的观众将这一动机排在第一位。在其他几个地区则排在第三、四位，或没有选择这一项。另外，像“参与电视台的征文或调查”、“拨打热线电话参与节目”和“查询节目中的信息”等一些参与性较强的动机，则相对处在后几位或没有选择。

通过调查得出以下几点结论：第一，人们对电视台的“喉舌”功能和舆论监督作用给予了充分的信任和认可，发现一些社会问题时，希望通过电视台来解决。第二，随着观众的欣赏水平的不断提高，对电视节目的要求也日渐严格，人们会在“对节目不满意时”与电视台联系，而“对节目非常喜欢时”则不一定向电视台表达自己的感受(如在四川广元地区)。观众对参与性的活动或节目已经具有一定的主动性，如在四川广元和宁夏吴忠，“参与电视台的征文或调查”、“拨打热线电话参与节目”分别排在第三位，具体如下表所示。

问卷题目	排名				
	四川广元	吉林延吉	广东肇庆	宁夏吴忠	湖南吉首
希望反映某些社会问题时	1	1	1	1	2
对节目不满意时	2	3	5	5	3
发现节目出现错误时	3	1	2	1	3
参与电视台的征文或调查	3	5	6	—	5
拨打热线电话参与节目	5	6	—	3	6
对节目非常喜欢时	—	3	3	4	1
查询节目中的信息	—	—	3	—	6

(六)要重视观众的需求，强化竞争意识

通过走出去与观众座谈，我们深刻地感到，随着我国电视事业的飞速发展，观众的收视需求也呈现多样化，人们的欣赏水平和收视品位比以前有了很大提高。大到频道定位、栏目设置，小到节目的内容和细小失误，观众都提出了很多见解。在肯定电视节目丰富了人们的文化生活的同时，人们对电视节目提出了更高的要求，这对电视工作者来说，既是鼓励，也是挑战。

目前，电视业已经进入买方市场的激烈竞争中，重视观众的需求是赢得竞争的重要因素。我们认为，中央电视台目前重要的是重视观众，强化竞争意识，讲究具体的战术和策略；既要面对市场，面对其他台的竞争，更要开展台内的创新，不创新就不再有优势。

走出去，直接听取观众的意见

(观联处　张伟玲)

机　　构

一、2000年中央电视台机构设置

2000年中央电视台下设15个中心、室(副司局级),3个直属机构(处级)。

1. 办公室

下设:秘书处、事业发展调研处、法规处、保卫处、外事处、行政处、房管处。

2. 总编室

下设:宣传规划处、节目播出管理处、节目资料管理处、观众联系处、研究处。

3. 人事办公室

下设:干部管理处、劳动工资处、培训职称处、离退休人员管理处。

4. 财经办公室

下设:计划统计处、财务处、财产物资处、经营管理处、基建处。

5. 机关党委

下设:党委办公室、纪委、团委、工会。

6. 新闻节目中心

下设:综合部、新闻采访部、社会新闻部、地方新闻部、新闻编辑部、新闻评论部、新闻制作部、军事部。

7. 海外节目中心

下设:英语频道编辑部、海外联络部、海外新闻部、海外专题部、海外编辑部、对台编辑部、海外制作部。

8. 社教节目中心

下设:综合部、专题部、科教部、纪录片部。

9. 文艺节目中心

下设:综合部、文艺部、国际部、影视部、戏曲音乐部。

10. 广告经济信息中心

下设:综合部、广告部、经济部、信息部、图文电视部。

11. 体育节目中心

下设:综合部、体育新闻部、体育竞赛部。

12. 青少节目中心

下设:综合部、青年部、少儿部、动画片部。

13. 技术管理办公室

下设:技术业务处、科技处、工程管理处、信息通讯处、动力处。

14. 技术制作中心

下设:综合部、采录部、录制部、制作部、音频部、动画技术部。

15. 播出传送中心

下设:综合部、播出部、转播部、传送部、总控部。

台直属机构有监察室、审计处、中国电视报社,以及网络事业发展部(筹备组)。

台直属单位有中国电视剧制作中心、中央新闻纪录电影制片厂、北京科学教育电影制片厂、中国国际电视总公司、中央卫星电视传播中心。

中央电视台设有编委会、技委会、行管会。

中央电视台分党组书记赵化勇,分党组副书记刘宝顺、李东生,成员:张长明、罗明、胡恩、何宗就、张海鸽、李建、万迪基。

中央电视台台长、总编辑赵化勇,副台长刘宝顺、李东生、张长明、罗明、胡恩、何宗就,总会计师刘国良,副总编辑赵立凡、孙玉胜、张华山,总工程师丁文华。

中央电视台机关党委书记刘宝顺。

分党组纪检组组长张海鸽。

台属15个中心(室)的主任分别是:办公室主任李晓明,总编室主任罗明,新闻节目中心主任李挺,海外节目中心主任赵宇辉,社教节目中心主任高峰,文艺节目中心主任高建民,广告经济信息中心主任袁正明,体育节目中心主任马国力,青少节目中心主任余培侠,技术管理办公室主任徐威,技术制作中心主任李虹宏,播出传送中心主任黄平刚,人事办公室主任王晞建,财经办公室主任许二春,机关党委专职副书记南玉敏。

中国电视剧制作中心主任胡恩(兼),副主任邹庆芳、王伟国、李汀。中央新闻纪录电影制片厂厂长李建,副厂长张建华、王盟盟、干颖力。北京科学教育电影制片厂厂长万迪基,副厂长任振华、杨杰亭、安伟民。

中国国际电视总公司总经理李培森，副总经理吴达审、王丹洁、冷敏述、赵健。中央卫星电视传播中心主任赵化勇（兼），副主任田盛华、杨步亭（兼）。

中央电视台事业编制为2503人。现有正式职工4081人（含正式招聘人员和直属企事业单位人员）。

附：中央电视台2000年机构设置图

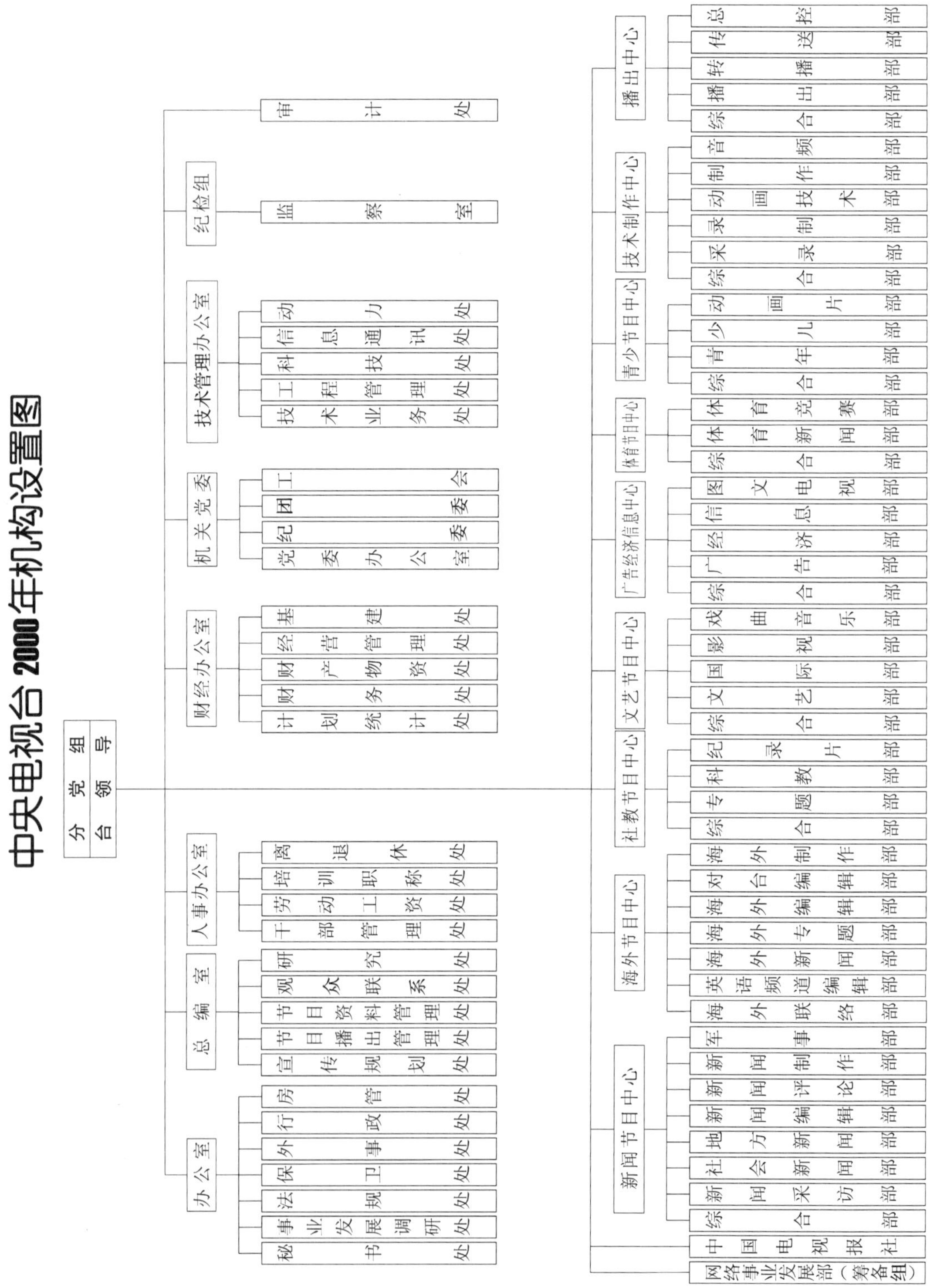

二、2000年中央电视台机构简介

编委会

中央电视台编委会是中央电视台宣传工作的最高决策机构。编委会在台分党组和台长的领导下，按照中央的宣传方针、政策和广播电影电视总局编委会的部署，负责全台节目规划的制订、审查、各频道栏目的设置、栏目出台前的论证、重大选题的立项审批、重要节目的审查、重大宣传战役的部署等。编委会还有责任对个节目中心和节目制作单位的舆论导向、节目内容和制作水平进行监督、检查和评估。

台编委会由下列人员组成：

总编辑：赵化勇

副总编辑：李东生　张长明　罗　明　胡　恩
赵立凡　孙玉胜

编委会成员：

赵宇辉　马国力　余培侠　高　峰　程　宏
高建民　刘效礼　邹庆芳　张建华　薛继军
周　经　吴继尧　黄平刚

台总编室为编委会的办事机构。

技委会

中央电视台技术委员会（简称技委会）是中央电视台最高技术决策机构，其成员由主管技术的台领导及技术系统的部分负责人和专家组成。中央电视台技术委员会的主要职责是：研究把握电视台未来电视技术的发展方向；对新技术、新设备的引进作出规划和决策；审定设备购置和配备计划；审查批准电视技术工程项目；审定电视技术标准；审定大型活动的技术方案。另外，技委会还为台领导重大决策和全台管理工作提供技术依据和发挥参谋作用。

技委会由下列人员组成：

主　任：刘宜勤副主任：邵昌有

成　员：刘广全　何宗就　徐　威　李旋宗
丁文华　陈凤龄　陈　默　朱慰中
李树声　缪暑金　肖月桃　曹　青

行管会

中央电视台行政管理委员会（简称行管会）是在台分党组领导下负责全台重大行政工作的议事机构，成员包括各行政职能部门的主要领导。行管会办公会议由分管副台长主持，主要根据台分党组的授权，审议职能部门提交的全台性的重大事项，协调宣传、技术系统与职能部门间的工作关系，提出行政管理部门保障宣传工作实施的工作方案。行管会主要通过每两周一次的办公会议开展工作。会议的组织工作和记录由台办公室负责，会议纪要由分管副台长签发。重要的决策方案报台分党组批准后实施。

行管会由下列人员组成：

主　任：刘宝顺

成　员：李晓明　张海鸽　刘国良　南玉敏
王晞建　许二春

分党组纪检组
监察室、机关纪委

1994年10月，经中央纪委同意，原广播电影电视部党组批准，设立中央电视台分党组纪检组并同监察室合署办公。2000年9月根据中纪委及中纪委驻总局纪检组监察局、总局机关纪委的工作布署，中央电视台纪检组、监察室与机关纪委合署办公。

分党组纪检组、监察室、机关纪委主要职责和任务是：在中纪委、监察部驻广播电影电视总局纪检组监察局、总局机关纪委和台分党组的双重领导下，检查本台各部门和所属单位的党组织与党员领导干部执行党的路线、方针、政策和决议的情况，对台分党组及其成员和其他党员领导干部实行党章规定范围内的监督；检查本台党员领导干部违反党纪的案件以及所属单位的重要违纪案件，并根据有关规定提出处理意见，按照

《中国共产党纪律处分条例》对所查案件中的党员作出处理决定；协助台分党组加强党风廉政建设，纠正行业不正之风；配合有关部门对党员和党员领导干部进行党风党纪教育；指导本台和所属单位党的纪律检查工作；监督检查本台各部门和所属单位工作人员贯彻执行国家法律、法规和政策、决定、命令的情况；调查处理本台各部门和所属各单位工作人员违反政治纪律、宣传纪律、组织纪律、财经纪律的检举、控告；受理本台各部门的所属各单位党员领导干部及其他工作人员不服行政处分、党纪处分的申诉。

分党组纪检组、监察室、机关纪委现有正式职工 7 人，台分党组成员、纪检组组长张海鸽，监察室主任黄瑞刚，机关纪委副书记兼监察室副主任赵玉东。本届机关纪委于 1999 年 11 月在中央电视台第六次党代会上换届选举产生，为中央电视台第五届纪委会，由 13 名委员组织。纪委书记南玉敏（兼）。

台办公室

台办公室是台分党组和台领导的日常办事机构，是组织协调全台行政管理工作的主管部门，是中央电视台对外联络的主要窗口。主要任务是：管理全台的文秘、信息、法规、安全保卫、外事、行政后勤和房屋分配与修缮工作；组织协调全台宣传、技术、行政、经营工作的重大活动；督促检查台领导交办各中心（室）、部（处）日常工作的完成情况，提出全台行政管理工作改进意见和建议。下设秘书处、事业发展调研处、法规处、保卫处、外事处、行政处、房管处。现有正式职工 189 人。台办公室主任李晓明，副主任刘建中、唐世鼎。

秘书处

是隶属于台办公室的一个综合职能部门，承办台分党组和台领导交办的日常事务。负责台办室担任的全台性宣传、技术、行政、经营等方面重大活动的协调工作，以及全台文秘、信息、会务、联络、调研、档案、公关、收发等承上启下的工作：主办全台《工作日报》、《中央电视台简报》等内部刊物。保证全台政令畅通，运转有序。下设秘书一科、秘书二科、秘书三科、档案科、摄影科、收发科。现有正式职工 32 人。秘书处处长唐世鼎（兼），副处长滕云平。

事业发展调研处

事业发展调研处成立于 2000 年 6 月。是负责中央电视台事业战略发展规划与研究、为台领导决策提供科学依据和理论参考以及信息服务的专门研究机构。现有正式职工 4 人。调研处处长彭建明，副处长李琼（兼）。

法规处

法规处成立于 1998 年 6 月，是隶属台办公室的一个职能部门，负责全台的法律事务工作，对台属二级机构的法律事务进行管理与指导。主要职责有：参与起草、制定、修改全台的各项规章制度；参与台投资、租赁、资金转让、拍卖、招投标及下属企业改制等涉及本台重要权益的经济活动；审议和管理中央电视台对外签署的合同协议等法律文件；代理中央电视台进行诉讼；办理台属企业的工商登记及进行名牌栏目的商标注册等。法规处现有正式职工 5 人。法规处副处长仇刚、石村。

保卫处

保卫处成立于1981年 8 月，是中央电视台的一个职能部门。其主要任务是负责中央电视台的安全保卫工作，包括治安、警卫、消防等项任务；配备有先进的消防监控系统及先进的治安闭路电视监控设备。保卫处设治安科、警卫科、消防科、消防中心科。台办室副主任刘建中兼保卫处处长，副处长樊必智、吴雪民、高进印。

外事处

外事处成立于 1984 年，是中央电视台的一个职能部门。主要职责是接待外国及港、澳、台地区的电视界人士来访；安排台领导的外事活动；负责管理在中央电视台工作的外国专家；审核中央电视台各部门出国任务，办理出国手续及保管护照；组织协调涉外合作项目，签订合作协议及其他有关的外事管理工作。下设欧美大科、亚非拉科、接待科。现有正式职工 12 人。外事处处长张永富，副处长迟洪业、贺萍。

行政处

行政处成立于 1984 年，是中央电视台重要的职能部门。2000 年，台里重新整合行政处的职能，先后将原服务中心和演职培训处与行政处合并成立新的行政处。它主要负责行政管理、后勤保障、服务接待以及全台精神文明建设等方面的工作。下设综合科、行政科、接待科、交通安全管理科、财务科、食堂一科、食堂二科、交通科、文印科、医务室、影视之家管理科和培训中心管理科等 12 个科（室），中央电视台精神文明建设办公室也挂靠在行政处。行政处主要负责人田应坪、胡志发、赵德利、安俊。台精神文明办公室主任田应坪，副主任闫姨娜、康玉梅。

房管处

房管处成立于 1998 年 6 月，隶属台办公室，负责全台房产管理工作。主要职责是：贯彻执行国家有关房屋管理的方针、政策、法律、法规，根据广电总局的有关规定，结合中央电视台实际情况，研究制定相应的管理办法和实施细则，并组织实施；负责全台房屋及其产权资料的积累、立卷、归档工作；负责全台办公用房和职工宿舍的分配、调整、维修和管理工作；负责全台中、小型自管房屋维修工程计划的审核、施工、验收、检查等工作。下设维修科、房管科、综合科，现有正式职工15人。房管处处长刘威。

总　编　室

中央电视台总编室是编委会的执行机构，按照编委会的要求负责处理日常宣传业务，定期向编委会报告工作并提供决策性建议。总编室的日常工作是在编委会领导下，根据中央的指示精神，负责组织管理全台的宣传工作。总编室下设宣传规划处、节目播出管理处、节目资料管理处、观众联系处、研究处、审片组。现有正式职工103人。总编室主任罗明（兼），副主任周经、胡运芳，党总支专职副书记许唐生。

宣传规划处

宣传规划处是中央电视台负责宣传管理工作的职能部门。它负责组织管理中央电视台宣传规划，制订全年宣传计划和重点选题计划；负责审定各部门栏目选题；负责全台节目资金分配、各类节目数据的统计与分析；协调全台节目引进工作；参与组织有关电视宣传的工作会议、“五个一工程”评奖和国际节目评奖活动；负责编辑出版《电视信息》、《业务交流》两种内部刊物。宣传规划处下设：宣传规划组、综合组。现有正式职工20人。宣传规划处处长罗琴。

节目播出管理处

节目播出管理处是中央电视台负责节目编排、节目播出管理和协调重大宣传活动播出的职能部门。负责全台每周各套节目的编排、召集全台有关部门讨论即将登报的一周各套节目播出表、日常节目的更改协调、下达节目播出指令和制订各套节目的栏目表；对全台重点节目、优秀栏目和频道特色进行宣传包装；完成固定专题栏目《电视你我他》和《收视指南》的编辑工作；对全台入库待播节目进行技术整备，对台外制作的所有拟用节目进行技术审查。下设节目科、频道包装科、节目宣传科和技审科。现有正式职工20人。节目播出管理处处长周经（兼），副处长霍振恒。

节目资料管理处

节目资料管理处主要负责向中央电视台播出的九套节目提供备播节目磁带，为编导制作节目提供空白磁带，负责全台节目资料磁带和胶片的收集、保护、利用、鉴定和检索数据的整理著录工作，并负责中央电视台节目生产管理系统的日常维护工作。下设播出库、新闻库、资料素材库、胶片库、空白磁带库、检索数据编辑组和综合技术组。有正式职工21人。节目资料管理处处长强西京。

观众联系处

观众联系处是专门负责联系观众和进行观众调查研究的部门。主要工作是提供全台季度、年度收视分析报告；搜集、汇总整理、分析日常观众来信、电话、电子邮件。每周汇总一份《近期观众反映》，在台办公例会上通报；组织栏目评议、节目监看活动；设计并开展栏目评价，召开各种观众座谈会；编辑观众信息反馈的内部刊物《观众反映及分析》；组织大型或专项的观众调查研究项目；委托并指导央视调查咨询中心进行满意度调查和电视专项调查。承担全台屏幕语言文字差错的搜集、核对、统计工作。观众联系处下设数据分析科和观众信息管理科。现有正式职工9人。观众联系处处长胡运芳（兼），副处长刘建鸣、虢亚冰。

研究处

研究处成立于1983年4月，其主要任务有：负责电视理论研究；编辑、出版、发行电视理论刊物、图书、年鉴；组织录制播出《精品赏析》栏目，采集、编辑电视图文信息，提供计算机图文和视频信息服务；编辑多种内部刊物，组织各类评奖和学会活动等。研究处设学术组，图书资料室，《精品赏析》节目组，年鉴、图书编辑科，《电视研究》编辑部。现有正式职工28人。研究处处长王录，副处长王甫、王亚平、孙秋萍。

审片组

审片组成立于1986年4月，由具有高级专业职称的离退休人员为主组成，是受台领导委托专门审看节目的机构，具体业务由总编室领导。审片组实行集体审看，共同把关。审看的节目范围包括：第一、二套节目黄金时段播出的电视剧、译制片、栏目外播出的专题节目；新影厂和科影厂播出的固定栏目；台领导委托审看的其他节目。目前有正式职工2人。组长陆善家。

人事办公室

人事办公室成立于1998年1月，是中央电视台主管人事管理工作的行政职能部门。在台长、分管副台长领导下，负责全台机构、编制、职工考核、奖惩、干部考察、任免、人员调配、劳动工资、福利保险、职工教育培训、专业技术职务评聘以及离退休人员的管理工作。内设干部管理处、劳动工资处、培训职称处和离退休人员管理处。人事办公室现有正式职工37人。人事办公室主任王晞建，副主任罗秀兰、麻宁。

干部管理处

干部管理处成立于1998年5月。其主要职能:负责全台机构设置和事业编制的管理;负责人员调配聘用;接收大学生、军队转业干部工作;组织对职工的考核奖惩及根据台分党组的要求对科、处级干部进行考核任免;协助总局人教司考察台副司局级干部人选;组织干部交流,选派优秀中青年干部参加党校学习;负责对全台临时人员的管理;管理全台人员的人事档案;负责驻外记者站、驻外公司工作人员的选派、报批、考核等管理工作;负责出国人员的政审工作;考核管理台属二级公司副经理以上领导干部。现有正式职工11人。干部管理处处长杨晓民。

劳动工资处

劳动工资处成立于1998年5月。其主要职能:贯彻、实施国家关于劳动工资、劳动保护、劳动保险以及职工福利等方面的政策法规。根据人事办公室的安排,制定全台劳动工资和奖金管理办法并组织实施。其中包括:管理、核定、报批全台劳动用工计划、工资总额、工资福利标准,以及奖金管理与发放、职工养老、医疗、事业保险、职工子女就业等工作,以及工资改革的计划与实施。现有正式职工6人。劳动工资处处长杜书星。

培训职称处

培训职称处成立于1998年5月,其主要职能是负责全台职工的教育培训、职称评聘工作。包括制定中长期职工教育规划和年度培训计划,管理教育经费、教学设备及培训场地,组织管理职工岗前培训和在职教育工作,负责国家公派、单位公派出国留学的咨询、承办和管理工作,负责组织评聘专业技术职务人员,核定、推荐政府特殊津贴人员的工作。现有7名职工。培训职称处处长王庆忱,副处长杨一龙。

离退休人员管理处

1987年9月成立老干部处,1998年划归人事办公室领导,改名为离退休人员管理处,是中央电视台管理全台离、退休干部工作的职能部门。其主要职责是:贯彻落实中央和国务院有关离、退休干部的方针政策;根据有关规定和台里的实际情况,落实干部及职工离、退休后的政治待遇和生活待遇。为发挥老干部作用,创办了金手杖电视服务公司,设立了东门上访人员接待疏导站,成立了监看中央电视台5套节目的监看组。现有工作人员9人。离退休人员管理处处长宋福民,副处长高广远。

财经办公室

财经办公室1998年6月组建，是中央电视台计划、财务、基建、物资、经营管理的主管部门，为全台宣传任务的完成和事业的健康发展提供保障。其主要任务是：根据国家财经法规、方针政策和总局有关的规章制度负责编制全台事业发展规划并组织实施，负责经费预算的收支管理、基本建设管理、投资经营管理、国有资产的监督管理等工作。下设财务处、计划统计处、财产物资处、基建处、经营管理处。现有正式职工113人。财经办公室主任许二春，副主任毛坤山。

计划统计处

计划统计处于1998年5月15日正式成立,是中央电视台的一个职能部门。其主要职责是:负责贯彻执行国家有关计划、统计工作的方针政策,参与拟定电视事业计划、统计的规章制度和管理办法;负责编制事业发展纲要和中长期规划,并组织实施;负责电视事业费预算分配方案和调整方案的编报、监督检查和实施工作;负责编制、上报、下达电视事业的年度基本建设计划,指导和监督计划的实施;参与固定资产投资项目的立项、可行性研究报告及竣工验收工作;结合本台实际情况,建立健全统计指标体系,负责收集、审核、汇编电视事业各类统计资料并对统计资料进行分析,建立和管理中央电视台统计信息微机处理系统,逐步实现统计数据管理的现代化;负责办理非经营性资产转经营性资产的申报工作和产权变更工作。现有正式职工6人。计划统计处副处长高祥林、王霞。

财务处

财务处成立于1998年5月。其主要职责和任务是:负责中央电视台财务预算收支和管理;组织经费供应的保障和财务核算;负责预算开支的审批和各类报表的编制及各项财务规章制度的建立等。下设综合财务科、财务一科、二科、三科、四科、五科、六科、七科。现有正式职工46人。财务处处长王刚建,副处长黄伟。

财产物资处

1987年7月成立物资处,1991年成立财产物资处,1993年7月,原技术管理中心所属的设备科、器材科整建制并于财产物资处。1998年5月15日财产物资处划归财经办公室。其主要职责是:负责全台的固定资产管理及有关设备材料的购置工作,为电视宣传提供可靠的物资保障;根据台年度计划的安排编报年度固定资产购置计划并组织实施。下设:设备科、器材科和综合科。现有职工17人。财产物资处处长车临,副处长米绍行。

经营管理处

经营管理处成立于1992年11月17日,1998年5月划归财经办公室。其主要职责是:根据国家的方针政策,结合中央电视台的实际情况,制订经营发展规划,监督检查台内有关经营部门的计划和管理制度的落实;负责新开发项目的调研、可行性论证报告,为台领导提供决策依据;负责经营活动的组织和协调,新经营项目的申报办理;负责项目经费、经营状况和经营成果的统计报表及情况汇总工作;研究经营开发工作中的新问题,提出解决问题的办法供台领导决策。下设综合管理科、企业管理科和基地管理科。现有正式职工12人。经营管理处处长赵万一,副处长叶灵灵。

基建处

基建处成立于1998年5月,主要任务是负责全台基建工程的组织、监督和管理。包括根据电视事业的发展,对办公和业务用房进行规划和建设,安排职工住宅的购建;办理新建、扩建和改建工程的立项和报批工作。下设工程管理科、技术管理科、综合科、基建财务科。现有职工16人。基建处处长赵频,副处长林岚。

机关党委

中央电视台机关党委在广播电影电视总局机关党委的直接领导和台分党组的指导下进行工作。是中央电视台思想政治工作和党务工作的主管部门。领导台纪律检查委员会、党委办公室、台工会联合会、台共青团委员会的工作。台党委下设4个基层党委(电视剧制作中心党委、中央新闻纪录电影制片厂党委、北京科学教育电影制片厂党委、中国国际电视总公司党委),16个中心总支,166个正式党支部。全台共有党员2986人。本届党委于1999年11月19日在中央电视台第六次党员代表大会上换届选举产生,为中央电视台第六届党委会,由25名委员组成,设常委13名。刘宝顺任党委书记,南玉敏任党委专职副书记,罗明、何宗就、李晓明、许二春、王晞建、王盟盟、张晓光、李培森、郭秀英、高建民、梁萍为常委委员。

党委办公室

党委办公室承办党委的日常党务工作,由7人组成,负责全台干部队伍的思想建设、组织建设和精神文明建设等工作。党委办公室主任梁萍,副主任张景卫。

纪委

中央电视台纪律检查委员会,在广播电影电视总局机关纪委和中央电视台机关党委的双重领导下,在台纪检组的指导下进行工作。(另见“分党组纪检组、监察室、机关纪委”介绍)

工会

1998年7月中央电视台第三届工会委员会经换届,改制成为中央电视台首届工会联合会。选举产生了由29名委员组成的第一届委员会。设常委11人。任海任联合会主席,马静任副主席。工会联合会现有专职干部5人。

团委

本届团委于1999年7月15日在中央电视台第八次团员代表大会上换届选举产生,为第八届团委,由26名委员组成,设常委13名,彭建明任团委书记,闫天颖任专职团委副书记,石村任副书记(兼职)。团委的日常工作由团委书记彭建明和专职团委副书记闫天颖负责。2000年9月,中央电视台进行人事制度改革,以团委书记岗位作为试点竞争上岗。按照公正、公平、公开的原则,经过三轮激烈考试,吴克宇从20名候选人中脱颖而出,于2000年11月23日竞争当选中央电视台团委书记。

新闻节目中心

新闻节目中心建立于1988年,目前承担着中央电视台第一套节目主要新闻性栏目的采、编、播任务,有《新闻联播》、《新闻30分》、《现在播报》、《晚间新闻》、《世界报道》、《国际时讯》、《本周》、《滚动新闻》、《焦点访谈》、《东方时空》、《新闻调查》、《实话实说》、《人民子弟兵》、《军事天地》等栏目21个。

2000年新闻节目中心进行了领导班子和机构调整,12月23日新闻节目中心主任孙玉胜升任台副总编辑,原新闻节目中心副主任李挺升任主任。新闻节目中心副主任缪暑金、张宁。党总支专职副书记郭书兰。新闻节目中心共有9个部门:综合部、新闻采访部、社会新闻部、地方新闻部、新闻编辑部、新闻评论部、东方时空工作室、新闻制作部、军事部。现有正式职工 359 人。

中央电视台记者在人民大会堂采访拍摄

综合部

成立于 1998 年 5 月,是在原新闻中心办公室的基础上组建的。下设秘书科、驻外记者站管理科。负责新闻节目中心的文秘、后勤、协调、保障工作。1998 年至今已连续三年获得中央电视台办公业务评比特等奖。现有正式职工 4 人。综合部主任郭书兰。

新闻采访部

新闻采访部成立于 1989 年 7 月，是在新闻中心原政文部的基础上组建的。新闻采访部承担中央电视台的政治、外事外交、经济、科学技术、社会发展等方面的新闻采访报道工作。为中央电视台《新闻联播》、《现在播报》、《晚间新闻》、《新闻 30 分》、《早间新闻》等新闻栏目提供大量的新闻报道，尤其是在时政报道和重点、深度报道及大型重要活动的直播中，新闻采访部发挥着重要作用。新闻采访部设有时政组、综合组、金融科技组、经济组、农业组等 5 个记者组。现有职工 120 人。时政组主要负责党和国家重大时政活动报道、党和国家领导人重要活动报道、重要外事活动的报道等。综合组主要负责国家宏观经济管理方面及国家重大方针政策、经济和社会发展中的重大事态、事件等方面的报道。金融科技组主要负责金融、财税、科技等方面的报道。经济组主要负责纺织、煤炭、航空、航天、石油、冶金、化工、机械、电子等产业经济方面的新闻报道。农业组主要负责农业、林业、水利、农村、社会经济发展等方面的报道。新闻采访部主任庄殿君，副主任张玉山、王连生、谷云龙。

社会新闻部

社会新闻部是 1998 年 5 月 25 日成立,基本建制由原《新闻 30 分》组和原采访部文教组和社会组三部分组成。社会新闻部的主要任务是就社会法制、社会民生、社会文化等内容向各档次新闻提供节目,同时负责每天《新闻 30 分》栏目的编排与播出。社会新闻部建立了 24 小时值班的应付突发新闻事件的特快反应机制,在一些突发新闻事件的报道中发挥了重要的作用。社会新闻部主任为盖晨光,副主任李毅。

地方新闻部

地方新闻部成立于 1998 年 5 月 20 日，主要职责是组织全国各省、市电视台向中央电视台各新闻栏目供稿。及时向各省、市台通报有关宣传精神，协调中央电视台与全国各省级电视台之间的新闻业务关系。负责编辑、审看全国各省、市电视台传送来的稿件和节目及本部门派出人员与地方台合作采编的稿件和节目，对各省、市电视台向中央台传送的主要稿件和节目进行策划和组织，确保地方上发生的重大新闻和日常新闻能够及时在中央电视台各档新闻栏目中播发。地方新闻部主任陆伟昌，副主任杨华。

新闻编辑部

新闻编辑部是中央电视台一套新闻节目的主要编、播部门,负责全天国内外新闻的组织、收集、选择、改编、编排和播出,所辖栏目有《新闻联播》、《现在播报》、《晚间新闻》、《世界报道》、《滚动新闻》,2000 年创办了新栏目《国际时讯》和《本周》。新闻编辑部设国内新闻一组、国内新闻二组、国际新闻组、策划组、播音组,现有正式及招聘员工 65 人。新闻编辑部主任范昀,副主任侯明古、杜宝风、李昕。

新闻评论部

新闻评论部成立于 1993 年 12 月 21 日,由原来的《观察与思考》、《今日世界》以及《东方时空》组成。现有《焦点访谈》、《东方时空》、《新闻调查》和《实话实说》4 个栏目。其中《东方时空》于 2000 年 11 月 27 日改版,设有日常版节目《早新闻》、《时空资讯》、《传媒链接》、《直通现场》、《面对面》、《百姓故事》;周末版节目《纪事》、《世界》、《直播中国》。现有正式职工 78 人。新闻评论部副主任梁建增、时间。

新闻制作部

新闻制作部成立于 1989 年。承担了新闻中心所有节目的制作和全天的新闻滚动播出任务,已形成一套完整的录播、制作合成技术系统。其中有非线性编辑系统、宽泰美工创作系统、音乐和创作系统、MIDI 及音频工作站。该部设中心科、录制科、照明科、美工科、电讯科,现有正式职工 66 人。新闻制作部主任缪暑金

(兼),副主任李志平、张宝安。

军事部

军事部是中央电视台专门从事军事宣传报道的部门,由中央电视台和解放军总政治部双重领导,建制在中央电视台,宣传业务由中央电视台负责。军事部承担着中国电视台军事节目的采访、制作和播出任务,目前开办的栏目有《军事天地》、《国防时空》、《军事报道》、《人民子弟兵》、《军营文化》、《军事百科》、《祝你成才》、《当代军人》等等。军事部在总参、总后、总装、海军、空军、二炮、国防大学、军事科学院以及北京、沈阳、兰州、济南、南京、广州、成都军区及武警总部设有16个记者站。现有正式人员20人。军事部主任刘效礼,副主任赵元贵、王增臣。

海外节目中心

海外节目中心由原对外中心与第四套节目部于1993年11月合并成立,并于2000年9月正式开播第九套节目即英语频道。它是中央电视台对外宣传节目的制作编播部门。其主要任务是:负责国际频道卫星电视即第四套节目和第九套节目的制作和编排播出,承担对外大型系列节目的制作播出;创办和发展海外电视宣传阵地,促进两个频道的卫星电视节目在世界各国落地播出;向中国驻外使、领馆以及海外电视台、电视机构提供和传送中、外文节目;协同全国各地方电视台制作播出对外宣传电视节目;承担国际电视交流、接待外国来华摄制组和海外观众联络工作;定期为美国《国际日报》编发《中国电视》专版,向海外介绍中国。海外节目中心下设英语频道编辑部、海外联络部、海外新闻部、海外专题部、海外编辑部、对台编辑部和海外制作部。现有正式职工321人。海外节目中心主任赵宇辉,副主任盛亦来、拉白、李树声,党总支专职副书记冉素霞。

英语频道编辑部

英语频道是在中央电视台分党组的统一领导下,由海外节目中心具体承办管理。这是一个以新闻和新闻类节目为主,实行24小时滚动播出的电视新闻频道。英语频道于2000年9月25日开播正式运行,编辑部由海外中心原外语新闻部和外语专题部合并组成。英语频道每日播出24小时,节目覆盖全球98%以上的国家和地区。频道总监盛亦来;副总监江和平、野露露;助理总监王晰、汪飞舟;技术总监李树声;英语新闻节目审定人杨福庆;专题和文艺节目定稿人房纪庆;秘书胡怡。

英语频道试行"总监负责制"。英语频道总监向中心主任负责,按照中央的宣传精神和要求,把握频道的宣传报道口径和方向;指挥协调全体人员完成英语频道的各项重大宣传报道任务、日常节目生产和播出任务以及主管台领导和中心主任部署的其他任务;调控频道经费分配、审批节目预算和重点经费支出;协调决定频道内人事变动和人员分工;协调解决(裁决)与英语频道节目生产、播出、落地等相关的人事、经费、设备等问题。副总监、助理总监向频道总监负责,按照各自分工进行工作。

海外专题部

海外专题部是海外中心专题节目制作部门,承担《中国报道》、《中华医药》、《中国风》、《旅行家》、《纪录中国》、《民族大家庭》、《中华文明之光》、《语林趣语》、《世界华人》等专题栏目的采访编辑制作任务;同时,每年还承担若干大型系列节目和上级指令性节目的采访编辑制作任务。该部设《中国报道》组,《中华医药》组,《中国风》组,《旅行家》组,《纪录中国》组,《民族大家庭》组,文化组和特别节目组。现有正式职工52人。海外专题部主任吴明训,副主任张希岑、王广令。

海外编辑部

海外编辑部,主要负责中文国际频道的文化、教育、综艺类节目。下设4个科组,承办《中国文艺》、《欢聚一堂》、《东方家园》、《千秋史话》、《东方时尚》等栏目。另外,还承担着大型文化类系列片和大型文艺晚会的任务。现有正式职工29人。海外编辑部主任郎昆,副主任郭清华。

对台编辑部

对台编辑部成立于1998年6月,主要负责涉及台湾新闻性节目及各类专题节目的制作,节目主要以台湾的观众为对象。设有《海峡两岸》、《天涯共此时》、《走进台湾》、《台湾百科》等栏目。现有正式职工20人。对台编辑部主任李海明,副主任苏大清、李晓奇。

海外制作部

海外制作部是中央电视台对外宣传(第四套和第九套)节目制作的主要生产单位,是一个集视频、音频、灯光为一体的电视节目制作及技术保障部门。具有录播和现场直播的技术能力,可完成拍摄、制作各类电视节目。海外制作部下设综合科、制作一科、制作二科、制作三科、制作四科、制作五科、制作六科、制作七科、复制科。现有职工57人。海外制作部主任李树声(兼),副主任陈玉良、张军农。

海外联络部

海外联络部成立于1998年6月，负责海外节目中心的日常行政办公、文秘、经费等管理和协调工作，协助中心组织全国性会议、节目评比、易地采访活动。同时还承担以下任务：第四套节目和第九套节目的播出编排、频道宣传和包装、两套对外节目的磁带管理、向海外寄送节目磁带、国内联络、观众联络、国际联络、开发海外落地项目、接待境外电视摄制组、定期编发《电视海外宣传通讯》、编辑并向美国《国际日报》等境外报刊传送《中国电视》专版，以及《华夏掠影》和《观众之友》节目的日常编辑播出。该部门下属节目组、对外联络组、对内联络组、观众联络组、外语组和信息编辑组。现有正式职工31人。海外联络部主任陆金龙，副主任冉素霞、景春寒、陈龙城。

海外新闻部

海外新闻部成立于1993年。海外新闻部承担着中央电视台国际频道对外新闻的采访制作播出工作，同时还承担国际频道对重大新闻事件直播的报道任务。海外新闻部最初开办的一档《中国新闻》,现已在国际频道新闻滚动播出。重点新闻栏目《中国新闻》(晚间)、《中国新闻午间报道》、《新闻60分》,目前每天播出量212分钟,其中首播,计155分钟。海外新闻部下设时政组、文教组、经济组、社会组等4个前期采访组和编辑一组、编辑二组、地方组3个后期编辑组。现有正式职工45人。海外新闻部副主任赵树清(主持工作)、高丽萍、马勇。

社教节目中心

社教节目中心成立于1990年3月，下设综合部、专题部、科教部、纪录片部4个部门。中心制作播出的节目类型包括法制类节目、专题对象类节目、生活服务类节目、教学类节目、科技类节目和大型纪录片及特别节目等等。近年来，《今日说法》等栏目在社会上影响越来越大，收视率节节攀升。2000年，又推出《为您服务》、《健康之路》直播版、《纪录片》这些新版栏目；制作了《为了九亿农民的健康》、《荣事达杯电视节目主持人大赛复赛》、《我们的一个世纪》、《历程》、《“夕阳红”老年合唱大赛》等一系列特别节目，和《伟大的创造》、《世纪》、《张闻天》、《百年中国》等一系列有影响的大型纪录片、专题片。现有正式职工188人。中心主任高峰，副主任王进友，党总支专职副书记杨菁。

在北京开关厂车间,《当代工人》栏目正在拍摄

综合部

综合部是社教中心的行政管理部门，是中心公文运转的枢纽，信息上传下达的主渠道，各项行政事务的统管部门，还负责中心经费使用管理，中心大型活动的协调，以及完成中心领导交办的各项临时性工作。综合部现有正式职工2人，综合部副主任王玉清。

专题部

专题部成立于1980年6月，现制作播出11个栏目，涵盖法制、文化、卫生、民族、工人、妇女以及生活服务等方面。2000年，法制栏目《今日说法》、《社会经纬》、文化栏目《读书时间》、《美术星空》、民族栏目《中华民族》、对象性栏目《当代工人》、《半边天》没有大的变化。卫生栏目《健康之路》分为两种播出形式：周末版与以前一样采用录播；直播版采用主持人与医学专家直面交流，探讨有关健康的各样问题，给观众提供权威的医疗信息服务（每周一—周五）。7月份又推出了以都市家庭为主要收视对象的全新的服务性栏目《为您服务》。另外，由广电总局电影局和中央电视台创办的《银幕采风》栏目已划归专题部管理。2000年，与卫生部联合举办赴延安老区送医送药送知识活动，并直播了《为了九亿农民的健康》节目；录制了五场“荣事达”杯电视节目主持人大赛复赛；还配合国际禁毒日、世界地球日、“三八”妇女节、“五一”国际劳动节、中国记者节录制了特别节目。现有职工83人。专题部主任尹力，副主任熊文平、魏淑青。

科教部

科教部的前身为教育节目部,为配合中央关于“科教兴国”战略决策的实施,于1997年初改为现名。科教部是中央电视台科技类和教育类节目的主要编辑制作部门。现设有科普栏目《科技博览》、《走近科学》,老年栏目《夕阳红》,农业科技拦目《田野》,服务栏目《天天饮食》,为下岗职工提供政策、技能、信息服务的栏目《再就业之友》,外语教育栏目《希望——英语杂志》。同时办有各类题材的系列教育节目、科普系列节目和外语教学节目。科教部下设《教育节目》组、《科技博览》编辑组、《走近科学》编辑组、《夕阳红》编辑组、制片科、部办公室。现有正式职工165人。科教部主任冯存礼,副主任刘民朝、孙素萍。

纪录片部

纪录片部成立于1998年5月,承担重大题材系列专题片和纪录片栏目创作任务。2000年拍摄制作并播出了365集大型系列文献片《百年中国》和七集政论片《世纪》以及专题片《伟大的创造——精神文明建设巡礼》、人物传记片《百年忆闻天》。创作播出了纪念经济特区建设二十周年大型专题谈话节目《历程》。开播了在第一套晚间播出的《纪录片》栏目。现有正式职工35人。纪录片部主任魏斌,副主任李虹,童宁。

文艺节目中心

文艺节目中心成立于1994年3月。它承担着中央电视台第一、二套节目中文艺类节目,第三、八套所有节目的制作、编播任务;承担着国内电影、电视剧的制作播出任务;承担着国外引进影视剧的译制、编辑制作和播出任务。其主要节目形态包括影视剧、音乐、舞蹈、曲艺、杂技、文学、美术、戏剧、戏曲等各类文艺节目。中心下设综合部、文艺部、国际部、戏曲·音乐部、影视部。现有正式职工217人。文艺节目中心主任高建民,副主任张子扬、苏峰、赵安。

长篇连续剧《抗美援朝》剧照

综合部

文艺节目中心综合部成立于1998年5月,是中心的综合组织协调部门和处理日常事务的办事机构。主要负责中心的行政管理、公文文秘、节目经费管理、中心内部人事管理等工作;同时负责第三、八套节目的管理、编排、包装、串播和节目预告以及部分宣传包装性栏目的制作。负责的主要栏目有《走进电视》、《与您相约》、《走进幕后》、《节目预告》等。下设秘书组、经营管理组、频道推广栏目组频道包装组、节目组。现有正式职工7人。综合部主任倪代光。

文艺部

文艺部成立于1962年,早在建台初期,便以文艺组的编制出现。它承担中央电视台各类文艺节目的录制播出工作。该部目前所设的栏目有《综艺大观》、《曲苑杂坛》、《旋转舞台》、《当代剧场》、《电视书场》、《文化视点》、《戏剧天地》、《艺苑风景线》、《戏剧博览》、《专题文艺》、《朋友》、《音画时尚》、《神州大舞台》、《精彩十分》、《午间乐园》、《艺术入门》、《艺文手册》等。文艺部设有综艺组、歌舞组、社会文艺组、戏剧组、曲艺组、编辑组、《文化视点》组、节目组、专题文艺组、摄像科、制片科。现有正式职工76人。文艺部主任赵安,副主任王晓、张晓海。

国际部

国际部成立于1987年4月,主要承担外国电视节目的引进、译制工作以及国际节目的采编工作。主要栏目有20个:《正大综艺》、《正大剧场》、《动物世界》、《人与自然》、《世界各地》、《佳艺大世界》、《佳艺新视点》、《佳艺剧场》、《佳艺五线间》、《佳艺影院》、《国际影院》、《原声影视》、《环球》、《外国文艺》、《世界影视城》、《世界名著名片欣赏》、《世界文化广场》、《世界影视博览》、《国际艺苑》、《海外剧场》等。该部下设《正大综艺》组、《环球》组、《人与自然》组、《佳艺》组、《动物世界》组、《世界各地》组、编导组、编译组、制片组。现有正式职工61人。国际部主任张子扬(兼),副主任秦明新。

影视部

影视部全称为电影电视剧编辑管理部,是中央电视台电影、电视剧播出的主管部门,成立于1984年。该部下设编审一组、编审二组、编审三组、《影视同期声》栏目组、《影视俱乐部》栏目组、制片组。现有正式职工24人。影视部主任汪国辉,副主任冯骥、朱彤。

戏曲音乐部

戏曲音乐部成立于1995年12月,主要承担戏曲及音乐类节目的录制及播出工作。2000年12月中央电视台第三套戏曲综艺频道全面改版,改版后在第三套播出的栏目有:《国乐飘香》、《交响世界》、《同一首歌》、《新视听》、《中国音乐电视》、《每周一歌》、《文学之窗·电视诗歌散文》、《文学之窗·音乐桥》、《文学之窗·戏曲采风》、《八面来风》、《地方文艺》、《艺术入门·艺术之旅》、《艺术入门·走进音乐》、《艺术入门·音乐教室》、《艺术入门·学唱京剧》、《艺术入门·教唱地方戏》、《岁月如歌》、《戏曲直播》、《戏苑百家》、《名段欣赏》;在第一套播出的栏目有:《东西南北中》、《音乐电视城》、《九州戏苑》。现戏曲音乐部下设戏曲组、地方戏曲组、地方组、专题组、音乐组、音乐电视组、摄像组、制片组、《东西南北中》组。现有职工 51 人。主任尹希元,副主任孟欣、王志军。

广告经济信息中心

广告经济信息中心成立于 1996 年 5 月 24 日,下设综合部、广告部、经济部、信息部和图文电视部,担负全台广告节目、经济节目、信息类节目的采访、制作和播出,及新型媒体图文电视业务。负责本台广告管理和创收。现有正式职工 143 人。广告经济信息中心主任 2000 年先后由程宏、袁正明担任,中心副主任张海潮。专职党总支副书记李萍。

综合部

综合部成立于 1998 年 6 月,其前身为该中心办公室,是中心的综合管理部门和日常的办事机构。主要负责行政管理、业务管理和中心节目选题规划,频道节目导视及协调中心内外关系等工作。现有正式职工 3 人。综合部副主任李萍负责全面工作。

广告部

广告部成立于 1987 年 7 月,其前身为 1979 年 10 月成立的广告科。广告部全面负责全台商业广告的管理和销售以及公益广告宣传。1998 年 6 月又新开办了《电视购物》栏目。广告部下设业务科、资讯科、办公室。业务科负责广告的日常销售,资讯科主要负责广告业务宣传推广以及为广告客户提供全面的服务。正式职工 18 人。广告部主任郑加强,副主任郭振玺。

经济部

经济部成立于 1984 年,1996 年 6 月划归广告经济信息中心。经济部承担中央电视台经济方面的宣传报道任务。2000 年 7 月以后,改设 9 个栏目:《经济半小时》、《中国财经报道》、《生活》、《商界名家》《地球故事》、《对话》、《证券时间》、《幸运 52》、《开心辞典》。1999 年起,组织专门队伍负责重大经济活动的电视直播工作。另设策划组,负责信息收集、选题策划;制片协调组,负责部门人员管理,后勤保障,制片业务和规章制度的执行监督;地方组,负责与地方电视台的联系和合作组织工作。现有正式职工 82 人。经济部主任汪文斌,副主任刘连喜、王进。

信息部

信息部成立于 1998 年 6 月,它的成立是为适应知识经济时代的需求,向目标观众提供融知识性、趣味性和专业性于一体的各行业国内外最新资讯及动态。信息部现有 9 个栏目组共 13 个科组,包括:《商务电视》栏目组、《证券之夜》栏目组、《中国房产报道》栏目组、《清风车影》栏目组,《互联时代》栏目组、《金土地》栏目组、《欢乐家庭》栏目组、《中国市场信息》栏目组、《商桥》栏目组、特别节目组、业务发展组、信息网络组、企划工作室。正式职工和台聘人员共计 50 人。信息部主任王晓真,副主任王焰。

图文电视部

图文电视部于 1998 年 5 月正式组建,是中央电视台专门从事电视数据信息开发、编辑、播出、技术支持和经营管理工作的部门。图文电视部目前主要利用中央电视台一、二、七频道的逆程资源开展数据广播和图文电视业务。信息内容分为公众信息和专业信息两大类。公众信息主要有:新闻、财经、科技、文化、生活服务等方面的宣传和资讯传播。专业信息主要有:金融证券动态实时行情、各类专业金融资讯、《中国媒体参考消息》、《中视远程教育教学信息网》以及若干国家部委、机构的内部专业信息。图文电视部并承担中央电视台数据广播及图文电视系统的广告制作与播发业务。随着信息传播技术的发展和信息传播业务的扩大,图文电视部正在积极筹备开展直播卫星数据广播、数字地面广播信息传输及互联网信息开发与服务等新项目。图文电视部有员工 32 人,下设 7 个科组:办公室、技术播出科、信息科、市场管理科、用户管理科、物资科、财务科。图文电视部主任韩建群,副主任郑健。

体育节目中心

体育节目中心于 1998 年 5 月在原体育部基础上成立,是中央电视台全民健身及运动休闲、体育竞技、体育新闻、体育知识教育等节目的主创部门。负责规划、选题、采编、制作和播出国内外体育节目,管理、编排第五套节目及其他频道有关体育节目。下设综合部、体育新闻部、体育竞赛部。现有正式职工 70 人。

体育节目中心主任马国力,副主任岑传理、王建宏。

综合部

综合部成立于 1998 年 5 月,是体育节目中心的综合组织协调部门和日常办事机构,主要负责协助中心领导管理日常行政、公文、外事、信息、档案等工作。下设节目播报组,负责体育节目的报播。现有正式职工 6 人。综合部副主任吴淑环。

体育新闻部

体育新闻部成立于 1998 年 5 月,原有 6 个栏目:《体育新闻》、《体育大世界》、《中国体育》、《世界体育报道》、《五环夜话》、《足球之夜》。2000 年频道改版,于 11 月和 12 月底分别取消《体育大世界》、《中国体育》两个栏目。改版后新闻类栏目为《体坛快讯》、《体育新闻》和《体育世界》;专栏节目为《足球之夜》、《天下足球》和《五环夜话》;特设体育纪录片栏目,不定期播出体育题材专题纪录片:还将开设体育休闲服务类栏目《早安,中国》。现有职工 35 人。体育新闻部主任张兴,副主任许伟、张斌。

体育竞赛部

体育竞赛部自 1998 年 5 月成立以来,主要负责国内、外重大体育赛事的转播和有关体育竞赛节目的编播工作。设有 4 个栏目:《现场直播》、《实况录像》、《健身房》、《棋牌乐》。体育竞赛部下设竞赛一组、竞赛二组和播音组。现有正式职工 28 人。体育竞赛部主任杨斌,副主任程志明。

青少节目中心

青少节目中心成立于 1998 年 6 月，是中央电视台青少年节目和儿童节目的主创部门。负责青少年儿童节目的规划、制作和播出。组织摄制青少年儿童题材新闻、专题、文艺和儿童电视剧、国产动画片等具有欣赏、教育意义的电视节目。设有《大风车》、《动画城》、《东方儿童》、《12 演播室》、《第二起跑线》、《芝麻开门》、《同一片蓝天》、《儿童剧场》等十多个栏目。中心下辖综合部、青年部、少儿部、动画部等四个部。现有正式职工 117 人。青少节目中心主任余培侠，副主任梁晓涛。

综合部

综合部是青少中心的日常办事机构。承办中心内部公文的撰写、传递、保管、归档等工作；收集整理信息资料，为中心领导提供决策依据；管理中心内部财产物资；协助中心领导组织职工考核、职称评聘；处理中心外事工作的程序性事务；检查、督促各项规章制度和中心所布置任务的贯彻执行。综合部还负责青少节目中心节目外延产品的开发工作，并协助中心领导管理卫视少儿节目编辑策划组和银河少年电视艺术团。综合部下设秘书组、少儿艺术组和第七套卫星少儿节目编辑策划组。现有正式职工 18 人。综合部副主任李小健。

《大风车》周末版正在拍摄

青年部

青年部于 1998 年 5 月成立,是以 14 岁至 35 岁青年为主要收视对象的节目制作部门。青年部现有三个栏目《第二起跑线》、《12 演播室》和《三星智力快车》。除制作日常播出的中学生节目、大学生节目和社会青年节目外,还定期承担,如:“五四”青年节特别节目、“国际大专辩论会”等一些大型节目的录制工作。同时每年也将有一批临时性的重要节目如:系列片《青春中国》、系列片《中外著名大学》、国际互联网络知识大赛、大学生电脑大赛、《“三优”(优生优育优教)晚会》等均由青年部负责编导录制。现有正式职工 22 人。青年部副主任潘超。

少儿部

少儿部负责 14 岁以下儿童为收视对象节目的制作与播出。下设《大风车》编辑策划组、儿童剧组、社会节目组、学前节目组、专题节目组和摄像组。开设有杂志型少儿栏目《大风车》;综艺性少儿栏目《同一片蓝天》;儿童戏剧栏目《儿童剧场》等。少儿部还承担一些大型综艺晚会节目的拍摄任务,例如“六·一”儿童节晚会等。现有正式人员 38 人。少儿部主任张小军,副主任王英。

动画片部

动画片部是中央电视台专门负责国产动画片创作、制作和播出的部门。动画片部播出的窗口为《动画城》栏目,这是目前我国唯一一个专门播出国产动画片的栏目。动画片部下设创作一组、创作二组、创作三组、编辑组和制片组。现有正式职工 37 人。主任梁晓涛(兼),副主任赵文江。

技术管理办公室

技术管理办公室成立于 1991 年 4 月,是中央电视台技术主管领导和技委会的办事机构,是技术系统的运行管理、监督检查归口部门。根据技委会的要求,负责处理技术系统运行及管理工作,协助台领导做好技术系统各项协调工作,负责制订技术事业发展规划,承办和落实台领导、技委会下达的任务,为台领导提供重大技术问题的决策依据。技术管理办公室下设技术业务处、科技处、工程管理处、信息通信处、动力处。现有正式职工 161 人。技术管理办公室主任何宗就(兼),副主任徐威、黄平刚,党总支专职书记谢和平。

技术业务处

技术业务处成立于 1998 年 5 月。是技术管理办公室的办事机构。负责落实和承办技术管理办公室交办的各项工作。拟定技术发展规划,提出技术系统经费的预算方案;拟定汇总大型节目制作和重大实况电视转播的技术方案;拟定汇总专业技术设备购置计划、专业设备的分配方案;负责专业技术设备、备件的出入库管理,安排、协调全台节目的技术制作工作;负责技术管理办公室的办公秩序、行政事务和后勤保障;协助领导管理部门经费,协调安排台技术主管领导的公务活动,组织协调技术系统的重大活动;负责办公业务、信息公文和保密等日常工作。现有正式职工 6 人。技术业务处处长黄平刚(兼),副处长谢和平、路晓俐。

科技处

1994 年 4 月由技术处更改为科技处。主要职责范围:拟定全台科技项目的研究、开发,并负责对科研立项、论证、研究、开发的组织和管理;负责把科研成果及时向广电总局和国家科委申报推举;负责节目技术质量的监测管理,技术设备的技术指标测试;对引进的新技术、新系统和新设备进行论证、试运行和推广;组织制定广电总局下达的电视标准立项审定工作,以及草拟台技术系统的各类标准和规范;负责技术系统职工的再教育、业务培训、技术交流等;负责选派参加国际电视技术年会和标准审定会议的组织工作;负责台电视技术系统的各类技术性刊物和专著的编辑出版工作。科技处下设 3 个科:培训科、检测科和信息科。现有正式职工 14 人。科技处处长李建成,副处长张国琛、袁辉。

工程管理处

工程管理处原名工程维护处,1998 年 5 月改为现名。负责全台技术工程新建、改建项目的论证、立项、预算编制、资金使用、合同签订、执行的管理;实施工程监理、项目验收、质量评比及档案汇编审查;本处固定资产、租赁协议及新影厂、科影厂、台属公司租用设备管理;制定全台技术维护规章制度、维护规范;技术维护工作的考核、评比、总结等;全台年度维护经费预算编制及使用管理;全台电视设备、设施、计划维修的组织、实施和代理维护的管理;全台技术系统大修的组织和实施;电视设备光学部件的维护维修;台内有线电视、业务用电视设备、办公设备的维修管理。现有正式职工 6 人。工程管理处副处长王冀林、王世荣。

信息通讯处

信息通讯处成立于 1996 年 1 月,由原新技术应用开发室和动力通讯处中的通讯部分组成。负责中央电视台计算机信息网络系统、通讯系统和通讯线路的建设、运行、管理和维护;负责为全台行政办公、电视宣传、节目制作等工作提供通讯业务的技术保障和服务,为全台自动化办公系统和其他计算机应用系统提供技术服务和支持;负责全台计算机信息网络的运行和管理;负责全台计算机技术和通讯技术的引进、应用、开发工作;负责管理全台计算机设备和软件;负责管理全台通讯业务和技术设备;负责协调和处理与信息和通讯相关的各项工作;负责全台通讯业务和计算机信息网络业务经费的管理。现有正式职工 46 人。信息通讯处处长徐威(兼),副处长季小军、丁亚建。

动力处

动力处(原名动力中心、动力通讯处)成立于 1985 年 1 月 19 日。它担负着中央电视台的供电(包括计划用电、节约用电、安全用电)、空调制冷、供暖、供蒸气、给排水、排烟通风、室内外照明、电梯、移动通讯等专业设备及系统的常年每天 24 小时运行值班及设备的维护和检修任务,是中央电视台完成电视宣传任务的一个重要技术保障和技术服务部门。动力处下设业务科、器材科、供电运行科、供电检修科、空调科、水暖科、电梯科、设备维修科、寻呼科、机电管理科。现有正式职工 87 人。动力处副处长高东生、王国佑、曹建新。

技术制作中心

技术制作中心成立于 1991 年 3 月。它是集前期采录,后期制作,演播室直播、录像,视音频技术、灯光、舞美和服装、化妆、道具为一体的电视节目制作单位。承担着中央电视台社教节目中心、文艺节目中心、青少节目中心、广告经济信息中心和总编室所属各个栏目的节目制作,以及海外节目中心、新闻节目中心和体育节目中心所属部分栏目的节目制作。技术制作中心下设综合部、采录部、录制部、音频部和动画技术部6个处级部门。现有正式职工293人。技术制作中心主任李宏虹,副主任陈默、曹青,党总支专职副书记田敬改。

综合部

综合部是中心实行技术管理、节目制作管理和行政管理的机构。负责中心的文秘、信息、档案、保密和日常行政工作;统一调度中心内各种技术设备、设施和各种制作手段,落实各编播部门节目制作和全台部门使用大型演播室现场直播和录像;协调台外实况转播和录像的制作任务,以及节目制作使用技术设备、设施有偿服务的数据统计;本中心固定资产、设备大修、系统测试、技术质量和技术人员专业培训等管理工作。综合部下设综合科、节目制作管理科和技术管理科。现有正式职工(包括中心领导)10人。综合部主任曹青(兼),副主任田敬改、王树艺。

采录部

采录部成立于1998年,是中央电视台的重要电视节目制作部门。采录部分管大、中型演播室8个,前期ENG及其配套设备百余套,全功能后期合成编辑系统10余套,拥有大屏幕电视墙、大型摄像机升降臂、摄像机减震器等特种设备。采录部的工作任务是:台内各类电视节目的前期拍摄和技术保障;节目的演播室现场直播和录像;后期制作合成。采录部设有:录制一科、录制二科、录制三科、录制四科、后期制作一科、采编一科。现有正式职工61人。采录部副主任刘畅、王保国、栗小斌。

录制部

录制部成立于1985年3月,是电视节目的视频制作部门,1998年7月划分为3个部门:录制部、采录部与动画技术部。现录制部主要是以后期制作为主同时进行三维动画包装的视频制作部门。分管技术制作中心的十五、十八、十九,三个演播室中心机房;9套多媒体机房、13套ENG、18个电编机房、2个编辑机房、1个PD中心、1个电脑动画机房、1个影视机房、1个带转机房。其主要任务:电视节目的数字演播室录像、虚拟演播室录像,台内重点栏目及大型节目的电视前期采访及后期制作;胶转磁和带式转换;虚拟景的设计制作、各类节目片头、片花、片尾的电脑动画效果制作与合成的任务;完成日常节目的大量后期编辑任务,积极配合大型节目的转播、制作等任务;PD中心负责圆楼各演播室与方楼主控之间信号分配及节目收录;视频制作技术系统的事业发展规划,运行管理与维护。录制部下设后期制作二科、三科、四科、电脑制作科、影视制作科、录制五科。现有正式职工57人,录制部副主任李勇、徐进、崔建伟。

制作部

制作部成立于1983年,下设科组为:业务管理科、美术设计科、灯光一科、灯光二科、灯光设计科、服化科、灯光技术科、制作科、道具装置科、电脑技术科。其业务范围:承担全台节目的舞台美术、灯光、服装、化妆设计、制作及全台展览会的设计与制作。并承担部分节目CI整体包装和虚拟演播室设计制作。在该部设立了美术与灯光的电脑辅助设计系统;大型电脑喷绘制作系统;及景具库房约4000平米;灯具库房2000平米;服装库房800平米。并管理全台的大、中、小型演播室11个。每年自行设计制作节目量为二百多台。现有职工88人。制作部主任李玉文,副主任于宝富、张旭。

音频部

音频部1991年3月从原中央电视台制作部剥离,成为中央电视台电视音乐、音响的专业制作部门。行政体制归属技术制作中心,人员由录音师、音乐编辑、工程师三系列组成。现有中、高级录音师26人,中、高级音乐编辑13人,中、高级音频工程师7人。具备和完善了电视音乐的策划、创作、监制、编辑以及音乐、音响资料的保存。成为音响设计、实施和音频制作运行的管理、音频技术维护、音乐录音、音响录制及影视片译配音、动效制作的综合性影视音频制作权威机构。现音频部内组成高师会议,设总录音师、音乐总监和音频总工。试行音频制作责任人制度。音频部主任郭忱,副主任刘中胜。

动画技术部

动画技术部成立于1998年7月,专门从事卡通动画片制作和广告经济信息中心经济节目制作。动画技术部是国内最具有实力的卡通动画制作单位,其生产规模、生产管理、技术质量都接近国际先进水平。该部现有前期ENG设备74套(其中有8套在上海深圳证券节目直播演播室)、演播室4个、各类视频制作系统49套(包括宽泰和达芬奇)、多媒体6套;非线性编辑系统FLAME、ILLUSION、EDIT;三维动画制作系统SOFTIMAGE—3D、MAYA、3D-MAX;图像特技处理系统MATADOR;二维动画制作系统USAnimation、TOONZ、AXA及点睛。该部下设:录制六科、后期制作五科、采编二科、广告制作科、动画合成科、卡通动画科。现有职工181人,其中台内正式职工22人,其他159人为中视电视技术开发公司聘用人员。动画技术部主任范玲,副主任崔建、蔡启华。

播出传送中心

播出传送中心成立于1991年3月,负责承担中央电视台9套节目和图文电视信息数据的安全播出;国内外新闻、体育、文艺以及重大宣传报道活动的电视实况转播、传送和录制;台外大型综合节目转播报道的组织和实施;卫星电视和微波干线的协调和运行管理;本台移动和固定卫星地球站的运行业务;向全台提供主同步信号作为同步基准;利用电视信号向全台和全国提供标准时间和标准频率;受理海外电视媒体在华的卫星传送业务及提供相应的技术支持;全中心事业发展规划、工程项目审批及新技术引进。播出传送中心设综合部、播出部、转播部、传送部和总控部。现有正式职工168人。播出传送中心主任黄平刚、副主任梁迎利,党总支专职副书记彭香莲。

综合部

综合部成立于1998年6月,其前身为1991年成立的播送中心办公室。是播出传送中心的日常办事机构,协助中心领导进行行政事务、技术业务的协调和管理,为中心所属各业务部门提供服务。负责中心的文秘、信息、档案、保密等日常行政工作;负责本中心大型综合节目转播报道的组织协调工作;负责技术设备、设施有偿服务的数据统计和收费管理工作;负责本中心工程项目审批、固定资产管理、技术人员培训等项技术管理工作。现有正式职工(含台招聘)3人,其他工作人员3人。综合部主任刘文华,副主任俞勤。

播出部

播出部前身为播出传送部(1988年3月成立),1998年6月改为播出部。是负责中央电视台各套节目播出运行、管理的技术部门。现拥有8套机械手自动播出模拟系统、8套机械手自动播出数字系统、1套虚拟演播系统以及1个直播演播室。其主要任务是:负责播出线上的整个播出流程运行管理;承担全台现有9套节目的安全播出运行;利用播出信号场的逆程向全国播发标准时间、频率、测试运行信号以及图文电视;此外还承担体育节目的部分前期采访、后期制作、新闻直播的技术工作。播出部设有备播科、播控一科、播控二科、制作科。现有正式及招聘职工63人。播出部主任王效杰,副主任李跃山、杨健。

转播部

转播部是中央电视台唯一的一个承担台外大型电视节目实况转播录像任务的技术部门。主要业务范围:承担各部门台外的电视节目的前期制作,包括直播、专场、实况录像(包括各种会议、文艺、体育、新闻、经济、专题);承担各种外事活动的直播、录像;负责提供各种电视节目的前期特种设备;在播出传送中心的统一管理下,完成本部门技术业务管理及设备维护工作。下设七个科:转播一科、转播二科、转播三科、转播四科、转播五科、特种设备科、声音技术科。现有职工41人。转播部主任于志,副主任陈明、姜柏宁。

传送部

传送部成立于1998年6月1日。主要负责提供移动卫星地球站(DSNG)和微波中继等传输技术服务,承担全台外出节目转播中的部分工作和节目回传任务;遇有重大自然灾害发生时,承担防震、抗灾电视报道的信号传输任务;并在大型综合性转播报道中,承担传输系统构建和协调任务。提供来华海外电视媒体在中国回传新闻的卫星传送设备及相应的技术支持。负责体育节目中心日常节目制作。为中央电视台与云岗地球站之间的光缆提供微波备用通道。下设卫传科、制作科、对外服务科和微波科。现有正式职工(含台招聘)36人。传送部主任陈泽时,副主任肖建生。

总控部

总控部成立于1998年6月,其前身为播送部主控科。负责全台进、出信号的分配、运行管理,是全台信号交换的枢纽。其主要任务是:负责全台内外进、出节目信号的调度和协调,提供全台各种标准信号;承担台内、外信号交换的收录和监测;按规定受理涉外的技术申请和安排;负责节目播出和传送当中对外事务处理和解释工作;负责通过卫星及微波干线转播、传送及收录节目,负责管理中央电视台外围的光缆线路和固定卫星地球站收发系统;对外办理公共传输网络和卫星传送及相关的线路安排;负责国内外卫星公共传输网费用的预算、收支的管理工作。总控部设有运行一科、运行二科和管理科,现有正式职工22人。总控部主任程星,副主任刘韵音。

审 计 处

审计处成立于1989年8月,是中央电视台经济活动的监督部门,在台长和分管台领导的直接领导下负责全台的内部审计工作。其主要任务和职责是依据国家法律、法规和政策对下列事项进行审计监督：全台会计核算单位的财务收支、财务制度的执行情况；全台境内外经济组织的经济活动、经济效益、经济指标的完成情况；台内重大经济活动资金的投入、使用及经济效益情况；内部经济控制制度的建立健全情况及执行效果；所属单位的厂长、经理任期经济责任审计、所属单位的撤消及合并；国有企业资产、负债、损益情况；重要经济合同、契约的签订及执行情况；基建及维修工程预决算的审计。独立行使内部审计的职权，对台长负责并报告工作。现有正式职工 5 人。审计处副处长续建勇。

中国电视报社

《中国电视报》于 1981 年创刊,名为《电视周报》;1986 年易名为《中国电视报》;1992 年创办《中国电视报》外文版;1994 年创办《中国电视报》北京版。其主要任务是预告、宣传中央电视台节目,同时兼顾省台卫星节目,报道屏前幕后情况和中外影视界最新动态,提供与节目有关的延伸服务,用中、英文出版,向国内外公开发行,是国内发行量最大的报纸之一。

2000 年,《中国电视报》全年平均期发行量为 210 万份,最高发行量为 338 万份。在全国各大城市建立代印点 23 个。

《中国电视报》作为台直属部门,设有 14 个科(组):文艺组、文体组、新闻组、专题组、生活组、地方组、摄影组、美术组、外文组、资料科、广告科、纸张科、出版发行科、综合科。现有正式职工 44 人。报社社长吴继尧,副社长郭卫翔、赵成璧。

网络事业发展部(筹备组)

网络事业发展部筹备组成立于 2000 年 3 月 20 日。同年 12 月 26 日正式挂牌为"央视国际网络",简称"央视国际"。央视国际网络始建于 1996 年,当时称为中国中央电视台国际互联网站。注册域名为:www.cctv.com。

网络事业发展部筹备组主要负责全台上网栏目、节目策划、编辑,页面设计、制作以及央视国际网络的系统运行、技术开发和日常维护。下属机构分工如下:

策划组:负责策划、组织网站各种大型活动;关注市场的整体发展趋势,以及不同时期的发展特点,为网站的发展提供调查研究资料,以便领导做出最终决策。

新闻频道:负责新闻联播、中国新闻、国际新闻、财经新闻、体育新闻、文娱新闻、地方新闻、图片新闻、音视频新闻、网站专稿和热点新闻专题等节目的编辑、制作。

电视指南频道:负责荧屏导视、近期影视动态、电影空间、电视剧介绍、主持人、电视时间表、CCTV 介绍等内容的编辑、制作。

体育频道;负责全台体育类栏目的上网及编辑工作。有特约评论、精彩视频、网友评论、体育影集、戏说体育圈、足球、篮球、羽毛球等特色栏目。

财经频道:负责财经新闻、证券时间和证券之夜的编辑、制作。

文娱频道:负责文艺类栏目的上网编辑、制作。

科技频道:负责《科技新闻》、《科技博览》、《走近科学》栏目的编辑、制作。

生活频道:生活频道以"追求时尚品味,引导健康生活"为频道宗旨,为网友提供全面周到的与生活相关服务。

英语频道:负责英语新闻节目的编辑、制作。

视听在线:视听在线是综合多媒体频道,集合了中央电视台网站的音视频节目。

制作组:负责设计制作、运行维护、视音频节目

综合组:负责维护"天气预报"、"出行参考"等服务性栏目,并负责部分视听在线频道节目的制作。

系统开发组:负责网站技术系统的开发和改造,负责新频道、栏目的程序开发。

技术支持组:负责网站技术设备及综合线路的管理、维护,负责提供网站日常所需的技术支持。

设计制作组:负责美术设计、网页技术制作。

运行维护组:主要负责静态页面的日常维护工作。

视音频制作组:负责录制、在线直播视音频电视节目,负责制作各种视音频文件及视音频文件的发布,负责视音频机房的使用及维护。

筹备组领导班子:组长李志平,副组长尹学东、顾军。现有台正式人员(含台招聘)10 人,部门招聘 80 人。

中国电视剧制作中心

中国电视剧制作中心是中央电视台制作电视剧的专业机构,成立于 1983 年 10 月 18 日。其宗旨及主要

任务是:坚持党的四项基本原则和二为方针,是一个具有国家级规模的、用现代化设备装备起来的、全功能性的电视剧生产机构;向中央电视台提供电视剧,丰富广大群众的文化生活,为建设社会主义物质文明和精神文明服务。主要职能是:一、创作并录制各种题材和样式的电视剧;二、积极拓宽与国外地区合拍电视剧、促进中外电视剧的艺术交流;三、协同社会有关方面,组织电视剧艺术的研究活动;四、有计划地建设和不断发展现代化的电视剧制作基地。

中国电视剧制作中心在2000年生产各种题材、风格、样式的电视剧超过300部(集)。在已经完成的电视剧中,有根据古典文学名著改编的电视连续剧、革命历史剧、现实题材的电视剧、儿童剧、戏曲电视剧以及与国外合拍的电视剧等。每年都有若干部电视剧获"五个一工程奖"、"飞天奖"、"金鹰奖"等各种政府奖项。

剧中心现有正式职工325人。机构设置有办公室、党委办公室、人保处、计财处、文学部、生产处、技术处、制作部、涿州影视基地。中国电视剧制作中心主任胡恩,副主任邹庆芳、王伟国、李汀,主任助理兼技术处处长肖月桃,党委专职副书记兼党办主任郭秀英,办公室主任成功,人保处处长侯向强,计财处副处长张小群,文学部主任谢丽虹,生产处副处长李治安,制作部副主任王东明,涿州影视基地主任蔡世富。中国电视剧制作中心通讯地址:北京广安门外大街2号;邮政编码:100055;电话:(010)63456351。

中央新闻纪录电影制片厂

中央新闻纪录电影制片厂(简称新影厂)是我国惟一生产新闻纪录电影的专业厂。1953年7月7日,中央新闻纪录电影制片厂在北京正式成立。

建厂几十年来,新影厂共摄制了5000多部新闻纪录影片,拍摄、收集、储存了28000多本极其珍贵的历史影片资料,这些影片真实地纪录了我们共和国发展的历史进程。新闻纪录影片曾作为我国形象化新闻报道的主要形式之一,在中国人民的政治、社会、文化生活中产生过重要的影响。毛泽东主席于1958年为新影厂亲笔题写厂名,周恩来总理曾亲自修改过纪录影片的解说词。

建厂以来,新影共有40余部纪录片获"百花奖"、"金鸡奖",有46部纪录影片在国际上获奖;有120部纪录片荣获"政府奖";还有42部纪录片获"金桥奖"等专业奖项。为庆祝新中国成立50周年,中央新闻纪录电影制片厂有《黄山观奇》、《百万农奴站起来》、《莫让年华付水流》、《征服世界最高峰》、《南极我们来了》、《周恩来外交风云》、《越过太平洋——江泽民主席97访美纪行》等7部纪录影片入选《新中国舞台影视艺术精品选》。

1993年10月,经广电部批准,新影厂整建制划归中央电视台领导,迈向了影视合作的道路。几年来,在各级领导的关心和台的有力扶持下,新影厂坚持以生产影视精品节目为中心,坚持电影、电视两条腿走路的方针,坚持"转机制、抓管理、出精品、增效益"的工作目标。6年来,影视节目产量增长9倍,产值利润连年递增,企业资产总额达到11539万元,实现了资产的保值增值。

新影厂现有创作、制作等各类专业人员300多名,其中有高级职称者近100人。主要创作和生产经营部门有:编辑部、制作部、影视资料部、中央新影音像出版社等。

编辑部下属机构主要有4个编辑室及中央摄影组。第一、二、三、四编辑室分别承担中央电视台的《中华文明之光》、《中国风》、《千秋史话》、《世纪回眸》、《纪录片之窗》、《名段欣赏》等栏目的制作,以及一定数量的纪录片的摄制。

制作部下属机构主要包括录制工作间、摄录工作间、译制工作间、照明工作间、摄影整备工作间、音频工作间。技术制作部拥有完善的影视制作设施和先进的技术设备,现有400平方米音乐棚、300平方米综合摄录棚、160平方米演播室及电影混录棚各1个;有多个电视对编、合成机房;还有多媒体机房、非线性编辑机房以及电影摄、录、缩放等全套设备。各工作间分别承担影视纪录片制作,电视节目译制,戏曲系列片制作,电影字幕、动画制作,演播室访谈节目制作,对外独立承揽代制片、译制片等。

影视资料部现保存从清末至今的大量影视资料片。资料内容包括政治、经济、军事、外交、工业、交通、农牧、文教、卫生、科技、体育、地理风光、古迹名胜、民族民俗、戏剧、人物等等。影视资料部主要负责收集、整理、保管、维护影视资料片,并面向社会提供影视资料、网络信息、电脑查询、磁带选片等服务。

中央新影音像出版社,经营项目:代理新影厂影视节目发行、制作、销售音像制品、广告制作。

现有中层(处)机构23个,基层机构(科)25个,编制人数564人,法人代表(厂长)李健。通讯地址:北京市海淀区北三环中路67号。邮政编码:100088。厂办公室电话:(010)62010932、(010)82077500。传真:

(010)62011573、(010)62011574。

北京科学教育电影制片厂

北京科学教育电影制片厂(简称科影厂)是我国最大的科教电影专业厂之一,建立于1960年3月12日。40年来,科影厂共摄制了1380余部科教电影。其中既有与广大群众生产、生活息息相关,被誉为“出粮食的影片”,也有许多反映重大科技成果和普及科学知识的影片。在中国电影最高奖——“金鸡奖”20次评选中,科影厂共获15个最佳科教片奖、1个最佳纪录片奖;此外还获得了包括政府奖、大众电影百花奖、中国电视“金鹰奖”、中国儿童少年电影“童牛奖”等在内的国内重要奖项160多部(次)。获国际科教电影电视节金奖、银奖、荣誉奖等67部(次)。改革开放后,科影厂进一步加强与国外同行的合作与交流。从1979年开始,先后派出摄制组赴日、法、意、希腊、瑞士、美、泰、澳大利亚等国及香港特区拍片。1984年科影厂成立了电视制作部,开始摄制电视录像片。1979年至1988年,积极组织本厂专业技术人员,研究开发了“网频时间码同步电影后期录音工艺”,在电影生产中采用了先进的时间码同步技术和视频技术,从技术上开创了影视结合的先例,因而荣获1991年度国家科技进步二等奖。动画车间(现扩大为动画部)除完成全厂科教片动画任务外,每年还制作数部美术片。根据国家对外宣传的需要,科影厂还将本厂摄制的科教片译制成英、法等10种语言对外发行,并逐渐成为固定片种。

1995年4月,科影厂整建制划归中央电视台,由以生产科教电影为主,转向以制作电视节目、动画片、译制片、科教片并存的影视结合的生产模式,成为“中央电视台科教节目制作中心”。转轨几年来在台分党组的领导和台各部门的大力支持下,经过全厂职工的共同努力,科影厂年生产量、年利润逐年增加,均创历史最好水平。

2000年科影厂在创作、生产、技术、经营、管理等方面均取得较好成绩。其中完成电视节目300多小时;电影18部42本,是转轨后影视产量最高的一年。动画节目制作和英语字幕译制片也都较好地完成了年度生产任务。影视节目精品化,为厂的发展拓展了空间,并获多项国内国外奖。在2000年中国电影“华表奖”评选中,科影厂《征服病毒病》、《简易无土栽培》、《棉籽脱绒包衣》三部影片包揽了优秀科教片奖,《猫咪小贝》获优秀美术片奖。在第二十届中国电影“金鸡奖”评选中《宇宙与人》获最佳科教片奖,《新疆北鲵》、《简易无土栽培》获最佳科教片奖提名。《宇宙与人》、《简易无土栽培》、《让生命永存——生物多样性保护与可持续发展》3部影视片共获5个国际奖,为我国赢得了荣誉。特别是探索宇宙及人类生命演化奥秘的科普片《宇宙与人》,不仅连获国内国际大奖,而且市场反应很好、拷贝热销,创35毫米科教片拷贝发行新纪录。

科影厂现有在编职工502人,其中高级职称83人、中级职称157人。主要机构有:厂长办公室、党委办公室、总编辑室、生产管理处、技术管理处、动画部、录制部、制作部、英文字幕译制部、影视资料编辑科、计划财务处、人事处、保卫处、行政办公室等。科影厂厂长兼党委书记万迪基,副厂长任振华、杨杰亭、安伟民、党委副书记张晓光。

北京科学教育电影制片厂通讯地址:北京市新街口北大街74号。邮政编码:100035。电话:(010)66184449转。传真:(010)66132888。

中国国际电视总公司

中国国际电视总公司是中央电视台于1984年投资组建的国有独资公司。经过1997年的资产重组和机构整合,中国国际电视总公司已发展成为以影视传播为主体,并涉及实业投资、信息咨询、资本运营、旅游服务等多业并举的格局,目前已经涉足新媒体的开发业务,是中国目前最大的、最具实力的电视媒体产业集团。

中国国际电视总公司是国家广电总局和国家版权局批准认定的惟一经营电视节目版权国际交易的公司,还是大陆惟一经政府主管部门批准的从事境外卫星节目代理业务的公司,在业务上已经形成集节目发行、节目制作、境外节目代理、广告代理、影视基地经营、电视技术服务、上市公司运营、实业投资、信息咨询等于一体的业务链。

中国国际电视总公司系统现有职工3400多人,其中聚集了一批在中国媒体界享有盛誉的高级记者、编辑、工程师和著名制片人、摄影师以及高级经营管理人才。公司总部下设总经理办公室、人力资源部、计划财务部、广告部、境外卫星节目代理部、项目投资部、资产经营部、资金结算中心、审计室等部门,并拥有中国电视节目代理公司、节目制作公司、中视实业发展有限责任公司、央视调查咨询中心、中视电视技术开发公司、金视光盘有限公司、中视网络发展有限公司、中广国际

中国国际电视总公司机构图

- 中国国际电视总公司
  - 直属二室六部
    - 总公司办公室
    - 项目投资部
    - 人力资源管理部
    - 广告部
    - 计划财务部
    - 审计室
    - 资产经营部
    - 境外卫星节目代理部
    - 所属分公司
      - 中国国际电视总公司上海分公司
      - 中国国际电视总公司体育推广分公司
      - 中国国际电视总公司中视演艺中心
      - 中国国际电视总公司电视画廊分公司
      - 中国国际电视总公司形象设计分公司
      - 中国国际电视总公司卫星传送分公司
      - 中国国际电视总公司西北分公司
    - 所属子公司
      - 深圳中视国际电视公司
      - 北京辉煌动画公司
      - 中视电视信息传播公司
      - 威海影视之家
      - 北京未来广告公司
    - 参股控股合作公司
      - 北京中视物业管理有限责任公司
      - 中视购物有限责任公司
      - 中广国际旅游有限公司
      - 北京中视汉威航空服务公司
    - 中外合资企业
      - 中视经济影视中心
      - 梅地亚电视中心有限公司
      - 鸿运视听制作有限公司
      - 北京视澜广告有限公司
    - 影视基地
      - 中央电视台无锡太湖影视城
      - 中央电视台南海影视城
      - 中央电视台威海影视城
    - 海外子公司
      - 美国洛杉矶中国电视公司
      - 日本东京中国电视公司
      - 香港耀龙国际投资有限公司
  - 下属九家二级企业
    - 北京金视光盘有限公司
    - 节目制作(部)公司
    - 中国广播电视国际经济技术合作总公司
      - 中广联房地产开发有限责任公司
      - 中广国际总公司驻深圳办事处
      - 北京仓库保定仓库宝鸡仓库
      - 苏州工业园区广播电视高技术开发公司
      - 深圳天视实业有限公司
      - 中广国际南方公司
      - 北京中广美国康斯特姆产品维修中心站
      - 中广国际广告公司
      - 中广国际广播电视工程设计所
      - 进出口贸易公司
      - 海外工程技术公司
    - 无锡中视影视基地股份有限公司
      - 广告分公司
      - 唐城分公司
      - 三国分公司
      - 水浒城分公司
      - 南海分公司
    - 中视电视技术开发公司
      - 北京中视创新科技发展有限公司
    - 央视调查咨询中心
      - 央视—索福瑞媒介研究有限公司
      - 央视北方技术发展有限责任公司
    - 中国电视节目代理公司
    - 中视实业发展有限责任公司
      - 北京金手杖电视服务公司
      - 北京中电高科技电视发展公司
      - 北京国视技术开发公司
      - 北京荧屏技术公司
      - 北京中视荧屏服务中心
      - 北京荧屏出租汽车公司
      - 北京中视荧屏商贸公司
      - 华业电视咨询公司
      - 北京电视工程中心
    - 中视网络发展有限责任公司

经济技术合作总公司等8家二级公司。目前，总公司所属各种类型的企业（含子公司、分公司、中外合资公司、参股控股公司、海外公司）共有64家。

总公司董事长赵化勇，副董事长刘宝顺，总经理李培森，常务副总经理吴达审，副总经理王丹洁、冷敏述、赵健，财务总监张小毛。

总公司办公地址：北京市羊坊店路9号京门大厦。通讯地址：北京市3831信箱；邮政编码：100038；总经理办公室电话：(010)63957078，(010)63957079，(010)63957110；传真：(010)63955816，(010)63957106；电子信箱：citc@pub1ic.bta.net.cn。

中国广播电视国际经济技术合作总公司

中国广播电视国际经济技术合作总公司（简称中广国际总公司）是原直属于国家广电总局的技工贸一体化企业，1999年根据中央办公厅、国务院1号文精神，与广电总局脱钩，划归中国国际电视总公司。

中广国际总公司成立三十多年来，在国内外完成了1000多项广播电视工程的建设；与国外100多家主要的广播电视专业生产厂商建立了长期的业务联系，为国内广播电视系统进口了大量成套设备；与中央电视台等单位合作，每年主办一次，至2000年，已成功举办了九届中国广播电影电视行业规模和影响最大的国际性展览会——北京国际广播电影电视设备展览会(BIRTV)。公司每年派遣多批广播电视专业技术人员赴国外考察和培训，增进广电系统与国外同行间的技术交流与合作。公司加强管理，通过了ISO9000国际标准管理体系的认证，并被建设部核定为广播电影电视设备工程施工一级企业。

中广国际总公司现有职工210人。总部设有办公室、人事部、财务部和后勤部四个职能部门，及海外工程技术公司和进出口贸易公司两大业务部门。公司下设五个独资子公司：中广国际广告公司、中广南方公司、中广国际广播电视工程设计所、北京中广美国康斯特姆产品维修中心站和深圳天视实业有限公司；一个控股公司：中广联房地产开发有限责任公司；一个参股公司：即与中央电视台合资，在苏州工业园区组建的广播电视高技术开发公司。

中广国际总公司的经营范围：在国内外承包或分包广播、电影、电视工程；对外派遣各类工程、生产和服务行业的劳务人员，承担对外派劳务研修人员的培训；经营广播电视专业设备、器材和技术进出口业务；房地产开发、经营；广播电视工程及各类工业和民用建筑设计；承办国内外广告、各类展览和技术交流业务。

中广国际总公司总经理程林，副总经理胡荣泉、诸葛璋、杜一平。公司地址：北京市西城区北滨河路甲2号。邮政编码：100045。电话：(010)66092187，66093661。网址：http://www.crtv.com.cn。

中视实业发展有限责任公司

中视实业发展有限责任公司成立于1997年6月27日，隶属于中国国际电视总公司。是一个拥有注册资金1000万元的有限责任公司。公司现有员工500余人。董事长杨保亮，总经理庞建。

公司经营业务范围：影视文化、技术交流；场景道具、服装、化妆造型的设计、制作；影视咨询；电视技术咨询及设备的安装、维修、销售；广播电视通讯网络安全防范工程的设计、安装、维修；与上述业务相关设备、机械设备、电子设备、五金交电、办公设备、针纺织品、毛纺织品、服装、工艺美术品（金银饰品除外）、旅游纪念品、文化用品、日用百货、家用电器、建筑材料、化工材料、汽车及零配件的销售；技术开发、转让和服务；办公设备维修；物业管理、室内外装饰、装修；经济信息咨询；音像制品、图书报刊的批发零售、汽车租赁等。

公司下设三部一室。综合办公室：文秘档案、劳动人事、行政后勤、综合协调、外联等。计划财务部：执行总公司各项财务规定和指示、开展公司内部财务管理、对所属公司实行财务管理、指导和监督、财务核算、报表分析、财务总结。经营管理部：对所属公司实行企业协调和管理、进行项目指导、业务培训、统筹规划。企划开发部：市场调研、项目开发、项目投资与合作、企业前瞻性策划。地址：北京海淀区京门大厦9号。电话：(010)63957035。

公司下辖多家三级公司：

北京中电高科技电视发展公司：承接电视高科技和电视系统工程项目的开发、咨询、协作服务；提供电视制作和传送服务；组织国内外电视交流。承接电视系统的安装、调试、维修；批发、零售电视专用设备，电工器材，空白磁带及租赁业务。先后承接了国防大学闭路电视系统工程；北京航空航天大学闭路电视系统工程等。参与了《科教兴国》、《国歌片头》、《澳门岁月》、《世纪之光》的拍摄工作等。为美国独资企业亚洲战略投资公司拍摄电视专题片。

北京荧屏技术公司：承接技术开发、技术转让、技术咨询；广播电影电视设备、计算机房设备、卫星接收天线、公共天线安装、调试。先后为86个单位，累计达12.35万余户设计安装了CATV系统。是享有“一级有线电视工程设计安装许可证”的单位。

北京中视荧屏商贸公司：销售纺织品、百货、五金交电、工艺美术品、广播电影电视设备、仪器仪表、家具、汽车配件、民用建材；信息咨询；摄影，修理日用电器、日用电子器具；制作电视剧布景道具；服装设计；彩色扩印;广告设计;礼品制作;共用天线安装,办公用机械维修等。

北京国视技术开发公司:经营电子计算机及配件、电子产品、电器机械,建筑材料,普通机械的技术开发、技术服务、销售,承接空调制冷设备设计安装,室内外装饰,销售五金工具。

华业电视咨询公司:设计、制作、代理、发布国内和外商来华广告;经济信息资料、电视技术咨询;电视专业人员培训;接受委托进行物业管理。

北京电视工程中心:经营广播电视通讯网络;安全防范工程的设计、安装、维修;技术开发、技术咨询、技术服务;经济信息咨询;办公设备维修;经营服装、百货、五金交电、化工、工艺美术品、机电设备、民用建材、日用杂品、针纺织品、电子计算机。

北京荧屏出租汽车公司:经营市内出租汽车客运。

北京中视荧屏服务中心:承担中央电视台委托复制录制任务;修理日用电器、日用电子器具,零售百货。向本台各业务部门提供专业劳务服务;为社会各方面复制中央电视台节目等。

金手杖电视服务公司:电视节目技术开发、咨询、转让、培训、组织新闻发布会;广播电视设备;维修日用电器;购销百货、医疗器械、五金交电、广播电视器材、土产品、工艺美术品、机械设备、电器设备。

金视缘纯净水公司:纯净水制造。

节目制作(部)公司

节目制作(部)公司成立于 1998 年 3 月(1998 年 12 月注册为中视影视文化发展有限公司),是中央电视台国际电视总公司负责影视节目制作的主要部门。负责各类电视节目的策划、拍摄、制作及播出、协调,向中央电视台及海内外各种电视媒体提供精品电视剧、大型系列片、综艺节目。其主要业务领域是投资拍摄电视连续剧、纪录片和专题系列片;接待境外摄影队,开展国际交流、合作制作各类电视节目;与台内节目部门联合制作节目,负责承接、制作中央电视台各类节目、栏目,策划实施国内外大型文艺活动、文艺演出实况录像及电视转播。下设 4 个部门:制片部、综合业务部、国际合拍部、财务部。节目制作(部)公司总经理魏平,副总经理张华。

办公地址:北京市羊坊店路 9 号京门大厦 7 层。通讯地址:北京市 3831 信箱。邮政编码:100038。电话:(010)63957026,(010)63951177。传真:(010)63957025,(010)63961645。

中国电视节目代理公司

中国电视节目代理公司于 1992 年 9 月成立,1993 年 11 月正式组建,1997 年划归中国国际电视总公司成为其二级企业。中国电视节目代理公司拥有电视节目的外贸进出口权,是中央电视台自制节目的国内外版权的总代理;是中国 47 家省(市)级电视台组成的中国电视节目外销联合体的办事机构;是全国有线电视台的供片中心;是集电视节目制作、出版、发行为一体的专业公司。其经营范围主要有:接受委托向国内外授权使用我国的电视及录像节目版权;与海内外相应机构合作摄制各类电视节目并提供合作制作服务;出版、发行中外各类音像制品;代理国内外广告;向全国有线、无线电视台提供国内外优秀的电视剧、专题片及新闻、综艺等节目;电视节目国际交流的委托代办等。公司下设 9 个部门,包括外销部、内销一部、内销二部、音像部、广告部、技术制作部、办公室、财务部、行政部。

公司地址:海淀区羊坊店路 9 号京门大厦。邮政编码:100038。电话:(010)63957153。传真:(010)63955916。电子邮箱:ctpaoffice@sina.com。

北京金视光盘有限公司

北京金视光盘有限公司成立于 1998 年 7 月 28 日,是中国国际电视总公司下属的生产型企业。2000 年 12 月获国家 ISO9002 质量认证企业资格。公司主要从事光盘数据预处理;激光数码储存片子盘复制、包装、销售;光盘技术开发、技术转让、技术咨询、技术服务;购销光盘生产用原材料、机械电器设备;视音频技术服务等。公司拥有世界先进的光盘复制、印刷、检测设备,是一家科技含量很高的高新技术企业。公司下设经理室、行政部、财务部、业务部、生产部、质管办等六个部门。公司总经理、法人代表刘广全。公司成立伊始就本着服务于中央电视台、服务于全社会的宗旨,以质量第一,信誉第一为原则,以信誉质量取信于客户,在光盘界深受好评。

公司地址:北京市海淀区杏石口路 32 号。邮政编码:(010)100089。电话:(010)88442549。传真:(010)88442548。

中视电视技术开发公司

中视电视技术开发公司成立于 1993 年,是中国国际电视总公司的全资分公司。主要经营范围:广播电视技术及系统的开发,机房和演播设备的设计、安装、调试、维修;电视节目的视频、音频、灯光、美工、道具制作的技术服务;广播电视设备的租赁服务、技术咨询、技术转让、技术服务、技术培训;广播电视设备、演播器材及零配件的销售等。公司的主要经营部门:录制部、资产经营部、工程部、维修部、制作部、栏目开发部。公司下设两个子公司:北京中视创新科技发展有限公司、北京中视远图科技有限公司。主要负责人蒋前。公司办公地点:北京市海淀区复兴路戊 12 号恩菲科技大厦

317 室。邮政编码：100038。联系电话：(010)63951665。

无锡中视影视基地股份有限公司

无锡中视影视基地股份有限公司(中视股份)位于江苏省无锡市西郊太湖之滨，是以中央电视台无锡太湖影视城所属唐城、三国城为主体进行股份制改造，由中国国际电视总公司等5家公司控股的中国第一家兼营影视制作业和文化旅游业的A股上市公司，1997年6月在上海证券交易所挂牌上市；公司董事长吴达审，总经理崔屹平。

公司现有四方面经营。在唐城景区、三国景区、水浒景区、南海太平天国城四大旅游景区，从事影视基地开发管理、旅游观光服务；所属北京中视北方影像技术有限责任公司从事影视剧拍摄和节目制作；经营服务中心从事对内、对外物业管理与服务；广告分公司从事媒体广告代理业务。

2000年，中视股份加大了对旅游服务设施的投入，引入有一定科技含量的气动装置，新建和改造了"长坂坡"、"火烧赤壁"、"倒拔垂杨柳"等影视特技表演场；增加游客参与性，推出"太湖黄金水上游"观光旅游线路。无锡、南海两地景区全年接待国内外游客140多万人。在旅游经营稳步发展的同时，公司加大影视业务的投入与运作，取得显著成效。公司投资拍摄的一批电视剧《大明宫词》、《突出重围》、《北京女人》、《农家十二月》等播出后广受好评，并荣获2000年电视剧"金鹰奖"优秀长篇电视连续剧多项大奖。同时，作为涉足高科技影视剧市场的尝试，中国首部高清晰度电视剧《大宅门》也在2000年完成制作。

地址：江苏省无锡市漆塘路1号。邮政编码：214081。电话：(0510)5555278，传真：(0510)5555527。网址：www.cctvbase.com。电子信箱：cctvbase@publicl.wx.js.cn。

央视调查咨询中心

央视调查咨询中心成立于1995年，隶属于中国国际电视总公司。

中心在职人员500人。主要从事市场研究、辅助研究设备的开发。中心拥有覆盖全国的媒介、市场及广告监测调查网络，不仅具有强大的全国性调查执行能力和网络管理经验，而且创建了一整套数据处理、数据分析的科学方法。除电视收视率数据外，还有专门针对电视节目进行的观众满意度研究。目前中心的媒介研究主要服务于媒体(电视、报刊、广播、互联网)和广告商；消费市场研究主要服务于生产制造企业。2000年，央视调查咨询中心被国家统计局认定为首批符合条件的涉外社会调查机构。

央视调查咨询中心监事会主席尚广礼，总经理陈若愚，副总经理田涛、陈华峰、王曦。地址：北京羊坊店路9号京门大厦八层。邮政编码：100038。电话：(010)63950076。电子邮箱：info@.cvsc.com.cn。

中视上海分公司

中视上海分公司系中国国际电视总公司的非独立法人的分支机构。于1996年8月成立。分公司对总公司直接负责，承担总公司在上海华东地区业务开拓、经营以及联络服务工作。

1. 从事该地区影视制作、发行、广告代理、海外影视业等方面的市场调查，向总公司提出市场开发、项目策划建议和相关的发行供片计划并在其授权范围内开展经营；

2. 为总公司在该地区经营作好配套服务，包括项目确立、制作、市场进入、广告宣传、选片、协助总公司进行合同管理、商函传递、必要的经营管理；

3. 为总公司在该地区进行多种经营及相关业务作各方面的可行性调研和筹备工作；

4. 以合拍、联合拍摄等方式拍摄电视片、电视剧；协助布置接待会议、展览等。

上海分公司总经理庄立奇，副总经理张来昀。分公司下设三部两室，影视部以电视剧策划、立项、预算、投产、制作为主要业务。制作部配置先进的非线性编辑系统及特效工作站，为本公司以及同行提供优质的后期制作服务。财务室和办公室，为分公司的专职行政部门。

地址：上海华山路2088号汇银广场南楼1705－1708室。邮政编码：200030。电话：(021)54070586、64471022、64471055。电子信箱：(021)cctvsh@online.sh.cn。

中视西北分公司

中视总公司西北分公司成立于1999年2月，系总公司下属非独立法人的分支机构。承担总公司在西北五省的业务开拓、经营以及联络服务工作。

中视西北分公司为经理负责制，下设财务部、节目部及广告部。

公司经理冯学茹。办公地点：西安市南二环西桃园小区203室。邮政编码：710075。电话：(029)4296857，(029)8528520。传真：(029)4296857。

中视卫星传送分公司

中国国际电视总公司卫星传送分公司于1999年4月2日正式成立。主要经营广播电视节目卫星传送业务、技术开发、咨询、服务、转让，租赁维修广播电视设备，销售机械电器设备，承办展览展示，组织文化艺术交流活动、计算机信息咨询(除中介服务)。公司负责人王晖。

2000年公司成功地完成了2000年澳门元宵晚会、2000年钱塘江观潮、2000年珠海国际航空航天博览会等重大活动的设备运输和保障工作,完满完成了新千年庆典、十几个国家和地区元首访华等重大活动的卫星传送任务。

地址:北京市海淀区复兴路乙11号梅地亚中心写字楼1457室。邮政编码:100038。电话:(010)68527632,(010)68527386。传真:(010)68515268。

中视形象设计制作分公司

中视形象设计制作分公司成立于1998年12月,现开展有以下业务:主题公园设计制作;影视场景及舞美设计制作;建筑室内、外装饰装修;片头网页设计制作;大型电脑喷绘印刷;展览展示设计制作。公司拥有先进的专业级扫描仪,储存40G的大容量服务器,五米写真喷绘机(SALSAF16S),喷涂机等等。

公司总经理张旭。目前,公司设立有项目经理部、制作部、行政部、设计部、财务部及台内喷绘部。其中,制作部下设制景、复景及效果组三支制作队伍。总人数达100人以上。

中视演艺中心

中视演艺中心成立于1999年6月27日。经营范围:承办与电视艺术有关的展览、演出、培训、比赛;承办中国国际电视总公司委托的电视转播、录播、中外综艺节目合拍和制作的经营项目。

该中心与国内外各文艺机构及企事业单位合作,主办、承办国内外各种演出、晚会及文化交流活动;以自制、代理、购买、中介等方式为中央电视台及各省市电视台提供高品质、高品位的电视综艺节目;关注演艺队伍建设和组织建设,为电视创作人员、演艺人员提供研讨、培训、进修、比赛机会;选拔、包装、推出中央电视台签约艺员。

中心负责人邹友开。中心地址:北京市海淀区羊坊店路6号天洋商厦B座301室-309室。邮政编码:100038。电话:(010)68508471,(010)63982135,(010)68500772。电子邮箱:performingcenter@sohu.com。

中视体育推广分公司

中视体育推广分公司成立于1996年底,主要业务是组织和推广中央电视台体育节目中心参与主办的各种体育赛事;联合制作各种类型的体育节目;联系购买国内外各项体育赛事节目等,以配合中央电视台体育节目中心开展一些经营性的活动。1996年底成功地推出了"CCTV杯中国乒乓球擂台赛",全国上下为之叫好,赢得了轰动性效果。之后又陆续推出了"爱立信中国乒乓球擂台赛"、"维达杯"海峡两岸保龄球冠军赛、"摩托罗拉中国羽毛球天王挑战赛"和"中国排球联赛"等一系列赛事,确立了自主性系列赛事的举办与转播的龙头地位。

总经理白钢,节目总监冯一平。公司下设一室三部。办公室、策划活动部、节目部、制作部,现有8名正式人员。地址:北京复兴路乙11号梅地亚中心写字楼852、853、758房间。邮政编码:100038。电话:(010)68516278,(010)68508173。传真:(010)68516250。

中视电视画廊分公司

中视电视画廊分公司,简称电视画廊。电视画廊系中国国际电视总公司的一个分公司。电视画廊开办于1996年,1998年底正式转变为电视画廊分公司。

电视画廊自开业以来,实现了为书画家裱画、展览、销售、宣传一条龙服务。

营业范围:零售中国字画,销售工艺美术品,组织文化艺术交流活动,为展览会、展销会提供服务、美术设计。

公司总经理史书魁。地址:北京市宣武区虎坊路15号。邮政编码:100052。电话:(010)63546806。

北京视澜广告有限公司

北京视澜广告有限公司系中央电视台与美国映佳国际传播公司(Encore International)合资企业,成立于1997年。是经营广告设计、制作、发布、代理国内外各类广告的专业公司。由财务部、媒介部、业务部、办公室四个部门组成,共12人,总经理贾晓佳,副总经理王炎言、宁万。

目前主要代理的广告时段是:中央电视台第八套《每日佳艺》和《世界名著名片欣赏》栏目,片源由美国映佳国际传播公司提供,精彩的节目使栏目拥有一批可观的忠实观众,良好的广告投放环境深受客户喜爱,公司业绩逐年递增。

公司地址:北京复兴路乙11号梅地亚中心写字楼560号。邮政编码:100038。电话:(010)68509958/48。传真:(010)68574212。电子邮箱:Mwave@public.east.on.net。

鸿运视听制作有限公司

鸿运视听制作有限公司是由广播电影电视部、新闻出版署、国家工商行政管理局、对外贸易经济合作部批准,由中国国际电视总公司与新加坡远东传媒集团有限公司于1993年2月17日合资成立的具有独立法人资格,以电视节目为依托的专业影视音像制作公司。

经营范围:音像制品的制作、销售;音像制作技术的开发、咨询、服务及人才培训。

总经理林兴导(新加坡),副总经理石京义、陈晓刚。

公司下设办公室、人事行政部、财务部、业务部、专家顾问部、客户部。客户部有国内客户部和国际客户部;业务部有项目企划部、影视制作部、影视节目交流部、艺员培训包装部、多媒体、战略发展部。

公司地址:北京市复兴路戊12号恩菲科技大厦303B室。邮政编码:100038。电话:(010)63955900,(010)63955903。传真:(010)63955909。电子邮箱:ftv@public.bta.net.cn。

中视经济影视中心

中视经济影视中心成立于1993年4月,是中国国际电视总公司下属机构。其主要从事影视制作、节目交换、音像广告、信息交流等业务。它以崭新的运作方式实现经济活动与影视艺术的统一、现实与未来的统一。

中视经济影视中心拥有当今最现代的电视前、后期制作系统及数字三维特技、多媒体制作、非线性编辑等设备,其程度达到国内现有的最高水平;同时还拥有一支工作经验丰富的制作队伍,并在如下领域不断地拓展和耕耘:

中视经济影视中心负责制作在中央电视台第二频道开设的每周两期、每期30分钟的综艺栏目《欢乐家庭》。

中视经济影视中心制作的各类节目在中央电视台现有的新闻类、专题类、文体类、影视类等栏目中播出。

中视经济影视中心在影视广告的创意、制作、代理和发布等方面,全方位地为海内外企业服务。

中视经济影视中心与中国各地方电视台及其行政管理机构进行着广泛的业务与节目的交流合作。

中视经济影视中心与众多海外影视制作机构建立了良好的联系,为他们提供广泛的咨询服务业务并为其在国内的拍摄任务提供协助。

中视经济影视中心在立足国内影视制作的同时,也努力与国外的电视机构合作,把电视节目的制作领域从国内发展到国外,建立起广泛的国际合作关系。

中视经济影视中心正在致力于从传统媒体向宽带网络多媒体的转型,并推动多套多媒体宽频互动电视节目以CHINA－itv的概念传播。

中心经理傅思。中心下设行政部、财务部、广告部、节目部、技术部、发行部。地址:北京市海淀区复兴路戊12号恩菲大厦角楼七层。邮政编码:100038。电话:(010)63955796/97/98。传真:(010)63955795。电子信箱:CCTVZS@263.net。

梅地亚电视中心有限公司

梅地亚电视中心有限公司成立于1990年9月13日,是中央电视台所属中国国际电视总公司和日本广播协会所属日中媒介交流中心合资兴建的集电视节目制作、卫星传送、宾馆、公寓、写字楼、餐饮、商务等服务设施于一体的综合性企业,是国家旅游局评定的三星级中外合资饭店。下设总经理办公室、人事部、公关销售部、计划财务部、保卫部、工程部、前厅部、客房部、餐饮部、电视业务部、综合管理部、工会。现有中方工作人员583人。梅地亚中心现任董事长李培森、总经理关野光生(日方)、副总经理刘瑾如。地址:北京市海淀区复兴路乙11号。邮政编码:100038。电话:(010)68515218。传真:(010)68511151。

北京辉煌动画公司

辉煌动画公司成立于1989年,是中国国际电视总公司所属的文化企业,主营项目是动画片制作及衍生产品开发。辉煌动画公司根据多年的制片管理经验,逐步设立了策划部、制片部、绘制部、影视信息开发部、行政办公室、财务部及相关的业务部门,专业人员从公司初建时的十几人增加到现在的60多人。辉煌动画公司制作了大型动画系列片《西游记》、《太阳之子》、《大森林里的小故事》等多部动画片,多次获得“华表奖”、“金童奖”、“童牛奖”、“金鹰奖”等政府奖。辉煌公司首创的《辉煌童年》少儿歌曲动画卡拉OK系列片。

辉煌动画公司具备了从剧本、动画制作、后期配音合成等全部摄制能力及先进的技术设备,是制作、开发为一体的市场化企业。

公司总经理周凤英。地址:北京市虎坊路15号。邮政编码:100052。电话:63543342。电子信箱:hhac@public3.bta.net.cn。

北京未来广告公司

北京未来广告公司成立于1992年11月,注册资金1800万元,经营范围为设计、制作、代理,发布国内及外商来华广告。

北京未来广告公司,1992年开始代理CCTV－1频道《东方时空》栏目广告,1998年代理CCTV－8电视剧频道广告、1999年代理CCTV－5体育频道、《今日说法》栏目广告,2000年代理CCTV－2《健康之路》、《商界名家》栏目广告。经过七年的发展,未来广告公司从小到大,在1999年中国广告公司营业额统计排名中列第七位(在本土广告公司中排名第二位),已经发展成为一家集媒体代理、广告策划、创意制作、市场调研为一体,以媒体广告经营为依托,其他媒体、服务并举的全方位的媒体广告经营公司。

未来广告公司秉承“服务精益求精、合作诚信长远”的经营理念,紧紧发挥“技术、网络、人才”的核心优势;公司的ADEX2000广告监察系统和INFO－TV电视收视率分析系统,可以监控全国70个频道的广告播出信息,查询16大行业、214个品类产品的全国投放信息;详细跟踪全国64个城市和地区共700个频道的收视状况,从收视率、观众构成、观众重叠率等方面,结合媒体、受众和地域等不同角度深入研究媒介的收视状况,为广大客户提供专业的媒体服务。

公司逐步建立起了覆盖全国的客户网络,目前保持日常联系的国内外客户已达6000余家。公司目前员工已发展到超过100人,其中大学以上学历的人员占80%;30岁以下的员工占85%。公司设立有客户中心、媒介中心、策划中心和创作中心,其他职能部门包括财务部、人力资源部、媒介信息部、网络部、市场信息部。

1997、1998、1999年公司连续三年被北京市工商行政管理局评为"重合同守信誉单位";1998年被海淀区人民政府命名为上缴利税贡献突出企业;1994、1997、1999年被中央电视台广告部评为全国十佳广告公司;1998、1999年被中央电视台广告部评为广告经营特别奖;1995、1996年被中央电视台广告部评为广告代理特别奖;1997、1999中央电视台先进集体。公司法人代表王丹洁,总经理黄艳荣。公司地址:北京市海淀工复兴路乙11号梅地亚写字楼六层。邮政编码:100038。电话:(010)68507145。网址:www.future-ad*com.cn。电子信箱:cctvfutu@public.bta.net.cn。

深圳中视国际电视公司

深圳中视国际电视公司成立于1993年,是中央电视台中国国际电视总公司在深圳特区设立的独资企业。具独立法人地位,冯宝良任法人代表及总经理,具体负责公司的一切经营管理。公司主要经营范围:广告策划、创意、设计制作,发布;中央电视台各频道广告的全面代理及其他各媒体的广告代理;广告片、专题片、资料片、影视节目的拍摄、制作;音像制品的制作、发行和版权代理。

公司主要设立了以下几个部门:行政办公室、财务部、广告部、业务部、客户部、媒介部、策划部、制作部及音像制品和品牌产品代理的综合经营部。公司人员(含招聘人员)共计25人。

深圳中视公司除全面代理中央电视台各频道的广告和音像制品在华南地区的总经销外,已从过去单一的媒体代理公司成长为集市场调研、广告策划、制作、发布、评估、监测及促销公关活动、媒体的整合、企业形象包装为一体的综合性广告公司。

地址:深圳市深南中路2号新闻大厦十六楼。邮政编码:518031。电话:(0755)2090088。传真:(0755)2091155。网址:www.szcctv.com。

威海影视城

威海影视城是中央电视台在全国兴建的四大影视基地之一,坐落于美丽的海滨城市威海市的西海岸,气候宜人,风光旖旎。

威海影视城始建于1995年12月,占地面积33万平方米,首期工程大风车景区于1997年5月31日建成开放。大风车景区占地100亩,以影视拍摄服务为主,兼具文化娱乐、观光旅游、休闲度假等功能。主要景点有正门城堡、乡村俱乐部、大风车、野外训练营、田园高尔夫、动感电影、海上旋转酒吧、嬉水池、七巧板驾校、海水浴场等十余处景点。目前,威海影视城下设景区管理部、财务部、人事部、工程部、营销部、保卫部、办公室和影视之家9个部门,下辖威海中视经贸总公司。主任王良生,副主任孟昭元、张曼君。威海影视之家开业于1992年5月,主营餐饮、住宿、娱乐、商务、会议服务。兼营国内影视广告制作,代理国内电视广告。经理张曼君。

通讯地址:山东威海市文化中路63号,中央电视台驻威海办事处。邮政编码:264200。电话:(0631)5819723。传真:(0631)5819442转3188。

中视电视购物有限公司

中视电视购物有限公司(CTV-B)成立于1998年5月20日,是由中国国际电视总公司发起,经中国国家工商行政管理总局批准注册的专业电视直销公司。刘一滨任总经理。

中视电视购物有限公司运营以来,已建立起比较完善的销售网络、广告传播网络、信息处理系统和配送结算网络,具备面向全国电视观众开展电视直销服务的能力。电话中心:主要负责受理来自全国电视观众的订购、咨询、投诉电话,并利用用户数据库,承揽产品的电话市场调查及电话销售业务。销售网络:建立了覆盖全国1290多个城市的配送销售服务网络,并实现送货上门服务;在农村和偏远地区采用汇款邮寄方式销售;并积极发展邮购目录销售网、电话声讯购物网等销售渠道。销售产品:在开发我国优秀产品的同时,还与国际知名的电视直销机构及产品供应商建立了良好的合作关系,致力于向广大消费者提供品质优良的电视直销产品。节目制作:充分发挥人才和技术优势,承揽制作了百余条电视直销导购片,在本行业内具有较好的影响。

中视电视购物有限公司正与国际电视直销机构在经营管理、网络技术、产品开发等多方面进行合作,为促进中国电视直销事业的发展而努力。

中视电视购物有限公司通过无店铺方式销售各类小轿车的尝试,受到国内外有关方面的关注,目前,公司汽车销售数量已跃居全国同行前列。同时，作为政府采购签约汽车供应商和上海大众汽车公司的特约经销商，中视购物公司竭诚为客户提供全方位优质的汽车消费服务。

公司经营范围：金属材料、建筑材料、装饰材料、化工材料、机电设备、仪器仪表、医疗器械、五金交电、纺织品、汽车及零配件、电子计算机、电子计算机软件及外部设备、工艺美术品、日用百货的电视销售；电视节目策划、咨询服务；新技术开发、研制、转让；汽车租赁、维修；仓储服务；小轿车、保健品及音像制品的销售。地址：北京五棵松北路117号影视之家9层。邮政编码：100039。电话：（010）68217778转6906、6908。传真：（010）68287374，68152483。电子信箱：ctvs@263.net。

中央卫星电视传播中心

中央卫星电视传播中心是1995年1月19日经中央编委的中编办字[1995]12号文件批准，并于1995年2月14日由广电部的广发人字[1995]68号文件批复同意成立的，为局级事业单位，独立核算，自负盈亏。负责采用加扰、数字压缩方式通过亚洲二号卫星KU波段，传输中央电视台的电影、体育、电视剧、戏曲·音乐·综艺等卫星电视频道节目；采用卫星与有线电视网结合的形式，向与中心签订合作传输中央加扰卫星电视协议的有线电视台、网提供高质量的加扰电视节目；负责全国卫星有线电视联网入网用户的发展和管理工作；依照国家计委的有关文件，负责加扰卫星电视频道节目收视费的收缴和管理工作；依照有关规定对加扰频道节目信号授权管理；负责为全国各有线收视台（网）提供专用接收解码设备与咨询、维护、培训等技术服务；负责加解扰器的招标、谈判引进、设备订购、安装调试和开通运行工作；负责组织国内解码器的定点生产和专营工作；参与卫星频道节目的协调及影视节目的交流工作；负责了解观众对加扰卫星电视频道节目的意见，处理观众的来信来访，并及时向节目制作部门反映观众的要求；依法维护中央电视台及中央卫星电视传播中心的知识产权等各项权益，负责对侵权、盗版等违法侵害行为追究法律责任；负责卫星电视频道节目成本核算及经费收支和经营管理等问题；负责协调中央电视台和电影局的节目制作、经费收入、运营管理等问题；负责利用卫星和有线网络的技术优势，积极开拓新业务。

中心主任赵化勇（中央电视台台长兼），中心副主任田盛华、杨步亭（电影集团董事长兼）。中心下设三部一室。办公室主任赵明科，副主任郭文慈，计划财务部副主任张万英，网络经营部副主任杨家林、孙忠瑞，工程技术部主任郭严，副主任刘世贵。中心另设两家公司：北京中卫天星电视发展有限公司（010－6348866－512）、中卫酒店公司（010－63448866－517）。中心地址：北京市海淀区北蜂窝路甲26号。邮政编码：100038。总机：（010）63448866。传真：（010）63274355。

电影卫星频道节目制作中心

1994年5月，经原广播电影电视部批准，电影卫星频道节目制作中心成立，作为中央电视台第六套节目，通过卫星压缩加扰向全国传送节目，1995年11月30日试播成功，1996年1月1日正式开播。

电影频道是全国范围内迄今为止惟一的专业电影频道。截止到2000年9月，全国可接收电影频道的人口已达6.65亿人，占全国电视人口比例的56.7%；固定收视人口4.27亿人，占可接收人口比例的64.4%。根据央视—索福瑞公司对中央电视台各频道在样本地区的一次收视率调查与统计，中央电视台8个频道中，电影频道2000年全天的平均收视率和占有率均名列第二位。

电影频道每天播出8部不同时代、风格迥异的中外影片和各类生动活泼、寓教于乐、知识性、趣味性强的动画片、美术片、科教片、纪录片、专题片等，播出时间达17个小时。为方便观众收视，根据影片题材、类型开设了“喜剧天地”、“动作90分”，“东方院线”、“欧陆影坛”、“情感剧场”、“影人1+1”、“周日点播”等类型化剧场。

电影频道成为最大的“家庭影院”，为中国电影提供了一个全面的、立体的宣传空间，大大强化了国产电影的宣传。

为更好地宣传电影、培养观众、传播电影文化，电影频道还开设了十余个栏目，广大观众得以纵览电影时事，酣历电影春秋。其中《流金岁月》专门介绍国产经典老影片，讲述了许多鲜为人知的故事。到目前为止，已经推出了200多部不同风格、不同年代的我国经典影片，采访了电影人700多人次，采访专家及观众200多人次。这个栏目已经成为非常有电影频道特色、具有珍贵的史料价值、深受观众欢迎的名牌栏目。另一个融电影剧场和评论访谈为一体的介绍国外优秀影片的栏目《佳片有约》，荟萃传世经典，历览恢弘巨制，细说大奖得主，品评票房骄子，成为周末提供给喜爱国外经典影片的观众的一道丰盛晚宴。《下周电影》和《银屏导视》栏目为观众提供了向导性的收视指南。还有《中国电影报道》、《边说边看》、《电影大百科》、《电影市场写真》、《音乐之声》、《今日影视》、《影事聚焦》、《电影人物》等栏目，为提高观众的电影文化水平起到了积极的作用。

电影频道开播以来，向全国观众介绍了4000多部国内外故事片，同时播出了大量中外科普类影片、纪录片和美术片。五年来，电影频道向国内各制片厂支付影片播映权费3亿多元。在影片的购销过程中，电影频道与各制片厂和影视制作单位建立了良好的战略伙伴的合作关系。

电影频道还集中财力大力支持国产优秀影片的拍摄，几年来，已向40多部影片投入拍摄资金近亿元。如电影频道投资拍摄的《横空出世》、《春天的狂想》、《相伴永远》、《快乐老家》、《共和国之旗》、《我的1919》、《冲天飞豹》、《宇宙与人》等，都是国产影片中的上乘之作。电影频道投资的影片还多次问鼎中国电影"华表奖"、"金鸡奖"和"百花奖"。

本着多国别、多语种，让广大观众足不出户就能看到世界各国优秀影片之目的，电影频道每年引进400多部海外影片，满足广大观众的收视需求。迄今为止，已与30多个国家的60多家电影制作和发行公司建立了长期稳定的联系，业务伙伴遍及五大洲。1999年，电影频道译制的美国影片《女服装设计师》荣获第十九届中国电视剧"飞天奖"译制片奖。1999年寒假，电影频道成功地举办了"加拿大儿童故事片展映"活动，其中所播影片《小骗子汤米回归记》荣获中国电视艺术委员会评选出的第五届全国电视节目"金童奖"。1999年春节电影频道播出大型专题片《九八世界电影回顾》，这个长达三小时、纵跨五大洲的特别节目，把1998年世界影坛的精品如数家珍地"回放"，第一次以中国电影工作者的视点系列报道了世界电影最新动态。自此，每年一部《世界电影回顾》成为电影频道的保留节目。

自1999年起，电影频道开始投资拍摄电视电影。电视电影是专为电视播放而拍摄的电影，它融合了电视和电影两种媒介的特点，在影视合流不断深化的过程中应运而生。成批量地制作电视电影是电影界走影视合流道路的重要发展战略，是电影事业新的艺术增长点和经济增长点。电影频道至今已拍摄近200部电视电影，其中《阿桃》在第八届上海国际电视节上荣获"白玉兰"评委会特别奖。

电影频道配备有完善的技术设备。先进的胶转磁设备和达芬奇调光系统，用于拍摄的高质量演播室用摄像机和外拍用便携式摄像机；用于后期技术制作的线性系统和非线性系统。专用演播室和录音棚，采用模拟、数字并存机制……强大的技术支持，在硬件建设上保证了电影频道的事业发展。

电影频道形成以套播为主体的广告特色，先后创设了综合套播，银屏导视、黄金套播和晚间套播等广告播出形式。电影频道精心选题、制作、播出了一批题材广泛、立意新颖的公益广告，在社会上产生了良好的反响。自开播以来，电影频道累计播出公益广告约200余条、6000余次，宣传内容涉及爱国主义教育、民族团结、环保、尊师重教、尊老爱幼、下岗再就业、禁绝毒品、预防艾滋病、社会公德等各个方面，其中《上山砍树篇》在第六届中国广告节公益广告评比中获得最高奖——银奖。在第四届"昆仑杯"公益广告评比中，《上山砍树篇》和《理解、支持、关爱》在金奖空缺的情况下，包揽了两项银奖，《别让噪音摧毁音乐》还夺得一项铜奖及最佳音效奖。同时，电影频道广告部还在北京市工商局评选2000年"树立新风尚，迈向新世纪"主题公益广告活动中荣获集体一等奖。

电影卫星频道节目制作中心主任阎晓明，副主任姜涛、周萍、刘长根，党总支部书记周萍。中心下设2室6部1处。办公室主任张振山、副主任王泉，总编室主任刘长根，影片购销部副主任吴亚康，节目部主任张海防，电视电影部负责人毋铁军，国际部主任贾琪，技术处处长王绍清，广告部主任石丽萍，财务部主任姜涛、副主任金梅。中心通讯地址：北京市北三环中路77号；邮政编码：100088；联系电话：(010)62003039，(010)62071136；传真电话：(010)62047963。

规章制度选载

关于下发《中央电视台分党组关于司局级以上领导干部配偶、子女个人经商办企业的具体规定》的通知

分党组发文[2000]3号

台属各单位：

按照中纪委监察部及广电总局党组的统一部署，根据我台的实际情况，台分党组特制定《关于司局级以上领导干部配偶、子女个人经商办企业的具体规定》，现将《规定》下发给你们，请各单位严格遵照执行。如有违反规定的，要立即纠正并将结果及时报台纪检组监察室、机关纪委。

中央电视台分党组

2000年11月24日

中央电视台分党组关于司局级以上领导干部配偶、子女个人经商办企业的具体规定

为了贯彻落实中央纪委第四次全会提出的关于“省(部)、地(厅)级领导干部的配偶、子女，不准在该领导干部管辖的业务范围内个人从事可能与公共利益发生冲突的经商办企业活动”的规定，依据中央纪委《关于“不准在该领导干部管辖的业务范围内个人从事可能与公共利益发生冲突的经商办企业活动”的解释》(中纪发[2000]4号)，结合本单位的实际，对司局级领导干部的配偶、子女个人经商办企业活动，作出如下规定：

一、不准从事本台建设工作项目(含技术工程)的勘察设计、咨询、施工、监理。

二、不准从事本台设备、固定资产及消耗品的购置。

三、不准从事本台电视节目的购销、合作和节目制作过程中的所有经济活动。

四、不准从事属于本台版权的报刊和节目衍生品的制作、销售。

五、不准从事本台组织的研讨会、参展(评)活动以及其他公务活动所需的宣传品、奖品、纪念品等的购置。

六、不准从事本台各类技术服务、物业管理和广告代理业务。

七、不准与本台所属单位直接发生商品、劳务、经济担保等经济关系。

八、违反本规定的，要限期纠正，或者配偶、子女停止可能与公共利益发生冲突的经商办企业活动，或者领导干部本人辞去现任职务。拒不纠正的，以及本规定发布以后领导干部的配偶、子女从事可能与公共利益发生冲突的经商办企业活动的，对领导干部本人给予组织处理，并酌情追究党纪、政纪责任。

九、本规定由纪检组监察室、机关纪委负责解释。

十、本规定自发布之日起执行。

中央电视台分党组

2000年11月24日

关于进一步加强播音员、主持人管理的通知

台发人字[2000]094号

各中心(室)、部(处)、台属各单位：

播音员、主持人的良好素质和形象，是一个栏目水准的外在体现，更是向全国乃至全世界显示中央电视台总体水平的一个窗口。近几年来，中央电视台先后下发了有关播音员、主持人借出工作、出镜审查、

资格认定、持证上岗等加强播音员、主持人队伍管理的文件，开展了电视节目主持人职业素质评价指标体系的研究，并就播音员、主持人服装化妆费等问题作了规定。但是，我台在播音员、主持人的管理上也存在着很多问题。为进一步加强管理，根据广电总局广发人字［2000］157号文件精神，结合我台实际情况，经台分党组5月12日研究，作出以下决定：

一、调整台播音员、主持人上岗考核领导小组成员，另行发文。

二、成立台播音员、主持人业务指导委员会，另行发文。

三、对全台各栏目从事播音、主持工作的人员（包括气象预报、中国人口、农业教育与科技、科技之光、星火科技、军事天地［总政隶属人员］以及电影频道等外单位相关人员）进行全面调查，下发《播音、主持岗位人员登记表》，对全台所有出镜播音、主持、配音的人员进行登记，重点掌握全台重要栏目播音、主持岗位的情况（6月1日～6月30日）。

同时，在对各栏目播音员、主持人服装赞助或提供其他待遇等情况进行调查了解后，与台有关播音员、主持人待遇一并归口管理（7月1日～7月31日）。

四、组织台播音员、主持人业务指导委员会及有关专家对调查的情况进行分析研究，提出解决办法。对未经出镜审定的人员进行出镜初审；对已通过出镜审定的人员进行业务审查，并提出书面意见，报台播音员、主持人上岗考核领导小组审定核批（8月1日～8月31日）。

五、组织没有参加普通话水平测试的播音、主持在岗人员进行普通话培训或测试。重点抓好重要栏目播音员、主持人的培训、测试工作，在2000年底以前实现全台（包括气象预报、中国人口、农业教育与科技、科技之光、星火科技、军事天地［总政隶属人员］以及电影频道等外单位相关人员）所有普通话栏目的播音、主持人员全部参加测试（7月～10月）。

六、播音员、主持人业务指导委员会在下半年定期或不定期组织播音、主持人员业务交流。

七、出台《主持人栏目签约制试行办法》，进行主持人栏目签约制试点。新开栏目或栏目须更换主持人时，采取台内公开招聘、竞争上岗形式选拔主持人；同时，鼓励并促进台内现有播音员、主持人的合理竞争和流动（9月1日～12月31日）。

八、拟于11月初至12月初，组织进行外语类播音员、主持人业务测试，试行外语类播音员、主持人持证上岗。

九、进一步修订完善播音、主持岗位人员的一系列管理制度。

中央电视台
2000年5月31日

关于下发《中央电视台公司经理任期经济责任审计暂行规定》的通知

台发审字［2000］143号

中国国际电视总公司：

经台分党组研究，《中央电视台公司经理任期经济责任审计暂行规定》于2000年12月13日正式执行，现发至你单位。公司经理任期经济责任审计，对于加强干部管理，促进廉政建设，促使干部在任职期间，自觉遵守财经纪律，提高经济效益，有重要意义。标志着中央电视台此项审计工作开始走向规范化、制度化。希你单位认真遵照执行，并尽快转发给下属有关公司。

中央电视台
2000年12月13日

中央电视台公司经理任期经济责任审计暂行规定

第一条 为了加强对台属公司经理的管理和监督，正确评价公司经理任期内的经济责任，促进勤政廉政，全面履行职责，保障国有资产保值、增值，维护财经纪律，根据《中华人民共和国审计法》和其他有关法律、法规以及干部管理、监督的有关规定，结合中央电视台实际情况制定本规定。

第二条 本规定所称公司经理是指：

一、中央电视台国际电视总公司总经理；

二、总公司所属二级公司经理；

三、认为有必要进行任期经济责任审计的三级及三级以下公司的经理。

第三条 总公司所属的三级以下公司（含三级）的经理经济责任审计，一般由总公司负责审计。

第四条 公司经理因任职期满或任期内调动、升迁、辞（免）职、退休等原因，应当对其进行任期经济责任审计。任期经济责任审计事项由台人事部门委托审计部门组织实施。

第五条 公司任期经济责任审计，应实行先审计后离任的原则。未经审计，不得解除任期内的经济责任。特殊情况可根据主管领导的书面批示和干部管理部门的要求进行审计。

第六条 本规定所称任期经济责任是指：公司经理在任职期间对本单位资产、负债、损益情况的真实性、合法性和效益性以及与本单位有关的经济活动应当负有的责任，包括主要领导责任和直接责任。

第七条 审计部门在实施公司经理任期经济责任审计时，被审计公司经理及所在单位不得拒绝、阻碍，其他单位和个人不得干涉。

第八条 对公司经理任期经济责任审计的主要内容是：

任职期间本单位资产、负债、损益的真实性；国有资产的安全、完整和保值、增值情况；主要财务指标的完成情况，盈亏的真实性；公司收益的分配情况；内部控制制度的建立和执行以及对国家有关财经法规、上级单位制定的财务制度的执行情况。

第九条 被审计的公司经理和单位的有关部门，在接到任期经济责任审计通知后，应准备如下有关资料：

一、公司经理任职期间的述职报告，内容包括：

（一）简述本单位概况；

（二）详述任期内完成的任期目标，在经营方针、决策、技术改造、市场开发、职工培训和职工福利等方面所做的工作；

（三）在加强经营管理、建立健全内控制度、加强财务管理及财务监督等方面采取的措施；

（四）任职期间执行财经法规方面的情况；

（五）履行职责方面的经验及教训。

二、任期内各年度会计账簿、凭证、财务报表等资料；

三、任期终结时，单位财产、物资盘点表和债权债务清理表；

四、任职前和任职后发生重大遗留问题的有关资料；

五、任期内各项投资和经济活动的合同和协议；

六、任期内主要经营计划和经济指标完成情况；

七、重要的管理制度和内控制度；

八、历年审计、财税检查的结论及执行情况。

第十条 审计部门在实施审计前3日，应向被审计公司经理所在单位送达审计通知书，并同时抄送被审计公司经理本人。

第十一条 审计部门应根据国家法律、法规政策和有关规定，依法进行审计。审计中应当客观公正、实事求是、廉洁奉公、保守秘密，并执行审计回避制度。

第十二条 实施公司经理任期经济责任审计后，对被审计的公司经理任期的经济责任作出客观评价，形成审计报告向台领导汇报。在审计报告报送台领导之前，应当征求被审计公司经理所在单位和本人意见。审计小组应对其提出的审计报告承担有关责任。经台领导审定的审计报告要送达被审计单位和被审计人，同时抄送台人事部门和被审计单位的主管部门。

第十三条 被审计公司经理，如对审计报告有不同意见，应在收到审计报告5日内，以书面形式提出，由审计小组连同审计报告一并报告台领导，台领导根据情况作出决定。如在规定期限内没有提出书面意见，则视为无意见，上报台领导。

第十四条 台领导审定审计报告后，对被审计的公司经理违反财经法规的问题及违反领导干部廉政规定和其他违法违纪的问题，认为需要依法给予处理、处罚的，应在法定职权范围内作出审计决定，或向上级主管部门提出处理建议。

第十五条 台人事部门将经台领导审定的对公司经理任期经济责任审计结果的报告，作为对该公司经理调动、免（辞）职、解聘、退休等人事变动的参考依据，应给予党纪政纪处分的，由台纪检监察部门处理，应依法追究刑事责任的，移送司法机关处理。

第十六条 本规定从2000年12月15日开始执行。

第十七条 本规定由台审计处负责解释。

中央电视台
2000年12月13日

关于试行英语频道总监制有关问题的通知

台发人字[2000]153号

各中心（室）、部、（处）、台属各单位：

经研究决定：

一、撤销海外节目中心外语专题部、外语新闻部两个部门，同时组建英语频道编辑部，英语频道试行频道总监负责制。

二、频道设总监、副总监与栏目制片人两个层次，但考虑到干部队伍的稳定和改革的阶段性，拟增设助理总监一职作为过渡（待频道总监制取得成功后，再撤销助理总监这一层次）。具体安排如下：

频道总监1人：盛亦来（兼）

频道副总监2人：江和平（免去海外节目中心外语新闻部主任职务，保留正处级待遇）、野露露（免去海外节目中心外语专题部主任职务，保留正处级待遇）

助理总监2人：王晰（免去海外节目中心外语专题部副主任职务，保留副处级待遇）、汪飞舟（免去海外节目中心外语新闻部副主任职务，保留副处级待遇）

技术总监1人：李树声（兼）

英语频道可根据工作需要，设节目审定人若干，其主要任务是把握各类节目的宣传报道口径和方向，协助副总监和助理总监协调各类节目的编辑、翻译、制作、播出任务，审看有关节目，其人选由海外节目中心决定。

三、全面试行制片人制。免去现有科（组）长职务，取消其科级待遇，新聘任的制片人无行政级别，试行竞争上岗。

特此通知。

中央电视台
2000年9月4日

中央电视台播音员、主持人出镜管理办法

台发人字[2000]200号

各中心（室）、部（处）、台属各单位：

播音员、主持人的良好形象和素质，是反映中央电视台整体形象的一面镜子，近年来随着中央电视台机构升格和对播音员、主持人管理的日臻完善，以前所发有关播音员、主持人管理的文件已不适应当前需要。为了更好地维护中央电视台以及播音员、主持人的声誉和形象，贯彻广电总局和台分党组关于进一步加强播音员、主持人管理的有关精神，激励中央电视台播音员、主持人努力工作，特制定本办法。

一、出镜审批程序

（一）拟从事播音、主持岗位工作、需出镜的人员，由部门、中心提出申请，填写《播音员、主持人出镜审批表》，并将拟出镜人员的有关书面材料和录像资料报台人事办公室；拟从事普通话专职播音、主持工作的人员，须附普通话水平测试等级证书。

（二）台人事办公室对拟出镜人员进行政审，考查合格后，组织汇总有关人员的材料，定期约请台播音员、主持人业务指导委员会有关专家进行集体讨论，从业务角度对拟出镜人员予以初审，决定该同志是否可以出镜试用。

（三）同意试用的人员，须进行岗前学习、培训，经考试合格方可试用，试用期一般为一至三个月。

（四）试用期满后，台人事办公室根据部门、中心上报的考核情况及台播音员、主持人业务指导委员会的复审意见，报台播音员、主持人上岗考核领导小组审定批准，发给《中央电视台播音、主持人员出镜证》。

二、中央电视台拟从事播音、主持工作的编辑、记者和拟从台外聘用、借用的播音员、主持人，以及邀请的长期（三个月以上）客座（嘉宾）主持人亦应按本规定考核、审批。

三、拟在中央电视台实习的播音系应届大学生因节目、栏目工作需要出镜的，必须经台人事办公室统一组织，约请台播音员、主持人上岗考核领导小组成员及台播音员、主持人业务指导委员会的专家联合筛选后方可出镜，并只能出“实习生”字幕。

四、从事普通话播音、主持工作的人员，须先参加普通话水平测试，成绩达到一级甲等方可出镜。

五、各中心、部门应严格限制编辑、记者代替播音员、主持人出镜；确因节目、栏目工作需要临时出镜的记者，应打“×××记者”字幕。

六、连续三个月以上（含三个月）未出镜需再次出镜的，须重新依程序进行出镜审批（公派进修学习播音、主持专业者除外）。

七、凡未经台播音员、主持人上岗考核领导小组讨论同意出镜的人员，各中心、部门不得自行安排其出镜，不得从事固定栏目和大型节目的播音、主持工作。一经发现，除禁止该出镜人员出镜外，对所在中心、部门有关负责人严肃处理，对所在中心、部门予以全台通报批评。

八、中央电视台播音员、主持人接受合作单位邀请，必须经批准后方可出镜，依据台播音员、主持人借出工作的有关规定执行。

九、合作单位（如国家气象局、农影厂、国家计生委、国家科技部、电影频道、解放军电视宣传中心、星火科技等）播音员、主持人在中央电视台栏目或节目出镜的，亦应按照本办法执行。

十、以前所发文件规定与本办法相抵触的，以本办法为准。

十一、本办法由台人事办公室负责解释。

十二、本办法自发布之日起施行。

中央电视台
2000年11月27日

关于学历教育的暂行规定

台发人字[2000]201号

为加强中央电视台职工参加学历教育的管理,真正提高电视从业人员的文化素质和知识水平,努力培养电视复合型人才,促进电视事业的建设和发展,根据国家教育部、广播电影电视总局的有关文件,制定本规定。

一、学历教育是指为取得学历而参加的国家教育部认可的国民教育学习。

二、参加学历教育,要坚持工作需要,学以致用的原则。

三、申请参加学历教育须具备以下基本条件:

1. 中央电视台正式职工,入台工作已满三年以上。

2. 申请报考的专业应与本人所从事的工作专业对口或相近。

四、参加学历教育,以在职业余学习为主。

台教育主管部门根据培养人才的计划,可有针对性地选派业务骨干参加脱产学习。

五、申报、审批程序:

1. 由本人提出书面申请,经所在部门领导批准后,持书面申请并附报考院校的招生简章到培训职称处领取、填写《学历教育审批表》。经培训职称处审核并经人事办公室领导批准后,方可办理报名手续。

2. 各中心(室)须在院校报名时限前十天将报告材料报培训职称处,逾期不予受理。

3. 职工在申报时,不得选报两所以上学校和专业。

六、学业完成后,可持毕业证书、学习档案、学费发票等,到培训职称处办理更新学历、学费报销签批等事宜。

七、学习费用报销的原则、标准:

1. 参加学历教育坚持以自费为主、报销部分学费的原则。

2. 学费由本人先行垫付。学业结束后,按学费报销的标准办理报销手续。

3. 新入台的职工,入台前已经参加学习的,可以继续学习,但学习费用不予报销。

4. 十年内,在中央电视台先后参加过两次以上学历教育的,只报销前一次学费。

5. 具体学历教育学习费用报销的标准:

(1)参加大专学历学习的,取得毕业证书后,可报销学费的百分之六十,个人承担其余部分。

(2)参加大学本科以上学历(包括硕士研究生、博士研究生)学习的,仅取得毕业证书的或仅取得学位证书的,可报销学费的百分之四十,同时取得毕业证书和学位证书的,可报销学费的百分之六十,个人承担其余部分。

八、经批准参加学习、取得学历(学位)后,应在本专业岗位继续工作五年以上(组织调动除外)。由于个人原因要求调离中央电视台的,需退还中央电视台已报销的学习费用。

九、本规定适用于国民教育范围内的学历教育。

十、本规定自颁布之日起执行。凡以前的有关规定与本规定不一致的,以本规定为准。

中央电视台
2000年11月27日

关于公派出国留学的暂行规定

台发人字[2000]202号

为了加强对公派出国留学工作的管理,根据国务院《关于出国留学人员工作的若干暂行规定》等文件的规定,结合中央电视台实际情况,制定本规定。

第一条 公派留学的原则

为促进电视事业的建设和发展,培养更多的优秀人才,公派留学应本着:自愿申报、择优推荐、按需派出、学用一致的原则,以确保公派留学管理的公开化、规范化。

第二条 申请人基本条件

(一)中央电视台正式职工,来台工作满四年以上者。

(二)热爱社会主义祖国,热爱电视事业;拥护党的方针、路线、政策,遵纪守法,品德优良;在实际工作中表现突出,历年考核中均为称职以上;具有学成后回国为电视事业贡献力量的事业心和责任感。

(三)具有较高的业务能力和学术水平,在工作中作出一定的贡献，且具有发展潜力和培养前途。

（四）外语合格。达到全国外语水平考试（PETS5级或WSK）的出国标准；或同一语种外语专业本科毕业；或曾在同一语言国家留学一年以上，具备以上条件之一者均可。

（五）身体健康。

第三条 课题选择范围

申请人所选择的留学课题须是电视事业发展所急需解决的且具有前瞻性的课题。留学回国后，应能够在所在岗位上体现出留学成果。

第四条 申请基本程序

（一）申请人应向所在中心提出书面申请，经中心领导同意后，可持书面申请到培训职称处领取并填写《公派出国留学人员审批表》，再报人事办公室培训职称处；

（二）培训职称处受理后，应对申请人条件进行初审，经人事办公室领导核批后上报；

（三）台领导批准后报广播电影电视总局审批；

（四）广播电影电视总局批准后，申请人在办理出国留学手续之前，须签订《出国留学协议书》及《经济担保书》。《出国留学协议书》及《经济担保书》由人事办公室代台签订。

第五条 出国留学类型

（一）国家留学基金资助方式

国家留学基金资助方式是国家教育主管部门公派留学的主要方式。

1. 国家留学基金资助方式的基本方针和管理原则是：个人申请，专家评议，择优录取，签约派出，违约赔偿。

2. 国家留学基金资助方式每年定期进行一次。

3. 国家留学基金资助方式按照国家留学基金委员会当年颁布的选拔简章具体实施。

（二）单位公派留学方式

单位公派留学方式是不定期的留学方式。包括单位统一派出和单位按需派出两种形式。

1. 单位统一派出

单位统一派出是指：国外教育机构直接与中央电视台联系、限定名额、统一办理的出国留学方式。

(1)根据国外有关教育机构所提供的名额，培训职称处提出指标分配方案，经主管领导批准后将指标分配到专业对口、符合条件的部门。

(2)相关部门进行选拔、考核，按申请基本程序逐级办理报批手续。

(3)出国留学时间一般在一年以内。

2. 单位按需派出

单位按需派出是指：我单位根据工作实际需要，与国外有关机构联系得到其邀请后派出的出国留学方式。

单位按需派出须具备以下条件：

(1)所学专业必须与本人业务工作相关，学后能够为本岗位业务水平的提高、对事业的发展起到推动作用。

(2)申请前须首先取得对方国家相关部门的邀请函及资金保证证明。

(3)按照申请基本程序办理报批手续。

(4)留学时间限制在一年以内。

（三）“成组配套”出国留学方式

“成组配套”是指按照一定的组织形式，为完成某项任务或达到某一特定的目的，通过统一组织、统一计划、统筹安排把一组留学人员有机地结合起来，根据不同的要求，按照统一的部署派到国外学习的一种作法。这是国家留学基金委为资助国家尖端科技、重点攻关项目、培养高新技术和高科技人才而设立的一种留学方式。

1. 项目申请组应对申请课题的国际国内动态有清楚而详细的了解。申请项目应具有攻关性，只需在国外短期学习、研究，即可取得突破性进展，回国后可较快见成效。

2. 项目申请组对要达到的目标非常明确，方案切实可行，能够达到预期目的。

3. 需要取得国外接受单位的邀请函。国外接受单位应是在申请课题研究领域内具有国际领先水平或较高水平的研究所或知名大学，并与申请单位有一定的合作基础。

4. 留学时间一般为三个月，原则上不超过六个月。

第六条 管理工作

（一）培训职称处负责受理公派出国留学的咨询、承办、组织、服务、管理等项工作。

（二）因出国时限均在一年以内，按国家公派留学的有关规定，此间不安排留学人员回国探亲、休假等；亦不批准其配偶、子女陪读、探亲等。

（三）留学回国人员归国后，应自入境之日起3日内到培训职称处报到，同时须在7天内上交留学书面总结一份。以便由培训职称处通知劳资部门办理相关手续；留学情况将记录于职工培训档案。

第七条 有关公派出国留学期间的工资、奖金等福利待遇问题，按照《人事管理规章制度》的有关规定执行。

第八条 留学人员回国后的管理

(一)本着从哪来回哪去的原则,留学人员回国后原则上仍在原单位安排工作。

(二)回国后须服务五年,方可提出再次出国留学的申请。

第九条 本规定自颁布之日起实行。

中央电视台
2000年月11月27日

关于职工岗位培训的暂行规定

台发人字(2000)203号

面对电视事业的发展和中央电视台承担的任务,21世纪职工队伍建设已成为一项重要而紧迫的任务。为了全面提高中央电视台职工的素质,根据广电总局《关于"九五"期间进一步加强培训工作,全面提高广播影视队伍素质的意见》及中央电视台有关规定,制定本规定。

一、培训目的

通过岗位培训,使编辑、记者、播音员、节目主持人、导演等强化喉舌意识、精品意识,把握正确导向,扩展知识面,不断提高节目质量;使工程技术人员更新知识,掌握新的传播手段,及时了解新知识、新技术,提高节目制作质量和水平;使各级行政管理干部明确责任,提高政策理论水平、岗位专业知识、实际工作能力和管理水平;使经营管理人员了解和掌握现代化经营管理知识,了解熟悉相关经济法律法规,提高经营管理水平。通过培训工作的开展,建立和健全中央电视台与世界大台相适应的规范的职工岗位培训教育机制,培训出一支高素质、适应时代发展的职工队伍。

二、培训原则及方式

1. 理论联系实际,学以致用,紧密结合中央电视台宣传任务和各岗位的业务特点,通过培训提高职工专业理论水平以及解决问题的实际能力。

2. 培训实行统一规划、分级负责的三级培训管理体制。人事办培训职称处负责组织全台共性的培训,各中心(室)、部、处,在培训职称处的指导下,负责组织具有专业特点的培训。各中心(室)、部、处设兼职人员负责培训工作,并保证各自培训计划的实施。

3. 培训以脱产培训(轮训)的方式进行,辅之以讲座、进修等。在基础性、通用性业务知识培训的基础上,结合专业特点和新技术、新知识,本着缺什么补什么的原则进行培训。

4. 在一些专业技术复杂的重要岗位试行持证上岗制度。

5. 因工作需要,职工参加专业进修,以在职业余学习为主。需脱产学习的,须正式入台满三年。专业进修须经台教育主管部门批准。专业进修课时可计入职工岗位培训学时。

三、培训课时

(一)专业技术职务人员培训课时:

1. 高级专业技术职务人员:一年不少于48小时(6天)。

2. 中级、初级专业技术职务人员:一年不少于40小时(5天)。

(二)一般行政管理人员培训课时:一般行政管理人员一年不少于40小时(5天)。

(三)具有行政职务人员培训课时:科组长以上管理人员一年另增加24小时(3天)对其进行管理知识等方面的培训。

四、培训内容

现阶段培训的内容是:

编辑、记者等岗位:电视基本原理、基本理论;电视制作技术、流程、技术要求;写作技巧;采访技巧;电子编辑技术;相关应知应会知识等。

电视技术等岗位:电视基本原理、基本理论;电视数字技术;音、视频,灯光,传输等基础知识;编辑机等设备的操作与维护;相关应知应会知识等。

五、培训经费

1. 由台教育主管部门统一组织的培训,其费用统一从台教育经费中列支;

2. 由各中心(室)、部、处组织的职工岗位培训,纳入中央电视台当年培训计划的,其费用统一从台教育经费中列支;

3. 因工作需要,由台里派出参加专业进修,成绩合格者,予以报销进修所需费用(如在外埠进修,可报销进修费及差旅费,如在本市进修,只报销进修费);

4. 按行业有关规定需参加本专业继续教育培训的,须提前在教育主管部门备案。成绩合格者,予以报销培训费用。

六、培训管理

1. 建立全台职工继续教育数据库,记载职工学历、培训的时间、课时、内容和考核情况,为职工考核工作提供准确的数据;

2. 建立职工继续教育登记卡。登记卡一式两份,培训职称处和职工个人各一份。参加培训后随即进行登记，作为职工考核的依据之一；

3. 设立“中央电视台岗位资格证书”、“中央电视台岗位培训证书”。对技术复杂的重要岗位培训合格的职工，颁发“岗位资格证书”；对专业知识培训合格的职工，颁发“岗位培训证书”。

七、培训与考核

为了保证培训效果，落实培训计划，规范化、制度化地开展职工岗位培训工作，岗位培训需与职工考核相结合。在规定的期限内，每个职工都必须参加培训，并完成规定的课时和内容。

1. 培训与职工年终考核相结合。凡按规定应参加培训而未参加者，或培训考试不合格者，年终考核不得评为“称职”以上档次；

2. 培训与职工续聘考核相结合。凡按规定应参加培训而未参加者，或培训考试不合格者，将不予续聘。

3. 培训与职工申报专业技术职务、续聘专业技术职务相结合。凡规定应参加培训而未参加者，或培训考试不合格者，将不准予申报专业技术职务和续聘。

4. 培训与职工提拔任用相结合。凡规定应参加培训而未参加者，或培训考试不合格者，将影响提拔任用。

5. 培训与职工评选先进等相结合。凡规定应参加培训而未参加者，或培训考试不合格者，将不予评选。

八、本规定自下发之日起执行。

中央电视台
2000 年 11 月 27 日

中央电视台播音员、主持人资格认定及待遇审批办法

台发人字(2000)204 号

各中心(室)、部(处)、台属各单位：

播音员、主持人的良好形象和素质，是反映中央电视台整体形象的一面镜子，近年来随着中央电视台机构升格和对播音员、主持人管理的日臻完善，以前所发有关播音员、主持人管理的文件已不适应当前需要。为了更好地维护中央电视台以及播音员、主持人的声誉和形象，贯彻广电总局和台分党组关于进一步加强播音员、主持人管理的有关精神，激励中央电视台播音员、主持人努力工作，特制定本办法。

一、播音员、主持人资格认定的条件

(一)凡进入播音系列已取得二级播音员以上专业职务，经台播音员、主持人上岗考核领导小组批准，取得出镜资格，在播音、主持岗位从事工作的台正式职工(普通话播音、主持人员应达到普通话水平测试一级甲等)，可认定为中央电视台播音员、主持人。

(二)虽然未进入播音系列，但经台播音员、主持人上岗考核领导小组批准取得出镜资格，在播音、主持岗位从事工作的台正式职工(普通话播音、主持人员应达到普通话水平测试一级甲等)，可认定为中央电视台播音员、主持人。

(三)连续三个月以上(含三个月)未在播音、主持岗位从事工作，而从事编辑、记者等其他工作的人员，取消播音员、主持人资格。已取消播音员、主持人资格的，如若上岗继续从事播音、主持工作，须经再行认定(公派进修学习播音、主持专业者除外)。

(四)出镜采访记者不视为播音员、主持人。

二、播音员、主持人资格认定程序

(一)现已在岗播音员、主持人(普通话播音、主持人员应达到普通话水平测试一级甲等)，由部门、中心申报，经台人事办公室考核，予以汇总，填写《播音员、主持人资格认定登记表》，提出初审意见，报台播音员、主持人上岗考核领导小组审批认定。

(二)已取得出镜资格(普通话播音、主持人员应达到普通话水平测试一级甲等)，上岗从事播音、主持工作 3—6 个月的人员，由部门、中心申报，经台人事办公室考察合格，填写《播音员、主持人资格认定登记表》，报台播音员、主持人上岗考核领导小组审批认定。

(三)经台播音员、主持人上岗考核领导小组认定的播音员、主持人，要按中心、部门的安排出镜工作；每年度全员考核时，将其列为重要环节加以考核，连续两年不合格者，取消其播音、主持资格，另行安排工作。

三、播音员、主持人享受的待遇

(一)经台播音员、主持人上岗考核领导小组认定，取得中央电视台播音员、主持人资格的人员，由台人事办公室核定确认，每人每年补助服装、化妆费一万元，凭发票到财经办报销。

(二)每年六至七月可报销前半年费用，十一月至次年一月可报销全年或后半年费用。在年中不得报销全年费用。

(三)由本人填写《播音员主持人服装、化妆费用审批表》，所在部门签批考核意见(优秀/称职/不称职/未在岗等)，所在中心认可，报人事办公室审核批准后，凭人事办干部管理处下达的费用报销单和有关发票报

销。

(四)有关报销事宜应由各中心或部门秘书统一办理,不得由他人代办。

(五)长期(三个月以上)外借工作或脱离播音、主持岗位的人员,所在部门、中心应及时向人事办公室申报备案,由人事办通知财经办,暂停其有关待遇;隐瞒不报的,除追回有关人员报销的费用外,对所在中心、部门予以全台通报批评。

四、本办法由台人事办公室负责解释。

五、本办法自发布之日起施行。

中央电视台

2000 年 10 月 10 日

关于下发《中央电视台办公业务评比分项指标》的通知

电视办字[2000]010 号

台属各单位:

为促进全台秘书业务工作进一步规范化、制度化、科学化,确保每年一度的办公业务评比工作顺利进行,经征求各单位综合部意见,修订了《中央电视台办公业务评比分项指标》,现印发给你们。望各单位认真做好办公室工作,加强管理,规范服务,提高工作效率,为完成宣传中心任务和其他各项工作提供重要保证。

附:中央电视台办公室评比分项指标

中央电视台办公室

2000 年 9 月 26 日

中央电视台办公业务评比分项指标

办公业务评比项目包括:公文管理、信息工作、档案整理、保密工作、办公自动化、协调服务工作。

评比总分 150 分,其中:公文管理 30 分、信息工作 30 分、档案整理 20 分、保密工作 20 分、办公自动化 20 分、协调服务工作 30 分。

评比项目具体要求:

1. 公文管理(满分 30 分)

检查项目	评比标准
1. 部门领导重视公文管理工作,自觉遵守相关规章制度,主动解决公文管理中存在的问题。(3 分)	1. 领导有要求,能自觉遵守规定,并解决实际问题。 2. 专人管理。
2. 正确使用各类公文用纸。(2 分)	正确使用率 95% 以上。
3. 熟练掌握常用公文拟写办法(包括:请示、报告、信函、代台拟文、代总局拟文等)。(6 分)	1. 文体正确。 2. 格式标准。 3. 层次清晰。 4. 文字规范。
4. 抄印整洁。(2 分)	1. 打印上报。 2. 誊抄工整。 3. 用纸规范(A4 纸幅)
5. 运转到位。(6 分)	1. 领导签字,秘书报送。 2. 日常公文送交台办室秘书处。 3. 做到文件收发登记。
6. 迅速、及时、准确办理公文。(5 分)	1. 及时处理,来文不压。 2. 严守公文秘密,不泄密、不失密。
7. 反馈公文处理情况。(3 分)	1. 能按规定及时反馈。 2. 反馈说明简明扼要、准确。
8. 公文管理。(3 分)	1. 按要求将公文原件交同台办室秘书处。 2. 保证公文不损不丢。

2. 信息工作(满分 30 分)

检查项目	评比标准
1. 信息质量。(10 分)	1. 有助于本部门领导决策。 2. 真实反映本部门阶段中心工作,能够归纳工作经验。 3. 能够提供专题性简报(中心每季度不少于一篇;直属部处每年不少于一篇)。 4. 收集整理本部门大事。 5. 整理有全台指导借鉴意义的事件。
2. 报送及时、准确。(8 分)	1. 当天事件当天报送。信息滞后三天时,不再刊发。 2. 事实准确。如发现一次虚报信息或一次漏报重大、突发事件信息,均取消当年办公业务评比资格。
3. 稿件文字水平。(6 分)	1. 内容详实、完整、精炼。 2. 文理通顺,文字整洁。 3. 无错、别、漏字(文字差错率不大于 5%)。
4. 稿件整体数量。(3 分)	1. 稿件充足。中心每月不少于 10 篇,直属部处每月不少于 3 篇。 2. 能充分反映本部门当前工作。
5. 部门信息员工作。(3 分)	1. 领导重视信息工作,及时向信息主管部门及本部门领导反映情况。 2. 能够及时编发本部门稿件。 3. 积极参与部门间协调交流活动。

3. 档案整理(满分 20 分)

检查项目	评比标准
1. 领导重视档案工作。(4 分)	1. 重视档案工作。 2. 有意识地经常检查、督促文件的收集、整理、保管工作。
2. 文件归档。(8 分)	1. 文件收集齐全,包括本部门撰写公文、上级部门下发法规性文件等。 2. 按时将本部门档案材料于次年一季度归档。 3. 能够按要求分类立卷,分类准确。 4. 卷内文件根据要求排列,页数完整,按规定填写卷内目录。 5. 案卷标题简明、确切,注明保管期限。 6. 文件传输方式,是否通过 OA 传文件目录和全文。
3. 其他载体档案归档。(8 分)	1. 文字说明中,时间、地点、人物、事件、结果等要素完备。 2. 照片档案应备底片。 3. 实物档案应备注样式、规格。

4. 保密工作(满分 20 分)

检查项目	评比标准
1. 部门领导重视,组织机构健全。(6 分)	1. 将保密教育列入本部门工作日程,常教育、常提醒,保密意识强。 2. 有固定的机构,专门人员负责保密工作。 3. 有检查督促措施。
2. 正确销毁文件。(8 分)	1. 妥善保管需销毁文件。 2. 按指定时间销毁文件。 3. 处理废书报时不得夹带涉密文件、内部刊物等。

续表

检查项目	评比标准
3. 正确办理日常机要文件及涉外机要文。(8分)	1. 涉外事件通过台办室外事处。 2. 正确处理各类电报。 3. 合理选择通讯方式。 4. 及时归还机要文、电。 5. 不得丢失机要文、电。

5. 办公自动化(满分20分)

检查项目	评比标准
1. 正确使用台内办公自动化系统。(15分)	1. 了解办公自动化系统各个环节和程序,能够熟练运用。 2. 使用系统及时收、发、转公文,处理台内邮件和通知。 3. 使用系统上传信息稿件。 4. 通过系统查阅台内档案。
2. 部门领导重视网络办公系统建设。(5分)	1. 能够向台内网络建设提出合理化建议。 2. 部门领导带头使用办公自动化系统。

6. 协调服务工作(满分30分)

检查项目	评比标准
1. 本部门协调工作。(10分)	1. 积极、主动、圆满完成部门领导交办的事务性工作。 2. 辅助部门领导做好办公业务管理。 3. 协助部门领导了解人员思想动态、工作情况,当好参谋助手。
2. 部门间协调工作。(10分)	1. 顾全全台工作大局,责任意识强。 2. 做到部门间相互支持、相互帮助。 3. 加强部门间沟通,能够主动接受台内指导机关业务指导。
3. 服务工作。(10)	1. 保持较高服务效率。 2. 服务细致、热情、周到。 3. 文明用语。 4. 服务规范有序。

(台办公室提供)

主要会议

一、全国性电视工作会议

2000年全军电视宣传工作年会

2000年3月6日至8日,2000年全军电视宣传工作年会在北京召开。全军各大单位、武警部队记者站站长和解放军电视宣传中心各有关人员共40多人参加了会议。

会议期间,与会人员认真听取了解放军总政治部袁守芳副主任的讲话。中央电视台台长赵化勇和副台长李东生到会看望了与会代表。赵化勇台长希望全军从事电视宣传工作的同志要加强学习,深入实际,研究观众,注意保密,重视理论研究。中央电视台军事部主任刘效礼在会上作了《讲大局,抓质量,打基础,上台阶》的工作报告。

会议代表还就既与电视行业的改革接轨,又适合军队的特点、保持军队特色的改革路子等问题进行了讨论,并表示将高标准地完成好2000年电视军事宣传任务。

西部大开发电视经济合作会议

2000年4月16日至17日,中央电视台联合陕西、四川、内蒙古、新疆、宁夏等12个地方台共同组织的"西部大开发电视经济宣传合作会议"在陕西省西安市举行。

中央电视台副台长罗明在会上作了《加大电视传媒投入,从舆论上促进西部大开发》的主题报告,对西部大开发的电视宣传提了两个方面的具体意见:一、西部大开发电视合作宣传的指导思想和内容取向;二、西部大开发电视经济合作宣传的几个结合点。与会的政府部门及地方台代表向中央电视台介绍了2000年各地的重大经济开发举措,为中央电视台西部开发宣传提供了大量报道线索。

会议决定,从观念转变、动态报道、重点工程及会议跟踪、焦点问题研讨、新技术新产品推介和环境保护等角度,全面深入地宣传党中央的西部开发战略,为西部振兴和东中部经济可持续发展提供良好的舆论环境。

全国省级暨计划单列市电视台节目资料管理工作会议

2000年7月4日至7日,中央电视台主办、大连电视台承办的全国省级暨计划单列市电视台节目资料管理工作会议在大连市召开。来自中央电视台,北京、上海、天津、重庆等32个电视台的总编室主管领导和节目资料管理部门负责人参加了会议。会议的主题是:新形势下的电视节目资料管理工作。中央电视台,湖南、上海、河北、天津、安徽、浙江及上海东方电视台的代表在大会上介绍了在电视行业深化改革的新形势下,各自在节目资料管理方面形成的新思路、采取的新方法、采用的新技术、总结的新经验。

全国省厅代理工作会议

2000年7月24日至28日,由中央卫星电视传播中心主办的全国省厅代理工作会议在新疆乌鲁木齐市召开。全国20多个代理省、市的代表参加了会议。这次会议是传播中心成立五年来召开的第四次代理工作会议。会上,中央卫星电视传播中心副主任田盛华作了工作报告。报告指出,中央加扰卫星电视节目在全国城乡的有效扩大覆盖,极大地丰富了广大电视观众的文化生活,促进了改革开放和两个文明建设,四套加扰节目的开播,促进了全国各地有线电视事业的发展,促进了广电事业的行业管理,特别是通过全国各省厅代理的形式进行管理,各代理单位多年来与卫传中心密切合作,使代理制度不断健全,代理工作不断规范。报告分析了在广电系统改革不断深入的形势下,所面临的机遇与挑战,指出了今后的发展方向,并对代理工作中存在的新情况、新问题进行了剖析,对代理工作完成2000年全年任务提出了新的要求。田盛华副主任强调,组建广电专用网是广电总局党组的重要决策,我们要坚决拥护。今后中心要加强用户的二级管理,帮助地方进行可寻址管理,协助进行城市网改造,要与各代理省厅进一步合作进行传输业务新功能开发,拓宽业务,充分利用机房设备共同进行节目制作等。

会上,辽宁、吉林、山西、内蒙古、新疆五个省区的代表,从各自代理工作的特点和情况出发,介绍了工作经验。会议认为,中心与省厅的代理关系是相互合作、共同发展的关系,是利益的共同体,要有危机感,要形成合力,使事业不断发展壮大。

卫传中心各部门主任对收费、发展用户、技术设施等工作进行了讲评,针对代理省厅存在的具体问题,提出了改进措施和新的要求。各代表在会议期间进行了认真的座谈讨论。会上还核发了六个省厅代理证书,对代理工作先进单位颁发了奖励证书。会议期间,代表们还对新疆有线电视的发展情况进行了考察。

2000年全国电视新闻年会

2000年8月12日,由中央电视台主办、新疆电视台承办的2000年全国电视新闻年会在乌鲁木齐市召开。来自全国各电视台的70多位代表出席了会议。

国家广播电影电视总局局长徐光春发来贺信。贺信中说,新闻报道是电视宣传的重中之重,是电视工作的中心任务。在信息技术飞速发展,新闻竞争日趋激烈的情况下,我们必须认清形势,放眼长远,适应社会主义市场经济条件下新闻工作的新变化,加紧研究电视宣传如何面向新世纪的战略性问题,积极探索新形势下电视新闻工作的新特点、新方式,牢牢把握住正确舆论导向,努力提高新闻宣传水平。

中央电视台副台长罗明在会上作了关于正确把握舆论导向,促进电视新闻有效传播的主题发言。罗明副台长说,高举邓小平理论伟大旗帜,主动以小平理论指导我们的电视新闻工作,是我们正确宣传的基础。同时,我们要把江总书记"三个代表"的重要思想作为正确宣传的行动标准,作为判断节目质量、衡量新闻价值的明确尺度,既要宣传好"三个代表",又要让电视新闻的改革和走向体现"三个代表"的思想实质。大力推进电视新闻的有效传播,在及时引导、重点引导、难点引导、艺术引导、权威引导、创新引导、热点引导、深入引导、理智引导、知识引导十个方面下功夫。继续发展壮大电视新闻事业,努力形成电视新闻界新的合力;用求新有效的方式,拓宽报道领域和深度;用专业化的操作方式培养队伍。关注互联网、报纸等其他媒体对电视的影响,加强电视新闻理论和传播效果的研究,使传播更为科学、有效。

中央电视台副总编兼新闻中心主任孙玉胜在会上总结了中央电视台和地方台之间这两年来的合作和发展情况,并就大型直播报道值得注意的几个问题、中央电视台新闻中心下半年的工作,以及传统媒体如何发展互联网作了介绍,并就代表们提出的问题作了说明。

会议期间,代表们就加快电视新闻改革、加强中央电视台与地方台的合作、促进电视新闻媒体向国际互联网接轨等议题展开了广泛讨论并达成共识。

中央电视台第十九届飞天首播奖颁奖会

2000年8月23日,由中央电视台主办的第十九届飞天首播奖颁奖大会在长春召开。《走过柳源》、《雍正王朝》等72部在中央电视台首播的电视剧荣获此奖项。

广电总局副局长赵实、中国文联副主席李准、吉林省委副书记石宗源、长春市市长李述及副市长安莉、吉林省广播电视厅厅长任凤霞、中国电视艺术委员会副主任兼秘书长仲呈祥等到会表示祝贺。会上,中央电视台副台长胡恩对地方电视台及制作单位给予中央电视台的大力支持表示感谢,同时针对当前电视剧市场及中央电视台节目现状作简要介绍。

会议期间,举行了电视剧创作研讨会。李准、仲呈祥、路海波等领导和专家在研讨会上发言,从不同角度,就当前电视剧导向、艺术质量、市场现状及未来发展前景等问题发表了意见。

全国首届电视台频道包装工作会议

2000年9月5日至9日全国首届电视台频道包装工作会议在武汉举行。来自全国24个省市电视台从事电视频道包装的专业人员共52人参加了会议。会议由中央电视台总编室副主任周经和湖北电视台总编室主任姜公映共同主持。

近年来,电视事业迅猛发展,市场竞争日趋激烈。"包装"一词的引用,使电视媒体形象发生了根本变化。包装在节目制作中的比重越来越大,它增强了电视媒体品牌的竞争力,对电视媒体的生存与发展有着至关重要的作用。电视节目正向节目包装化、包装节目化方向发展。鉴于此,电视媒体包装工作亟需理论经验及实际操作的总结与交流。

本次会议有18个台提交了自己台的频道包装宣传片的录像资料。其中,中央电视台、湖北电视台独立创作的频道系列宣传片,获得一致好评。与会代表对浙江、海南、安徽、深圳等电视台的频道包装风格也给予了肯定。

会议收到各台的论文和报告共17份。其中,中央电视台总编室副主任周经作了题为《关于电视节目、栏目、频道包装的认识》的发言,对目前电视媒体包装的整体态势作出了详细阐述。中央电视台频道包装负责人鲍杰撰写的《频道包装与电视媒体经营策略》一文,对在市场竞争中,电视媒体生存发展与电视频道包装的关系,以及电视媒体包装概念作了较为全面的理论分析和论证。湖北电视台总编室主任姜公映和包装科科长杨菲撰写的《论电视媒体包装理念的嬗变:从外在化到内在化到人性化》一文,对电视频道包装理念的演变,进行了理论分析。

另外,北京师范大学副教授于丹作了题为《电视媒体包装发展趋势与误区》的专题讲座;中央电视台影视公司经理谭湘江,从电视频道包装的技术层面作了题为《中视公司与中央电视台合作进行频道包装工作中,具体的操作经验及技术应用》的讲座,从不同角度解析了电视媒体的包装特性和亟待解决的问题。

历时五天的会议,对目前全国的电视频道包装工作进行了全面的总结,初步确立了电视媒体的包装概念和原则,阐明了电视媒体包装的人性化发展趋势,理清了电视媒体包装的工作思路,为进一步加强对该工作的研究和实践,提供了理论基础。

首届全国电视新闻通联工作会议

2000年11月1日至3日由中央电视台组织召开的首届全国电视新闻通联工作会议在京举行。全国31个省、市、自治区电视台和3个计划单列市电视台新闻节目中心(新闻部)主任和主要通联人员共70人参加了会议。中央电视台副台长罗明、副总编孙玉胜、新闻节目中心副主任李挺出席会议并讲了话。

罗明副台长在讲话中对地方台多年来对中央电视台的支持表示感谢。他回顾了中央电视台与地方台新闻合作的历史,介绍了中央电视台2000年以来频道改革和栏目改版的情况和计划。罗明副台长肯定了新闻中心地方部成立后新闻通联工作所取得的成绩,对通联工作需要加强的方面提出了要求。他强调,新闻通联工作要加强策划,以不断提高新闻的针对性和新闻质量,中央电视台和地方台要互相沟通信息,进一步提高新闻时效性。通联人员要加强竞争意识。他希望各地方台要更加重视通联队伍建设。罗明副台长还简要介绍了全国电视新闻交换网的筹备运作情况。

孙玉胜副总编辑在讲话中提出中国电视新闻要在改进深度、速度、精度、鲜度上下功夫,以不断提升电视新闻的品质。

召开这次全国电视新闻通联工作会议,一方面是为加深中央电视台与全国各地方台的互通信息,加强了解,增进感情;另一方面也是为了总结、交流通联工作的成绩与经验,找出问题与不足,探讨解决的办法,并通过这次会议确定下一步通联工作的发展方向,进一步加强中央电视台与各地方台在新闻领域的沟通与合作,使电视新闻通联工作更好地适应新闻事业发展的需要。在会议上,中央电视台新闻中心地方部领导还就如何做好新形势下的电视新闻通联工作作了专题报告。北京、山东、广东、新疆、江西电视台的代表也分别介绍了他们搞好通联工作的经验。

全国电视法制节目第六届年会

2000年11月6日至10日全国电视法制节目第

六届年会在辽宁省大连市召开。中央电视台副总编赵立凡、中国广播电视学会专家组副组长孙以森、电视法制节目委员会常务副会长和中央电视台社教中心主任高峰、大连市有关部门领导以及来自全国45家电视台的60多位代表出席了会议。

本届年会总结了一年来委员会的工作,如出版了第三辑《电视法制节目理论专刊》,制定了中长期工作规划,举办了首届全国优秀电视法制节目主持人评选和主持人业务培训班,举办了优秀主持人节目展播,开展了年度全国电视法制节目评奖活动。会议期间观摩了部分获奖节目并由评委专家进行讲评。与会代表在会上介绍了各自电视台法制栏目的设置、运作播出情况,其中中央电视台《今日说法》、北京电视台《法治进行时》栏目负责人还介绍了经验,显示了全国电视法制节目良好的发展态势。此外,大会还通过了中央电视台副台长张长明担任电视法制节目委员会会长的决议,讨论了部分电视台的理事台资格、电视法制节目交流网以及节目奖送评渠道接轨等问题。

与会代表在会上介绍情况

全国省级暨计划单列市电视台总编室主任工作会议

2000年11月12日至14日,全国省级暨计划单列市电视台总编室主任工作会议在江苏省无锡市召开。来自全国省级暨计划单列市电视台、中央电视台总编室的42名代表参加了会议。中央电视台台长赵化勇向大会发去了贺信。

中央电视台副总编兼总编室主任罗明在开幕式上发表了题为《挑战与自强》的讲话。他指出,总编室作为编委会的办事机构、电视台宣传管理的龙头,应当好领导的参谋,发挥管理的枢纽作用。从中央电视台的发展历程看,随着改革的不断深入,总编室的作用日渐显露,为了适应电视发展的需要,加强协调,更好地体现全台利益,我们必须不断强化总编室的管理职能。罗明同志与代表们探讨了加强合作与交流的问题,对多年来各台给予中央电视台的支持表示感谢,同时也表达了与各台加强合作的愿望。

中央电视台总编室副主任胡运芳在会上向大家通报了中国广播电视学会受众研究会电视部成立的情况,介绍了中央电视台在节目评价工作方面的认识和做法,重点介绍了中央电视台1999年开展节目满意度调查的情况。

会议期间,代表们还围绕新形势下如何更好地开展总编室工作展开了热烈讨论,表示今后各台要加强交流与合作,共同努力,使总编室的职能和作用得以充分发挥,使其权威性得到进一步加强。

二、全国性理论和业务研讨会

新世纪经济类图书发展研讨会

2000年1月13日,中央电视台《商务电视》栏目的《商务书廊》节目于2000年北京图书定货会期间,召集全国30多家经济类出版社社长和10多家新闻单位的经济学家、出版社和读者代表举行了新世纪经济类图书发展研讨会,共同探讨新世纪经济类图书出版、发行、市场供求的热点问题。

此次研讨会引起了定货会代表的关注,近40位出版社社长或代表参加了研讨。经济学家的精彩发言引起了与会者的热烈反响，出版界代表认为，由媒体主办此种形式的研讨会是首开先河，对出版社有较好的指导作用。媒体的参与为读者、作者、出版社之间构筑起图书信息的沟通渠道，起到了积极的促进作用。

有关数据表明，近几年经济类图书的出版比重逐年加大，并已成为中国读者的重要读物。但是，国内经济类图书出版的良莠不齐、选题重复、图书质量不高等问题，也成为此类图书出版健康发展的制约因素。此次研讨会深入探讨了如何推动中国经济类图书出版市场的健康发展等问题，发挥了中央电视台对信息资源的整合作用。

朱慰中主任主持新技术讲座

2000年中国影视技术学会声音专业委员会年会暨影视声音技术研讨会

2000年8月27日，由中央电视台音频部举办的2000年中国影视技术学会声音专业委员会年会暨影视声音技术研讨会在北京举行。参加此次研讨会的共有11个电影制片厂，25个省市级电视台，以及广播学院、电影学院、科研所等单位的82名影视界录音师、工程师、教授等。本次会议的主要议题是研讨面临新世纪到来时的影视录音技术发展方向，高新技术的应用，进一步拓宽数字技术的应用范围，促进电视节目立体声的制作及播出。

中央电视台副台长何宗就、技术制作中心副主任陈默、新闻中心副主任缪暑金、电影局技术处郑景泉，以及影视技术学会的领导参加了会议并讲话。

会议期间，分别请了冠华公司、传新科技公司、舒尔公司、捷利公司、加拿大专业传媒、丁丁科技、广韵科技、BVE公司、安利金四维9家公司作了各自当前先进音频设备的技术报告和产品介绍。

通过技术研讨和技术交流，与会者深入了解了当今国内外音频技术的发展概况，了解了各种新技术设备的性能，对于各单位有目的的技术引进、设备选型、防止误订购起到了重要的指导作用。会议还对今后的影视声音事业发展提出了许多建设性的意见和建议。

"北京2000纪录片创作与国际市场"研讨会

2000年9月13日至15日，由中央电视台、中国国际电视总公司联合主办的北京2000纪录片创作与国际市场研讨会在顺义培训中心举行。中央电视台副台长胡恩、中国国际电视总公司总经理李培森出席开幕式并讲话。来自澳大利亚、香港、英国、日本等国家和地区的纪录片领域的专家学者以及国内同行共约100多人参加了研讨活动。

开幕式上，胡恩副台长致辞。他首先向参加这次活动的嘉宾表示热烈欢迎。胡恩副台长回顾了电视纪录片的由来及其特色，阐释了纪录片对人类的贡献及其独特的审美魅力。他说，进入20世纪80年代以来，我国电视纪录片在创作观念、题材选择、观察角度、创作语汇、结构方式等方面都发生了很大的变化，纪录片创作日益繁荣，同时，形成了一支纪录片创作队伍。胡恩副台长分析了目前我国电视纪录片发展中的不足。他指出，此次研讨活动旨在了解纪录片的国际市场和记录片创作的潮流与趋势，不断提高我国纪录片的质量。他希望通过研讨达到找出不足、谋求对策、开拓思路、加强合作的目的。

李培森总经理向参加研讨活动并介绍经验的国内外同行表示感谢，希望研讨活动圆满成功。

在为期三天的研讨活动中，外国专家、中央电视台、地方台和独立制作公司业内同行对纪录片创作和国际市场进行了广泛深入的交流和研讨，并进行了影片观摩，达到了预期目的。

首届全国电视卫生节目研讨会

2000年10月10日至12日，由中央电视台社教中心主办的首届全国电视卫生节目研讨会在北京召开。中央电视台社教中心主任高峰等有关领导及全国18家电视台健康类栏目负责人、医疗卫生部门的代表50余人参加了研讨会。

近年来，全国卫生节目在党和政府以及医疗卫生部门的支持配合下有长足的发展，多数已有牢固的宣传阵地。节目定位准确、内容权威、形式多样、服务到位。节目播出量不断增加。

在研讨会上，与会人员介绍了卫生节目的社会效益、成长过程和成功的经验。并讨论了各电视台如何加强合作，如何做到经济效益与社会效益相统一，如何寻找卫生宣传新增长点、树立节目的品牌意识，以及如何用理论研究推动节目质量的提高等问题。

代表们在热烈发言

全国少儿电视理论研讨会

2000年12月9日至11日，全国少儿电视理论研究会与第五届全国电视“金童奖”颁奖典礼大会同时在大连召开。来自全国各省市电视台和动画制作公司的100多位青少年电视工作者及有关领导、专家参加了会议。

国家广播电影电视总局副总编辑王健儒代表总局领导到会并讲话。他指出：“党和政府历来重视青少儿题材精神产品的生产。江泽民同志指示文艺要抓好‘三大件’，其中之一就是少儿题材文艺作品。这充分体现出以江泽民同志为核心的党中央对少儿题材文艺作品创作的高度重视。”胡恩副台长认为，第五届“金童奖”的获奖作品，代表了中国少儿电视较高的思想和艺术水准，说明少儿电视已经取得了长足进步。同时也要看到，我们的电视节目在总量和质量上，距中国3.7亿少年儿童的要求还有差距。我们要努力为孩子们制作更多更好的精品节目。张华山副总编认为，青少年电视工作者要认真研究孩子们在想什么，需要什么，要加强学习，展开想象，站在今天儿童的角度，以孩子的视角为他们制作喜闻乐见的节目。余培侠主任作了题为《未来少儿电视新走向》的专题发言，对新世纪国际少儿电视的发展走向，进行了前瞻性的预测、分析与归纳，在与会代表中引起了热烈反响。

大型电视连续剧《曹雪芹》剧本研讨会

2000年10月9日，中央电视台电视剧制作中心召开大型电视连续剧《曹雪芹》剧本研讨会。著名红学家周汝昌，著名作家李国文，有关方面专家蔡义江、胡文彬、解玺璋、刘心武、陆善家，剧中心领导及作者王家惠出席了会议。

周汝昌在发言中认为，曹雪芹是一个很好的选题，《红楼梦》是中国乃至世界文学宝库之瑰宝，曹雪芹是中国乃至世界文学之巨匠，是中国人文精神、人文关怀的先驱者。写好曹雪芹，拍好曹雪芹，是历史赋予我们的任务，责无旁贷。他还从史学的角度提出了意见与建议。李国文则从受众角度谈了对于作品的看法。他认为作品做到了高度的文学性与强烈的戏剧性的结合，大大丰富了史料与故事情节，增加了不少新的戏剧元素，很好看。刘心武则认为该剧本灵活运用了《红楼梦》“天地二赋论”等思想观念及红学界对曹雪芹家世、经历、交游、著书等方面的研究成果，并希望作品能在曹雪芹大悲悯情怀的人文精神及全剧情调方面做进一步的努力。

与会专家一致认为，大型电视连续剧《曹雪芹》对于弘扬民族文化、开掘文学宝库、提高民族素质、倡导人文精神具有重要的历史意义与现实意义。他们肯定了作者王家惠的努力，并在充分肯定剧本初稿的基础上，提出了中肯的意见。

三、中央电视台工作会议和研讨会

1999年度技术系统重大活动工作总结会

2000年1月5日，中央电视台技术系统召开了1999年度重大活动工作总结会，赵化勇台长、刘宜勤副台长、邵昌有总工程师及播送中心、技术制作中心、海外技术部、新闻制作部的200多名代表参加了会议。会议由技术管理办公室主任何宗就主持。

赵化勇台长代表台分党组向技术系统在1999年度重大活动中所作出的巨大努力和贡献表示感谢。他说，全体技术人员的工作成绩大家有目共睹，但是成绩只属于过去，要从技术角度、节目角度、管理角度和发展角度不断思考，放下包袱轻装前进。同时，要做到"技术需领先、人才需领先、节目需领先、管理需领先"，抓住机遇，开拓进取，为把中央电视台建设成为世界一流大台而继续努力奋斗。

刘宜勤副台长对技术系统圆满完成《国庆50周年》、《澳门回归》、《相逢2000年》特别节目及解决Y2K问题等1999年度的大型电视转播活动进行了全面、系统的总结。他赞扬参加重大报道活动的工作人员能够克服环境恶劣、转播需求多变等诸多困难，表现出了认真负责的敬业精神和较高的技术水平。他希望大家总结经验，继续发扬技术系统的优良传统，不断地为中国的电视事业贡献智慧和力量。邵昌有总工程师从技术角度，对中央电视台高新电视设备、先进电视技术的运用以及工作人员的敬业精神、专业技术水平、应变能力等方面进行了回顾，着重强调了测试工作在整个技术系统中的重要作用。

《中国中央电视台年鉴》组稿工作会议

2000年1月13日，2001年版《中国中央电视台年鉴》组稿工作会议召开。各中心、部、处特约编辑和资料员100多人参加了会议。会议由研究处处长王录主持。台副总编辑赵立凡出席会议并讲话。

赵立凡同志主要就编纂年鉴的意义发表了意见。他说，《中国中央电视台年鉴》是一部权威性、学术性及资料性较强的工具书，它的编纂是中央电视台理论建设的重要组成部分之一。要做到全面、准确、真实，不遗漏，不走样，以便更有效地为电视宣传服务，并作为永久资料保存。目前，该年鉴的公开发行已产生很好的社会效果。

王录同志在讲话中对与会的特约编辑和资料员历年给予年鉴编辑工作的大力支持表示感谢。他要求大家认真对待年鉴的供稿工作，抓紧时间，切实负责，保证稿件质量，做到事实、时间、地点、数字及人名准确无误，共同把2001年的年鉴工作做好。他还就2001年年鉴的编写和资料搜集的变化等工作作了说明。

1999年度电视艺术创作交流会

2000年1月上旬，中国电视剧制作中心召开1999年度艺术创作交流会，总结交流电视剧创作的经验和体会，分析当前面临的新形势，展望2000年创作前景。副台长、剧中心主任胡恩，剧中心副主任邹庆芳、王伟国参加了会议。

胡恩同志充分肯定了过去一年剧中心在艺术创作方面取得的成绩。他说，1999年是剧中心创作和生产的丰收年，共荣获53个全国奖项，六部作品获"五个一工程"奖，为台第一套黄金时间提供播出剧目105集，创造了较好的社会效益和经济效益。在谈到2000年工作时，胡恩同志强调：一是要树立竞争意识和市场观念，转变创作方式，充分发挥优势，力争拍摄更多思想性、艺术性、可视性相统一的优秀电视剧；二是要学习、借鉴其他影视制作单位的管理经验；三是要进行成本核算，加强管理，开源节流，降低成本；四是要重视剧目的可视性，提高收视率，注重引导观众。在创作中既要抓好历史题材,更要重视抓好贴近百姓生活、为观众喜爱的现实题材。要逐步摸索和掌握电视剧拍摄的规律,多拍既好看又省钱的片子;要加大管理力度,充分调动编导和创作人员的积极性,为他们创造良好的艺术创作氛围。

交流会期间,导演潘霞、"飞天奖"剪辑奖获得者陈忆红、全国影视协会声音奖获得者娄炜等11位同志交流了各自的经验和体会,并举办了讲座和观摩活动。

中央电视台1999年度外销工作会议

2000年1月15日,中央电视台1999年外销工作会议在总公司召开。副台长刘宝顺,台副总编辑、总编室主任罗明出席会议并讲话。总公司总经理李培森、副总经理吴达审、王丹洁和总经理助理马润生及台有关中心部、处负责人出席了会议。李培森同志在会上总结了1999年的外销工作。

刘宝顺副台长在发言中指出,外销工作既是外事工作的延伸,又是中央电视台电视产业、经济收入的重要组成部分,因此要高度重视外销工作。今后外销工作一要加强管理。要统一由总公司独家经营和管理,总公司要健全和完善相关的规章制度,规范管理;二要提高节目质量,拓宽外销渠道。节目质量要高,技术质量要过硬,提高节目质量才能达到"一石二鸟"的外销目的;三要提高服务质量,讲究信誉;四要积极探索外销工作的新思路。要采取一些新的经营手段,不断总结经验,适应新形势的发展。

总公司作为具体的电视节目经营单位,过去的一年在台内各部门的大力支持和帮助下,积极开展中国电视节目的海外销售活动,经济效益有较大提高,取得了显著成绩。全年共签约116份,涉及30个国家和地区、58家影视机构,售出各类节目192部,共5674集,计4635.5小时。

中央电视台2000年工作会议

2000年2月24日至26日,中央电视台2000年工作会议在顺义培训中心召开。台分党组成员和来自全台各中心、室及新影、科影、剧中心、总公司各部门的代表共170余人参加了会议。

会上,赵化勇台长和刘宝顺副台长分别代表台分党组部署了2000年的工作,总结了1999年的工作。

赵化勇台长在工作部署中指出,2000年中央电视台将牢牢把握正确舆论导向,努力提高舆论引导水平,继续加大电视改革力度,进一步增强综合竞争实力,认清形势,明确任务,深化改革,开拓进取。工作部署共分九个部分:一是打好宣传主动仗;二是做好重点报道;三是要推进频道、栏目、节目改革;四是深化电视管理运作机制改革;五是加快技术创新;六是加强国际互联网站建设;七是要加强和改进思想政治工作;八是要加快建立"第二经济支柱";九是抓好基础设施建设。

刘宝顺副台长所作的报告,总结经验与查找问题并重。在肯定中央电视台2000年突出重点、扎实工作、稳中求进、初见成效,取得一系列工作成果的基础上,指出了中央电视台工作中存在的改革创新观念缺乏、骄傲自满、妄自尊大的思想意识有所抬头等不足之处。

与会人员利用两天时间讨论了这两个报告, 认为台分党组从实际出发, 审时度势, 正视困难, 直面挑战, 前瞻未来, 下大气力改革旧的电视节目生产管理模式, 推行适应市场经济的制作播出和行政管理方式, 反映了全台职工的共同愿望, 具有良好的发展前景。

北京科影厂建厂40周年纪念大会

2000年3月16日,北京科学教育电影制片厂建厂40周年纪念大会在北京隆重举行。广播电影电视总局副局长李树文、赵实,中央电视台台长赵化勇、副台长张长明,电影局局长刘建中及首都电影界、电视界200多位来宾与科影厂700多位新老职工一起,庆贺科影厂的重大节日。

纪念会上,科影厂厂长万迪基、职工代表张晖先后讲话。中央电视台台长赵化勇代表广电总局和中央电视台致词,热情洋溢地赞扬了北京科影厂40多年来为中国科教电影、为中国科教电视事业做出的贡献。会上,宣读了电影局发来的贺信。北京电影制片厂等多家兄弟单位和日本、澳大利亚、意大利等国际友人也给科影厂发来了贺电、贺信或赠送了花篮。

会上有关方面的领导为在科影厂工作40年的老职工颁发了荣誉证书。纪念会由副厂长薛继军主持。

中央电视台1999年度工作总结表彰会

2000年3月21日，中央电视台召开1999年度工作总结表彰大会。广电总局副局长吉炳轩和全体台分党组成员出席了会议。

吉炳轩副局长代表总局党组和田聪明局长向受到表彰的单位、个人表示祝贺，并称赞中央电视台有一支政治过硬、业务精湛的队伍。他说，1999年，我们成功地进行了国庆50周年、澳门回归的报道活动，圆满完成了声讨以美国为首的北约袭击我驻南使馆、揭批"法轮功"、批驳李登辉"两国论"三项政治斗争任务，大家都尽了心、出了力，取得了突出的成绩。吉炳轩副局长勉励大家在新的一年中继续努力，使中央电视台的各项工作再上一个新台阶。

赵化勇台长在会上从十个方面回顾了1999年全台工作：1. 国庆50周年、澳门回归、迎接新千年等重大报道活动规模空前，策划周密，主题突出，特点鲜明。2. 对北约袭击我驻南使馆的报道和揭批"法轮功"邪教、揭批李登辉"两国论"等斗争气势大、立意新、形式活、效果好。3. 尉健行、李岚清同志先后视察中央电视台，对中央电视台工作给予肯定。4. 开门整改，两兼顾，全台"三讲"教育见成效。5. 对外电视宣传有声有色，互联网站发展迅速。6. 频道、栏目和节目改革初见成效，一批栏目节目在国内外获奖。7. 高清晰度电视技术试验开发取得初步成果，节目播出全自动化，全年安全播出创10年来最好成绩。8. 推行成本核算，深化内部改革，整顿经营实体，增加广告创收。9. 明确制定远景规划，积极开展台情调研。10. 关心职工切身利益，完成业务楼搬迁，连续七年被评为"首都文明单位标兵"，被列为"首都文明单位示范点"。

关于2000年工作，赵化勇台长说，我们要认真贯彻中央指示精神和中宣部、广电总局具体部署，围绕主线，把握关键，打好宣传主动仗，做好重点报道，加强对外宣传，加强国际互联网站建设，为党和国家工作大局创造良好舆论环境；要依靠科技进步，加快技术创新，确保全年节目安全播出；要加强和改进思想政治工作，抓好基础设施建设，不断改善职工工作、生活条件；要完善经营，加快建立"第二经济支柱"，努力保持上年收入水平，并力争有所增加。在今年的工作中，要继续推进以"频道专业化、栏目个性化、节目精品化"为主要内容的宣传改革工作。同时，在确保宣传工作顺利进行的前提下，加强调研，理清思路，试点先行，稳步推进，深化电视管理运作机制改革。主要包括：1. 全面推进节目成本核算工作，建立成本控制指标体系，科学合理控制经费支出，最终建立以提高社会效益、经济效益为目标，以成本管理为主线，完整、严密的成本管理体系，在全台培养并树立注重成本、规范科学、优质低耗的思想意识。2. 进行电视节目制作与播出的改革尝试。具体目标是实现节目质量提高、收视率提高；节目成本减少、基本队伍人数减少；台里收入增加、个人收入增加。年内，拟选择第五套体育频道、第八套电视剧频道和两个频道之外的部分栏目进行先期试点，以取得突破。3. 推进建立以"全员聘任制"为核心的人事管理机制，推动行政管理规范化，后勤服务社会化。

赵化勇台长特别强调，在各项改革的探讨和运作过程中，要充分认识到深化改革是中央电视台进一步发展的惟一出路，一个痛苦的长期的过程。深化改革不强求一步到位，不强求一个标准一种模式。要统一思想，统一认识，增强政治意识、大局意识、责任意识，做好人事、财务、技术等方面相应的辅助配套工作，处理好改革、发展、稳定的关系，积极创造条件，强化管理。

刘宝顺副台长宣读了《中央电视台1999年度表彰决定》。《决定》中说，1999年，全台上下，无论一线、二线的同志们都作出了很大贡献。为进一步繁荣电视屏幕，促进电视事业发展，表彰先进，鼓舞斗志，激励全台职工努力工作、开拓进取，把中央电视台各项工作提高到一个新的水平，经台分党组研究，决定表彰台办室保卫处等49个先进集体；赵德利同志等45名先进个人；《新闻联播》等70个优秀栏目；《首都各界庆祝新中国成立50周年现场直播》等130个优秀节目；"播出系统全面备份工程(二期)"等5个优秀工程；播出传送中心播出部播控一科A班等11个安全播出班组；技术管理办公室信息通信处网络中心科等9个技术维护先进集体；台办公室秘书处秘书二科等51个优质管理服务集体；授予《新闻联播》(5月31日)等22个电视节目录制技术质量奖。台分党组号召全台职工向获得先进荣誉称号的集体和个人学习。

中央电视台纪检监察工作会议

2000年3月22日，中央电视台召开纪检监察工作会议，传达中央和广电总局有关反腐败工作的重要指示，同时总结中央电视台1999年纪检监察工作，部署2000年廉政建设和反腐败任务及重点。广电总局党组成员、驻总局纪检组组长王德新，中央电视台领导赵化勇、刘宝顺、陈君等和各中心（室）、部（处）、直属单位负责人，专职纪检监察干部近百人参加了会议。

会上，王德新同志对中央电视台1999年纪检监察工作给予充分肯定。他指出，各级领导干部要正确分析我国经济和反腐败工作的形势，坚定信心，把中央从严治党、从严治政的方针落到实处。要结合本部门的实际情况，严肃党的政治纪律和宣传纪律，落实党风廉政建设责任制，预防和治理腐败，紧紧围绕宣传工作这个中心，探索出一条具有广电系统特色的纪检监察工作新思路。王德新同志强调，电视台纪检监察工作应结合台情，突出重点，有针对性地开展工作，努力提高工作人员素质。电视台人员要有忧患意识，要保持和发扬艰苦奋斗的作风，要珍惜和巩固来之不易的成果。他希望电视台各部门的领导干部一如既往地支持和配合纪检监察部门的工作，通过全台上下的共同努力，为电视宣传事业的廉政建设作出贡献。

赵化勇台长对2000年全台纪检监察工作提出五项具体要求：第一，各级领导干部要从从严治党的高度，树立接受监督意识，自觉接受来自党内、群众和社会的监督。在思想观念和行为方式上彻底摒弃视监督为无用等错误观念，自觉参与监督，虚心接受监督，坚决支持监督；第二，要严格执行党风廉政建设责任制。2000年中央电视台要建立健全党风廉政建设责任制的专项检查制度、定期汇报制度、评议制度、诫勉谈话制度、责任追究制度等五项制度；第三，要提高廉政自律意识，克服消极和被动执行廉政规定的思想和做法，2000年要重点履行中纪委作出的领导干部廉洁自律“四不准”的规定；第四，要牢固树立政治意识、责任意识、大局意识，自觉遵守政治纪律和宣传纪律，在大是大非面前立场坚定，旗帜鲜明；第五，要把“三讲”教育“回头看”作为加强党的建设的重要任务抓好、抓实。通过学习，坚定理想信念，增强全台人员廉洁自律的自觉性，同时，及时地解决我们干部队伍中存在的各种问题。

刘宝顺副台长主持会议，他要求各级领导把传达贯彻台纪检监察工作会议精神当做重要的政治任务来完成，各部门要认真组织落实，要有针对性地加强这方面工作，针对不足及时提醒，及时纠正，使部门人员不犯错误，确保宣传任务的顺利完成。台分党组纪检组组长陈君传达了中央纪委四次全会和广电系统纪检监察工作等会议精神。纪检组副组长、监察室主任张海鸽总结了1999年纪检监察工作，部署了2000年中央电视台纪检监察工作重点及要求。

电视剧《汽车城》剧本研讨会

2000年6月13日至14日，中国电视剧制作中心组织召开了《汽车城》剧本研讨会。中宣部文艺局副局长杨志今、张华山，影视处处长汤恒、副处长秦振贵，文艺处处长陆侃；剧中心副主任邹庆芳、王伟国等参加了会议。

会上，中宣部文艺局影视处处长汤恒代表文艺局领导对剧本谈了具体意见。他说，电视剧《汽车城》选题敏锐，紧跟时代步伐。汽车工业体现一个国家经济发展和整体工业水平。该剧将改革开放20年来汽车工业所走的道路作了艺术表现，有先进性、超前性，剧本在观念上、意识上较新，很有辐射性。整体改编不错，丰富了原作，增加了不少新的东西。故事很吸引人，主干好，情节力度大，信息量大。

中宣部文艺局的有关领导和与会同志还指出了剧本中存在的不足，提出了修改意见。

中央电视台互联网站对外宣传工作会议

2000年7月6日，中央电视台召开国际互联网站电视对外宣传工作会议，会议由副总工程师宋宜纯主持。技术管理办公室、信息通信处和网络事业发展部筹备组有关领导和人员参加了会议。

与会人员认真学习了中央领导同志关于利用国际互联网加强对外宣传的指示精神和台领导对中央电视台国际互联网工作的具体指示，并就如何尽快落实中央和台领导的指示，加强中央电视台在互联网上进行电视对外宣传的具体措施进行了深入的讨论。会议针对中央电视台的实际情况，提出了如下具体建议：1. 抓紧建设中央电视台国际互联网发布系统在中国电信的托管和增加接入网络带宽的工作。2. 在美国建立中央电视台网站的镜像站点，解决国内网络出口带宽瓶颈问题。3. 提高中央电视台网站视频节目制作、存储和发布能力。4. 采用新技术提高网上视频节目质量和收看效果。会议要求尽快制定出有关详细方案上报。

特别制作《我们的世纪》理论研讨会

2000年7月6日至7日,2000年"六一"12小时特别制作《我们的世纪》理论研讨会在北京举行。来自全国各地专门从事青少年教育研究的专家、电视台相关负责同志共120余人参加了会议。代表们普遍认为,中央电视台"六一"12小时特别制作不仅绘出了中国少儿电视史上壮丽的画卷,让广大同行看到了少儿电视工作美好的未来,更重要的是,切实更新了地方省市宣传部门领导的观念,对于他们支持开展青少年教育工作起到了极大的推动作用。

中国少年儿童出版社社长海飞在发言中指出,中央电视台推出的"12小时特别制作"《我们的世纪》是优秀文化的代表,特色鲜明。一是富有创造性——让人看了节目出乎意料,整个节目充满创新亮点,符合江泽民总书记提倡的"创新创新再创新"的要求;二是富有时代性——节目都是当今时代青少年儿童想看到的精彩内容,既讲政治,又不生硬,既唱响了主旋律,又不失活泼、生动,时代感强;三是富有儿童性——过去儿童节目是"大人说小孩听,大人演小孩看",12小时特别制作则突出体现了少年儿童这一主体,中外儿童的欢快表演和自然表达,令人回味无穷;四是富有国际性——节目给人的国际视野,体现了"六一"这一节日的国际性。让观众了解了世界各地少年儿童对儿童节的看法及过法,让中国少年儿童从小就看到国际儿童的生活情况,开阔了他们的视野;五是富有知识性——"六一"全天节目成了知识的海洋,既给人们欢乐,又给人以思考,寓教于乐,增长知识。

中国青年政治学院副院长陆士桢教授认为,"六一"12小时特别制作《我们的世纪》最大的特点是向全社会传递了"以儿童为本"的理念。一方面,"儿童为本"是少儿电视的根本宗旨,"12小时特别制作"传递了"儿童权利的"概念;另一方面,12小时特别制作全面具体地体现了对儿童节目主体的尊重;节目以儿童为中心,注重发挥少儿电视推动儿童发展的功能,节目形式上倡导与少年儿童的互动,有较大突破。

中国社会科学院儿童研究中心研究员卜卫认为,从儿童"参与权"的角度看,中央电视台精心创作的"六一"12小时特别制作节目达到了一定的高度,在中国电视史上是一个突破。

与会同志还就"六一"12小时特别制作节目的创意、制作理念和手法等展开了热烈的研讨,分析了成功与不足。

青少中心余培侠主任作了总结发言。他说,12小时特别制作有四个突破:创意有突破,为3亿多儿童奏响了跨入新世纪的序曲;理念有突破,确立了"中国一日之儿童频道"的制作理念;题材有突破;表现形式有突破。同时存在四个差距:理念的差距;编导的差距——策划意识不强,节目构思不巧妙,艺术表现不到位等;主持的差距以及互联的差距等。

余培侠还认为,12小时特别制作是"儿童优先"原则在中央电视台的一次成功实践;体现了未来儿童频道的制作理念;创造了"尊重儿童、关心儿童、爱护儿童"社会文明进步的新风;刺激了儿童电视市场,是迎接新世纪挑战的一场热身赛。12小时特别制作已为社会各界认可,具备了品牌效应,青少年电视工作者应该以此为动力,进一步更新观念,总结经验,提高素质,不断创新,开拓未来。

中央电视台信息工作会议

2000年7月12日,中央电视台召开信息工作会议,就进一步做好全台信息报送、信息服务工作提出要求。副台长刘宝顺,台办室主任李晓明、副主任唐世鼎和全台业务部门中心综合部主任、职能部门有关负责人和台属单位办公室主任参加了会议。

刘宝顺副台长强调,全台各部门要高度重视信息工作,使之全面客观反映中央电视台工作情况,并为此提出要求:1. 领导重视是做好信息工作的关键。希望各部门领导积极部署、检查,将信息工作列入工作日程;2. 提高认识是做好信息工作的基础。各相关部门要充分认识到信息工作的重要性,在做好日常繁杂的服务工作之外,调整人力,做好安排;3. 客观反映全台整体工作情况。信息务求及时干练,真实可靠,要抓住一个阶段的工作重心、工作特点,全面反映中央电视台的工作风貌;4. 建立全台信息员队伍,形成信息网络。各部门要选择政治素质高、作风正、业务精、工作实的同志担任信息员,并不断强化服务意识和责任意识;5. 明确责任,加强考核。信息工作的考核要有硬指标,并作为全年办公业务考核的重要内容。刘宝顺副台长还要求各部门进一步增强安全意识,加强监督、检查力度,开展全台性安全大检查,针对存在的问题,狠抓整改,规范制度,明确责任,确保良好的工作秩序和安全播出，特别是在暑期，气温较高，为事故多发期，各部门切不可疏忽大意。

李晓明主任说，信息工作在中央电视台发挥着十分重要的作用，规范信息工作也是加强行政管理的重要组成部分。各中心综合部、办公室要大力投入，精心组织，努力为信息员创造条件，提高业务能力，做好本部门的信息工作，及时准确通报重大事件，反映日常工作动态，总结交流工作经验，并注重抓好信息稿件质量，加强与台办室沟通。他同时指出，中央电视台信息工作仍存在时效性不强、稿件不符合新闻要求、叙述不够清晰客观等问题，希望今后要做到“保证准确性，增强时效性，加大信息量”。

唐世鼎副主任通报了台《工作日报》的改版设想，介绍了常设10个栏目的内容范围，并希望各部门继续积极做好信息工作，使之不断规范，为中央电视台事业发展做出贡献。

中央电视台2000年年中工作会议

2000年7月20日至21日，中央电视台2000年年中工作会议召开。来自台内各中心和直属单位的主要领导70余人参加了会议。

赵化勇台长代表台分党组作了题为《把握基调，确保导向，深化改革，初见成效》的工作报告，系统总结了全台上半年工作，部署了下半年工作。

赵台长在报告中说，2000年上半年，中央电视台认真贯彻落实中央和中宣部、广电总局指示，按照台分党组年初确定的“认清形势，明确任务，抓住机遇，开拓进取”的工作方针，进一步增强政治意识、大局意识和责任意识，树立事业发展的危机感和紧迫感，圆满完成了一系列宣传报道任务。同时，加大频道、栏目、节目改革力度，取得明显成效，中央电视台综合竞争实力进一步增强。

2000年上半年，全台工作呈现出以下几个特点：1. 抓住主线，把握关键，主动出击，舆论引导水平明显提高。2. 开拓创新，积极推进，频道、栏目、节目改革初见成效。3. 深化改革，稳步推进，电视管理运作机制改革有序进行。4. 加强技术管理，调整卫星覆盖，确保安全播出。5. 转变职能，规范服务，行政管理服务系统工作水平明显提高。6. 加强理论学习，抓好职工思想教育，有效促进宣传工作。7. 深挖潜力，加强调研，经营系统整体效益趋好，全台广告经营收入和总公司完成利润额、卫传中心收缴收视费均完成全年指标一半以上。

关于下半年工作，赵化勇台长要求：1. 做好加强思想政治工作的宣传，为党和国家政治、经济工作大局服务。2. 精心组织，周密部署，打好下半年“八一”建军节、国庆节、奥运会、元旦和迎接21世纪、筹备春节宣传等五大宣传战役，同时组织好纪念建党80周年的节目创作。3. 着力推进频道专业化改革。4. 不断深化管理体制改革，加强理论探索。5. 加强技术系统内部管理，确保安全播出。6. 规范行政管理，提高服务水平。7. 贯彻中央思想政治工作会议精神，抓好理论学习，加强教育和监督力度。8. 强化指标管理，力争使经营工作内涵较往年有所突破。总之，2000年下半年，全台上下要认真学习贯彻中央思想政治工作会议精神，精心组织好一系列重大报道活动，坚持推进以“频道专业化、栏目个性化、节目精品化”为内容的宣传改革，继续探索电视管理体制的改革途径，全面提高管理服务水平，提高中央电视台的综合竞争实力，力争创造最佳的社会效益和经济效益，以全新的面貌、昂扬的姿态迈入21世纪。

中央电视台国产动画片发展战略研讨会

2000年8月2日，中央电视台召开“国产动画发展方向、战略目标”研讨会。副台长胡恩、青少中心主任余培侠及动画片部、动画技术部、总公司的有关同志参加了会议。

会上传达了中央领导、总局和台领导对发展国产动画事业的重要指示，学习了6月26日广电总局在上海召开的“繁荣国产动画片现场会”的会议纪要。

胡恩副台长指出：当前动画供求严重失衡，广大观众尤其是儿童需求强烈，国家及主管领导十分重视国产动画的发展，并明确提出国产动画占有率不能少于50%的要求，这些都给国产动画的发展提供了很大空间。面对有利的发展时机与挑战，中央电视台应发挥在人力、财力、设备等方面的优势，在上级提出的北抓中央电视台、南抓上海动画影视集团，以此两大动画基地为龙头带动国产动画发展的要求下，台内形成合力，统一规划、统一制作，科学管理、产业化运作，放眼世界、宏扬民族精神，中央电视台动画一定要做到中国第一。

胡恩副台长要求：一要认清当前中央电视台形势

和肩负的重任，领会中央精神并积极落实，坚定信心，振奋精神；二要深化改革，确定新的发展战略目标，制定中长期发展规化，光大民族传统；三是勇于创新，题材要多样化；四要坚持深化改革，加大管理力度；五要加强动画延伸产品的开发。

中央电视台思想政治工作交流研讨会

2000年8月16日至18日，中央电视台思想政治工作交流研讨会在长春第一汽车制造厂召开。台机关党委专职副书记南玉敏、广电总局机关党委组织部长刘桂莲和台内及直属各单位党总支专职副书记、党办主任20余人参加了会议。

会上，一汽集团公司党委副书记马振东和有关负责人介绍了一汽集团生产、经营和开展思想政治工作的情况。一汽集团将开展思想政治工作与企业生存、发展紧密联系，从关心职工生活、解决职工困难入手，不把职工推向社会，不把困难留给职工，把思想政治工作做到实处，收到了很好的效果。他们的精彩发言，使与会的专职党务工作者深受启发。

台机关党委专职副书记南玉敏在会上作了题为《认真贯彻落实中央思想政治工作会议精神，努力将中央电视台思想政治工作推上新台阶》的讲话。她说，全台各基层党组织工作定位准确，工作到位，组织发展扎实有力，活动丰富多彩，效果显著。中央电视台已建立了一支特别能战斗的专兼职党务干部队伍。他们默默奉献，不图名利，身先士卒，以身作则，工作尽职尽力，有创新意识。南玉敏同志提出，党的工作要牢牢抓住四点，即：找准工作定位——紧紧围绕电视宣传中心任务开展党的工作；抓住工作关键——坚持把理论学习放在首位，打好干部职工政治理论根底；抓好工作载体——开展内容丰富、形式多样的思想政治工作；抓好基础工作——坚持不懈地加强党的建设，强化共产党员的党性、党风、党纪意识，充分体现党员的先进性，提高党组织的凝聚力、战斗力，切实发挥两个作用。党务干部队伍要从三个方面不断加强提高。一是要加强学习，提高综合素质；二是要以党的工作为龙头，协调好各项工作；三是要勇于实践，善于总结提高。

广电总局机关党委组织部部长刘桂莲在会上转达了总局领导对中央电视台思想政治工作的肯定意见。她说，思想政治工作必须积极、稳妥、自觉地去做，要有开拓精神和超前性；思想政治工作要富于激情、热情；思想工作要与业务相结合、与关心职工生活相结合、与活动相结合，以情感留人、待遇留人。

结合一汽思想政治工作经验，会议专门进行了思想政治工作交流研讨。科影厂党委副书记张晓光、新影厂党办主任郝强国、新闻编辑部支部副书记武晋先、社教中心总支专职副书记杨菁、技术制作中心总支专职副书记田敬改相继就强化思想政治工作，加强班子建设，保持队伍稳定等作了专题发言，与会同志展开了热烈讨论。

2000年第二次观众座谈会

2000年8月24日，中央电视台观众座谈会在宁夏回族自治区吴忠市召开。这是中央电视台2000年在地方省区召开的第二次观众座谈会。会上广泛听取了宁夏各界观众代表对中央电视台节目的意见和建议。

观众代表表示，对中央电视台现有8个频道的设置格局普遍比较满意，认为2000年以来节目整体上有所进步，内容丰富，照顾到各方面观众，其中新闻节目和新闻评论节目尤其受到当地群众的欢迎。

观众代表也提出一些希望和建设：1. 要将西部大开发宣传报道工作作为重要课题，有计划、有重点地加强西部社会、经济、科技、文化、历史等方面的报道，反映各族人民的精神风貌，为开发西部服务。2. 应加大与海外交流的力度，积极参与国际重大事件报道，逐步扩大影响。3. 中央电视台与地方台应加强节目协调，减少资源浪费。4. 电视剧创作要加强规划，改变目前重长篇轻短篇、重古装轻现代、重城市轻农村的倾向。5. 应充实农业、法制、科学、环保、教育等方面的节目，对象性节目内容、时间编排要照顾收视对象，适合中学生的节目偏少、品种单一。6. 电影频道播放的影片重复多，新片、好片少，希望提高质量和数量。7. 播音员、主持人应努力学习，扩大知识面，提高语言表达能力及综合素质，减少差错。

与会观众代表及当地广播电视界同行对中央电视台采取的这种与观众面对面交流的工作方式给予充分肯定。

筹办2001年春节联欢晚会的专题研讨会

2000年9月4日至5日,中央电视台邀请全国部分省、市、自治区电视台的文艺部主任在京召开了“2001年春节联欢晚会专题研讨会”。

台长赵化勇传达了中央领导同志“要把新世纪第一个春节联欢晚会搞好。中央电视台的春节晚会是全国人民的晚会,也是全国电视系统的共同晚会”的指示,并恳请各位代表对办好这次春节联欢晚会献计献策。

副台长胡恩介绍了剧组的情况,通报了广电总局领导对春节联欢晚会“出好小品、出好相声、出好歌、推新人,为繁荣新世纪的电视文艺共同努力”的要求。

研讨会上,大家踊跃发言,积极献策,一致表示希望能在2001年的中央电视台春节晚会上有较大程度的参与合作,并表示将尽最大努力提供好节目和在人员方面积极配合。

中央电视台警示教育活动动员会

2000年9月5日,中央电视台处级以上干部警示教育活动动员会在北京召开,会议由副台长罗明主持,台分党组纪检组组长张海鸽宣读了台分党组关于利用胡长清、成克杰等重大典型案件对党员干部进行警示教育的实施意见。台分党组书记、台长赵化勇作了题为《提高廉洁自律意识,增强拒腐防变意识》的重要讲话,总局党组成员、中纪委驻总局纪检组组长王德新到会并作指示。台分党组成员和台领导出席了大会。会上,放映了专题电教片《胡长清案件警示录》。

大家都在认真听认真记

中央电视台第二套节目专题座谈会

2000年11月1日,中央电视台总编室特邀请从事影视研究和媒介调查的专家学者及各界观众代表,就改版后的第二套节目进行座谈。副台长兼总编室主任罗明、副总编辑赵立凡及有关节目部门负责人到会听取了代表的意见。

代表们认为,第二套节目改版较为成功,定位明确,在原有权威性、指导性的基础上更加重视实用性、服务性,更加贴近生活、贴近观众。现在的第二套节目很有特色,制作精良,形式活泼,编排合理,在时间安排、节目录制、舞美、灯光、主持人的形象等方面都有较大进步。同时也指出目前节目存在的问题,如栏目过于分散,个别主持人风格随意、表演痕迹过重等。建议要严格筛选题材、加强深度报道,根据特定收视对象的特点对一些栏目的播出时间进行调整,注意频道整体形象包装,突出整体风格,主持人要庄重大方等。

新技术装备

央视国际网络技术系统

中央电视台央视国际网络，自 1996 年 12 月开播以来，已经为广大网络用户播发了拥有文字、图片、音频、视频等多种形式的大量网上信息。经过几年的发展，网站的技术系统在系统规模、服务功能和技术水平上都发生了巨大的变化，从信息采集、技术制作和信息发布到节目内容和形式等各个方面都得到了飞速发展。目前网站已经拥有庞大的用户群和信息源，在国内已成为最有影响的几大专业媒体网站之一，正在逐步向规范化、专业化的媒体网站发展，并成为传统电视媒体的有利补充，从而更好地发挥中央电视台作为党和国家的喉舌作用。

央视国际网络技术系统主要由发布系统和制作系统组成。发布系统建立在北京电信托管中心，承担着网站所有文字、图片和视音频信息的对外发布、邮件分发、在线主持和访问量统计任务。网络出口 100M。采集制作系统建立在梅地亚制作中心，承担着各类信息包括视音频信息在内的采集、编辑、制作和发布管理任务。发布系统和采集制作系统通过 2M 专线连接，进行数据上传和管理控制。以下简要介绍系统技术情况。

(一)托管发布系统

1. 托管发布系统实现的主要功能

图文信息 WEB(静态页面)发布

视音频信息发布

动态信息发布功能(数据库系统)

网站信息邮件分发功能(Maillist 系统)

在线主持系统功能

用户访问负载均衡功能

高速网络接入

发布管理和控制功能

访问量统计

2. 系统规模描述

北京电信托管中心网络由负载均衡交换机(Arrowpoint CS－150)、以太网交换机、路由器及各种应用服务器(SUN、HP 主机)构成，每台服务器均配备多块网卡，主干采用 100M 带宽连接。

网络接入系统：使用一条 100M 链路接入 China Net 的骨干路由器，为整个托管发布系统提供较宽的出口带宽。

负载平衡系统：使用两台 Arrowpoint CS－150 交换机，提供多达 16 个 10/100M 的 Ethernet 接口，并通过其服务器负载均衡功能，将用户访问均衡的分配到多台 WEB 服务器。这样一方面提高了系统的可用性，另一方面也提高了整个系统的能力。

WEB 发布系统：采用 2 台 SUN420R 作为 Web 服务器，发布系统软件采用 Netscape Web Server，通过负载均衡的形式，同时提供网上用户对静态页面访问的服务。

Real 视频发布系统：采用 1 台 SUN l405 服务器和 Real Network 的 Real G2 媒体服务器软件，提供网上 Real 格式视频节目的点播和直播服务。

Windows Media 视频发布系统：采用 1 台 HP 服务器 + MicrosoftWindows 2000 Advanced Server 作为 Windows Media 视频服务器，提供网上 Windows Media 格式视频查询服务。

数据库服务器系统：采用 1 台 SUN l405 服务器，运行 ORACLE8I 数据库系统，支持动态访问服务和信息发布。

邮件分发系统：采用 1 台 HP 服务器，在邮件系统软件和专用邮件分发软件的支持下，提供网站信息邮件分发服务。

在线主持系统：采用 1 台 HP 服务器和专用在线主持软件系统，提供网上节目主持人和网民在线交流功能。

应用服务器系统：采用 1 台 SUN420R 和 BEA Web Logic Server，支持动态访问和信息发布服务。

备份机服务器：采用一台 SUN 1405 主机作为整个托管中心主机的备份机，尤其作为数据库服务器、应用服务器等主机的备份。

发布管理软件系统：将制作系统实时提交的各类

发布信息准确、安全可靠的自动传送并分发到托管发布系统相应的主机服务器中。

(二)制作系统

1. 制作中心数据库系统

作为网站信息采集、编辑、制作和发布的核心系统制作中心数据库系统,采用了ORACLE 8I多媒体数据库系统和HP PC服务器主机,支持网站日常信息采集、制作、发布和管理工作。

2. 节目制作发布系统

为了提高网站信息采集、制作、发布的效率和时效性,针对各种类型的节目和栏目,开发建立了相应的自动化制作发布系统,帮助编辑和制作人员自动完成将各种来源的素材从采集、制作、合成、复制上传到托管发布中心等各个环节的工作,极大地提高了网站的运行效率。到目前为止共建立了以下模块:

• 系统维护

系统维护子系统用于维护系统的基本数据,包括系统用户信息、权限信息、目录信息、系统参数信息等。具体又可划分为权限定义管理、角色定义管理、用户管理、登录校验、目录信息管理、系统参数维护等模块。

• 模版维护

模版维护用于维护合成时用到的各种页面模版,包括模版载入、模版载出、模版删除等功能。

• 新闻制作

新闻制作子系统完成了从采集录入新闻素材、审核、页面合成到页面发布的整个新闻制作过程,主要包括新闻采集录入、新闻审核、新闻合成、新闻发布4个功能模块。

• 栏目制作

栏目制作子系统实现了栏目由各栏目组的编辑自己维护的目标,主要包括栏目的维护、栏目具体内容录入、栏目合成、栏目审核、栏目发布等功能模块。

• 专辑/专题制作

专辑/专题制作子系统完成专辑/专题制作从专辑维护、专辑挑选和录入素材、专辑页面合成、专辑发布的所有功能。

• 收视指南

收视指南子系统主要完成收视指南频道制作,包括电视节目单的制作、主持人风采的制作维护、影视剧介绍的制作维护等等。

• 广告

制作中心的广告系统,主要是完成广告的录入,维护管理由托管中心实现。

• 公共信息和其他

包括天气预报、出行指南、节目预告、网上调查、在线调查、网上投票等制作发布管理。

• 频道制作维护系统

网站还先后完成了文娱频道、生活频道、视听在线等频道的制作维护系统。

3. 网络系统

梅地亚制作中心网络系统近年来得到了进一步完善,改造了综合布线,扩充了网络主干,数据点和语音点达到了近500个,制作中心网络骨干交换系统升级到Catalyst6006,主干交换带宽达到1000M,10M/100M交换端口达到近200个,在制作中心和托管中心之间增设了防火墙系统。

4. 视音频节目采集制作系统

视音频节目采集制作系统主要包括视音频节目采集、压缩、制作、存储和发布。以直播和点播方式在网上播出。视音频节目采集系统目前主要利用传统电视节目采集手段,将中央电视台9套电视节目、录制好的电视节目素材和现场实时采录的视频信号,通过局域网、远程专线和卫星等方式传送到网站视音频采集制作发布机房,经过压缩、制作并存储到视频服务器中,提供网上视音频节目直播和点播服务。目前网站具有同时直播两套节目的能力,4套直播压缩系统,压缩格式为Real和Windows Media两种数据格式,收看窗口为176×132和320×240两种。视频服务器放置在中国电信托管中心,一套Real Server系统和一套Windows Media Server系统,存储能力为72G。

(1)视音频节目采集系统

直播节目信号采集

直播节目信号采集系统主要用于每天新闻联播、午间新闻、晚间新闻、精彩节目和重大活动的现场直播以及网站独立组织的网上现场节目的视音频信号采集。网站视音频采集系统通过光纤、视音频电缆与台内主控机房、网站演播室和网站录象机群连接,通过自动控制录放服务器和一个16×16模拟视频矩阵,可分别选择不同视音频节目源进行网上直播。信号源来自台内主控机房的1~9套节目、主控机房收录的外来节目信号、现场节目信号、台内演播室信号等。另外网站还建立了自己独立的现场视音频信号采集系统,既将直播信号现场压缩,将压缩后的数据通过专线或公网传送到网站直播系统进行网上直播。

点播节目采集

网站视音频节目采集系统(用于网上点播节目)主要包括:

收录中央电视台1~9套节目中网站所需要的视音频节目。根据播出时间表通过自动控制录放服务器、模拟视音频矩阵和录像机，自动收录来自主控机房的1～9套播出节目，经过编辑制作后压缩到视频服务器中。

通过台里电视信号接收系统（卫星或微波），经过主控机房将网站所需要的外来视音频节目信号传送到网站视音频采集制作机房，根据需要进行编辑制作和录制并压缩到视频服务器中。

对已经录制好的各种电视节目素材进行简单编辑和制作后存入视频服务器。

远程自采节目是将录制好的视音频信号在当地进行简单制作后进行压缩，将压缩后的数据通过专线或公网传送到网站并存储到视频服务器中。

目前网站用于视音频采集的设备：16×16模拟视音频矩阵1台，自动控制录放服务器1台，录像机4台，直播压缩系统4台。

(2)制作和压缩系统

由于受到网络带宽的影响，为适应不同的网络环境，网上视音频节目一般需要经过特殊的压缩处理。目前最为流行的网上视音频播放和制作系统是美国Real Networks公司和Microsoft公司。中央电视台采用的是上述两家的压缩制作系统，既Real Producer和Windows media encoder。

直播节目制作是将现场传送到网站的电视节目信号（通过视音频节目采集系统），根据压缩质量、收看窗口大小实时压缩成Real和Windows Media两种格式。

数据捕获和编码：由电视接收卡、视频捕捉卡、Real Producer PlusG2或Windows media encoder软件组成，安装在一台PC机编码工作站上，把电视信号处理成Real Server和Windows media Server能够播放的格式。视频捕捉卡捕获输入的视音频信号后，通过使用Real Producer Plus和Windows media encoder编码软件，实时将视音频信号数字化成Real Video和Windows media格式，送到Real Server和Windows media Server服务器上直接播放，同时以文件的形式存放到服务器上。

点播节目的制作由于点播节目是非实时的，点播节目在制作过程中可以采用一些特殊的技术以提高节目的质量。目前网站采用的技术是：

先将视音频信号转换成AVI格式，再进行压缩制作。

在压缩制作过程中，采用双认证编码技术，既系统在输入影象编码前先分析影象数据，在第一次认证时对整个影象片段进行分析，寻找过渡和复杂之处，在第二次认证时，根据第一次认证得到的分析数据对影象片段进行编码，这样可以大大提高输出影象的质量。

根据节目类型，点播节目的压缩采用56K或100K。窗口大小采用172×132或320×240。目前在网站视音频制作系统中共安装了上述两种压缩系统两套。

目前网站用于视音频节目制作的设备：8×8模拟视音频矩阵1台，控制服务器1台，录像机4台，压缩系统设备4台。

（三）系统的主要特点

先进合理的体系结构，具有非常强的可扩充性。

先进的负载均衡技术，充分发挥了系统的整体能力。

先进成熟的技术和设备，增强了系统运行的稳定性。

开发了高效灵活的制作发布软件，提高了网站的运行效率。

系统在技术水平、规模、功能和应用方面达到了国内先进水平。

（四）系统运行情况

央视国际网络技术系统支持着网站日常节目的制作发布工作，每天24小时不间断运行。到目前为止系统运行情况良好，未出现大的故障。特别是2000年系统扩充改造后，由于采用了先进的技术和体系结构以及高效率的制作和发布软件，系统投入运行后效果非常明显，支持用户访问的能力和速度明显提高，访问人数大幅度增加，视频收看效果也明显改善。由于改善了制作系统，信息发布量、更新速度、节目形式和效果都有了很大提高。2000年系统日均访问量达到45万人次，页面访问量160万，点击量2400万，最高时每天访问人数高达近50万，页面访问量超过250万。网站节目制作量每天超过1200页，视频制作量每天达到300分钟，网站在线信息量超过140G。访问效果明显提高，访问速度一般情况5～10秒，高峰时20秒以内。

近年来网站技术系统虽然有了较大的发展，但仍然满足不了互联网飞速发展的需要，特别是网上节目宣传的需要。网站技术系统今后还需要进一步扩充和完善，紧跟先进技术，特别是视音频网上技术，将网络媒体和电视媒体更好地结合起来，充分发挥中央电视台信息资源的优势，把中央电视台网站办成世界一流的网站。

（顾　军）

虚拟现场制作

（一）概述

虚拟现场制作（Virtual Field Production）是指在现场直播节目中，由摄像机拾取现场视频信号、由传感器小盒拾取内置于特制云台内及镜头上的传感器传送的摄像机及镜头的各种变化及状态信号、由02工作站根据传感器信号的变化，在数字视频处理器中将欲插入的图形、动画、视频信号相应地叠加在现场拾取的视频信号上，并进行色键处理，最终达到叠加部分与现场有机地结合在一起，是一种传统电视制作与电脑技术相结合的高科技电视制作技术。

中央电视台于2000年初从以色列傲威（Orad）高科技系统公司引进了两套虚拟现场制作系统。这两套系统是该公司CyberSports系统的部分功能产品。其主要是用于虚拟广告及现场插入视频的播出。这套系统的使用不仅可以在不占用常规广告时间的前提下增加固定及动态广告的播出，而且可以利用该系统的插入视频特性，在体育转播中进行队员介绍、慢动作视频信号的现场插入，使观众在不中断欣赏比赛的前提下获得更多的信息及享受。

（二）虚拟现场制作系统的组成

虚拟现场制作系统按其作用可分为四部分：

1. 信号拾取部分：包括摄像机及改装后的镜头、内置传感器的云台、传感器小盒。摄像机拾取现场视频信号，传感器小盒收集镜头及云台传感器的信号，以RS422协议传送信号，而后转换成RS232协议后，可由02工作站读取。该信号的作用是说明摄像机状态的变化情况。

2. 控制部分：其主要设备是02工作站。其作用是收集传感器信号、以传感器信号为标准，输出控制信号至数字处理部分对其贴图处理进行控制、存储并传输图形及动画。

3. 数字图形处理部分：其主要设备为数字视频处理器（DVP）。其作用是接收并存储由02工作站传送来的图形及动画文件、由02工作站的控制信号控制在视频信号相应的位置上逐帧进行贴图。

4. 附加设备部分：其设备有02－D1，作用是将数字视频信号转换为02工作站可识别的视频信号格式，可供02工作站识别视频信号及图形处理；数字视频延时器（DVD），作用是将数字视频信号进行相应的延时，以匹配由于经过02工作站处理后对传感器信号造成的延时；校准卡用于对镜头进行校准，以校正该镜头对视频信号造成的失真，从而使贴图更加符合实际变形的视频信号。

（三）虚拟现场制作系统的工作流程

虚拟现场制作分为三个主要步骤：

1. 镜头校准：通过使用校准卡对镜头进行校准处理。在特定的距离（常规6～7米）的条件下，主要经过确定中心，计算视频信号像素变化对于推镜头的变化量，经过02工作站的IMaGINE软件的处理，得出一条镜头变化对于所摄图形的变化曲线。这条曲线可作为该镜头的标准特性曲线。

2. 现场校准：主要进行新焦点的确定，即以所要进行贴图的最远点作为焦点，取6米至该焦点中间的两点作为基准，由02工作站中的IMaGINE软件进行处理，以该镜头的标准特性曲线作为参考，计算出一条新的曲线。该曲线代表远焦点时推镜头视频信号像素变化对于推镜头的变化量。从而进一步形成一数据网，对于任意焦点（近焦与远焦之间）的任意镜头推拉位置都有与其匹配的数据用于说明贴图的大小。还包括边缘失真的校准，由于镜头自身特性的原因，其边缘均会出现变形情况。为保证贴图的变形与镜头的变形吻合，需要在镜头推的过程中对每一个边缘进行变形数据的处理，从而满足其变形的需要。

3. 贴图（数字视频处理）：以经镜头校准及现场校准形成的校准数据文件作为贴图的基准文件，提供贴图的参数。由02工作站接收传感器传送来的数据，在校准文件中找到相应的贴图数据，对DVP发出指令，控制已存储到DVP的图形贴到相应的位置，并由用户预先设定好的有关色键、色度及透明度等参数对图形进行处理，从而满足贴图与被摄物体共同运动，使贴图看起来与现场相吻合。

（四）虚拟现场制作的实际工作情况

3月下旬，利用在首都体育馆举行的冰球比赛的机会，在没有参与播出的情况下进行了首次现场演练，基本完成了对该系统的进一步测试，为下一步用于现场直播做好了比较充分的准备。

5月7日，虚拟现场制作系统首次在中国广播电视节目中正式使用，参与了足协杯开幕比赛的现场直播。这次直播中采用了两套虚拟现场制作设备，以中央电视台技术人员为主，以色列傲威公司专家协助，提前数日对虚拟现场制作设备进行调试、校准及各项最终测试。为保证直播效果，中央电视台不惜重金从北京派出最先进的八讯道数字转播车南下上海。在各方的配合下，特别是中央电视台技术人员的努力下，播出非常成功，效果令观众耳目一新。使得中央电视台在电视节目制作技术上与世界先进水平接轨。

在参与了多场足协杯的赛事转播后，虚拟现场制作系统又被用于备受瞩目的奥运会的转播中。在这次转播中，中央电视台在世界上首次采用了通过卫星传送视频及传感器数据信号，在北京播出机房进行虚拟叠加的技术。在中央电视台技术人员的努力下，在以色列专家的协助下，解决了信号传输中的数据视频信号的同步技术、传感器数据信号在镜头切换下的自动上下问题、远距离传输后信号损失问题等多项技术难题，最终使中央电视台的奥运会转播在向世界先进技术水平的攀登道路上，取得了新的突破。

（五）虚拟现场制作的未来

虚拟现场制作还并不完美，虚拟现场制作系统也并不十分完善。在今后的工作中，我们将不断在设备上进行更新以跟上世界的潮流，而且还要在现有的基础上开发虚拟现场制作的新用途，从而丰富电视荧屏，为中央电视台带来更高的声誉、更大的回报。

（陈建波　蓝劼）

无磁带制作、播出、文稿系统

无磁带系统是由制作、播出、文稿传送三个子系统有机地组成的，利用素材采集工作站、快编工作站、串编工作站、文稿编辑工作站、配音工作站、审片工作站、播出工作站及卫星收录工作站等各种专业工作站完成新闻节目制作过程中的不同编辑工作，整个制作过程具有流水线作业方式和并行工作方式，能大大提高新闻节目制作播出效率，实现新闻节目制作和播出过程中音视频资料、文稿的一体化管理，作文稿系统与视音频系统的有机结合，保持文稿、音频和视频的互动和一致，实现新闻节目制作播出的一体化。

中央电视台无磁带制作、播出、文稿系统，具有先进性、前瞻性、可扩展性和开放性。系统采用 FC 光纤网和以太网相结合的双网结构，数据压缩格式采用先进的 MPEG－2，实现 IBP 帧编辑，这与国内已建成的系统比较在技术上是领先的，与 M－JPEG 和 MPEG－2 I 帧格式的系统相比，在保证图像广播及视频指标和帧精度编辑能力的前提下，该系统降低了对硬盘阵列容量和网络带宽的要求，为系统提供了很大的扩展空间。同时 MPEG－2 IBP 帧文件格式具有标准性，实现了从素材采集、编辑制作到播出在压缩格式上的一致性，避免了格式转换，有利于系统的扩展和互联。系统在 FC 光纤网上接入实时使用高码率 MPEG－2 视频数据进行工作的设备，以实现节目制作数字化，并实现在整个节目制作过程中高质量视频素材的集中存储和实时共享。在以太网上接入使用低码率 MPEG－2 视频数据进行工作的设备，完成工作量较大的编辑工作，以实现多点并行工作。另外，以太网将系统中的所有工作站连接起来，以实现各个工作站的制作结果共享与相互传递。系统适当配置 FC 精编站点和以太网粗编站点的比例，灵活划分工作区，采用制作机房集中配置与编辑记者办公室桌面编辑、写稿分散配置相结合的方式，以利于编辑记者的工作。

无磁带系统在素材采集方面采用集中上载方式，在素材来源渠道多和格式多样化的情况下，可最大限度地降低录像机等输入设备的投入，系统能够自动收录来自卫星的信号。系统的素材都是第一版上载到网络中，在网络环境中进行编辑制作播出，不存在传统系统中的多版复制问题，因此可以降低对摄像机的档次要求。系统通过接入工作站与台内 OA 系统连接，共享来自新华社、路透社等方面的信息以及 INTERNET 上的资源，系统具备远程数据接入能力。系统在安全性方面作了充分的考虑，在系统软件设计、交换机、FC 硬盘阵列、以太网服务器及播出等关键环节均使用了备份和容错技术。

在无磁带系统模拟环境试运行阶段，对技术人员了进行系统理论、操作、维护及应急措施等方面的培训，对编播人员进行了应用编辑操作、制作流程等方面的培训。在实际使用过程中，根据编播人员提出的新需求，及时进行软件设计等方面的调整。

（申发玉）

600 平方米演播室视频系统

600 平方米演播室是中央电视台大型的综合节目录制和现场直播演播室。该演播室原视频系统是 1986 年末设计、安装的，系统中的主要设备都不同程度地出现了老化，随着数字技术日趋成熟，作为节目制作系统数字化进程的的重要一环，中央电视台在 2000

年对600平方米演播室进行了数字化改造,其目的是全面提高系统的信号质量和播出安全性,以及适应当前综合性节目录制和直播的功能要求,同时使改造后的系统可以兼顾1000平方米演播厅和新建的1号演播厅的使用,以提高设备的利用率。

600平方米演播室视频系统由六套演播室用数字摄像机、数字视频切换台、32×32数字矩阵、双通道数字特技机、四台DVW数字录像机、一台双通道硬盘录像机、两套图文字幕设备、信号转换分配和技术监测设备构成。此外,还包括控制系统、通话系统、TALLY提示系统、监听和音频系统设备。

摄像机选用了飞利浦最新的LDK200型数字摄像机,该采摄像机用2/3英寸FT型CCD,12比特信号量化,信噪比为60dB,灵敏度为F8.0。LDK200型采摄像机取了动态像素管理DPM技术,在4:3的CCD上实现了对16:9的兼容,DPM技术没有改变CCD成像区域的水平尺寸,只改变了垂直尺寸,因此在4:3和16:9之间切换时不需要通过转换镜片来弥补视角的变化。所有摄像机的OCP控制面板采用串行连接方式,通过地址码对相应的摄像机进行控制。考虑到导演对节目制作的不同要求,将演播室以前常规使用的大型座机改为大镜头小机身形式,这样使配置摄像机更加方便。为了兼顾1000平方米演播厅和1号演播厅节目的制作,系统中设计了一个三同轴的跳线板,其作用类似视频跳线板,实现摄像机的灵活调用。

数字视频切换台使用了飞利浦公司的DD35-3型切换台,该切换台操作界面直观、功能强大、性能稳定,直接可选切的输入信号为24路,具有2级M/E,通过其控制接口和相应协议可以很方便地实现对特技机、录像机等外部设备的控制。切换台共有15条辅助母线输出,可以很方便地进行节目监看,实现其他辅助功能。为了适应综合类节目对信号分配的多方面要求,提高系统灵活性,选用了能与DD35配合使用的飞利浦公司VENUS矩阵,不仅扩充了系统的输入输出口,方便了信号的调用,而且实现输入源名称传送功能。系统中使用品尼高的特技机性价比高、特技类型丰富,满足了大型直播演播室节目制作需要。

硬盘录像机选用了TEK PDR200,它采用M-JPEG压缩进行数据存储,配置为两个通道使用。硬盘录像机可以方便地编辑用于直播的插播节目、采集静帧画面和需要即时重放的视频素材,尝试增加新的节目制作形态,实现多路同时记录,减少录像机的使用数量。

600平方米演播室TALLY系统采用了传统的继电器工作方式,由佑图公司生产的两个TALLY BOX组成。TALLY BOX1用于继电器触发选择NORMAL和EMERGENCY工作状态,TALLY BOX2主要用于信号的分配。在系统设计过程中,我们考虑了在应急情况下使用矩阵进行切换的TALLY问题。导演切换台输出串行TALLY信号可以通过飞利浦公司的MI-3040转换成并行信号;和JUPITER控制主机VM-3000连接的另外一个MI-3040也可以把接收的信号转换成并行信号,两个MI-3040输出的信号同时送到TALLY BOX中进行处理,TALLY BOX的输出通过四个连接板SLW送到监视器墙TALLY灯或是监视器、摄像机的TALLY输入。监视器墙TALLY灯采用了发光二极管显示,和目前很多演播室使用的点阵数字显示方式相比具有简洁、清晰的特点,同时节省了投资。

通过这套TALLY系统,可以实现在正常工作状态下TALLY灯的正常运行,同时确保在紧急情况下,使用紧急切换器也可以正常触发TALLY灯。

600平方米演播室通话选用了英国DRAKE公司的4000系列数字矩阵通话系统,通话主机DRAKE4416-16采用电源主备倒换,内部所有矩阵板和电源模块均可带电插拔,该主机可连接16个控制面板和16路外部声音信号。根据系统实际需要,600平方米演播室通话采用星型连接方式,将7个控制面板和16路外部声音信号与通话主机相连,通过WINDOWS PC定义了面板按键和所有交叉点通断,考虑到控制面板源的输入数量和操作方便性,系统设置了3个GROUP。导演、副导演与演播厅现场导演、摄像员间的通话交叉点为永久接通。此外,600平方米演播室有3路BNC、2路XLR、3路RING线连接至1000平方米演播室的通话连接板,以用于演播室的交叉使用或共用通话。

演播室新的视频系统具有以下特点:

(1)完善的节目制作和直播功能,系统具有灵活性。600平方米演播室系统中,数字视频矩阵和完善的控制面板、大型多功能切换台、双通道数字特技和多通道磁盘记录设备的使用,实现了信号的灵活调度和节目编导不同的制作要求。数字通话系统的采用,不仅提高了通话质量,还保证了直播节目指挥调度关系的灵活变化。

(2)完备的故障处理能力,系统具有安全可靠性。600平方米演播室是一个直播演播室,为确保安全播出。我们主要从设备和系统两方面进行考虑。视频切换台和视频矩阵都采用双电源供电,内部自动检测,可以实现自动电源倒换。特别注意了对应急备份系统的设计,在紧急故障情况下实现对视频不间断的切换和叠加字幕，对 TALLY 提示的正常控制，尽量做到在紧急情况下编导人员的工作不受影响。在信号传输方面，和主控和播出机房之间都有主备通路。

(3)多路外来信号双向传送能力，系统具有开放性。600 平方米演播室切换台和系统矩阵具有足够多的输入输出通道，与邻近的 1000 平方米、800 平方米演播室及主控机房有多路双向视频、音频、通话信号联络，对系统今后的发展余量也进行了充分考虑。另外，注意到数字化进程中与周边模拟系统的衔接，系统保留有 D/A 和帧同步设备。

(4)与电视技术发展相适应，系统具有先进性。600 平方米演播室系统的主要设备采用数字设备，除部分监看环节外，整个系统的传输采用数字 SDI 信号。在与全台主控矩阵大链路传输上实现了数字音频信号嵌入通过光端机进行数字信号传输，大大提高了节目传输质量。演播室新系统中使用的摄像机、视频切换台、数字矩阵、特技机、监视器等设备都可以进行 4:3 和 16:9 的切换，为数字电视广播的节目制作进行了技术上的准备。

改造后的 600 平方米演播室不仅节目质量得到了极大的提高，而且系统更稳定、灵活、易维护。经过台内技术管理部门的测试，各项指标均已达到预期的改造目的和设计要求。

(赵贵华　刘　宁)

第十演播室音频系统数字化改造

第十演播室(600 平方米)是中央电视台大型演播室之一，主要承担大型电视综艺节目的现场直播和录制任务。随着数字电视技术的发展，演播室音频系统数字化进程的加快，对模拟音频系统的改造已成为迫切和必要。继第九演播室数字化改造完成后，2000 年音频部又圆满完成了第十演播室数字音频系统改造任务。改造后的演播室数字音频系统具有以下特点：

• 安全：

电力供应是整个音频系统得以安全运作的根本保障，第十演播室音频系统中采用了 UPS 和工艺电互为备份的供电方式。调音台则采用了 SSL 全数字调音台，它本身也有两个互为备份的电源同时为主机和调音台供电从而使得电力供应有了保障。

• 灵活：

在演播室和二楼平台设置了话筒通路面板，通过音频电缆的连接使音频控制室与二楼平台及演播室之间声音信号的上下传递变得轻松、随意。它的翻页功能可以使调音台从控制 1—32 通道转而控制 33—64 路通道，而输出信号没有任何间断或变化。操作起来更为灵活，使录音师所有新颖、独特的想法可以在硬件连接上得到快速、充分的体现。

• 易于操作：

数字调音台的操作界面与模拟调音台相类似，诸如输入电平、48v 幻象供电、辅助输出、均衡等功能都由相应的旋钮或按键来控制，使得操作变得容易和直观。每个通道上都有噪声门和压限器，可以方便地进行操作，省去了系统连线的麻烦。另外，调音台的当前所有状态都可以通过按一个按钮保存到硬盘里，也可以仅通过一个按钮调出保存的状态文件，使调音台立即恢复到以前的状态，省去了再次设置的麻烦，从而达到了简化操作的目的。

• 性能指标高：

作为全数字调音台，SSL 秉承了数字调音台一贯的动态大、信噪比高、失真小等优良特性。比如，其不加重的动态范围可高达 102dB，系统引入的本底噪声小于 -126dB，而 1KHz 的总体谐波失真 THD 小于 0.002%，两个输入通道在 20Hz——20KHz 范围内的串音小于 -90dB 等等。而且新系统的线缆全部采用高质量的模拟话筒线和数字话筒线，使得整个音频系统的本底噪声进一步减小，完全满足了电视节目制作的技术要求。

• 优良的配置：

系统采取了超前的设计和配置，在调音台的表桥上安装了数字相位表，同时 SSL 调音台支持 5.1 的环绕声的播出。为将来进行杜比 AC—3 环绕声电视节目的制作打下了基础。

第十演播室音频系统还配备了数字周边设备。其还音设备是两台互为备份的 360 SYSTEM 硬盘录音机，这种数字硬盘录音机的优点是具有标准的模拟和数字(AES/EBU)输入/输出接口，反应速度快，易于编辑修改；其录音设备是 Panasonic SV3800DAT 和 HHb CDR850 CDR 刻录机，可以根据需要用 DAT 进行双声道立体声录音，和 CD 母盘录音，便于后期处理、缩混；还配备了 1 台数字延时器，1 台数字混响器，2 台数字效果器等周边设备。无线话筒从原来的八通道扩展到十四通道，满足了制作节目和录音的需要。

• 联合使用，设备共享：

由于 1999 年 10 月在第九演播室安装了另外一台 SSL 公司的 Aysis Air 调音台，这样可以通过 SSL 公司特有的 Hiway－Link 和 Ethenet 连线让第十演播室音频控制室接受第九演播室或一号厅的信号，话筒放大器可以共享。从而达到用第十演播室这样可以使系统更加灵活，对于一些大型的节目可以两个演播室共同使用，在将来设备维护和更新的过程中也有一定的帮助。

另外，在新的演播室增设了扩声系统，调音台采用 CadacC—type 32 路模拟调音台，它在完成扩声任务的同时也将整体提高节目制作水平。同时在直播时它还可与主调音台互为备份使用。

（吕薇薇）

50 平方米演播室系统的数字化改造

1999 年，经台领导和技委会审核，中央电视台 50 平方米演播室系统的数字化改造方案被批准，在经过了周密的设备选型、系统设计和安装调试后，2000 年 8 月，50 平方米演播室系统数字化改造完成，经科技处测试，各项技术指标达到设计要求，尤其是音频通路的信噪比达到了 80dB 以上。下面主要对本系统的系统构成，设备选型以及主要设备的性能和系统间衔接等方面加以说明。

（一）系统构成

50 平方米演播室系统主要由 2 台 PHILIPS 的 LDK－20PS 数字摄像机，1 台 SONY 的 DXC－950P 小型摄像机，1 台 PHILIPS 的 DD10 数字切换台，1 台 PHILIPS 的 MARS 24×8 数字视音矩阵，1 台 PINNACLE 的 DVEXtreme 两通道数字特技，1 台 YAMAHA 的 02R 数字调音台，2 台 SONY 的 DVW－A510P 系统放机，2 台 DVW－500P 系统录机，2 台 DVW－500P 收录机，1 台 SONY 的 CDP－3100CD 放机，1 台电话耦合器，1 台新奥特 NC－9000 字幕机等设备组成。

（二）设备选型

设备选型方面，摄像机、切换台和矩阵选择 PHILIPS 公司的产品，除了因为其高质量的性能外，还考虑到设备的统一性。周边设备中，视音分采用了 LETCH 公司的产品，VSD－6801 数字视分，VEA－6830 模拟视分，它们可共用同一机箱 FR－6804－1，同样 AES－880 数字音分和 AMD－880 模拟音分也可共用同一机箱 FR－884，这样不仅节省了设备柜上的空间，也节省了资金。由于本演播室系统目前与主控室等的通路仍为模拟线路，一些 A/D，D/A 等转换设备也是必不可少的，因此选择了 VISTEK 公司的 V1665/FS 视频复合数模转换板，V1621 视频分量模数转换板，V1662 视频复合数模转换板，V1640 数字帧同步板，V1631 音频模数转换板，这些转换板均可装在同一综合箱 V1603/D 内，这同样节省了空间和资金。示波器选择 TEK 1755A 和 601M，信号发生器选择 TEK TSG－422，是因为 TEK 公司在这一领域的领先地位。监视器仍然选择 SONY 产品，主监为 2 台 BVM－20E1E，技监为 1 台 BVM－1416P，监视器墙上信号源的监看为 21 台 PVM－14E4E。

（三）主要设备性能

1．摄像机

LDK－20PS 数字摄像机是 PHILIPS 公司 LDK20 系列摄像机产品家族中的一员，它采用 12 比特 A/D 转换器和高于 20 比特的高分辨率数字处理器，以及动态像素管理（DPM）传感器等先进技术，信噪比达到 61dB。

LDK－20PS 具有广范的自动功能，包括在线自动黑斑补偿，在线自动黑电平，自动拐点，自动肤色，自动光圈，为演播室的拍摄提供了很多方便。

2．切换台

PHILIPS 的 DD10 切换台是一个有 16 路串行数字输入，2 个上游键和 1 个下游键，4 路 PGM 串行数字输出，1 路 PST 输出，1 路 CLEAN FEED 输出，5 路辅助母线输出的演播室或后期使用的小型切换台，使用灵活方便。

3．调音台

YAMAHA 02R 数字调音台是一个 24 路模拟输入及 16 路数字输入的 24 比特数码录音的新型调音台，它有 8 个组输出，8 个辅助输出，1 组数字节目输出，1 组模拟节目输出，此外还有 2 组监听输出。

02R 的动态范围在典型情况下达到 105dB 以上，20－20000HZ 下总谐波失真小于 0.2%，相邻通道间和输入输出间的串音在－70dB 以下，技术指标显示该调音台具有较好的性能。

（四）系统间的衔接

50 平米演播室系统数字化改造后，视频系统大部分设备间为数字连接，但还有少部分设备或外来信号为模拟方式，比如主控室到 50 平方米演播室系统有 2

路外来信号，现仍为模拟复合信号，需经过 A/D 转换后进切换台。本系统选择 VISTEK 的 V1665/FS 视频复合模数转换板，模数转换的同时还对外来信号进行了锁相，这样在直播一些比赛的时候，不需要主控室对外来信号再经过帧同步器，减少了中间环节，提高了直播的安全性和可靠性。

此外，演播室的吊顶摄像机目前也是模拟设备，由于摄像机机站可提供 RGB 分量信号，因此选择 VISTEK 的 V1621 视频分量模数转换板，这样可使转换后的信号减少损失，以提高节目质量。

本系统导播室与演播室间的通话采用 DRAKE 公司的通话系统，导演通过一耳机放大器与播音员进行通话，因为耳机放大器需要一个 +12V 的直流电压供电，在演播室用一直流变压器给其供电不太方便，经过对系统各设备进行仔细研究，发现 LDK－20PS 摄像机的机站有一控制接口，为一 25 芯 D 型接口，其中有 +12V 直流电压输出，取出后通过多芯电缆和导演给播音员的通话信号一起送到演播室的耳机放大器，一举两得。

本系统到播出的应急切换，通过 MARS 24×8 矩阵的第一路输出送出，采用－24×1 单母线遥控面板与矩阵主机相连，可在 PGM 与各信号源间进行切换。为了使此遥控面板与主机总遥控面板互不干扰，通过改变总遥控面板上的开关位置，使第一路输出的控制在总遥控面板上被禁止，而只能在应急切换的遥控面板上控制。这样，可以避免在应急切换时，总遥控面板对应急切换的影响，确保安全播出。正常情况下，切出 PGM 信号送到播出，作为主路 PGM 信号的备份。应急情况下，作为信号源间的应急切换。这样设计，也符合中央电视台对应急切换的统一定义。

（薛军洪）

多媒体后期制作机房更新改造

中央电视台录制部多媒体后期制作机房，始建于 1995 年底，是一个主要由美国 AVID 公司 Media Composer 系列的非线性编辑系统构成的较大规模的多媒体制作群。随着多媒体技术的飞速发展，以及近年来中央电视台节目制作量的不断增加，原有的后期制作系统已不能适应高效率、高质量的节目制作需求。因此，对原有的机房进行了改造、更新。

经过改造后的多媒体后期制作机房分为两大部分，一部分为经过改造后的模拟系统（模拟组），另一部分是新建的全数字系统（数字组）。整个机房的制作能力与 12 套传统合成机房相当，是原有生产能力的两倍多。在满负荷运转条件下，每天可以为台里提供 36 个单元的节目制作机时。原来机房每周约产出 200 多分钟的节目和节目片头、片花。改造后的机房预计每周将能完成约 10 个小时的节目生产以及节目包装。改造后的模拟系统由原有的 4 套模拟 2:1 压缩非线性编辑设备 Media Composer 1000 组成（见系统图），新建的数字系统由新引进的 6 套数字非压缩非线性编辑设备 Symphony 和 2 套数字非压缩非线性合成编辑设备 JALEO 组成。

目前，不同档次，功能各异的非线性编辑制作设备相当多，新建系统中的设备选型就显得尤为重要，经过对国内、外十几种非线性编辑制作设备的调研和反复论证，考虑到设备的性能价格比以及台内节目制作的需求等诸多因素，在新建系统中我们最终选择了以上两种机型。数字非压缩非线性编辑设备 Symphony 是 AVID Media Composer 系列中的高端产品，是基于 NT 平台，可以达到双数据流无压缩的非线性编辑设备。它的系统基本配置：主机为 IBM Interstation M－PRO（PIII 600），内存 512MB，系统硬盘 18G，它的核心板卡采用的是 AVID MeridienII 实时视、音频处理卡，即可选择无压缩的图像质量，也可将不同压缩比的图像进行混编。并配以 500GB 双控光纤硬盘阵列，可存储多达 6 个小时的节目素材，比原来系统的存储容量有了大幅度地增加。数字非压缩非线性合成编辑设备 JALEO 是运行在 SGI OCTANE 双处理器平台上的非线性合成编辑系统，它的主机内存为 512MB，系统硬盘 9G，配以 163GB 光纤硬盘阵列，具有较强的画面合成功能。

下面就改造更新后的多媒体后期制作机房进行说明。

数字组的制作流程信号是 SDI 视频和二路 AES/EBU 音频，模拟组的制作流程信号是模拟分量视频和双声道模拟音频。两个组分别建有各自的中心机房，通过各自的视、音矩阵进行信号间的传输和交换，并提供录像机的共享和对信号质量进行监测。它们之间既可独立运行，也可通过一对数字视、音频线、9 芯遥控线和 100Base－T 以太网来建立相互的联系。模拟组的视、音频信号可以通过本组的数字录象机 DVW－A500P 进行模－数、数－模转换后与数字组进行信号交换，也可以通过以太网与数字组进行非实时的媒体文件的交换，使两个系统有机地结合在一起。

目前多媒体后期制作机房的主要功能是进行节目

的非线性编辑和合成,可接受和输出的素材格式是 Bemcam－SP、Digital－Betacam、CD、DAT、DVD 和各种动画或图片文件。除了具有很强的编辑功能外,还有以下一些非常重要和强大的特技制作功能:

(1)实时颜色矫正功能。该系统可以提供整体颜色矫正和局部颜色矫正,也可以抽取画面中某一颜色单独进行调整。调整手段丰富,可以传统的 HSL、RGB 调整,可以 R、G、B、Master 通道调整,可以 R、G、B、Y 曲线调整,可以矢量盘调整,也可以进行 γ 调整,三段亮域,12 段色域调整,还可以进行亮度、色度、饱和度的自动匹配等,总共有近百个参数可调。

(2)自动跟踪功能。系统最多可提供四点跟踪,即除了运动轨迹跟踪外,还可以达到大小和角度的自动跟踪,也可以对键信号进行跟踪,自动跟踪功能在画面合成、缺陷弥补、画面稳定等方面都可广泛地运用。

(3)实时抠像功能。除了传统的 HSL 抠像外,还有“第二键”功能,使画面边缘抠得更干净。还能柔化抠像画面的边缘,使之与背景画面融合得更加真实。实时的蓝绿键更是无所不能,细微的发丝、烟雾、阴影和玻璃的反射折射均能抠得相当干净。

(4)电影编辑功能。可以编辑 24 格的电影胶片格式。

(5)多机位编辑模式。可以模拟现场切换的模式,把多达 9 个不同机位的画面进行实时切换编辑。

(6)三维字幕功能。可以制作三维立体的活动字幕。弥补了非线性编辑系统字幕功能弱的缺陷。

(7)粒子系统。通过该系统可以制造一些自然现象,比如风、雨、烟、雾、雪花、尘土等。可以起到渲染环境、丰富画面的效果。

(8)多种二、三维特技、扫划、滤镜等,丰富了画面之间的转换的方式.

(9)编辑决策表(EDL)功能,可以完成节目的脱机编辑。如果将已经制作完成的节目的 EDL 表存储到软盘上,可以直接在传统的线性编辑系统中使用输出的 EDL 表,也可与其他的非线性编辑设备进行交换。

(10)五段音频均衡调整。

以上列举了一些主要的新增功能,还有许多其他功能就不一一列举了。由于非线性编辑系统具有丰富的制作手段,可以使编导的创意得以充分的体现,特别是可以极大地弥补前期拍摄中的缺憾,因此创作出的作品都比较精良。改建后的多媒体后期制作机房将这些不同档次、功能上有些差异的非线性编辑设备组合在一起,可以根据节目制作的不同要求,充分发挥各自的功能,为台里提供全方位、多角度的节目编辑制作以及画面合成服务。整个机房与 12 套传统合成机房在满负荷运转条件下,每天可以为台里提供 36 个单元的节目制作机时。总之,改造更新后的机房节目的制作效率及质量都将得到大大的提高。

(崔健伟)

第二音乐录音棚全数字多轨音乐录音系统改造

中央电视台 E102 第二音乐录音棚(360 平方米)2000 年进行全面电声系统改建,已建成全数字多声轨音乐录音系统。

全系统采用了由 SONY 与牛津联合设计开发的 OXF－R3 多轨数字调音台。该调音台具备 96 通路的物理通路,有 40 路模数转换器,其中 24 路为高质模数转换。36 路数模转换器,24 路 AES/EBU 通路。输出除具备多轨通路母线外,同时具有 STEREO、LCRS、5.1/SDDS 等缩混能力。

全系统以 SONY 3348 多轨录音机为主时钟,运行格式为 20 比特、48KHz。

全系统采用了一台 48 轨数字多轨录音机与一台 24 轨模拟多轨录音机联锁系统,具备同时 72 声轨的记录能力,并可以兼容目前世界上大多数录音棚的记录介质。

本系统的母带记录媒体部分采用了多样化的设计,其目的是为了兼容目前社会上复杂的记录媒体样式。立体声部分拥有开盘机、DAT 机、可录 CD 及卡式带。环绕声部分拥有超 8ADAT 格式 8 轨机、8 轨 MO 录音机、SVHS 大 1/2ADAT 格式 8 轨机。

本系统的周边附件设备以数字设备为主,兼容使用了一些经典的模拟附件设备。本系统的附件系统设计较全面,设计的基本思想考虑了多样化的声音拾取及多样化音乐风格的制作,因此应用了大量的不同性格的附件设备。

本系统以一对 QLIST 为主监听,以一对 WEST LAKE 的 BBSM—5 及一对 YAMAHA 的 NS 10M 为比较监听。环绕声监听采用了 MK 的 MPS 2510 有源环绕声监听系统。

(李小沛)

《中国电视报》卫星传版系统

为改善《中国电视报》的传版技术手段，中央电视台于1998年引进了美国休斯网络公司的ISBN PES系统。ISBN(Integrated Satelite Business Network)PES(Personal Earth Station)系统是美国休斯公司生产的TDM(Time Division Multiplexing)/TDMA(Time Division Multiple Access)VSAT系统。该系统是星状结构的双向数据通信系统。主站是整个系统的数据通信枢纽，VSAT端站以"单跳"方式经同步卫星建立与主站的通信连接，端站间的通信经主站基带数据处理系统的链路引接通过卫星"双跳"方式实现。

系统的主站发送一个连续时间流的外向数据载波即Outroute载波，所有端站均接收该Outroute载波，从主站发往各端站的数据信息以时分复用即TDM的方式通过该载波传送给相关的各个远端小站。端站至主站间有一个突发的称为Inroute载波的内向数据载波，该数据载波由一组相关端站共享，各端站在不同的时隙通过该载波向主站发送数据信息。

(一)PES系统主站

PES主站主要由以下部分组成：天线，伺服控制系统，中频单元，基带单元。其主要性能分别介绍如下：

1. 天线

使用4.5米口径Ku Band环焦天线

方位范围：±65°

俯仰范围：5°～90°

方位俯仰速度：0.02°/S～0.04°/S

跟踪精度：1/8～1/10波束宽度

接收频率：10.95～12.75GHz 发射频率：14.00～14.50GHz

接收增益：53.0dbi 发射增益：54.5dbi

2. 伺服控制系统：包括信标下变频器，信标接收机，伺服跟踪控制器。信标下变频器及信标接收机，将接收到的卫星信标信号变为用于天线跟踪的直流信号，送给伺服跟踪控制器，由后者实现天线自动跟踪。伺服跟踪控制器中包括天线控制单元，驱动单元，及控制天线方位俯仰的同步机系统。

天线控制单元：使用MCS－51系列单片机，高精度的12位A/D及可编程键盘/显示控制器，掉电保护RAM及高集成度的组件组成。

驱动单元：标准的19,4U机箱一个，长×宽×高为500mm×482mm×177mm，供电为380V，三相四线制。

同步机系统：为直径120mm，高115mm的圆柱体，方位俯仰各一个，装在轴端与天线同步转动，机械部分包括一个自整角机，1:4的升速齿轮及一对限位开关。

3. 中频单元：包括发射Outroute载波的调制器和接收Inroute载波的解调器等射频转中频和中频转射频的设备。

4. 基带单元：主要是基带数据设备和射频设备间的基于中频的接口设施，是PES系统支持用户以各种通信协议进行数据传输的核心设备，可以提供用户设备与PES通信网在主站的各种连接的接口和需要的协议转换支持，基带单元用户接口设备(模块)支持的用户通信协议有：

Ethernet(10 Mbps)

Tokin－Ring(4/6 Mbps)

TCP/IP，IP routing

X.25

Async/Sync data

SNA/SDLC

X.3/X.28 PAD

Bit and byte transparent(BITT，比特和波特透明)，等。

相应地，基带单元提供的物理接口类型包括：串行数据口(Serial port)：Rs—232，Rs－422，或V.35。

网络(LAN port)：802.3 10base5(仅限主站)，802.3 10base2，802.3 10baseT或802.5，令牌环等。

(二)远端PES小站

PES远端小站连接用户的各类终端并支持它们与主站连接的用户终端的通信，或经主站路由转接与其它远端小站的用户终端的通信。PES远端小站由以下3部分组成：

通信天线：Ku Band通信天线，口径2.4米。

室外单元(ODU)：包括功放和高频头。使用HUGHES公司提供的2W Ku Band MCPC RF HEAD。

室内单元(IDU)：型号为PES8000提供用户数据接口，并处理接收到的主站发送的Outroute载波中的数据信息通过相应的接口送给用户终端，同时，将用户数据在不同时隙通过Inroute载波向主站发送。配置4个数据接口卡槽位，通过插接多个数据卡获得多个串行接口使用。PES系统通信网络的调制方式如图表：

PES8000 的调制特性

	Inroute			Outroute	
速率(Kbps)	64	128	256	128	512
调制	BPSK	BPSK/QPSK	BPSK/QPSK	BPSK	BPSK/QPSK
信道编码	FEC,1/2 卷积编码			FEC,1/2 卷积编码	

(三)PES 系统话音传输

ISBN 通信网络为会议传输在主站和小站专门配置话音通信板(VPC,Voice port cluster),可传输各种压缩比的话音信号,话音接口速率为:

——5.6 Kbps,采用 CELP(码激励线性生成)压缩算法

——16Kbps,采用 LD-CELP(线性预测—码激励线性生成)压缩算法

——16Kbps,采用 ADPCM(自适应脉冲编码调制)压缩算法

——64Kbps,PCM

——G.111 Fax,14.4Kbps

(四)PES 系统通信网络扩展

PES 通信网络的基本网络单元是 ISBN 网络。PES 通信主站一个 Outroute 外向载波和相应的一组 Inroute 内向载波构成一个 ISBN 通信网络,在一个 ISBN 网络中,Inroute 载波个数可以最多为 32 个。32 个 Inroute 和 1 个 Outroute 载波构成 ISBN 网络的空间传输链路。一个 ISBN 通信网络可以有数千个 PES 远端小站。PES 通信主站可以根据业务需要有多个 ISBN 网络,称为 ISBN 网络组。无论是 ISBN 网络还是 PES 整个通信网络均采用模块化的设计思想。网络的规模随着主站各个独立子系统模块(包括网控系统)的增加,或远端小站及数据端口卡的增加而增长。同时,这样的增长是平稳进行,不影响已有的通信业务。

本系统目前主要应用于《中国电视报》版面数据的卫星传送。应用本系统前,《中国电视报》使用电话线路进行报纸版面数据的传送,传送完全部的数据需时间 6 小时,改用 PES VSAT 系统进行卫星传版后,传送完全部数据的时间缩短为 50 分钟,效率大大提高,而且稳定性和成功率也比以前有很大的改善。在传版业务稳定之后该系统还可提供全国范围内的数据与通讯的专网联接,可以在今后为中央电视台与各地方台建立专用数据网络,也可为台外举行的大型活动、电视转播建立与台内联通的数据/通讯专线。

(李小军)

同香港、澳门特别行政区及台湾地区交流与合作

2000年中央电视台对台宣传取得新发展

在国务院台办的支持帮助下，2000年中央电视台对台宣传有了新发展，取得了较大成绩。

（一）更加重视对台宣传，对台宣传队伍进一步壮大，发稿量增加

2000年，台湾岛内形势发生了重大变化，长期执政的国民党成为在野党，民进党执政，“台独”势力抬头，台海形势骤然紧张，尽快实现祖国统一成为全国人民的共同心愿。年初，中央电视台在台北、福州、厦门等9个城市，调查了1000名台胞，请他们给对台节目提意见。根据台湾观众的意见，我们调整了节目的内容和编排。除了对台部的栏目外，《中国新闻》、《中国报道》、《英语新闻》等栏目都把对台内容作为重点。有关涉台内容，《中国新闻》前9个月播出新闻985条，《英语新闻》播出新闻150条，《中国报道》播出11期，英语版《今日话题》播出4期。这些节目及时传达了中央的声音，抨击了“台独”言论。

（二）对台的节目播出时间增加一倍以上，节目质量大幅度提高，又出现了《海峡两岸》、《天涯共此时》、《走进台湾》等一批名牌栏目

从2000年2月7日起，第四套节目改版，新增加了《走进台湾》、每周1期，每期30分钟；《台湾百科》每周5期，每期5分钟。《海峡两岸》由每周1期，每期30分钟，改变为每周5期，每期15分钟。这样，对台部的节目由每周60分钟增加到每周160分钟，平均每天23分钟。

《海峡两岸》改版后节目宗旨是：跟踪海峡热点，反映两岸民意，分析新闻背景，提供资讯服务。改版后的《海峡两岸》，时效更强，近一半的选题是围绕两岸热点组织报道和评论。特别是台湾“3·18”地方选举后，《海峡两岸》制作播出了《民众评说台湾地方选举》，请两岸各界人士就台湾新领导人上台后两岸关系发展趋势多侧面、多角度访谈，回答了两岸百姓的疑虑，因而收视率很高，来信来电很多。

《走进台湾》栏目面向台湾30岁左右的年轻人，因为这批观众不像老辈人懂得历史，深知两岸同根同祖，对祖国怀着深厚感情，有些人对大陆的认同感很差。于是把《走进台湾》定位以轻松话题式的节目形式，用大陆人的眼光看台湾，反映台湾的社会现象和人文景观。栏目一开播，收视率直线上升，最高时达到了第四套节目的收视率第一。《走进台湾》在岛内产生了很好的影响，“超视”、“八大”等六七家电视台来联系购买在台湾的播映权。

（三）一批节目或系列报道产生了重大影响

1.《台湾百问》在《中国新闻》中连播100期，每期3分钟，解说词已经出版，共26万字，汪道涵题写书名。

2.《李敖谈“一国两制”》连播6期，每期15分钟，节目播出后两岸反响强烈，电话应接不暇，大家普遍认为这是“对台宣传的重大突破”，一再要求重播。《羊城晚报》、《中时晚报》、《新新闻周刊》等两岸十几家报刊发表消息或评论，有的刊登讲话稿。

3.《统一对台湾有什么好处》共有8集，《“三通”对台湾经济的好处》、《军购买不来安全》、《“一国两制”下的台湾外交》、《股市和旅游的新契机》、《为民族历史正源》、《延续文化生命力》、《百姓受益多多》等，涉及台湾经济、军事、治安、金融、教育、旅游、公共事业、日常生活等台湾百姓关心的事

情，因而反响很好。认为这个系列节目质量高，形式好，有感染力，贴近生活，可信性强。

4．50集系列专题《台湾同胞在大陆》，每集10分钟，这个系列节目全面深入地报道了台湾同胞在大陆各行各业投资、生活的情况，岛内反响很好。岛内观众普遍反映这个栏目是了解祖国大陆各地投资环境的窗口。

5．台湾高层人士大量接受中央电视台记者采访，纷纷进入CCTV对台节目。2000年先后接受中央电视台记者采访的台湾高层人士，有国民党现任副主席吴伯雄，国民党元老林洋港，民进党前主席许信良，新党“立院”召集人冯沪祥，台湾著名作家、政治评论家李敖，台湾“立委”、“部长”以上人士二十多人。这些人到大陆考察后，用自己切身感受说大陆的巨大变化，大陆发展的潜力，大陆稳定的政策，大陆人民生活水平的提高，批评台湾当局的台独理念；一批著名作家、影视工作者、大学教授、大企业家走进CCTV演播室，畅谈两岸交流的看法。这些高层次人士大量上电视，使对台节目层次提高，在岛内影响越来越大。

2000年中央电视台同香港、澳门特别行政区及台湾地区交流与合作大事记

1月20～25日　银河少年艺术团赴香港访问演出。

2月4日　海外节目中心对台部《天涯共此时》栏目播出反映在祖国大陆生活、学习、投资、经商、探亲访友的台湾同胞欢聚一堂过春节的特别节目《我们都是一家人》，反响强烈。杭州市台商协会会长、杭州华新电力有限公司（属台湾10大上市公司华新集团的子公司）总经理毛金源打来电话：“看完你们的节目，感觉很真实，内容可亲可信，没有什么说教口味，看到那么多的台商在杭州过春节我感到特别高兴，这说明他们事业成功、身体健康、家庭幸福。”当天栏目组还接到了一些台商从台湾或祖国大陆各地打来的电话，表示感受到了很大的信任和鼓舞。

2月19日　中央电视台与中央人民政府驻澳门联络办公室，在澳门文化中心联合录制《2000年元宵晚会》。

3月16日　中央电视台第四套节目推出《台湾百问》，每集3分钟。这个百集系列报道，全面介绍台湾问题的方方面面，及中国涉台政策的方方面面。

3月23日　罗明副台长会见了台湾两岸文化交流学术访问团一行。该团由台湾工商建设研究会组成，有中视、台视的资深记者和节目主持人。来访的目的是促进两岸文化交流，加深媒体间相互了解。

4月6日　赵化勇台长会见了香港特别行政区政府驻北京办事处主任梁宝荣。赵化勇台长感谢特区政府多年来对中央电视台工作，尤其是对驻港记者站的支持和帮助，表示中央电视台将继续积极配合特区政府，做好香港的宣传报道。梁宝荣主任表示，特区政府驻京办将发挥沟通作用，为内地与香港的宣传报道多做工作。

7月12日　张长明副台长会见了“台湾新闻界负责人大陆访问团”一行21人。该团由“中国新闻学会”、“中国广播公司”、“中国电视公司”、“无线卫星电视台”负责人组成。

7月12日　张长明副台长会见了新闻集团所属香港卫星电视公司新任总裁兼首席运营官卓智仁先生。卓智仁先生希望今后同中央电视台在新闻、数字化、频道等领域开展多方面的合作。

7月20日～8月25日　中央电视台第四套播出《海峡两岸》节目《李敖谈“一国两制”》，在海峡两岸引起强烈反响，节目反馈持续数月。《北京青年报》、《羊城晚报》，台湾《联合报》、《中央日报》、《中时晚报》、《中国时报》、《大成报》、《亚洲周刊》、《新新闻周刊》等两岸十几家媒体都对此发布了消息或评论。台湾著名作家、政治评论家李敖在采访中以《美国人能给台湾多大支持?》、《台湾年轻人会为台独分子挑起的内战卖命吗?》、《邓小平“一国两制”是解决台湾问题的最好方式》、《两岸和平统一的前景》等为题展开谈话，节目由台湾真相台与中央台同步播出。《海峡两岸》根据观众要求于8月底重播该节目时，收视率仍然很高，与首播时相差无几。

7月27日　李东生副台长会见了香港无线电视

台（TVB）新闻及咨询总监罗灿先生一行。

8月21日 赵化勇台长会见了香港广播处处长朱培庆一行5人。在会谈中双方就技术合作、节目制作、人员培训等事项进行了交流。

8月24日 赵化勇台长、张长明副台长会见了台湾年代公司（TVBS）董事长邱复生一行。台湾年代公司曾购买中央电视台电视剧、纪录片在其频道播出，并于1996年代理中央电视台第四套节目在台湾落地播出。会谈后，双方签署了合作备忘录。

8月31日 海外节目中心与台湾三思堂文化事业有限公司正式签署协议，《中华医药》系列丛书（第一辑）中文繁体字版将在台湾地区出版发行。这是中央电视台首次在台湾出版自行编纂的栏目丛书。

9月12日 中秋佳节，中央电视台在香港会展中心举行"香江明月夜"专题晚会。董建华、范徐丽泰、曾宪梓和台湾的著名人士梁肃戎等人认为，晚会情真意切，精彩感人，意义非凡。两岸四地艺人荟萃一堂，共同表达了中华民族盼团圆、盼统一的愿望。中联办主任姜恩柱说：这台节目对我们旗帜鲜明地坚决反对台湾少数人搞"台独"、做深得人心的感化工作，起到了很好的效果。台湾海峡两岸和平统一促进会会长梁肃戎先生致函赵化勇台长，感谢中央电视台参与9月12日在香港举办的"香江明月夜"中秋晚会。

9月16日 中央电视台从悉尼时间10:00开始全天候播出奥运节目。奥运报道期间，为使国际频道（CCTV－4）节目更加适合海外华人的收视习惯，海外节目中心再次与台湾TVBS合作，做好奥运对外宣传报道工作。

10月2日 中央电视台第四套节目隆重推出30集台湾历史文化系列片《台湾百科》。从政治、军事、经济、文化、血缘等方面，全方位、多视角地向海外观众介绍台湾的历史渊源。

10月和11月 中央卫星电视传播中心先后与中国卫星媒体（澳门）有限公司和阳光卫星电视有限公司签订合作协议。中央卫星电视传播中心以现有的先进影视制作系统设备、机房和全国各有线电视台良好的合作关系为优势，再加上卫星公司和阳光公司所处的特殊地理位置、综合国际媒体环境、先进的国际卫星播出平台、制作推广节目的经验和能力以及现有的影视节目资源，共同为广大电视观众提供丰富多彩的影视节目，同时将双方事业的发展和效益逐步提高。双方的合作本着友谊、团结、规范、力创效益的基本方针，逐步进行影视节目的探讨、制作、加工、推广及销售。

12月6～19日 中央电视台记者随中国京剧院赴台湾进行了文化交流采访活动。记者除报道中国京剧院在台湾演出情况外，还采访了一些两岸文化交流、文物展览等相关的新闻，并为台内拍摄了新世纪特别节目。共拍摄"中国京剧院在台湾演出引起轰动"、"特写：血脉相连情意浓"、"文化交流牵动两岸情"等6条新闻，并为《东方时空》制作了专题片"秦兵马俑冬季热台北"和新世纪节目"世纪情亲"，协助海外节目中心拍摄了"世纪梦圆"专题节目和《中国新闻》的"两岸交流节目"等，得到了文化部港澳台司的肯定。

12月11日 为庆祝澳门回归祖国一周年，中央电视台"心连心"艺术团在澳门金荷花广场举行《流光溢彩濠江情》大型文艺演出。160名内地及澳门艺术家倾力演出，献上精彩的歌舞和表演，与澳门居民一道欢庆澳门回归一周年。全国政协副主席马万祺、特区行政长官何厚铧、中央政府驻澳联络办主任王启人等澳门各界政要和胡恩副台长及众多嘉宾与千余观众出席并观看演出。此次"心连心"活动于12月20日在一套黄金时间播出。

12月31日 中央电视台与台湾中视通过卫星连线成功录制60分钟大型访谈节目《新世纪新契机新起点——未来两岸关系展望》。参加访谈的大陆学者有海协会副会长、清华大学台湾研究所所长刘震涛教授，社科院台湾研究所所长许世铨研究员，社科院宏观经济研究室主任袁钢明博士；台湾学者有东吴大学政治系教授杨开煌，淡江大学大陆研究所所长张五岳，台湾政治大学企业管理研究所教授赖士葆。台湾学者高度评价大陆改革开放取得的辉煌成就，批评台湾当局"戒急用忍"政策，批评"小三通"。大陆学者也充分肯定台湾工商界善于把握时机，抓住机遇取得的成绩。两岸学者坦诚相见，互相提问，气氛友好。节目于2001年1月5日晚在CCTV－4播出，台湾中视同步播出。

12月31日 中央电视台第一、四套并机播出特别节目《新世纪》。其中，两岸寻亲节目《世纪梦圆》，是两岸电视媒体第一次实现通过卫星双向传送，使两岸失散50多年的亲人在屏幕上相见相认，实现家庭团聚，圆了半个世纪的寻亲梦。节目播出后，在海峡两岸均引起强烈反响。两岸双向传送当天，在台北TVBS演播室外举行了新闻发布会，《联合报》、《民生报》、《大成报》等报纸都在显要的位置，用相当篇幅图文并茂地报道了这一事件，并刊发有关两岸亲人及节目主持人的介绍，各家电视媒体也对此作了报道。海内外观众和媒体对《世纪梦圆》中两岸电视双向传送寻亲的节目形式也给予很高评价，认为创意新颖，很吸引人。

对外交流与合作

2000年中央电视台对外交流与合作综述

2000年中央电视台共接待来访的国外各种访问团142批,612人次。出访团组308批1268人次。接待国外来华拍片的摄制组25个。聘请长期在中央电视台工作的外国专家10人。

(一)2000年中央电视台接待来访的国外主要团组有:

美国日内瓦集团公司代表团;
乌拉圭广播电视演出总署代表团;
美国全国广播公司代表团;
塞拉利昂新闻广播部代表团;
伊拉克文化新闻部代表团;
国际足球联合会代表团;
埃塞俄比亚广播电视代表团;
柬埔寨新闻代表团;
蒙古新闻代表团;
沙特新闻部技术代表团;
朝鲜广播电视代表团;
爱沙尼亚民族事物部代表团;
日本广播协会(NHK)代表团;
美国全球多媒体集团代表团;
摩尔多瓦广播电视公司代表团;
南斯拉夫左翼党代表团;
美国映佳传播公司代表团;
日本池上通信公司代表团;
韩国文化放送(MBC)代表团;
美国国防部代表团;
基里巴斯电台代表团;
加拿大华嘉国际文化交流中心代表团;
美国基督教三一广播网公司代表团;
巴黎有线网代表团;
美国华纳国际公司代表团;
越南记协代表团;
智利电视台代表团;
德国北德广播电视代表团;
冰岛广播电视代表团;
日本东京广播公司(TBS)代表团;
新加坡传媒机构制作集团代表团;
英国路透社代表团;
南非米瑞德集团代表团;
澳大利亚7频道代表团。

(二)2000年中央电视台接待外国来华拍片的摄制组:

保加利亚国家电视台摄制组于4月18日至28日赴北京、西安、桂林等地拍摄《中国风光》。

丹麦国家广播电视台摄制组于4月19日至5月3日来华拍摄《中丹交往》。

奥地利国家电视台摄制组于5月1日至22日赴北京、云南、宁夏等地拍摄《中国穆斯林》。

乌克兰国家电视台摄制组于5月22日至31日赴北京、上海、江苏等地拍摄《中国农业》。

德国TANGRAM摄制组于6月17日至30日来华拍摄《龙骨起源》。

法国欧洲新闻台摄制组于6月28日至7月7日来华拍摄《欧盟同中国的关系》。

美国WGBH摄制组于7月4日至18日来华拍摄《当代中国》。

新加坡亚洲新闻台摄制组于7月10日至20日赴北京、四川等地拍摄《中国西部大开发》。

日本朝日电视台摄制组于7月18日至29日赴张家口、赤峰、沈阳、长春等地拍摄《日军在华种植鸦片纪实》。

日本艺能株式会社摄制组于7月25日至28日来

华拍摄《山河》。

韩国 KBS 摄制组于 8 月 26 日至 9 月 8 日来华拍摄《丝绸之路》。

日本映像馆摄制组于 8 月 26 日至 9 月 5 日来华拍摄《发展中的中国劳动者》。

美国园地电影娱乐公司于 9 月 16 日至 27 日来华拍摄《中华武术》。

德国西南电视台摄制组于 10 月 9 日至 11 月 11 日来华拍摄《长安街》。

日本齐米拉株式会社摄制组于 10 月 15 日至 18 日来华拍摄《游轮纪行》。

英国沃尔什兄弟公司摄制组于 10 月 16 日至 26 日来华拍摄《桂林》。

新西兰电视有限公司摄制组于 10 月 21 日至 25 日来华拍摄《新西兰人在中国》。

美国 BANG 制作公司摄制组于 11 月 5 日至 8 日来华拍摄《中国马桶的发明历史》。

智利国家电视台摄制组于 11 月 18 日至 27 日来华拍摄《中国见闻录》。

日本媒介交流中心摄制组于 12 月 21 日至 27 日来华拍摄《明日能源》。

跨世纪的中央电视台对外宣传

1999 年 2 月 26 日,江泽民总书记在全国对外宣传工作会议上指出,我们要在国际上形成同我国的地位和声望相称的强大舆论力量,更好地为改革开放和现代化建设服务,力争在下个世纪初期使我国的声音能够达到世界主要地区,打破西方对国际舆论的垄断,使得我们在世界舆论格局中占据有利的位置。遵照江泽民总书记的讲话精神,中央电视台海外节目中心在 2000 年的工作中从扩大电视外宣影响力,到提高节目质量以及更好地为海外观众服务等方面积极开展工作,并且取得了较大的成绩。

(一)英语频道正式开播

英语电视频道(CCTV-9)于 2000 年 9 月 25 日正式开播,从每天传送 17 小时增加到 24 小时不间断播出。英语频道以新闻为主,每个整点都有新闻,各档新闻实行滚动播出。外交部新闻发言人章启月同志在样片审看会上说,"英语频道的新闻节目达到了国际水准,可以与 CNN 一比高低。"

英语频道确定了突出对外特色,适应海外观众收视习惯的指导思想,在新闻节目的采访、编写、制作、编排、播出、包装等方面都力求与国际惯例接轨。赵启正同志在观看了英语频道开播庆典晚会后说,"英语频道开播是一件大事,我们一直主张开办这个频道,发挥外宣主力军的作用。"

(二)国际频道改版成功

2000 年 2 月 7 日,国际频道(CCTV-4)改版播出,推出了以《新闻 60 分》、《走进台湾》和《世界华人》等为代表的新栏目,更加适合海外华语观众的需求。

《新闻 60 分》一经推出,便创下国际频道早间收视率新高。广电总局副局长吉炳轩在一篇文章中指出,"《新闻 60 分》节目是落实江总书记关于外宣工作讲话精神的一个重要举措,是中央台整体改革中的重要部分"。《世界华人》开播后,海外华人观众普遍认为开办这个栏目充分体现了祖国对海外游子的关怀和爱护。

2000 年完成大型系列报道 50 项,其中 120 集大型系列报道《到西部去》是国务院新闻办发出《关于加强中国西部大开发对外宣传报道通知》后,中央级外宣单位中反应最快、报道力度最大、连续播出时间最长的系列报道。从观众反馈情况看,社会效果良好。10 集系列节目《辉煌的九五》,及时配合了党的十五届五中全会。另外,10 集系列节目《统一的好处》、12 集系列节目《黄河神韵》、11 集系列节目《世纪中国》等都得到广泛好评。中央电视台与南非 MIH 公司联合录制的大型综艺节目《手拉手——跨越彩虹》在南非主流社会及华人华侨中引起较大反响。现场直播《世纪风——中英文双语元旦晚会》、《盛世观灯——神州世纪游元宵晚会》和现场直播《英语频道开播庆典晚会》等均体现了对外特色。

(三)对台宣传大力加强

(四)充分报道中国人权的进步与发展

根据中央有关指示精神并结合电视对外报道特

点，新闻和专题节目及时对邪教“法轮功”进行了揭露和批判。为配合2000年召开的联合国第五十六届人权会，在很短时间内赶制完成三部新闻专题片，片中用大量事实和法律依据揭露了“法轮功”的邪教本质及其社会危害，分别制作了三种制式，中、英、法、日、德和西班牙等多种语言版本，共计2056盘录像带，通过我驻外使领馆和出席国际人权大会的中国代表团发放，取得了良好的效果，积极配合了对外宣传。

2000年的涉藏报道不仅充分，而且进行了精心策划，新闻、专题和文艺栏目都按计划采访制作了“2000国际藏医药学术会议”、“面向新世纪的藏文化”、“西藏自治区主席谈西部大开发”、“海峡两岸记者西藏采访纪行”和“从布达拉宫维修看西藏的文物保护”等节目。英语频道采访制作的节目还通过美国CNN《世界报道》栏目在全球范围内播出，这些节目对让世界了解中国西藏发挥了很好的作用。

(五)联合地方台发挥外宣系统优势

120集大型系列报道《到西部去》由中央电视台海外节目中心与西部12个省级台联合摄制，7月3日开播，12月15日播完。传播方式上与网络媒体合作，实现了传统媒体与新型媒体的优势互补，提高了电视节目的传播效率。《到西部去》的英语版在英语频道播出，中、英文两个频道与互联网三头并进同步播出形成规模效应，有力地配合了中央关于西部大开发的战略部署。

2000年海外节目中心组织全国省市级电视台，先后在成都、深圳、贵州和厦门、汕头以及泉州举办了四次全国电视易地采访活动，采访分别围绕“深圳特区20年”、“西部大开发”和“中国电视闽南行”等主题进行，每次活动都有30多家省市级电视台参加，所拍摄的节目通过展评，将优秀节目分别在中央电视台国际频道和参加活动的地方电视台展播。易地采访这种宣传报道形式加强了中央和各级地方台对外报道方面的合作，发挥了电视外宣的系统优势。

(六)海外“落地”工作取得新进展

据统计，到目前与中央电视台正式签署协议落地我节目的已有27个国家和地区的49家电视机构。

本年度成功签订了与南非MIH集团合作在非洲落地第九套节目的较大规模的落地协议。根据这一协议。从2001年1月1日起，英语频道将通过MIH的有线或卫星直播系统进入非洲65万户家庭。CCTV－4的落地项目本年度也有新进展。中央电视台在美国落地的主要合作伙伴映佳集团公司，2000年加大了推广宣传的力度，使CCTV－4又在美国几个华人较多的社区进入了有线网，累计用户已达199万。在日本，进入直播卫星平台的CCTV－4收视户数字稳步上升，目前已达到近两万户。此外，在美国洛杉矶、旧金山和新西兰以及澳门地区又通过签约扩大了落地范围。

为积极配合落地工作，中央电视台还举办了“2000年海外观众有奖知识竞赛”活动，共有92个国家和地区的11000多名观众参加了活动。通过这项活动建立了海外观众数据库，并分析整理出2000年的国际频道海外收视调查分析报告，为进一步提高节目质量提供了参考依据。全年收到海外观众信函35600封，电子邮件9400件。

2000年，中央电视台接待了来自日本、奥地利和智利等8个国家的电视摄制组。实践证明，通过外国电视机构播放中国的节目，可以收到很好的宣传效果。另外，还就人权、台湾等海外观众关心关注的问题向CNN的《世界报道》栏目及时提供了105条新闻报道，及时阐述了我方的立场和观点，被CNN反复播出。2000年向拉美地区最大的电视网——墨西哥特莱维萨电视公司寄送新闻及专题节目80期，共440条，900分钟。所有节目均在该公司下属的两家电视机构播出，该地区各国和美国部分地区都能直接接收。同时，还根据一些国家和地区的特殊要求，向海外邮寄节目带5604盘，共计4764小时。

除此之外，还在美国《国际日报》出版《中国电视》专版49期、特刊1期，向日本“CCTV大富”和《南非华人报》传版49期，《中国电视》英文版共编发44期。

2000年中央电视台对外交流与合作大事记

1月17日 张长明副台长会见了来访的美国日内瓦集团公司董事长兼总裁罗伯特·库恩博士等一行

4人。该公司于1999年和中央电视台经济部合作拍摄了经济专题片《资本浪潮》,节目中文版已在中央电视台播出。英文版正在制作当中。张长明副台长表示,《资本浪潮》是双方合作的一个良好开端,在这种关系下加强两个机构之间的交流与合作是非常重要而有意义的,双方合作的前景很广阔。

1月21日 张长明副台长会见了克罗地亚驻华大使基林契奇、公使巴比奇、参赞巴科维奇。双方均认为克、中两国电视台应建立合作关系,以增进两国人民的交流与了解。

1月24日 赵立凡副总编辑会见了乌拉圭广播电视演出总署主席克老迪·拉马先生一行。

1月31日 何宗就副台长会见了以池和夫副社长为团长的日本索尼总公司代表团。何宗就感谢索尼公司长期以来对中央电视台的技术支持,日方介绍了索尼总公司的内部机构改革情况。双方均希望在数字技术、高清晰度电视及网络服务等领域加强合作与交流。

2月1日 台领导赵化勇、罗明会见了美国全国广播公司亚洲财经频道(CNBC)总裁保罗·法兰斯和副总裁威兼·凯利,对双方三年多的合作表示肯定,希望今后能在CNBC频道播出中央电视台节目,让更多的国外观众了解中国。双方还就CNBC与中央电视台经济部的合作与客人进一步交换了意见。根据合作协议,三年来中央电视台经济部使用了CNBC提供的不少财经新闻节目。

2月13日 张长明副台长会见了美国ICM公司总经理翁晋兴一行,双方就第四、九套节目在美国、加拿大有效落地事宜进行了探讨。美国ICM公司主要在华人居住集中的地区安装设备接收中文卫星电视节目。

2月14日 赵化勇台长、罗明副台长会见了美国CMD公司总裁方特先生。

2月16日 赵化勇台长会见了美国映佳国际传播有线公司董事长谢其美女士。谢其美女士向赵化勇台长介绍了由美国有限电视中心和丹佛大学联合举办、美国映佳传播集团董事长谢诚刚提供资助的"中国传媒工作者管理培训班",中央电视台3名管理人员2000年7月将成为此培训班第一批受训人员。赵台长对此项目表示感谢,并向谢其美介绍了中央电视台第八套节目改版的有关情况。

2月17日 刘宝顺副台长会见了来京参加梅地亚中心董事会的NHK所属日中媒介交流中心总经理山本博通一行。梅地亚中心是中央电视台和NHK于1989年合资兴办的,合作期为20年。此次,日方向中央电视台提交了《关于设立"未来构想"委员会的提案》,目的是通过这一委员会,中日双方可对今后梅地亚的基本经营方针、还贷方法和合资等问题进行经常性磋商。

3月2日 张长明副台长会见了美国全球多媒体集团董事长兼总裁丹尼斯·穆林先生一行。穆林先生此访旨在商讨与中央电视台海外节目中心联合制作"中国焦点"节目。张长明副台长认为与全球多媒体集团联合制作真实反映中国实际情况的节目是很有意义的。中央电视台作为国家电视台,有责任和义务通过多种渠道把真实的中国介绍给世界观众,让更多的人了解中国的历史、文化和现实。双方对此项合作原则上表示同意,有关合作的具体事宜双方将进一步洽谈。

3月8～10日 外事处、职称培训处邀请亚广联广播发展机构迈克丹尼尔教授就"现代广播管理"进行研讨。20多名中、高级领导参加了研讨会。

3月9日 日本新世纪中文电视台向海外节目中心发来感谢信。信中说:"通过贵台的帮助,让我们的观众用最快和最直接的方式了解中国第九届全国人大第三次会议的开幕实况,所有的日本电视台都以不同的口径、角度和方式报道了该开幕式的情况以及朱总理的讲话。我们的观众因为能够直接收视,故不会受到其他各种评论的左右,可以有自己最直接的判断。我们希望今后在中国国内有各种重大决策时,都能够给我们的观众提供这样的机会。"

3月13日 赵化勇台长会见了南非多选公司(MIH)北京办事处首席执行官柯瑞先生(CHRIS RAATS)一行。赵台长向客人询问了中央电视台第四套节目通过MIH在国外的落地情况,希望MIH继续帮助中央电视台做好CCTV-4的落地工作。

3月21日 何宗就副台长会见了法国AAVS系统工程公司总裁兼总经理尚礼克一行。法国AAVS系统工程公司已有20多年历史,在系统集成、转播车等技术领域开发和应用方面具有丰富的经验和领先水平。其此次来华访问的目的是在京举办新技术展示及研讨会。

3月28日 张长明副台长会见了塞拉利昂新闻广播部斯潘塞部长一行。张长明副台长表示中塞两国人民有着传统友谊,2001年将迎来两国建交30周年,他希望两台加强交流,通过节目来促进两国人民的相互了解。CCTV将在节目、技术和人员培训方面,给予塞电视台必要的支持和援助。斯潘塞部长感谢中国给予的一贯支持和帮助,认为在非洲一些国家,西方媒体的渗透和影响很大,使得当地人民不能真正地了解中国。部长表示塞电视台将克服困难,更多地播放中国的节目，并希望中央电视台提供技术帮助。

3月30日 赵化勇台长、张长明副台长会见了来京参加“中美有线电视高级管理研讨会”的美方代表。赵台长欢迎美方客人来中央电视台访问。并简要介绍了中国电视发展情况及中央电视台的基本情况。张长明副台长回答了美方客人提出的有关问题并陪同客人参观了中央电视台的新闻演播室和主控中心。

3月31日 胡恩副台长会见了美国MTV全球网亚洲区总裁范博郎先生等，在会见中，双方主要就继续联合制作“2000CCTV－MTV音乐盛典”颁奖晚会事宜进行了探讨。

3月 外语新闻部积极向CNN提供新闻，1999年共向CNN提供140条新闻，均全部播出。截至2000年3月，中央电视台共传送新闻38条，其中有关台湾问题的报道5条，这对世界客观、全面地了解台湾问题的由来，以及表明中国政府“一个中国”的原则立场发挥了作用。

3月 中央电视台体育节目中心主任马国力在英国《卫报》评选的“当今世界对体育影响最大的50人”中，名列第四十七位。《卫报》此次评选的标准是，个人在参与人数最多的运动项目中所处的地位，个人对体育在全球传播和推广中所具的影响力。所选出的50人多为国际体育组织领导人、世界主要体育传媒负责人和著名运动员。

4月3日 张长明副台长会见了摩尔多瓦广播电视公司副总裁罗鲁达一行。双方回顾了近年来高层互访、交换摄制组等领域的合作与交流。张长明副台长感谢摩方在1999年我国国庆期间播放了有关中国情况的电视节目，并向客人赠送了节目录像带。

4月4日 赵化勇台长、胡恩副台长会见了伊拉克文化新闻部长阿卜杜哈里格博士。赵台长感谢伊拉克方面在中央电视台新闻小组赴伊报道时所给予的特殊关照和支持，并希望伊方能利用我国际频道节目，继续加强两国国家电视台之间合作和交流。阿卜杜哈里格详细地询问了中央电视台节目制作、卫星传送及技术设备等方面情况，并对中央电视台关于伊拉克情况报道的公正性给予高度评价。

4月7日 罗明副台长会见了来中央电视台访问的国际足联主席布拉特先生。罗明副台长介绍了本台对世界足球赛事的转播情况，并表示中央电视台作为国家电视台一直关注中国及世界足坛重大赛事。布拉特先生对中央电视台及中国观众在他由国际足联秘书长升任主席过程中所给予的支持，特别是对CCTV体育节目为推动足球运动发展所做出的贡献，以及对推动体育事业的发展所发挥的重要作用表示感谢。会见后，中央电视台体育栏目《五环夜话》对布拉特先生进行了独家专访。

4月10日 张长明副台长会见了以南斯拉夫左翼党国际合作委员会主席塔特亚娜·莱娜尔德女士为团长的南左翼党代表团一行。莱娜尔德女士对中方媒体1999年在南被以美国为首的北约轰炸时所给予的客观、公正的报道表示感谢。她还向张长明副台长通报了1999年塞电视台、诺维萨德电视设施遭袭击以及有关南重建等方面的情况。张长明副台长感谢南电视机构在1999年我国庆期间所做的有关中国的报道。双方希望通过互换节目、互访等多种方式开展合作，促进了解。

4月12日 赵立凡副总编辑会见了埃塞俄比亚电视台、电台台长泰德丝女士一行。该团此次来访的目的是借鉴我国广电事业发展的经验，拓展双方在广电领域的交流和合作。赵立凡副总编向客人介绍了我国政府推行的“村村通”项目。

4月13日 刘宝顺副台长会见了梅地亚中心日方总经理关野先生。关野总经理汇报了梅地亚中心近期的经营状况及遇到的问题，希望日中双方本着友好合作的精神，积极妥善加以解决。刘宝顺副台长表示，梅地亚中心总体情况是好的，并尊重梅地亚中心的有关决定。

4月17～21日 胡恩副台长率团赴日访问，与KBS进行工作会谈。

4月20日 李东生副台长会见了以塞尔维亚记协主席、塞尔维亚广播电视台新闻部主任科姆拉科夫为首的塞尔维亚代表团。该代表团是应中华全国新闻工作者协会邀请来华访问的。

4月24日 李东生副台长会见了柬埔寨国务兼新闻大臣卢莱斯伦先生率领的柬埔寨新闻代表团。双方交换了对柬埔寨局势的意见和双方电视机构加强合作的意愿。据客人介绍，在卫星频道建立之前，柬埔寨电视台的收视率只有不到30%，现在柬埔寨共有两套卫星频道，大大提高了收视率，通过卫星和有线电视可以收看到中央电视台的第一、第二、第三、第四套节目和福建电视台的节目。李东生副台长表示，中央电视台非常愿意在电视领域为两个国家的友好合作做出贡献。

4月26日～5月9日 李东生副台长随李树文副局长出访美国、巴西。

5月7～9日 世界电子传媒观众研究年会在美国迈阿密召开。来自50多个国家、代表世界各大电视台和媒介市场研究机构的500多名代表对收视率调查技术和收视率数据的应用等多层面的问题进行了研讨。与会代表对中国的电子媒体市场和观众的收视行为特点表示了浓厚的兴趣，对当前中国（央视）所采用的日记卡收视率调查方法与未来将要进行的收视仪调查方法给予认同。

5月12日 刘宝顺副台长会见了以新闻部长纳加木图为首的圭亚那新闻代表团。圭亚那国家电视台是其国内目前惟一覆盖全国的电视台，每天转播我英语频道节目1至2小时。刘宝顺副台长表示，中圭两国有着良好关系，中央电视台会与圭亚那同行互相学习并尽一切可能互相帮助。

5月15日 赵化勇台长会见了日本朝日电视台台长广濑道贞一行。赵化勇台长向客人介绍了中央电视台的整体情况，并希望与朝日电视台在节目素材等方面加强合作。广濑台长表示，日本民间电视台将于年底开播卫星电视，需要CCTV在节目源方面给予支持。朝日电视台是日本五大民间电视机构之一，与我国广播电视界有着良好的合作关系。

5月17日 刘宝顺副台长会见了以蒙古记协主席巴特奥勒希赫为团长的蒙古新闻代表团。他向客人介绍了中央电视台整体情况，并表示中蒙两国新闻工作者的互访必将增进双方媒体的了解，为两国人民文化交流作出贡献。巴特奥勒希赫主席希望借鉴中央电视台经营方面的经验，并表示中央电视台第四、九套节目在蒙古很受观众欢迎。

5月17日 张长明副台长率团出访美国，与映佳公司进行工作会谈。

5月19日 刘宝顺副台长会见了日本豪斯登堡娱乐公司副社长和才昌二先生。

5月20日 中日文化观光2000大会在人民大会堂举行。党和国家领导人江泽民、胡锦涛、钱其琛等与会，日中文化观光交流使节团5000多人出席大会。中央电视台新闻采访部时政组报道了这次中日友好交流史上人数最多、规模最大的盛会。

5月23日 第四届亚洲娱乐与传媒国际会议在美国洛杉矶隆重举行。由国家广播电影电视总局外事司、社管司、国际广播电台、中央电视台、电影局以及信息产业部电信管理局等有关负责人组成的中国广播电影电视代表团出席会议。国家广播电影电视总局局长田聪明发表了题为《在改革开放中迅猛发展的中国广播影视媒体》的主题发言。中央电视台副台长张长明在会上作了《电视媒体间的交流与合作是加深彼此了解的有效途径》的演讲。他就中央电视台的发展历史、中央电视台与世界各国电视媒体的合作与交流，以及中央电视台与各国电视传媒的合作方式等问题进行了阐述。他在发言中特别强调：中国需要了解世界，世界也需要了解中国，而积极推进中外电视媒体间的交流与合作，正是加深彼此了解的有效途径。中央电视台作为国家电视台，在对外交流合作中具有独特的优势。美国新闻集团董事长默多克也在会上就中国在全球传媒体系中举足轻重的地位和深远的影响力做了演说。代表团还在会议之外考察了中央电视台第四套节目的落地情况。

5月26日 何宗就副台长会见了品尼高系统公司亚太区总经理杜菲尼先生。

6月5～11日 副总编辑赵立凡率团赴日本访问，与富士电视台举行会议会谈。

6月15日 赵化勇台长会见了美国摩根士丹利添惠亚洲有限公司高级顾问、美国总统克林顿前贸易代表迈克·坎特先生。会谈中，双方就加入WTO对我国电视行业的影响交换了意见。赵台长表示，目前中央电视台正在进行制播制度改革，随后会考虑频道的专业化以及专业频道的系列化，第三步就要考虑国际化，为此要在资金、人才和经验方面进行积累，希望今后能有与摩根士丹利公司的合作机会，也希望摩根士丹利公司的经验能为中央电视台的战略决策提供借鉴。

6月15日 赵化勇台长、胡恩副台长会见了美国音乐电视频道（MTV）国际总裁威兼·罗帝先生。罗帝先生此行是参加中央电视台与美国音乐电视频道联合举办的"2000 CCTV－MTV音乐盛典"，他希望进一步扩大合作范围，尝试交换节目。赵台长对双方的合作表示认同。

6月15日 赵化勇台长会见了欧洲卫星公司董事会主席斯特恩先生。赵台长首先对斯特恩主席的来访表示欢迎，斯特恩主席向赵台长介绍了欧洲卫星公司的简要情况和运营状况。

6月16日 中央电视台和美国MTV音乐电视频道继成功地举办1999年CCTV－MTV音乐盛典后，再度携手，共同在京举办第二届CCTV－MTV音乐盛典。众多海内外歌坛巨星和演艺界明星欢聚一堂，演绎新千年音乐盛会。1999年推出的首届音乐盛典，不但为中国内地歌坛带来了无限生机，对于促进和提高中国内地原创流行音乐水平也起到积极的推动作用。

6月19日 "2000年CCTV海外观众有奖知识竞赛"活动展开。海外节目中心除在第四套节目中滚动播出竞赛题目和标准答案外，还在中央电视台网页及美国《国际日报》、日本《CCTV大富》等各种相关媒体刊登竞赛题目，并寄出中英文答卷一万份。

6月21日 张长明副台长会见了美国映佳亚洲传播公司总裁谢其美女士。谢其美首先向张副台长介绍了由星光映佳集团董事长谢诚刚先生出资促成的2000年度“中国传媒高级管理人员培训项目”将于7月8日-8月18日在丹佛大学举行,中央电视台的三位高级管理人员将参加这一培训。

6月21日 罗明副台长会见了美国亚洲生物基金会主席孔繁健博士。

6月21日 张长明副台长会见了日本驻华使馆公使宫本雄二先生。宫本公使代表使馆表示,将进一步通过电视媒体,促进两国人民的交流,并加深相互理解。使馆支持中方制作一些面向日本观众、反映中国改革开放的节目。这些节目如果在日本播出,将会起到积极的作用。

6月21日 何宗就副台长会见了欧洲数字视频联盟(DVB)总裁裴吉德先生。DVB是数字视频广播领域的国际组织,其职责是在全球范围内实行DVB标准的推广战略。双方就数字电视的现状和发展交换了意见。

6月22日 胡恩副台长会见了美国音乐电视频道(MTV)亚洲部行政副总裁许智伟先生。双方肯定了6月16日在中央电视台演播室举办的“2000CCTV-MTV音乐盛典”。许智伟先生希望2001年继续合作进行第三届音乐盛典,并愿意在节目交换方面进行合作。

6月22日 罗明副台长会见以哥伦比亚保守党前主席戈麦斯为首的代表团。该团是应中联部邀请来访我国的,主要目的是进一步推动中哥两国和两党之间的友好关系。

6月22日 赵化勇台长会见了前来参加北京国际电视周的新加坡电视机构总裁黄华麒及副总裁章能容先生等一行。

6月23日 刘宝顺副台长会见了黎巴嫩《使节报》副主编马希木什先生。《使节报》是黎巴嫩有较大影响的阿文报纸,深受阿拉伯等国政界的重视。

6月25日~7月10日 刘宝顺副台长赴英国、美国、加拿大,考察音像资料馆设备。

6月26日 何宗就副台长会见了沙特新闻部科技司司长率领的技术代表团。该团是应广电总局邀请来华访问的,主要目的是促进两国在电视技术方面的交流与合作。

7月3~10日 以胡恩副台长为团长的中央电视台一行6人圆满完成了赴泰国与正大集团的签约工作。胡恩副台长与李绍祝副总裁分别代表中央电视台与正大集团在新的合作协议上签字。中央电视台与“正大”集团合作“正大综艺”(含剧场)栏目已11年。

7月3日 何宗就副台长会见日本池上通信公司海外事业本部长须田清彦等一行。何宗就对池上公司等日本厂家长期以来对中央电视台的技术支持表示感谢,并介绍了中央电视台由模拟技术向数字技术转换的情况。须田本部长介绍了池上公司开发的多格式摄像机、微波传送等相关的数字设备,并表示将进一步加强同中央电视台的交流。

7月4日 张长明副台长会见了韩国文化放送(MBC)社长卢成大一行。卢成大社长感谢中方给予的一贯支持,表示今后在台与台的交流中,希望CCTV起到桥梁的作用。双方还就电视数字化等感兴趣的话题进行了讨论。

7月5日 赵化勇台长会见了智利新任驻华大使塔鲁德。赵台长就CCTV-4、CCTV-9在智利落地等事宜提出了合作建议,并提议为庆祝中智建交30周年,双方的国家电视台可以分别举办智利电视周和中国电视周,在选定的频道每天播出有关对方国家的半小时节目。大使对赵台长的建议表示赞同,并表示将立即着手实施。

7月12日 张长明副台长会见了新闻集团所属香港卫星电视公司新任总裁兼首席运营官卓智仁先生。会见后,客人参观了中央电视台设施。

7月13日 赵化勇台长会见来中央电视台参观的美国国防部长科恩夫妇。科恩夫妇一行是应国务委员兼国防部长迟浩田上将的邀请来华访问的。科恩夫人珍尼特·科恩(JANET COHEN)曾是美国缅因州著名的“脱口秀”节目主持人。珍尼特女士还与《实话实说》主持人崔永元就谈话类节目的制作情况等交流了经验。

7月17日 罗明副台长会见了来中央电视台参观的基里巴斯电台台长泰托阿夫人一行3人。罗明副台长感谢基里巴斯政府对中央电视台赴基里巴斯新千年报道组给予的大力支持。

7月18日 泛美卫星公司技术代表团一行4人应中央电视台邀请来台参观、访问。中央电视台与美国泛美卫星公司自1996年起签订了10年的卫星租用合同,长期租用泛美公司1号、2号、3号、4号、5号卫星,用于第四套节目的传输。目前,中央电视台第四套节目已覆盖了亚洲、欧洲、非洲、美洲、大洋洲。

7月22日~8月4日 何宗就副台长率团赴英国、芬兰考察数字地面广播。

7月23日~8月5日 赵化勇台长应南非米瑞德集团(MIH)邀请,率团出访埃及、赞比亚、南非。赵台长与MIH集团就CCTV-4在非洲落地予以技术支持、市场营销等方面进行了交谈,并与MIH集团总裁兼首席执行官史高朋签署了联合制作少儿节目、文艺演出《跨越彩虹》的备忘录。随赵台长同行的中国国际电视总公司总经理李培森与对方签署了联合制作《中国面孔》的备忘录。此间,赵化勇台长还分别拜会了我国驻埃及、赞比亚、南非大使。

7月24日 张长明副台长会见了法国电视一台台长莫乔特先生等一行3人。莫乔特先生此次来访的主要目的是商讨与中央电视台在节目方面合作的可能性。

7月24日 张长明副台长会见了加拿大华嘉国际文化交流中心董事长曹宇先生等一行3人。张长明副台长向客人介绍了中央电视台国际频道在北美地区的落地情况以及中央电视台与外国公司合作的几种方式。

7月27日 张长明副台长会见了朝鲜广播电视委员会副委员长严亨顺一行。朝鲜广播电视代表团此次是应广电总局邀请来华进行工作访问的。技管办应客人的要求,介绍了中央电视台的数字化技术、高清晰度电视等情况,并安排参观了有关设施。

7月31日 广电总局副局长吉炳轩会见了应中央电视台邀请来访的法国巴黎有线电视网节目总经理居斯塔福一行。会见中,吉副局长高度评价法国巴黎有线电视网为在法国落地中央电视台国际频道节目所做出的努力,称这是中、法电视媒体友好合作的良好开端。中央电视台国际频道于1999年2月在巴黎有线网正式开播。这一落地项目的实施,使在巴黎地区的约24万华人华侨收看到国际频道的节目。

7月31日 张长明副台长会见美国基督教三一广播网公司亚洲区负责人莱斯先生一行。基督教三一广播网公司创建于1973年,是全球著名的电视、广播网络公司,拥有5000多个有线电视网络系统和1200多家电台,节目覆盖美国、欧洲和加勒比海地区。该公司还专访了驻美大使李肇星,并制作了3套节目,揭示"法轮功"邪教本质并介绍我国宗教信仰自由情况。

7月31日 张长明副台长与应中央电视台邀请来访的法国里昂传播股份有限公司下属的巴黎有线电视网节目总经理居斯塔福正式签署了巴黎有线电视网在巴黎转播我国际频道节目的合同。

8月7日 胡恩副台长会见了美国华纳国际电视公司高级副总裁史密斯先生等一行2人。史密斯先生此行的目的是探讨与中央电视台在新领域合作的可能性。中央电视台与华纳公司有过多年良好的合作,中央电视台购买并播出了华纳公司的动画片《兔八哥》等;另外中国国际电视总公司与华纳国际公司就电视剧《太平天国》的后期制作和国际发行正在进行合作。

8月11日 赵化勇台长会见了智利驻华大使。双方曾于一个月前会面,这次会见是为了进一步商谈双方的合作领域。

8月15日 国家广电总局徐光春局长受美国新闻署邀请率中国新闻代表团访问美国,于美国时间8月16日下午抵达美国洛杉矶。他一下飞机即在我驻洛杉矶总领事安文彬、影视部负责同志的陪同下,看望了《抗美援朝》剧组演职人员。徐光春局长代表国家广电总局向美国库恩传媒集团和参加《抗美援朝》拍摄的美方演职人员表示感谢。

8月23日 联合国教科文组织总干事松浦晃一郎先生来中央电视台接受了新闻节目中心《东方时空》栏目的专访。松浦晃一郎先生曾多年从事外交工作,历任日本驻多国的大使以及国际组织的高级官员。于1999年11月15日当选联合国教科文组织总干事,任期为6年。此次是应联合国教科文组织中国全委会的邀请来京访问。

8月23日 张长明副台长会见了以越南记协主席、越共中央委员阮鸿荣为团长的新闻代表团。代表团成员来自越南各大报社,对中央电视台节目情况、运营机制等表示了浓厚兴趣。

8月23日 由中央电视台、上海东方电视台联合举办的《为中国喝彩——伦敦泰晤士河之夜大型音乐歌舞晚会》,在伦敦21世纪标志性建筑——千禧之宫隆重举行。这是该系列活动继1997年7月在美国、1999年10月在俄罗斯演出取得巨大成功后的第三次演出。

8月24日～9月17日 以赵立凡副总编为团长的"2000年中华文化美国行"报道组一行14人圆满完成为期近一个月的采访报道任务。"2000年中华文化美国行"是由国务院新闻办、文化部主办的。活动目的在于向美国主流社会、美国人民介绍中华民族悠久灿烂的文化,展示今日中国的发展与进步,以加强东西文化之间的沟通与交流。报道小组先后在美国纽约、华盛顿、旧金山、洛杉矶等城市跟踪报道了中央民族乐团、锦绣中华舞蹈团的演出,中国大型摄影展览以及国务院新闻办主任赵启正、文化部部长孙家正、国家旅游局局长何光玮等人的主题演讲。采访了包括联合国副秘书长、联合国高级官员、美国前任驻华大使、休斯等美国大公司负责人以及美国商会、亚洲协会、美中关系协会等机构负责人在内的一大批美国主流社会人士。活动结束时,国务院外宣办主任赵启正、秘书长赵少华评价中央电视台报道组对此次文化活动美国行起到了积极的宣传推动作用。电视报道信息量大,充分、全面,内容十分丰富。文化部部长孙家正、国家旅游局局长何光玮十分赞赏并感谢中央电视台此次文化行的宣传报道工作。

8月24日 赵化勇台长、张长明副台长会见了台湾年代公司(TVBS)董事长邱复生一行。台湾年代公司曾购买中央电视台电视剧、纪录片在其频道播出,并于1996年代理中央电视台第四套节目在台湾落地播出。会谈后,双方签署了合作备忘录。

8月29日~9月1日 赵化勇台长、胡恩副台长会见了应邀来访的美国星光映佳集团高级代表团一行。9月1日,赵化勇台长和映佳董事长谢诚刚代表双方签署了会谈备忘录,同意双方将合作解决本次会谈中尚未解决的问题,力争在10月31日之前签署一个有效期为五年的新协议。

9月7日 赵化勇台长会见了来华参加梅地亚中心下半年董事会和10周年店庆活动的日本广播协会(NHK)理事山村裕义一行。中央电视台与日本NHK于1989年合资建成梅地亚中心,赵化勇台长希望CCTV和NHK长期的友好合作关系通过梅地亚中心这一桥梁,继续得到加强和发展。

9月8日 梅地亚举办中心开业10周年招待会,日本驻华大使和广电总局、中央电视台、日本放送协会、中国国际电视总公司的领导及社会各界嘉宾200多人出席招待会。会上,日本大使谷野作太郎、中央电视台副台长刘宝顺先后致辞,对梅地亚中心成立10年来中日双方的友好合作给予充分肯定,对梅地亚中心经营管理方面取得的成绩给予高度评价,并预祝梅地亚在旅游市场的激烈竞争中取得更大进步。

9月13~15日 中央电视台与中国国际电视总公司联合主办"北京2000纪录片创作与国际市场"研讨活动。来自澳大利亚、香港、英国、日本等国家和地区的纪录片领域的专家学者以及国内同行100多人参加此次研讨活动。

9月14日 国家宗教事务局来函,对中央电视台记者圆满报道中国宗教领袖代表团访美和出席"宗教与精神领袖世界和平千年大会"表示感谢。

9月15日 李东生副局长、赵化勇台长参观了设在悉尼IBC的英国广播公司(BBC)、美国全国广播公司(NBC)、德国电视一台(ARD)、德国电视二台(ZDF)、墨西哥特莱维萨(TELEVISA)、日本NHK以及澳大利亚第七频道等电视机构的奥运演播室和工作间。各家电视机构负责人分别介绍了各自电视机构的情况。

9月17~29日 张海鸽随广电总局王德新出访德国、奥地利。

9月18日 赵化勇台长在澳大利亚会见了澳大利亚联合出版控股公司总裁凯瑞·派克先生及其子詹姆斯·派克先生(澳大利亚第九频道总裁)。赵化勇台长就中央电视台国际频道通过与澳大利亚第九频道的合作在澳洲落地情况与派克父子交换了意见。双方还共同探讨了未来合作的前景和途径。

9月25日 何宗就副台长会见了泰国外交部新闻司司长帕拉姆维奈。泰方是为10月份有关国事访问的电视转播事宜,特意来台拜会的。

9月26日 罗明副台长会见了卡塔尔通讯社社长艾哈曼德·贾西姆·哈马尔,艾哈曼德社长对中国新闻媒体一贯对阿拉拍国家所持的公正立场表示感谢。双方认为通过新闻交换,可以加强交流与合作,增进两国人民之间的了解。

9月27日 赵化勇台长会见了美国时代华纳数字媒体公司董事长兼首席执行官里查德·巴塞尔先生一行。双方就互联网和传统媒体的发展等交换了意见。

9月29日 美国共和党亚裔总党部副主席黄建雄先生等一行5人礼节性拜会赵化勇台长。宾主双方就两岸之间的电视发展情况等交换了意见。

9月29日 科教部《走近科学》栏目记者在美国大使馆对美国现任驻华大使约瑟夫·普理赫进行了采访。普理赫大使肯定了中美之间科技领域多方面的成功合作,提出在任期内将进一步扩大两国间科技合作的计划。

9月 中国外商投资企业协会根据国家权威部门的统计汇总,对2469家"双优"企业、50家"先进饭店"及10家高出口创汇企业、10家高营业额企业、10家人均高利税企业进行表彰。梅地亚中心继1994年、1996年、1997年之后,再次荣获1999年度"全国外商投资先进饭店"称号。

10月3日 10月1日为塞浦路斯共和国独立40周年纪念日,国际部应塞方要求,于9月22日特地为塞浦路斯共和国驻华大使洛里亚·马尔基季斯女士录制拍摄了祝贺词,并于10月3日在二套节目顺利播出。塞驻华使馆洛里亚大使发来感谢信,向中央电视台致意。

10月9日 赵化勇台长会见智利电视台台长科塔萨尔先生及智利驻华大使塔鲁德先生,双方就中智建交30周年之际共同举办电视周一事进行了商讨,并于10月10日签署了共同举办电视周的协议书。

10月9日 据中国驻斯洛伐克使馆电:由北京科学教育电影制片厂拍摄的影片《简易无土栽培》,在斯洛伐克第十七届国际农业电影节上获斯农业大学校长奖。该片由年轻导演凤鸣执导,杨少钧、李石平担任摄影。

10月9日　何宗就副台长会见了德国北德广播电视台副台长兰波先生一行。何宗就副台长向客人介绍了中央电视台频道、节目以及中国有线电视的发展情况。

10月13日　刘宝顺副台长会见并宴请了冰岛广播电视局电视部主任比雅尼·古蒙松先生一行3人。该团是应广播电影电视总局邀请来华访问的。

10月17～27日　罗明副台长率团出访波兰、罗马等国。

10月18日　培训职称处举办了题为“未来电视发展趋势”的专题讲座。美国丹佛大学麦德尼斯新闻学院长马丁·塔奇森博士就电子商务拓展,有线电视、通讯卫星系统发展前瞻,中国电视如何在竞争中寻求机遇,电视、通讯业进一步聚合等问题进行讲解。

10月18日　北京科学教育电影制片厂收到斯洛伐克第二十七届国际专业电影节组委会通知,北京科学教育电影制片厂拍摄的影片《宇宙与人》荣获斯洛伐克教育部奖。

10月19－27日　由何宗就副台长率领的中央电视台代表团一行7人对南非进行访问。代表团就CCTV－9在非洲落地的合作协议文本与南非MIH集团代表进行了商谈。10月24日,何宗就副台长与MIH集团的代表吉姆·沃克文先生在约翰内斯堡正式签署协议。根据协议,CCTV－9将于2001年元旦前通过MIH所属的DSTV直播卫星平台,直接进入全非洲范围内的65万户家庭;CCTV还将与MIH合作,共同开发欧洲市场,促进CCTV－9在欧洲地区落地入户。代表团在南非期间还出席了《手拉手——跨越彩虹》大型综艺晚会和由中央电视台海外节目中心与南非当地华人社团联合举办的《欢聚一堂》特别节目《飞越印度洋》晚会。

10月23日　赵化勇台长会见了前来参加上海国际电视节的美国华纳兄弟国际电视公司总裁施莱辛格先生。施莱辛格先生就电视剧《太平天国》的海外发行等与赵台长交换了意见。

10月23日　刘宝顺副台长会见了日本东京广播公司(TBS)董事前川英树先生。前川先生是应中国电视艺术家协会的邀请来台拜会的。

10月23日　胡恩副台长会见了新加坡传媒机构(简称“新传媒”)制作集团总裁黄华麒等一行3人。双方就在新闻、英语节目和电视剧等领域加强合作,进行了深入的交谈,并同意在适当的时候签订两台的合作协议。黄总裁是应邀参加《上海电视节》活动,专程来京拜会的。

10月25～29日　第八届上海电视节隆重举行。赵化勇台长与德国UFA国际影视制作公司总裁在中央电视台展区签订了关于双方共同投拍电影电视《遗失的佛像》的合作项目,并出席总公司与美国华纳公司合作改编10集电视连续剧《太平天国》国际版发行新闻发布会。新加坡电视机构当场决定购买由影视部和中视股份制作公司制作的我国首部高清晰度电视剧《大宅门》的播映权。

10月　2000年中央电视台海外观众有奖知识竞赛在北京揭晓,12名获奖热心观众抵达北京。他们分别来自美国、加拿大、日本、柬埔寨、巴基斯坦、吉尔吉斯斯坦、乌克兰、法国、丹麦、坦桑尼亚、中国台湾等11个国家和地区。10月24日,张长明副台长、赵立凡副总编在北京梅地亚中心会见“2000 CCTV海外观众有奖知识竞赛”的12名获奖者,并与他们进行座谈。竞赛自1997年起每年举办一次,旨在加强与海外观众的联系,增进友谊,听取海外观众对中央电视台节目的建议和要求,了解中央电视台两套对外节目在海外的落地入户情况。同时也是为了扩大中央电视台在国际上的影响,树立良好形象。

10月　应罗马尼亚国家电视台、波兰国家电视台邀请,罗明副台长率5人代表团访问了上述两国,作为对两台台长来访的回访。中央电视台代表团与两国电视台领导人进行了多层次的业务交流和会谈,代表团还向两电视台提交了暂免费使用我英语频道新闻类节目授权提案。罗、波两台均希望加强新闻类、文艺类节目的交换及电视剧交换或互购。

10月　从日本NHK方面获悉,由梅地亚中心电视部拍摄制作的《家族的岁月——昔日的绫子》,一举摘取了本年度日本NHK卫星放送(HDTV制作)的最高奖——卫星放送局长奖。该片是为纪念反法西斯战争胜利55周年而拍摄,在日本、北京、哈尔滨、吉林等地进行实地采访、拍摄。2000年8月在日本NHK卫星频道播出后立刻引起很大反响。

11月6日　罗明副台长会见路透社全球总编辑林尼班克。他向客人介绍了中央电视台新闻制作方面的情况。林尼班克先生表示,路透社与中央电视台有着良好的合作关系,希望今后能够继续保持、加强。

11月8日　张长明副台长会见了以萨克斯部长为首的爱沙尼亚民族事务部代表团。该代表团是应国家民委的邀请来华进行工作访问的。

11月9日　张长明副台长会见了环球世观媒体集团执行副总裁奥托·伊维詹斯先生和挪威电信欧洲卫星广播总监克吉尔·罗巴肯先生,并就CCTV－4和CCTV－9在欧洲落地、直接进入欧洲有线用户等事宜与来宾进行了会谈。张长明副台长和伊维詹斯副总裁、罗巴肯先生签署了合作备忘录。

11月13日 赵化勇台长、何宗就副台长会见了南非米瑞德集团总裁兼首席执行官史高朋先生率领的高级管理人员代表团。双方就合作项目和发展远景交换了意见,其中包括与青少节目中心合作制作儿童节目、与总公司合拍《中国面孔》及与中广卫星公司在互动电视、直播卫星电视、互联网等方面的合作。

11月14日 赵化勇台长会见了韩国新任驻华大使洪淳瑛。赵台长对洪大使上任伊始就来中央电视台访问表示欢迎,提议中央电视台与韩国广播公司在新闻交换、节目制作和互换摄影队方面进行更广泛的合作。洪大使表示韩国使馆将推动韩中电视机构的合作。

11月15日 张长明副台长会见专程来中央电视台商谈有关中克双方电视台之间的合作事宜的克罗地亚驻华公使巴比奇先生。双方围绕中克电视台进行高层互访、签署合作协议、互派摄影队及进行节目交流等事宜进行了具体磋商。

11月19日 何宗就副台长会见了澳大利亚7频道总管瑞恩·斯托克斯先生等一行5人。斯托克斯先生此次是应北京奥申委主席刘淇的邀请来京参与我《申奥报告》有关电视转播部分的讨论。

11月20日 斯洛文尼亚驻华大使万德玛·格斯伯瑞克来函对国际部《正大综艺》摄制组于9月底赴斯洛文尼亚进行外景拍摄工作表示感谢。希望双方能进一步合作。《正大综艺》摄制组此次拍摄是经广电总局外事司批准,中央电视台和斯洛文尼亚广播电视台互派摄制组的行动。

11月24～30日 张海鸽赴新加坡仲裁中心进行调研。

11月28日 张长明副台长会见了专程来台拜会的新任美国驻华使馆公使迈克·马林先生以及新闻参赞李柏思先生、新闻官倪克波先生一行。张长明副台长回答了马林先生关于中央电视台电视节目、卫星传输、广告经营以及引进竞争机制等问题,并指出电视媒体是沟通中、美两国人民之间了解和交流的重要渠道。马林公使表示愿意在现有的基础上,进一步加强与中央电视台的合作,使更多的美国人了解中国。双方还就中、美两国电视界的高层互访以及外国有线电视入户等双方关心的问题交换了意见。

11月30日 赵化勇台长会见以澳大利亚7频道电视网执行主席斯多克斯先生为首的澳大利亚7频道代表团一行。代表团是应北京市市长、北京奥申委主席刘淇的邀请来京访问的,并参加北京《申奥报告》中有关电视转播方面的讨论。斯多克斯主席介绍了在举行悉尼奥运会期间电视报道方面的情况,着重介绍了申办奥运会以及申办成功后如何组织电视转播委员会进行电视报道的经验。赵台长表示中央电视台将尽全力支持北京申办2008年奥运会,并希望与澳方扩大合作领域,加强双方的合作与交流。

11月 CCTV－4在美有线电视观众已超过199万。根据中央电视台同美国映佳传播公司/国际频道达成的双边协议,映佳公司协助我CCTV－4进入美国有线电视系统。近一年来,随着数字化的推广,转播CCTV－4的有线电视台的数量有了明显增加。在美国7大有线电视系统中有4家(即:ADELPHIA、CABLISION、TIME WARNER、COX)下设的地区电视台转播CCTV－4的节目。此外,CCTV－4也通过有线进入了哈佛大学、斯坦福大学等11所院校。

12月13日 罗明副台长会见了日本广播协会(NHK)报道局长井手上。日方此行是就继续接收中央电视台《新闻联播》事宜进行有关技术、版权的谈判并签订新的协议。罗副台长回顾了两台新闻部门长期以来的友好协作经历,希望在新的世纪里,充分运用新技术,客观、公正、迅速地搞好新闻报道。井手上局长表示,希望2001年在CCTV的协助下,NHK驻京记者站能向日本国内传送更多的高清晰度新闻素材。会见后,丁文华总工程师、李培森总经理和井手上局长签署了关于卫星传送和《新闻联播》使用版权的新协议。

12月14～22日 由孙玉胜副总编率领的5人代表团对越南进行了访问,分别与越南电视台、有线台、胡志明电视台进行了10多场业务会谈。并签署了一系列协议和会谈备忘录。代表团分别与越南电视台签署了使用我国际频道节目的协议、与越南电视台有线台签署了CCTV－4或CCTV－9进入其有线电视网及2001年将开始的加密卫星电视频道(DTH)的会谈备忘录、与胡志明市电视台谈定签署使用我国际频道节目协议等。

12月15～20日 为庆祝中智建交30周年,根据中央电视台台长赵化勇与智利国家电视台台长哥塔桑签署的协议,从即日起,中央电视台与智利国家电视台将分别举行智利电视周和中国电视周。此前双方各派一名记者前往对方国家进行了为期10天的采访拍摄。系列节目《走访智利》从12月15日起在中央电视台国际频道《新闻60分》中播出。

12月20日 胡恩副台长会见了来访的美国维亚康母公司(Viacom Inc.)北亚区总经理许智伟先生及该公司亚洲有限公司中国区总经理李亦非小姐一行。双方商讨了中央电视台与维亚康母公司下属的MTV公司2001年联合举办第三届"CCTV－MTV音乐盛典”颁奖晚会筹备事宜。经商谈，双方基本同意继续联合举办这一活动。活动举办地点仍在中央电视台一号演播大厅；时间初步定在2001年7月下旬。胡副台长表示，中央电视台已于1999年和2000年成功地与MTV举办了两届音乐盛典颁奖晚会，希望第三届在双方的共同努力下办得比前两届更好，为此一定要提前做好准备工作，尤其是对歌手的投票办法等要制定规范合理的标准。

12月 传播中心与中广公司共同组织全国有关有线电视台的技术骨干到美国、澳大利亚、巴西、日本以及欧洲的电视台、广播公司对节目制作、信号传输、发展用户和管理、收视费收缴等内容进行学习、考察，并与这些国家的有关部门的官员进行了广泛接触，与广播电视同行进行了认真的技术切磋和经验交流，建立了良好的关系，为我国的电视节目能尽快走向世界、迈入国际奠定了良好基础。

人　物

一、2000年评定享受政府特殊津贴人员名录

中央电视台
赵宇辉　吴继尧　卞美瑾　余培侠

中国电视剧制作中心
刘贡生

中央新闻纪录电影制片厂
杨之举

北京科学教育电影制片厂
曹小卉

二、1999年任命的中央电视台部级干部名录

姓名	单　位	性　别	年　龄	职　务	级　别	任命时间
赵化勇	中央电视台	男	51	台长	副部级	1999-1-27

三、2000年任命的中央电视台司局级干部名录

姓　名	单　位	性别	年龄	职　务	级　别	任命时间
罗　明	中央电视台	男	44	副台长	司局级	2000-1-17
胡　恩	中央电视台	男	46	副台长	司局级	2000-1-17
何宗就	中央电视台	男	48	副台长	司局级	2000-1-17
张海鸽	中央电视台	女	45	纪检组长	司局级	2000-4-23
刘国良	中央电视台	男	49	总会计师	司局级	2000-4-12
孙玉胜	中央电视台	男	40	副总编辑	司局级	2000-4-23
丁文华	中央电视台	男	44	总工程师	司局级	2000-4-23
张华山	中央电视台	男	51	副总编辑	司局级	2000-11-3
宋宜纯	技术管理办公室	男	46	副总工程师	副司局级	2000-1-31
高　峰	社教节目中心	男	45	主任	副司局级	2000-1-31
高建民	文艺节目中心	男	50	主任	副司局级	2000-1-31
马国力	体育节目中心	男	47	主任	副司局级	2000-1-31

续表

李宏虹	技术制作中心	男	50	主任	副司局级	2000－1－31
程　宏	总编室	男	44	主任	副司局级	2000－12－22
李　挺	新闻节目中心	男	38	主任	副司局级	2000－12－22
袁正明	广告经济信息中心	男	42	主任	副司局级	2000－12－22
徐　威	技术管理办公室	男	41	主任	副司局级	2000－12－22
黄平刚	播出传送中心	男	38	主任	副司局级	2000－12－22

四、2000年任命的中央电视台正处级干部名录

姓　名	单　　位	性别	年龄	职务	级别	任命时间
任　海	工会	男	47	工会主席	县处级	2000－1－27
高东生	动力处	男	53	处长	县处级	2000－5－11
杨晓民	干部管理处	男	34	处长	县处级	2000－5－11
杜书星	劳动工资处	男	42	处长	县处级	2000－5－11
王庆忱	培训职称处	男	47	处长	县处级	2000－5－11
陆伟昌	地方新闻部	男	49	主任	县处级	2000－5－11
庄殿君	新闻采访部	男	37	主任	县处级	2000－5－11
盖晨光	社会新闻部	男	45	主任	县处级	2000－5－11
江和平	外语新闻部	男	38	主任	县处级	2000－5－11
野露露	外语专题部	女	44	主任	县处级	2000－5－11
倪代光	文艺节目中心综合部	男	41	主任	县处级	2000－5－11
汪国辉	影视部	男	49	主任	县处级	2000－5－11
王建宏	体育节目中心	男	47	副主任	县处级	2000－5－11
杨　斌	体育竞赛部	男	51	主任	县处级	2000－5－11
张　兴	体育新闻部	男	44	主任	县处级	2000－5－11
梁晓涛	青少节目中心	男	37	副主任	县处级	2000－5－11
郭　忱	音频部	男	50	主任	县处级	2000－5－11
陈泽时	传送部	男	46	主任	县处级	2000－5－11
程　星	总控部	男	39	主任	县处级	2000－5－11
麻　宁	人事办公室	男	39	副主任	县处级	2000－5－18
岑传理	体育节目中心	男	50	副主任	县处级	2000－5－18
刘　威	房管处	男	40	处长	县处级	2000－5－18
范　昀	新闻编辑部	男	33	主任	县处级	2000－5－18
郎　昆	海外编辑部	男	41	主任	县处级	2000－5－18

续表

彭健明	事业发展调研处	男	29	处长	县处级	2000－6－26
冉素霞	海外节目中心	女	48	专职副书记	县处级	2000－9－6
杨　菁	社教节目中心	女	48	专职副书记	县处级	2000－9－6
李　萍	广告经济信息中心	女	46	专职副书记	县处级	2000－9－6
郑淑贞	青少节目中心	女	51	专职副书记	县处级	2000－9－6
谢和平	技术管理办公室	女	48	专职副书记	县处级	2000－9－6
田敬改	技术制作中心	女	44	专职副书记	县处级	2000－9－6
黄瑞刚	监察室	男	35	主任	县处级	2000－9－6
赵玉东	监察室	男	34	纪委副书记	县处级	2000－9－6
高祥林	计划统计处	男	48	处长	县处级	2000－11－17
赵　频	基建处	男	41	处长	县处级	2000－11－17
强西京	节目资料管理处	男	46	处长	县处级	2000－11－17
罗　琴	宣传规划处	女	38	处长	县处级	2000－11－17

五、2000 年评聘正高级专业职务人员名录

中央电视台

高级编辑：

赵明亮　文　叔　郭清华　王宝安　苏　峰　王冼平　于振铎

破格评聘高级编辑：

王晓真　李　蕾　鞠　萍

高级记者：

冯际庆　张道国

破格评聘高级记者：

李　挺　陈　虻

播音指导：

罗　京

教授级高级工程师：

李树声　季小军　陈默　梁迎利　叶双印　宋宜纯

一级导演：

李芙中

中国电视剧制作中心

一级文学编辑：

李　汀　肖桂林

电影卫星频道节目制作中心

高级编辑

张卫平

六、2000 年评聘副高级专业职务人员名录

中央电视台

主任编辑：

贺　萍　顾玉龙　邓　颖　虢亚冰　霍　燕　刘　静　刘京山　杨金月　赛　纳　张光途　龙未央　王　嫣　王承友　闫京坛　关　蕾　林　芝　牟彦彦　阚兆江　徐义鸣　李国强　钟里满　金　越　黄海涛　钱　娱　何延锋　刘万捷　罗桂亭　马万明　郁　洁　张　兴　罗　闪　陈　岩　梁柏强　庞燕华　田秀萍　韩　卫　张　军　曲　静　张美英　张小妹　陆京生　邬纯芳　王　英　才旦央姬　王秋菊

破格评聘主任编辑：

黄　虹　吴　芳　穆　莉　杨　华　上官文青　张文华　郭霁虹　刘　文　肖同庆　王采芹

陈勇庆　倪　娜　何文新　郭振玺　任学安

主任记者：

赵春林　张新海　王洪友　娄玉舟　刘国春

陈大平　李小健

破格评聘主任记者：

李　风　刘　旭

主任播音员：

宁　辛　丁　凡

破格评聘主任播音员：

贺红梅　周　涛　张　政

高级工程师：

具春秋　杨晓萍　薛小妹　刘桂文　阴贺彬

韩　强　田敬改　徐　进　张力云　郭　娅

江　欣　李　曼　智　卫　沈建平　杜莲英

李树站　赵　严　王晋宁　王　佩　冯建国

史伯云　张福田　张聚增　王树艺

破格评聘高级工程师：

李　键

副译审：

辜丽娅　杨　锐　汪飞舟

副研究馆员：

郭秀芬　冯　玮

二级编剧：

吕月琴

二级导演：

李剑平

二级录音师：

马政征　刘　勇

高级经济师：

刘宝顺　黄　伟　张国琛

高级制片经济师：

曹广来

高级会计师：

张海凤

中国电视剧制作中心

二级文学编辑：

王　芸　阮丹娣

二级导演：

朱晓渝　彦小追　刘艳臣

主任化妆技师：

梁青梅

副研究馆员：

陈小梅

中央新闻纪录电影制片厂

主任记者：

郭蓝冰　高小俐

高级工程师：

赵　恒

高级会计师：

孟亚东

高级经济师：

杜丽萍

北京科学教育电影制片厂

高级政工师：

张晓光　李露光　赵布光

中央卫星电视传播中心

主任编辑：

孙忠瑞(1999年评聘)

高级经济师：

高华中

电影卫星频道节目制作中心

主任编辑：

阎晓明　胡斯瑚

副译审：

康花娥

高级经济师：

王　泉

主任编辑(以前评聘)：

于　勤

副译审(以前评聘)：

贾　琪

二级导演(以前评聘)：

张海防

二级摄影师(以前评聘)：

兵　杨

高级工程师(以前评聘)：

石丽萍　王绍清

高级经济师(以前评聘)：

阎民军

高级会计师(以前评聘)：

姜　涛

主任技师(以前评聘)：

魏　民

七、人物志

于振铎(1944.12－　　) 河北省定州市人。高级编辑。1967年毕业于北京艺术学院,毕业后曾做群众文化工作。1977年至1980年曾到电影学院、中央戏剧学院进修导演、编辑各一年半,1983年调中国电视剧制作中心任编辑,1986年调文艺节目中心影视部至今。2000年评聘为高级编辑。负责编辑的作品有:获"飞天奖"一等奖的《好爸爸坏爸爸》、《看不懂了女人们》、《大潮汐》、《校园先锋》。获全国录像带一等奖的《啊!中国战俘》(电影)。获国际"白玉兰"奖的《结婚一年间》、《十八岁男子汉》、《远山姐弟》。

王庆忱(1953－　　) 河北省定州市人。中共党员。中央电视台人事办公室培训职称处处长。1969年参加工作。1985年调入中央电视台人事处。1987年担任秘书。1991年参与筹建中央电视台对台部工作。1992年任广告部副主任。1996年任教育处副处长,2000年任现职。

王新勇(1942－　　) 江苏省吴江市人。中共党员。北京科影厂总编室主任,二级导演。1966年7月毕业于南京农学院农业机械化分院农业电气化专业。次年分配到北京科学教育电影制片厂,先后在选题组、总编室、厂长办公室工作。历任选题编辑、选题组组长,科教片编导,厂办主任,总编室副主任。1999年11月任总编室主任。

土冼平(1956－　　) 女。辽宁省人。中国民主同盟委员。高级编辑。1976年毕业于北京艺术学校戏曲专业。1983年毕业于中央音乐学院歌剧专业。1985年7月结业于上海戏剧学院电视导演进修班。任中央电视台文艺部歌舞组组长,《旋转舞台》栏目主编、制片人。中国音乐家协会会员、中国女记者协会会员、中国电视艺术家协会会员。2000年被评聘为高级编辑。多次担任中央电视台大型电视文艺晚会总导演。1997年担任制片人、导演的歌舞片《黄河的故事》获第三十四届亚广联ABU文化娱乐国际大奖。1998年《致春天》获得中国电视"金鹰奖"特别奖。获第十三届"星光奖"优秀导演奖,第十四届"星光奖"。获第二届"中国双百佳电视艺术工作者"光荣称号。

王宝安(1945－　　) 北京市人。中共党员。高级编辑。1965年毕业于北京工业学校,后深造于北京广播学院电视系、中国人民大学新闻系,获学士学位。曾任北京日报编辑、北京科技报主编。1981年调入中央电视台,先后在专题部、经济部、科教部任编导、制片人。参与创办获奖栏目《经济半小时》和《走近科学》等。编导的科教专题节目《环志》获全国首届科教影视节目评比特等奖。《从野鸟到家禽》、《六位诺贝尔奖得主和优秀青年共话未来》、《麋鹿回家》等多部专题节目获中央电视台、中国广播电视学会一等奖,及编导、摄影专项奖等。1991年创办了特别节目《3·15国际消费者权益日专题晚会》并任前三届总导演。2000年评为高级编辑。

文　叔(1949.11－　　) 回族。北京市人。高级编辑。1982年毕业于北京广播学院,同年分配到中央电视台文艺部工作。1983年起担任戏曲组副组长、组长。1988年调社教部。1991年调对台节目部。1993年调海外中心专题部至今。多年来,制作和参与制作各类文艺节目、专题节目多部,如:《京剧奇观》、《中国风》、《神州风采》、《天涯共此时》、《百家姓》、《辉煌的八五》、《香港百年》、《香港沧桑》、《世界华人》、《旅行家》等,并多次获得"五个一工程"奖、"星光奖"、"彩虹奖"等各类奖项。

叶双印(1949－　　)河南省漯河市人。中共党员。教授级高级工程师。1968年参加工作,1972年在武汉大学物理系读书。1975年12月毕业分配到中央电视台。先后任微波组组长,微波科科长。圆满完成各种现场直播2000多场次。受到部级嘉奖有:国庆35周年直播获广电部部长吴冷西的通令嘉奖;1995年世乒赛开幕式转播技术评比获广电部一等奖;1995年世妇会转播获组委会嘉奖;1997年香港回归宣传报道获广电部先进个人;1997年度广电部优秀共产党员;国庆50周年电视直播获首筹委嘉奖。发表过《电视中继微波设备常用公式和链路计算方法与分析》等7篇专业论文。1999年获国务院颁发的政府特殊津贴及证书。2000年评聘为教授级高级工程师。

冯际庆(1942－　　) 山东济南市人。中共党员。高级记者。1961年毕业于北京电影学院摄影系科教班。先后在北京电影制片厂、北京科教电影制片厂任摄影助理、特技摄影师。参加了31部纪录、科教、故事影片的摄影创作,其中故事影片《早春二月》、《停战以后》、《小兵张嘎》、《春雷》等获中国电影"金鸡奖"。1972年底调北京电视台(中央电视台前身)新闻部任记者、主任记者。1992年任国际部主摄像,组织、指导、拍摄《人与自然》、《正大综艺》、《环球45′》等栏目、节目共800多部、集,并多次参与了节目的改版、更新。所拍摄的节目十余次获"星光奖"。

田敬改(1956.11－　　) 女。河北省巨鹿县人。中共党员。技术制作中心党总支专职副书记兼综合部副主任。1978年毕业于北京广播学院无线电系。留校后一直在北京广播学院任教。1991年调入中央电视台技术制作中心办公室工作。在技术制作中心先后任秘书、中心主任助理兼办公室主任、综合部副主任、党总支专职副书记等职务，被评为台级优秀党务工作者和广电总局的优秀党务干部。2000年被评为广电总局巾帼建国标兵。

丛志敏（1950－　　）辽宁省沈阳市人。中共党员。北京科影厂厂长办公室主任。1968年参加工作。1969年加入中国人民解放军，1974年3月复员。1974年在北京工业大学机械系机械制造专业学习。1977年12月毕业后回北京第二锅炉厂工作，任助理工程师、厂党支部副书记。1987年到北京锅炉厂管子分厂任党支部书记、车间主任，工程师。1989年到北京科学教育电影制片厂工作，任房管科科长、专职监察员。2000年9月任现职。

冉素霞（1952－　　）女。河北省保定市人。中共党员。海外中心党总支专职副书记、综合部主任。1974年8月至1975年10月在河北涿县码头公社任妇联主任、党委委员。1975年10月到北京广播学院无线电系学习。1978年12月毕业分配到中央电视台技术部从事视频技术工作。1991年8月调海外中心工作。历任中心秘书、党总支专职副书记、主任助理兼办公室主任、联络部副主任等职。多次被评为总局和台综合治理先进个人，连续多年被评为台优秀党务工作者。2000年9月任现职。

刘国良（1951－　　）河北省清苑县人。中共党员。高级会计师。中央电视台总会计师。毕业于天津财经学院。1971年12月参加工作，任中学教师。1980年3月起，历任广电部计财处会计、副处长、处长。1993年9月，任广电总局计财司副司长。1996年10月在内蒙古赤峰市市政府任挂职副市长。1998年10月任广电总局计财司副司长。2000年4月任中央电视台总会计师。2001年4月任中央电视台分党组成员。

刘　威（1960－　　）北京市人。中共党员。中央电视台台办室房管处处长。1977年1月参军。1982年1月复员到山西省太原市工作。1987年到中央电视台房管处工作。1994年3月至1995年9月在广播学院电视系学习。1990年6月至今历任房管科副科长、科长，房管处副处长、处长。2000年5月任现职。

任　海（1953－　　）河北省人。中共党员。中央电视台工会联合会主席。工程师。1969年下乡去黑龙江生产建设兵团。1971年参加中国人民解放军。1983年到广电部工作。1995年到中央电视台工作至今。1987年毕业于中国人民公安大学法律系。1997年就读中共中央党校研究生院国际政治专业，2000年毕业。工作期间历任战士、副处长、副主任。多次立功、受奖。

庄殿君（1963－　　）黑龙江省牡丹江市人。中央电视台新闻节目中心新闻采访部主任。1985年毕业于吉林大学经济学系，同年分配到中央电视台经济部。1989年调至新闻中心新闻采访部，曾任新闻采访部经济组副组长，综合组组长，新闻采访部副主任等职。2000年5月任现职。

江和平（1963－　　）安徽省桐城市人。中共党员。主任编辑。海外节目中心英语频道副总监。1987年7月毕业于上海外国语学院，获英语和国际新闻双学士学位，并于当月进入中央电视台，先后任国际新闻组副组长、组长、新闻编辑部副主任。1996年9月至1997年9月在英国威尔士大学留学，获新闻学硕士学位。1998年5月调任海外节目中心外语新闻部副主任。先后参与创办《世界报道》、《环球了望》栏目和《英语新闻》改版。2000年5月任外语新闻部主任，同年9月改任英语频道副总监。

李树声（1956年2月－　　）北京市人。中共党员。教授级工程师。海外节目中心副主任兼制作部主任。1975年参加工作。1983年初毕业于清华大学第一分校电子工程系。同年分配到中央电视台。历任副科长、科长、副主任、主任。1994年被评聘为高级工程师。2000年被评聘为教授级工程师。先后主持完成了多项电视工程技术工作，获96～97年度“中国彩虹奖”单项技术质量奖和多项工程建设一、二等奖及节目制作技术质量一、二等奖。现为中央电视台技术委员会委员，中国电影电视技术学会照明委员会委员。

李　蕾（1962－　　）女。河北省唐山市人。高级编辑。1984年毕业于北京广播学院文艺系文艺编辑专业。分配至中央电视台后一直从事少儿节目的编导工作。1986年执导16集木偶连续剧《旗旗号巡洋舰》获第二届“金童奖”木偶片特别奖（1988年）。现任少儿部儿童短剧组副组长、《大风车》栏目“风车剧场”制片人。1992年5月出版中篇童话《猫人》（原子能出版社）。1996年出版中篇童话《河马牛辛心历险记》（湖南少儿出版社）。有专题片《后土》、童话剧《玉米人》、《神奇山谷》、《“为了孩子”义演晚会》等获各类特别奖、一等奖、二等奖18个。并有多篇儿童节目论文发表。

李　汀（1954－　　）甘肃省武山县人。中共党员。一级文学编辑。1982年毕业于西北师范大学历史系。曾任光明日报记者。现任中央电视台中国电视剧制作中心副主任。创作发表或投拍的影视剧本有《魂归街口》、《W·C风波》、《走出雨季》、《彼岸芳草》、《再生人的秘密》、《舞萌》等。担任主要策划或监制的电视剧目有:《梦醒五棵柳》、《她们的故事——中国十大女杰》、《弘一大师》、《浦江叙事》、《香港的故事》、《人间正道》、《傍海人家》、《壮志凌云》、《中国命运的决战》、《昆仑女神》、《紫荆勋章》、《笑傲江湖》等,多部剧目获"飞天奖"、"金鹰奖"和"五个一工程"奖。

李芙中(1941－　　) 女。山西省盂县人。中共党员。一级导演。1962 年毕业于中央戏剧学院表演系(本科)。同年进入成都军区话剧团任话剧演员。1984 年转业进入中央电视台,一直任国际部外国译制片导演。1992 年评聘为二级导演,2000 年 2 月评聘为一级导演。导演过 400 多部集的译制片,其中《北国情》获第十三届"飞天奖"优秀译制片奖;《圣庭之恋》获第十九届"飞天奖"优秀译制片奖;《乱世佳人》获第十九届"飞天奖"优秀译制片奖;《卡弥尔·克洛代》(罗丹的情人)获第二十届"飞天奖"优秀译制片奖;《牛奶盒上的头像》获第四届全国少儿电视"金童奖"优秀译制片奖。

李宏虹(1950－　　) 北京市人。中共党员。教授级高级工程师。1978 年毕业于北京工业大学无线电系。1984 年调入中央电视台工作。历任采编科副科长、录制部副主任、主任,技术制作中心副主任。多年来参与的各类电视节目制作主要有《综艺大观》、《正大综艺》、《春节联欢晚会》及各种大型社教、体育、青少、经济专题、综艺节目,并担任技术制作总监。主持了各种大、中型演播室和后期制作系统的设计和施工。2000 年 1 月被评聘为教授级高级工程师。

李　萍(1954－　　) 女。河南省开封市人。中共党员。广告经济信息中心党总支专职副书记兼综合部副主任。1987 年北京行政管理学院大专毕业,调任中央电视台办公室秘书科科长,1992 年任梅地亚中心办公室主任,1995 年在北京旅游学院学习。1996 年任中央电视台广告经济信息中心办公室主任、综合部副主任。1999 年至 2001 年北京大学行政管理学院研究生班深造。曾三次获得台优秀党务工作者和 2000 年度总局优秀党务工作者称号。

李　挺(1962－　　) 山东省曲阜市人。中央电视台新闻节目中心主任。高级记者。1984 年 7 月山东大学哲学系毕业。先后在中央电视台人事处、广播电影电视部干部司任干事。随后调中央电视台,历任新闻编辑部第一副主任、主任,新闻节目中心副主任、主任。2000 年破格评聘为高级记者。有 30 多个参与组织领导的作品,如《'97 香港回归特别报道》、《'98 抗洪报道》、《首都各界庆祝国庆 50 周年盛大阅兵和群众游行》等获中国新闻奖、中国广播电视新闻奖等各种奖项。1996 年被中直机关授予"优秀青年干部"的称号;1997 年被团中央等 10 部委评为"全国杰出青年岗位能手";1998 年获第三届"韬奋新闻奖"提名奖;2000 年获第四届"韬奋新闻奖";2001 年荣获中国青年"五四"奖章。

宋宜纯(1954－　　) 山东省人。中共党员。中央电视台副总工程师,教授级高级工程师。毕业于北京广播学院,获工学硕士学位。历任北京广播学院管理系副主任、工学院副院长、院长助理等职。1999 年 11 月调入中央电视台。主要从事计算机信息系统及网络技术工作。先后主持了多项信息系统软件和工具的研发,以及北京广播学院校园网、多媒体资料中心、广电总局办公厅办公自动化系统等工程项目。曾多次获广电部科技进步奖、计算机应用成果奖、中国电子学会优秀论文奖等奖项。现为广电总局科技委计算机与信息技术工作组组长、中国电影与电视工程师学会理事、电子学会高级会员。

陆伟昌(1952－　　) 安徽省肥西县人。中共党员。主任记者。新闻中心地方新闻部主任。1975 年 8 月大学毕业后,历任新闻采访部农业、文教、时政记者,文教组副组长、组长,科技组组长,驻香港记者站记者,首任驻美记者站首席记者。曾连续三年获得公安部金盾记者奖一等奖,并获得公安部通报表扬。分别获得高法、高检先进个人和优秀记者一等奖。1992 年获公安部颁发公安宣传最高奖——金盾记者特别奖。采访摄制的新闻、系列报道有 20 多条在部以上新闻评选中获奖,其中有十多条获得一等奖。1996 年开始担任新闻编辑部副主任,地方新闻部副主任、主任、党支部书记。2000 年 7 月,被评为 1999 至 2000 年度台优秀党员领导干部。2000 年 5 月任现职。

邹庆芳(1944－　　) 山东省龙口市人。中共党员。高级经济师。中国电视剧制作中心副主任(正司局级)。北京广播学院研究生班毕业。1972 年于北京部队转业至北京纺织局,后在国家教育部任科长。1983 年调至中央电视台,历任副处长、处长、台长助理、台党委副书记,中国电视剧制作中心副主任、党委书记。曾参与 1988～1990 年中央电视台春节晚会组织策划工作并任副总指挥。1990 年在北京亚运会电视委员会任副主任。曾担任《水浒传》、《中国命运的决战》、《女子特警队》、《大雪无痕》、《笑傲江湖》、《紫荆勋章》等多部大型电视连续剧任出品人、总监制、总策划等职。1997 年获国务院颁发的政府特殊津贴及证书。

陈　默(1948－　　) 北京市人。中共党员。中央电视台技术制作中心副主任。教授级高级工程师。1982年1月武汉大学空间物理系电子学专业毕业。1983年调中央电视台,先后担任技术部录制科长、录制部主任和技术制作中心副主任。多年来参加彩电中心电视系统安装调试,参与组织电视制作系统数字化改造工作,参与中央电视台重大宣传报导技术方案制定和组织实施。

陈　虻(1961－　　) 北京市人。中共党员。高级记者。1983年毕业于哈尔滨工业大学光学工程专业。1983年至1985年在航天工业部工作。1985年1月调入中央电视台。其后在《人物述林》、《九州方圆》、《观察思考》栏目任记者。1993年任《东方时空·生活空间》制片人,创办"讲述老百姓自己的故事"。1996年被评为全国十佳制片人。2000年破格评聘为高级记者。现兼任中国纪录片学会副秘书长,中国制片人学会理事。

杜书星(1958－　　) 河北省深泽县人。中共党员。人事办公室劳动工资处处长。1976年参加工作。1980年毕业于甘肃省人民警察学校。1983年任武警甘肃边防局情报参谋。1984年8月调空军第二试验训练基地政治部任干事、政治协理员。在部队期间,因参加试验训练任务,两次荣立三等功。1992年转业到中央电视台人事处。1996年被评为全台先进工作者。1999年5月任劳动工资处副处长。2000年5月任现职。

周建国(1951－　　) 安徽省桐城县人。中共党员。高级记者。1975年毕业于上海外国语学院英语专业,同年分配到北京电视台(中央电视台前身)新闻部工作。先后负责煤炭、石油、轻工、地质、冶金、邮电等行业的报道工作。1984年调新闻部时政组工作;1991年到1993年,任中央电视台驻香港记者站记者;1993年至今仍在时政组工作,参加过党的十三大、十四大、十五大、五届全国人大至九届全国人大以及党和国家领导人参加的中外重大政治活动的报道工作。先后获全国好新闻一等奖,全国电视好新闻特等奖等全国性新闻奖项达50多个。1999年评聘为高级记者。

杨晓民(1966－　　) 河南省固始县人。中共党员。中央电视台人事办公室干部管理处处长。1990年毕业于武汉大学中文系。1993年入台,从事人事管理工作。中国作家协会会员。主要作品:《返归》、《羞涩》、《中国单位制度》(与人合著)。2000年任现职。

杨之举(1943－　　) 天津市人。中共党员。主任记者。新影中央摄影组组长。1965年从军队复员到新影厂从事摄影工作。拍摄的《愚公移山》(伊文斯导演)获凯撒国际电影节最佳纪录片奖;《半边天》获日内瓦国际南北电视大奖最佳纪录片奖;《先驱者之歌》获"金鸡奖"。曾为毛泽东、邓小平、江泽民三代领导人拍摄影片。《建国五十周年》任纪录片总摄影。1999年获国务院颁发的政府特殊津贴。2000年1月任中央新闻纪录电影制片厂中央摄影组组长。

杨　斌(1950－　　) 黑龙江省绥化人。中共党员。体育节目中心竞赛部主任。主任记者。1975年上海复旦大学新闻系毕业后,到中央人民广播电台做记者。1984年到中国新闻学院进修三年英语。1989年初调入中央电视台体育部,参与《体育大世界》栏目的编辑工作长达7年之久,并多次参加奥运会、世界杯足球赛等世界大型体育赛事的采访和转播。1998年体育节目中心成立之后任综合部副主任。2000年5月任现职。曾于1981年、1982年两次获全国好新闻奖。

杨　菁(1952－　　) 女。江西省南昌市人。中共党员。中央电视台社教节目中心党总支专职副书记。1971年1月在河北省迁安县插队。1975年到北京铁路局天津分局工作。1982年调入中央电视台,1985年到中央党校,在党政干部基础理论培训班学习。1998年毕业于北京广播学院新闻研究学习班。自1987年起历任副主任科员、主任科员、党委办公室副主任、总支副书记。1998年当选为中央电视台第六届党委委员。数次被评为优秀党务工作者。

范　昀(1967－　　) 上海市人。中共党员。新闻编辑部主任。主任编辑。1994年至1996年任国内新闻二组组长。1996年2月任新闻编辑部副主任。2000年任新闻编辑部主任。曾先后荣获中央电视台十大杰出青年和中直青年岗位能手称号,是《香港回归特别节目》、《澳门回归特别节目》、《长江三峡大江截流现场直播》、《日全食彗星天象奇观》、《阿尔法磁谱仪发射升空》等大型新闻直播节目的主创人员之一。多次荣获中国广播电视新闻奖、中国新闻奖、中国"彩虹奖"等。

季小军(1958－　　) 北京市人。中共党员。教授级高级工程师。信息通信处副处长。1983年毕业于清华大学分校电子技术系,学士学位,同年分配到中央电视台。先后任播送部主控科科长、播送部副主任。1997年任现职至今。多年来作为主要技术负责人完成了多项国内国际重大活动的节目传输和新闻传送的组织协调工作及信息通信的技术保障工作和大型电视技术系统的工程建设及技术改造。曾任巴塞罗纳奥运会我电视转播技术总负责,广岛亚运会电视转播我专家组组长,北京世界妇女大会电视转播我技术总协调,创建中央电视台国际互联网站主要技术负责人等。

1987年获广电部科技进步四等奖。1996年获广电部科技进步二等奖。1999年获国防科学技术一等奖。

罗　琴（1962－　　）女。成都市人。中共党员。主任编辑。宣传规划处处长。1983年7月毕业于四川大学中文系语言文学专业。同年分配到中国唱片总公司音乐编辑部从事民乐、民歌唱片、录音带的编录工作。1985年5月调到广播电影电视部总编室工作。曾先后在国内宣传处，负责期刊编辑和文艺处负责中外合拍电影、电视剧剧本的审查及协调工作。1990年10月调中央电视台总编室。长期从事电视宣传管理工作。1997年评聘为主任编辑。1998年任总编室宣传规划处副处长，2000年任宣传规划处处长。曾被评为广电部优秀共青团员，中央电视台先进工作者。

罗　京（1961－　　）北京市人。新闻编辑部播音组副组长。播音指导。1983年进中央电视台至今，一直在新闻编辑部播音组工作。曾参加香港回归、国庆50周年、澳门回归、两会等直播报道，还多次出色完成随领导人出访的新闻播报任务。

赵明亮（1945－　　）江苏省丹徒人。中共党员。高级编辑。1969年毕业于北京广播学院外语系。1973年至1975年赴巴基斯坦卡拉奇大学文学系留学。1978年到国际广播电台文艺部当记者、编辑、党支部书记。1986年调中央电视台《电视节目报》社（《中国电视报》前身），先后任编辑部副主任、通联部主任。1984年国庆35周年宣传获吴冷西部长通令嘉奖。撰写《也论广播电视报特色》获全国省级广播电视优秀论文一等奖。现任《中国电视报》生活服务副刊部主任。全国省级广播电视报专业委员会秘书长。2000年评聘为高级编辑。

赵　频（1959－　　）河北省辛集市人。中共党员。工程师。基建处处长。河北省商业管理学院经济管理专业毕业。北京财贸金融函授学院会计审计专业毕业。1984年5月进入中央电视台参加彩电中心的筹建工作。1986年后，先后任中国国际电视服务公司任业务部经理、梅地亚办公室副主任。1991年至1993年在经济部编辑组工作。1993年4月调任经营管理处任副处长，兼任中央电视台彩电二期筹建办主任。后调任中国广播电视音像资料馆筹建处主任。1997年被评为全台先进个人。1998年5月任基建处副处长，兼任资料馆筹建办主任。2000年11月任基建处处长。

赵玉东（1967－　　）山东省人。中共党员。机关纪委专职副书记兼监察室副主任，正处级纪律检查员。北京广播学院毕业，大专文化。1983年入伍，在部队期间曾任团支部宣传委员、团支部副书记。多次受到部队的嘉奖，三次评为二级技术能手。1988年5月来台工作，历任台行政科副科长，台团委副书记、书记，第四届、第五届台纪委专职副书记。1990年被评为优秀党员。1995年、1997年被评为广电总局精神文明先进个人。中央电视台职工闭路电视主要创办人。

郭　忱（1950－　　）河北省河间人。中共党员。录音工程师。技术制作中心音频部主任。1968年参加工作。1976年复员到一机部情报所电影室任音乐编辑。1980年调中央音乐学院电教科，后任中央音乐学院附属中学总务处主任。1986年毕业于首都师范大学夜大物理系电教专业。同年调入中央电视台。1987年任录音科长。2000年任现职。

郭清华（1952－　　）女。北京市人。中共党员。高级编辑。1969年在内蒙古生产建设兵团。1978年北京广播学院新闻系电视摄影专业毕业，在健康报任摄影和文字记者。1984年进入中央电视台。1991担任中央电视台海外电视中心专题部副主任。1997年被派往美国芝加哥的美洲东方卫星电视公司工作，担任中央电视台驻该公司的首席代表。1999年作为交流干部，到中国国际广播电台电视中心工作，任电视中心副主任（挂职）。1997年被评为全国城镇巾帼建功标兵。1998年被评为全国三八红旗手。2000年评聘为高级编辑。中国都市人类学会常务理事、中国电视纪录片学术委员会副秘书长、中国影视人类学会副秘书长。

高建民（1950－　　）北京市人。中共党员。文艺节目中心主任。高级编辑。毕业于北京师范大学中文系。1980年至1987年期间，先后担任中央广播事业局、广播电视部、广播电影电视部党组秘书和部领导秘书。发表文学专论《论丁玲小说的早期创作》，创作电视剧本《大河东去》。1987年调入中央电视台，先后担任影视部副主任、中央电视台编委、影视部主任、中国视协理事。负责监制、出品或出任制片人的作品有：《东方商人》、《趟过男人河的女人》、《英雄无悔》、《远东阴谋》、《西部警察》、《红十字方队》、《车间主任》、《牵手》、《突出重围》、《钢铁是怎样炼成的》、《鹤童》、《大宅门》等。2000年1月任现职。

高东生（1947－　　）山东省临朐县人。中共党员。高级工程师。动力处处长。1963年9月至1984年8月在原广电部广播设备制造厂安装队工作，曾参加广播电台、电视台和援外电台的安装工作。1973年在上海机械学院学习。1977年毕业后回厂，曾任工艺科副科长。1984年9月调入中央电视台工作，曾任动力处综合维修科科长。1990年在梅地亚中心工程部任副经理。1992年在动力处技术管理科任科长。1996年任动力处副处长。2000年任现职。

高祥林(1952－　　) 天津市人。中共党员。中央电视台财经办公室计划统计处处长,党支部书记。高级会计师。1970年5月参加工作,在内蒙古生产建设兵团任连队文书、管理员。1978年天津财经学院毕业,分配到中央广播事业局计财处。1990年任广播电影电视部计财司财务处副处长。1994年调入中央电视台计财处任副处长。1998年任台计划统计处副处长。2000年任现职。发表专业论文多篇,其中《加强财务分析,充分发挥资金使用效益》1996年发表于《中国改革经纬录》一书中。

黄平刚(1962－　　) 北京市人。中共党员。中央电视台播出传送中心主任。1984年毕业于天津大学电子工程系无线电技术专业,同年分配到中央电视台技术部录制科,从事技术制作工作。1994年任技术制作中心调度室主任。1996年任技术制作中心副主任兼调度室主任。1998年任技术管理办公室副主任兼技术业务处长。1998年被聘为高级工程师。现为中国青年科技工作者协会会员。先后参加中央电视台春节联欢晚会、北京亚运会、曼谷亚运会、香港回归、澳门回归、国庆50周年庆典等电视报道的技术制作和技术统筹协调工作。曾获得全国"五个一工程"奖,全国技术质量评比二等奖和技术质量评比一等奖。2000年12月任现职。

黄瑞刚(1965－　　) 福建省莆田人。中共党员。监察室主任,正处级纪律检查员。天津南开大学法学系毕业,法学学士。1988年至1993年在北京市高级人民法院研究室、宣教处工作。1993年2月调入中央电视台。任台纪检组监察室主任科员。1998年任监察室副主任。2000年9月任监察室主任。曾组织全台党纪政纪台规知识竞赛及小品比赛活动;曾组织廉政专题片《蜕变》、《致命的诱惑》、《梦断影视城》拍摄工作。2000年组织出版了中央电视台反腐倡廉论文集《电视廉政论》一书。1994年被评为中央电视台先进工作者。1997年、1998年被评为广播电影电视总局精神文明先进个人。

杜丽萍(1957－　　) 女。内蒙古自治区人。中共党员。新影厂计财处处长。1982年毕业于辽宁大学。1988年在内蒙古党校评聘为经济学讲师。1993年任广播电影电视部审计局审计管理处副处长,兼部财税大检查办公室副主任。1997年任该局审计管理处处长。1998年10月,任中央新闻纪录电影制片厂计划财务处副处长。2000年1月任该处处长。1999年1月评聘为高级经济师。1994年发表的《对我国内部审计地位的思考》一文,获中国审计学会三等奖。

肖桂林(1949－　　) 女。北京市人。中共党员。中国电视剧制作中心一级编辑。毕业于中山大学汉语言专业,大专学历。1964年11月入伍,于广州军区战士歌舞团舞蹈队任演员。1969年2月调广州军区战士话剧团任演员及分队长、党支部委员。多次获嘉奖并荣立三等功一次。1986年1月转业,调入中国电视剧制作中心任文学编辑兼纪委委员、党支部副书记。参与主创的获奖作品有电视剧《一村之长》、《唐山人》、《法官潘火中》、《唐明皇》、《红剪花》、《双筒望远镜》,以及戏曲电视剧《家》、《春》、《秋》、《苦菜花》、《梨花情》、《二月》等。

汪国辉(1951－　　) 湖北省崇阳县人。中共党员。文艺中心影视部主任。大学学历。1992年任影视部合拍组组长。1995年8月任影视部副主任。2000年5月任现职。任监制的电视剧:《党员二愣妈》、《校园先锋》、《难忘岁月——红旗渠的故事》、《走过柳源》、《大学女孩》、《驱逐舰舰长》等分别获电视剧"飞天奖"一等奖和"五个一工程"奖;《济南战役》、《问鼎长天》、《燃烧的烛光》、《有这么一群兵》,分别获"飞天奖"二等奖和"五个一工程"奖。

张卫平(1953－　　) 女。安徽省祈门人。中共党员。电影频道节目制作中心高级编辑。1982年中国人民大学二分校哲学系毕业。1987年中国人民大学哲学系硕士研究生毕业。1987年中国电影艺术研究中心当代电影研究室,助研。1988年中国电影周报,记者编辑。电影论文《从电影发展战略的角度谈电视电影》获得第九届中国金鸡百花电影节优秀学术论文特别奖。参与撰写书籍有《操纵银幕的女性》、《中国女影星集萃》,与人合作翻译了《美国神话》、《美国现实》等著作。1995年调入电影频道,参与了电影频道节目播放整体风格的设计和定位,承担了电影频道节目的总编排。

张　兴(1956－　　) 浙江省宁波市人。中共党员。体育新闻部主任。1983年从上海华东政法学院法律系毕业,分配至中央电视台。1998年任体育新闻部副主任。2000年4月任现职。参与策划组织实施了1992年、1996年以及2000年三届奥运会的新闻、专题节目;参与策划组织实施了1990年、1994年和1998年三届世界杯足球赛和1999年女足世界杯的新闻、专题、转播节目。在1997年上海全运会、1998年曼谷亚运会和2000年悉尼奥运会,参与创新策划组织实施使用国际流行的单边注入报道方式。

张道国(1945.8－　　) 北京市人。中共党员。高级记者。1964年到中央新闻纪录电影制片厂工作。

拍摄的《美的旋律》获第五届大众电影“百花奖”最佳纪录片奖；《莫让年华付水流》获第二届中国电影“金鸡奖”最佳纪录片奖；《新起点》1979 年获文化部优秀纪录片奖。《美的心愿》、《啊！我的亲人》、《潜海姑娘》等获新影优秀纪录片奖。1985 年初调中央电视台。拍摄的《中国珍稀动物》1989 年在意大利桑德里奥第二届国家公园纪录片国际电影节上获“卡瑞波罗奖”；《万里海疆》1990 年获全国优秀电教社会政治类节目二等奖；《解放》1994 年获“五个一工程”奖及中国电视系列片一等奖。

张美堂(1952－　　) 女。安徽省蒙城县人。中共党员，中央新闻纪录电影制片厂技术处处长。高级工程师。1975 年毕业于南京工学院电子工程系。先后在六机部 5602 工厂、安徽省阜阳地区电视转播台任技术员、助理工程师。1985 年调入新影厂技术管理处工作。多次参加新影厂某些技术方案的论证和技术改造项目的实施，主持进行了新影厂影片资料计算机管理系统的设计及开发、非线性编辑制作网络系统的建立等较大的技术工程。1997 年 8 月任技术处副处长，2000 年 3 月任该处处长。现兼任中国电影技术学会理事。

郑淑贞(1949－　　) 女。北京市人。中共党员。青少节目中心党总支专职副书记。1986 年至 1987 年任台人事处副主任科员。1987 年至 1989 年任台老干部处副主任科员。1989 年至 1994 年任台办室秘书。1994 年至 1998 年任台文艺中心党总支专职副书记(副处)。2000 年 9 年任现职。2000 年受党委委托拍摄《澳门回归电视人》，获专家评定二等奖；党建论文获三等奖。同年提职正处。

梁晓涛(1963－　　) 辽宁省北票市人。中共党员。中央电视台青少节目中心副主任兼动画片部主任。1985 年毕业于山东大学哲学系，获哲学学士学位。同年分配到中央电视台工作，任总编室编辑。1988 年任节目组组长。1992 年下半年，作为三位总制片人之一创办《东方时空》栏目并兼任《生活空间》栏目制片人。1993 年后任动画片部副主任、主任。2000 年 5 月任现职。直接领导并参与策划、创作和制作了近千部集国产动画片，多部动画片获得“金童奖”和“金鹰奖”等政府和全国性奖项。现兼任北京电影学院动画学院客座教授、中国视协卡通艺委会常务副会长。

盖晨光(1955－　　) 山东省青岛市人。中共党员。主任编辑。新闻节目中心社会新闻部主任。1972 年至 1992 年就职于总参谋部，任助理研究员。1992 年至 1994 年就职于新华社国际部，任外文编辑。同时参与制作 1993 年开办的电视新闻杂志《东方时空》节目。曾获中国新闻奖等奖项。1994 年调入中央电视台。参与策划了《焦点访谈》一周年特别节目《在路上》、香港回归特别节目《走进 1997》等大型节目。后任《东方时空》企划组制片人、《焦点时刻》组制片人。曾参加长江三峡大江截流大型直播报道，任总策划之一。曾带队赴伊拉克报道伊位克危机。参与了香港回归大型直播报道，获一等奖。2000 年任现职。

麻　宁(1961—　　) 江苏省南京市人。中共党员。中央电视台人事办公室副主任。1976 年 3 月入伍，任报务员。1981 年至 1982 年石家庄陆军学校通信专业学习。1982 年至 1989 年在北京军区某部任无线通信台台长、队长、指导员。1989 年至 1996 年在中央电视台人事处任干事。1996 年至 2000 年任中央电视台党委办公室副主任。期间 1997 年至 1998 年交流到广电部人事司任副处长。2000 年 5 月任现职。在部队多次立功受奖、数次被评为一级技术能手。到中央电视台工作后多次被评为先进个人、先进工作者和优秀党务工作者。并获国家发明专利两项。

野露露(1956－　　) 女。黑龙江省哈尔滨市人。中共党员。海外节目中心英语频道副总监。1983 年毕业于吉林大学外国语言文学系。同年 7 月分配到中央电视台，先后在对外部、海外中心外语部、外语专题部和英语频道工作。做过翻译组翻译、联络组联络员，编辑组编辑、编导，制片人，先后担任过外语部副主任，外语专题部副主任、主任等职务。1985 年被聘为翻译，1995 年被聘任为副译审。2000 年 9 月任现职。1992 年在英国利兹大学传播学院获大众传播硕士学位。首都女记者协会理事。

彭健明(1971－　　) 江西省吉安人。中共党员。中央电视台台办室事业发展调研处处长。1994 年毕业于北京广播学院，同年分配到中央电视台文艺部担任编导。1996 年担任戏曲音乐部节目制片人。1997 年任中央电视台团委专职副书记。1998 年担任台团委书记。2000 年任中央电视台事业发展调研处任现职。现为全国青联委员、中国青年志愿者协会常务理事、中直青联副秘书长。曾获“中国百名优秀青年志愿者”称号。执导的节目《东西南北中》、《银屏歌声》曾获全国“星光奖”一等奖、二等奖。2000 年担任国家哲学社会科学研究“十五”规划重点项目《中国电视发展研究》的课题主要负责人，并主持中央电视台大型研究课题《世界主要电视传媒比较分析》。

谢和平(1952－　　) 女。山东省单县人。中共党员。中央电视台技术管理办公室党总支专职副书记兼技术业务处副处长。先后毕业于中国行政管理学院行政管理专业、解放军电子技术学院计算机及应用专业，大学本科学历。1969年3月入伍，历任战士、参谋等，多次受到部队的嘉奖。1988年12月转业，在海星电脑服务公司任副经理。1989年7月调入中央电视台。先后在播出传送部、播送中心、技术管理办公室工作，历任秘书、专职副书记、办公室主任等职务。多次参加过大型电视转播活动的技术协调和技术运行工作并受到表彰。先后被评为中直工委优秀女职工、广电总局精神文明先进个人、优秀党务工作者及台级先进个人、优秀党务工作者等。

程　星(1961－　　)　江苏省金坛县人。中共党员。播送中心总控部主任。1983年毕业于南京工学院无线电工程系。同年分配到中央电视台播出部从事播出工作。1993年任播送部副主任。1998年任播送中心总控部副主任。参加了彩电中心播出机房的建设工程。参与我国第一套数字压缩系统的设计、安装、调试、开通工作。参加了1996年中央电视台全球覆盖数字压缩系统及1999年的"村村通"DTH直播卫星平台的建设工作。1992年被评为台先进个人。1999年被授予广电总局重大安全播出先进个人。1994年被聘为高级工程师。2000年5月任现职。

强西京(1954－　　)　陕西省子长县人。中共党员。总编室节目资料管理处处长。1969年12月参军。1973年11月毕业于海军第二航空学校。在部队期间历任机械师、机务中队政治指导员、机务大队政治委员。曾荣立集体三等功。1987年1月转业到广播电影电视部办公厅，任秘书处主任科员。1988年11月调至档案管理处任副处长、处长。1998年9月调至中央电视台任总编室节目资料管理处副处长。2000年11月任现职。任中国广播电视学会史学研究委员会秘书长至今。曾被评为广电部办公厅先进工作者，中央电视台优秀党务工作者，中国广播电视学会优秀学会工作者。

薛继军(1962－　　)　江苏省如皋市人。中共党员。二级导演。北京科学教育电影制片厂副厂长。1983年北京师范大学中文系毕业，分配到北京科学教育电影制片厂总编室从事编导工作。1992年获第五届意大利巴马国际医学电影节优秀影片表彰奖。1995年获第四届全国科技音像作品"科蕾奖"二等奖。1992年任科影厂总编助理。1995年任第三编辑室主任。1996年参与中央电视台大型重点系列片《科教兴国》的摄制工作，任策划、节目统筹、编导。该片获1997年度中央电视台优秀节目一等奖、中国广播新闻奖电视社教节目系列类一等奖。1998年参与中央电视台大型重点系列片《改革开放二十年》摄制、编导，该片1999年获中国电视"金鹰奖"优秀长纪录片奖和中宣部"五个一工程"奖。1998年2月任厂长助理。1999年2月任副厂长，主管创作。

更正

2000年本年鉴人物志部分。P304，李旋宗(1939—)"中央电视台技术制作中心主任，教授级中央电视台副台长、技管办主任，高级工程师"。应改为"中央电视台技术制作中心主任，教授级高级工程师"。P311，段忠应(1949—)"1991年转业到中央电视台社教部。1993年到北京大学学习，1996年毕业。"应改为"1971年转业到中央电视台社教部。1973年到北京大学学习，1976年毕业。"

专 论

一、论文摘要

浅议电视节目制作和播出改革的新形式

周 经

电视台探索电视节目制作和播出的新形式,是近两年来电视业内人士谈论的话题之一。笔者现就相关的问题谈一些观点,蜻蜓点水,权作引玉之砖。

一、电视节目制作和播出的改革,首先是有利于发挥电视的喉舌作用,有利于坚持正确的舆论导向,有利于电视事业的发展和管理。电视节目制作和播出的改革也必将带来电视台和与电视节目制作相关机构在思想观念、管理模式、经费运作、产业政策以至相关体制等范畴的变动和改革;它也必将带来与电视相关产业传统的利益格局的调整;它还必将带来有几十年历史的电视台内部从业人员编制结构、节目制作方式、收入分配方式以及节目管理流程的震动。

二、电视节目的制作和播出新形式,从客观上说是电视节目制作和播出的改革,是电视事业发展到一定阶段的产物,而从主观上说则是目前电视台内电视节目制作和播出运作中生产关系严重阻碍生产力发展所带来的必然变革。政治经济学告诉我们,当生产关系阻碍生产力发展的时候,首当其冲是调整生产关系,以适应生产力的发展,而制作和播出新形式的探索就是对电视节目生产关系的根本调整。

三、电视台探索制作和播出新形式的目的,除了更好地发挥党和人民的喉舌作用,更好地坚持正确的舆论导向之外,还应该有利于提高节目质量,不断推出更新更好的节目,更好地满足广大观众对电视节目的需求;有利于提高和调动电视台所有人员的积极性和创造性;有利于充分发挥社会创作人才和社会资金更多地为电视事业服务;有利于克服现有体制下阻碍电视事业发展的种种弊端。

四、电视事业刚刚兴起的时候没有人提出和想到电视节目的制作和播出形式问题,是因为:(1)电视台数量少,电视节目的制作和播出还仅仅是电视台的专利,除电视台本身,社会上没有人有电视制作能力,那时的电视台基本上是自做自播,类似自给自足的小农经济或前店后厂的企业作坊。(2)在电视节目发展的初级阶段,电视台做什么播什么还能基本上适应观众的欣赏需求。电视台的数量少和传输覆盖手段的落后又使得电视台之间没有惨烈的争夺收视率和广告份额的竞争。

然而,随着电视事业的发展,电视制作和播出技术的飞跃,电视节目影响力的扩大,电视台数量的以几何级数膨胀,电视观众选择余地的扩大和欣赏水平的提高,以上两种情况早已不复存在。

五、探索电视节目制作和播出新形式的客观条件已经初步形成:其主要标志是电视节目的制作不再是电视台的专利:(1)各部委,各省、自治区、直辖市以及稍大型厂矿企业,都有了自己的电视制作设备和专业人员,已具备除满足自身宣传需要以外的大量过剩电视节目制作能力;(2)各类的广告和文化传播公司、节目制作公司,近年来如雨后春笋,他们每个公司的人数不多,但创作力量强,制作机动性强,近年很多优秀电视剧都出自他们之手;(3)各文化演出团体包括电影厂、剧团以至报社、通讯社等单位纷纷转行投入电视节目的制作;(4)国外电视台和电视机构通过各种渠道推广销售各种类型的电视节目,从电影、电视剧到动画片,无所不包,随着中国加入 WTO 的临近,此状况只会愈演愈烈;(5)国内很多企业从扩大知名度和取得高额回报的愿望出发,已经或正在投巨资制作电视节目,有些已取得了良好的社会效益和经济效益。总之,非电视台系统电视节目制作力量的壮大与发展,已经为电视台探索节目制作与播出新形式提供了强大的保障,使电视台实行节目制作与播出新形式后从社会上购买节目成为可能。

六、目前,尽管非电视台节目制作力量已经形成和加强,电视节目制作的主力和主体仍在各电视台。但是这个主力和主体已经受到了空前的压力和挑战。它表现在:(1)电视台不可能自制它所需要播出的所有节目;(2)电视台节目制作人员的能力不可能无所不包;(3)电视台之间、频道之间、节目之间空前惨烈的竞争,实际上是电视制作人才的竞争,电视台在现有体制下不可能做到人员的随时更新与淘汰;(4)电视事业要发展,频道要增加,节目要增加,而电视台人员不可能无限膨胀,财力不可能无限投入。凡此种种,怎么办?制播改革,把新闻和必须电视台制作的重要节目之外的相当数量的节目拿到台外的制作公司完成,电视台向负责收购节目和播出节目方向转移,应是一条出路。

七、实施电视节目的制作和播出新形式的关键因素之一是电视节目市场的形成。电视节目是一种包含有精神产品因素和文化科技含量的特殊商品。它是商品,理应受市场规律和法则的制约与调控。但电视节目必然又有区别于一般物质商品的意识形态属性,无论是生产者、购买者和播出者都必须考虑到获取经济利益之外的社会效益,必须考虑舆论导向,必须考虑文明、伦理、道德、法律等等有关意识形态和先进文化方向的诸多因素,否则,电视节目制作和播出的改革将不会成功。

八、电视节目的制作和播出新形式的探索,电视台最大优势是频道资源。其工作重点将是制订一系列规章制度、合同、协议,协调和平衡频道、栏目、节目的制作与供求关系,建立起与社会电视制作力量既矛盾又统一、与观众的收视需要和双方利益相协调的关系。国外电视台节目制作和播出的形式概括起来无非是两种:(1)直接在电视节目市场、交易会或直接面向节目公司购买自己需要的节目,在适当时段播出。通过广告收益和其他收入作为购买节目的费用和维持电视台正常运作。(2)根据栏目设置或节目需要与台外制作单位签约,将一栏目时段在一定时间内由公司按电视台内容和形式的质量要求组织人力、物力、财力制作节目并负责该时段的广告销售。对广告收入,公司和电视台按比例分成。节目质量好,广告收益高,双方均受益。如其他公司有更新的节目,更好的创意,则电视台可在协议期满后“喜新厌旧”,与新栏目签约,通过电视制作公司之间的竞争不断更新节目和栏目。因此,今后电视台最需要的将不仅仅是优秀的编辑、记者和节目制作人才,而更多的是需要电视节目管理人才,了解观众需要和未来电视走向的全能型人才和能适应电视节目市场的经营人才。

九、目前各电视台探索电视节目制播改革新形式最大难点并不在于节目的购买和选择,也不在于与社会的制作公司打交道,而在于自身的电视节目制作人员如何转变观念,如何适应公司化运作的新体制,如何在台内引进竞争机制,优胜劣汰。因此,必然面对的是人事制度的改革,财务制度的改革,节目管理系统的改革,分配制度的改革,节目成本的测算与核定。总之,新旧体制的碰撞和冲突,新人、老人利益关系的协调将是一道道坎,只有通过这一道道坎,然后才是新机制、新体制下节目的制作和节目质量的飞跃。以上这些都无先例可循,只能靠先行者在改革中奔突。

(摘自《电视研究》2000 年第 8 期)

平衡——新闻标题的基本要求

武晋先

新闻标题中的名词应保持主客体之间的平衡

新闻标题的不平衡问题广泛存在于荧屏和报端,常见于标题主客体之间人名的不对称和职务的不对等,大多是由于对名词不合理的省略而引起的。笔者拟从中央电视台、人民日报和新华社这三大新闻媒体的报道中一些新闻标题加以对比和探讨,希望能就此问题引起大家的重视。现试举例如下:

1. 江泽民会见联合国大会主席
(新华社消息 1999 年 7 月 6 日)
2. 江泽民主席会见联大主席
(《人民日报》1999 年 7 月 7 日)
3. 江泽民主席会见第五十三届联大主席、乌拉圭外长奥佩蒂
(中央电视台《新闻联播》1999 年 7 月 6 日)
4. 江泽民主席会见联合国大会主席奥佩蒂
(中央电视台《时事纵横》1999 年 7 月 11 日)

以上四条新闻标题都从大家熟悉的角度适当地省

略了“中国”二字，因为中国的受众都熟知江泽民是中国的国家主席，有的标题还将联合国大会简称为“联大”，这些省略都不大影响标题总的平衡。但有的标题由于在人名或职务上不恰当的省略，就造成了标题主体与客体之间的不对称或不对等，重主轻客，产生了标题中的重点倾斜。使人感到似乎因为中国受众不熟悉或不认识这届联大主席是谁，他的名字就可以省略，这既不合理也不严肃，给人的印象是，由于来宾大家不熟悉，其名字在标题中出不出都无关紧要，这是不重视也不尊重来宾的姓名权。其结果是，职务的不对等在美学上带来标题形式的不美观，人名的不对称从客观上带来政治方面的不平等，势必给新闻报道的准确性、鲜明性的原则带来问题，影响新闻报道的客观性和公正性。

标题的不平衡问题看似由于不合理的省略，随意化、口语化不严谨造成的，实质上是对新闻标题认识不统一而造成操作上的不规范。这一问题只要大家意识到并规范化很快就能克服。从平衡的角度看，以上四个标题可以简化为“江泽民主席会见奥佩蒂主席”、“江泽民会见奥佩蒂”或“江泽民同奥佩蒂会见”等等。国家、职务等内容可以放到新闻导语中或放在引题、副题中去说，尽可能地使标题主客体之间实现平衡。

新闻标题中的动词应选好内在的平衡支点

新闻标题主客体之间人名的不对称和职务的不对等这种外在的不平衡较容易发现，而新闻标题内在的不平衡则较容易被人忽视。这种内在的不平衡多表现为支点动词用得不当，如会见、接见、视察、考察等词。动词在新闻标题的主客体之间使用不当有时不仅不能起到内在平衡支点的作用，还可能会破坏新闻标题内在的某些微妙平衡。

例如1996年1月，时任国务院副总理的朱镕基出访阿根廷。当朱镕基前往拜访阿根廷总统时，《新闻联播》的标题是“朱副总理会见阿根廷总统”，而《人民日报》的标题则改为“梅内姆总统会见朱镕基副总理”。同样是“会见”由于宾主主次位置以及职务的不同，前者显得支点用词不当，让职务低的客人去会见职务高的主人，使标题的主客体之间失衡，如果改用“拜会”就会使标题的主客体之间实现内在的平衡。《人民日报》1997年5月9日的一则新闻标题“朱镕基副总理会见安南秘书长”，同样存在一种内在的不平衡问题。

“接见”与“会见”词义基本相同，但在不同的标题中对主客体之间起着不同的支点作用，使用上常有区别。“会见”多用于主宾双方平等相见，在标题的主客体之间起着平衡作用。“接见”多用于职务高者会见职务低者，强调等级规格，偏重于突出和强调主体的重要性，意在使标题重心偏向主体，使标题有内在的变化。

由此可见，选择支点用词不仅要寻求标题主客体之间视觉艺术效果的平衡，还应考虑对人民大众传播心理效应的平衡，最终目的是为了达到宣传效果在政治方面必要的平衡。

（摘自《电视研究》2000年第1期）

逆向思维在新闻报道中的作用

马叶英

逆向思维是指人们与通常习惯思维方向相反的观察和思考。在采访报道的过程中，习惯思维和逆向思维的双向性，从两个不同的方向梳理事件的过程，能够使我们更加全面地分析问题，避免以偏赅全，从而真正把握新闻的真实性。应该说，逆向思维是记者自身综合素质的一种体现，因为他必须超越常规看问题，以独特的视角来发现新闻事件本身的真实内涵。

进入90年代，各种媒体之间的竞争日益加剧。如何在激烈的竞争中拓展新闻采访的空间，采写出有深度、有特点的新闻报道，恐怕是每个新闻工作者都在认真思考的问题。许多人还进行了积极的行之有效的探索和尝试。在一些成功的新闻报道中，我们可以明显地看到，这些作品之所以能够脱颖而出，引起强烈的社会反响，很重要的一点，就是记者在采访过程中，自觉不自觉地运用了逆向思维的方式，因而强化了报道的深度和力度。

本文试图通过一些新闻报道的实践，来探究逆向思维在新闻报道中的作用。

（一）正面报道的反向思考

在我们的日常报道中，正面报道所占的比例是相当大的。正面报道通常是指对人物事件进行肯定、褒奖。这一类报道，对于传播文明，弘扬正气，激励人、鼓舞人有着十分积极的作用。但是，不可否认，有一些人推崇和表彰的现象，有着深刻而复杂的社会原因，如果单纯从表彰的立足点切入，不免会产生片面性，这种片面性的报道危害性是极大的。其一，它会使我们的报道流于就事论事的肤浅；其二，这种失之偏颇的报道会大大削弱受众对新闻真实性的信任；其三，由于正面报道起着某种倡导作用，报道上的片面性无疑会造成舆论的误导。

中央电视台《新闻联播》曾经播过一条反映福建省漳州市的《组织部长热线电话》。这篇报道充分肯定了开设热线电话的积极作用，解决了群众上访难的问题，把为民办事的口号真正落到了实处，进一步密切了干群关系。很显然，这是一个正面报道，它所倡导的急老百姓之所急，想老百姓之所想的工作作风，正是党和政府为人民服务宗旨的具体体现。报道到这里，似乎可以告一段落，但是记者将采访的笔触伸到更深的领域，探究了出现《组织部长热线电话》的真正原因是某些党政机关官僚主义作风积习难改，对于群众的急难问题置若罔闻。《组织部长热线电话》打破了逐级向领导反映情况的框框，使领导同志尽快了解群众的要求，了解工作中存在的问题，是非常好的一件事情。但是，从另一个方面来说，如果各个部门，各级领导都能够切实地抓好本部门的工作，各负其责，遇到问题及时解决，部门之间不相互踢皮球，那么，很多问题就可以妥善解决，不会等到组织部或上级领导责成处理才引起注意，才着手解决。

这从反向的角度，解决了一个深层次的问题，就是之所以会产生《组织部长热线电话》这个受百姓欢迎的新事物，是因为解决百姓急难问题的正常渠道不畅通，才形成了大事小事都得找上级领导的局面。这个反向思考不仅加强了整个报道的主题、立意，而且真实地反映了《组织部长热线电话》这个新闻事件的内在本质。

要想在报道中成功地运用反向思考，关键的一点在于记者一定要把宏观环境和微观动态结合起来，发掘新闻常态下的潜质。否则，反向思考很可能会进入牵强附会的误区。

(二)超常现象的正常思考

我们正处在一个转型阶段，各种社会利益的重新分配必然会产生新的社会矛盾，各种困惑和希望交织在一起，有一些事物是以一种超乎寻常的状况表现出来的。这些超常规，甚至反常的现象有时候恰恰是我们社会生活的一种真实写照。面对纷繁复杂的社会现实，记者需要对一些超常现象作出冷静的、正确的判断和思考，从中提炼出厚重、有分量的主题。

浙江电视台关于温州市苍南地区的报道——《一个镇长的独白》，画面上是一位镇长非常漠然地领着记者到贫困山区采访，一路上一言不发，并且拒绝当翻译（当地群众都说土话，也听不懂普通话）。这位镇长的反常举止，发人深思。因为各级领导来到此处视察，大多是要听好话、好消息，不愿正视当地群众贫困的现实。作为基层干部，他有时要虚报情况，除了要承受乡亲们怨他骂他，还要承受良心的自责。他实话实说，上级领导又批评他“工作没有更上一层楼”。于是，他这次也只能对记者保持沉默。他的反常的沉默，正是政府工作中某种不正之风的具体体现。记者找到了背后的真正原因，他的反常表现也就十分“正常”，合乎情理了。这个报道真实地反映了我国农村的一些现实，一些领导干部的好大喜功，助长了虚报风、浮夸风的蔓延。这可以说是逆向思维运用得相当成功的一个范例。

运用逆向思维的方法，目的是要真正完全地实现新闻的真实性，并不是为那些有违社会道德和法纪的人开脱。适时地运用这一思维方法，确实能帮助我们拨开笼罩在真实性表层的迷雾。作为一名新闻工作者，除了必备的良好的政治素质，以确保实施正确的舆论导向之外，还必须具备洞悉事物万变的敏锐力，透过纷繁复杂的社会现实，用独特的视角和触角来发现和反映生活中的善恶美丑。

(三)热点问题的冷思考

电视，作为大众传媒，离不开对社会热点的报道。不过，众多新闻媒介一哄而上地把目光聚集到一个热点的时候，报道的难度也就加大了，很容易在报道热点时流于炒作。因此，记者需要进行客观而冷静的思考，这样才能扩展热点报道的内涵和外延。随着社会生活的变化和人们思想观念的变化，人们已经不再满足于新闻报道对事件做简单的展示和披露，更多地希望多侧面、多层次地了解身边的真实。

很多媒体都曾经做过关于下岗再就业的报道，多是在再就业的典型人物或下岗无情、分流有情上做文章。其中，唐山电视台的《期待走出误区》却提出了一些较为尖锐的观点，就是下岗人员因为无技术专长，从事个体经营行业过分集中，导致低水平恶性竞争，不仅侵害了其他业主的利益，也导致了自己经营上的失败。记者对下岗人员盲目择业所产生的负面效应进行了极为客观的分析思考，把再就业中普遍存在的问题及时地、敏锐地提出来。对热点问题的冷思考，记者不仅要保持清醒的头脑，更重要的还应该站在一个较高的理性思考的高度，才能把握住问题的关键所在。

我们强调思维方法对于新闻报道的重要性，并不是要将它的作用无限夸大和绝对化，尤其是逆向思维本身具有一定的特性，若将它绝对化，将会干扰新闻报道自身的运行规律，导致更为严重的后果。因此，我们在编辑采访报道的过程中，切忌滥用逆向思维，一定要有理有节地运用这一思维方法。在不违背新闻真实性的前提下，所谓“超越习惯思维”，并不是超过现实的想入非非，甚至是无中生有的杜撰，一定是事物本身有其在常规思维中难以发掘的内核。运用逆向思维则能从另一个思路上检索出一个真实存在的内核，这样才能更加增强报道的深度和力度，做出符合时代要求，符合受众需求的新闻报道。

（摘自《电视研究》2000 年第 11 期）

新闻舆论监督的现实环境与记者定位

叶晓林

（一）

尽管中国的新闻改革仍在进行中，但应该说当前是新闻舆论监督环境日益趋好的时期。最突出的就是中央领导同志对舆论监督的积极作用更加重视。

早在党的十五大报告中，就有这样的表述：要“把党内监督、法律监督、群众监督结合起来，发挥舆论监督的作用”。

国务院总理朱镕基在 1998 年 10 月视察中央电视台时指出，舆论监督对中国的民主与法制建设具有重要的意义，他赠给《焦点访谈》的四句勉励之辞“舆论监督，群众喉舌，政府镜鉴，改革尖兵”已在新闻界内传为佳话。

同年 4 月，最高人民法院院长肖扬在全国法院教育整顿工作座谈会上说：“法院要自觉接受舆论监督，各类案件除涉及国家机密、公民个人隐私、未成年人犯罪，以及法律另有规定不予公开审理外，一律实行公开审判制度，不许实行暗箱操作。允许新闻机构以对法律自负其责的态度如实报道。”

在 2000 年“两会”的记者会上，朱总理又重申新闻监督要在反腐惩恶中发挥更大作用。

新闻舆论监督之所以受到中央这样的重视，是与它反腐倡廉，揭露社会弊端，从而形成相当大的社会影响力分不开的。以《焦点访谈》节目为例，这个栏目 1999 年曾披露湛江特大走私案、广西罗城特大监狱腐败串案等一系列大案要案，2000 年年初又砸响了江西省副省长胡长清特人负污案的反腐重棒，这些强有力的新闻舆论监督意识在群众中产生了很大反响。

社会学家邓伟志曾在《治国先治官》一文中指出：“大量腐败现象的暴露是人民群众举报出来的。”外部的社会监督之所以必要，新闻舆论监督之所以必要，原因就在于此。

目前，对权力的约束有诸多方式，比如立法、行政、司法、党内监督等等，但新闻舆论监督可以说别具特色。立法监督、行政监督（监察、审计）、司法监督（检察、审判）等都属国家监督，自然具有很大的强制力。但这种监督都是内部的，不可避免地带有局限性。首先这种监督的决策过程多为服从少数领导者的意志，监督的视角难免狭小。第二，监督者与被监督者的地位不平等。当两者发生利害冲突时，监督者难免会遭受到打击报复。第三，在内部监督中，一些人员对信息可以控制和加工，从而会使某些人逃避必要的监督。

而作为外部的新闻舆论监督，正好有效地补充了国家监督的缺憾。

第一是公开。众所周知，腐败的人和事一经曝光，就可产生强烈的效果。

第二是传播广泛。新闻报道不是报道完就完了，它可以激荡起千万涟漪，在大众中层层蔓延，产生“舆论辐射波”，起到杀一儆百的作用。

第三是上传下达。要惩治恶人恶行，政府就必须及时准确地掌握大量真实信息，而事实上，社会上的信息反应，政府未必全部掌握。各级政府虽然都有下属机构，但只依靠这个渠道是远远不够的，而且还可能产生信息被封锁或歪曲的情形。作为新闻监督，就可以弥补这些不足，及时发现问题及时揭露，最终帮助政府解决问题。正是在这些意义上，新闻舆论构成了国家权力之外的重要社会协调力量。

尽管新闻舆论监督目前在向好的方向发展，但也要承认，现实中还存在诸多误区和不规范的地方，从而对新闻记者从思想水平、职业道德和专业技术等方面都提出了更严格的要求。早在 1993 年，最高法院就下发了《关于审理名誉权案件若干问题的解答》。这份文件规定了记者在进行新闻舆论监督时的行为尺度。1998 年，最高法院又公布了《关于审理名誉权案件若干问题的解释》，进一步细化了新闻监督的范畴。

应该说，新闻舆论监督的法律环境不断在改善，但以上两个文件涉及评论部分的内容还很少，对文艺作品，对公众人物（政府官员和社会名流）的评论应如何把握，仍未作明确规定。而评论是新闻舆论监督的最高层次与常见形式。法律上不明确，就意味着传媒在进行舆论监督时仍然承担着较重的责任。

（二）

客观真实是新闻工作最根本、最重要的原则，也是对新闻记者最起码的要求,但在实际中往往会出现新闻记者在舆论监督中的角色错位现象。

环境的复杂多变,对记者有很大的干扰。采访题目的难度,现场的气氛,采访对象的情绪,紧急情况的出现,都有可能造成记者对自己定位的迷失。

前不久在《焦点访谈》播出了一个节目,反映的是山东的城头村家家户户造假豆制品的事实。

如果记者按照正常的方式进行现场采访,本来存在的事实马上就会被掩盖起来。在这种情况下,记者只好采用偷拍的方式。

从头至尾,记者一直冷静客观地记录了村里每天的造假场面,通过记者与村民自然的交流,种种真实的形态和心态都直接呈现在观众眼前,可以说,是记者带路与观众一起完成了一次隐秘的参观,非常有冲击力。

这个效果完全来自于记者对自己角色的准确理解,记者并没有干预任何现场的气氛和状态,只是非常细致地捕捉,提问也是顺理成章的,仿佛不是采访,而是聊天。

最困难也是最精彩的是报道最后采访村里干部。怎样才能抓到真实的东西,也就是抓到村干部的真实心态呢?如果直接去问,对方可能撒谎;而偷拍又不可能。记者必须亮出自己的身份。

在去村干部办公室的途中,记者用手机打了一个电话,说自己要去采访。随后的情形是:当他们到达目的地时,村里正响着大喇叭,村干部正扯着嗓子,要家家户户赶紧"销赃灭迹",别给《焦点访谈》逮着。

结果,这一切都被记者的眼睛和摄像机镜头逮了个正着。报道非常生动、真实。

(三)

强调新闻舆论监督,对反腐倡廉有不可代替的作用。但是,新闻舆论的监督应该慎重和规范。记者的采访只是将某些不公的事情如实地公诸于世,以引起社会的广泛关注,促使有关部门改进工作或为弱者讨回公道,并没有裁决权和处置权。

司法机关是维护社会公正的最后一道防线,司法独立是我国宪法所明确规定的。所以,司法机关的独立司法和新闻单位的舆论监督承担的责任不能相提并论。新闻舆论是一种软监督,它只能发表意见,不能强迫司法人员接受这些意见。从司法的角度来说,新闻舆论所形成的压力是外在和非强制的,司法官员可以不接受新闻舆论的意见,但应当考虑这些意见。司法人员没有理由指责新闻舆论干扰办案。换句话说,司法与新闻舆论监督的关系是辩证的,两者使命相同,方式不一。司法监督是为了更好地维护社会的公正和公平,新闻舆论监督的本意在于防范权力的滥用,两者都是为改革开放营造一个良好公正的社会环境。如果在这个问题上发生混淆,记者就很容易产生"角色误认"。

(摘自《中国广播电视学刊》2000 年第 5 期)

对外新闻的选材和编辑

王　兵

对外新闻是我国改革开放以来为不断适应对外交往的需要而发展起来的一个新闻分支。它的观众群体主要是国外的观众。由于国外观众与国内观众的文化背景、生活环境等方面不尽相同,因而在选择和编辑新闻时,既要坚持以正面报道为主的方针,又要把握好国内新闻和对外新闻不同的侧重点。中央电视台新闻中心对外新闻组负责亚广联每日新闻交换工作十几年来,向国外传送了近万条新闻,不仅及时准确地宣传报道了我国改革开放的重大成就,而且树立了中央电视台对外新闻报道的良好形象,多次荣获亚广联各种新闻奖。根据几年来的工作经验,笔者认为,要搞好对外宣传工作,与从事这一工作的编辑在新闻选材与编辑工作中是否具有对外宣传的意识有很大关系。概括起来有以下几点:

(一)要考虑到对外新闻的特点,选择具有国际意义的新闻

纯粹性的国际新闻一般可分为这样几类:第一类是与多个国家有关的事件。比如,1990 年在北京举办的亚运会及 1995 年在北京召开的第四届世界妇女大会等都是国际上所关注的大事。第二类新闻是外国领导人的访华活动。一般来讲,重要领导人的国事访问活动都能引起国际社会的普遍关注,通过宣传也能提高我国的国际地位,树立中国政府良好的形象。第三类是我国政府对某些国际重大事件作出反应的新闻。如:1998 年印度、巴基斯坦分别进行核试验,为了及时表明中国政府的立场,对外新闻节目在第二天就报道了外交部发言人就此问题发表的讲话。第四类也可称做"双边"新闻,即考虑亚广联某个成员国的特殊需要而传送的新闻。比如:日本登山队员在中国攀登梅里雪山时遇难,我方进行抢救并协助日方处理后事的新闻报道,就是应日本 NHK 的要求提供的。另外还包

括一些双边的访问和交流类的新闻。不过,这类新闻的比例一般较小。

(二)要考虑到对外新闻的宣传作用,选择具有典型性、代表性的报道

亚广联新闻交换作为中央电视台对外宣传的一个重要窗口,报道我国改革开放所取得的成就,向世界介绍中国,应是对外宣传的首要职责。在报道上要选择有典型性、代表性和普遍性的正面内容,避免局部性,力争较全面地反映中国经济的飞速发展和政治的稳定。比如,关于某省一家大中型国有企业通过转变机制、摆脱困境的报道,在《新闻联播》中可能是头条新闻,但对国外的观众来说它却是有局限性的消息。相反,三峡大坝的修建、亚太卫星的发射等报道却是世界关注的大事。对外新闻报道既要大力宣传正面成绩,也可适当有点负面的内容;但在报道后者时需要慎重,要兼顾正反两个方面,做到实事客观,不能只进行片面的报道,去迎合某些人的口味。1998 年夏季,我国部分省区遭受百年未遇的特大洪水,给人民的生命财产带来了严重的损失。对于这类题材的报道,既要介绍实际情况,同时还要突出反映广大军民团结一致,奋力抗洪,战胜了一个又一个艰难险阻,最后夺取了胜利的可歌可泣精神。对一些突发性事件的报道则应以时效为重,在政策允许的情况下,尽量将可能得到的画面以最快的速度抢发出去。

(三)要利用这块阵地,选择有针对性的新闻,宣传我方的立场,驳斥西方对我国片面的不公正的舆论

由于西方新闻媒体长期垄断着国际新闻的报道,国外观众看到的有关我国情况的报道往往只是西方的一面之词。随着我国对外宣传的不断加强,我们自己的声音越来越多地在国际社会中出现。我们应该充分发挥电视的优势,用声像并茂的报道来介绍中国。一年一度的“两会”,一直是国内外观众所关注的大事,中央电视台每次都给予大量的报道。从 1990 年开始,每年有关“两会”的新闻传送近 30 条,被国外采用的约有 70%。中国的人权问题始终是西方媒体所关注的话题。比如,1993 年一位姓吴的美籍华人偷偷进入中国的监狱,进行了歪曲的报道,在国内外造成了很坏的影响。为此,我们特地组织了报道小组,前往北京第二监狱,真实地拍摄了犯人的日常生活,并采访了当时的司法部部长,请他就中国人权问题发表看法,用事实表明了我方的立场。

(四)选择具有趣味性、知识性的新闻

由于国外观众与国内观众的收视兴趣不同,国内观众司空见惯的事情对国外观众来讲可能会感到十分新奇。国内的重大新闻并不是天天都有。这样,软性新闻也就在对外新闻中占了相当大的比重,最受青睐的题材是重大考古发现。无论是对古墓发掘的新闻还是有关恐龙蛋研究的新闻,对国外的观众来说似乎是个永远感兴趣的话题。另外,各种巧夺天工的工艺品展览、丰富多彩的民俗活动、少数民族的传统节日等都是对外新闻的好题材。软性新闻在选择上要注重知识性与趣味性,切忌夸张和猎奇。

对外新闻在编辑时要注意“内外有别”,它包括图像和文字两个方面。

文字编辑除了做到强调时效、符合英文的写作规范外,还要注意重点的选择。对国内的新闻在报道重大的国事访问时比较强调我们的领导人说了什么。在对外新闻的编辑中,不仅要强调我们领导人的讲话中最主要的内容,而且也要适当突出对方领导人讲话内容。但当遇到国外媒体对同一事件有不同的报道时,我们则应坚持强调我方的立场。比如,当中美知识产权谈判进行到白热化阶段时,美国的新闻报道攻击我们不尊重对知识产权的保护。我们的对外新闻就要针锋相对,说明我国尊重知识和保护知识产权的真实状况,鲜明地阐明我国政府的立场。

另外一点就是要着重交代背景。背景介绍一般包括历史及事件的前因后果。比如,关于哈尔滨冰灯的报道,在翻译时必须补充以下几点:第一,交代哈尔滨的地理位置,因为外国观众可能只听说过哈尔滨,却不知它在哪儿;第二,哈尔滨是一个什么样的地方,它的冰城称谓的来历;第三,顺便交代历届哈尔滨冰灯节的盛况等。

图像编辑又包括声音和画面两部分。对外新闻一般采用同期声或国际解说声。由于受卫星传送技术条件的限制,声音只能编辑在一个声道里。需要注意的是,在使用讲话者同期声时,要真实可信。涉及到政治内容时,要避免敏感的话题。画面编辑则应本着自然、生动的原则,选择最能体现事件本身的画面。比如,“两会”的报道,对外新闻补充了大量有关的场景镜头,从而弥补了会议新闻画面单调、不足的缺陷。另外,地图图示也是一种很好的画面补充办法,但目前应用极少。由于画面给人造成的直观印象很深,因此在编辑灾难性报道的新闻时应避免恐怖、刺激的镜头。

(摘自《电视研究》2000 年第 6 期)

对中央电视台国际频道改版的分析和思考

俞世瑾

在2000年开始不久，中央电视台国际频道（CCTV－4）再次改版。频道改版，不仅仅是各栏目播出的再排列，它也是一个频道的服务宗旨、节目制作和管理水平的综合体现。

根据国际频道的定位及观众的需要，2000年改版突出了以下特色：

节目播出频率为每天分三轮播出，每轮8小时。即全天节目以8小时为单元，首播一次，重播二次，以便于世界不同地区的观众收看。

节目的构成，包括新闻性栏目、娱乐性栏目、专题性栏目和英语栏目。按照国际公认的提供信息、娱乐和服务的传播功能要求，国际频道改版后的节目基本上达到了这一目标。

改版后的新闻节目的制作和播出有新的突破：首先是每天在北京时间早上8时推出《新闻60分》，以大容量的深入报道服务观众；其次是所有新闻节目几乎都实行直播，大大提高了时效性。

对台湾报道节目量的增加是国际频道新版的又一特色。香港、澳门先后回归祖国，但台湾尚未与祖国大陆统一，国际频道应责无旁贷地为祖国统一大业推波助澜。改版后的对台节目每天都有播出，其数量和质量均有大的提高。娱乐节目在国际频道中占有相当大的比例，改版后文艺节目的制作和播出更加规范合理，从周一至周五在同一时段分别介绍中国的音乐、舞蹈、戏曲等中国优秀文化。

电视对外宣传是各种对外宣传中最直接、最有效的手段。根据中央对外宣传原则，我们的电视宣传要淡化“宣”字，突出“外”字。中央电视台国际频道在世界华语电视广播中已经占有一席之地，播出的节目已成为海外华人不可缺少的重要精神食粮。每年大量观众来信、来电、电子邮件都证明了这一点。

中央电视台国际频道要在国际电视界独树一帜，尚有许多工作要做。

在负责国际频道节目制作和播出的海外中心，有必要建立一个常设的策划机构。这个机构要研究中央对外宣传的政策，研究海内外同类型频道的情况，研究观众的需要。策划机构对频道的服务宗旨、节目风格、栏目设置、播出安排等提供建设性意见。目前国际频道栏目设置还有某种程度的随意性，缺乏目的明确的指令性安排，难于做到尽可能的合理设置。策划机构的建立将会有助于这种局面的改变。这个策划机构的成员应包括以下人员：海外中心有经验的编导；了解海内外媒体，特别是了解海内外电视传媒的人员；做观众联络工作和负责收视调查的人员。

国际频道的栏目设置，经过多年的调整，越来越趋于合理，越来越接近观众的要求。但还有进一步完善的必要。栏目设置的依据来自两方面的需要：一是国家对外宣传的需要，二是观众的需要。我们可以简要地概括为：我要告诉你什么和你想知道什么。有时你想知道的，也正是我要告诉你的，两者互相渗透，基本上是一致的。

每天24小时播出，观众分布在世界各地，是国际频道的两大特点。在这两个前提下，要使处于不同时区的观众都能在合适的时间收看到想看的节目，就是国际频道编排节目的依据。

国际频道的观众主要分布在世界五个地区。这五个地区的代表城市是：北京—亚洲、大洋洲；莫斯科—东欧、西亚、东非；伦敦—西欧、西非；纽约—北美东部、拉丁美洲；洛杉矶—北美西部。其中以北京、伦敦、纽约三个城市和所代表的地区为重点，作为每一轮节目的主要服务对象区。三个重点地区都以16:00－24:00为服务时间。由于每个地区和它相邻的两个地区都有重叠的黄金时段，所以各地区观众可以交叉选择收看自己喜欢的节目。

各种不同类型节目的衔接有序也不可忽视。在一定单位时间内，如两个小时，应使观众能接收到新闻信息、娱乐和知识服务等内容的节目。因为长时间收看同一类型节目（特殊情况如实况转播、春节晚会除外），会使人产生厌倦感。

国际频道实行频道包装以来，取得了明显的效果，但不能就此停顿下来，还必须继续开拓。目前国际频道包装节目的不足主要是形式较少，内容不够丰富，使用频率太高，重复播出时间太长，会使观众产生厌烦的感觉。要改变这种状况，就要把频道包装作为一项经常性工作，要经常制作新内容，经常更换新形式，总而言之，要给观众以新鲜感。

（摘自《电视研究》2000年第9期）

谈电视栏目的个性化

姚桂松

电视栏目的个性化就是电视栏目具有鲜明的特点。栏目有了个性,就会与众不同,就会引人注目。

实现栏目个性化的途径大约有以下几种:

一、主要以内容取胜的栏目。例如《焦点访谈》栏目对社会热点、难点和疑点问题的反映、分析和引导。它的定位是:时事追踪报道,新闻背景分析,社会热点透视和大众话题评说。由于其定位明确,敢于触及社会问题,贴近观众,节目风格以现场纪实采访报道为主,真实,生动,其内容吸引人。

二、主要以选题的独特角度而取胜的栏目。例如《新闻调查》、《社会经纬》都是从独特的角度,站在国家利益的高度,从国家全局出发,起点高、视角广,比较能够把握正确的舆论导向,具有鲜明的特点,赢得观众的青睐。

三、主要以节目质量和独特风格而取胜的栏目。例如《人与自然》、《正大综艺》、《世界名著名片》等栏目,以一流的节目质量赢得观众的喜爱。有的以知识性和趣味性见长,有的以较高的艺术品位和欣赏价值见长。

实际上,每个电视栏目都要面临栏目定位、选题内容和表现形式及其风格这三个主要问题。解决好了这三个问题,栏目的优势和个性化就会显现出来。

栏目的定位与栏目的个性化有密切的关系。栏目的定位有两类。一类是栏目受众定位,例如《大风车》栏目的目标观众是少年儿童。《半边天》的目标观众是女性观众。《夕阳红》的目标观众是老年人。这类栏目的目标观众很明确,定位也明确,栏目针对性很强。另一类是根据选题范围而定位。例如《人与自然》栏目的定位是宣传自然生态状态、环境保护和可持续性发展思想。其目标观众是一切关注自然生态环境的人们,并且努力争取更多的观众来关注自然生态环境。栏目定位和选题内容范围明确,栏目个性化比较强。又例如《今日说法》栏目的定位是普及法律知识,目标观众是一切想了解具体案例和法律知识的观众,其栏目定位也是根据选题内容范围而定的。

栏目个性化是栏目的一个基础。栏目有了鲜明的个性以后,还要向精品化发展。既是个性强又是精品的栏目才是我们所追求的目标。

无需讳言,目前我们的电视栏目,有相当一部分在选题上相互雷同或大同小异,形式上也相差无几。几十个频道,换来换去,面孔相似,似曾相识,非常具有个性特征的栏目还不多见。因此,提高电视栏目的质量,不能不注重自己的个性培养。

(摘自《中国电视》2000年第4期)

初探经济热点报道

张　政

经济热点报道,是对人们普遍关注的经济事件和经济问题的报道。它包括:政策性经济热点报道、理论性经济热点报道、经验性经济热点报道、成就性经济热点报道、社会性经济热点报道、问题性经济热点报道等。

如何开展经济热点报道?以下从五个方面加以分析论述。

(一)抓住矛盾写经济——经济热点报道的选题

经济生活中每天都在发生着大量的经济事件,怎样从中发现真正的经济热点呢?热点问题一般都是由一反常态、急剧变动的事件和普遍关注的议论构成的,它深刻地揭示出事物发展过程中的矛盾。开展经济热点报道就是要关注在经济领域中正在发生的、显著变动的、引起认识冲突碰撞的事件和问题,在凌乱、复杂的经济现象背后,抓住主要矛盾,揭示深层症结,促成矛盾转化,推动经济发展步入健康、快速的轨道。

抓矛盾,要求报道者密切关注经济工作和经济生活,在经济生活中去发现经济事实。1995年"大豆之乡"佳木斯出现了大豆资源紧缺的现象,一时间大豆加工企业纷纷倒闭,全地区经济损失惨重。佳木斯电台的记者捕捉到这一反常的事件,立即进行深入调查。原来因为大豆加工业有利可图,这个地区的大豆加工厂一下子发展到了100多家,用户增多使大豆资源分流,造成具有先进技术、设备的大型加工厂"无米下锅",而数以百计的小工厂、小作坊却在以极低的增值率消耗大豆资源,其结果是大小企业都出现亏损,甚至倒闭关门。根据掌握的情况,记者制作了报道《大豆加工热的冷思考》,在当地引起群众强烈反响和政府的有力干预,作品还在全国获奖。获奖的主要原因是记者从中揭示出当前经济领域中的深层矛盾:重复建设、无序发展、粗放经营、效益低下,阐述了加强宏观调控和逐步向产业化、规范化、集约化转变的重大意义。

(二)从群众角度出发——经济热点报道的角度

热点问题一般都是群众普遍关心的问题。强调热点报道的群众视角是因为过去经济报道比较多的是从经济政策和经济工作任务出发,这就拉大了经济报道与广大群众的距离。实际上政府经济工作都是与群众切身利益密切相关的,在一些经济热点问题上尤其如此。因此,是否从群众的角度出发,是否传递了与群众切身利益相关的信息,是否采用了群众喜闻乐见的形式,是否在群众中产生了广泛的积极的社会反响,应当成为衡量经济热点报道成功与否的重要标准。

新华社上海分社一位老记者在1996年采写了一篇《上海构建再就业良性循环机制》。这篇报道竟令人意外地引得下岗职工手捧报纸,对稿件字斟句酌,衷心感谢记者使他们看到了再就业的希望。这篇报道所以受到欢迎,是因为它抓住了广大群众所思、所想、所盼的热点问题。这个例子说明党的新闻工作者应当更多地报道老百姓所急、所想、所盼的问题,同他们"同呼吸、共命运"。

(三)辩证的立体思维——经济热点报道的思维特征

经济学是一门关于选择的科学。面对复杂的经济热点一定要用辩证的眼光看问题,运用立体思维揭示这些问题的现象与本质,主流与支流,这样才能得出令人信服的结论。

比如对待合资问题,改革开放10多年,引进外资的确给长期封闭的中国带来了先进的技术和管理,但是合资热造成的盲目引进却使大量国产名牌产品从市场上消失。北京电视台的新闻评论《合资:引进来,更要利用好》摆出了这样的事实:京城9家啤酒厂有8家卷入合资热,其中最大的两家啤酒厂由盈转亏,而惟一一家没有合资的燕京啤酒厂却一跃而成为华北最大的啤酒厂。作者并未据此简单地否定合资,而是指出:产品有市场、有影响的企业,对待合资办厂要慎重行事。接着又从整个消费品市场中外国名牌产品不断挤掉国产名牌产品的事实出发,结合正反两方面的对比分析,提出:"面对目前追风逐潮的'合资风',我们不能盲目地为了合资而合资,而应该做到真正利用外资发展民族工业和国有名牌"。这篇评论不仅抓住了经济生活中的重大问题,而且还对合资这一"两难"问题进行了辩证的分析,得出的结论既切中了时弊,又极富于建设性。

(四)胸有大局,正向引导——经济热点报道的宣传艺术

为了实现热点问题报道积极的社会效果,国内新闻媒介不断总结经验教训,全面探索热点问题正向引导的原则、策略和方法,对报道的选题、导向、时机、分寸,进行整体把握,形成了一套"以正确的舆论引导人"的热点报道机制。具体表现为:

从党和国家的工作大局出发,在"领导重视、群众关心、普遍存在"的三个结合点上确立经济热点报道选题。在"抓住矛盾写经济"时,要综合考虑矛盾问题的重要性、普遍性和现实性。

热点报道也要体现正面宣传。比如对国有大中型企业的报道,既要客观实际地报道他们目前存在的困难和问题,更要宣传他们的巨大贡献,宣传国有大中型企业优化结构、转换机制、加强管理、提高质量、增进效益,实现两个根本转变。

把握有"度",引导有方,掌握好升温、降温、恒温的关节点。升温要热而有度,降温要因势利导,有些问题要做到适当的恒温处理。在引导过程中不仅要注重方式、方法,增强宣传的贴近性,还要善于在引导中服务,在服务中引导,努力使热点引导既入眼入耳,更入脑入心。

(五)同中求异,冷中有热——经济热点报道的创新

热点问题是社会也是新闻媒介普遍关心的问题,这就会造成同一热点在不同的媒介上大规模的集中宣传,如果多数报道的观点、角度、材料大致类同,就可能造成新闻资源的浪费。因此开展经济热点报道也要有创新意识。

时效新,有利于发挥媒介引导舆论的功能。1992年10月,党的十四大提出建立社会主义市场经济体制。究竟什么是市场经济体制,会议公报里虽有阐述,但是大多数人对此还是缺乏认识或理解不深。新华社记者用一个多月的时间进行调查采访,发出一组专题报道《苏锡常市场经济》,用市场经济先行者的探索实践为人们初步勾画出了市场经济体制的轮廓。

角度新,能够突出经济热点报道的针对性。1989年"六四"之后,社会上流行着一种说法:中国投资环境不好,外商来华投资无钱可赚。1990年10月,《人民

日报》发表《我们为什么来中国投资》,记者用100家中外合资企业和外商独资企业的实例,报道外商在"中国投资得到了真实的好处"。这篇报道指向鲜明,起到了澄清谬传的作用。

内容新,避开其他媒介普遍参与的同题热点报道。比如《中国青年报》推出的《北京,最后的粪桶》、《我们同扫过一条马路》、《五叔五婶》等报道在读者中产生了热烈的回应。设计者强调要避开那些人们已知、常知的领域,在人物与事物中寻找能够引起共同兴趣的报道题材。开展热点报道不必只盯住那些广为人知的热点,还应把潜藏在现实生活深处的热点反映出来。热点报道的题材空间十分广泛,有待于新闻报道者进一步发掘与突破。

(摘自《中国广播电视学刊》2000年第7期)

大众传播媒介功能的社会实现程度在于公众对其接受和认同的程度。传媒如果不能提供大众欲知、未知、应知的信息,不能满足大众的多方需求和审美享受,那么传媒的努力与大众的期待便永远是一个不等式,最终受伤害的就不只是大众,也包括电视传播者自己。正处于世纪之交的中国电视,其传播的基本趋势是:越来越多的电视频道上了通讯卫星,整个电视王国呈现出地面、地下和天上立体传播的三分天下之势。不仅如此,一种被称为多媒体电视的新的传播方式也在国际互联网上呼之欲出。受众在大众传播中取得了决定性的地位。而普通的百姓是电视观众的绝大多数,他们要求有天然亲和力的平民视角。所以,对电视传媒来说,只有坚持平民视角才可能捕捉到那些观众感兴趣的问题,才能告知观众最需要及最详尽的生活信息,使观众的收视兴趣与节目内容达到契合,从而实现电视媒介的传播功能。

《生活》的人文内涵解析

王秀云

《生活》是中央电视台创办的第一个大型生活服务性栏目。它用普通老百姓的视角去观察纷繁复杂的现实生活,在展示普通人日常生活中的衣、食、住、行、用等琐屑小事中,对有关的新闻信息进行背景分析,为普通百姓释疑解惑;在引导生活时尚中,提倡科学的消费观念,表现出对人生深沉的思考和对人的生存状态的深切关注。

(一)透视经济生活中平民视角的策略取向

改革开放以来,我国进入了一个社会文化重建的新时期,以人为本的人文思想在人们的心目中产生了很大的影响,尊重人的个性和关注人的生存状态成了人们的共同要求。在这样的社会文化背景下,作为大众传播媒介的中国电视,在节目中开始把观众看成是平等的交流者,以观众为中心,运用平民化的语言,从平民的视角去审视报道的主体。

《生活》选择了对普通百姓充满人文关怀的平民视角,用普通老百姓的眼光来观照经济生活问题,真正把自己融入寻常百姓之中,体味他们生活中的难题,思考并想办法去解决他们生活中的困难,为他们释疑解惑,走出消费误区,树立正确的生活观念和科学的消费观念,不断改善和提高他们的生活质量。

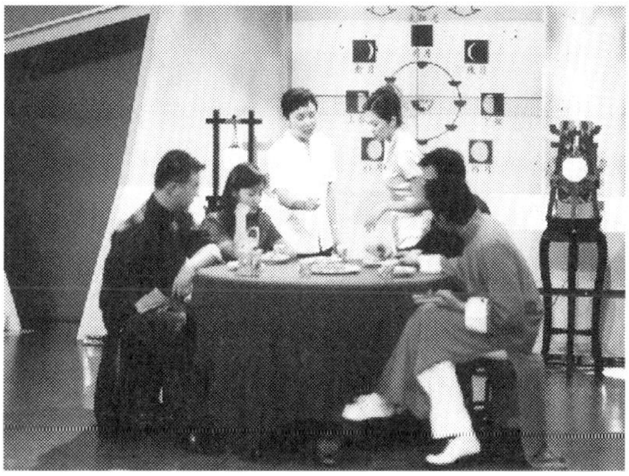

《生活》栏目主持人在讨论录制细节

(二)聚焦消费领域、注意释疑解惑、服务普通百姓的价值定位

《生活》栏目围绕着观众普遍关心的消费热点、难点和疑点问题,对消费市场进行剖析,在群众应知、欲知而未知的问题上,告诉他们尽可能详尽的信息,真诚地为百姓服务。比如《百姓最关心的十大经济问题排行榜》、《火车提速后百姓关心什么?》、《月票会取消吗?》、《卫生纸卫生吗?》、《房屋面积少了怎么办?》、《售后公房谁来维修?》、《劳动者权益如何保护?》等等。

《生活》中既有横向的客观采访,也有纵向的原由分析,从各个角度,把问题的实质呈现给观众,供他们做理智的思考和选择。比如说对百姓日常生活中的衣、食、住、行、用等分别进行展示、分析、预测,并运用调查问卷和比较试验的方法,从消费者关注与实用的角度出发,对商品或服务的价格、安全性、使用方法等进行科学的检测、公正的评价,为消费者提供信息和咨询服务,进行消费引导。

《生活》节目突破了以往经济节目中只见物不见人的思维定式,以人为本,人物成为经济节目中的必要的场景和现象,人的经济活动就是图解各种经济现象的最好方式,人物的命运与生存理念和人情氛围的渲染,就是经济节目的大背景,更是《生活》的关注重点。

《生活》把深奥、枯燥的经济问题通俗化、大众化,使经济这个本来就与百姓生活密切相关的命题回归到生活中去。在衣、食、住、行、用等各种经济现象的思辨中,使观众在获得实用知识的同时,得到一种生活的体验、感悟、共鸣,进而引导生活时尚,倡导科学地消费和健康地生活。

(三)引导生活时尚、提倡科学消费、提高生活品位的价值追求

时尚,是流行的社会现象,在一定程度上反映着人们的心理需求和社会需求。它既可以促进社会与文化的进步,也可以使社会与文化走向倒退。现代社会中,时尚的兴衰与更迭,离不开大众传媒,尤其是电视。所以,引导生活时尚、提倡科学消费、提高生活品位,也就成为《生活》的不可推却的价值追求。

《生活》栏目是"从群众中来,到群众中去"。"从群众中来",就是用普通百姓的视角去观照经济问题,捕捉消费生活中的热点、难点和疑点问题。然后再经过理性的思考和科学的验证,从中挖掘出一些本质的东西和深层的原因。"到群众中去",就是不仅为他们解开生活的问号,还要为他们提供一种处理经济问题的正确导向,寓真、善、美的道德情操和寓精神文明于经济生活的传播之中。

实际上,在经济生活中,起支配作用的是人们的思想价值观念和道德观念。作为精神文化产品的电视节目,对于人们的思想观念、道德情操、兴趣爱好和人生观、价值观的形成具有很大影响。因此电视节目必须传递健康进步的人文意识,真实地表达对于世界和人生的体验与认识,以一种真、善、美的境界去陶冶和净化人的灵魂。

《生活》坚守着"与消费时代同行,关注消费时代背景下中国普通百姓的生活"的电视理念,摸索前行,每一期节目,都是奉献给普通百姓的一份真诚的关怀。

(摘自《电视研究》2000 年第 3 期)

迎接知识经济时代的到来

陈舒平

从 20 世纪中期以来,随着计算机技术的发展,人类进入了以信息技术为主导的新的技术革命时期。能源技术、生物技术、材料技术、空间技术、海洋技术、微电子技术等新的技术群迅猛发展,使得科学技术对经济增长起着越来越重要的作用。正是在这种背景下,经济合作与发展组织(OECD)在《1996 年科学技术产业展望》报告中首先提出了"以知识为基础的经济"的概念,认为它是直接依据知识和信息的生产、分配和使用的经济。知识经济的兴起和经济全球化的趋势,正在影响着世界经济和社会发展的格局,这对所有国家来说,都是一次良好的机遇,也是一次严峻的挑战。对于极大地影响着人们社会生活的电视来说,无疑也是一次机遇和严峻的挑战。

为此,我们必须尽早尽快地调整思路,寻求对策,反思过去,审视现状,展望未来。

(一)回顾昨天,电视节目"知识含量"过低

当许许多多的电视观众打开电视机时,他们会发现一种普遍的现象:不同地区的电视台以及无线台和有线台之间,在节目的选题制作上存在着诸多雷同之处,有些电视节目则是耍贫嘴、玩噱头,到了庸俗不堪的地步。还有的节目追求大场面、大制作,看似轰轰烈烈热热闹闹,看过之后却令人扫兴乏味。

按照知识经济的定义,教育、通信、信息传播等行业都属于知识行业,电视节目自然也属于知识产品的范畴。知识产品,应该利用知识所发展的科学技术加大产品的知识内容,显然,目前的许多电视节目在这方面是做得不够的。具体表现如下:

1. 新闻节目千篇一律

目前,电视新闻节目的内容、形式几乎是千篇一律。领导机关开一个什么会,领导人有一个什么活动,或者某部门出台了某项政策决定,突发一件什么事情,中央电视台、省市台、无线台、有线台竞相播报。观众收看一个台的新闻节目就知道了其他台新闻节目的大体内容,给受众提供的信息内容和知识总量极少,形成一种"泡沫电视"现象。其具体特征:一是单向地、笼统地灌输政策、宣传政策;二是单纯片面地报道成就,重视计划完成如何,不重视信息含量的大小;三是过多报

道经验,且多是树典型,而不注重典型是否站得住脚;四是不讲背景,不做分析,缺乏知识性、可看性和可操作性。

2. 娱乐节目互相“克隆”

综艺类节目的内容相似,包装相近,形式相仿。某家电视台出了点新花样,赢得了一些社会效益和经济效益,其他电视台马上竞相效仿,如法炮制或改头换面,冠上自己的新名称推出。如娱乐性的《××大本营》、《××总动员》和表现男女“速配”之类的节目,在国内各电视台遍地开花,绝大多数知识含量极低,有些甚至俗不可耐。

3. 服务类节目大同小异

本来这是一种传播知识的节目,但其内容往往局限在怎样做菜、养花、化妆、保养衣物、美化居室等休闲时尚上,由于视角小、内涵浅、缺乏特色,且你转他编,不断重复,令观众乏味,获取不到新的知识。

4. 文艺晚会过多过滥

如今,全国一年的电视晚会已达到数百台以上,很多晚会又没有足够数量的新节目,于是便互相串场,内容重复。有的节目则靠逗闷子、耍贫嘴、出洋相、恶作剧支撑,俗不可耐。还有的晚会追求大制作、大场面,投入几百万、上千万元,追求热闹火爆,观众还是不认可,觉得“没意思”、没看头”……

综上所述,电视节目“知识含量”过低已经不是个别的偶然现象。透过现象看本质,我们发现造成这些现象的原因很多,有些涉及到电视行业体制和其他方面的许多问题。(1)管理决策上失误。认为电视台必须反映领导形象,必须围绕领导转,不按新闻规律办事,不按市场经济规律办事,没有及时向受众传递有效信息和知识,节目内容不鲜活,可视性不强。其实,遥控器在广大观众手里,爱看什么完全由他们自己决定,不按新闻规律办事,只会降低电视台在观众中的威望,使收视率下降,广告效益下降,社会声誉不佳。(2)制作观念上滞后。许多电视从业人员不是把传播知识放在重要位置,而是片面地追求所谓的热闹,好玩好看,使节目变得浮浅甚至庸俗。要求节目好玩好看并没有错,关键是要寓教于乐,寓教于玩,这正是电视区别于其他媒体的独特魅力和作用。(3)人员文化素质过低。目前,电视台从业人员的素质,在很大程度上已不能适应电视媒体快速发展的要求,不能满足知识经济时代的要求。他们原有的知识已经老化,又不能及时获取新的知识。近年来,各地竞相办电视台,有线台、无线台纷纷上马。许多从未从事过电视工作的人员迅速担任电视采编工作,既未经专业培训,又缺乏学习进取意识,知识层次偏低,节目的知识含量自然就不多。

在知识经济日益向我们逼近的今天,必须注重加大电视节目的知识含量,不然将会被时代淘汰,被观众抛弃。

(二)立足今天,加大电视节目的知识含量

由于知识已经成为提高电视节目质量的首要因素和条件,我们必须通过以下途径,加速技术进步,提高产品质量:(1)提高装备水平;(2)采用先进工艺;(3)提高劳动者素质;(4)提高管理决策水平。提高装备水平采用先进工艺等“硬件”问题,目前,在国内各电视台并不是非常突出和关键的问题,其设备之先进和更新速度之快,常常令许多国外的同行也刮目相看。现在,主要是“软件”的问题。

1. 转变制作观念,尊重知识技术

从追求大而全、图热闹、赶潮流的制作观念中解放出来,摒除空洞无物的“泡沫电视”,以全新的知识经济的观念,运用先进知识、依靠科技进步踏踏实实地制作节目,使电视节目的信息量增大、知识含量增加。

2. 加快知识进步,提高人员素质

知识进步能使同样的劳动、资金和资源的投入量,生产出更多产品,或者生产同量的产品只需要更少的投入量。知识进步包括技术知识的进步,如提高装备技术水平、改进工艺水平等;还包括管理知识的进步,它同样能够起到降低生产成本,增加产出的效果。

知识进步与人的关系甚为密切,只有有了知识丰富、具有创新精神和创造能力的人才,电视节目的质量和知识含量才会提高。因此,一要加强从业人员的培训,不断更新知识;二要严把用人关,用新的观念、新的方法选拔人才,用新的模式高效率地激励和使用人才。

3. 提高管理决策水平

管理决策水平的高低对劳动生产率和产品质量影响极大。

电视台的管理决策应该按新闻规律办事,按市场经济规律办事。各种节目及栏目,应有自己的明确定位和个性并发挥其应有的作用,这样才能使更多的受众认可,同时也是该节目生存的基础。电视行业的节目生产应符合本行业的生产规律,相应的管理机制是本行业各项工作的保证。

总之,电视台的管理决策应围绕着提高节目质量和扩大节目市场做文章,使人人争做好节目,争做知识丰富、好看耐看的节目;杜绝内容空洞、格调不高、言之无物的节目出笼。出现这样的节目要态度坚决地不予播出,以免影响电视台的形象,浪费观众的时间。

(三)展望明天,电视节目应是最优秀的知识产品

电视是知识含量、科技含量极大的知识产品,又是记载知识、传播知识的新型手段和工具。展望明天,电视节目应该是最优秀的知识产品,也必须成为最优秀的知识产品。

我认为,知识经济时代的电视节目应具有以下特征:

1. 娱乐性节目和知识性节目比例适当

目前的知识类节目较少,娱乐性节目过多,而且相当一部分过于庸俗,知识含量偏低。要摆脱电视节目过于追求刺激、热闹、玩乐的偏向,形成一种娱乐和知识结合、学习和休闲结合,追求知识、陶冶性情的电视文化氛围。

2. 高格调高层次地引导知识进步

随着知识经济的到来,知识更新的速度会越来越快,人们对知识的渴求与获取也将会越来越迫切。因此,面对计算机多媒体互联网的威胁,电视节目必须以崭新的面目出现,以独特的魅力征服观众。它必须向高格调高层次发展,制作出精良的电视节目,发挥其独有的大众性、普及性的特点,引导观众追求知识进步,从电视中获取丰富的知识。

3. 传承文明,面向未来

这是中央电视台的一句形象宣传词,但从中我们也可以看出他们对电视的明确定位。也就是说,电视要继承和传播人类的文明成果,当然包括文化和知识;同时要不断创新,面向未来。只有这样,电视节目的质量才会不断提高,才有长久的生命力,才有广阔的前途,也才能有观众、有市场。

(摘自《中国广播电视学刊》2000年第7期)

对外电视文艺特征初探

方　健

中央电视台国际频道(CCTV-4)自2000年初改版以来,每周首播的文艺节目(中文)就有近4个半小时。并且每天有固定的首播和重播时间,成为世界各地的观众了解悠久的中国文化的一座桥梁。

(一)弘扬民族性

对外电视文艺的主题是鲜明的,它的主体受众群是生活在海外的华人华侨,以及对中国有兴趣的西方观众。因此,在内容的选择上,文艺作品的民族性应该是最重要的因素。通常说,越是民族的东西,就越是世界的。艺术就更是如此。只有真正体现了民族的内涵和文化,才能成为被世界所接受的精品;如果缺乏民族化的个性,就只能是跟在别人后面亦步亦趋,模仿或克隆而已。对外电视文艺是要通过国际频道这个窗口,向那些想真正了解、认识中国的观众展现一个真实、地道、原汁原味的中国,而不是西方人意识中笼统的“东方”概念和模糊的“中国”印象。

中华民族有着深厚的文化底蕴和丰富的精神财富,这正是对外电视文艺需要大力宣传的,这其中,既有民族的优秀文化和现实生活、时代精神的有机结合,也有民族传统艺术和现代传媒、现代艺术的有机结合。在国际频道的文艺节目中,很多栏目的设置就是本着这个原则的。如《神州戏坛》的栏目宗旨,就是为了向海外的观众介绍具有浓郁中国文化特色的传统戏曲。向他们提供一个了解中国戏曲、欣赏中国戏曲、学唱中国戏曲的窗口。在《中国文艺》栏目的很多文艺专题节目中,优秀的民族音乐作品和民族艺术家充当了绝对的主体,像钢琴协奏曲《黄河》、小提琴协奏曲《梁祝》、二胡曲《二泉映月》、大型管弦乐作品《天·地·人》等作品,都是中国民族艺术中不朽的经典作品。这类专题节目很受海内外观众的欢迎,每次播出都有很多的反馈。在国际频道的各类综艺晚会中,创新的、设计巧妙、制作精良的民族性节目也成为每台节目中的亮点。在《跨越星空——国际频道开播五周年晚会》上,编导对《春江花月夜》这个节目的崭新包装和处理,就是一个例子。《春江花月夜》是中国的一首古典乐曲,其意境深邃,曲调流畅,所寓意的“高山流水觅知音”的境界,是中国文人的一种追求。这是一首久演不衰的曲子,也是海内外华人非常熟悉的一段旋律。编导以著名油画家陈逸飞的名画《浔阳遗韵》为模板,在舞台上设计了四个虚拟的画框,分别让演奏箫和琵琶、二胡和笛子、埙和排箫以及古筝的演员,按照画中人的装束在四个画框中表演。同时,利用电视的镜头变换,不断叠入画中的人物神态,一动一静,一古一今,通过虚幻、朦胧的灯光效果,让人产生恍若隔世的感觉。这种极具民族特色的内容和形式,采用了非常现代的电视技巧手法,赋予了这首古曲一种崭新的视觉效果,令人耳目一新。

(二)突出亲情性

亲情审美是中华民族传统文化中的一个重要内容。对于每个中国人来说,从小到大都会在心中深怀

一份亲情，尤其是对于离开了家乡，遥居海外的游子们来说，这种情感就会像陈年老酿那样，随着岁月的流逝而越来越浓烈。这种亲情直接演变成了他们对祖国最浓烈的思念和对家乡、对亲人的归依感。国际频道的电视文艺栏目，恰恰是给观众提供了一个不受时空限制的荧屏世界，让海外观众在这个世界里，通过他们熟悉、喜欢的艺术形式和节目内容，来抒发亲情，重温亲情，传递亲情，浓缩亲情。

1999年9月，台湾遭受了百年不遇的大地震，台湾的灾情牵动着祖国大陆每一个人的心，两岸同胞的亲情感受比任何时候都强烈。《中国文艺》栏目在不到10天时间就完成了一台专门的赈灾义演晚会——《闽台情·同胞心》，为受灾的台湾同胞募捐2000万元人民币。这是一次血浓于水的亲情大浓缩，在一个小小的舞台上，在短短3个小时的节目时间里，再次重温了两岸同胞对同根同族、一脉相承的血缘亲情。

（三）体现国际性

随着资讯的飞速发展，电视把人们之间的距离拉得越来越近。国际频道的对外电视文艺也显现了越来越明显的国际性。“走出去”和“请进来”已成为对外电视文艺国际化制作的两大趋势。早在1996年的春节，中央电视台海外节目中心在美国洛杉矶的帕萨迪娜大剧院首次在当地录制了海外华人欢度春节的晚会《祝福你，中国》；1997年又在加拿大的多伦多录制了《枫雪桑梓情》。在这两次越洋春节晚会上，编导人员来到海外的华人华侨中间，邀请他们共同参与，在遥远的异国他乡，直接为他们献上了精美的“电视年夜饭”，并通过卫星在近200个国家播出，在全球的华人中间引起强烈的反响。1999年和2000年，中央电视台海外节目中心和上海电视台文艺部联合制作的元旦晚会《五洲风》和《世纪风》更是以全新的面貌，展现了对外电视文艺国际化制作的风范。以《五洲风》为例，这是一台宏伟大气、格调高雅的综艺晚会，既有来自世界各地的一流艺术家的精彩表演，也有中国民族艺术国际化的全新演绎。虽然晚会筹备时间只有短短的40天工夫，前来参加演出的境外演员竟有来自11个国家的近百名。不少外国艺术家不仅给我们带来了当地风情的歌舞表演，也用他们独特的方法演绎了他们对中国文化的认识。来自贝宁的演员唱起了具有非洲鼓韵的新疆民歌《达阪城的姑娘》，而来自美国的迈克尔则用钢琴和中国的二胡演员于红梅共同诠释了云南民歌《小河淌水》的美妙意境。这台晚会通过国际频道向世界100多个国家和地区进行了现场直播，并且首次实现了在国际互联网上同步直播的构思，为广大观众和网友开辟了一条新的收看晚会的途径，同时把现代科技手段融入了电视制作流程当中，体现了一种国际性的潮流和思路。

（摘自《电视研究》2000年第9期）

记者在紧张地拍摄

老龄化对电视传媒的挑战

李福成

（一）社会背景

当人们携带着20世纪的辉煌，带着20世纪的焦虑，憧憬着21世纪的美好前景时，普通民众很难想像到他们未来的生活会和人口老龄化联系在一起。然而，历史就是这样发生了，1999年被联合国确定为国际老年人年，中国也在这一年迈进了老龄化国家的行列。人们将这一现象形象地称为“银色浪潮”。

1999年的最后一天，中央电视台《夕阳红》栏目播完了它本年度的最后一集特别节目《面对老龄化的挑战，我们准备好了吗？》该节目指出：当新世纪的钟声敲响的时候，中国开始步入老龄化国家的行列，人口老龄化将对中国的经济、社会、文化乃至家庭和个人产生重大而深刻的影响。这是一场无声的革命，它已经超出了人口学的范畴。这场革命将给发展中国家带来更大的冲击……

这绝不是危言耸听。1999年国际老年人年开年仪式刚过，中国国家副主席胡锦涛就在中国传统的老人节——重阳节发表电视讲话。指出人口老龄化是一个重大的社会问题，全国上下都要有充分的认识，并积极制定相应的政策。

1999年10月，由中央和国务院22个部委联合组成的全国老龄工作委员会宣布成立，中共中央政治局常委、国务院副总理李岚清担任主任。

1999年10月，首届全国中青年学者老龄问题学术讨论会在北京举行，并向大会提交报告《老龄化的中国》。

所有这一切，都是一种准备。

那么，作为大众传媒，特别是作为影响非常广泛的电视，面对老龄化的挑战，作了些什么样的准备呢？

(二)电视媒体状况

由于电视媒体的多重特质和中国公众的文化状况，电视已成为中国的第一传播媒介，目前全国有电视台(含有线电视台)2000多座，人口覆盖率接近90%。电视已经渗透到了中国人的生活之中，并且在改变着中国人的生活。

但是面对庞大的老年群体，我们的电视服务却是相对滞后的。

1999年，中国的老龄人口已经达到1.26亿，这个数量几乎相当于一个俄罗斯的全国人口，相当于两个英国的人口，大于英国和法国两国人口的总和，相当于3个西班牙或4个加拿大的人口，若是把这个庞大的人口群体组成一个国家的话，它将是世界上位于第十位的人口大国。

从量上看，全国电视台除了中央电视台《夕阳红》是每天播出的老年栏目外，各省、市电视台都没有每天播出的老年栏目，甚至多数电视台还没有老年栏目。

从质上看，存在的问题则更多。多年以来人们把老年节目看做是一种休闲节目，认为老年人退休以后无事可干，给他们提供一个场所，无非是让他们种花养鱼，打拳健身，求医问药，做菜旅游。在这种认识的引导之下，老年生活游离了社会的主流，老年人也逐渐成了社会的“边缘人”，甚至“老有所为”也被人们视为“奇才绝技”。造成这种现象的深层原因是社会把老年人看成了“病人和领取退休金的人”，而没有把他们看做“既是发展的参与者，也是发展的受益者”。《夕阳红》栏目，也曾在相当长一段时间里徘徊在这种认识上。

(三)老龄化给电视传媒带来的挑战

在改革开放的20年里，老年群体在不断地发生变化和分化。就总体来讲，他们的文化水平、经济水平在不断地提高，从追求温饱到追求小康，从满足物质生活的基本需求到追求心理、精神上的提升。这一系列变化在1999年《夕阳红》的一系列节目中得到了充分的表现。如《相约夕阳红》播出的《李老汉和他的儿子们》、《养兔一家人》、《老父再婚》等节目；又如《不老人生》中播出的《健康老人郭采如》、《山寨老屋》等，这些节目中的主人公，都演绎了这一变化。当然，我们也不会忘记全国还有500万贫困线以下的老年人，《关注夕阳》中的《金风助老》节目正是把目光投向了这个群体。

横向地看待老年群体，他们又是可分为若干个子群体的，不同的职业经历，不同的文化程度，不同的经济地位，不同的人生阅历，不同的价值追求，电视媒体无论怎么讲也不可能将他们一古脑儿地同等看待，或者说进行一种单一的服务。

其实，当人口老龄化已经变成一种社会集群现象时，它也就变成了一种特有的社会文化现象。而社会文化现象是无法用社教类节目的内涵与外延来框定的，因为“社教”不论是作为历史上的政治概念，还是现实中的节目定位，都已经远远不能表现这种日益丰富的文化现象。因此，电视媒体面对老年群体，与其说是一种服务，不如说是一种传播。也就是说，社会老龄化对电视媒体也在形成一种改革、挑战。

以《夕阳红》为例。该栏目在1999年进行了两次调整。第一次调整是基于关照老年群体的精神、心理、情感层面推出了周六版《相约夕阳红》谈话节目板块。该板块由于定位准，形式亲切，在短时间里就获得了较大的成功，得到老年人的欢迎和认可。究其原因，正是将眼光对准了不同群体、不同身份的老年人的生活、命运、心理、情感等等，生动活泼地展现出了改革开放转型期的中国老年人的生存状态(包括物质状态和精神状态)和生活观念的变化。在“说家长里短，道人间冷暖”之中，透出了鲜明的人文关怀和严肃的法制理念，给人以真切细腻的视听感受。《敬老车的故事》、《启蒙老师》、《电话声声》、《老夫老妻》、《村有村规》是这类作品的优秀代表。

1999年11月，《夕阳红》栏目在一年之内作第二次调整。这次调整的最大动作是推出了《关注夕阳》板块。《关注夕阳》不是关注一部分老年人，而是老年群体；不是关注老年人的某一方面，而是关注老年人的各个方面。该板块开播后的两个多月里就引起了各方面的关注。《关注新世纪》以最快的速度评述了刚刚结束的全国中青年老龄问题学术讨论，使讨论会上一些振聋发聩的提法迅速传播，如“面临老龄问题风险最大的人群，不是现在的老年人而是现在50岁以下的中青年人”。《金风助老》报道了中国老龄协会助老工程办公室援助万名贫困老人的活动。此情此景，催人泪下，使500万贫困老人的数字牢牢地刻在每个人心中。

(四)电视传媒如何迎接老龄化的挑战

面对汹涌而来的人口老龄化的大潮，电视媒体必须迅速调整,作出反应,提出对策。

我们面对的是一个发展中国家的人口老龄化,它所带来的问题是非常复杂的,甚至是互相制约的,比如西方发达国家是“先富后老”,而我们则是“未富先老”。因此,我们必须学习、研究,以严肃的理性态度来面对老龄化的挑战,不能顾此失彼,自相抵触。

由于历史的原因,中国的老年人是一个文化相对落后的老龄群体,我们必须以热切的人文关怀精神来面对我们的传播对象,找准自己的位置,以平视的眼光来看待老龄化的问题,切不可居高临下。

电视媒体本身也处在变革之中,我们必须不断地转变观念,这里既包括对于老年群体的观念,也包括媒介传播观念。惟有如此,才能办好栏目,做好节目。

我们必须对老年群体进行细分,这种细分是一种适应变化的手段。对老年群体的细分也就是对于受众的细分,对受众对象细分是为了对栏目进行细分,以满足不同阶段、不同老龄对象的要求。细分受众也就是细分市场,只有细分市场,才能占领市场。

(摘自《电视研究》2000 年第 7 期)

我国大众体育电视节目透视

阮 伟

随着人们物质生活水平的提高,人们必将更加关注自身的健康。本文试图对大众体育电视节目现状、从业人员的基本素质以及如何寻找出一条制作大众体育电视精品节目的道路进行思考和分析,以便使大众体育电视真正服务于大众,推动我国全民体育事业的发展。

(一)大众体育电视节目任重道远

建国 50 年时,国家体育总局做了一次全国体质调查。调查结果显示:近几十年,我们青少年的身高增长速度已经低于日本人。这让中国人深感震惊。早在 50 年代毛泽东就提出:“发展体育运动,增强人民体质。”可 50 年后的今天情况如何呢? 据专家研究推断,北京在未来 10 年中将有 300 万“心脑血管病”病人。如按每人 5000 元的医疗费用计算,我们将面临着 150 亿元的巨额费用。这里还不包含这 300 万人因工作质量下降以及给家庭造成的负担等损失。

发达国家中现代健身方式,已被人们广泛应用。现代体育锻炼能充分改变人的体质状况,早已被科学所证实。然而,我国几十年来人民体质的增强发展缓慢,以致使“打鸡血”、“喝红茶菌”、“甩手疗法”乃至做“法轮功”这些带有迷信、邪教色彩而没有科学道理的活动有了很大市场。

这其中的原因虽然比较复杂,但也与我们的传媒机构,一味热衷于宣传竞技体育而忽视全民健身不无关系。长期以来我们的报纸、电视等从业人员都奔赴在竞技第一线,而无暇顾及全民健身。据某大学体育教师对《人民日报》、《解放日报》40 年来的体育信息报道统计:竞技体育占的比例均在 86%左右,而群众体育只占 9%左右。此外 1993 年至 1994 年中央电视台第一套、第二套节目中大众体育节目占总节目量最高为 17%,最低为 4.9%。1995 年至 2000 年中央电视台第五套节目中群众体育节目占总节目量的 13.2%。由此可见,无论是报纸还是电视,对群众体育的报道量都明显不足。我国虽然在 1995 年推出《全民健身计划纲要》,但在体育促进体质这一点上,媒介的运用远远未达到应有的水平。体育电视应当在大众体育节目制作和报道上加大力度,以担负起促进中华民族素质提高的历史使命。

(二)拓展大众体育电视节目,服务百姓生活

1. 大众体育电视节目亟须在大众化、通俗化中寻找到出路

80 年代初,中央电视台曾播出过一个题为《夺标》的系列专题节目。该片是根据人们在生产实践中设计出来的大众参与的体育游戏制作的。尽管道具、拍摄手法普通,但其特有的趣味性、娱乐性,至今让人难忘。

电视节目是一个文化产物,越是与人接近,越有人情味,就越为大多数人所喜爱,其收视率也就越高,人类的健康正是我们最关心的话题。事实证明大众体育节目有着巨大的潜在魅力。各种媒体不应该老盯着竞技体育不放。1998 年初,中央电视台体育中心播出的引进版体育游戏类节目《城市之间》,首期播出就创佳绩,收视率达到 3.66%。

1998 年 6 月,中央电视台体育频道推出的《康乐年华》栏目也是一个以群众体育为主题的节目。同样深受观众欢迎,它使人们在欣赏、参与、体味节目乐趣的同时,深感大众体育天地之广是竞技体育难以比拟的。也证明昔日的体育电视节目,多以竞技为主,忽视了观众参与的需求,丢弃了大众体育这块“绿洲”。《康乐年华》这一历时两年多的全民健身节目将被改版后

的早间体育节目取代。改版后的节目将继续以百姓的休闲、健身、娱乐为主题,以服务为宗旨,加大信息量,力求大众化、通俗化,并充分考虑不同年龄人的身心特征为观众提供最佳的体育健身娱乐服务。

2. 从业人员应具备相关的知识结构

频道和栏目的专业化对从业人员的知识结构提出了更高的要求,特别是体育节目由于其项目繁多,更需要记者、编辑、主持人具备一定的专业知识。此外,还须对各种项目的选手(国内、国外)都非常了解,这样才能准确点评,进行客观公正的赛事分析。此外,还必须掌握和了解大众喜闻乐见的极限运动、民族传统体育项目以及各种游戏的策划和编排等等,这样才能成为一名优秀的大众体育节目制作人。

(摘自《电视研究》2000 年第 10 期)

节目制作管理模式的新探索

徐 进

(一)节目制作管理模式改革的思考

目前,社会电视制作力量的迅猛发展,给我们这些计划经济模式下的电视制作系统带来了巨大的压力和冲击。面对眼前正在发生的一切,我们应该充分利用自己的优势奋起直追,参与节目制作市场竞争,开展节目制作模式的改革与探索,缩短与编播部门的差距并与之紧密配合,为中央电视台宣传工作服务。

(二)中电节目制作区的建设实践

1. 目的与目标

技术制作中心录制部于 1999 年 11 月底开始与中电高科技电视发展公司合作进行电视节目制作区的规划建设。这种合作出于以下四个目的:一是解决节目制作机房严重不足问题。二是避免制作经费流失,确保节目技术质量。三是发挥自身优势,参与社会竞争,提高整体制作水平。四是希望以此为实验基地,探讨节目制作的成本核算以及市场经济条件下的竞争运行管理模式,培养经营管理型的技术干部。

中电制作区的规划建设从 2000 年元月至 2001 年 2 月要完成机房建设、机构组成、人员培训及量化管理的试运行。从 2001 年 2 月到 2001 年年底进行量化管理总体运行,探索节目制作管理的新模式,使设备实际使用率大大超过原有体制的束缚,为中央电视台创造更多的社会和经济效益。

2. 管理模式与奖励机制

中电制作区的节目管理纳入技术制作中心统一调度,首先保证完成台内节目的制作任务,日常管理由录制部与中电公司共同承担,力求做到在制作区内的每一件事情都有章可循。由于中电制作区地处台外,我们建立起了中电制作区生产部门+行政管理部门的组织构架。生产部门除了节目安排、机房/人员管理、设备/系统维护以外,还增加了业务恰谈、奖金发放的工作,行政管理部门负责工作量统计、成本核算和安全保洁等工作。

我们在制作区重点强调了"服务意识"、"客户意识"、"业务员意识"。在中电制作区,编导就是我们的客户,我们的每一位制作人员都应该用自己的最高制作水平去服务于他们,有意识地去帮助编导出主意想办法,努力把节目制作好。我们还实行了"节目制作意见调查表"制度,定期由编导对制作区的工作和制作人员做出评价。我们还采取了"制作人员加班统计制度",只要节目需要,调度室就可以安排夜间加班,给编导提供最大可能的节目制作时间和方便条件。

我们清楚地认识到节目制作就是我们的效益来源。因此,我们希望中电制作区的每一位工作人员既是优秀的制作人员,也是能干的业务人员,希望他们利用自己高超的制作水平,利用自己灵活的头脑去观察栏目的变化,去捕捉节目的信息,团结一大批愿意到中电制作区完成节目制作的编导/客户,使他们认同我们的制作人员和制作水平。

由于是公司运行制,我们就可以遵从市场规律,在内部管理中建立有效的激励机制,规范制作人员的基本工作量并激发他们最大的创造性。中电制作区聘用工作人员的工资奖金是与他所完成的节目质量和数量挂钩的。这样的量化管理行之有效,也符合多劳多得的分配原则。另外,公司运行办法使我们有了更加灵活的用人机制。随着数字技术的快速发展,多媒体制作设备越来越多,操作技巧也越来越复杂,这一方面要求制作人员具有相当高的制作水平,另一方面也要求制作人员要有很强的独立编辑能力,因此我们希望吸纳一些符合以上两方面要求的制作人员,但由于一些客观原因我们不能招聘他们,为此我们采取了签定聘用协议的方式来让他们为我们所用,他们的收入与完成的产值挂钩,这样既提高了节目的制作水准,又使其他制作人员从他们身上学到了更好的制作/操作方法,同时增加了制作区的知名度和效益。

中电制作区试运行以来，累计产值近140万元，创造了一定的社会效益和经济效益，部分解决了制作中心机房不足的情况，避免了一部分制作经费的流失，参与制作了一定数量的社会节目，提高了制作 人员的制作效率，也使得我们在节目制作管理上的一些想法得以去尝试和实践。

（三）问题与展望

通过一年来的机房建设、节目制作及行政管理，我们是在摸索一条高效率完成节目制作的路，一条成本核算、量化管理、竞争运行的路。这期间我们发现了最重要的是人员素质和人员管理。我们提倡的"客户意识"和"业务员意识"是需要通过中电制作区的每一位工作人员体现的，我们采取的量化管理模式和协议制作人员方法也是需要通过做大量的思想工作和管理工作才能实现的。而现在我们的一些措施还没有全面铺开，原因就是有少部分人员很难胜任今后的工作，不适应这种管理模式。如何帮助他们学习，调动起他们的积极性，让他们适应今后越来越严峻的竞争态势，已经成为我们下一步工作的重点和难点。另一点是量化管理会触及到每一个工作人员的切身利益，因此，是否把台内职工纳入量化管理模式下还有待商讨。在制作区的基本建设和人员组成完成之后，应着手解决以下三方面的问题：

一是进一步健全管理规章制度，加强人员管理，做到有奖有罚、措施得力。

二是合理安排人员，提高节目制作的技术质量。选派我部业务骨干担当中电制作区的负责人和制作人员，严抓技术质量，同时，在中电制作区的电编机房和多媒体制作群中分别采取"大排班"的工作模式，制作人员不固定机房，不固定节目，但要定期交流节目制作体会和经验，定期组织中心或台内获奖节目的观摩与讨论，定期进行技术埋论和编辑艺术的考试，通过这些措施使中电制作区的制作人员在技术制作与艺术编辑上逐步提高。

三是提高机房的使用效益，增加经济效益。通过实践，在中电制作区培养出复合型的管理干部，逐步把技术管理型干部引向经营管理型。使他们成为既懂技术、又善经营的人员。要在钻研业务的同时，学习成本核算、统计分析、财务会计和依法纳税的知识。只有这样我们才能合理有效地安排机房及人员的使用，才能对节目制作量及机房使用情况进行统计分析，才能计算出制作区的运行成本及效益，才能适应节目及客户的要求与变化。鉴于此，我们在中心多媒体工程的立项中，要求项目负责人在充分考虑非线性编辑技术优势及其设备技术指标等因素外，还要考虑成本问题。同时考虑目前社会上对多媒体制作设备的认知程度，最后确定方案。当然，由于我们现行的节目制作收费实行的是台内收费标准，还谈不上实行包括设备成本在内的完全的成本核算，只能是在设备投入一定的条件下引入竞争激励机制，提高设备的利用率和节目制作水平及效率。今后，中电制作区要在进一步引入包括设备折旧在内的经济核算和管理办法上进行探索。

（摘自《电视研究》2000年技术制作中心专刊）

电视节目成本管理浅谈

吴玉兰

多年以来，由于对电视媒体的经营属性认识不足，导致了对电视产品的成本的不够重视，只算政治账、不算经济账，浪费现象十分严重。我国是一个经济较落后的发展中国家，需要资金的地方很多，国家不可能拿出更多的钱去发展电视事业。解决资金需求同资金供给之间的矛盾，加强电视产品成本管理，已经成为发展广播电视事业的一项重要任务。

在商品经济条件下，任何一种劳动生产物都有成本问题。不管是商品性的电视产品，还是非商品性的电视产品，都要计算成本。做到少投入、多产出，科学地使用资金。

广播电视产品经营管理，可借鉴物质生产部门的成本经营管理经验。不能采用固定的方式，而应该注意研究、认识电视节目与成本管理有关的一些特点：

1. 电视节目具有非商品性和商品性两重属性，进行成本核算时应认识和把握这个特点。

2. 电视节目具有新闻宣传、社会教育、文化娱乐、提供服务的功能。节目分为：新闻节目、社教节目、文艺节目、服务节目。要做好节目成本管理，应当根据不同类别的节目，采取不同的管理方法。如根据新闻节目时效性强、动态性强的特点，在经费的供应和管理上应区别于其他节目的管理方法。一些大型文艺节目外请演员多、资金投入大，筹划制作周期长。电视剧逐步走向基地化生产制作。对这类节目可以从酝酿、筹备、录制到后期完成，逐步制定一套规范化的管理办法。广告节目，广义的概念虽然也是节目，但它完全是有偿的，是经营性质的，广告节目与其他节目的制作成本也应采取完全不同的管理办法。

3. 每个节目(包括每个栏目),摄制内容不同,拍摄景点、制作周期以及经费支出也不相同。从这方面看电视节目有不可比性。但是,同类或题材相近的电视节目,特别是固定栏目,有许多共性的因素,只要我们把握其特性,分析其可变因素和不变因素,同类产品的单位时间制作成本又有可比性。

我们对节目经费管理制度是逐步建立的。也即不断完善节目成本管理体系,核算每小时、每分钟的节目制作成本。提高资金使用效益,有效地降低节目制作成本。具体措施是:

1. 提高编导制片人员的成本管理意识。制定相应的奖励制度,发挥他们的积极性,在保证节目质量的同时,节约各项开支。

2. 提高工作效率,根据节目的长度、内容、拍摄景点,合理控制制作周期和人员定额。

3. 加强住宿费、餐费的管理。外请演员、编导和其他剧组人员,在排练、彩排、录制和实况转播期间,实行集体用餐的方法,伙食标准按演员餐费标准执行。住宿费按差旅费标准执行。非排练、实录阶段一律不安排住宿和报销住宿费。

4. 稿费、劳务费应严格按国家规定的标准支付。财务人员应认真核对稿件的字数和劳务的天数。

5. 加强交通费的管理。根据剧组的拍摄任务,控制包车数量与包车时间,降低租车费用。

6. 实行制景、服、化、道归口制作部门管理。建立综合库。完善物资材料的验收、登记、出入库、使用、报废等手续。提高复用率,节约经费开支。

7. 财务人员要熟悉业务。严格执行各项政策和有关规章制度。节目制作前后应认真分析研究本节目预算和执行情况,特别是需要加强对降低节目成本的研究。

(摘自《电视研究》2000 年第 11 期)

管理要以人为本

孙素平

一个栏目能否成功，取决于多种因素，其中之一就是实行科学管理。而在管理中，挖掘人才、利用人才、培养人才又起着重要作用。管理必须以人为本。

在电视栏目的管理中，目前都在实行制片人制。“制片人”就是“电视节目制作的总负责人”。负责选定创作题材，组织剧本写作，选择导演、摄影等主要创作人员，制定拍摄计划，负责监制节目的进程，协调各方面的关系，直到节目完成的商业交易。”要当好电视制片人，第一，必须对电视制作的各个领域有足够的知识；第二，应当有渊博的知识和清醒的头脑；第三，应当是一个精明强干、有组织能力的人；第四，还应当是一个能干的鼓动者。

此外，作为制片人还有一条十分重要，就是要学会尊重自己。俗话讲“只有你看得起自己，别人才能看得起你”。

目前，有些人做了制片人后，就不知如何使用这种权力了，经常做一些指手画脚的事，莫名其妙地发脾气，对工作安排无章法，忽而这样忽而那样，弄得下面丈二和尚摸不着头脑。这种“以其昏昏使人昭昭”的做法就是不尊重自己的典型表现。这样的制片人可能一时得势，但不会得人心。我在主持《走近科学》栏目时深深体会到，真正的管理是靠科学，靠集思广益，并善于发挥集体智慧的作用。

《走近科学》栏目的组织结构是监制、总制片人、主编、分制片人、制片主任。我们采取分工负责的办法，各把一关。一个人的能力是有限的，众人拾柴火焰高。我过去没搞过科技节目，而其他几位制片人都曾或多或少地做过科技节目。我采取用集体审节目的办法来调动大家的积极性，各自发挥其优势，使《走近科学》两年来没出现任何与科学相悖的现象。相反该栏目却在观众中逐渐有了影响，1998 年和 1999 年两次被评为全国科教节目栏目类一等奖，开播的当年被评为中央电视台优秀栏目一等奖。这些成绩进一步验证了一个道理：一个人的才能再高，也是有限的，且往往是长于某一方面的偏才。而将许多偏才融合为一体，才是无所不能的全才，才能形成巨大的力量。

一个栏目要发展，领导集体是关键。了解班子每个人的能力，发挥其特长是体现以人为本的具体表现。《走近科学》栏目的领导集体共九人。有经验的，把他安排在机舱帮助把舵。年轻的人喜欢幻想，喜欢时尚，就把他放在大船的装饰上，让他把《走近科学》这条船装饰得绚丽多彩。另外的骨干力量，放在大船各个不同的位置上。作为这只大船的船长，我要经常发现问题和解决问题。如果有一些好的想法想实施，就让大家去竞争，掀起一些小浪花，使大家更重视自己的岗位。这就是《走近科学》这条船能在较短的时间启航远行的原因之一。

制片人要有激情，要能接受新鲜事物。能对新鲜事物有辨别力，并能在最短的时间里作出果断的决定。应在你管辖的范围内，掀起一些波澜，给一点刺激，使其工作伙伴产生竞争。只有竞争才能出好的节目。《走近科学》就是在竞争中发展的，我们展开了制片人与制片人的竞争，小栏目与小栏目的竞争。在公平的竞争中激发大家的工作积极性，使栏目走向了稳步发展的道路。

以人为本必须强调科学管理，节目的管理、人员的管理、财务的管理又是一个系统工程。这个系统工程就如弹琴一样，只有和谐才能弹出优美的曲子。具体来说就是要制定出切合实际的管理条例，并付之实施。两年来《走近科学》的各项管理办法都是在调整中完善的。比如，制作节目填选题表，制作完成后填完成节目表，并交齐文字稿、导语、导视，最后报账。在人员管理上，《走近科学》在全台走了编播分离的第一步，实行了公司化管理。我们制定了《制片人管理条例》、《招聘人员管理条例》、《临时人员管理办法》。由于工作人员有章可循，大家焕发了极大的积极性，各组人员为了制作出大批精良的科技节目，辛勤工作，任劳任怨，熬夜加班是平常事，他们为办好栏目做出了重大贡献。《走近科学》对人事采取阶梯式管理，一层负责一层的任务，职责分明。同时，又有团队意识，重大事件、重大节目能够冲得上去。大家在工作中都认为自己的形象代表中央电视台，在拍摄时拒受礼品、酬金，甚至在拍摄义务献血节目时，还义务献血，并多次受到表扬。

科学管理要以人为本，但决不姑息迁就。在《走近科学》的管理中，只要发现有人不按规矩办事，影响了集体的荣誉，破坏了中央电视台的声誉，就会毫不客气地将其开除。但对有这样那样缺点的工作人员，我们采取说服教育的办法，耐心地指出，并让其在工作中得以改正。对有才能的人，我们给机会让其施展，并适当地给予表扬和鼓励。有一位同志因个人原因曾离开过队伍，临走时，我对他说：你现在有困难要离开我们，但《走近科学》是欢迎你归队的。当他处理完自己的事后，又撇下怀孕的妻子回到了《走近科学》。

管理以人为本，所有的人如同生活在一个幸福的大家庭中。在这个大家庭中，互相关心，互相帮助。但并不搞一团和气，而是在公平、公正、公开的竞争中加强管理、增强团结。在工作中要奖勤罚懒，实行多劳多得、少劳少得、不劳不得。有能力的要发挥其作用；有希望的要加强培养、教育；没有能力和培养前途的就会自然淘汰。搞科学管理，不能吃大锅饭，干好干坏都一样。管理就是要治理懒惰，使每个人都能像机器上的零件一样，发挥其各自的作用。

（摘自《电视研究》2000年第3期）

正确认识收视率的准确性问题

刘建鸣

目前，有些电视台为了更全面地了解收视率状况，已经不局限于从一家调查公司购买收视率调查数据，而是同时购买多家调查公司的调查数据；不仅仅局限于采用日记调查法，还采用收视测量仪法和电话调查法。这是一种好现象，说明这些电视台的决策者们已经把受众的需求摆在了一个重要的位置。但由于调查数据的来源不同，调查方式不同，势必造成调查数据的不一致。比如，同样是对北京地区观众的收视情况做调查，央视－索福瑞和特雷森两家公司的调查数据就不尽相同；同样是对中央一套的收视率状况做调查，采用日记法和测量仪及电话调查方法所得到的数据往往相差悬殊。进而引起一些同志的疑惑：到底哪一种调查数据更准确？乃至对整个调查发生怀疑。

最近我看过几篇有关三种收视率测量方式对比的文章，总的印象是，以上三种调查方法各有所长。从测量的精确度来说，以15分钟为一个记录单位的日记法得到的收视率调查数据所推导出来的广告节目的收视率，往往难以令广告商信服。相对来说，收视测量仪可以细分到秒，这对于以秒为单位来计算广告价格的广告商来说，可能会更有针对性。但是收视测量仪数据的成本过于昂贵，不论是调查公司投资建设还是用户购买调查数据都存在实际的困难。日记法虽然精确度差，但是调查方式相对比较简单，投入相对较少。电话调查在我国主要用于一次性调查项目，在有限投入的条件下，能够快速得到调查的结果。

那么，作为收视率调查公司的用户，在对待收视率调查数据的准确性问题上应持何种态度呢？

首先，应该学习调查专家们对这一问题所持的科学的态度：不对哪一种收视率测量方式抱有主观偏见，而是客观地将其各自的利弊摆出来，让用户自己去作出判断和抉择。作为调查数据的用户也应该首先具备这种实事求是的科学精神和态度，对三种收视率测量方法，不简单地排斥或者否定其中的哪一种，而是兼收并蓄。

其次，要量力而行。任何一种收视率调查数据都不是绝对的，如有可能相互参照再作出决策是最好的办法。但是电视台的资金毕竟是有限的，究竟购买哪些调查数据，各台应该根据自己的情况而定。

第三，督促调查公司不断改进调查手段。用户对收视率调查数据的要求无非有三个方面：精度高、时效快、投入少。“精度高”指的是调查数据的准确性。“时效快”，指的是调查数据从采集、统计分析到公布的反馈速度越快越好。“投入少”指的是以有限的资金投入获取最大限度的调查研究的效果。舍得花钱购买收视率数据，现已成为我国众多电视台决策层的共识。依靠收视率调查数据也许已经成为衡量电视节目质量如何的重要手段。但是各个电视台的经营状况不一致，因此在购买哪一种收视率数据上结果也不会相同。作为调查数据的用户，不论是电视台还是广告公司，都企盼着在不远的将来会出现一种更先进的调查方式（融电话调查法、日记调查法和测量仪调查法的优点于一身），既精确，时效又快，投入又少。

（摘自《中国广播电视学刊》2000 年第 1 期）

对提高广播电视报信息含量的意见

王萍萍　郭卫翔

实践表明，在当今信息时代，传媒要想满足广大受众的需求，就必须下大力气挖掘各类信息。作为与人民群众生活密不可分的广播电视报，应当怎样适应时代发展的要求，增强其内容的信息含量，以满足广大读者的需求，便成为需要迫切研究和解决的课题之一。

（一）加大报纸信息量是时代的需求

信息时代，知识的更新和交替呈几何级数发展，人们要适应时代的发展变化，就必须不断地充实自身，全方位地获取各类知识。广播电视报作为广播电视的延伸和补充，理应起到普及科学文化知识的作用。

广播电视报作为行业报纸，它承担着宣传党的广播电视方针、政策，丰富群众文化生活的任务。它除了介绍广播电视节目之外，还担负着指导广播电视工作，引导广大观众收视，发布政令、交流情况、传播知识、服务社会等任务。以《中国电视报》为例，1999 年为配合广电总局“村村通”工程的宣传，特意开辟了“村村通”专栏，介绍全国各地“村村通”的情况。这一举措不仅配合了广电部门系统工程的实施与发展，也使人们得以了解电视发展、电视覆盖、电视转播的概况。

除了广播电视报自身发展需要增大信息量之外，外部的竞争环境也迫使其必须这样做。目前，我国各种报刊数不胜数。各个媒介为了自身的生存，无不使出浑身解数。倾力拓展报道面。面临如此激烈的竞争，作为广播电视系统的行业报纸如果不想方设法地与之抗争，势必“束手就擒”。所以，也必须拓宽报道面，增加信息量，以期赢得自身的生存空间。

（二）拓展报纸信息量要有自身的内容与特点

如何依据广播电视报自身的特点来拓宽信息量，是一个仁者见仁、智者见智的问题。根据多年从事报纸编辑工作的实践，我们认为，刊登广播电视节目表、介绍广播电视节目内容，让听众和观众知道听什么、看什么，是广播电视报最重要的信息内容之一。对此，决不能忽视，必须不断地强化、加以研究和改进。但是如前所述，广播电视报不能仅仅满足于此，还应当在做好预告节目播出时间和内容的同时，努力增加其他广播电视方面的信息，以提高报纸的信息含量。

增加广播电视报的信息含量，主要应从以下三个方面着手：一是增加广播电视行业指导性的政策、政令和法规。二是加大介绍广播电视行业内的各项举措、活动事件和动态消息。三是详尽地反映广大读者最想知道、最关心的广播影视信息。如影视热点问题、焦点问题，以及屏前幕后的事件、人物等。

（三）广播电视报在信息的处理上要讲究新、短、快、活

新，是指报道的消息内容要有新意。无论从信息的内涵、素材的捕捉，还是文章的结构、语言的运用，都应让读者体味到创新求变，从中感受到新的事件、新的人物、新的思想、新的启迪。

短，是指报道的篇幅要精炼。文章要短小精悍，要求编辑对稿件要认真筛选和精心编辑，而且内容的把握和研究要有独到的见解和精辟的分析，将最有价值的信息内容保留，把可有可无的文字删除，以保证有较多的版面刊载更多的信息。

快，是指报道的信息时效要迅速。广播电视报每周一期的出版周期在客观上对迅速传播信息有所制约，这就对如何提高广播电视信息时效提出了更高的

要求。广播电视报的从业人员应当具有强烈的新闻敏感性和全面的专业素质，对于采写、编辑、排版等工序应有周密的计划，以保障信息的时效。同时，增加广播电视信息的独家报道，以独特的视角、全新的感受来弥补报纸出版周期长的不足。

活，是指报道的内容要生动活泼。报纸所刊载的信息是否有用，能否为人所接受、所称道，取决于所刊载的信息内容是否鲜活，所反映的人物和事件是否为人们所关注，这就要求广播电视报在稿件的采写、编辑、版面的设计上要生动活泼，把丰富多彩的内容和灵活多样的形式有机地结合，使报纸反映的信息生动、形象、具体，让读者爱看。

（摘自《声屏世界》2000年第9期）

二、论点摘编

生活服务性节目的导向性

何巧同志在《中国广播电视学刊》2000年第1期上发表题为《浅谈生活服务性节目的导向性》的文章，对生活服务性节目的导向问题提出了自己的见解。

文章认为，舆论导向是一种思想倾向的表现形式。它通过传递信息，报道新闻事实，提供服务、知识和娱乐，潜移默化地影响人们的思想、心理和行为。生活服务性节目带有强烈的导向性。而且分为直接导向作用和潜移默化的导向作用。

生活服务性节目的直接的导向作用是指围绕人们衣、食、住、行、用等各个方面，提供的全方位服务，给观众大量的信息，使观众能开阔眼界。比如，国外生活的观念、消费特点，国内发达地区的消费观点、消费方式，国内一些经济较落后的地区如何转向小康，面对一次次存款利息的下调，以及征收存款利息税，人们是继续存款还是买国债、买房子、买保险、炒股等等。生活服务性节目中的直接导向性，让观众明白，对于一些新事物应该怎样科学地采取行之有效的方法去处理。一方面提醒观众，要根据自己的经济实力，本着量入为出的原则作出决定。另一方面，也为有经济实力的家庭，提供从选汽车车型、车种到正常维修、保养等多方面的服务。

生活服务性节目的潜移默化的导向作用是指为观众传授知识、提供服务外，还有交流心得，梳理情感，以真实、真诚、真情来感染人和教育人，促进社会主义精神文明建设的职能。文章说，生活服务性节目应该抓住人情、乡情、亲情这些联系当代人生活情感的纽带，在节目中展现普通人的喜怒哀乐及其生活氛围，在平实和普通的生活中探讨人生哲理，从不同角度感悟人生、体现平民意识、表现平民情感。

文章还说，家庭是社会的细胞，家庭靠亲情来维系。生活服务性节目要让观众明白，物质享受不是家庭生活美满的惟一标志，如果能够恰如其分地处理好家庭中人与人的关系和个人与社会的关系，人们就能生活在心情舒畅、其乐融融的氛围中。这种导向性突出人情、家庭的温馨，构造一种心灵的港湾。

在多样化的风格中体现现代意识

2000年中央电视台春节文艺晚会的导演赵安，在《电视研究》2000年第3期发表文章，畅谈了他在执导晚会中的切身感受与体会。

赵安说，由于观众收视心理越来越趋于多元化，所以我们在考虑和设计节目的时候，尽量使风格更趋于多样化，避免落入俗套、坠入约定俗成的窠臼。比如没有用龙年说龙、耍龙、舞龙灯，甚至舞美设计也没有用龙。一是避免和别的欢庆场合、场面的类型冲突和重复；二是把龙作为一个精神贯彻节目始终，就是体现奋发向上、昂扬奋进的精神。2000年晚会的节目无论是相声、小品还是歌舞，在风格的多样化上都做了一些尝试，并在时尚化和都市化上有所加强。在小品当中还借鉴了其他的艺术因素，比如《青春有约》里面就有音乐和舞蹈的因素，还有都市幽默的因素。这样使小品和相声语言类节目的创作更趋于多样化，题材也更符合不同观众的要求。

赵安认为，2000 年的春节晚会，也留下一些遗憾，最重要的还是在创作上。创作实际上是社会文化现象的一种反映。我们中央电视台只具备组织和策划的能力，没有自己的创作队伍，这是今后亟待解决的一个问题。

另外，观众在充分肯定春节晚会取得成绩的同时，也提出了一些中肯的意见，如舞美设计过于奢华。对如何本着勤俭节约的精神，力争做到既营造了气氛，又把晚会办得红火热闹，这方面考虑得少，做得不够。在精品创作上，应避免急功近利。要潜下心来，真正深入生活、贴近生活，写出既反映时代精神又富于生活情趣的好作品来，以不辜负各级领导的关心与支持以及广大观众的期待与厚爱。

板块节目的传播优势

姜韬同志在《现代传播》2000 年第 1 期上发表题为《板块节目的传播优势》的文章，对电视板块节目从其兴起、社会功能以及它的传播等提出了自己的见解。文章说，板块节目在我国一经出现，就迅速风靡广电领域，它何以能在短期内大量取代传统的专题节目而成为占主导地位的节目形式呢？从传播学的角度说，板块节目形式给人耳目一新之感的最根本原因在于它的传播功能与广播电视功能的高度一致性。

广播电视作为传播媒介，它的社会功能是多样的，具体可以分为：(1)沟通情况，提供信息；(2)宣传群众，组织舆论；(3)面向社会，批评监督；(4)传播知识，开阔眼界；(5)为您服务，方便群众。

功能的多样性，决定了广播电视节目系统构成的多样性。

板块节目的综合性主要指传播功能的综合；节目功能是板块节目旺盛生命力的源泉。

细论板块节目的传播优势可概括为：内容取向(取材面广、信息量大、贴近生活)，节目形态(符合受众的接受状态和心理)，语言特色(摒弃“播音腔”，更具亲和力、接近性)，与受众关系(通过交谈方式和其他中介手段，为受众参与创造了条件)等方面。

就板块节目与受众的接近性、参与性而言，受众的直接参与对板块节目的成熟、发展起着有力的促进作用。同时，板块节目的主持人成为板块节目的代言人，与受众的直接沟通、互动，也促进了板块节目的发展和成熟。

创办中国的电视新闻网

武晋先同志在《中国广播电视学刊》2000 年 11 期发表文章，首次提出并论述了创办中国的电视新闻网的重要性和必要性。文章提出：创办电视新闻频道，进而创办电视新闻网，让观众随时打开电视机都可以看到新闻，已成为欧美发达国家的传播时尚和世界电视发展大趋势。创办一个统一的中国电视新闻网，也已成为中国新闻事业大发展的需要。文章从“电视新闻网看好有线电视”、“新华社靠卫星电视新闻节目传送频道进入有线网”、“谁最有实力创办中国的电视新闻网”、“谁来创办中国的电视新闻网”四个方面，论证了创办中国的电视新闻网的必要性，具有较强的理论创新性和实践可操作性。

文章经缩编在中国社科院《信息专刊》登载后，受到中宣部、国家广电总局及中国社科院负责人的重视和肯定，被中国社会科学院评为 2000 年度优秀信息二等奖。

音乐与电视纪录片图像

段文同志在《电视研究》2000 年第 12 期上发表题为《音乐与电视纪录片》的文章。文章认为，音乐与纪录片图像从理论上讲是两种艺术。音乐是音响艺术，图像是摄影艺术，前者是听，后者是看。

在电视纪录片中图像是最重要的视觉要素，是纪录片所要表现的基本内容。当音乐编辑面对纪录片时，会看到图像充满了动态、动感。它们在时间的流程中逐步展现，而且这个展现是一个不断变化、运动、结构的过程。不论纪录片表现的是什么主题，图像的动感和全过程都会为音乐的构想提供情感体验和想像表现的空间。而音乐又为图像插上了想像的翅膀。

从广义上讲，音乐是抽象的。它不具有固定的内容和解释。但是，音乐的情感体现又不是凭空想像的，它的表现是以图像为载体的。图像引导音乐编辑激发出的音乐感觉，促使音乐编辑选择适当的音乐素材来表达图像的意境。这时，音乐编辑具有的潜意识是把对图像的感觉用音乐情绪化地传递给观众。音乐编辑对图像的感觉是预设的，这种预设不仅需要他具有一定的音乐经验，还需要他具有实际操作的技术和技巧。

文章说，在人的感觉之间有一种相互沟通的现象，这种现象被称为“联觉”,即一种感觉引起另一种感觉的心理活动。最常见的联觉活动就是色与听之间的联觉……我们常看到的同一场景的彩色图像与黑白图像给人的视觉感受是不同的。它所表现的内容不同,它留给音乐的想像空间也不同。

还有,音乐编辑对图像的感觉可以触发其创作的热情与欲望,产生要用音乐来表达这些感情的要求。在音乐制作的各个阶段,这种激情起着催化作用,不断地影响着音乐编辑的创造力。

有奖竞答应该降温

任尔先生在《电视研究》2000 年第 2 期上发表题为《有奖竞答应该降温》的文章。认为电视不可靠“奖品”招揽观众提高收视率。文章说,前几个月,笔者对一些电视台的节目做了些简单调查,结果发现:很多电视台的很多频道都有有奖竞答,不论是文艺节目还是体育节目;也不论是军事节目,还是电影频道,都把有奖竞答当成吸引观众的灵丹妙药,似乎采用此举便能使收视率迅速上升。当然,有奖竞答不失为一种吸引观众的方法,但如果这个节目也竞答、那个节目也竞答,难免会给观众一个错觉:电视台不是在提高节目质量上多下功夫,而是以竞答来招揽观众,并自我陶醉,满足于收到多少观众来信、多少观众参与竞答。

“物以稀为贵”。少量的竞答,可能会提高观众的参与兴趣和收视率,但如果每个频道的节目都用此招数,这只能说明导演缺少吸引观众的信心,缺少创新节目的勇气。这里仅举某台的一个名牌栏目为例:几年以前,这个名牌栏目曾使观众在周末争先观看,其节目内容几乎成了大家茶余饭后的话题。但是现在尽管用有奖竞答吸引观众,甚至以“出国”的大奖为许诺,但观众却没有以前那样的收视兴趣了。理由很简单,节目内容单调,质量下降,缺少新意。

所以,笔者建议:有奖竞答应该降温,编导们还是要在提高节目质量上多下功夫。有道是:桃李不言,下自成蹊!

《刑警本色》表现暴力令人担忧

朱石同志在《中国广播电视学刊》2000 年第 11 期上发表文章,对公安题材电视剧中渲染暴力问题提出了自己的看法。文章说,长篇电视剧《刑警本色》因为表现破案与反腐败双重内容而显得思想深刻,加上剧情曲折,获得了较高收视率。然而,其空前表现暴力的剧情却令人吃惊:黑社会团伙之间,每每拔枪相击,非死即伤,鲜血横流;犯罪团伙与刑警之间长距离对击,血流尸横,恐怖而刺激。

似乎离开渲染暴力便不足以描写罪犯的凶狠,离开血淋淋的暴力便不能显示刑警本色!

诚然,恶人间的疯狂相残,匪徒顽抗击杀警察是社会现实。然而,对于这种“真实表现”,能不考虑其负面作用和不良后果吗?

电视的积极作用是有目共睹的,其潜在负面影响也不可忽视。揭露、展现社会丑行恶态,不管是纪实的还是虚构的,对不良分子都具有不同程度的诱发、教唆作用,对青少年的不良影响更不能忽视。

西方发达国家因为长期受影视暴力之害而苦恼,影视作品被指为“暴力病”主要诱因而广受指责,各国专门立法限制电视暴力已相当普遍。世界性、地区性反影视暴力保护青少年公约被越来越多的国家承认。

性和暴力的影视公害是商业利益驱动的恶果。收视率和广告竞争在我国方兴未艾。如果不加节制,以渲染暴力来进行提高收视率的“竞争”结果不堪设想。

国家主管部门和社会舆论该关注电视暴力问题了!

莫让“戏说”变胡说

孙苗青同志在《电视研究》2000 年第 11 期上发表文章,对目前古装电视剧改编中,违背历史真实、胡骗乱造的现象提出了批评,文章说,时下,古装电视剧的泛滥已是不争的事实,然而执著的制片人们仍然热衷此道。

作为现代大众文化的一部分,古装电视剧在娱乐大众的同时还应承担起传承优良文化和价值观念的责任。然而,如今的古装电视剧常常模糊了人们对历史的正确认识,大量的皇帝戏、宫廷戏也将一些腐朽的价值观念呈现在观众面前,如盲从权势,男性优越等,尤其是对于那些判断能力和价值观念都还不成熟的青少年,而他们也正是古装电视剧的热心观众。国内的一家影视公司即将摄制完成 30 集的《西游记后记》。在片中,唐僧变成了武林高手,孙悟空与人间美女大谈恋爱,就连憨傻的猪八戒也变成了怜香惜玉的潇洒汉子。

正在拍摄中的《济公传奇》，写济公因为没有经历过男女之情，难断4名青年男女的感情纠葛，于是跑到青楼去“体验生活”，与一名叫“冷小翠”的女子过起了夫妻生活，在体会到凡人乐趣的同时，济公也失去了“活佛”的神力。真不知道流传了几百年的《西游记》、“济公”在以后的孩子眼中会是什么样的！

当然，电视剧具娱乐性无可厚非，但它至少对观众应是无害的，这点要求总不算过分吧。

文章要目辑览

一、电视事业与管理

新千年中国电视的历史方位 （赵化勇《电视研究》2000年第1期）

建立新型公共财政体制 （王刚健 胡竞霜《电视研究》2000年第1期）

正确认识收视率的准确性问题 （刘建鸣《中国广播电视学刊》2000年第1期》

做好政治工作 促进电视改革 （刘宝顺《电视研究》2000年第2期）

中央电视台国际互联网站点发展策略分析 （徐威 韩强《电视研究》2000年第2期）

深化改革 开拓进取 （赵化勇《中国广播电视学刊》2000年第3期）

稳步前进 连战告捷 （刘宝顺《电视研究》2000年第3期）

管理要以人为本 （孙素平《电视研究》2000年第3期）

合办频道与特色频道 （伍素芬 董石才《电视研究》2000年第3期）

电视台财务管理目标与方向 （王贵森《电视研究》2000年第4期）

制播分离:电视深化改革的尝试 （黎斌《电视研究》2000年第4期）

节目制作如何与国际电视节目市场接轨 （吕春光《电视研究》2000年第4期）

“文化版图”的固守与拓展——电视人面对21世纪新媒体的思与虑 （张子扬《人民日报》2000年4月1日）

浅谈开拓国际电视节目市场问题 （西冰《电视研究》2000年第5期）

“本土化”操作——中央电视台节目及广告经营趋势探析 （王焰《电视研究》2000年第5期）

按照“三个代表”要求促进电视事业繁荣发展 （赵化勇《电视研究》2000年第6期）

交流与合作是加深了解的有效途径——在2000年亚洲娱乐与传媒大会上的发言 （张长明《电视研究》2000年第6期）

开阔视野 丰富品种 提高质量——参加2000年戛纳电视节有感 （辜丽娅《电视研究》2000年第6期）

新旧媒体大整合对电视业的影响 （张晓阳《中国广播电视学刊》2000年第7期）

把握基调 确保导向 深化改革 再创佳绩——在中央电视台2000年年中工作会议上的讲话(摘要) （赵化勇《电视研究》2000年第8期）

浅谈中央电视台档案管理现代化 （孙玉琴 张辉《电视研究》2000年第8期）

浅议电视节目制作和播出改革的新形式 （周经《电视研究》2000年第8期）

科学设计 强势出击——CCTV-2频道改版思路 （张海潮 夏洪波《电视研究》2000年第8期）

信息时代传媒面临的市场化革命 （叶晓林《中国广播电视学刊》2000年第8期）

解析凤凰卫视的两个“上帝” （牟汉杰《电视研究》2000年第8期）

加强科学规范管理 促进电视事业发展 （刘宝顺《电视研究》2000年第9期）

对中央电视台国际频道改版的分析和思考 （俞世瑾《电视研究》2000年第9期）

认真研究电视规律 科学推进节目改革 （汪文斌《中国广播电视学刊》2000年第9期）

按照“三个代表”要求繁荣发展电视事业 （赵化勇《求是》2000年第20期）

收视率调研成果如何转化成决策行为 （刘建鸣《电视研究》2000年第10期）

论电视频道专业化 （西冰《电视研究》2000年第10期）

展示整体实力 树立大台风范——在中央电视台奥运报道总结表彰大会上的讲话(摘要) （赵化勇《电视研究》2000年第11期）

电视节目成本管理浅谈 （吴玉兰《电视研究》2000年第11期）

收视率与广告经营 （郭振玺《电视研究》2000年第11期）

德、法电视管理体制探析 （刘　俐《电视研究》2000年第11期）

走进理性时代——中央电视台2001年黄金段位广告招标透视 （张海潮　夏洪波《电视研究》2000年第12期）

对电视台投资管理的认识 （王贵森《电视研究》2000年第12期）

二、电视新闻

提高电视新闻信息的利用能力 （上官文青　陆建伟《电视研究》2000年第1期）

平衡——新闻标题的基本要求 （武晋先《电视研究》2000年第1期）

度：《焦点访谈》成功的临界点 （梁建增《电视研究》2000年第1期）

以现代电视观念结构澳门回归特别报道 （张文华《电视研究》2000年第1期）

试论镜头前提问的艺术 （陈　峥《现代传播》2000年第1期）

论国庆庆典直播节目的新闻性与艺术性的统一 （吴　方《中国广播电视学刊》2000年第2期）

合作与竞争——优化电视新闻稿源系统的选择 （胡黎明《电视研究》2000年第2期）

尊重规律　大胆实践——《中国新闻》成功报道澳门回归盛况 （张立中《电视研究》2000年第2期）

以中国人的视点报道世界——我们如何做好《中国报道》国际节目 （王跃华《电视研究》2000年第2期）

事件与理性结合——《新闻调查》三年的追求 （赛　纳《电视研究》2000年第2期）

电视新闻要好看 （董石才　伍素芬《中国广播电视学刊》2000年第3期）

澳大利亚电视新闻掠影 （孙玉胜　赵　微《电视研究》2000年第3期）

新闻舆论监督的现实环境与记者定位 （叶晓林《中国广播电视学刊》2000年第5期）

记者视角与电视形象——对外节目报道分析 （张　讴《中国电视》2000年第5期）

对外新闻的选材和编辑 （王　兵《电视研究》2000年第6期）

试论解释性报道在对外宣传中的作用 （孙　彤《电视研究》2000年第6期）

精品赏析：首届中国新闻名专栏获奖栏目 （周金华《电视研究》2000年第7期）

美国新闻霸权的本质 （任　海《电视研究》2000年第7期）

例谈电视新闻标题的特色 （徐文华　叶晓林《电视研究》2000年第8期）

电视新闻中的服务性报道 （冷　冬《电视研究》2000年第8期）

用事实说话 （梁建增《电视研究》2000年第9期）

科学探险与新闻报道 （陈　杰　刘　君《电视研究》2000年第9期）

国外早间电视节目分析 （李　骏　樊　华《电视研究》2000年第9期）

必须先感动自己 （白岩松《中国体育报》2000年10月4日）

隐性采访中记者的角色权利和职业责任 （胡黎明《电视研究》2000年第10期）

新闻评论中的电视思维——解读《吉烟现象》 （张群力《中国电视》2000年第11期）

创办中国的电视新闻网 （武晋先　惠　明《中国广播电视学刊》2000年第11期）

逆向思维在新闻报道中的作用 （马叶英《电视研究》2000年第11期）

精品赏析：第二十七届奥运会电视报道 （周金华《电视研究》2000年第11期）

新闻编辑的思维方式 （杨　华《电视研究》2000年第12期）

让弱化的广电评论强起来 （郭　莉《新闻出版报》2000年12月13日）

三、电视专题

浅谈生活服务性节目的导向性 （何　巧《中国广播电视学刊》2000年第1期）

再说纪实非纪实 （高　峰《电视研究》2000年第1期）

感受《新中国》 （任志宏《电视研究》2000年第1期）

蒙太奇的依附与主控 （张小妹《电视研究》2000年第1期）

对《历史性的飞跃》的思考 （克 明《中国广播电视学刊》2000年第2期）

新时期民族节目创作断想 （于 红 郝国庆《中国广播电视学刊》2000年第2期）

五十六个民族的精神家园——中央电视台《中华民族》栏目简介 （郝国庆《中国广播电视学刊》2000年第2期）

以优秀的作品歌颂民族团结——在首届少数民族人物短片大赛颁奖会上的讲话摘要 （赵立凡《中国广播电视学刊》2000年第2期）

为孩子创造欢乐——《东方儿童》的追求与展望 （邬纯芳《电视研究》2000年第2期）

精品赏析:《相逢2000年》 （周金华《电视研究》2000年第2期）

《生活》的人文内涵解析 （王秀云《电视研究》2000年第3期）

《城市之间》:从法国版到中国版 （辛少瑛《电视研究》2000年第3期）

精品赏析:2000年春节联欢晚会 （周金华《电视研究》2000年第3期）

谈电视栏目的个性化 （姚桂松《中国电视》2000年第4期）

对真实纪录的再认识——兼议纪录片若干认识误区 （刘宇鲲《南方电视学刊》2000年第4期）

浅议电视纪录片若干选材误区 （刘宇鲲《广播电视研究》2000年第4期）

电视教育节目"日本奖"的贡献及影响 （徐义明《中国广播电视学刊》2000年第4期）

走出演播室的谈话节目 （张群力《中国广播电视学刊》2000年第5期）

谈电视法制节目的个性 （尹 力《中国广播电视学刊》2000年第5期）

盛夏里送出清爽的风——经济生活服务频道的诞生 （韩 青 骆幼伟 刘学哲《南方电视学刊》2000年第5期）

与消费者同行——论电视生活服务类节目的理念和运作 （刘连喜《中国广播电视学刊》2000年第6期）

有益的尝试——制作中东国际专题节目的体会 （杨 扬《电视研究》2000年第6期）

光荣与梦想的回归——一次有关悉尼2000奥运报道的对话 （白岩松 段 鹏《现代传播》2000年第6期）

人性:电视体育报道有待开掘的天地 （罗宏涛《南方电视学刊》2000年第6期）

电视纪实论 （石长顺 张群力《中国电视》2000年第7期）

初探经济热点报道 （张 政《中国广播电视学刊》2000年第7期）

为农民进入市场提供信息服务——电视农村经济报道思路浅议 （乔 炜《声屏世界》2000年第8期）

精品赏析:第八届优秀军事电视节目评选获奖作品 （周金华《电视研究》2000年第8期）

《生活空间》的拍摄理念 （陈 虻《电视研究》2000年第9期）

追求生活的真实——谈谈纪录片的纪录与摆拍 （赵伯平《电视研究》2000年第9期）

电视经济信息节目评奖的几点思考 （王 焰《电视研究》2000年第10期）

纪录片拍摄手法管窥 （龙未央《电视研究》2000年第10期）

我国大众体育电视节目透视 （阮 伟《电视研究》2000年第10期）

如何发挥名人在经济类电视节目中的作用 （魏杏然《中国广播电视学刊》2000年第11期）

电视节目与青少年健康成长关系浅析 （陈舒平《中国广播电视学刊》2000年第11期）

创作方法各显所长 艺术风格争奇斗妍——1999年电视纪录片综述 （朱景和《电视研究》2000年第11期）

悉尼奥运会电视直播的基本特征 （岑传理《电视研究》2000年第11期）

纪录片的价值与创作 （孙曾田《电视研究》2000年第12期）

《崂山》创作谈 （李近朱《电视研究》2000年第12期）

《清风车影》全国联播断想 （王晓真《电视研究》2000年第12期）

从《三星智力快车》看电视媒体的素质教育 （周翼虎《电视研究》2000年第12期）

四、电视文艺

努力开创重大革命历史题材影视创作新局面 （杨伟光《电视研究》2000年第1期）

史诗性电视剧的审美探索 （马润生《电视研究》2000年第1期）

注重整体结构——电视剧走向成熟的标志 （苏峰《中国电视》2000年第1期）

五彩纷呈的礼赞 （高建民《中国电视》2000年第1期）

美术思维·电视思维·动画片 （曹小卉《中国电视》2000年第1期）

开创重大革命历史题材影视创作新局面 （杨伟光《中国电视》2000年第2期）

电视剧《澳门的故事》导演阐述 （潘 霞《中国电视》2000年第2期）

蒙太奇与节奏 （李野墨《现代传播》2000年第2期）

电视文化的内涵与结构 （陈志昂《中国电视》2000年第2期）

重新认识我国民族民间音乐的重要性 （李 玲《现代传播》2000年第2期）

为影视架起彩虹桥——对《银幕采风》栏目定位的思考 （屠小文《电视研究》2000年第2期）

意识与态度——《牵手》导演回顾 （杨 阳《中国电视》2000年第2期）

《非洲之恋》拍摄散记 （刘 放《中国电视》2000年第2期）

从《雍正王朝》的运作看电视剧制作的出路 （高建民《中国电视》2000年第3期）

从语言包袱到结构错位——关于电视小品创作的思考 （玉 国《视听界》2000年第3期）

《突出重围》的艺术魅力 （高建民《中国电视》2000年第4期）

楷模的力量——电视剧《千秋之约》试论 （王新昌《中国电视》2000年第4期）

民族需要精神 时代呼唤英雄 （刘 放《电视研究》2000年第4期）

重塑保尔·柯察金——关于中国版《钢铁是怎样炼成的》 （刘 放《中国电视》2000年第4期）

精品赏析:《钢铁是怎样炼成的》 （周金华《电视研究》2000年第4期）

从实处着手确保艺术精品 （高建民《中国电视》2000年第5期）

精品赏析:电视连续剧《突出重围》 （周金华《电视研究》2000年第5期）

艺术真实的魅力——浅谈电视剧《嫂娘》对生活的超越 （刘 放《中国电视》2000年第6期）

当代文化中的电视晚会 （田永明 赵 捷《现代传播》2000年第6期）

浅析春节晚会歌曲的传播与观众的审美意识 （段 文《电视研究》2000年第6期）

歌曲在影片中的作用 （颜振东 张元晋《电视研究》2000年第6期）

精品赏析:《大明宫词》的个性化特点 （周金华《电视研究》2000年第6期）

动画片《月亮街》的音乐创作 （吕月琴《电视研究》2000年第7期）

喜剧表演的把握 （黄海涛《电视研究》2000年第8期）

戏曲与电视联姻前景广阔 （陈 俊《电视研究》2000年第8期）

还以童心——与儿童演员共同表演引发的思考 （东方闻樱《电视研究》2000年第8期）

对外电视文艺特征初探 （方 健《电视研究》2000年第9期）

他山之石——日本动画片带给我们的思考 （李剑平《电视研究》2000年第9期）

精品赏析:电视连续剧《太平天国》 （周金华《电视研究》2000年第9期）

电视剧的作曲与配乐艺术 （王 莉《电视研究》2000年第10期）

精品赏析:《曲苑杂坛》百期回顾 （周金华《电视研究》2000年第10期）

《刑警本色》表现暴力令人堪忧 （朱 石《中国广播电视学刊》2000年第11期）

现代人寻找丢失的草帽——《紫荆勋章》导演阐述 （潘小扬《中国电视》2000年第11期）

电视与观众的幸运 （赵化勇《中国纪检监察报》2000年12月18日）

音乐与电视纪录片 （段 文《电视研究》2000年第12期）

用舞蹈展现童心世界 （张 薇《电视研究》2000年第12期）

五、电视播音与主持人

形象 素质 说话及价值尺度——泛论电视节目主持人 （王少华《电视研究》2000年第2期）

论电视节目主持人的特质 （张利娜《现代传播》2000年第4期）

模式训练与风格创造——论电视节目主持人基本功与艺术个性之间的关系 （张 政《中国电视》2000年第4期）

电视节目主持人探究 （庞 啸《电视研究》2000年第5期）

电视节目主持人大赛感言 （赵　捷　田永明《现代传播》2000年第5期）

播音的本质是说话 （杜守仁《现代播报》2000年第6期）

精品赏析:“荣事达”杯电视节目主持人大赛 （周金华《电视研究》2000年第12期）

六、电视技术

录像机产生的杂波及其处理措施 （金春凯《电视技术论谈》2000年第1期）

多功能大型转播车 （具春秋《电视技术论谈》2000年第1期）

频谱分析仪的基本原理 （汪惟平《电视技术论谈》2000年第1期）

抗多径干扰技术在数字地面广播中的应用 （李晓梅　胡　睿《电视技术论谈》2000年第1期）

飞机穿越天门洞的转播 （张聚增　柳素梅《电视技术论谈》2000年第1期）

Aysis Air 直播型数字调音台 （姚　凯《电视技术论谈》2000年第1期）

'99澳门回归直播报道音频工作点滴 （王爱萍　吴丽艳　朱　军《电视技术论谈》2000年第1期）

美国数字高清晰度广播电视系统研究策略 （马鸿章《电视技术论谈》2000年第1期）

浅谈数字电视实际应用中的几个问题 （王　榕《电视技术论谈》2000年第2期）

频谱分析仪的实际操作 （江惟平《电视技术论谈》2000年第2期）

DD35数字切换台与特技台的联合运用 （耿晓卫《电视技术论谈》2000年第2期）

电视演播室新型灯具水平吊杆 （焦　中《电视技术论谈》2000年第2期）

比特率压缩技术 （柴　岗《电视技术论谈》2000年第2期）

高清晰度电视与数字压缩 （马鸿章《电视技术论谈》2000年第2期）

美国数字电视广播的发展概况 （马鸿章《电视技术论谈》2000年第2期）

关于计算机系统软件的应用与维护 （孙建武《电视技术论谈》2000年第4期）

高清系统搬家小记 （李晓梅《电视技术论谈》2000年第4期）

高清晰度便携式VCR （肖月桃〈译〉《电视技术论谈》2000年第4期）

工程技术入门 （张　楠《电视技术论谈》2000年第4期）

数字电视发射机的选择 （张济民〈译〉《电视技术论谈》2000年第4期）

浅谈数字录像带 （唐秀金《电视技术论谈》2000年第4期）

数字电视信号通路 （何丽萍《电视技术论谈》2000年第4期）

采用正交频分复用调制方式的数字化FPU的概况 （肖月桃〈译〉《电视技术论谈》2000年第4期）

DD35－2S型数字切换台、RSAT2型遥控卫星面板的特点及应用 （黄晓川《电视技术论谈》2000年第4期）

Matrox公司的Digi Suite DTV产品 （赵贵华《电视技术论谈》2000年第4期）

最后的路段使用SFDMA （李明强〈译〉《电视技术论谈》2000年第4期）

争夺观众 （李明强〈译〉《电视技术论谈》2000年第4期）

数字电视传输与播出 （马鸿章《电视技术论谈》2000年第5期）

数字电视系统监测和数据传输 （马鸿章《电视技术论谈》2000年第5期）

卫星数字加扰收费电视的技术实践(上) （林星云　郭　严《影视技术》2000年第10期）

卫星数字加扰收费电视的技术实践(下) （林星云　郭　严《影视技术》2000年第11期）

谈虚拟演播室 （郭　娅《影视技术》2000年第11期）

电影摄影机电视监视器取景框线的产生 （郭娅《影视技术》2000年第12期）

电视演播室灯光吊挂系统 （王宏磊《影视技术》2000年第12期）

谈谈电视剧的声音 （宋宁宁《电视研究》2000年第12期）

节目制作管理模式的新探索 （徐　进《电视研究》2000年技术制作中心专刊）

节目制作经费管理系统浅议 （张新英《电视研究》2000年技术制作中心专刊）

多媒体——便捷的影视制作工具 （朱　明《电视研究》2000年技术制作中心专刊）

网络在新一代新闻演播室中的应用 （王　廉〈译〉《电视研究》2000年技术制作中心专刊）

非线性编辑技术与发展 （武佩萱《电视研究》

2000年技术制作中心专刊）

非线性编辑系统的比较应用 （陈　红《电视研究》2000年技术制作中心专刊）

非线性编辑制作系统的选型 （袁旭稚《电视研究》2000年技术制作中心专刊）

非线性编辑中的几种压缩方式 （边志琨《电视研究》2000年技术制作中心专刊）

电视声音艺术及其运用 （牛桂吉《电视研究》2000年技术制作中心专刊）

RT－SET虚拟演播室系统的制作工艺 （孙晓丹《电视研究》2000年技术制作中心专刊）

试论电视节目后期制作的发展趋势 （苏　文《电视研究》2000年技术制作中心专刊）

电视报道的后期制作 （王　炜　李　兵《电视研究》2000年技术制作中心专刊）

浅议视频切换系统新技术 （孙　莉　何莉萍《电视研究》2000年技术制作中心专刊）

数字视频切换台的最新发展 （郑春晖　何莉萍《电视研究》2000年技术制作中心专刊）

数字后期编辑和预读功能 （颜　枫　沈志宏《电视研究》2000年技术制作中心专刊）

论电视技术的创新与综合性特征 （李宏虹《电视研究》2000年技术制作中心专刊）

节目制作设备IC卡管理系统 （陈　默《电视研究》2000年技术制作中心专刊）

音乐在影视作品中的作用 （宋宁宁　荆乐霞《电视研究》2000年技术制作中心专刊）

音乐资料与编辑意识 （后淑年《电视研究》2000年技术制作中心专刊）

卡通动画大规模生产概述 （李　丹《电视研究》2000年技术制作中心专刊）

世界动画节启示录 （蔡启华　汪　波《电视研究》2000年技术制作中心专刊）

英语频道的舞台美术构思 （檀　静《电视研究》2000年技术制作中心专刊）

舞台是一条美人鱼 （陈　岩　吕金明《电视研究》2000年技术制作中心专刊）

精心打造"钢铁"的声音 （宋宁宁《电视研究》2000年技术制作中心专刊）

七、其　　他

论21世纪电视文化的责任与品格 （周　星《中国电视》2000年第1期）

新媒体与人际传播 （王　甫《现代传播》2000年第1期）

板块节目的传播优势 （姜　韬《现代传播》2000年第1期）

在柬埔寨的丛林中 （周兴广《电视研究》2000年第1期）

纪实情境论 （张群力《现代传播》2000年第2期）

有奖竞答应该降温 （任　尔《电视研究》2000年第2期）

从"零"做起…… （张子扬《电视研究》2000年第2期）

浅析中央电视台外语教学节目的发展 （邓　颖《中国广播电视学刊》2000年第3期）

论电视纪实对往事的负载 （张群力《电视研究》2000年第4期）

欧洲华语电视频道竞争激烈 （顾玉龙《电视研究》2000年第4期）

舆论监督的法律界限 （尹　力《电视研究》2000年第4期）

挑等抢与真实再现 （朱景和《电视研究》2000年第4期）

面向新世纪的中国电视广告发展前瞻 （张海潮《电视研究》2000年第4期）

试论电视广告的视听结构 （陆京生《电视研究》2000年第4期）

分清对象　荟萃精华——1999年中国彩虹奖(电视)获奖作品评析 （张长明《电视研究》2000年第5期）

论新世纪电视节目的审美价值标准 （张群力《现代传播》2000年第5期）

重审电视节目评奖 （秦明新《现代传播》2000年第5期）

论《千秋史话》节目创作资源的选择 （王世林　阎京坛《现代传播》2000年第5期）

电视的印度模式 （张　讴《南方电视学刊》2000年第5期）

电视的"媚俗"与"媚俗"的电视 （叶晓林　徐文华《现代传播》2000年第6期）

过程·悬念·参与——电视直播的要素 （熊文平《现代传播》2000年第6期）

迎接知识经济时代的到来 （陈舒平《中国广播电视学刊》2000年第7期）

省台上星后引发的思考 （王　录《中国广播电视

学刊》2000 年第 7 期)

老龄化对电视传媒的挑战 (李福成《电视研究》2000 年第 7 期)

发型在人物塑造中的作用 (梁青梅《电视研究》2000 年第 7 期)

电视“变脸”——双向传送的时代 (朱 迅《电视研究》2000 年第 7 期)

台湾观众收视心理分析 (王文昌《中国广播电视学刊》2000 年第 7 期)

对纪录片本质的再认识——兼议纪录片若干认识误区 (刘宇鲲《电视研究》2000 年第 8 期)

CNN fn 与 CNBC 频道编排和特色 (张晓阳 莫锐超 邹振东《电视研究》2000 年第 8 期)

思考与联想——《译制片探讨与研究》序 (赵化勇《中国电视》2000 年第 7 期)

提高广播电视报信息含量之我见 (王萍萍 郭卫翔《声屏世界》2000 年第 9 期)

电视传播的本体特征 (张群力《中国广播电视学刊》2000 年第 9 期)

用“外国眼”看中国 用“中国眼”看世界 (江和平《中国广播电视学刊》2000 年第 9 期)

中央电视台二套节目改版喜获成功 (李燕宁《中国电视报》2000 年 11 月 13 日)

多元化的电视语言:真实再现 (王立红《电视研究》2000 年第 11 期)

栏目名称管见 (董石才《电视研究》2000 年第 11 期)

莫让“戏说”变胡说 (孙苗青《电视研究》2000 年第 11 期)

电视书、报、刊及音像出版物

一、2000年中央电视台编辑出版新书选介

《千秋史话》(一)

主编:吕斌、阎京坛,30万字。

本书是中央电视台《千秋史话》栏目的文字版。

1998年6月,中央电视台海外节目中心创办了《千秋史话》栏目,通过它,有针对性地向全国和全世界华人社会介绍中华民族悠久的历史和优秀的传统文化。节目播出后,受到海内外华人观众的普遍好评,应观众的要求,我们将《千秋史话》节目的稿件编整出版了这本《千秋史话》(一),今后还将出版续作。华文出版社2000年1月出版。

《电视廉政论》

主编:张海鸽,19万字。

本书是由中央电视台纪检组、监察室组织编写的有关党风廉政建设和反腐败工作的论文集。该书理论联系实际,具体分析了电视从业人员中滋生腐败的思想根源和社会条件,探索了在电视行业反腐倡廉工作中带有规律性的现象,提出了在电视行业开展党风廉政建设,应该用有针对电视行业特点的反腐败理论进行指导,用组织纪律措施进行约束,用相关的规章制度进行规范的思想。该书是中央电视台近年来反腐倡廉工作的总结,也是中央电视台狠抓反腐倡廉工作成果的展示。北京广播学院出版社2000年1月出版。

《相约夕阳红》

主编:阚兆江,副主编:万卫、陈志峰,28.8万字。

本书是纪念中央电视台《夕阳红》栏目周六版节目《相约夕阳红》开播满百期的献礼之作。《相约夕阳红》是《夕阳红》栏目于1999年元月为迎接国际老年人年而推出的访谈类节目。节目播出两年来,受到电视观众和业内人士的高度评价,并获政府一等奖。本书共收录了14期精品节目中的文字和著名电视节目评论家的评论文章以及栏目工作人员的创作札记。书中附照片107幅,字画27幅。中国大百科全书出版社2000年1月出版。

《与国企精英对话》

主编:王少华,22.4万字。

本书是据中央电视台广告经济信息中心经济部《商界名家》栏目1998年至1999年制作播出的100多期节目整理而成的对话文稿。书中收录了多位国有企

业家的谈话及其主要业绩，其中如茅台酒厂董事长季克良、乐凯集团总裁杜昌焘、春兰集团总裁陶建幸、兖矿集团董事长赵经彻、邯钢集团董事长刘汉章、红塔集团总裁字国瑞、辽河油田局长王福成、澳柯玛集团总裁鲁群生等，都颇具大家风范，对话十分精彩。他们在对话中传达出的经济理念、市场谋略、经营之道和人生品味，给读者提供了许多有益的启示和借鉴。书中附照片 18 幅。湖北人民出版社 2000 年 1 月出版。

《财经震撼》

主编：姜诗明，副主编：万山红，25 万字。

本书是中央电视台《中国财经报道》年终特别报道《财经大盘点》的文字版。24 集的《财经大盘点》，盘点了金融、财政、证券、电信、房地产、网络、保险等行业在 1999 年的变迁。通过记者的眼睛，目击了这一年中的财经大事。书中既有宏观政策方面的有关情况，也有微观经济的点点滴滴；既有行业巨头的重要言谈，也有普通百姓的诚挚心声。书中附有照片 24 幅。中国经济出版社 2000 年 1 月出版。

“中华医药”系列丛书（第一辑、第二辑）

主编：刘文，副主编：洪涛、张晖，共 38.6 万字。

《中华医药》系列丛书第一、第二辑，分别是根据中央电视台海外节目中心海外专题部《中华医药》栏目 1998 年 6 月至 2000 年 6 月播出的节目改编的。两辑的主要内容包括：健康话题（提出疾病预防和保健的新观念）、医药名家（50 位国家级名老中医的高超医术和个人魅力、人格化展示中医药文化内涵）、专科门诊（帮助海内外患者求医问药，提供国家级的权威治疗指南）、养生有道（提供几千年流传的中华养生知识，倡导科学健康的养生之道）以及特别节目等部分。书中附照片 16 幅。中国广播电视出版社 2000 年 1 月和 2000 年 9 月出版。

《痛并快乐着》

作者：白岩松，26 万字。

本书是作者以记者身份对过去十年间所触碰的人和事进行的思考和评析。全书共分 26 章，按时间线索，反映了在改革进程中人们的痛与快乐。书中附照片 112 幅。华艺出版社 2000 年 1 月出版。

《科技博览》

主编：冯存礼、刘民朝、梅永红，89.4 万字。

本书是依据中央电视台同名科普栏目播出内容选编而成的。内容全部选用节目原稿，并保留了口播的风格，只对某些文字表达上作了必要的修改。本书由国家科学技术部朱丽兰部长作序，中央电视台赵化勇台长撰写了专文，并得到许多专家学者的大力支持。书中附照片 36 幅。蓝天出版社 2000 年 2 月出版。

《〈夕阳红〉老年书画课堂山水画教材》

主编：何云海，副主编：徐欣艺，编著者：蒋德舜，8 万字。

本书是为了帮助广大老年书画爱好者学好山水画，在制作“山水画技法讲座”节目的同时，编写的老年书画课堂教材，包括一本书和一套 VCD 光盘。书由人民教育出版社美术编审、山水画技法节目主讲蒋德舜执笔。全书共五章，前三章为理论。第四章为山水画技法。第五章为作品欣赏。该书通俗易懂，从多角度阐述了山水画的绘画技巧，并配以步骤图，深入浅出，很适合初学者学习。民族出版社 2000 年 3 月出版。

《空　　谈》

主编：孙克文，副主编：王旭东，30 万字。

本书是中央电视台新闻节目中心新闻评论部内部刊物《空谈》文章的汇集。《空谈》是新闻评论部成员发表言论的园地，比较自由，想到哪儿说到哪儿。1997 年曾由《空谈》辑集而成《焦点外的时空》一书，出版后受到了广大读者的欢迎。本书为《焦点外的时空》的续集，精选了《空谈》中的佳作 100 余篇，既记录了新闻评论部各主持人、记者、编辑和工作人员的采访手记、思想历程，又讲述了 1997 年以来发生在新闻评论部所属四个栏目（《焦点访谈》、《东方时空》、《新闻调查》、《实话实说》）新闻后面的新闻，故事背后的故事。书中附照片 120 幅。中国广播电视出版社 2000 年 4 月出版。

《商品的故事》

主编:王晓真,28 万字。

本书为中央电视台经济故事丛书的一种,是中央电视台与《羊城晚报》、《新民晚报》联合征文获奖作品的结集,也是中央电视台同名电视节目的纸质文本。全书共分三大部分。第一部分是“自己写”,它包括中央电视台与《羊城晚报》、《新民晚报》联合开展的全国范围的征文中的优秀文章和特邀的一些名人从商品这一特殊视角回顾他们走过的道路。第二部分“商品的故事”是围绕“商品的变迁,生活的变迁,时代的变迁”这一主题,拍成了的 30 集电视专题片的文本。第三部分为“50 年来中国流行商品调查”。南方日报出版社 2000 年 8 月出版。

《台湾百问》

主编:张长明,副主编:杨刚毅、赵树青、马勇,26 万字。

本书是根据同名电视栏目播出的节目解说词改编的,它系统、全面地介绍了台湾问题的由来与实质,台湾的历史、现状和两岸关系的发展历程,以及中国政府对台的方针政策等,反映了中国人民要求祖国完全统一的呼声,批判了“台独”势力妄图分裂祖国的罪恶行径。本书除对电视节目解说词进行整理修改之外,还增加了一些与台湾问题有关的重要文献和一批珍贵的图片资料。具有政策性强、深入浅出、权威性高等特色。书中附照片 23 幅。中国广播电视出版社 2000 年 9 月出版。

《〈夕阳红〉老年书画课堂行书教材》

主编:何云海,副主编:徐欣艺,编著者:姚俊卿,8 万字。

本书是为配合《夕阳红》老年书画课堂行书技法节目而编写的书法教材，包括一本书和一套 VCD 光盘。书的内容为行书基础练习方法，包括运笔、结字、章法、形式等多方面的初级知识。全书分为三章。第一章为行书概论，第二章为行书技法，第三章为作品赏析。由中国书法家协会会员、行书技法节目主讲姚俊卿执笔。中国民族摄影艺术出版社 2000 年 9 月出版。

《痛击腐败》

主编:袁正明、梁建增、赛纳,编著者:孙金岭、庄永志、杜晓静,23.8 万字。

本书是对改革开放后发生在党政内各种贪污、腐败现象的无情揭露,因此也可以叫做“贪官荧屏现形记”。它以文字和图片记录了《新闻调查》和《焦点访谈》栏目近几年播出过的若干贪官的劣迹秽行。从位高权重的成克杰、胡长清、陈希同,到股级干部马步均、出纳员许杰,大小贪官的丑恶嘴脸,尽在其中。同时,该书也真实地记录了党和政府反腐倡廉的决心,展现了各级纪检、监察、公、检、法机关重拳痛击腐败的力度。书中附照片 139 幅。华艺出版社 2000 年 10 月出版。

《汽车的故事》

主编：王晓真、王焰，28 万字。

本书是中央电视台《清风车影》栏目的纸质文本。该书收录了《清风车影》自创立以来 100 多期节目的精华，并在原有节目的基础上做了重新加工和编辑，使其更便于阅读、欣赏、收藏。该书以不同的汽车品牌发展为主要线索，介绍了自汽车发明以来许多有关汽车的故事，对奔驰、宝马等 20 多个世界上最著名的汽车品牌在不同时期的主要车型和主要性能做了介绍，对各种汽车品牌发展中的关键人物和重要事件做了生动的描写，图文并茂。全书由三个部分组成：名车的故事，名人与名车的故事，编导和主持人讲述他们与《清风车影》的故事。南方日报出版社 2000 年 10 月出版。

《谁是最可爱的人——纪念抗美援朝50周年歌曲集》

主编:音乐资料室。

本书是在中央电视台机关党委的安排下,由中央电视台音乐资料室编集的内部资料。内容汇集了广为传唱的以抗美援朝为主题的创作歌曲 50 首。该歌曲集的收集编纂为的是纪念抗美援朝这一重大历史事件,歌颂中国人民无坚不摧的钢铁意志,弘扬中国人民不畏强暴、捍卫正义的英雄主义与爱国主义精神。该歌曲集中选择 21 首歌曲录成 CD 配书赠送。2000 年 10 月出版,内部发行。

《中国中央电视台年鉴(2000)》

主编:赵化勇,副主编:赵立凡、王录,90 万字。

本书是中国中央电视台年刊。自 1994 年起已连续出版 7 册。2000 年版《年鉴》主要反映中央电视台 1999 年全年宣传、技术、党政、经营管理、电视事业建设等方面的基本情况及发展变化。本书是一本内容丰富、资料较齐全的大型工具书,有较强的实用价值、收藏价值和史料价值,在业内影响很大。16 开精装本,书前有精美画页,图文并茂。书内所设栏目基本固定,每年只根据实际情况,有微小变动。2000 年版因喜迎新千年,故在积累和总结经验的基础上较往年进行了比较大的充实和调整,即增加了图片和文字的篇幅,如增加了“回眸”栏目,其中列录了党和国家三代领导人对电视事业的关怀;中央电视台从开办到 1993 年的大事回顾;中央电视台历史上的“第一”;中央电视台机构的演变;历届台长、副台长以及著名人物与老同志介绍等。其他栏目也增加了回顾性的内容。具体栏目有:1. 图片纪事;2. 回眸;3. 特载;4. 概况;5. 频道、栏目、节目、网站;6. 专辑;7. 机构;8. 工作会议和研讨会;9. 观众调查;10. 新技术装备;11. 对香港、澳门特别行政区及台湾地区交流与合作;12. 对外交流与合作;13. 专论;14. 文章篇目辑览;15. 电视书、报、刊及音像出版物;16. 规章制度选载;17. 获奖·表彰;18.

人物;19.统计;20.大事记;21.附录;22.索引。在有的栏目下还设有子栏目。中国广播电视出版社 2000 年 10 月出版。

《收视率透视》

主编:刘建鸣、胡运芳,编著者:刘建鸣、徐瑞青等,21.2 万字。

本书是关于电视收视率的重要资料,全书共分 4 部分。第一部分是"方法篇",介绍了收视率数据产生的由来和过程,并对人员测量仪和日记法这两种收视率调查方法进行了比较。第二部分"应用篇",从建立电视节目质量评估体系,收视率在电视宣传和经营管理中的应用等方面,对电视台如何应用收视率这一问题进行了多角度多层次的分析研究。第三部分"探讨篇"则以收视率调研成果转化为电视台决策行为的基本条件、外国广播电视受众调查的趋势等内容为切入点,对收视率的功能、作用、受众调查研究的发展历史等做了进一步的分析探讨。"附录"包括"收视率术语说明"、"广播电视受众调查大事记",向读者展示 70 年来世界各国在广播电视受众调查研究领域的重要历史人物、事件和研究成果。中国广播电视出版社 2000 年 11 月出版。

《相逢 2000 年》

主编:张长明、罗明,副主编:王录,18 万字。

本书是反映世界各国人民在喜逢新千年时,以不同的方式举行庆典的实录。全书共分"相逢 2000 年"、"古文明的诞生"、"千年的交汇"、"五千年中华"、"世纪的门槛"、"阳光下的人们"、"太阳礼赞"、"我有一个梦想"、"时间锦囊"、"致新千年"等 10 部分。该书内容新颖奇特,有许多鲜为人知的宝贵资料,具有较强的可读性。书中附照片 208 幅。中国国际广播出版社 2000 年 12 月出版。

《中央电视台播出节目目录》(1999 年 7~12 月)

主编:傅天利,113.9 万字。

本书是中央电视台 1999 年 7 月至 12 月播出(入库)的节目检索工具书,共 148 个栏目。从 1995 年开始出版,2000 年开始正式发行,每年两册。它不仅是中央电视台实现音像资料计算机查询、管理的基础,也填补了中央电视台影视资料管理方面的一项空白。该书从广大编导利用资料的角度出发,建立科学的检索体系,兼顾查准率和查全率。可以根据索取号、节目名称、栏目名称、演员名字、播出时间、入库时间等多个检索途径,方便、快捷地查出播出节目的有关信息。中国广播电视出版社 2000 年 12 月出版。

《今日说法》丛书

主编:尹力,副主编:王新中、海蒂等,25.8 万字。

本丛书是从中央电视台《今日说法》已播出的 700 多期节目中精选编撰而成的。丛书分"案例再现 专家点评"(用文字将电视节目"表达"了出来)、"电视人语"(介绍《今日说法》的成长历程以及主持人专访)、"记者手记"(收录栏目制片人、编导们的心路历程和采访花絮)、"观众来信 专家答疑"(观众来信解答)、"附录"(介绍栏目的获奖情况、节目播出档案、《今日说法》全体工作人员名单)等部分。通过举案说法,深入浅出地向读者进行了普法教育。书中附照片 860 幅。中国人民公安大学出版社 2000 年 12 月出版。

《20 世纪档案》

主编:汪飞舟,副主编:王小宽,28 万字。

本书是据英语频道播出的系列节目《20 世纪档案》的文稿改编的中英文版参考资料书。全书用 365 件事生动地反映了 20 世纪历史概貌。它不是诸多历史事件的简单罗列,而是用这些重大历史事件、历史人物、科技发明和社会演变,构成一幅真实的历史画卷。本书采用了许多中国学者的最新研究成果,从中国人的视角冷静、客观地审视 20 世纪,有力地纠正了西方中心论的历史观。书中附照片 365 幅。知识出版社 2000 年 12 月出版。

《梅地亚中心经营管理指南》

主编:刘瑾如,21万字。

本书是梅地亚电视中心有限公司全体员工和管理人员的实践经验总汇。它以图文并茂的形式，反映了中心各部门的组织机构、工作任务、岗位职责和工作流程等情况，对中心开业十年来的经营管理规范进行了比较系统的总结，也标志梅地亚中心向科学化、规范化管理方向又迈进了一步。书中附照片48幅，2000年12月出版，内部发行。

《电视灯光》

编著者:陈国义,王曙光等,17万字。

本书是中央电视台职工岗位培训丛书之一。它从理论基础专业设计,以及实际运用等方面,对电视灯光技术进行了完整、系统的介绍。其具体内容包括光学原理、调光器与控制台、灯光设计、演播室灯具吊装设备和电视灯具、演播室灯光系统的配电等。既有一定的专业性,又简明易懂,实用性很强,非常适合电视灯光专业人员使用。中国广播电视出版社2000年1月出版。

二、2000年中央电视台报刊选介

《走近科学》

《走近科学》是在同名电视栏目的基础上，于1999年10月创办的杂志型科普月刊，其主要内容是精选精编电视节目《走近科学》中的优秀部分。本杂志制作精良、内容耐看，深受广大读者喜受。刊物为16开本，64页，每月5日由科学出版社出版，全国公开发行。

《新视听》

《新视听》是中央电视台文艺节目中心戏曲音乐部和武汉出版社合办的杂志。2000年1月创刊，每月一期。刊物的主旨是推动国内原创音乐的发展，推动中国音乐电视的发展，介绍中央电视台《同一首歌》的节目内容。杂志力求新鲜、有趣和有一定深度，成为中国音乐电视和广大观众的桥梁，让电视、杂志、音乐人和广大歌迷共同营造一个新的、时尚的视听世界。

《长　　寿》

《长寿》是中央电视台《夕阳红》栏目组与《长寿》杂志社共同策划推出的面向老年人的综合性月刊。1980年12月创办，2000年1月改版。改版后的《长寿》杂志进一步浓缩了《夕阳红》电视节目精华，继续坚持宣传科学的养生保健知识，向中老年读者提供丰富的精神食粮。刊物设有《代际心桥》、《温馨亲情》、《趣联漫记》、《紫色箫》、《资养通鉴》等栏目，力求做到“科学性、实用性、服务性、可读性”兼备，使读者可以从中品尝到生活百味，享受七彩人生。刊物为16开本，64页，每月1日出版，全国公开发行。

三、2000年中央电视台音像出版物选介

《相约夕阳红精彩珍藏》

本片选录了1999年以来中央电视台《夕阳红》栏目周六版节目《相约夕阳红》开播两年当中的8期节目精品。节目以谈话形式为主，“说家长里短，道人间冷暖”，以老年人生活中的真实故事为缘由，与老人谈心、沟通，增进了老年人与家庭、社会之间的理解。光盘共4碟，全长240分钟，由北京环球音像出版社2001年1月出版。

《让生命永存——生物多样性保护与可持续发展》

本系列电视片从全球环境变化的角度揭示了人类生存与发展面临的重大问题；生物多样性及其保护与人类生存发展的关系；全球范围发展经济与环境保护的各种观点、观念以及中国生物多样性与资源的现状。展现了中国在世界上具有特殊价值的珍稀濒危动植物和特有种，客观记录了世界各国在生物多样性保护方面所遇到的问题与解决问题的思路和方法。同时，也反映了中国政府及公众在保护生物多样性、保护生态环境方面所做的工作。本片同时以VCD和录像带形式出版，共分10集，全长250分钟。先后6次荣获8个国内、国际奖项及2000年首届国家音像制品奖。北京科影厂音像出版社2000年1月和6月出版。

《希望——英语杂志》

本片是根据《希望——英语杂志》栏目所播电视节目的全部内容制作的光盘。其内容丰富，共分5个板块：《我看世界》主要介绍世界各地的风貌、风土人情、礼议文化；《我的朋友》主要介绍科学家、教育家、文化界名人以及在华访问、工作或学习的外国朋友；《你说我说》主要是以东西方文化差异为主题，传授地道的英语；《绿地漫步》和《点点滴滴》则为广大英语爱好者提供最新、最快的动态信息。VCD 13盘52集，全长780分钟。湖北教育出版社2000年1月出版。

《〈夕阳红〉老年书画课堂山水画教学》

本片为中央电视台《夕阳红》栏目“山水画技法讲座”节目，为了帮助广大老年书画爱好者学好山水画并

配合课堂教学而制作的VCD光盘。光盘编入了山水画讲座的全部24讲内容,每讲10分钟,均与课本每一讲的内容相对应。全套共4张碟,全长240分钟,北京市青少年音像出版社2000年3月出版。

《东方家园》

本片是根据介绍中国地理知识为基点的教育类节目《东方家园》精编而成的光盘。即从1998年6月开播以来的电视节目中精选出64期,据不同的拍摄地区、地域及所涉及的内容,每4期节目制作成一张光盘,分列为"游历中国"、"岭南奇景"、"江南逍遥游"、"中国名山大观"、"中国海洋探宝"等系列。VCD 16盘64集,全长960分钟。中国人民解放军音像出版社2000年3月出版。

《我们的时代——商品的故事》

本片是同名电视节目的光盘版。《商品的故事》为系列片,共30集。它们从一件件富有个性的商品入手,讲述特定情况下人与商品之间的动人故事,通过使用叙事体、散文体、寓言体等各种表现形式,反映50年来我国社会生活中商品的变迁,以及由此带给人们的悲喜忧欢,从而揭示出商品对人们的生活方式及生活观念的深远影响。VCD 2盘15集,全长100分钟。中经录音录像中心2000年3月出版。

《中国冲刺诺贝尔》

本片是一部关于华人诺贝尔奖获得者与中国科技精英"对话"的光盘。近现代,一个个关于华人获取诺贝尔奖的消息,不断地证明了中国人在科学研究方面的天赋决不输于他人,但这些使全世界华人深感骄傲的荣誉,几乎都是在他国的实验室里获得的,由此而引发出一个深刻而广泛的重大议题。为得到这一答案,中国科学院及中央电视台联合邀请了多位华人及外国的诺贝尔奖获得者与中国数十位科技精英进行了长达150分钟的"对话",并对这些科学巨匠及诺贝尔奖的评选机构——瑞典皇家科学院秘书长厄林诺比先生进行专访。VCD 1盘1集,全长150分钟。中国经济出版社2000年5月出版。

《太平天国》

本片是同名电视连续剧的光盘版。1851年1月1日,以洪秀全为首的"拜上帝会"在广西桂平县金田村起义,定国号为"太平天国",矛头直接指向清王朝的腐朽统治。太平军从广西出发,以雷霆万钧之力、势如破竹之势席卷长江两岸,后定都天京(今南京市)。然而,由于偏安东南,孤军北伐,内讧自残,加上中外反动势力的合力围剿,1864年6月天京被清军攻陷,太平天国终于失败了。

该剧全方位展现了太平天国从金田起义到天京失陷13年的历史。成功塑造了洪秀全、杨秀清、石达开、洪宣娇、陈玉成、李自成等太平天国英雄群像。VCD 48盘,全长2880分钟。中国国际电视总公司2000年7月出版。

《千秋史话》

本片是应广大电视观众要求,根据中央电视台海外节目中心的历史文教类栏目《千秋史话》制作的。其内容是以中华民族五千年历史事实为依托,讲述中国历史上的人物和事件。深入浅出,生动新鲜,出版后受到广泛好评。VCD 16盘64集,全长960分钟。中国国际广播音像出版社2000年7月出版。

《〈夕阳红〉老年书画课堂行书教学》

本片是为配合中央电视台《夕阳红》老年书画课堂行书技法节目播出而制作的教学光盘。它补充了节目播出时间较短的缺陷,与配套课本一起共同成为书法爱好者可保存的参考资料。有了它,观众可在节目播出后在家反复收看学习。光盘编入了行书技法讲座的全部24讲内容,每讲为10分钟。全套光盘为4张碟,全长240分钟,北京环球音像出版社2000年9月出版。

《光荣之旅》

本片是同名电视连续剧的光盘版。其内容是讲述一个三代军人家庭十年间发生的悲欢离合的故事，剧中亲情、友情、爱情、战友情相互交织，催人泪下。本片用崭新的视角，展示了一个个跨世纪军人的崭新塑像。生动曲折的故事和众明星充满激情的表演，使该剧具有很强的观赏性。VCD 18 盘 18 集，全长 1080 分钟。中国国际电视总公司 2000 年 10 月出版。

《宇宙与人》

本片是由北京科学教育电影制片厂与广电总局电影频道联合摄制的一部科普片。该片系统而全面地揭示了宇宙及人类生命演化的奥秘；采用大量电脑动画展示浩瀚宇宙 150 亿年的变迁历程，视角独特、观点新颖、信息量大；数码立体声响，给人以磅礴的视听震撼效果。该片先后荣获第二十届中国电影金鸡奖最佳科教片奖、北京第七届大学生电影节科教片特别奖、斯洛伐克第二十七届国际专业电影节教育部奖、北京 2000 年国际科教电影电视展评研讨会科普类银奖、伊朗第三十届国际电影节最佳导演奖。VCD 1 盘，全长 60 分钟。北京科学教育电影制片厂音像出版社 2000 年 10 月出版。

《人·车·自然》

该片展现了首届中国银川国际摩托旅游节这一摩坛盛事。10 万车迷云集银川，名车荟萃，各路车手穿越沙漠，挑战极限，同时也展现了西域风情。录像带 6 盘 6 集，全长 180 分钟。中央卫星电视传播中心、宁夏大中影视公司 2000 年 11 月出版。

《中国中央电视台 1999〈新闻联播〉数据检索》

本片包含中国中央电视台 1999 年《新闻联播》约 200 小时播出节目的全部节目目录、稿件资料及提示图片，图文并茂。它提供了包含全文检索在内的多种检索方式(包括日期、标题、记者等)，检索浏览界面友好易用，查询方便、快捷。VCD 2 盘，电子工业出版社 2000 年 12 月出版。

《中央电视台播出节目目录》

本片的内容是 1995～1999 年中央电视台除新闻节目以外播出的节目目录。它把播出数据库数据转换成了光盘应用程序所能读取的格式，可以通过普通检索(节目名称、副题名、节目负责人、入库日期、播出日期、栏目名称、索带号、磁带编码、内容等)、高级检索、专题栏目检索、分类检索、节目制作人检索等，检索到中央电视台上述期间播出的节目(新闻节目除外)，并可在第一次检索的基础上进行二次检索。VCD 1 碟，中央电视台、北京金报兴图信息工程技术有限公司 2000 年 12 月出版。

《寻找方大曾》

本片是关于方大曾的纪录影片光盘。方大曾是《大公报》的一位以拍摄照片为主的战地记者，他的作品"像是 30 年代留下的一份遗嘱，一份留给以后所有时代的遗嘱"。他关心人类、关心人类的生存环境，在他的身上具有朴素的民本思想，不幸的是，抗战初期他在前线失踪，给人们留下了永久的遗憾。影片通过对方大曾的寻找，反映出了抗战初期中国社会的生活和风尚。VCD 1 盘 1 集，全长 55 分钟。中国国际电视总公司 2000 年 12 月出版。

《孙子兵法与三十六计》

本片是同名电视连续剧的光盘版。其内容主要反映我国在公元前八世纪至公元前三世纪的春秋战国时代，战争伴随着变革、动荡伴随着创新。在这个时代里，强者生、弱者亡、智者兴、愚者衰。残酷的现实迫使我们的祖先用他们的智慧创造出流传百世的兵法与计谋。本剧通过战国时期两位著名的军事谋略家孙膑和庞涓的故事，向人们形象地展示了最为杰出的兵法与计谋。VCD 36 盘 36 集，全长 2160 分钟。中国国际电视总公司 2000 年 12 月出版。

《生活因你而精彩》

本片以中央卫星电视传播中心的工作人员奔赴珍宝岛、开通加扰节目这一事件为纵向线索，反映了中央卫星电视传播中心从筹备到节目开播，从创业之初到走向辉煌的五年历程，也反映了加扰卫星节目对人们生活产生的深刻影响，以及社会各界对此的评价与肯定。录像带 1 盘 1 集，全长 30 分钟。中央卫星电视传播中心 2000 年 12 月出版。

《同一段故事》

本片是《证券之夜》栏目在中国证券市场开办 10 周年之际推出的特别节目。它从不同的角度，将 10 年股市历程中富有历史意义、在投资人心中留下的“同一段故事”做了生动的阐述。本片中涉及交易所、上市公司、投资者、监管机构等不同的层面，运用翔实的史料、丰富的电视表现来展示中国证券市场从无到有，由小变强的历史轨迹。全片共分 5 集：第一集《一枚公章话开端》；第二集《从无到有看变迁》；第三集《风雨兼程同路人》；第四集《任重道远筑基石》；第五集《四任主席磨一剑》。VCD 5 集 2 盘，全长 100 分钟，北京汇智科贸有限公司 2000 年 12 月出版。

《家·春·秋》

本片是中国电视剧制作中心和安徽电视台联合制作的同名黄梅戏音乐剧的光盘版。原作是我国著名作家巴金先生的代表作“激流三部曲”《家》、《春》、《秋》。剧的内容主要反映的是“五四”时期一个封建家族三代人面对江河日下的境况，对生活所持的态度和不同命运，从而深刻地抨击了封建势力，歌颂了进步青年的觉醒，进而反映了“秋天过去了，春天总会来的”的主题。VCD 22 盘 22 集，全长 1100 分钟。中国国际电视总公司 2000 年 8 月出版。

统　计

一、中央电视台事业发展概况

公元（年）	节目套数（套）	设置栏目（个）	平均每日播出时间（小时）	全年播出总时数（小时）	全年制作电视剧（集）	全年播出（首播）电视剧（集）	全年播出新闻节目时数（小时）	信息资料总量	观众信息（万条）	全台正式职工（含招聘）（人）	全台在职人员专业技术职务统计（人）				中国电视报期平均发行量（万份）	电视研究期平均发行量（册）	历年节目制作总时数（时长）
											正高	副高	中级	初级			
1991	3	…	31	11315	516	1752	1081:36	51156	21.8	2040	…	…	…	…	228	…	…
1992	4	…	49	17885	1070	1630	2039:16	53804	25	2487	30	197	762	473	238	…	…
1993	4	86	54	22987	978	1907	3542:04	59018	20	3200	50	257	893	391	286	…	176000
1994	5	111	64	23389	1002	1829	4405:16	63739	36	3242	54	262	903	393	241	4500	178568
1995	7	167	103	37720	1167	1580	7961:43	69904	30	3767	61	326	890	393	265	5000	328457
1996	8	200	147	53927	1040	1854	7155:23	77381	30	3685	74	364	806	322	276	5942	413178
1997	8	222	144	52858:32	1795	1579	8219:47	94000	约 30	4086	74	353	908	303	230	8704	419542
1998	8	202	146	53141	929	1546	9213:27	98450	443.1	4163	133	636	1253	509	220	7920	928121
1999	8	261	146.4	53449:15	2801	2420	8902:54	77204	405.1	4131	144	698	1235	417	216	7725	913783:7
2000	9	235	154.8	56503.24	2368	2071	9277.46	144.08	731.1	4081	158	762	1362	553	210	7920	744400

（台办公室、总编室、人事办公室等提供）

注：1. 全台正式职工人数及全台在职人员专业技术职务人数中，包含中国电视剧制作中心、新影厂、科影厂。
2. 历年节目制作总时数仅为中央电视台技术制作中心统计数字。
3. 观众信息包括：观众来信 200 多万封、观众电话 527.1 万个、电子邮件 4 万多件。
4. 信息资料总量包括：节目资料带 15.71 万小时，馆藏图书 8.67 万册，期刊 3.36 万册，电子音像制品 0.96 万盘，数据库信息资料 116.34 万条。
5. 全年播出总时数为各套节目播出时数之和，不包括广告等播出时数。

二、中央电视台业务建设概况

2000年中央电视台各套节目播出时数及构成比例

节目名称	播出时数（小时）	所占比列（%）
新闻节目	9277.46	16.42
专题节目	17105.9	30.27
教育节目	1477.54	2.61
文艺节目	21716.7	38.44
服务性节目	6925.64	12.26
合　计	56503.24	100

（总编室提供）

2000年中央电视台各套节目播出时数一览表

节目套数	播出时数（小时）
第一套	7307.27
第二套	7318.88
第三套	6356.15
第四套	8783.25
第五套	6131.54
第六套	6212.9
第七套	5817.6
第八套	6223.65
第九套	2352.00
合　计	56503.24

（总编室提供）

中央电视台技术制作中心1997～2000年节目录制情况对照表

（单位：小时）

项目 \ 时长 \ 年份	1997	1998	1999	2000
直播	521	530	548	3322
录像	18752	25737	31228	28750
排练	3304	3484	2918	4551
搭景	3416	3848	5186	7464
布光	3360	3537	5596	
ENG采录	160882	326716	283887	232204
电编	124709	165407	183954	154690
自编	136290	233805	248913	199117
电影	975	1173	75	55
转带	2572	2539	3280	3216
字幕	2803	3702	1183	547
录音	5402	6040	5226	2907
音响	51526	75237	66029	48295
译配	11732	22527	27806	23888
灯光	51397	53837	47953	35394
三维动画	1.88	2.39	1.71	1.69
合　计	577641	928119	913782	744400

（技术制作中心提供）

中央电视台1991～2000年电视节目播出时间比较

序号	年	播出时间（小时）	平均每天播出（小时）
1	1991	12371	34
2	1992	18837	52
3	1993	22242	61
4	1994	24129	66
5	1995	33341	91
6	1996	51624	141
7	1997	54660	150
8	1998	60045	165
9	1999	60545	166
10	2000	62010	170

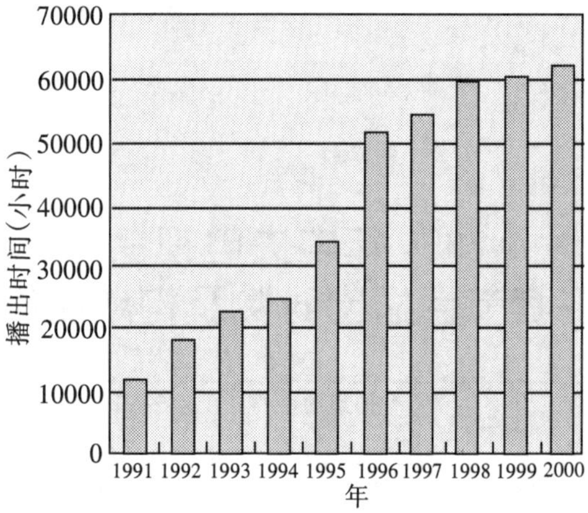

（播出部提供）

中央电视台1991～2000年播出事故率比较

（单位：秒/百小时）

序　号	1	2	3	4	5	6	7	8	9	10
年	1991	1992	1993	1994	1995	1996	1997	1998	1999	2000
总事故率	154	50	58	105	209	172	92	31.6	22.17	19.08

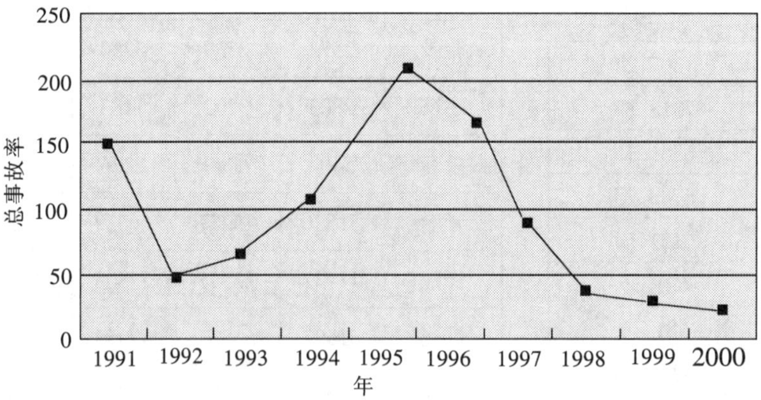

2000年总事故率：
19:08秒/百小时
安全播出率：
> 99.99%
注：
安全播出率换算：
99% =1小时/百小时
99.9% =6分钟/百小时
99.99% =36秒/百小时
99.999% =3.6秒/百小时

（播出部提供）

2000年中央电视台新闻节目大型直播活动统计

播出时间（月、日）	节　目　名　称
3.5	九届全国人大三次会议开幕式
3.6	唐家璇外长答中外记者问
3.15	朱镕基总理会见中外记者并回答记者提问
8.10	2000年全国高校网上录取现场直播
8.19	源头呼唤——青海三江源自然保护区成立仪式现场直播
8.20	北京老山汉墓挖掘现场直播
9.16	2000年钱塘江潮直播特别节目
10.6	穿越2000，挑战极限——环太湖世界特技飞行大赛现场直播
11.6	第三届中国（珠海）国际航空航天博览会开幕式及飞行表演现场直播

（新闻节目中心提供）

2000年中央电视台“心连心”艺术团慰问演出活动一览表

节　目　名　称	演出时间（月、日）	演出地点	导　演	时　长（分）	播出方式
《风展红旗》——“心连心”艺术团赴福建省闽西古田慰问演出	2.10	福建省古田	董长武	99	录播
《红旗飘飘》——“心连心”艺术团五一赴中国一汽慰问演出	5.1	吉林长春	金　越	99	录播
《鹿城欢歌》——“心连心”艺术团赴包头慰问演出	5.23	内蒙古包头	王宪生 陈雨露	99	录播
《情系沂蒙》——“心连心”艺术团赴沂蒙革命老区慰问演出	6.30	山东临沂	杨东升	99	录播
《放歌大西北》——“心连心”艺术团赴西安杨凌慰问演出	7.23	西安杨凌	杨宪生 陈雨露 金　越	99	录播
《彩溢濠江》——庆祝澳门回归一周年“心连心”艺术团赴澳门慰问演出	12.20	澳　门	黄海涛	99	录播

（文艺部提供）

2000年中央电视台大型文艺晚会播出（直播、录播）一览表

播出日期（月、日）	晚会名称	地点	撰稿人	策划人	导演	主持人
(1999)12.31	“相逢2000年”24小时直播《天地人合》	中央电视台1000平米演播厅	任卫新	赵安	王宪生	倪萍 赵忠祥 丁羽萍 朱军
2.4	2000年春节联欢晚会	中央电视台1号演播厅	—	—	赵安 张晓海	赵琳
2.4	《56个祝福》——2000年春节歌舞晚会	石家庄	陈奎及	高建民	白志群	张政 杨柳 李萍
9.3	《为中国喝彩》系列三——伦敦泰晤士河之夜大型歌舞晚会	伦敦	贾清方	赵安	金越	周涛 袁鸣
9.13	《香江明月夜》——2000年中秋晚会	香港	甲丁	赵安	王洗平	周涛等
10.6	《奥林区克星》——欢迎中国奥运健儿凯旋主题晚会	中央电视台1号演播厅	袁德旺	赵安 袁德旺	袁德旺 陈岚	倪萍 文清 师旭平、王刚 白岩松
11.5	《人间天堂》——2000年西湖博览会开幕式大型文艺晚会	杭州西湖	赵大鸣	赵安	陈临春	倪萍 姜丰 朱军 刘忠虎
11.9	《大地飞歌》——2000年南宁国际民歌艺术节开幕式晚会	广西南宁	甲丁	赵安	吴楠 赵刚	周涛 张政 李迦明 许戈辉

（文艺部提供）

2000年中央电视台1～8套节目最高收视率排名

第一套节目

排名	节目名称	日　期		开始时间（时:分）	结束时间（时:分）	最高收视率（%）	占有率（%）
1	直播　春节联欢晚会	2.4	星期五	20:00	24:22	54.7796	79.3
2	新闻联播	11.12	星期六	19:00	19:35	39.1642	51.3
3	科技博览(2000－35)	2.4	星期五	19:43	19:47	38.2818	61.8
4	焦点访谈	2.4	星期五	19:38	19:42	38.1319	62.2
5	电视剧　西游记(9)	2.14	星期一	20:09	20:56	36.2572	50.4
6	直播　2000年元宵晚会	2.19	星期六	20:11	21:44	29.3859	44.8
7	世纪素描之五	12.31	星期日	19:39	19:44	28.1311	49.1
8	现在播报	2.11	星期五	21:00	21:20	25.5876	40
9	两会专题报道	3.12	星期日	19:38	19:51	25.2515	40.9
10	特别节目　致2000年	1.1	星期六	19:38	19:58	24.9006	42.4
11	特别节目　风展红旗	2.9	星期三	20:11	21:50	18.7242	30.9
12	澳门回归一周年文艺演出	12.20	星期三	19:44	19:56	18.2274	31.9
13	专题片　江主席接受美记者采访	9.4	星期一	19:40	20:04	17.5367	32.4
14	新闻	2.5	星期六	00:32	00:42	16.4897	21.7
15	专题　朱总理答记者问	3.15	星期三	19:48	20:28	16.4764	26.3
16	音乐电视城(2000－4)	2.12	星期六	21:25	21:55	16.46	30.3
17	特别节目　红旗飘飘	5.1	星期一	20:11	21:50	16.0383	26.4
18	晚会　相约新世纪	12.31	星期日	19:52	21:07	15.3307	25.2
19	电视剧　开心就好(上)	2.7	星期一	20:08	20:55	15.2876	24.3
20	特别节目　祝福平安	2.6	星期日	20:11	21:49	15.2283	25.9
21	特别节目　劳模表彰会	4.29	星期六	19:45	20:14	14.8909	25.9
22	直播　神州同庆－西安入城式	1.1	星期六	00:14	00:22	14.0189	21.9
23	最高人民法院和检察院报告	3.10	星期五	19:58	20:11	13.9739	22.2
24	纪录片　百年中国	2.5	星期六	00:42	00:47	13.8964	20
25	电视剧　女子特警队(12)	5.8	星期一	20:07	20:54	13.8861	23
26	世界报道	2.11	星期五	22:19	22:31	13.8311	39.1
27	直播　神州同庆－哈尔滨冰雕节	1.1	星期六	00:22	00:30	13.5483	20.7
28	综艺大观(2000－5)	5.7	星期日	20:06	20:55	12.8029	20.8
29	曲苑杂坛(2000－5)	5.2	星期二	20:06	20:55	12.3761	21.3
30	特别节目　春禧	2.5	星期六	20:11	23:08	11.9098	25.5

第二套节目

排名	节目名称	日　期		开始时间（时:分）	结束时间（时:分）	最高收视率（%）	占有率（%）
1	直播　第四十五届世乒赛	2.26	星期六	19:30	22:15	8.5191	14.4
2	商桥(2000－48)	2.26	星期六	22:22	22:27	4.0242	13
3	正大综艺(2000－17)	4.23	星期日	19:35	21:21	3.24	5.5
4	经济部特别节目　幸运52	6.4	星期日	11:15	12:00	2.9988	20.5
5	直播　第二十七届奥运会开幕式	9.15	星期五	18:30	20:18	2.8185	6.1
6	直播　2000中日足球赛	3.15	星期三	17:55	19:51	2.2174	5.3
7	开心辞典(2000－24)	12.22	星期五	22:00	23:00	1.9247	7.8
8	东方时空　实话实说	6.4	星期日	20:10	20:50	1.6452	2.7
9	正大剧场　宁为玉碎(上)	2.27	星期日	20:31	21:18	1.6356	2.7
10	中国财经报道(2)	9.15	星期五	20:23	20:41	1.5802	2.6
11	特别节目　新世纪的呼唤	1.29	星期六	20:00	21:40	1.5148	2.5
12	生活(2000－47)	2.26	星期六	22:27	22:57	1.4722	6.4
13	体育欣赏[7]	6.18	星期日	11:19	11:50	1.4676	11
14	人民子弟兵	6.4	星期日	12:00	12:15	1.3017	6.4
15	经济半小时	4.23	星期日	21:30	22:00	1.2262	3
16	直播　汤尤杯羽毛球赛	5.18	星期四	18:30	22:58	1.1884	2.7
17	特别节目　共和国外交风云	3.21	星期二	21:07	21:54	1.164	2.5
18	直播　2000女排奥运资格赛	6.18	星期日	10:00	11:19	1.0872	7.8
19	直播　奥运女乒单打决赛	9.24	星期日	17:15	18:55	1.0759	4.9
20	中国市场信息	6.11	星期日	10:55	11:15	1.0074	7.3
21	电视购物(2000－2K)	7.16	星期日	11:00	11:10	0.9781	7.2
22	直播　NBA全明星扣篮大赛	2.13	星期日	08:50	11:59	0.9003	5.9
23	商务电视	8.27	星期日	20:10	20:40	0.896	1.5
24	学烹饪　天天饮食	9.17	星期日	11:00	11:10	0.8537	5.4
25	特别节目　2000春节晚会	2.6	星期日	15:00	19:21	0.8476	4.5
26	特别节目　共和国外交风云	3.9	星期四	21:07	21:54	0.8249	1.7
27	直播　亚洲杯足球赛	10.13	星期五	21:59	23:57	0.8189	4.3
28	直播　世界杯男乒决赛	10.15	星期日	15:50	17:30	0.8046	10.2
29	电视剧　人往高处走(3)	1.12	星期三	21:07	21:54	0.7844	1.7
30	直播　第四十五届世乒赛	2.23	星期三	16:00	17:33	0.7686	12.8

第三套节目

排名	节目名称	日　期		开始时间（时:分）	结束时间（时:分）	最高收视率（%）	占有率（%）
1	直播　青年歌手电视大奖赛	7.9	星期日	20:10	22:20	3.3685	5.3
2	走进幕后(2000-22)	7.9	星期日	22:20	22:30	2.196	5.9
3	朋友(2000-21)	9.3	星期日	19:35	21:15	2.0211	3.1
4	新视听(2000-12)	3.31	星期五	19:35	21:15	1.9493	2.6
5	精彩早知道(2000-27)	7.1	星期六	23:04	23:14	1.7782	9.9
6	精彩十分(2000-97)	5.16	星期二	22:09	22:19	1.7739	4.8
7	音画时尚(2000-21)	12.3	星期日	20:45	21:15	1.4716	2.3
8	神州大舞台　春节晚会精选	4.9	星期日	19:35	20:45	1.4535	1.6
9	艺术人生(2000-2)	12.29	星期五	20:35	21:05	1.3312	2.2
10	特别节目　家庭文化节闭幕	10.8	星期日	19:35	21:15	1.2511	1.9
11	中国音乐电视(2000-313)	12.31	星期日	22:10	22:40	1.2427	3.6
12	周末喜相逢(2000-2)	6.22	星期六	19:30	20:30	1.2103	1.4
13	荧屏诗坛(2000-8)	4.9	星期日	20:45	21:15	1.1534	1.6
14	特别节目　奥林匹克星	10.11	星期三	19:35	21:35	1.1488	1.9
15	特别节目　CCTV 舞蹈赛颁奖	10.4	星期三	20:10	21:36	1.1215	1.9
10	与您相约(2000-3)	12.31	星期日	20:35	21:05	1.1084	1.7
17	当代剧场　人间天堂	11.8	星期三	19:35	21:15	1.0895	1.7
18	金鸡百花电影节颁奖典礼	12.14	星期四	19:35	21:15	1.031	1.6
19	新闻联播	7.9	星期日	22:30	23:00	1.0004	3.6
20	特别节目　大地飞歌	12.13	星期三	19:35	21:14	0.9758	1.5
21	直播　天津儿童艺术节开幕	8.5	星期六	20:00	21:46	0.9342	1.4
22	星光无限(7)	3.11	星期六	19:35	20:45	0.8751	1.2
23	每周一歌　平安的歌谣	11.16	星期四	21:10	21:15	0.843	1.5
24	特别节目　春节晚会歌曲	3.5	星期日	20:45	21:15	0.8412	1.2
25	午间乐园(2000-31)	7.31	星期一	12:20	13:10	0.8245	4
26	特别节目　2000 春节联欢晚会	2.5	星期六	20:20	24:40	0.8226	2.1
27	挑战主持人(2000-1)	12.23	星期六	21:10	22:10	0.7858	1.6
28	爱心与梦想(2000-1)	12.19	星期二	20:35	21:35	0.7706	1.3
29	特别节目　情系海疆	6.14	星期三	19:35	21:15	0.7555	1.2
30	第六届全国听众喜爱的歌手	11.15	星期三	20:25	21:15	0.7521	1.2

第四套节目

排名	节目名称	日　期		开始时间（时:分）	结束时间（时:分）	最高收视率（%）	占有率（%）
1	特别节目　同一首歌	2.19	星期六	22:00	23:00	1.041	3.6
2	东方时尚(2000－83)	11.25	星期六	20:20	20:30	0.8245	1.2
3	系列专题　中国军队(13)	3.15	星期三	20:30	21:00	0.796	1.1
4	真情(2000－42)	11.25	星期六	19:30	20:20	0.7743	1.2
5	中国新闻	3.16	星期四	21:00	21:30	0.7106	1.2
6	曲苑杂坛(2000－11)	11.18	星期六	22:10	23:00	0.6298	2.3
7	特别节目　手拉手——跨越彩虹	11.12	星期日	19:30	21:00	0.6225	1.4
8	欢聚一堂(2000－9)	3.19	星期日	19:30	20:20	0.6164	0.8
9	中国报道	5.20	星期六	21:30	22:00	0.6056	1.4
10	综艺大观(182)	2.26	星期六	22:10	23:00	0.5641	1.9
11	走进台湾(2000－3)	2.27	星期日	20:30	21:00	0.5423	0.7
12	电视剧　燕子李三(32)	6.12	星期一	22:10	22:58	0.5101	2
13	语林趣话(2000－90)	5.20	星期六	22:05	22:10	0.5073	1.1
14	元宵晚会　盛世观灯	2.20	星期日	19:30	21:00	0.5058	0.6
15	天涯共此时(2000－11)	3.18	星期六	20:30	21:00	0.4852	0.7
16	千秋史话(2000－17)	4.25	星期二	20:45	21:00	0.4851	0.7
17	现场直播　奥林匹克星	10.6	星期五	20:11	22:54	0.4801	0.9
18	直播　钱塘江潮	9.16	星期六	12:10	14:50	0.4717	2.7
19	东方家园(2000－17)	4.26	星期三	20:45	21:00	0.4282	0.6
20	中央电视台 CCTV－9 开播庆典	9.24	星期日	19:30	21:00	0.4176	0.6
21	直播　多彩的世界	11.5	星期日	19:30	20:57	0.4151	0.6
22	共和国外交风云(6)	10.10	星期一	22:10	22:57	0.4099	1.7
23	英语新闻(英)	2.19	星期六	23:00	23:30	0.4092	3.2
24	华夏掠影	3.20	星期一	20:45	21:00	0.4079	0.6
25	中国新闻	9.16	星期六	12:00	12:10	0.4042	1.9
26	世界华人(2000－17)	6.1	星期四	20:45	21:00	0.4041	0.6
27	纪录中国(2000－15)	4.13	星期四	20:00	20:30	0.4016	0.6
28	观众之友(2000－22)	6.9	星期五	20:45	21:00	0.3955	0.6
29	世纪梦圆	12.31	星期日	21:27	21:57	0.3932	0.8
30	电视剧　北京女人(17)	4.24	星期一	22:10	22:57	0.3909	1.6

第五套节目

排名	节目名称	日　期	开始时间（时:分）	结束时间（时:分）	最高收视率（%）	占有率（%）
1	直通悉尼(8)	9.22　星期五	20:05	20:58	11.674	17.8
2	直播　羽毛球男子比赛	9.23　星期六	18:14	19:32	9.2039	21.7
3	直播　男子 10 米跳台跳水决赛	9.30　星期六	17:09	18:29	8.6779	42.7
4	直播　羽毛球女子比赛	9.22　星期五	18:49	19:05	8.2289	20.3
5	直播　乒乓球男单半决赛	9.24　星期日	10:58	12:55	8.1661	33.9
6	直播　乒乓球女子比赛	9.22　星期五	19:15	19:21	8.1407	13.8
7	直播　奥运会女子柔道比赛	9.22　星期五	18:29	18:40	8.0795	17.5
8	直播　奥运会乒乓球男单比赛	9.25　星期一	15:58	18:45	7.6903	45.5
9	悉尼猜想(11)	9.25　星期一	20:58	22:00	7.6336	15
10	奥运新闻	9.25　星期一	19:50	20:00	7.6259	12.3
11	直播　女子 10 米跳台跳水决赛	9.24　星期日	16:11	17:42	7.571	43.9
12	奥运五环夜话	9.19　星期二	19:47	19:59	7.4233	12.2
13	直播　奥运会田径比赛	9.24　星期日	17:42	19:16	7.1406	21.1
14	直播　奥运会女子跳水比赛	9.28　星期四	17:09	18:13	6.8968	45.1
15	直播　女足小组赛	9.17　星期日	14:05	16:20	6.4681	41.6
16	直播　奥运会女垒比赛	9.20　星期三	18:51	20:02	6.4503	11.5
17	直播　奥运会体操比赛	9.24　星期日	12:57	15:50	6.3042	37
18	直播　奥运会女子赛艇比赛	9.24　星期日	10:11	10:20	6.3033	32.4
19	直播　奥运会女子体操比赛	9.19　星期二	18:49	19:13	6.1174	13.5
20	巅峰时刻	9.18　星期一	18:35	18:50	6.079	19.3
21	直播　奥运会游泳比赛	9.19　星期二	19:13	19:42	6.0354	10.3
22	直播　女子 3 米跳板跳水半决赛	9.27　星期三	17:06	18:39	5.9726	32.8
23	直播　男子 10 米跳台跳水半决赛	9.29　星期五	17:09	18:14	5.9273	41.8
24	直播　奥运会闭幕式	10.1　星期日	16:58	19:46	5.7161	17.2
25	直播　奥运会男子赛艇比赛	9.24　星期日	09:45	10:07	5.6832	31.8
26	直播　奥运会男篮比赛	9.17　星期日	18:19	20:00	5.6588	11.8
27	直播　奥运会男子足球半决赛	9.26　星期一	18:22	19:50	5.4298	11.6
28	直播　奥运会女垒比赛	9.23　星期六	09:59	11:38	5.4167	39.2
29	直播　男子 3 米板跳水决赛	9.26　星期二	16:12	17:31	5.2636	61.4
30	直播　男子举重 62 公斤级决赛	9.17　星期日	16:20	17:35	5.1179	33.5

第六套节目

排名	节目名称	日 期	开始时间（时:分）	结束时间（时:分）	最高收视率（%）	占有率（%）
1	译制片　铁血战士	5.25　星期四	21:30	23:17	5.1736	15
2	译制片　魔鬼司令	5.24　星期三	21:30	23:01	4.9422	13.2
3	译制片　幻影英雄	5.26　星期五	21:30	23:40	4.5443	13.9
4	故事片　龙在少林	5.27　星期六	21:37	23:06	3.8782	10.3
5	故事片　爱情命运号	1.2　星期日	20:16	21:50	3.8087	5.8
6	故事片　通天长老	12.23　星期六	19:40	21:14	3.6651	5.7
7	译制片　圣诞老豆	5.23　星期二	21:29	23:00	3.4942	8.9
8	故事片　武林志	10.28　星期六	19:40	21:22	3.4445	5.5
9	故事片　倚天屠龙记	2.12　星期六	21:56	23:38	3.3813	11.7
10	专题片　佳片有约	5.27　星期六	21:15	21:30	3.3672	5.4
11	译制片　蒸发密令	5.22　星期一	21:55	23:50	3.3304	14.4
12	故事片　天龙八部	5.6　星期六	21:22	23:00	3.2609	7.7
13	故事片　小醉拳	9.2　星期六	19:40	21:11	3.2419	5.2
14	故事片　洪湖赤卫队	12.25　星期一	19:40	21:34	3.2398	5.6
15	故事片　三女休夫	11.19　星期日	19:40	21:11	3.1698	5
16	故事片　敌后武工队	3.14　星期二	19:40	22:00	3.0321	4.7
17	故事片　功夫皇帝方世玉	3.11　星期六	21:32	23:19	2.9976	8.4
18	译制片　勇敢人的游戏	5.2　星期二	21:29	23:14	2.9954	8.3
19	译制片　虎！虎！虎！	4.1　星期六	19:42	22:03	2.9923	4.4
20	译制片　女神探宝盖丁	12.24　星期日	19:40	21:15	2.9813	4.9

第七套节目

排名	节目名称	日　期	开始时间（时:分）	结束时间（时:分）	最高收视率（%）	占有率（%）
1	东方儿童(2000－101)	4.10　星期一	20:00	21:00	1.6478	2.2
2	农业新闻(1)	8.1　星期二	20:00	20:12	0.4711	0.7
3	军事报道	4.11　星期二	19:30	20:00	0.4304	0.6
4	第四届农民运动会开幕式	10.29　星期日	20:00	22:01	0.3545	0.6
5	农村各地(20)	1.28　星期五	18:07	18:30	0.3323	1
6	动画城(2000－92)	4.8　星期六	08:30	09:00	0.3102	3.8
7	第二届凌云杯军校演讲大赛	8.1　星期二	20:14	23:44	0.3075	0.7
8	农村文艺(14)	2.9　星期三	18:07	19:25	0.3063	0.7
9	科技苑(24)	1.28　星期五	18:32	18:57	0.2811	0.6
10	大风车(2000－8)	1.9　星期日	16:20	17:00	0.279	2.9
11	军事百科(2000－2)	1.9　星期日	17:00	17:54	0.2522	1.8
12	中国武警(2000－21)	5.23　星期二	17:00	17:27	0.247	4.9
13	祝你成才(2000－46)	11.16　星期四	17:00	17:54	0.2438	3.1
14	第二起跑线(2000－13)	4.9　星期日	08:35	09:25	0.2417	2.1
10	特别节目　世纪之光	12.31　星期日	20:00	21:00	0.235	0.3
16	农业教育(53)	1.30　星期日	18:27	18:57	0.2264	0.5
17	农村经济(142)	5.10　星期三	21:14	21:37	0.2212	0.4
18	军营文化(2000－1)	1.8　星期六	17:00	17:54	0.2071	1.8
19	12演播室(2000－8)	2.27　星期日	09:25	09:55	0.1986	1.2
20	小飞龙剧场　我和爸爸们	1.23　星期日	15:00	16:20	0.1917	1.9

第八套节目

排名	节目名称	日　期	开始时间（时:分）	结束时间（时:分）	最高收视率（%）	占有率（%）
1	少儿剧苑　西游记(20)	1.30　星期日	17:57	18:58	12.9381	33.2
2	影视金曲(2000－4)	1.27　星期四	18:54	19:04	9.2557	16.8
3	电视剧　大明宫词(34)	4.18　星期二	21:28	22:16	8.069	17.2
4	电视剧　铁鹰行动(18)	6.2　星期五	21:23	22:11	6.1574	11.9
5	黄金强档　北京女人(20)	1.21　星期五	21:19	22:06	5.3842	10
6	电视剧　影子	4.20　星期四	21:31	22:16	4.3208	9.7
7	黄金强档　再诉真情(12)	1.5　星期三	21:17	22:01	4.1577	7.9
8	影视同期声(2000－76)	4.17　星期一	22:19	22:39	4.0346	14.4
9	少儿剧苑　十六岁花季(1)	2.5　星期六	18:07	19:01	3.9488	12.5
10	走进电视(2000－16)	4.16　星期日	21:18	21:48	3.0646	5.6
11	电视剧　开创世纪(16)	11.28　星期二	22:25	23:14	2.9831	16
12	动物世界　老虎生活的秘密	1.25　星期二	19:05	19:25	2.7901	3.9
13	电视剧　今生是亲人(31)	9.7　星期四	20:30	21:17	2.7644	1.7
14	世界名城掠影(2)	2.2　星期三	19:02	19:22	2.7025	4.1
15	黄金强档　2000年我们结婚	1.28　星期五	21:24	22:12	2.6993	5.2
16	电视剧　儿科医生(2)	4.21　星期五	21:22	22:10	2.6824	5.4
17	电视剧　三国演义(76)	10.3　星期二	18:18	19:04	2.6678	9.4
18	电视剧　凤阳小子朱元璋	6.20　星期二	21:19	22:06	2.656	5.4
19	电视剧　兄弟姐妹(14)	5.22　星期一	21:21	22:09	2.6088	5.2
20	黄金强档　农家十二月(24)	3.2　星期四	21:23	22:10	2.6002	5.3
21	电视剧　生死较量(18)	9.18　星期一	21:21	22:09	2.5307	5.7
22	电视剧　家里比较烦(21)	10.13　星期五	20:32	21:19	2.4884	4.1
23	电视剧　有家好好过(6)	6.7　星期三	21:22	22:09	2.4695	5.3
24	影视俱乐部(2000－16)	4.15　星期六	22:24	22:54	2.4583	8.8
25	电视剧　江湖笑面人(7)	11.9　星期四	20:33	21:19	2.4275	4.1
26	孙子兵法与三十六计	11.3　星期五	20:33	21:19	2.3762	3.9
27	黄金强档　五爱街(14)	3.10　星期五	21:23	22:10	2.2957	4.6
28	世界文化广场(2000－5)	1.31　星期一	19:05	19:25	2.2903	3.4
29	子夜剧　飞天回眸(11)	10.9　星期六	18:20	18:30	2.1948	10.7
30	电视剧　三坊七巷(16)	5.10　星期三	21:24	22:12	2.1921	46

（总编室提供）

2000年中央电视台制作（含合拍）电视剧一览表

剧　目	集数	主要制作单位
灿烂的流星	4	中国检察影视中心
漫记人间之平安路十号	2	宁波电视台
漫记人间之红窗帘绿窗帘	1	宁波电视台
茶妹情	3	浙江教育电视台
天边有个威海卫	6	山东电视剧制作中心
惊涛	14	广州军区、广东省委宣传部
好人	4	中共山西省委
大天大地大人家	19	上海永乐电影电视公司 上海电视台
乾嘉巨案	4	浙越影视部
盛世青天	20	高法影视中心、东方影视制作中心
朋友	65	北京新奥特影视公司
警嫂	2	潇湘电影制作厂
鲁迅与许广平	20	江苏电视台
叶剑英在1946	6	海南电视台
少奇同志	8	海政艺术中心
太平天国	46	中国电视剧制作中心
张闻天与刘英	6	天津电视台
朱德元帅	18	中国视协
上门女婿	2	贵州电视剧制作中心
忧乐万家	4	羊城铁路电视中心
红旗漫卷西风	12	新疆党委
李宗仁归来	20	广西电影制片厂
银河湾	2	河南电影制片厂
天语	2	潇湘电影制片厂

续表

剧　目	集数	主要制作单位
翁同和	8	南京军区前线话剧团
三个女犯的72小时	12	甘肃电视台
漓江情缘	20	江西电影制片厂
风雨吟	7	珠江电影公司
伏羲女娲	17	河南尚武影视制作中心
全家福	22	中国电视剧制作中心
悠悠寸草心	2	山东影视中心
惠安女	15	福建省委宣传部
女进修生	20	广西电影制片厂
孟姜女	4	扬州广播局
开心就好	3	雅迪星公司
亲情别恋	20	长春电影制片厂
海瑞	18	北京大龙影视策划中心
李宗仁在老河口	2	湖北省话剧院
不废江河	18	中国电视剧制作中心
红翻绳	6	中国电视剧制作中心
农家曲	5	安徽电影制片厂
刘三姐	14	中国国际文化艺术中心
家里比较烦	48	上海电视台
居委主任	20	上海影视有限公司、上海同乐公司
西部农家	30	宁夏电视台
今天我当家	1	海南影业公司
兄弟恩怨	20	香港无线台
开创世纪	20	香港无线台
江湖笑面人	18	天津电影制片厂
千年等一回	2	青岛电视台
我和爸爸	1	太原电视台
为了明天	7	浙江关心桥影视公司
今天我是升旗手	7	江苏电视台
珍邮迷案	14	中国国际电视总公司
生死较量	20	郑州电视台

续表

剧目	集数	主要制作单位
金陵一家人	20	南京文化音像制作发行中心
江隆基	8	甘肃电视台
非常代价	20	吉林电视台
楼长	2	泰安电视台、山东影视中心
山情	3	河南安阳电视剧中心
阿秀	17	深圳市龙岗政府
太阳卫士	2	云南电视台
暖流	2	连云港电视台
大河图	8	河南电影制片厂
庄稼院里的红辣椒	4	天津电影制片厂
狗缘	6	中国电视剧制作中心
大明宫词	37	中视荣信达公司 中国国际电视总公司
妙计挡不住	33	北京中视传媒中心
情源	1	邢台电视台
相约朝阳	13	北京北洗影视技术开发部
海妹子	6	河北电影制片厂
贝加的樱桃班	3	上海电视台
情系霓裳	8	珠江电影制片厂、广东电视台
紫荆勋章	20	中国电视剧制作中心
红色记忆	4	中国电视剧制作中心
老凤奇缘	3	安徽电视台
老嘎包村记	22	大连电视台
预备军官	12	兰州军区电视艺术中心
母亲	5	北京市青少年音像出版社
都市森林	18	辽宁电视台
一代廉吏于成龙	19	中央纪委监察部电教中心、太原电视台
沉浮	25	北京天华星广告公司
嘿,大哥	16	吉林电视艺术中心
出租车的故事	18	四川电视台

续表

剧目	集数	主要制作单位
爱也艰难	18	吉林电视台
来自尧都的报道	2	山西电视台
庄稼院里的年轻人	20	龙江电视艺术家协会
大地儿女	4	江苏电视台
我要上学	1	河北影视中心
摩登爱情	18	常州广播局
遥远的春天	1	齐齐哈尔电视台
孩子你要警惕	2	河北电视剧制作中心
王昭君	4	江苏电视台
小东和我	1	广西壮族自治区公安厅
激情年代	21	中国视协
一天零一夜	5	龙江中心铁路文工团
马齿苋上任记	8	黑龙江影视中心
秋落电话亭	2	中国电视剧制作中心
大富人家	20	煤矿文工团
一个人的背影	2	山东影视中心
翩翩小白鸽	4	南京电视台
快乐编剧班	25	山东艺术学院
走进沂蒙山	2	山东电视剧制作中心
文成公主	20	中国电视剧制作中心
2000年我们结婚	18	上海永乐公司求索社
石龙湾	2	山东影视中心
家园	29	广东省委宣传部
刑警没有浪漫	18	辽宁有线台
喊海	2	宁波电视台
仰头老婆低头汉	18	山东淄博电视台
爱是一个美丽的错	18	解放日报社
郊外那边是俄罗斯	1	哈尔滨电视台
异梦魂牵	13	哈尔滨电视台

续表

剧　　目	集数	主要制作单位
九班的故事	20	北京广播学院
水浒少年	18	山东影视中心
大树小树	22	陕西电视台
谁当班长	2	哈尔滨电视台
少女的红发卡	6	北京博杰文化传播有限公司
百姓	20	山东淄博电视台
小点	2	山西省话剧院
小站轶事	2	山西省话剧院
老大是咱妈	20	陕西有线台
枫桥故事	6	浙江省公安厅
西游记	16	中国电视剧制作中心
我亲爱的祖国	21	杭州电视台
村主任李四平	13	山东影视中心
壮志凌云	20	中国电视剧制作中心
波涛汹涌	15	海政艺术中心
夏月	4	石家庄电视台
黄河渡	16	中国电视剧制作中心
红柳	2	山东影视中心
天下难事	4	山东电视剧制作中心
老子和儿子	38	武汉电视剧制作中心
晶莹大道	5	石家庄电视剧制作中心
今生是亲人	32	中国电视剧制作中心
如歌岁月	20	南京前线话剧团
女人,你的名字是什么	2	延边电视剧制作中心
仗义执言	18	中国电视剧制作中心
光荣之旅	18	总后电视艺术中心
集体宿舍	40	长春电视台
好梦成真	24	南京前线文化广告影视公司
骗局	12	南京前线文化广告影视公司

续表

剧　　目	集数	主要制作单位
刘宝珠的故事	3	山东影视中心
日出日落	1	北京飞天电视艺术中心
胖墩小队	8	上海永乐公司创新社
太阳和他的妈妈	12	南京军区前线话剧团
笑星酒家	41	天津电视台
能不离最好还是别离	20	北京博润文化科技发展中心
雪梅	2	海口电视台、洛阳石化厂
枣树沟	5	山西黄河制作社
山村姑嫂情	2	南京电影制片厂、徐州电视台
花开季节	2	浙江电影制片厂
旅途	2	天山电影制片厂
表演系的故事	20	北京艺朦影视文化艺术有限公司
苦乐天伦	21	北京综艺文化广告公司、洛阳电视台
刘伯温	20	温州电视台
追踪309	5	法制音像社
漂亮女孩	20	中视股份有限公司
晚霞不是梦	18	辽宁音像出版社
刘罗锅断案传奇	20	许昌电视台
夕阳里的故事	14	青岛红帆影视传播公司
兵哥兵妹	14	江西电视台
复婚	16	大连电视台
月亮船	6	中央电视台
太阳桥	8	中央电视台
星星河	6	中央电视台
三选村官	4	民政部、长春电影制片厂
钢铁是怎样炼成的	20	深圳市委宣传部、中国国际电视总公司
我心似白云	20	上海卫生局、上海影视中心

续表

剧　　目	集数	主要制作单位
乱世有情天	20	天津电视台、天津人民艺术剧院
相依年年	2	大连电视台
永远的非洲	12	河南电视台、卫生部
抬头看天外	18	本溪电视台
爱情不是游戏	17	中国国际电视总公司、北京电影学院
九龙圣母	3	河北省艺术研究所
工商所长	3	鞍山电视台
小巷总理	2	大连电视台
绿宝石之恋	3	广电新视点电视节目制作中心
为了这片净土	18	云南省委宣传部
大雪无痕	20	中国电视剧制作中心
爹养儿　儿养爹	2	河南电影制片厂
十品官吴山羊	20	西安电视台
透亮的人生	8	河南银星影视广告有限公司
别的城市	20	中央戏剧学院
小城交警	7	北京北斗文化发展有限公司
小萝卜头	8	江苏电视台、南京北泉公司
小鬼鲁智胜	6	中国电视剧制作中心
三请樊梨花	3	吉林电视台
独立寒秋	8	海南电视台
希望的天空	2	湖南省委
农家十二月	24	中国国际电视总公司
至爱	17	三联今世影视文化公司

（影视部提供）

说明：此表按剧目制作时间先后为序排列。

2000年中央电视台首播电视剧一览表

播出日期（月、日）	剧　　名	集数	主要制作单位
1.1	西湖女儿家	31	浙江电视台、浙江省越剧团
1.2	凤凰再生	17	江苏电视台、上海市总工会、上海传播公司
1.3	偏偏爱上你	18	北京电视艺术中心
1.3	突出重围	22	成都军区、重庆电视台
1.5	地火	6	安徽省委宣传部
1.5	家事风云	20	北京大视野影视中心
1.8	人往高处走	20	中央电视台、河南电视台
1.11	冰层下的火焰	8	潇湘电影制片厂
1.11	北京女人	20	中央电视台、北京文化艺术中心
1.14	迟到的悔恨	2	河北文化公司、河北省电视剧制作中心
1.19	中岳狂飚	7	河南省跨世纪中心
1.20	兰花儿	14	四川电视艺术家协会
1.22	2000年我们结婚	18	中央电视台、上海永乐公司求索社
1.24	天下第一家	15	青岛添真公司
1.27	不该发生的悲剧	1	岳阳交警、巴陵影视中心
1.28	小东和我	1	广西公安厅
2.1	笑星酒家	30	天津电视剧制作中心
2.2	村主任李四平	13	中央电视台、山东影视中心
2.4	千年等一回	2	中央电视台、青岛电视台、青岛添真文化公司

续表

播出日期(月、日)	剧　　名	集数	主要制作单位
2.5	嘿,大哥	16	吉林电视艺术中心
2.6	旋转的钞票	2	中央电视台、潇湘电影制片厂
2.7	开心就好	3	中央电视台、北京雅迪公司
2.7	太阳出世	8	北京好来西影视公司
2.7	爹养儿 儿养爹	2	河南电影制片厂
2.8	西游记	16	中国电视剧制作中心
2.8	红旗漫卷西风	12	新疆党委国史学会
2.9	碧海军魂	16	上海永乐集团
2.13	海上圣火	5	中央电视台、山东影视中心
2.15	往事苍茫	13	中国国际电视总公司
2.16	出航的日子	8	广东广播电视厅远东公司
2.17	上门女婿	2	贵州电视剧制作中心
2.17	都市少年——太阳桥	7	中央电视台
2.21	灿烂的流星	4	中国检察影视中心
2.21	华丽瞬间	8	中国电视剧制作中心
2.23	都市巡警	17	中国亚洲剧中心
2.25	葱乡故事	3	山东影视中心
2.24	都市少年——星星河	6	中央电视台
2.27	魂系哈军工	8	中央电视台、深圳市委宣传部、上海永乐集团
2.28	钢铁是怎样炼成的	20	中央电视台、深圳市委宣传部、万科集团
2.29	世纪公民	6	中央电视台、全总文工团
3.1	青山依旧	8	中央电视台、哈尔滨市话剧院

续表

播出日期(月、日)	剧　　名	集数	主要制作单位
3.1	都市少年——月亮船	6	中央电视台
3.2	刺桐花开	8	泉州市委宣传部、福建电影制片厂
3.2	笑一笑十年少	31	中央电视台、山东影视中心
3.3	五爱街	16	沈阳电视台
3.7	老兵阿厨	2	中央电视台、南京有线台、前线话剧团
3.8	梨乡情话	6	河北省晋州市魏征研究会
3.8	出租村的故事	16	中央电视台、四川电视台
3.9	天语	2	潇湘电影制片厂
3.13	这方水土	3	南昌电影制片厂
3.13	杨虎城的最后岁月	8	中央电视台、贵州电视剧制作中心
3.14	山中岁月	3	贵州电视剧制作中心
3.16	遥远的车帮	5	内蒙古电影制片厂
3.17	钱塘人家	16	中央电视台、浙江电视剧制作中心
3.17	希望的天空	2	中央电视台、海南电视台
3.19	山村女教师	10	中央电视台、江西电视台
3.19	苹果青青	2	中国电视剧制作中心
3.21	大河图	8	中央电视台、河南电影制片厂
3.21	小鬼鲁智胜	6	中国电视剧制作中心
3.22	千磨万击	8	川云贵渝二野军大研究会
3.23	三请樊梨花	3	中央电视台、吉林电视台
3.24	嫂娘	7	中央电视台、中国国际电视总公司

续表

播出日期(月、日)	剧　　名	集数	主要制作单位
3.24	三选村官	4	民政部、长春电影制片厂
3.24	樱桃	3	中央电视台、长春电视台
3.27	爱也艰难	18	吉林省艺术中心
3.28	阿秀	17	中国电视剧制作中心
3.28	一天零一夜	8	中央电视台、黑龙江影视中心、煤矿文工团
3.27	石龙湾	2	中央电视台、山东影视中心
3.29	喊海	2	中央电视台、宁波电视台
3.29	影子	1	北京电影制片厂
3.29	夏月	4	石家庄电视台
3.30	翁同和	8	南京军区前线话剧团
3.30	红色记忆	4	中国电视剧制作中心
3.30	独立寒秋	8	中央电视台、海南电视台
3.30	邓小平在1950	4	中央电视台、贵州电视剧制作中心
3.30	母亲的年代	5	中央电视台、重庆电视台
3.30	大明宫词	37	中央电视台
3.31	大男人,小男人	20	北京金童信息公司
4.3	茶妹情	3	浙江教育台
4.4	光荣街十号	15	中央电视台、辽宁电视台
4.4	山青青水青青	2	重庆电视台
4.5	翩翩小白鸽	4	中央电视台、南京电视台
4.5	红柳	2	中央电视台、山东影视中心
4.5	小城交警	7	中央电视台、北斗影视公司

续表

播出日期(月、日)	剧　　名	集数	主要制作单位
4.5	来自尧都的报道	2	山西电视台
4.6	天边有个威海卫	6	中央电视台、山东影视中心
4.6	秋落电话亭	2	中国电视剧制作中心
4.7	一个人的背影	2	中央电视台、山东影视中心
4.9	啊,山还是山	17	羊城铁路剧中心
4.10	漫记人间之红窗帘绿窗帘	1	宁波电视台
4.10	漫记人间之平安路	1	宁波电视台
4.10	沉浮	25	天华广告公司
4.10	狗缘	6	中国电视剧制作中心
4.11	民族之声	2	中央电视台、广东电视台、铁路文工团
4.11	为了明天	7	中央电视台、浙江关心桥影视公司
4.11	能不离最好还是别离	20	中央电视台、北京博润文化科技发展中心
4.12	老嘎包村记	20	中央电视台、大连电视剧制作中心
4.12	黄河渡	16	中国电视剧制作中心
4.13	红鹤	18	中央电视台、河北电影制片厂
4.14	裂缝	8	中国电视剧制作中心
4.20	红翻绳	6	中国电视剧制作中心
4.21	女子特警队	14	中国电视剧制作中心
4.24	漓江情缘	20	广西电影制片厂、桂林电视台、中央电视台

续表

播出日期(月、日)	剧　　名	集数	主要制作单位
4.24	刘三姐	14	中国国际文化艺术中心
4.26	小萝卜头	3	中央电视台、杭州电视台
5.2	三坊七巷	20	福建影视瞭望公司
5.3	不废江河	18	中国电视剧制作中心
5.3	新浮生六记	12	北京电影制片厂、大连柳岛经贸公司
5.31	壮志凌云	20	中国电视剧制作中心
6.5	有家好好过	18	济南电视台、金鹰公司
6.12	回家的路不再遥远	20	四川电视台
6.13	今天我是升旗手	7	中央电视台、江苏电视台
6.14	激情年代	21	上海影视公司、中国视协
6.15	凤阳小子朱元璋	20	中央电视台、北京电影制片厂
6.22	大地儿女	4	江苏电视台
6.25	惊涛	14	中央电视台、广东省委宣传部、广州电视台
6.25	十品官吴山羊	20	西安电视台
6.27	母亲	15	中国电视剧制作中心
7.4	快乐编剧班	25	中央电视台、山东影视中心
7.5	我要上学	1	河北影视中心
7.9	好人	4	陕西省委宣传部
7.10	忧乐万家	4	羊城铁路总公司
7.10	太平天国	46	中国电视剧制作中心
7.14	生命	3	中国电视剧制作中心
7.21	民族村里的年轻人	8	云南电视台

续表

播出日期(月、日)	剧　　名	集数	主要制作单位
7.27	晶莹大道	5	石家庄电视台
7.28	大富人家	20	中央电视台、煤矿文工团
8.9	乱世有情天	20	天津电视台、天津市人民艺术剧院
8.16	雪梅	2	海口电视台、洛阳石化厂
8.18	山村姑嫂情	2	南京电影制片厂、徐州电视台
8.21	关东腊月雪	2	辽宁电视剧制作中心
8.21	今生是亲人	32	中国电视剧制作中心
8.23	支点	8	抚顺纪委、抚顺总工会、抚顺电视台
8.31	永远的非洲	12	中央电视台、河南电视台、卫生部
9.7	母亲	5	北京青少年音像出版社
9.7	珍邮迷案	14	中国国际电视总公司
9.8	生死较量	20	郑州电视台
9.11	西部农家	27	中央电视台、宁夏电视台
9.13	情系霓裳	8	珠影厂电视剧部、虎门电视台、广东电视台
9.20	居委主任	20	中央电视台、上海影视有限公司、上海同乐文化公司
9.25	透亮的人生	8	河南银星公司
10.2	花开季节	2	浙江电影制片厂
10.2	家里比较烦	24	中央电视台、中国国际电视总公司上海分公司
10.3	惠安女	17	中央电视台、福建省委宣传部
10.3	光荣之旅	18	中央电视台、总后电视艺术中心
10.4	飞越	16	中国电视剧制作中心

续表

播出日期（月、日）	剧　　名	集数	主要制作单位
10.8	校园之星	18	中央电视台
10.12	情源	1	邢台电视台
10.13	九班的故事	20	中央电视台、中国广播学院
10.20	孙子兵法与三十六计	36	中央电视台、山东影视中心
10.23	遥远的春天	1	齐齐哈尔电视台
10.23	旅途	2	天山电影制片厂、新疆电视台
10.23	相约来世	2	中国电影公司、宁波文化分公司
10.25	爱情不是游戏	17	中国国际电视总公司
10.25	非常代价	20	中央电视台、吉林电视剧制作中心
11.2	水浒少年	18	山东电视剧制作中心
11.6	江湖笑面人	18	中央电视台、天津电影制片厂
11.8	刘伯温	18	温州电视台、温州天马公司
11.15	女人你的名字是什么	2	延边电视台
11.16	九龙圣母	3	河北艺术研究院
11.16	相依年年	2	中央电视台、大连电视台
11.17	小巷总理	2	中央电视台、大连电视台
11.20	暖流	2	连云港电视台
11.20	枣树沟	5	山西省委宣传部、黄河公司
11.20	少女的红发卡	6	中央电视台、北京博杰公司
11.20	开创世纪	20	中国国际电视总公司
11.22	如歌岁月	20	南京军区前线话剧团

续表

播出日期（月、日）	剧　　名	集数	主要制作单位
11.24	一代廉吏于成龙	19	中央纪委监察部电教中心、太原电视台
11.26	山情	2	安阳电视剧制作中心
11.28	孩子你要警惕	2	河北电视剧制作中心
11.29	咱是国粹	7	中央电视台、黑龙江影视中心
11.29	走近沂蒙	2	山东影视中心
11.30	马齿苋上任记	8	中央电视台、黑龙江影视中心
12.1	相约朝阳	13	北京北洗影视开发部
12.4	兄弟恩怨	20	中国国际电视总公司
12.8	贝加的樱桃班	3	苏州胥口房乡、上海永乐集团
12.11	悠悠寸草心	2	山东电影剧制作中心
12.11	晚霞不是梦	18	辽宁音像出版社
12.12	乾嘉巨案	4	中央电视台、杭州电视台、浙江越剧团
12.12	集体宿舍	40	中央电视台、长春电视台
12.18	绿宝石之恋	3	广电新视点节目制作中心
12.19	刑警没有浪漫	18	中央电视台、辽宁有线台
12.20	工商所长	3	鞍山电视台
12.23	波涛汹涌	15	中央电视台、海政艺术中心
12.25	打工日记	15	西安影视中心
12.29	漂亮女孩	20	中视股份有限公司

（影视部提供）

2000年中央电视台一、二、八套节目黄金时段播出电视剧一览表

一套黄金段

开播日期（月、日）	剧　目	集数	主要制作单位
1.3	突出重围	22	中央电视台、重庆电视台、成都军区
2.7	开心就好	3	中央电视台、雅迪星公司
2.8	西游记	16	中国电视剧制作中心
2.28	钢铁是怎样炼成的	20	中央电视台、深圳市委宣传部、中国国际电视总公司
3.24	嫂娘	7	中央电视台、中国国际电视总公司
4.4	光荣街十号	15	中央电视台、辽宁电视台
4.21	女子特警队	14	中国电视剧制作中心
5.31	壮志凌云	20	中国电视剧制作中心
6.25	惊涛	14	中央电视台、广州电视台、广州军区、广东省委宣传部
7.10	太平天国	46	中国电视剧制作中心
8.31	永远的非洲	12	中央电视台、河南电视台、卫生部
10.3	光荣之旅	18	中央电视台、总后电视艺术中心
10.25	非常代价	20	中央电视台、吉林电视剧制作中心
11.24	一代廉吏于成龙	19	中央纪委监察部电教中心、太原电视台
12.23	波涛汹涌	15	中央电视台、海政艺术中心

二套黄金段

开播日期（月、日）	剧　目	集数	主要制作单位
1.8	人往高处走	20	中央电视台、河南电视台
2.8	红旗漫卷西风	12	新疆党委国史学会
2.29	世纪公民	6	中央电视台、全总文工团
3.24	三选村官	4	民政部、长春电影制片厂
3.30	邓小平在1950	4	中央电视台、贵州电视剧制作中心
4.5	红柳	2	中央电视台、山东影视中心
4.7	一个人的背影	2	中央电视台、山东影视中心
4.11	民族之声	2	中央电视台、广东电视台、铁路文工团
4.13	钢铁是怎样炼成的	20	中央电视台、深圳市委宣传部、中国国际电视总公司
5.20	裂缝	8	中国电视剧制作中心
6.1	甲午陆战	8	中央电视台、辽宁电视台
6.14	激情年代	21	上海影视公司、中国视协

八套黄金段

开播日期（月、日）	剧　目	集数	主要制作单位
1.11	北京女人	20	中央电视台、北京文化艺术中心
1.22	2000年我们结婚	18	中央电视台、上海永乐公司求索社、武汉电视艺术中心
2.2	村主任李四平	13	中央电视台、山东影视中心
2.9	小东和我	1	广西壮族自治区公安厅

续表

开播日期(月、日)	剧　目	集数	主要制作单位
2.10	兵谣	14	中国电视剧制作中心
2.18	农家十二月	24	中国国际电视总公司
3.3	五爱街	16	沈阳电视台
3.13	家园	29	中央电视台、广东省委宣传部
3.29	影子	1	北京电影制片厂
3.30	大明宫词	37	中央电视台、中国国际电视总公司、中视荣信达公司
4.21	儿科医生	18	中央电视台、东西南北联合体
5.2	三坊七巷	20	福建影视瞭望公司
5.15	兄弟姐妹	16	中央电视台、长春电影制片厂
5.24	铁鹰行动	20	中央电视台
6.5	有家好好过	18	济南电视台、金鹰公司
6.15	凤阳小子朱元璋	20	南京远东大悟文化公司、北京电影制片厂
6.27	母亲	15	中国电视剧制作中心
7.5	我要上学	1	河北影视中心
7.6	雪乡	18	中央电视台、黑龙江黑天鹅公司
7.17	千秋之约	20	中央电视台、广州市委
7.28	大富人家	20	中央电视台、煤矿文工团

续表

开播日期(月、日)	剧　目	集数	主要制作单位
8.9	乱世有情天	20	天津台、天津人艺
8.21	今生是亲人	32	中国电视剧制作中心
9.8	生死较量	20	郑州电视台
9.20	居委主任	20	中央电视台、上海影视有限公司、上海同乐公司
10.2	家里比较烦	24	中央电视台、中国国际电视总公司上海分公司
10.16	孙子兵法与三十六计	36	中央电视台、山东影视中心
11.6	江湖笑面人	18	中央电视台、天津电影制片厂
11.16	相依年年	2	中央电视台、大连电视台
11.17	小巷总理	2	中央电视台、大连电视台
11.18	女兵甘甜	2	中央电视台、南京军区、沭阳电视台
11.20	红翻绳	6	中国电视剧制作中心
11.20	开创世纪	20	香港无线电视台
11.27	表演系的故事	20	北京艺朦公司
12.1	她从乡下来	4	中央电视台、上海文化公司
12.19	刑警没有浪漫	18	中央电视台、辽宁有线台
12.29	漂亮女孩	20	中视股份有限公司

（影视部提供）

2000年中央电视台译制片播出一览表

第一季度

播出日期（月、日）	栏目名称	片　名	时　长（分、秒）	国　别
1.1	国际影院	水晶鞋	90’27″	美国
1.1	佳艺剧场	正南方(6)	50’21″	加拿大
1.1	原声影视	哈维姑娘	104’05″	美国
1.2	世界名著名片欣赏	爱德华与辛普森夫人(1、2)	98’30″	英国
1.2	佳艺影院	我的两个爸爸	98’19″	法国
1.3	海外剧场	交响乐(8)	50’46″	法国
1.4	海外剧场	交响乐(9)	49’30″	法国
1.5	海外剧场	交响乐(10)	49’02″	法国
1.6	海外剧场	交响乐(11)	49’57″	法国
1.6	佳艺剧场	正南方(7)	50’27″	加拿大
1.7	海外剧场	交响乐(12)	49’46″	法国
1.7	佳艺剧场	正南方(8)	50’30″	加拿大
1.8	世界名著名片欣赏	爱德华与辛普森夫人(1、2)	96’44″	英国
1.8	国际影院	家庭像册(上)	76’41″	美国
1.8	佳艺剧场	正南方(9)	50’25″	加拿大
1.8	世界影视城	永恒的爱	90’15″	美国
1.8	原声影视	失踪之谜	92’54″	美国
1.9	国际影院	一曲未了情	124’39″	美国
1.9	正大剧场	危险恋情(上)	82’47″	美国
1.9	世界名著名片欣赏	爱德华与辛普森夫人(3、4)	100’04″	英国
1.9	佳艺影院	误区	91’35″	美国

续表

播出日期（月、日）	栏目名称	片　　名	时　长（分、秒）	国　别
1.10	海外剧场	交响乐(13)	49’42″	法国
1.11	海外剧场	交响乐(14)	50’49″	法国
1.12	海外剧场	交响乐(15)	51’15″	法国
1.13	海外剧场	交响乐(16)	50’08″	法国
1.13	佳艺剧场	正南方(10)	50’44″	加拿大
1.14	海外剧场	交响乐(17)	51’17″	法国
1.14	原声影视	别骗我	95’05″	美国
1.14	佳艺剧场	正南方(11)	49’16″	加拿大
1.15	佳艺剧场	正南方(12)	50’43″	加拿大
1.15	世界影视城	艾玛的心愿	90’24″	美国
1.15	世界名著名片欣赏	爱德华与辛普森夫人(3、4)	100’04″	英国
1.16	国际影院	爱的奉献	90’27″	德国
1.16	正大剧场	危险恋情(下)	82’47″	美国
1.16	世界名著名片欣赏	爱德华与辛普森夫人(5、6)	52′	英国
1.16	佳艺影院	不再洗澡	94’51″	美国
1.17	海外剧场	交响乐	50’30″	法国
1.18	海外剧场	罗宾汉新传(1)	42’18″	美国
1.19	海外剧场	罗宾汉新传(2)	44’09″	美国
1.20	海外剧场	罗宾汉新传(3)	44’15″	美国
1.20	佳艺剧场	正南方(13)	48’11″	加拿大
1.21	海外剧场	罗宾汉新传(4)	41’37″	美国
1.21	原声影视	莱西回家	88’37″	美国
1.21	佳艺剧场	正南方(14)	48’23″	加拿大
1.22	佳艺剧场	正南方(15)	48’07″	加拿大
1.22	世界影视城	美	89’51″	美国
1.22	国际影院	他们为祖国而战(上)	68’40″	前苏联

续表

播出日期（月、日）	栏目名称	片　名	时　长（分、秒）	国　别
1.23	国际影院	小小男子汉	92'26"	美国
1.23	世界名著名片欣赏	爱德华与辛普森夫人(7)	52'44"	英国
1.23	佳艺影院	少年的梦想	96'	加拿大
1.24	海外剧场	罗宾汉新传(5)	42'27"	美国
1.25	海外剧场	罗宾汉新传(6)	43'22"	美国
1.26	海外剧场	罗宾汉新传(7)	42'03"	美国
1.27	海外剧场	罗宾汉新传(8)	43'30"	美国
1.27	佳艺剧场	正南方(16)	50'27"	加拿大
1.28	海外剧场	罗宾汉新传(9)	44'21"	美国
1.28	原声影视	失踪之谜	92'54"	美国
1.28	佳艺剧场	正南方(17)	50'25"	加拿大
1.29	佳艺剧场	正南方(18)	49'38"	加拿大
1.29	世界影视城	洛根的战争	90'23"	美国
1.29	国际影院	野牛头硬币	63'31"	前苏联
1.30	国际影院	妈妈的选择	92'34"	法国
1.30	世界名著名片欣赏	枪手	96'38"	美国
1.30	佳艺影院	黄油小子	87'18"	美国
1.31	海外剧场	罗宾汉新传(10)	45'02"	法、美
2.1	海外剧场	罗宾汉新传(11)	44'22"	法、美
2.2	海外剧场	罗宾汉新传(12)	43'30"	法、美
2.3	海外剧场	罗宾汉新传(13)	42'31"	法、美
2.3	佳艺剧场	正南方(19)	46'38"	加拿大
2.4	海外剧场	罗宾汉新传(14)	42'44"	法、美
2.4	佳艺剧场	正南方(20)	49'16"	加拿大
2.4	原声影视	我的左脚	100'25"	意大利
2.5	佳艺剧场	正南方(21)	46'30"	加拿大

续表

播出日期（月、日）	栏目名称	片　　名	时　　长（分、秒）	国　别
2.5	国际影院	大矿囊——“归来”	88’28″	美国
2.5	世界影视城	和猩猩相遇的夏天	98’59″	加拿大
2.6	世界名著名片欣赏	演出船	108’59″	美国
2.6	佳艺影院	安格斯	84’48″	美国
2.7	海外剧场	罗宾汉新传(15)	43’30″	法、美
2.8	海外剧场	罗宾汉新传(16)	42’52″	法、美
2.9	海外剧场	罗宾汉新传(17)	43’25″	法、美
2.10	海外剧场	罗宾汉新传(18)	43’06″	法、美
2.10	佳艺剧场	正南方(22)	48’30″	加拿大
2.11	海外剧场	罗宾汉新传(19)	44’56″	法、美
2.11	佳艺剧场	正南方(23)	46’38″	加拿大
2.11	原声影视	一曲难忘	110’55″	美国
2.12	佳艺剧场	正南方(24)	49’16″	加拿大
2.12	世界影视城	宝贝杰森	93’40″	美国
2.12	国际影院	水晶鞋	90’27″	美国
2.13	世界名著名片欣赏	七对佳偶	104’11″	美国
2.13	佳艺影院	幸福是个谎言	89’08″	法国
2.14	海外剧场	罗宾汉新传(20)	42’24″	法、美
2.15	海外剧场	罗宾汉新传(21)	44’03″	法、美
2.16	海外剧场	罗宾汉新传(22)	43’50″	法、美
2.17	海外剧场	罗宾汉新传(23)	43’15″	法、美
2.17	佳艺剧场	英迪·布里顿神秘故事之一(1)(2)	55’	英国
2.18	原声影视	西线无战事	123’02″	美国
2.18	海外剧场	罗宾汉新传(24)	43’39″	法、美
2.18	佳艺剧场	英迪·布里顿神秘故事之一(3)(4)	55’02″	英国
2.19	国际影院	碍手碍脚的人	80’54″	法国

续表

播出日期（月、日）	栏目名称	片 名	时 长（分、秒）	国 别
2.19	佳艺剧场	英迪·布里顿神秘故事之一(1)(2)	55'	英国
2.19	世界影视城	爱的疑惑	82'23"	美国
2.20	世界名著名片欣赏	沉睡	114'59"	美国
2.20	佳艺影院	牙签焦尼	111'46"	意大利
2.20	国际影院	交响乐(1、2)	49'27" 49'59"	法国
2.21	海外剧场	罗宾汉新传(25)	43'39"	法、美
2.22	海外剧场	罗宾汉新传(26)	44'17"	法、美
2.23	海外剧场	莱茜(1)	47'05"	美国
2.24	海外剧场	莱茜(2)	47'38"	美国
2.24	佳艺剧场	英迪·布里顿神秘故事之二(3)(4)	53'23"	英国
2.25	海外剧场	莱茜(3)	47'33"	美国
2.25	佳艺剧场	英迪·布里顿神秘故事之三(1)(2)	53'24"	英国
2.25	原声影视	傲慢与偏见(1)(2)	110'03"	英国
2.26	佳艺剧场	英迪·布里顿神秘故事之三(3)(4)	53'23"	英国
2.26	世界影视城	银狼	94'51"	加拿大
2.26	国际影院	热雪	98'05"	前苏联
2.27	国际影院	交响乐(3、4)	48'50" 49'16"	法国
2.27	世界名著名片欣赏	王子与贫儿(1)(2)(3)	89'13"	英国
2.27	佳艺影院	守护约瑟芬(上)	89'34"	法国
2.28	海外剧场	莱茜(4)	47'37"	美国
2.29	海外剧场	莱茜(5)	47'34"	美国
3.1	海外剧场	莱茜(6)	47'31"	美国
3.2	佳艺剧场	英迪·布里顿神秘故事之四(1)(2)	55'23"	英国
3.2	海外剧场	莱茜(7)	47'34"	美国
3.3	海外剧场	莱茜(8)	47'33"	美国

续表

播出日期(月、日)	栏目名称	片　　名	时　　长(分、秒)	国　别
3.3	佳艺剧场	英迪·布里顿神秘故事之四(3)(4)	55'19"	英国
3.3	原声影视	傲慢与偏见(3)(4)	107'43"	英国
3.4	佳艺剧场	英迪·布里顿神秘故事之五(1)(2)	55'15"	英国
3.4	世界影视城	独角兽尼克	97'38"	英国
3.4	国际影院	自由时光(1)(2)	48'34" 46'11"	德国
3.5	世界名著名片欣赏	王子与贫儿(4)(5)(6)	88'23"	英国
3.5	佳艺影院	守护约瑟芬(下)	94'13"	法国
3.6	海外剧场	莱茜(9)	48'30"	美国
3.7	海外剧场	莱茜(10)	48'30"	美国
3.8	海外剧场	莱茜(11)	48'30"	美国
3.9	海外剧场	莱茜(12)	48'30"	美国
3.9	佳艺剧场	英迪·布里顿神秘故事之五(3)(4)	51'26"	英国
3.10	海外剧场	莱茜(13)	48'30"	美国
3.10	佳艺剧场	珍妮·丘吉尔夫人(1)	54'58"	英国
3.10	原声影视	傲慢与偏见(5)(6)	102'27"	英国
3.11	佳艺剧场	珍妮·丘吉尔夫人(2)	54'34"	英国
3.11	世界影视城	死亡攻击	83'25"	美国
3.11	国际影院	自由时光(3)(4)	46'13" 48'40"	德国
3.12	国际影院	交响乐(7)(8)	50'13" 50'46"	法国
3.12	世界名著名片欣赏	所罗门宝藏	105'41"	美国
3.12	佳艺影院	弥补	104'21	加拿大
3.13	海外剧场	莱茜(14)	48'30"	美国
3.14	海外剧场	莱茜(15)	48'30"	美国
3.15	海外剧场	莱茜(16)	48'30"	美国
3.16	海外剧场	莱茜(17)	48'30"	美国

续表

播出日期（月、日）	栏目名称	片　名	时　长（分、秒）	国　别
3.16	佳艺剧场	珍妮·丘吉尔夫人(3)	54'48"	英国
3.17	海外剧场	莱茜(18)	48'30"	美国
3.17	佳艺剧场	珍妮·丘吉尔夫人(4)	55'	英国
3.17	原声影视	猜猜谁来吃晚餐	106'57"	美国
3.18	佳艺剧场	珍妮·丘吉尔夫人(5)	54'35"	英国
3.18	世界影视城	老鲍伯	89'43"	美国
3.19	国际影院	交响乐(9)(10)	49'57" 50'46"	法国
3.19	世界名著名片欣赏	威尼斯商人	83'29"	英国
3.19	佳艺影院	阳光之子	113'37"	美国
3.20	海外剧场	莱茜(19)	48'30"	美国
3.21	海外剧场	莱茜(20)	48'30"	美国
3.22	海外剧场	莱茜(21)	48'30"	美国
3.23	海外剧场	莱茜(22)	48'30"	美国
3.23	佳艺剧场	珍妮·丘吉尔夫人(6)	54'24"	英国
3.24	海外剧场	莱茜(23)	48'30"	美国
3.24	世界名著名片欣赏	威尼斯商人	129'52"	英国
3.24	佳艺剧场	珍妮·丘吉尔夫人(7)	54'37"	英国
3.25	佳艺剧场	布兰维尔医生(1)	54'01"	英国
3.25	世界影视城	绝命赛	86'47"	美国
3.25	国际影院	自由时光(5)(6)	47'23" 45'24"	德国
3.26	国际影院	交响乐(11)(12)	49'57" 50'46"	德国
3.26	世界名著名片欣赏	未完成的机械钢琴曲	99'29"	俄罗斯
3.26	佳艺影院	大学男生	92'20"	美国
3.27	海外剧场	莱茜(24)	48'30"	美国
3.28	海外剧场	莱茜(25)	48'30"	美国

续表

播出日期（月、日）	栏目名称	片　　名	时　　长（分、秒）	国　别
3.29	海外剧场	莱茜(26)	48'30"	美国
3.30	海外剧场	爱与恨(1)	42'43"	墨西哥
3.30	佳艺剧场	布兰维尔医生(2)	53'51"	英国
3.31	海外剧场	爱与恨(2)	42'03"	墨西哥
3.31	佳艺剧场	布兰维尔医生(3)	54'"	英国
3.31	原声影视	金色池塘	107'42"	美国

第二季度

播出日期（月、日）	栏目名称	片　　名	时　　长（分、秒）	国　别
4.1	国际影院	交响乐(13)(14)	49'42" 50'49"	法国
4.1	佳艺剧场	布兰维尔医生(4)	53'22"	英国
4.1	世界影视城	与狮同行	97'24"	英国
4.2	国际影院	自由时光(7)(8)	46'32" 46'49"	德国
4.2	正大剧场	家园牧场(2)	47'	美国
4.2	世界名著名片欣赏	公主新娘	96'27"	美国
4.2	佳艺影院	绿色索维托	84'50"	南非
4.3	海外剧场	爱与恨(3)	42'12"	墨西哥
4.4	海外剧场	爱与恨(4)	41'44"	墨西哥
4.5	海外剧场	爱与恨(5)	41'28"	墨西哥
4.6	海外剧场	爱与恨(6)	42'51"	墨西哥
4.6	佳艺剧场	布兰维尔医生(5)	53'57"	英国
4.7	佳艺剧场	布兰维尔医生(6)	54'51"	英国
4.7	原声影视	戒指(上)	86'36"	英国
4.7	海外剧场	爱与恨(7)	42'49"	墨西哥
4.8	佳艺剧场	布兰维尔医生(7)	54'53"	英国
4.8	世界影视城	穿黑色长袍的律师	102'18"	法国

续表

播出日期（月、日）	栏目名称	片 名	时 长（分、秒）	国 别
4.9	国际影院	交响乐(15)(16)	51'15" 50'09"	法国
4.9	正大剧场	家园牧场(3)	47'	美国
4.9	佳艺影院	午夜出租车	101'07"	法国
4.10	海外剧场	爱与恨(8)	41'38"	墨西哥
4.11	海外剧场	爱与恨(9)	42'10"	墨西哥
4.12	海外剧场	爱与恨(10)	42'42"	墨西哥
4.13	海外剧场	爱与恨(11)	43'11"	墨西哥
4.13	佳艺剧场	布兰维尔医生(8)	55'28"	英国
4.14	原声影视	戒指(下)	86'36"	英国
4.14	佳艺剧场	布兰维尔医生(9)	55'33"	英国
4.14	海外剧场	爱与恨(12)	43'18"	墨西哥
4.15	佳艺剧场	布兰维尔医生(10)	5'27"	英国
4.15	国际影院	警察与小偷	95'14"	俄罗斯
4.16	正大剧场	家园牧场(4)	47'	美国
4.16	国际影院	交响乐(17)(18)	51'17" 50'50"	法国
4.16	世界名著名片欣赏	艾凡赫(1)(2)	51'47" 49'22"	英国
4.16	佳艺影院	危险的边缘	94'44"	美国
4.17	海外剧场	爱与恨(13)	42'47"	墨西哥
4.18	海外剧场	爱与恨(14)	43'09"	墨西哥
4.19	海外剧场	爱与恨(15)	43'31"	墨西哥
4.20	海外剧场	爱与恨(16)	42'37"	墨西哥
4.20	佳艺剧场	布兰维尔医生(11)	54'56"	英国
4.21	海外剧场	爱与恨(17)	44'04"	墨西哥

续表

播出日期（月、日）	栏目名称	片　　名	时　长（分、秒）	国　别
4.21	佳艺剧场	布兰维尔医生(12)	55'42"	英国
4.21	原声影视	根——续集"礼物"	92'54"	美国
4.22	佳艺剧场	布兰维尔医生(13)	55'22"	英国
4.22	世界影视城	银狼	94'51"	加拿大
4.22	国际影院	小小男子汉	92'26"	美国
4.23	国际影院	布莱吉夫妇	116'	美国
4.23	世界名著名片欣赏	艾凡赫(3)(4)	52' 49'13"	英国
4.23	佳艺影院	我的两个爸爸	98'19"	法国
4.24	海外剧场	爱与恨(18)	42'38"	墨西哥
4.25	海外剧场	爱与恨(19)	39'38"	墨西哥
4.26	海外剧场	爱与恨(20)	40'24"	墨西哥
4.27	海外剧场	金色鸟笼(1)	39'13"	墨西哥
4.27	佳艺剧场	布兰维尔医生(14)	55'10"	英国
4.28	海外剧场	金色鸟笼(2)	40'48"	墨西哥
4.28	佳艺剧场	布兰维尔医生(15)	54'52"	英国
4.28	原声影视	南北乱世情(1)	87'38"	美国
4.29	佳艺剧场	布兰维尔医生(16)	54'38"	英国
4.29	世界影视城	永恒的爱	90'15"	美国
4.30	国际影院	黄牌警告(1)(2)	47'06" 46'08"	日本
4.30	世界名著名片欣赏	艾凡赫(5)(6)	51'48" 49'16"	英国
4.30	佳艺影院	爪子	86'39"	英国
5.1	海外剧场	金色鸟笼(3)	40'42"	墨西哥
5.2	海外剧场	金色鸟笼(4)	42'01"	墨西哥
5.3	海外剧场	金色鸟笼(5)	41'55"	墨西哥

续表

播出日期（月、日）	栏目名称	片　名	时　长（分、秒）	国　别
5.4	海外剧场	金色鸟笼(6)	42'10"	墨西哥
5.5	海外剧场	金色鸟笼(7)	43'15"	墨西哥
5.4	佳艺剧场	布兰维尔医生(17)	56'05"	英国
5.5	佳艺剧场	布兰维尔医生(18)	56'03"	英国
5.5	原声影视	南北乱世情(2)	89'55"	美国
5.6	佳艺剧场	布兰维尔医生(19)	55'23"	英国
5.6	世界影视城	女护士玛丽——血检“阳性”	96'52"	法国
5.6	国际影院	蓝调爱尔兰(1)	53'04"	英国
5.7	国际影院	黄牌警告(3)(4)	46'42" 46'20"	日本
5.7	世界名著名片欣赏	歌王乔尔森(上)	69'20"	美国
5.7	佳艺影院	待到重逢时(1)	98'02"	美国
5.8	海外剧场	金色鸟笼(8)	41'43"	墨西哥
5.9	海外剧场	金色鸟笼(9)	41'19"	墨西哥
5.10	海外剧场	金色鸟笼(10)	41'54"	墨西哥
5.11	海外剧场	金色鸟笼(11)	41'26"	墨西哥
5.11	佳艺剧场	布兰维尔医生(20)	55'46"	英国
5.12	海外剧场	金色鸟笼(12)	41'37"	墨西哥
5.12	佳艺剧场	布兰维尔医生(21)	55'16"	英国
5.12	原声影视	南北乱世情(3)	90'24"	美国
5.13	佳艺剧场	布兰维尔医生(22)	55'55"	英国
5.13	世界影视城	海豹突击队	92'49"	澳大利亚
5.13	国际影院	蓝调爱尔兰(2)	50'31"	英国
5.14	国际影院	黄牌警告(5)(6)	46'19" 46'53"	日本
5.14	世界名著名片欣赏	歌王乔尔森(下)	66'09"	美国

续表

播出日期（月、日）	栏目名称	片　　名	时　长（分、秒）	国　别
5.14	佳艺影院	待到重逢时(2)	97'32"	美国
5.15	海外剧场	金色鸟笼(13)	42'02"	墨西哥
5.16	海外剧场	金色鸟笼(14)	41'45"	墨西哥
5.17	海外剧场	金色鸟笼(15)	43'29"	墨西哥
5.18	海外剧场	金色鸟笼(16)	41'37"	墨西哥
5.18	佳艺剧场	布兰维尔医生(23)	55'26"	英国
5.19	海外剧场	金色鸟笼(17)	42'	墨西哥
5.19	原声影视	火狐 117	95'47"	美国
5.19	佳艺剧场	伪装者——死者的报复	50'51"	英国
5.20	佳艺剧场	伪装者——智斗大盗	49'44"	英国
5.20	世界影视城	美	89'51"	美国
5.20	国际影院	蓝调爱尔兰(3)(4)	100'	英国
5.21	世界名著名片欣赏	威尼斯商人	83'20"	英国
5.21	佳艺影院	待到重逢时(3)	96'08"	美国
5.22	海外剧场	金色鸟笼(18)	42'39"	墨西哥
5.23	海外剧场	金色鸟笼(19)	42'"	墨西哥
5.24	海外剧场	金色鸟笼(20)	42'27"	墨西哥
5.25	海外剧场	金色鸟笼(21)	42'30"	墨西哥
5.25	佳艺剧场	伪装者——救援者的遗憾	49'09"	英国
5.26	海外剧场	金色鸟笼(22)	35'15"	墨西哥
5.26	佳艺剧场	伪装者——失踪的模特	49'06"	英国
5.26	原声影视	恐惧的代价(上)	75'	美国
5.27	佳艺剧场	伪装者——走出阴影	49'09"	英国
5.27	世界影视城	公司(上)	76'24"	日本
5.27	国际影院	忠诚卫士(序)	92'26"	美国

续表

播出日期（月、日）	栏目名称	片　　名	时　长（分、秒）	国　别
5.28	国际影院	黄牌警告(7)(8)	47'10" 47'20"	日本
5.28	世界名著名片欣赏	七对佳偶	104'11"	美国
5.28	佳艺影院	误区	92'52"	英国
5.29	海外剧场	金色鸟笼(23)	42'41"	墨西哥
5.30	海外剧场	金色鸟笼(24)	41'54"	墨西哥
5.31	海外剧场	金色鸟笼(25)	42'05"	墨西哥
6.1	佳艺剧场	伪装者——偷梁换柱	48'45"	英国
6.1	海外剧场	金色鸟笼(26)	414'57"	墨西哥
6.2	海外剧场	金色鸟笼(27)	42'13"	墨西哥
6.2	佳艺剧场	伪装者——没有结束的战争	49'04"	英国
6.2	原声影视	恐惧的代价(下)	75'	法国
6.3	佳艺剧场	伪装者——意外惊喜	49'04"	英国
6.3	世界影视城	公司(2)	76'23"	日本
6.3	国际影院	忠诚卫士(1)(2)	45'10" 46'42"	英国
6.4	国际影院	黄牌警告(9)(10)	47'18" 47'35"	日本
6.4	世界名著名片欣赏	哈克贝里·费恩历险记	93'35"	美国
6.4	佳艺影院	乡村女孩	105'21"	英国
6.5	海外剧场	金色鸟笼(28)	42'40"	墨西哥
6.6	海外剧场	金色鸟笼(29)	42'40"	墨西哥
6.7	海外剧场	金色鸟笼(30)	41'57"	墨西哥
6.8	海外剧场	金色鸟笼(31)	41'48"	墨西哥
6.8	佳艺剧场	伪装者——伊戈尔的秘密	50'14"	美国
6.9	海外剧场	金色鸟笼(32)	42'11"	墨西哥
6.9	佳艺剧场	伪装者——危险	50'13"	美国

续表

播出日期（月、日）	栏目名称	片　名	时　长（分、秒）	国　别
6.9	原声影视	红磨坊	117’31″	美国
6.10	佳艺剧场	伪装者——情人贾罗德	49’16″	美国
6.10	世界影视城	公司(3)	76’43″	日本
6.11	国际影院	黄牌警告(11)(12)	47’44″ 47’41″	日本
6.11	世界名著名片欣赏	柴可夫斯基(上)	75’03″	日本
6.11	佳艺影院	幸运人生(1)	96’53″	英国
6.12	海外剧场	金色鸟笼(33)	41’46″	墨西哥
6.13	海外剧场	金色鸟笼(34)	41’42″	墨西哥
6.14	海外剧场	金色鸟笼(35)	42’02″	墨西哥
6.15	海外剧场	金色鸟笼(36)	40’54″	墨西哥
6.15	佳艺剧场	伪装者——印第安游戏	45’53″	美国
6.16	海外剧场	金色鸟笼(37)	41’21″	墨西哥
6.16	佳艺剧场	伪装者——沉冤得雪	47’58″	美国
6.16	原声影视	油炸绿番茄	124’23″	美国
6.17	佳艺剧场	伪装者——我是谁	47’03″	美国
6.17	世界影视城	蓝色警官——女人的天下 蓝色警官——日记	47’03″ 42’35″	澳大利亚
6.18	国际影院	黄牌警告(13)	46’49″	日本
6.18	世界名著名片欣赏	柴可夫斯基(下)	76’17″	俄罗斯
6.18	佳艺影院	幸运人生(2)	91’33″	英国
6.19	海外剧场	金色鸟笼(38)	42’49″	墨西哥
6.20	海外剧场	金色鸟笼(39)	42’45″	墨西哥
6.21	海外剧场	金色鸟笼(40)	43’47″	墨西哥
6.22	海外剧场	奥尔特城堡饭店(1)	45’44″	奥地利
6.22	佳艺剧场	伪装者——爱的力量	49’58″	英国

续表

播出日期（月、日）	栏目名称	片　　名	时　　长（分、秒）	国　别
6.23	海外剧场	奥尔特城堡饭店(2)	44'47"	奥地利
6.23	佳艺剧场	伪装者——沉默	49'56"	英国
6.23	原声影视	德克萨斯的公证(上)	90'18"	美国
6.24	佳艺剧场	伪装者——谁之过	49'02"	英国
6.24	世界影视城	蓝色警官——精彩镜头 蓝色警官——弃婴	45'45" 44'02"	澳大利亚
6.24	国际影院	忠诚卫士(4)(5)	46'36" 46'05"	英国
6.25	国际影院	胜者为王(序)	84'10"	德国
6.25	世界名著名片欣赏	父与子(1)	77'15"	俄罗斯
6.25	佳艺影院	幸运人生(3)	99'13"	英国
6.26	海外剧场	奥尔特城堡饭店(3)	45'09"	奥、德
6.27	海外剧场	奥尔特城堡饭店(4)	45'	奥、德
6.28	海外剧场	奥尔特城堡饭店(5)	45'07"	奥、德
6.29	海外剧场	奥尔特城堡饭店(6)	45'04"	奥、德
6.29	佳艺剧场	伪装者——小镇惊魂	50'02"	英国
6.30	佳艺剧场	伪装者——同病相怜	49'20"	英国
6.30	海外剧场	奥尔特城堡饭店(7)	45'05"	奥、德
6.30	原声影视	德克萨斯的公证(下)	90'56"	美国

第三季度

播出日期（月、日）	栏目名称	片　　名	时　　长（分、秒）	国　别
7.1	国际影院	胜者为王(1)(2)	47'25" 47'13"	德国
7.1	佳艺剧场	伪装者——银行	49'44"	英国
7.1	世界影视城	蓝色警官——制造误会 蓝色警官——玛吉的执着	46'36" 44'07"	澳大利亚

续表

播出日期（月、日）	栏目名称	片　　名	时　长（分、秒）	国　别
7.2	国际影院	忠诚卫士(6)(7)	46'22" 43'54"	英国
7.2	世界名著名片欣赏	父与子(2)	69'59"	俄罗斯
7.2	佳艺影院	幸运人生(4)	95'03"	英国
7.3	海外剧场	奥尔特城堡饭店(8)	45'	奥、德
7.4	海外剧场	奥尔特城堡饭店(9)	45'	奥、德
7.5	海外剧场	奥尔特城堡饭店(10)	45'	奥、德
7.6	海外剧场	奥尔特城堡饭店(11)	45'	奥、德
7.6	佳艺剧场	伪装者——血缘之谜(上)	49'33"	英国
7.7	海外剧场	奥尔特城堡饭店(12)	45'	奥、德
7.7	佳艺剧场	伪装者——血缘之谜(下)	49'33"	英国
7.7	原声影视	巴黎圣母院	99'20"	加拿大
7.8	佳艺剧场	真假明星(1)(2)	27'53" 26'57"	澳大利亚
7.8	世界影视城	蓝色警官——节外生枝 蓝色警官——走出迷雾	47'11" 42'51"	澳大利亚
7.9	正大剧场	为了萨拉(全剧)	90'	美国
7.9	世界名著名片欣赏	父与子(3)	72'01"	俄罗斯
7.9	佳艺影院	宠妃	99'18"	美国
7.10	海外剧场	奥尔特城堡饭店(13)	45'53"	奥、德
7.11	海外剧场	奥尔特城堡饭店(14)	45'30"	奥、德
7.12	海外剧场	奥尔特城堡饭店(15)	45'35"	奥、德
7.13	海外剧场	奥尔特城堡饭店(16)	45'34"	奥、德
7.13	佳艺剧场	真假明星(3)(4)	55'30"	澳大利亚
7.14	海外剧场	奥尔特城堡饭店(17)	45'21"	奥、德
7.14	佳艺剧场	真假明星(5)(6)	27'50" 27'41"	澳大利亚
7.14	原声影视	演出船	110'55"	美国

续表

播出日期（月、日）	栏目名称	片　名	时　长（分、秒）	国　别
7.15	佳艺剧场	真假明星(7)(8)	27'55" 28'02"	澳大利亚
7.15	世界影视城	蓝色警官——谁是黑客 蓝色警官——心灵的创伤	46'52" 43'06"	澳大利亚
7.16	世界名著名片欣赏	父与子(4)	67'01"	俄罗斯
7.16	佳艺影院	帕达场	88'44"	法国
7.18	海外剧场	奥尔特城堡饭店(19)	45'30"	奥、德
7.19	海外剧场	奥尔特城堡饭店(20)	45'30"	奥、德
7.20	海外剧场	奥尔特城堡饭店(21)	45'30"	奥、德
7.20	佳艺剧场	真假明星(9)(10)	28'18" 21'36"	澳大利亚
7.21	海外剧场	奥尔特城堡饭店(22)	45'30"	奥、德
7.21	佳艺剧场	真假明星(11)(12)	28'18" 28'02"	澳大利亚
7.21	原声影视	居里夫人	123'45"	美国
7.22	海外剧场	奥尔特城堡饭店(18)	45'30"	奥、德
7.22	佳艺剧场	真假明星(13)(14)	31'15" 25'	澳大利亚
7.22	世界影视城	蓝色警官——鸡场之争 蓝色警官——广播之外	46'38" 42'45"	澳大利亚
7.23	世界名著名片欣赏	乱(上)	77'23"	日本
7.23	佳艺影院	玛丽·里斯特	90'03"	法国
7.24	海外剧场	奥尔特城堡饭店(23)	45'30"	奥、德
7.25	海外剧场	奥尔特城堡饭店(24)	45'30"	奥、德
7.26	海外剧场	奥尔特城堡饭店(24)	45'30"	奥、德
7.27	海外剧场	奥尔特城堡饭店(24)	45'30"	奥、德
7.27	佳艺剧场	白芳(1)(2)	48'50"	加拿大
7.28	海外剧场	奥尔特城堡饭店(24)	45'30"	奥、德
7.28	佳艺剧场	白芳(3)(4)	48'51"	加拿大

续表

播出日期（月、日）	栏目名称	片　　名	时　　长（分、秒）	国　别
7.29	佳艺剧场	白芳(5)(6)	48’53″	加拿大
7.29	世界影视城	蓝色警官——噩梦醒来 蓝色警官——秘密(上)	46’42″ 43’27″	澳大利亚
7.30	世界名著名片欣赏	乱(下)	81’37″	日本
7.30	佳艺影院	昨天、今天、明天	75’41″	意大利
7.31	海外剧场	奥尔特城堡饭店(28)	45’30″	墨西哥
8.1	海外剧场	情意绵绵(1)	46’12″	墨西哥
8.2	海外剧场	情意绵绵(2)	43’03″	墨西哥
8.3	海外剧场	情意绵绵(3)	43’55″	墨西哥
8.3	佳艺剧场	白芳(7)(8)	50’28″	加拿大
8.4	海外剧场	情意绵绵(4)	43’22″	墨西哥
8.4	佳艺剧场	白芳(9)(10)	50’28″	加拿大
8.4	原声影视	皇家婚礼	92’22″	美国
8.5	佳艺剧场	白芳(11)(12)	50’29″	加拿大
8.5	世界影视城	蓝色警官——秘密(下) 蓝色警官——小号一桩	46’11″ 45’15″	澳大利亚
8.6	正大剧场	联邦女特工	93’20″	美国
8.6	世界名著名片欣赏	毕业生	103’10″	美国
8.6	佳艺影院	动物乐园——狼之夜	97’22″	法国
8.7	海外剧场	情意绵绵(5)	43’30″	墨西哥
8.8	海外剧场	情意绵绵(6)	43’15″	墨西哥
8.9	海外剧场	情意绵绵(7)	43’20″	墨西哥
8.10	海外剧场	情意绵绵(8)	42’55″	墨西哥
8.10	佳艺剧场	白芳(13)(14)	49’21″	加拿大
8.10	国际影院	忠诚卫士(1)(2)	45’10″ 46’08″	加拿大
8.11	海外剧场	情意绵绵(9)	43’06″	墨西哥
8.11	佳艺剧场	白芳(15)(16)	49’24″	加拿大

续表

播出日期（月、日）	栏目名称	片　名	时　长（分、秒）	国　别
8.11	原声影视	呼啸山庄	115'37"	英国
8.12	佳艺剧场	白芳(17)(18)	50'13"	加拿大
8.12	世界影视城	蓝色警官——一场风波 蓝色警官——变味的鱼	45'50" 42'33"	澳大利亚
8.13	正大剧场	弱者的呐喊	87'27"	墨西哥
8.13	世界名著名片欣赏	罗马帝国的衰落(上)	95'01"	英、意
8.13	佳艺影院	真相	103'41"	澳大利亚
8.14	海外剧场	情意绵绵(10)	43'02"	墨西哥
8.15	海外剧场	情意绵绵(11)	42'18"	墨西哥
8.16	海外剧场	情意绵绵(12)	42'55"	墨西哥
8.17	海外剧场	情意绵绵(13)	43'12"	墨西哥
8.17	佳艺剧场	白芳(19)(20)	51'46"	加拿大
8.18	海外剧场	情意绵绵(14)	43'42"	墨西哥
8.18	佳艺剧场	白芳(21)(22)	51'44"	加拿大
8.18	原声影视	七对佳偶	100'48"	美国
8.19	佳艺剧场	白芳(23)(24)	51'10"	加拿大
8.19	世界影视城	蓝色警官——绝非天生 蓝色警官——新婚空袭警报	46' 59'	澳大利亚、韩国
8.20	正大剧场	荆棘鸟——离别的岁月(上)	86'05"	澳大利亚
8.20	世界名著名片欣赏	罗马帝国的衰落(下)	89'22"	英、意
8.20	佳艺影院	命运信使	101'45"	法国
8.21	海外剧场	情意绵绵(15)	43'18"	墨西哥
8.22	海外剧场	情意绵绵(16)	43'02"	墨西哥
8.23	海外剧场	情意绵绵(17)	43'36"	墨西哥
8.24	海外剧场	情意绵绵(18)	43'31"	墨西哥
8.24	佳艺剧场	白芳(25)	50'44"	加拿大
8.24	国际影院	忠诚卫士(6)(7)	46'30" 43'54"	英国

续表

播出日期（月、日）	栏目名称	片　　名	时　　长（分、秒）	国　别
8.25	海外剧场	情意绵绵(19)	43'38"	墨西哥
8.25	原声影视	沉睡	117'27"	美国
8.25	佳艺剧场	艾玛·哈特(1)	56'35"	英国
8.26	世界影视城	为正义而战	89'15"	美国
8.26	佳艺剧场	艾玛·哈特(2)	52'40"	英国
8.27	正大剧场	荆刺鸟——离别的岁月(下)	85'55"	澳大利亚
8.27	世界名著名片欣赏	爱丽丝漫游记	93'24"	英国
8.27	佳艺影院	爵士歌手	113'18"	美国
8.28	海外剧场	情意绵绵(20)	42'44"	墨西哥
8.29	海外剧场	瓦伦蒂娜(1)	46'50"	墨西哥
8.30	海外剧场	瓦伦蒂娜(2)	46'48"	墨西哥
8.31	海外剧场	瓦伦蒂娜(3)	40'01"	墨西哥
8.31	佳艺剧场	艾玛·哈特(3)	54'00"	英国
8.31	国际影院	忠诚卫士(8)(9)	47'43" 38'04"	英国
9.1	原声影视	乱世佳人(上)	100'30"	美国
9.1	海外剧场	瓦伦蒂娜(4)	43'50"	墨西哥
9.1	佳艺剧场	艾玛·哈特(4)	55'47"	英国
9.2	佳艺剧场	艾玛·哈特(5)	55'04"	英国
9.2	世界影视城	女护士玛丽——沉默的代价	91'05"	法国
9.3	正大剧场	失而复得	82'32"	美国
9.3	世界名著名片欣赏	庞贝古城的末日(1)	111'09"	美国
9.3	佳艺影院	霍夫曼的爱情	127'01"	美国
9.4	海外剧场	瓦伦蒂娜(5)	41'04"	墨西哥
9.5	海外剧场	瓦伦蒂娜(6)	47'54"	墨西哥
9.6	海外剧场	瓦伦蒂娜(7)	35'31"	墨西哥
9.7	海外剧场	瓦伦蒂娜(8)	46'03"	墨西哥

续表

播出日期(月、日)	栏目名称	片 名	时 长(分、秒)	国 别
9.7	佳艺剧场	艾玛·哈特(6)	52'41"	英国
9.7	国际影院	忠诚卫士(10)(11)	47'32" 39'30"	英国
9.8	海外剧场	瓦伦蒂娜(9)	45'23"	墨西哥
9.8	佳艺剧场	留住梦想(1)	59'27"	英国
9.9	佳艺剧场	留住梦想(2)	51'51"	英国
9.9	世界影视城	古董商路易	93'26"	法国
9.9	原声影视	乱世佳人(下)	117'23"	美国
9.10	正大剧场	佩皮塔	84'23"	法国
9.10	世界名著名片欣赏	庞贝古城的末日(2)	123'14"	美国
9.10	佳艺影院	金葡萄	97'19"	法国
9.11	海外剧场	瓦伦蒂娜(10)	46'	墨西哥
9.12	海外剧场	瓦伦蒂娜(11)	46'	墨西哥
9.13	海外剧场	瓦伦蒂娜(12)	46'	墨西哥
9.14	海外剧场	瓦伦蒂娜(13)	46'	墨西哥
9.14	佳艺剧场	留住梦想(3)	58'06"	英国
9.14	国际影院	白衣天使(1)	93'44"	法国
9.15	海外剧场	瓦伦蒂娜(14)	46'	墨西哥
9.15	佳艺剧场	留住梦想(4)	53'06"	英国
9.15	原声影视	远离尘嚣(1)(2)	56'30" 42'57"	英国
9.16	佳艺剧场	英迪·布里顿冒险系列——岛上冒险(1)(2)	55'48"	新西兰
9.16	世界影视城	酿酒人的故事	83'37"	美国
9.17	世界名著名片欣赏	庞贝古城的末日(3)	91'20"	美国
9.17	佳艺影院	午夜出租车	101'07"	法国
9.18	海外剧场	瓦伦蒂娜(15)	45'52"	墨西哥
9.19	海外剧场	瓦伦蒂娜(16)	46'36"	墨西哥
9.20	海外剧场	瓦伦蒂娜(17)	48'24"	墨西哥

续表

播出日期（月、日）	栏目名称	片　　名	时　长（分、秒）	国　别
9.21	海外剧场	瓦伦蒂娜(18)	48'19"	墨西哥
9.21	佳艺剧场	英迪·布里顿冒险系列——岛上冒险(3) 英迪·布里顿冒险系列——海上冒险(1)	28'15" 28'14"	新西兰
9.21	国际影院	白衣天使(2)	91'	法国
9.22	海外剧场	瓦伦蒂娜(19)	48'13"	墨西哥
9.22	佳艺剧场	英迪·布里顿冒险系列——海上冒险(2) 英迪·布里顿冒险系列——海上冒险(3)	28'08" 28'10"	新西兰
9.22	原声影视	远离尘嚣(3)(4)	55'27" 53'10"	英国
9.23	佳艺剧场	英迪·布里顿冒险系列——船上冒险(1) 英迪·布里顿冒险系列——船上冒险(2)	28'11" 28'16"	新西兰
9.23	世界影视城	野岛真情	104'13"	法国
9.24	正大剧场	真情抉择	92'05"	法国
9.24	世界名著名片欣赏	消失的女人	94'13"	英国
9.24	佳艺影院	梦幻妈妈	92'30"	美国
9.25	海外剧场	瓦伦蒂娜(20)	48'45"	墨西哥
9.26	海外剧场	瓦伦蒂娜(21)	47'41"	墨西哥
9.27	海外剧场	瓦伦蒂娜(22)	49'33"	墨西哥
9.28	海外剧场	瓦伦蒂娜(23)	47'28"	墨西哥
9.28	佳艺剧场	英迪·布里顿冒险系列——船上冒险(3) 英迪·布里顿冒险系列——山上冒险(1)	28'10" 27'42"	新西兰
9.28	国际影院	白衣天使(3)	96'02"	法国
9.29	海外剧场	瓦伦蒂娜(24)	45'46"	墨西哥
9.29	佳艺剧场	英迪·布里顿冒险系列——山上冒险(2) 英迪·布里顿冒险系列——山上冒险(3)	28'14" 27'58"	新西兰
9.29	原声影视	再见,奇普斯先生(上)	73'30"	美国
9.30	世界影视城	众所瞩目	91'56"	澳大利亚
9.30	佳艺剧场	英迪·布里顿冒险系列——河上冒险(1) 英迪·布里顿冒险系列——河上冒险(2)	28'05" 27'50"	新西兰

第四季度

播出日期（月、日）	栏目名称	片　　名	时　　长（分、秒）	国　别
10.1	正大剧场	心灵的冒险	89’16″	德国
10.1	世界名著名片欣赏	紫色平愿	100’03″	美国
10.1	佳艺影院	玛丽安娜的生活（上）	87’15″	美国
10.2	海外剧场	瓦伦蒂娜（25）	47’56″	墨西哥
10.3	海外剧场	瓦伦蒂娜（26）	48’31″	墨西哥
10.4	海外剧场	瓦伦蒂娜（27）	42’50″	墨西哥
10.5	海外剧场	瓦伦蒂娜（28）	45’30″	墨西哥
10.5	国际影院	白衣天使（4）	92’11″	法国
10.5	佳艺剧场	英迪·布里顿冒险系列——河上冒险（3） 英迪·布里顿冒险系列——山谷冒险（1）	28’07″ 27’28″	新西兰
10.6	海外剧场	瓦伦蒂娜（29）	48’10″	墨西哥
10.6	原声影视	再见，奇普斯先生（下）	73’20″	美国
10.6	佳艺剧场	英迪·布里顿冒险系列——山谷冒险（2） 英迪·布里顿冒险系列——山谷冒险（3）	28’13″ 27’58″	新西兰
10.7	佳艺剧场	隐城历险（1）（2）	27’08″ 26’51″	美国
10.7	世界影视城	新生	88’10″	美国
10.8	正大剧场	圣诞的真谛	9’50″	美国
10.8	世界名著名片欣赏	丛林之书	104’15″	英国
10.8	佳艺影院	玛丽安娜的生活（下）	96’26″	法国
10.9	海外剧场	瓦伦蒂娜（30）	49’33″	墨西哥
10.10	海外剧场	瓦伦蒂娜（31）	49’13″	墨西哥
10.11	海外剧场	瓦伦蒂娜（32）	49’17″	墨西哥
10.12	海外剧场	瓦伦蒂娜（33）	45’27″	墨西哥
10.12	佳艺剧场	隐城历险（3）（4）	27’04″ 26’30″	美国

续表

播出日期（月、日）	栏目名称	片　　名	时　长（分、秒）	国　别
10.12	国际影院	白衣天使(5)	93’38″	法国
10.13	海外剧场	瓦伦蒂娜(34)	49’13″	墨西哥
10.13	佳艺剧场	隐城历险(5)(6)	27’37″ 26’18″	美国
10.13	原声影视	布莱吉夫妇	116’	美国
10.14	佳艺剧场	隐城历险(7)(8)	27’20″ 26’37″	美国
10.14	世界影视城	潘德拉时钟(上)	88’01″	美国
10.15	正大剧场	全新的我	86’55″	美国
10.15	世界名著名片欣赏	艾凡赫(1)(2)	51’47″ 49’22″	英国
10.15	佳艺影院	海岛迷雾	102’43″	英国
10.16	海外剧场	瓦伦蒂娜(35)	48’34″	墨西哥
10.17	海外剧场	瓦伦蒂娜(36)	46’58″	墨西哥
10.18	海外剧场	瓦伦蒂娜(37)	50’33″	墨西哥
10.19	海外剧场	瓦伦蒂娜(38)	44’10″	墨西哥
10.19	国际影院	白衣天使(6)	89’31″	法国
10.19	佳艺剧场	隐城历险(9)(10)	26’47″ 26’15″	美国
10.20	海外剧场	瓦伦蒂娜(39)	44’06″	墨西哥
10.20	佳艺剧场	隐城历险(11)(12)	27’14″ 26’49″	美国
10.20	原声影视	德伯韦尔家的苔丝(上)	87’08″	英国
10.21	佳艺剧场	隐城历险(13)(14)	27’05″ 26’32″	美国
10.21	世界影视城	潘德拉时钟(下)	88’13″	美国
10.22	世界名著名片欣赏	艾凡赫(3)(4)	52’ 49’13″	英国
10.22	佳艺影院	金矿	124’06″	英国
10.23	海外剧场	瓦伦蒂娜(40)	49’48″	墨西哥

续表

播出日期（月、日）	栏目名称	片　名	时　长（分、秒）	国　别
10.24	海外剧场	瓦伦蒂娜(41)	48'29"	墨西哥
10.25	海外剧场	瓦伦蒂娜(42)	47'33"	墨西哥
10.26	海外剧场	瓦伦蒂娜(43)	48'	墨西哥
10.26	佳艺剧场	隐城历险(15)(16)	26'49" 25'34"	美国
10.26	国际影院	战前谍影	103'47"	英国
10.27	海外剧场	瓦伦蒂娜(44)	46'50"	墨西哥
10.27	佳艺剧场	隐城历险(17)(18)	26'11" 25'11"	美国
10.27	原声影视	德伯韦尔家的苔丝(下)	95'44"	英国
10.28	佳艺剧场	隐城历险(19)(20)	26'21" 25'31"	美国
10.28	世界影视城	红厥生长的地方	92'11"	美国
10.28	世界名著名片欣赏	艾凡赫(5)(6)	51'48" 49'16"	英国
10.29	正大剧场	小小的奋斗	84'57"	美国
10.29	佳艺影院	我也有人爱	96'	英国
10.30	海外剧场	瓦伦蒂娜(45)	49'45"	墨西哥
10.31	海外剧场	瓦伦蒂娜(46)	47'48"	墨西哥
11.1	海外剧场	瓦伦蒂娜(47)	49'40"	墨西哥
11.2	海外剧场	瓦伦蒂娜(48)	49'24"	墨西哥
11.2	佳艺剧场	隐城历险(21)(22)	26'35" 26'17"	美国
11.2	国际影院	胜者为王(序)	84'10"	德国
11.3	海外剧场	瓦伦蒂娜(49)	46'11"	墨西哥
11.3	佳艺剧场	隐城历险(23)(24)	26'42" 26'22"	美国
11.3	原声影视	与狮同行	98'27"	美国

续表

播出日期（月、日）	栏目名称	片　名	时　长（分、秒）	国　别
11.4	佳艺剧场	隐城历险(25)(26)	27'01″ 26'43″	美国
11.4	世界影视城	靓丽人生	93'41″	美国
11.5	正大剧场	崇高的爱	86'19″	美国
11.5	世界名著名片欣赏	东方快车谋杀案	123'56″	英国
11.5	佳艺影院	春风不解情	116'17″	英国
11.6	海外剧场	瓦伦蒂娜(50)	47'10″	墨西哥
11.7	海外剧场	瓦伦蒂娜(51)	44'57″	墨西哥
11.8	海外剧场	瓦伦蒂娜(52)	48'04″	墨西哥
11.9	海外剧场	瓦伦蒂娜(53)	49'28″	墨西哥
11.9	国际影院	胜者为王(1)(2)	47'25″ 47'13″	德国
11.9	佳艺剧场	隐城历险(27)(28)	26'46″ 26'51″	美国
11.10	海外剧场	瓦伦蒂娜(54)	45'38″	墨西哥
11.10	佳艺剧场	隐城历险(29)(30)	27'01″ 26'41″	美国
11.10	原声影视	歌王乔尔森(上)	68'14″	美国
11.11	世界影视城	把我的爱献给你(1)(2)	49'33″ 46'05″	韩国
11.11	佳艺剧场	隐城历险(31)(32)	26'42″ 26'15″	美国
11.12	世界名著名片欣赏	再见,奇普斯先生(上)	73'55″	美国
11.12	佳艺影院	替罪男孩	98'38″	英国
11.13	海外剧场	瓦伦蒂娜(55)	50'46″	墨西哥
11.14	海外剧场	检察官们(1)	48'03″	德国
11.15	海外剧场	检察官们(2)	47'56″	德国
11.16	海外剧场	检察官们(3)	47'09″	德国
11.16	佳艺剧场	隐城历险(33)(34)	26'46″ 26'46″	美国

续表

播出日期(月、日)	栏目名称	片　名	时　长(分、秒)	国　别
11.16	国际影院	胜者为王(3)(4)	47′42″ 47′34″	德国
11.17	海外剧场	检察官们(4)	44′54″	德国
11.17	佳艺剧场	隐城历险(35)(36)	27′01″ 26′37″	美国
11.17	原声影视	歌王乔尔森(下)	68′14″	美国
11.18	佳艺剧场	隐城历险(37)(38)	27′09″ 26′24″	美国
11.18	世界影视城	把我的爱献给你(3)(4)	52′07″ 47′09″	韩国
11.19	世界名著名片欣赏	再见,奇普斯先生(下)	73′55″	美国
11.19	佳艺影院	斯廷森号之谜	112′37″	澳大利亚
11.23	佳艺剧场	隐城历险(39)(40)	26′30″ 25′	美国
11.23	国际影院	胜者为王(5)(6)	47′12″ 47′15″	德国
11.24	佳艺剧场	正南方(25)	49′55″	加拿大
11.24	原声影视	安娜卡列尼娜(上)	71′06″	俄罗斯
11.25	佳艺剧场	正南方(26)	49′55″	加拿大
11.25	世界影视城	把我的爱献给你(5)(6)	53′43″ 45′17″	韩国
11.26	世界名著名片欣赏	苦儿流浪记(1)	100′56″	法国
11.26	佳艺影院	姐妹情	99′28″	澳大利亚
11.30	佳艺剧场	正南方(27)	47′51″	加拿大
11.30	国际影院	胜者为王(7)(8)	47′41″ 47′33″	德国
12.1	原声影视	安娜卡列尼娜(下)	71′06″	俄罗斯
12.1	佳艺剧场	正南方(28)	50′29″	加拿大
12.2	佳艺剧场	正南方(29)	51′07″	加拿大
12.2	世界影视城	把我的爱献给你(7)(8)	48′12″ 43′26″	韩国
12.3	正大剧场	家庭怨曲		美国

续表

播出日期（月、日）	栏目名称	片　　名	时　　长（分、秒）	国　别
12.3	世界名著名片欣赏	苦儿流浪记(2)	93'03"	法国
12.3	佳艺影院	洗衣店	62'02"	美国
12.7	国际影院	胜者为王(9)(10)	47'44" 47'08"	德国
12.7	佳艺剧场	正南方(30)	50'22"	加拿大
12.8	佳艺剧场	正南方(31)	49'58"	加拿大
12.8	原声影视	王子与贫儿(1)(2)(3)	90'57"	英国
12.9	佳艺剧场	正南方(32)	50'22"	加拿大
12.9	世界影视城	把我的爱献给你(9)(10)	50'26" 46'09"	韩国
12.10	世界名著名片欣赏	苦儿流浪记(3)	87'55"	法国
12.10	佳艺影院	爱斯基摩日	88'45"	英国
12.14	佳艺剧场	正南方(33)	50'22"	加拿大
12.14	国际影院	胜者为王(11)(12)	47'03" 47'47"	德国
12.15	佳艺剧场	正南方(34)	50'30"	加拿大
12.15	原声影视	王子与贫儿(4)(5)(6)	91'13"	英国
12.16	佳艺剧场	正南方(35)	50'31"	加拿大
12.16	世界影视城	把我的爱献给父(11)(12)	48'41" 47'50"	韩国
12.17	世界名著名片欣赏	灵与肉(1)(2)	51'20" 51'21"	英国
12.17	佳艺影院	凯迪	92'45"	加拿大
12.28	佳艺剧场	正南方(39)	50'11"	加拿大
12.28	国际影院	女侦缉队长——流弹	99'32"	法国
12.29	佳艺剧场	紧急救护中心(1)	49'29"	澳大利亚
12.29	原声影视	庞贝古城的末日(1)(2)	112'41"	韩国
12.30	佳艺剧场	紧急救护中心(2)	43'27"	澳大利亚
12.30	世界影视城	把我的爱献给你(15)(16)	48'41" 47'50"	韩国
12.31	世界名著名片欣赏	灵与肉(5)(6)	51'16" 48'27"	英国
12.31	佳艺影院	喀拉哈里抢宝记	101'13"	澳大利亚

（国际部提供）

2000年首播中国电视剧制作中心电视剧一览表

播出日期（月、日）	剧　名	时长(分)	导　演	制片人	频　道
2.3	西游记	48×16	杨　洁	李治安	1套
2.10	兵谣	48×14	张新建	李治安　张新建	8套
2.21	华丽瞬间	48×8	董　玲	东方闻樱	1套
3.19	苹果青青	48×2	张绍林	张绍林	8套
3.20	红翻绳	48×6	刘立京	刘立京	1套
3.21	小鬼鲁智胜	48×6	朱小渝	朱小渝	8套
3.28	红色记忆	48×4	黎世恒	周　莉　高　赛	1套
4.6	秋落电话亭	48×2	刘燕诚	刘燕诚	8套
4.6	狗缘	48×4	张绍林	张绍林	8套
4.12	黄河渡	48×16	刘艳臣	刘艳臣	8套
4.14	裂缝	48×8	潘小扬	潘小扬	1套
4.21	女子特警队	48×14	陈胜利	刘晓航	1套
5.3	不废江河	48×18	周　炜	郭培林	1套
5.31	壮志凌云	48×20	宁海强	金　萍	1套
7.10	太平天国	48×46	陈家林	靳雨生	1套
7.14	生命	48×3	张绍林	张绍林	1套
8.21	今生是亲人	48×32	潘欣欣　陈　明	潘欣欣	8套
10.4	飞越	48×16	尹大为	王慧春	1套

（中国电视剧制作中心提供）

2000年重播中国电视剧制作中心电视剧一览表

播出日期(月、日)	剧　　名	时长(分×集)	导演	制片人	频　　道
3.7	实习生的故事	48×10	延　艺	延　艺	8套
4.20	家有小丑	48×6	延　艺	金　萍	8套
4.24	兵谣	48×14	张新建	李治安　张新建	8套
5.21	裂缝	48×8	潘小扬	潘小扬	1套
6.1	针眼警官	48×10	彦小追	——	8套
6.27	母亲	48×15	雷献禾　康　宁	李志安等	8套
7.10	狗缘	48×4	张绍林	张绍林	8套
7.14	小鬼鲁智胜	48×6	朱小渝	朱小渝	8套
7.20	中国命运的决战	48×30	王　进	马润生	8套
7.20	三国演义	48×84	王扶林(总)	任大惠	8套
8.21	壮志凌云	48×20	宁海强	金　萍	8套
8.22	今生是亲人	48×32	潘欣欣　陈　明	潘欣欣	8套
9.4	十七岁不哭	48×10	王　静	李治安	8套
10.9	今生是亲人	48×32	潘欣欣　陈　明	潘欣欣	8套
12.16	飞来飞去	48×2	张绍林	张绍林	1套

（中国电视剧制作中心提供）

2000年中央新闻纪录电影制片厂制作和播出纪录片《纪录片之窗》一览表

播出日期（月、日）	片　　名	时长（分）
1.3	热线444	15
1.6	田间老园丁	15
1.8	武夷奇观	15
1.13	走进张家港（上）	15
1.15	走进张家港（下）	15
1.20	淇河明珠	15
1.22	无臂书法家	15
1.27	社区保健医	15
1.29	好医生吴登云	15
2.3	乡音传乡情	15
2.16	金秋北京	15
2.17	石刻情	15
2.19	油灯趣话	15
2.24	诗画楠溪江	15
2.26	为野生动物呐喊	15
2.28	打响太平鼓	15
3.1	救虎记	15
3.2	娃娃科学园	15
3.4	为了孩子的微笑	15
3.9	肖像画家李琦	15
3.11	和士秀与本草诊所	15
3.16	农民音乐家石掌元	15
3.18	留学归来	15
3.23	山村小诊所	15
4.1	北京之夜	15
4.6	元宝村的故事	15
4.8	城管姐妹	15
4.13	教授夫妇的乌鸡情	15
4.15	太行深处石头村	15

续表

播出日期（月、日）	片　　名	时长（分）
4.20	造林之家	15
4.22	心灵的手语	15
4.27	深山郝军医	15
4.29	爱的故事	15
5.4	修车博士	15
5.6	沙海里的青春	15
5.11	晋中古宅——王家大院	15
5.13	我为世界名人拍照	15
5.18	姚剑波的故事	15
5.20	光明的旋律	15
5.25	六盘山下北京人	15
5.27	流沙岁月	15
5.29	小小鼓手	15
6.3	军中侗家女	15
6.8	翱翔蓝天	15
6.10	西双版纳的森林兵	15
6.15	走近惠安女	15
6.17	沙湖画人	15
6.22	刘妈妈的情怀	15
6.24	白族老人陈永发	15
6.29	北京的路	15
7.1	"剪刀"书记周福坤	15
7.6	城管局长	15
7.8	无臂大学生	15
7.13	真情传递	15
7.15	钢琴情	15
7.20	白鹭归来	15
7.22	古村俞源	15
7.27	话说菏泽牡丹	15
7.29	汪老汉的家庭改制	15
8.3	婺剧名丑吴光煜	15
8.5	相约北京	15
8.10	漫步多伦路	15
8.12	神笔警官	15
8.17	水乡角直	15
8.19	感受春天	15

续表

播出日期（月、日）	片　　名	时长（分）
8.24	漫话恭王府	15
8.26	退休以后的乐趣	15
8.31	田鑫与民族打击乐	15
9.2	为大熊猫腾地(《走进中国自然保护区》之一)	15
9.7	为候鸟建乐园(《走进中国自然保护区》之二)	15
9.9	为朱鹮传代(《走进中国自然保护区》之三)	15
9.14	为生物建通道(《走进中国自然保护区》之四)	15
9.20	为金丝猴守山门(《走进中国自然保护区》之五)	15
9.20	为环保忙碌的人(《走进中国自然保护区》之六)	15
9.26	为保护神农架(《走进中国自然保护区》之七)	15
9.28	为"朋友"的安康(《走进中国自然保护区》之八)	15
10.3	多伦路上看收藏	15
10.5	闪光人生路	15
10.7	船电大拿李广兴	15
10.12	油田彩霞	15
10.14	厨艺名师	15
10.19	从工人走出的高级技师	15
10.21	与水打交道的人	15
10.26	印钞票的曹开法	15
10.28	妙手仁心	15
11.2	春到中甸	15
11.4	往事如歌雄赳赳	15
11.9	生命物语	15
11.11	张健渡海	15
11.16	土明星	15
11.18	津东票友	15
11.23	颐和园导游班	15

续表

播出日期（月、日）	片　　名	时长（分）
11.25	欢乐大家庭	15
11.27	教授与村支书	15
11.27	雅安三九启示	15
12.4	歌声连起一家人	15
12.4	迪庆的雄鹰	15
12.11	京剧一家人	15
12.11	火红的社区文化	15
12.18	水在澳门	15
12.18	科技女状元	15
12.25	马景武扫盲	15
12.25	养蛇者说	15

（新影厂提供）

2000年中央新闻纪录电影制片厂制作和播出纪录片《世纪回眸》一览表

播出日期（月、日）	片　　名	时长（分）
1.5	我和我的世纪	15
1.12	半个世纪的欢聚(上)	15
1.19	半个世纪的欢聚(下)	15
1.26	中国留学生(上)	15
2.2	中国留学生(下)	15
2.16	春节民俗	15
2.23	龙年步步高	15
3.1	西北大动脉	15
3.8	当家菜	15
3.22	教材的变迁	15
3.22	照相在中国	15
3.27	橡胶北移	15
3.29	油画百年	15

续表

播出日期（月、日）	片 名	时长（分）
4.5	延伸的北京站	15
4.12	有朋自远方来（上）	15
4.19	有朋自远方来（下）	15
4.26	建国方略（《影响》系列片之一）	15
5.3	共产党宣言（《影响》系列片之二）	15
5.8	狂人日记（《影响》系列片之三）	15
5.17	为人民服务（《影响》系列片之四）	15
5.24	钢铁是怎样炼成的（《影响》系列片之五）	15
5.31	实践是检验真理的唯一标准（《影响》系列片之六）	15
6.7	西域明珠——新疆生产建设兵团	15
6.14	时间的故事（系列片《岁月》之一）	15
6.21	出生的故事（系列片《岁月》之二）	15
6.28	上学的故事（系列片《岁月》之三）	15
7.5	出行的故事（系列片《岁月》之四）	15
7.12	健身的故事（系列片《岁月》之五）	15
7.19	购物的故事（系列片《岁月》之六）	15
7.26	时尚的故事（系列片《岁月》之七）	15
8.2	结婚的故事（系列片《岁月》之八）	15
8.9	交往的故事（系列片《岁月》之九）	15
8.16	头发的故事（系列片《岁月》之十）	15
8.23	乘凉的故事（系列片《岁月》之十一）	15
8.30	看戏的故事（系列片《岁月》之十二）	15
9.6	卫生的故事（系列片《岁月》之十三）	15

续表

播出日期（月、日）	片 名	时长（分）
9.13	收藏的故事（系列片《岁月》之十四）	15
9.20	新闻的故事（系列片《岁月》之十五）	15
9.27	过节的故事（系列片《岁月》之十六）	15
10.4	留影的故事（系列片《岁月》之十七）	15
10.16	多灾的河流（《淮河安澜梦》之一）	15
10.18	百年较量（《淮河安澜梦》之二）	15
10.25	人与水（《淮河安澜梦》之三）	15
11.1	风雨圆明园（上）	15
11.8	风雨圆明园（下）	15
11.15	墙上中国（上）	15
11.22	墙上中国（下）	15
11.30	梦开始的地方（《百年梦寻》之一）	15
12.7	暮鼓晨钟（《百年梦寻》之二）	15
12.14	寻求新文化（《百年梦寻》之三）	15
12.21	星火燎原（《百年梦寻》之四）	15
12.28	救亡图存（《百年梦寻》之五）	15

（新影厂提供）

2000年中央新闻纪录电影制片厂制作和播出《名段欣赏》一览表

播出日期（月、日）	剧种	剧 目	时长（分）
1.4	桂剧	穆柯寨、梁山伯与祝英台·哭坟	15
1.7	评剧	周仁献嫂（一）（二）	15
1.11	京剧	活捉二郎	15

续表

播出日期（月、日）	剧种	剧　　目	时长（分）
1.14	桂剧	西厢记·琴心、泥马泪	15
1.18	昆曲	牡丹亭·寻梦、潘金莲	15
1.21	沪剧	江姐·绣红旗、好人一生平安	15
1.25	昆曲	牡丹亭·拾画、玉簪记·琴挑	15
1.28	京剧	宇宙锋	15
2.1	花鼓戏	状元与乞丐	15
2.11	桂剧	血丝玉镯、打神告庙	15
2.15	昆曲	长生殿·哭像、金雀记·乔醋、牡丹亭·拾画	15
2.18	昆曲	铁冠图·刺虎、烂柯山·泼水	15
2.22	京剧	遇皇后、洪母骂畴	15
2.25	花鼓戏	书房情、韩湘子	15
2.29	京剧	红楼二尤(一)(二)(三)	15
3.3	粤剧	龙母传奇·驯龙向善	15
3.7	京剧	贵妃醉酒、凤还巢	15
3.10	评剧	牧羊圈	15
3.14	京剧	小显、吕布与貂蝉	15
3.17	桂剧	富贵图、风采壮妹	15
3.21	京剧	二进宫、文姬归汉	15
3.24	昆曲	红梨记·亭会、玉簪记·琴挑	15
3.28	京剧	霍小玉(一)(二)(三)	15
3.31	京剧	岳母刺字、遇皇后	15
4.4	蒲剧	蝴蝶杯·藏舟·洞房	15
4.7	昆曲	牡丹亭·寻梦、长生殿·小宴	15
4.11	绍剧	宝莲灯·二堂训子	15
4.14	京剧	李逵探母、钓龟、打龙袍	15
4.18	豫剧	探阴山、包公坐监	15
4.21	评剧	谢瑶环、黛诺	15

续表

播出日期（月、日）	剧种	剧　　目	时长（分）
4.25	广东汉剧	深宫假凤、花灯案	15
4.28	京剧	罗成叫关、白门楼	15
5.2	桂剧	冯子材、虹霓关	15
5.5	京剧	选元戎、蒋干盗书	15
5.9	北京曲剧	少年天子、龙须沟	15
5.12	京剧	秋江	15
5.16	上党梆子	杀妻	15
5.19	漫瀚剧	契丹女(一)(二)(三)	15
5.23	京剧	天女散花、廉锦枫·刺蚌	15
5.26	薄剧	火焰驹·打路·祭桩	15
5.30	京剧	李逵探母·弃娘·见娘	15
6.2	昆曲	玉簪记·秋江·琴挑、占花魁·湖楼	15
6.6	绍剧	三请樊梨花·洞房·巡夜	
6.9	粤剧	穆桂英大战洪州·巡营、霓裳情怨·赐浴赠钗	15
6.13	绍剧	智激美猴王	15
6.16	京剧	西施、霸王别姬	15
6.20	昆曲	千忠戮·惨睹、琵琶记·书馆、牡丹亭·硬拷	15
6.23	京剧	西施	15
6.27	广东汉剧	巾帼县令、昭君行	15
6.30	京剧	红灯记、金玉奴、春草闯堂	15
7.4	上党梆子	打金枝、狸猫换太子	15
7.7	京剧	太真外传	15
7.11	绍剧	葫芦案	15
7.14	京剧	八珍汤·风雪街头·三让座	15
7.18	京剧	红娘、辛安驿	15
7.21	绍剧	霍光废帝、孙悟空三打白骨精	15
7.25	昆曲	玉簪记·偷诗、琵琶记·吃糠	15

续表

播出日期（月、日）	剧种	剧　　目	时长（分）
7.28	北京曲剧	杨乃武与小白菜、阎家滩、啼笑因缘、喝面叶	15
8.1	漫瀚剧	丰州滩传奇(一)(二)	15
8.4	京剧	珠帘寨、上天台·绑子上殿	15
8.8	楚剧	昭君出塞、探阴山	15
8.11	京剧	赵氏孤儿、楚宫恨	15
8.15	河北老调	潘杨讼、反徐州	15
8.18	京剧	白蛇传·断桥	15
8.22	评剧	马寡妇开店	15
8.25	京剧	生死恨	15
8.29	楚剧	哑女告状	15
9.1	京剧	红楼二尤、霍小玉	15
9.5	晋剧	游龟山·藏舟、杏花仙子	15
9.8	京剧	飞虎山、平贵别窑	15
9.12	河北老调	梁红玉、盘夫	15
9.15	京剧	白帝城、二堂舍子	15
9.19	豫剧	七品芝麻官、辕门斩子、卷席筒	15
9.22	京剧	穆桂英挂帅	15
9.26	评剧	桃花庵、杨乃武与小白菜	15
9.29	河北老调	拒马令、三凤求凰	15
10.3	京剧	梦断碑寒、黛诺·布谷声声	15
10.6	豫剧	十八扯	15
10.10	京剧	孔雀东南飞	15
10.13	京剧	坐宫	15
10.17	晋剧	玉蝉泪·恋蝉、杜十娘·赎身	15
10.20	豫剧	西厢记、黄鹤楼	15
10.24	京剧	杜十娘、荀灌娘	15
10.27	河北梆子	万花船、六月雪·行路	15
10.31	京剧	白蛇传·游湖、穆桂英大战洪州	15

续表

播出日期（月、日）	剧种	剧　　目	时长（分）
11.3	京剧	哭灵、太君辞朝	15
11.7	京剧	周仁献嫂	15
11.10	京剧	灞桥挑袍、古城会	15
11.14	昆曲	麒麟阁、四平山	15
11.17	京剧	霸王别姬	15
11.21	河北梆子	辕门斩子、太白醉写	15
11.24	昆曲	昭君出塞、牡丹亭·惊梦	15
11.28	评剧	凤还巢、马寡妇开店	15
12.1	京剧	白蛇传·断桥	15
12.5	楚剧	白蛇传·断桥、站花墙	15
12.8	京剧	辕门射戟	15
12.12	评剧	秦香莲	15
12.15	河北老调	忠烈千秋、反徐州	15
12.18	眉户 碗碗腔 秦腔	迟开的玫瑰、借水、杨七娘·荷塘教子	30
12.25	京剧 河北梆子	南阳关、三家店（一）（二）、金铃记·灵堂	30

（新影厂提供）

2000 年北京科学教育电影制片厂制作和播出《科教片之窗》一览表

播出时间（月、日）	片　　名	时长（分）
1.7	广西大化喀斯特	15
1.14	追踪冷能	15
1.21	旱稻	15
1.28	未来的能源库——贮氢材料	15
2.4	古生物的庇护所	15
2.7	神州千年龙	15

续表

播出时间（月、日）	片　　名	时长（分）
2.18	淡水珍珠的新星——绍河珍珠	15
2.19	密苏里植物园	15
2.25	探访地层的使者——补偿中子测井仪	15
3.3	绿色仿真——神奇计算机里的植物生长	15
3.10	辐照纵横(《食品辐照》系列之一)	15
3.17	辐照杀虫保鲜(《食品辐照》系列之二)	15
3.24	海上缉私	15
3.31	果实套袋与绿色果品生产	15
4.7	桥梁抗风(上)	15
4.14	桥梁抗风(下)	15
4.21	绿色仿真——神奇计算机里的景观设计	15
4.28	海洋生物与船舶涂料	15
5.5	池杉	15
5.12	反计算机病毒(上)	15
5.19	反计算机病毒(下)	15
5.26	美国废物处理点滴	15
6.2	生存与环境	15
6.9	粘虫与粘虫测报	15
6.16	电能利用的新形式	15
6.23	机械化耕作之路	15
6.30	草地蝗虫的生物防治	15
7.7	探索湿地的奥秘(上)	15
7.14	探索湿地的奥秘(下)	15

续表

播出时间（月、日）	片　　名	时长（分）
7.21	宠物饲养与疾病的防治——观尝猫、犬	15
7.28	宠物饲养与疾病的防治——观尝鱼、鸟	15
8.4	警惕放射性的危害	15
8.11	塑料传奇	15
8.18	中国石材	15
8.25	二十一世纪的电动汽车	15
9.1	海水淡化	15
9.8	物质的第四态——等离子体	15
9.22	纳西风情撷英	15
10.6	深入脑“禁区”	15
10.13	探索不规则的世界——美丽的分形(上)	15
10.20	探寻不规则的演化——美丽的分形(下)	15
10.27	无公害昆虫病毒	15
11.3	透视集装箱	15
11.10	古生物化石研究(上)	15
11.17	古生物化石研究(下)	15
11.24	神奇的隐形	15
11.27	澳大利亚美利奴羊	15
12.4	走出神化的灵芝(上)	15
12.11	走出神化的灵芝(下)	15
12.18	新疆北鲵(上)	15
12.25	新疆北鲵(下)	15

（科影厂提供）

2000 年中央电视台经费收支概况一览表

单位：万元

财政补助收入	2178
事业收入	490827
支出合计	442838

（财经办公室提供）

三、队伍构成概况

2000 年中央电视台各系统在职人员人数统计

单位：人

名　　称	人 数	占全台总人数的百分比（%）
行政系统	414	10.14
采编播系统	1537	37.66
技术系统	628	15.39
经营系统	123	3.01
中国电视剧制作中心	324	7.94
中央新闻纪录电影制片厂	564	13.83
北京科学教育电影制片厂	491	12.03
合　　计	4081	100

（人事办公室提供）

2000 年中央电视台在职人员各类专业技术职务统计

单位：人

级别	专业技术职务	人 数
高级	高级记者	22
	高级编辑	69
	译审	4
	播音指导	7
	高级工程师（教授级）	12
	一级文学编辑	1
	一级录音师	1
	一级导演	1
	合　计	117

续表

级别	专业技术职务	人数
副高级	主任记者	59
	主任编辑	241
	主任播音员	16
	副译审	19
	高级会计师	12
	副研究馆员	5
	高级工程师	158
	副主任医师	1
	二级导演	2
	二级录音师	8
	主任技师	5
	二级摄影师	2
	二级编剧	1
	合　计	529
中级	编辑	359
	翻译	37
	一级播音员	57
	会计师	28
	统计师	4
	经济师	31
	工程师	249
	馆员	23
	三级导演	7
	三级灯光师	4
	三级录音师	26
	三级美术师	26
	三级舞美	1
	三级摄像	1
	技师	28
	记者	57
	主管药剂师	1
	主治医师	1
	主管护士	1
	审计师	1
	三级摄影师	9
	合　计	951
初级	各类初级专业技术职务	291

（人事办公室提供）

2000年中国电视剧制作中心在职人员各类专业技术职务统计

单位：人

级别	专业技术职务	人数
高级	一级编剧	3
	一级文学编辑	5
	一级音乐编辑	2
	一级导演	9
	一级演员	3
	一级摄影师	2
	一级美术设计师	1
	合计	25
副高级	二级文学编辑	14
	二级音乐编辑	1
	二级导演	13
	二级剪辑师	1
	二级演员	12
	二级摄影师	5
	二级美术设计师	2
	二级录音师	9
	高级经济师	13
	高级工程师	14
	高级会计师	1
	主任灯光技师	5
	主任服装技师	1
	主任化妆技师	2
	副研究馆员	1
	合计	94

续表

级别	专业技术职务	人数
中级	三级文学编辑	8
	三级导演	13
	三级剪辑师	1
	三级场记	5
	三级演员	8
	三级摄影师	4
	三级美术设计师	7
	三级录音师	4
	灯光技师	7
	服装技师	7
	化妆技师	5
	经济师	7
	工程师	22
	会计师	7
	馆员	3
	合计	108
初级	各类初级专业技术职务	50

（中国电视剧制作中心提供）

2000年中央新闻纪录电影制片厂在职人员各类专业技术职务统计

单位：人

级别	专业技术职务	人数
高级	高级记者	4
	一级作曲	2
	一级美术师	1
	播音指导	1
	合计	8

续表

级别	专业技术职务	人数
副高级	主任记者	36
	主任编辑	2
	主任播音员	1
	副译审	2
	二级录音师	4
	二级剪辑师	5
	二级特技摄影师	2
	二级美术设计师	1
	高级工程师	4
	高级政工师	1
	主任技师	2
	音响效果主任技师	—
	副主任医师	2
	高级经济、会计师	2
	合计	64
中级	记者	76
	工程师	9
	经济师	6
	会计师	3
	统计师	1
	政工师	4
	三级特技摄影师	4
	三级美术设计师	5
	化妆技师	1
	三级录音师	4
	三级剪辑师	2
	主任护师	1
	技师	25
	馆员	5
	合计	146
初级	各类初级专业技术职务	84

（新影厂提供）

2000年北京科学教育电影制片厂在职人员各类专业技术职务统计

职称	专业职务	人数
高级	一级导演	2
	一级摄影师	3
	一级美术师	1
	一级录音师	1
	高级工程师(教授级)	1
	合计	8
副高级	二级文学编辑	3
	二级导演	28
	二级演员	1
	二级摄影师	16
	二级美术师	6
	二级录音师	2
	二级配音演员	1
	高级工程师	5
	高级经济师	3
	高级政工师	5
	主任技师	5
	合计	75

续表

级别	专业技术职务	人数
中级	三级文学编辑	5
	三级音乐编辑	1
	三级导演	30
	三级摄影师	34
	三级美术师	25
	三级录音师	3
	三级剪辑师	1
中级	一级解说	1
	主治医师	1
	工程师	7
	经济师	12
	政工师	1
	会计师	7
	化妆师	1
	技师	24
	馆员	4
	合计	157
初级	各类初级职务	128

(科影厂提供)

附　　录

2000 年中央电视台驻港、澳记者名录

驻香港记者站

首席记者:杨刚毅

记　　者:赵春林　刘自力　高凌云　孔　颖　钱金洋　刘　祥　吴春生

驻澳门记者站

李　风　李彤云

2000 年中央电视台驻外记者名录

驻华盛顿记者站

高　军　王宇航

驻比利时记者站

顾玉龙　王韵权

驻泰国记者站

张传昌　王尔泉

驻日本记者站

孙宝印　杨少波

驻澳大利亚记者站

王建生　李　楠

驻埃及记者站

梁玉珍　刘茁野

驻英国记者站

王晓琨　李庆庆

驻俄罗斯记者站

李绥生　路　彪

驻法国记者站

李　宾　周　勇

驻联合国记者站

刘正铸　成建平

驻印度记者站

张　讴　唐湘伟

（新闻节目中心提供）

2000 年中央电视台(1～9 套)节目播出时间表

CCTV－1(新闻·综合频道)节目播出时间表
(2000 年 11 月 27 日起实行)

时间	星期一	星期二	星期三	星期四	星期五	星期六	星期日
05:55	台标　国歌　收视指南(1)						
06:00	东方时空						
08:30	收视指南(2)						
08:35	焦点访谈						
08:48	收视指南(3)						
08:50	夕阳红						
09:20	读书时间(重播)	人与自然	九州戏苑/文化视点	环球	社会经纬	美术星空(首播)	09:20 收视指南 09:25 走近科学(首播)
09:50	科技博览					芝麻开门	
10:00	整点新闻						
10:05	收视指南(4)						
10:10	芝麻开门					同一片蓝天(首播) 11:05 中国人口	三星智力快车(首播) 11:05 健康之路周末版(首播)
10:20	电视剧						
11:15	天天饮食						
11:25	12 演播室	中国人口(重播) 11:45天天饮食	半边天(首播)			当代工人(首播)	11:40 本周
12:00	新闻 30 分						
12:33	收视指南(5)						
12:40	今日说法						
13:00	东方时空精编版						东方时空精编周日版 14:35 第二起跑线
13:40	电视书场					13:42 军事天地(重播)	
14:00	整点新闻						
14:05	收视指南(6)						
14:10	讲座					电视你我他/银幕采风	
14:40	艺苑风景线/银幕采风(重播)	音乐电视城/地方文艺(重播)	读书时间(重播)	人民子弟兵(重播)	中华民族(重播)	人民子弟兵(首播)	

续表

<table>
<tr><th>时间</th><th>星期一</th><th>星期二</th><th>星期三</th><th>星期四</th><th>星期五</th><th>星期六</th><th>星期日</th></tr>
<tr><td>15:10</td><td colspan="2">专题片</td><td colspan="3">走近科学</td><td rowspan="6">15:12
重点节目重播
(16:00
新闻收视指南)</td><td rowspan="9">15:28
正大综艺
(重播)</td></tr>
<tr><td>15:40</td><td colspan="5">今日说法(重播)</td></tr>
<tr><td>15:55</td><td colspan="5">每周一歌</td></tr>
<tr><td>16:00</td><td colspan="5">整点新闻</td></tr>
<tr><td>16:05</td><td rowspan="2">16:05
实话实说
(重播)
16:45
科教片之窗</td><td colspan="4">收视指南(7)</td></tr>
<tr><td>16:10</td><td>综艺大观/
曲苑杂坛/
东西南北中
(重播)</td><td>戏剧天地</td><td>新闻调查
(重播)
天天饮食</td><td>第二起跑线
(重播)</td></tr>
<tr><td>17:00</td><td colspan="6">国际时讯</td></tr>
<tr><td>17:25</td><td colspan="6">收视指南</td></tr>
<tr><td>17:30</td><td colspan="6">动画城</td></tr>
<tr><td>18:00</td><td colspan="7">整点新闻</td></tr>
<tr><td>18:09</td><td colspan="7">大风车</td></tr>
<tr><td>18:56</td><td colspan="7">收视指南(A)</td></tr>
<tr><td>19:00</td><td colspan="7">新闻联播</td></tr>
<tr><td>19:31</td><td colspan="7">天气预报</td></tr>
<tr><td>19:38</td><td colspan="7">焦点访谈</td></tr>
<tr><td>19:56</td><td colspan="7">科技博览</td></tr>
<tr><td>20:01</td><td colspan="7">收视指南(8)</td></tr>
<tr><td>20:06</td><td colspan="5">电视剧</td><td>文艺节目</td><td>电视剧</td></tr>
<tr><td>21:00</td><td colspan="5">现在播报</td><td rowspan="3">21:00
现在播报
21:14
收视指南(9)
21:15
新闻调查</td><td rowspan="3">21:00
现在播报
21:14
收视指南(9)
21:15
实话实说</td></tr>
<tr><td>21:24</td><td colspan="5">收视指南(9)</td></tr>
<tr><td>21:25</td><td>人与自然</td><td>九州戏苑
/文化视点</td><td>环球</td><td>社会经纬</td><td>音乐电视城
/电视你我他</td></tr>
<tr><td>22:00</td><td colspan="7">晚间新闻报道</td></tr>
<tr><td>22:51</td><td colspan="7">收视指南(10)</td></tr>
<tr><td>22:55</td><td colspan="4">百年中国</td><td rowspan="2">收视指南(B)
22:58
百年中国
23:03
电视你我他
/地方文艺</td><td colspan="2">百年中国</td></tr>
<tr><td>23:00</td><td>军事天地
天涯共此时</td><td>纪录片</td><td>12 演播室</td><td>中华民族</td><td>读书时间</td><td>艺苑风景线
/银幕采风</td></tr>
</table>

续表

<table>
<tr><th>时间</th><th>星期一</th><th>星期二</th><th>星期三</th><th>星期四</th><th>星期五</th><th>星期六</th><th>星期日</th></tr>
<tr><td>23:30</td><td colspan="5">纪录片(新影)</td><td rowspan="4">23:33
世界名著
名片欣赏
00:00 新闻
01:30
戏剧天地/
梦想剧场
电视剧</td><td>半边天(首播)</td></tr>
<tr><td>00:00</td><td colspan="5">新闻</td><td>新闻</td></tr>
<tr><td>00:15</td><td>当代工人
(重播)</td><td>美术星空
(重播)</td><td colspan="3">半边天(重播)</td><td>健康之路
周末版(重播)</td></tr>
<tr><td>00:45</td><td colspan="4">电视剧(2 集)</td><td>电视剧
三星智力快车
(重播)</td><td>00:48
电视剧(2 集)</td></tr>
<tr><td>02:22</td><td colspan="7">收视指南(11)结束</td></tr>
</table>

CCTV-2(经济·生活·服务频道)节目播出时间表

<table>
<tr><th>时间</th><th>星期一</th><th>星期二</th><th>星期三</th><th>星期四</th><th>星期五</th><th>星期六</th><th>星期日</th></tr>
<tr><td>05:55</td><td colspan="7">台标　国歌　收视指南</td></tr>
<tr><td>06:00</td><td colspan="6">健康之路(重播)</td><td rowspan="7">07:45
收视指南
07:50
中国市场信息</td></tr>
<tr><td>06:50</td><td colspan="5">生活(重播)</td><td rowspan="6">07:25
电视购物
07:45
收视指南
07:50
中国市场信息</td></tr>
<tr><td>07:25</td><td colspan="5">收视指南</td></tr>
<tr><td>07:30</td><td colspan="5">电视购物</td></tr>
<tr><td>08:00</td><td colspan="5">商务电视(重播)</td></tr>
<tr><td>08:30</td><td>互联时代
(重播)</td><td>中国房产报道
(重播)</td><td>互联时代
(重播)</td><td>中国房产报道
(重播)</td><td>互联时代
(重播)</td></tr>
<tr><td>08:50</td><td colspan="5">金土地(重播)</td><td colspan="2">08:10 商务电视(重播)</td></tr>
<tr><td>09:10</td><td colspan="5">商桥(重播)</td><td colspan="2">08:40 电视购物</td></tr>
<tr><td>09:15</td><td colspan="5">证券时间</td><td colspan="2">09:10 中国市场信息</td></tr>
<tr><td>09:35</td><td colspan="5">中国市场信息</td><td>09:30
收视指南</td><td rowspan="2">9:30
儿童剧场/
重点节目重播</td></tr>
<tr><td>09:55</td><td colspan="5">电视购物</td><td>09:35
商桥(重播)</td></tr>
<tr><td>10:25</td><td colspan="5">收视指南</td><td>09:40
对话(重播)</td><td>11:10
收视指南</td></tr>
<tr><td>10:30</td><td colspan="5">健康之路(首播)</td><td>10:40
电视你我他</td><td rowspan="2">11:15
幸运 52
(重播)</td></tr>
<tr><td>11:20</td><td colspan="5">生活(重播)</td><td rowspan="2">11:10
收视指南
11:15
开心辞典
(重播)
12:15
收视指南</td></tr>
<tr><td>12:00</td><td colspan="2">欢乐家庭(首播)</td><td colspan="3">商界名家(首播)</td><td rowspan="2">12:00
经济半小时
(重播)</td></tr>
<tr><td>12:30</td><td colspan="5">中国财经报道</td><td>12:20
精品赏析</td></tr>
</table>

续表

时间	星期一	星期二	星期三	星期四	星期五	星期六	星期日
12:50	金土地(重播)					生活(重播)	12:30 人民子弟兵
13:10	经济半小时(重播)						12:45 收视指南 13:00 夕阳红(重播)
13:40	中国市场信息					13:30 经济半小时 (重播)	
14:00	地球报告(重播)					清风车影 (重播)	
14:25	收视指南						
14:30	新闻 30 分(重播)						13:30 新闻 30 分
15:00	证券时间					夕阳红(重播)	14:00 体育比赛 18:00 中国市场信息
15:25	夕阳红(重播)					15:30 体育比赛 17:30 电视购物 18:30 中国市场信息	
15:55	电视购物						
16:30	走近科学						
17:00	天天饮食						
17:10	中国市场信息						
17:30	为您服务(首播)						
18:20	东方时空						
19:00	科教节目						
19:30	收视指南						
19:35	中国财经报道					19:35 商桥(首播) 19:40 电视你我他 20:15 生活(首播) 20:55 清风车影(首播) 21:30 经济半小时 (首播) 22:00 幸运 52(首播) 22:45 收视指南 22:50 对话(首播) 23:50 收视指南	19:35 经济半小时 20:10 商务电视 (首播) 20:40 收视指南 20:45 正大综艺 23:15 收视指南 23:20 中国新闻 23:50 美术星空
19:53	收视指南						
19:55	商桥(首播)						
20:00	生活(首播)						
20:40	互联时代 (首播)	中国房产报道 (首播)	互联时代 (首播)	中国房产报道 (首播)	互联时代 (首播)		
21:00	地球报告(首播)						
21:30	经济半小时(首播)						
22:05	证券之夜(首播)				20:00 开心辞典(首播) 23:00 收视指南 23:05 证券之夜(首播) 23:35 收视指南		
22:35	收视指南						
22:40	商务电视(首播)						
23:10	收视指南						

续表

时间	星期一	星期二	星期三	星期四	星期五	星期六	星期日
23:15	中国新闻				23:40 商务电视（首播） 00:10 中国新闻 00:40 为您服务（重播） 01:30 商界名家（重播）	23:55 商务电视（首播） 00:25 中国新闻 00:55 欢乐家庭（重播） 01:25 中国市场信息 01:45 电视购物	00:20 欢乐家庭（重播） 00:50 中国市场信息 01:10 电视购物 01:55 每周一歌
23:45	收视指南						
23:50	为您服务(重播)						
00:40	欢乐家庭(重播)		商界名家(重播)				
01:10	中国市场信息						
01:30	电视购物						
01:55	每周一歌						
02:00	收视指南　结束						

CCTV－3(戏曲·音乐·综艺频道)节目播出时间表
(2000 年 12 月 18 日起实行)

时间	星期一	星期二	星期三	星期四	星期五	星期六	星期日
05:55	台标　国歌　预告						
06:00	与您相约（重播）	艺术之窗（重播）戏曲采风	艺术之窗（重播）电视诗歌散文	艺术之窗（重播）音乐桥	舞蹈世界（重播）	艺术人生（重播）	旋转舞台（重播）
06:30	每周一歌						
06:40	电视书场(重播)						
07:00	综艺快报(重播)						
07:20	每周一歌						
07:30	精彩十分(重播)						
07:40	艺术入门（重播）艺术之旅	艺术入门（重播）名段欣赏	艺术入门(重播)学唱京剧		艺术入门（重播）教学地方戏	艺术入门（重播）音乐教室	艺术入门（重播）走进音乐
08:15	中国音乐电视(重播)						
08:45	与您相约（重播）	艺术之窗（重播）	艺术之窗（重播）电视诗歌散文	艺术之窗（重播）音乐桥	舞蹈世界（重播）	艺术人生（重播）	旋转舞台（重播）
09:20	戏苑百家（地方戏曲）	戏苑百家					
11:50	每周一歌						
12:00	电视书场(首播)						
12:30	精彩十分(首播)						
12:35	与你相约 走进幕后(重播)	艺文手册（首播）	国乐飘香（首播）	艺文手册（首播）	艺文手册（重播）	午间乐园（首）	八面来风（首播）

续表

时间	星期一	星期二	星期三	星期四	星期五	星期六	星期日
13:40	朋友(重播)	剧场(中心)	音画时尚(首播)	交响世界(重播)	国际艺苑(重播)	同一首歌(重播)	周末喜相逢(重播)
14:45	神州大舞台(重播)		爱心与梦想(重播)	演艺竞技场(重播) 岁月如歌(重播)	音乐擂台(重播)	新视听(重播)	挑战主持人(重播)
15:45	戏苑百家(京剧)	戏苑百家					
17:45	精彩十分(重播)						
18:00	综艺快报(首播)						
18:20	每周一歌						
18:30	艺术入门(首播) 名段欣赏	艺术入门(首播)学唱京剧		艺术入门(首播) 教学地方戏	艺术入门(首播) 音乐教室	艺术入门(首播) 走进音乐	艺术入门(首播) 艺术之旅
19:00	电视书场(重播)						
19:20	每周一歌						
19:30	戏曲直播(首播)	音画时尚(首播)	交响世界(首播)	国际艺苑(首播)	同一首歌(首播)	周末喜相逢(首播)	朋友(首播)
20:35		爱心与梦想(首播)	演艺竞技场(首播)	舞蹈世界(首播)	艺术人生(首播)	旋转舞台(首播)	与您相约(首播)
21:10			岁月如歌(首播)	音乐擂台(首播)	新视听(首播)	挑战主持人(首播)	神州大舞台(首播)
21:40	艺术之窗(首播) 戏曲采风	艺术之窗(首播) 电视诗歌散文	艺术之窗(首播) 音乐桥				
22:15	中国音乐电视(首播)						
22:50	剧场(中心)	戏苑百家(戏曲精编)	外国文艺(首播)		聊天(首播)		
23:10			戏苑百家				
00:50	精彩十分(重播)						
01:00	节目预告　结束						

CCTV－4(国际频道)节目播出时间表(2000 年 9 月 25 日起实行)

北京时间	星期一	星期二	星期三	星期四	星期五	星期六	星期日	美东时间	西欧时间
04:30	海峡两岸					天涯共此时	走进台湾	15:30	21:30
04:45	华夏掠影	千秋史话	东方家园	世界华人	观众之友			15:45	21:45

续表

<table>
<tr><th>北京时间</th><th>星期一</th><th>星期二</th><th>星期三</th><th>星期四</th><th>星期五</th><th>星期六</th><th>星期日</th><th>美东时间</th><th>西欧时间</th></tr>
<tr><td>05:00</td><td colspan="6">中国新闻(重播昨日 21:00)</td><td rowspan="5">周末影院/周末剧场(120')</td><td>16:00</td><td>22:00</td></tr>
<tr><td>05:30</td><td colspan="6">中国报道</td><td>16:30</td><td>22:30</td></tr>
<tr><td>06:00</td><td colspan="6">动画城</td><td>17:00</td><td>23:00</td></tr>
<tr><td>06:30</td><td colspan="6">夕阳红</td><td>17:30</td><td>23:30</td></tr>
<tr><td>07:00</td><td colspan="6">广告(1)、收视指南(1)(全天收视指南)</td><td>18:00</td><td>00:00</td></tr>
<tr><td>07:05</td><td colspan="7">经济半小时</td><td>18:05</td><td>00:05</td></tr>
<tr><td>07:35</td><td colspan="5">天天饮食</td><td rowspan="2">变化中的中国</td><td rowspan="2">纪录片之窗</td><td>18:35</td><td>00:35</td></tr>
<tr><td>07:45</td><td colspan="5">科技博览</td><td>18:45</td><td>00:45</td></tr>
<tr><td>07:50</td><td colspan="7">广告(2)、栏目宣传(6)</td><td>18:50</td><td>00:50</td></tr>
<tr><td>07:55</td><td colspan="7">中华文明之光</td><td>18:55</td><td>00:55</td></tr>
<tr><td>08:00</td><td colspan="7">中国新闻 60'(直播)</td><td>19:00</td><td>01:00</td></tr>
<tr><td>09:00</td><td colspan="7">广告(3)、栏目宣传(4)</td><td>20:00</td><td>02:00</td></tr>
<tr><td>09:05</td><td colspan="5">电视剧</td><td>综艺大观/曲苑杂坛/东西南北中</td><td rowspan="2">中国体育</td><td>20:05</td><td>02:05</td></tr>
<tr><td>09:55</td><td colspan="6">语林趣话</td><td>20:55</td><td>02:55</td></tr>
<tr><td>10:00</td><td colspan="7">中国新闻(直播)</td><td>21:00</td><td>03:00</td></tr>
<tr><td>10:10</td><td colspan="5">台湾百科</td><td colspan="2">科技博览</td><td>21:10</td><td>03:10</td></tr>
<tr><td>10:15</td><td colspan="7">广告(4)、收视指南(2)</td><td>21:15</td><td>03:15</td></tr>
<tr><td>10:20</td><td colspan="5">海峡两岸</td><td rowspan="2">天涯共此时</td><td rowspan="2">走进台湾</td><td>21:20</td><td>03:20</td></tr>
<tr><td>10:35</td><td>华夏掠影</td><td>千秋史话</td><td>东方家园</td><td>世界华人</td><td>观众之友</td><td>21:35</td><td>03:35</td></tr>
<tr><td>10:50</td><td colspan="5">中国文艺(周一至周五版)</td><td rowspan="2">真情</td><td rowspan="2">欢聚一堂</td><td>21:50</td><td>03:50</td></tr>
<tr><td>11:20</td><td rowspan="2">中华医药</td><td rowspan="2">中国风</td><td rowspan="2">旅行家</td><td rowspan="2">纪录中国</td><td rowspan="2">民族大家庭</td><td>22:20</td><td>04:20</td></tr>
<tr><td>11:40</td><td colspan="2">东方时尚</td><td>22:40</td><td>04:40</td></tr>
<tr><td>11:50</td><td colspan="7">中华文明之光</td><td>22:50</td><td>04:50</td></tr>
<tr><td>11:55</td><td colspan="7">广告(5)、栏目宣传(5)</td><td>22:55</td><td>04:55</td></tr>
<tr><td>12:00</td><td colspan="7">中国新闻 30'(直播)</td><td>23:00</td><td>05:00</td></tr>
<tr><td>12:30</td><td colspan="7">中国报道</td><td>23:30</td><td>05:30</td></tr>
<tr><td>13:00</td><td colspan="7">综合新闻</td><td>00:00</td><td>06:00</td></tr>
<tr><td>13:30</td><td colspan="7">中国各地</td><td>00:30</td><td>06:30</td></tr>
<tr><td>14:00</td><td colspan="7">广告(6)、栏目宣传(3)</td><td>01:00</td><td>07:00</td></tr>
<tr><td>14:05</td><td colspan="7">电视剧(英文字幕)</td><td>01:05</td><td>07:05</td></tr>
<tr><td>14:55</td><td colspan="7">广告(7)、栏目宣传(2)</td><td>01:55</td><td>07:55</td></tr>
</table>

续表

<table>
<tr><th>北京时间</th><th>星期一</th><th>星期二</th><th>星期三</th><th>星期四</th><th>星期五</th><th>星期六</th><th>星期日</th><th>美东时间</th><th>西欧时间</th></tr>
<tr><td>15:00</td><td colspan="7">中国新闻（直播）</td><td>02:00</td><td>08:00</td></tr>
<tr><td>15:10</td><td colspan="5">中国财经报道</td><td colspan="2">芝麻开门/精彩十分</td><td>02:10</td><td>08:10</td></tr>
<tr><td>15:30</td><td colspan="6">东方时空</td><td>实话实说</td><td>02:30</td><td>08:30</td></tr>
<tr><td>16:10</td><td colspan="7">广告（8）、栏目宣传（1）</td><td>03:10</td><td>09:10</td></tr>
<tr><td>16:15</td><td colspan="6">动画城</td><td>中华医药（首播）</td><td>03:15</td><td>09:15</td></tr>
<tr><td>16:45</td><td colspan="6">夕阳红</td><td>美术星空</td><td>03:45</td><td>09:45</td></tr>
<tr><td>17:15</td><td colspan="7">科技博览</td><td>04:15</td><td>10:15</td></tr>
<tr><td>17:20</td><td colspan="7">经济半小时</td><td>04:20</td><td>10:20</td></tr>
<tr><td>17:50</td><td colspan="7">中华文明之光</td><td>04:50</td><td>10:50</td></tr>
<tr><td>17:55</td><td colspan="7">广告（9）、收视指南（3）</td><td>04:55</td><td>10:55</td></tr>
<tr><td>18:00</td><td colspan="7">中国新闻（直播）</td><td>05:00</td><td>11:00</td></tr>
<tr><td>18:15</td><td colspan="5">台湾百科</td><td rowspan="2">变化中的中国</td><td rowspan="2">纪录片之窗</td><td>05:15</td><td>11:15</td></tr>
<tr><td>18:20</td><td colspan="5">到西部去</td><td>05:20</td><td>11:20</td></tr>
<tr><td>18:30</td><td colspan="7">今日中国（对话）</td><td>05:30</td><td>11:30</td></tr>
<tr><td>19:00</td><td colspan="7">环球瞭望</td><td>06:00</td><td>12:00</td></tr>
<tr><td>19:30</td><td colspan="5">中国文艺（周一至周五版）</td><td rowspan="2">真情</td><td rowspan="2">欢聚一堂</td><td>06:30</td><td>12:30</td></tr>
<tr><td>20:00</td><td rowspan="2">中华医药</td><td rowspan="2">中国风</td><td rowspan="2">旅行家</td><td rowspan="2">纪录中国</td><td rowspan="2">民族大家庭</td><td>07:00</td><td>13:00</td></tr>
<tr><td>20:20</td><td colspan="2">东方时尚</td><td>07:20</td><td>14:20</td></tr>
<tr><td>20:30</td><td colspan="5">海峡两岸</td><td rowspan="2">天涯共此时</td><td rowspan="2">走进台湾</td><td>07:30</td><td>13:30</td></tr>
<tr><td>20:45</td><td>华夏掠影</td><td>千秋史话</td><td>东方家园</td><td>世界华人</td><td>观众之友</td><td>07:45</td><td>13:45</td></tr>
<tr><td>21:00</td><td colspan="7">中国新闻（直播）</td><td>08:00</td><td>14:00</td></tr>
<tr><td>21:30</td><td colspan="7">中国报道</td><td>08:30</td><td>14:30</td></tr>
<tr><td>22:00</td><td colspan="7">广告（10）、收视指南（4）</td><td>09:00</td><td>15:00</td></tr>
<tr><td>22:05</td><td colspan="6">语林趣话</td><td rowspan="2">中国体育</td><td>09:05</td><td>15:05</td></tr>
<tr><td>22:10</td><td colspan="5">电视剧</td><td>综艺大观/曲苑杂坛/东西南北中</td><td>09:10</td><td>15:10</td></tr>
<tr><td>23:00</td><td colspan="7">综合新闻</td><td>10:00</td><td>16:00</td></tr>
<tr><td>23:30</td><td colspan="7">中华艺苑</td><td>10:30</td><td>16:30</td></tr>
<tr><td>00:00</td><td colspan="7">财经新闻</td><td>11:00</td><td>17:00</td></tr>
<tr><td>00:15</td><td colspan="6">教汉语</td><td>投资指南</td><td>11:15</td><td>17:15</td></tr>
</table>

续表

北京时间	星期一	星期二	星期三	星期四	星期五	星期六	星期日	美东时间	西欧时间
00:30	*今日中国(对话)*							*11:30*	*17:30*
01:00	*综合新闻*							*12:00*	*18:00*
01:30	*纪录片*							*12:30*	*18:30*
02:00	新闻联播							13:00	19:00
02:30	广告(11)、栏目宣传(7)							13:30	19:30
02:35	中国文艺(周一至周五版)					真情	欢聚一堂	13:35	19:35
03:05	中华医药	中国风	旅行家	纪录中国	法语节目			14:05	20:05
03:25						东方时尚		14:25	20:25
03:45	广告(12)、收视指南(5)							14:35	20:35
03:40	电视剧(英文字幕)							14:40	20:40

说明:表中斜体字部分为和第九套节目并机部分。

CCTV-5(体育频道)节目播出时间表

时间	星期一	星期二	星期三	星期四	星期五	星期六	星期日
08:30	节目预告						
08:35	康乐年华(一)			康乐年华(二)			
09:30	五环夜话	国内竞技场	周二大放送(上)	假日体育(上)	国内竞技场	跟我学	
09:55	中国体育	足球集锦(亚)	足球集锦(德)	足球集锦(欧)		中国象棋	广告
10:00							纹枰论道
11:30							体育商城
11:55	广告　体育快讯　广告						
12:00							
12:10							
12:15	经典时刻	国内竞技场	周二大放送(下)	假日体育(下)	国内竞技场	五环夜话或直播	足球之夜
13:45	广告　体育快讯						
13:50							
14:00	康乐年华(一)	足球集锦(欧)	足球集锦(亚)	康乐年华(二)	足球集锦(德)		
14:15							
14:20						世界体育报道	
14:55	卫星直播						

续表

时 间	星期一	星期二	星期三	星期四	星期五	星期六	星期日
15:00	卫星直播					世界体育报道	足球之夜
15:10						体育商城	
15:15							
15:40							
15:45						直播或录像 广告	
16:55							
17:00	棋牌乐	体育商城(一)	棋牌乐	体育商场(二)	棋牌乐		中国象棋 或 直 播
17:25	广告						
17:30	体育商场(一)	棋牌乐	跟我学	棋牌乐	体育商城		
17:55							
18:00	节目预告　体育新闻　广告						
18:25							
18:30	体育大世界	世界报道	体育商城(一)	康乐年华(一) 广　告	体育商城(二)	康乐年华(二) 广　告	中国体育
18:55			广　告		广　告		
19:00		体育欣赏	跟我学		跟我学		
19:25							
19:30	直播或录像	周二大放送(上)	假日体育(上)	足球之夜(上)	五环夜话	直播或录像	19:30～21:35 直播或录像 广　告 下周预告
21:00	体育新闻　　广告					21:00～22:15 中国体育 下周预告	
21:25							
21:30	卫星赛场 广　告 象棋杂志 广　告	周二大放送 (下) 广　告 体育大世界 (23:05～00:00)	假日体育(上) 广　告	足球之夜 (21:30～23:40)	经典时刻 广　告		
21:50							
22:00							21:50～00:30 德甲直播
22:20							
23:00			象棋杂志 (23:05～00:00)			22:20～00:30 德甲直播	
23:30					纹枰论道 (23:30～00:35)		
23:40							
23:50				体育新闻 结　束			
00:00							
00:30	体育新闻　结束						
00:40					体育新闻　　结束		
00:50							

说明：由于体育赛事的突变情况较多，固定时段的节目经常有调整。

CCTV－6(电影频道)节目播出时间表

时间	星期一	星期二	星期三	星期四	星期五	星期六	星期日
8:27	台标、频道标志						
8:29	节目预告						
8:30	纪录片＼科教片						
9:00	银屏导视(1)广告						
9:10	故事片						
10:40	银屏导视(1)广告						
10:50	流金岁月(故事片)	故事片				厦华影院(故事片)	佳片有约(译制片)
12:23	黄金广告						
12:25	银屏导视(1)广告						
12:35	中国电影报道	美术片		电影市场写真	电影大百科	下周电影	
12:50	银屏导视(1)午间广告						
13:00	故事片	字幕片	译制片				故事片
14:30	银屏导视(1)广告						
14:40	故事片					戏曲春秋(戏曲片)	故事片
16:10	银屏导视(1)广告						
16:20	故事片						青少年影院(故事片)
17:58	欣赏、广告						
18:10	美术片						
18:25	黄金广告						
18:28	美术片	音乐之声	电影人物	电影大百科	今日影视	影事聚焦	美术片
18:43	银屏导视(1)广告						
18:57	纪录片＼科教片	世界纪录电影长廊	纪录片＼科教片	世界纪录电影长廊	纪录片＼科教片	世界纪录电影长廊	纪录片＼科教片
19:27	黄金广告						
19:29	银屏导视(2)广告						
19:40	故事片				厦华影院(故事片)	动作90分(故事片)	周日点播(故事片)
21:15	流金岁月	原声影院	电影市场写真	影事聚焦	边说边看	译制片	中国电影报道
21:30	黄金广告						
21:32	欣赏				下周影院	欣赏	
21:35	广告						

续表

时间	星期一	星期二	星期三	星期四	星期五	星期六	星期日
21:40	欧陆影坛（译制片）	原声影院（译制片）	情感剧场（译制片）	东方院线（故事片）	喜剧天地（译制片）	佳片有约（译制片）	影人1+（故事片/译制片）
23:10	黄金广告						
23:12	银屏导视(2)广告						
23:25	故事片				银色经典	故事片	影人1+（故事片/译制片）
0:55	广告						
01:00	节目预告						
01:01	结束						

CCTV-7（少儿·军事·科技·农业频道）节目播出时间表

时 间	星期一	星期二	星期三	星期四	星期五	星期六	星期日
08:30	动画城						节目预告 第二起跑线 演播室
09:00	东方儿童						
10:00	重播昨日晚间军事报道						
10:30	当代军人	军营文化	祝你成才	中国武警	军事百科	当代军人	军营文化
11:24	广告与军事节目欣赏						
11:30	广告						
11:35	科技之光						
12:30	农业节目预告						
12:33	广告						
12:35	农村经济						
12:58	广告						
13:00	广告	农村经济					
13:02	农业教育	广告					
13:32	广告	科技苑					
13:34	农村文艺	广告					广告 荧屏内外
13:57	广告	专题报道	农村各地	农村经济	致富经	农事指南	农村经济
14:00	农业教育	广告					中国武警

续表

<table>
<tr><th>时 间</th><th>星期一</th><th>星期二</th><th>星期三</th><th>星期四</th><th>星期五</th><th>星期六</th><th>星期日</th></tr>
<tr><td>14:30</td><td colspan="5">农业教育</td><td>祝你成才</td><td>走军营</td></tr>
<tr><td>15:00</td><td colspan="4">儿童短剧</td><td>农业教育</td><td>非常之旅</td><td rowspan="3">小飞龙剧场</td></tr>
<tr><td>15:10</td><td colspan="5">芝麻开门</td><td rowspan="2">精彩屋</td></tr>
<tr><td>15:20</td><td>东方儿童</td><td colspan="2">儿童短剧</td><td colspan="2">东方儿童</td></tr>
<tr><td>16:20</td><td colspan="2">大风车</td><td>东方儿童</td><td colspan="4">大风车</td></tr>
<tr><td>17:00</td><td>军事百科</td><td>中国武警</td><td>军营文化</td><td>祝你成才</td><td>当代军人</td><td>军营文化</td><td>军事百科</td></tr>
<tr><td>17:54</td><td colspan="7">广告与军事节目欣赏</td></tr>
<tr><td>18:00</td><td colspan="7">农业节目预告</td></tr>
<tr><td>18:02</td><td colspan="7">广告</td></tr>
<tr><td>18:07</td><td colspan="5">农村各地</td><td>广告</td><td>农村各地</td></tr>
<tr><td>18:30</td><td colspan="5">广告</td><td rowspan="2">农村文艺</td><td rowspan="2">18:27
农村教育</td></tr>
<tr><td>18:32</td><td colspan="5">科技苑</td></tr>
<tr><td>18:57</td><td colspan="7">广告</td></tr>
<tr><td>19:00</td><td colspan="7">农业教育</td></tr>
<tr><td>19:30</td><td colspan="7">军事报道</td></tr>
<tr><td>20:00</td><td>东方儿童
1. 大追踪
2. 七巧板
3. 非常之旅</td><td>东方儿童
1. 天天动画
2. 七巧板
3. 星星剧场
4. 儿童音乐</td><td>东方儿童
1. 天天动画
2. 七巧板
3. 和爸爸
妈妈在一起</td><td>东方儿童
1. 天天动画
2. 七巧板
3. 星星剧场
4. 儿童音乐</td><td>东方儿童
1. 天天动画
2. 七巧板
3. 和爸爸
妈妈在一起</td><td>东方儿童
1. 信息树
2. 天天动画
3. 七巧板
4. 儿童音乐</td><td>东方儿童
1. 天天动画
2. 七巧板
3. 和爸爸
妈妈在一起</td></tr>
<tr><td>21:00</td><td colspan="7">农业新闻</td></tr>
<tr><td>21:12</td><td colspan="7">广告</td></tr>
<tr><td>21:14</td><td>专题报道</td><td>农村各地</td><td>农村经济</td><td>致富经</td><td>农事指南</td><td>荧屏内外</td><td>农村文艺</td></tr>
<tr><td>21:37</td><td colspan="5">广告</td><td>农村经济</td><td>广告</td></tr>
<tr><td>21:40</td><td colspan="7">广告</td></tr>
<tr><td>21:45</td><td colspan="7">科技之光</td></tr>
<tr><td>22:35</td><td colspan="7">广告</td></tr>
<tr><td>22:40</td><td colspan="7">广告</td></tr>
</table>

续表

<table>
<tr><th>时 间</th><th>星期一</th><th>星期二</th><th>星期三</th><th>星期四</th><th>星期五</th><th>星期六</th><th>星期日</th></tr>
<tr><td>22:44</td><td colspan="5">农村各地</td><td rowspan="2">农村文艺</td><td rowspan="2">农村文艺(22:44～23:32)</td></tr>
<tr><td>23:07</td><td colspan="5">农村经济</td></tr>
<tr><td>23:30</td><td colspan="6">农业新闻</td><td rowspan="2">农村新闻(23:32～23:44)</td></tr>
<tr><td>23:42</td><td colspan="4">广告</td><td colspan="2">农村经济</td></tr>
<tr><td>23:47</td><td colspan="4">农业教育</td><td colspan="2" rowspan="2">广告　农业教育　结束</td><td>农村经济(23:44～23:49)</td></tr>
<tr><td>00:17</td><td colspan="4">结束</td><td>农村教育(23:54～00:24)结束</td></tr>
</table>

CCTV－8(电视剧频道)节目播出时间表
(2000 年 7 月 19 日起实行)

<table>
<tr><th>时 间</th><th>星期一</th><th>星期二</th><th>星期三</th><th>星期四</th><th>星期五</th><th>星期六</th><th>星期日</th></tr>
<tr><td>08:24</td><td colspan="7">台标　国歌　节目预告</td></tr>
<tr><td>08:30</td><td colspan="7">百姓剧场(重播)</td></tr>
<tr><td>09:00</td><td colspan="7">影视金曲</td></tr>
<tr><td>09:10</td><td colspan="7">包装 广告</td></tr>
<tr><td>09:15</td><td rowspan="6">每日佳艺(重播)(佳艺影院)
10:55 包装广告
11:00 走进电视(重播)
11:30 包装广告
11:35 世界影视博览(重)
11:25 影视金曲</td><td>每日佳艺(重播)(佳艺大世界)</td><td>每日佳艺(重播)(佳艺五线间)</td><td>每日佳艺(重播)(佳艺新视点)</td><td colspan="3">每日佳艺(重播)(佳艺剧场)</td></tr>
<tr><td>10:05</td><td colspan="6">包装 广告</td></tr>
<tr><td>10:10</td><td colspan="6">黄金强档(重播) 电视剧 2 集 (集间加广告)</td></tr>
<tr><td>11:50</td><td colspan="6">包装 广告</td></tr>
<tr><td>11:55</td><td>世界文化广场(重播)</td><td colspan="2">动物世界(重播)</td><td colspan="2">世界各地(重播)</td><td rowspan="2">影视俱乐部(重播)
影视金曲</td></tr>
<tr><td>12:15</td><td colspan="5">影视同期声(重播)</td></tr>
<tr><td>12:35</td><td colspan="7">包装 广告</td></tr>
<tr><td>12:40</td><td colspan="7">百姓剧场(首播)</td></tr>
<tr><td>13:10</td><td colspan="7">包装 广告</td></tr>
<tr><td>13:15</td><td rowspan="2">世界名著名片欣赏(重播)</td><td colspan="3">子夜剧(重播)(境内电视剧 2 集)</td><td rowspan="2">国际影院(重播)</td><td rowspan="2">原声影视(重)</td><td rowspan="2">世界影视城(重播)</td></tr>
<tr><td>14:55</td><td colspan="3">影视金曲</td></tr>
<tr><td>15:05</td><td colspan="7">包装 广告</td></tr>
<tr><td>15:10</td><td>走进电视(重播)
动物世界(重播)</td><td colspan="6">海外剧场(重播)</td></tr>
</table>

续表

时 间	星期一	星期二	星期三	星期四	星期五	星期六	星期日
16:00	精品回放电视剧 2 集(集间加广告)(重播一套黄金电视剧)						
17:40	世界各地(重播)	影视同期声(重播)					走进电视(重播)
18:00	包装 广告						
18:05	少儿剧苑(首播)						
18:55	影视金曲						
19:05	世界文化广场(重播)	动物世界(重播)	世界各地(重播)	世界文化广场(重播)	动物世界(首播)	世界文化广场(首播)	世界各地(首播)
19:25	包装 广告						
19:30	每日佳艺(首播)佳艺大世界	每日佳艺(首播)(佳艺五线间)	每日佳艺(首播)(佳艺新视点)	每日佳艺(首播)(佳艺剧场)	每日佳艺(首播)(佳艺剧场)		每日佳艺(首播)(佳艺影院) 21:10 包装 广告 21:15 走进电视(首播) 21:45 包装 广告 21:50 世界影视博览(首播)
20:20	包装 广告						
20:25	黄金强档(首播)电视剧 2 集(集间加广告)						
22:05	包装 广告						
22:10	影视同期声(首播)					影视俱乐部(首播)	
22:30	影视金曲						
22:40	包装 广告						
22:45	海外剧场(首播)						世界名著名片欣赏(首播) 00:35 广告 00:38 影视金曲 00:48 节目预告 00:53 结束
23:35	包装 广告						
23:40	子夜剧(首播)(境内电视剧 2 集)			国际影院(首播)	原声影视(首播)	世界影视城(首播)	
01:25	广告						
01:28	影视金曲						
01:38	节目预告						
01:43	结束						

CCTV－9(英语频道)节目播出时间表
(2000 年 9 月 25 日起实行)

北京时间	星期一	星期二	星期三	星期四	星期五	星期六	星期日	美东时间	西欧时间
04:00	综合新闻(更新) 重播前一天 23:00 新闻							15:00	21:00
04:30	中华艺苑(D)							15:30	21:30
05:00	亚洲新闻、含频道宣传/栏目介绍(首播)							16:00	22:00

续表

北京时间	星期一	星期二	星期三	星期四	星期五	星期六	星期日	美东时间	西欧时间
05:15	厨艺(D)						音乐电视	16:15	22:15
05:25							荧屏导视	16:20	22:20
05:30	今日中国 1/3/5,今日话题 2/4/6,一周回顾(E)							16:30	22:30
06:00	亚洲新闻 （更新,含频道宣传/栏目介绍） 重播当天 05:00 新闻							17:00	23:00
06:15	教汉语(A)						投资指南	17:15	23:15
06:30	纪录片(A)							17:30	23:30
07:00	体育新闻(更新） 重播前一天 22:00 新闻							18:00	00:00
07:15	功夫(A)						外国人看中国	18:15	00:15
07:30	中国各地(A)							18:30	00:30
08:00	(窗口)提要新闻,含频道宣传/栏目介绍(首播)							19:00	01:00
08:15	厨艺(A)						音乐电视	19:15	01:15
08:25							荧屏导视	19:20	01:20
08:30	中华艺苑(A)							19:30	01:30
09:00	文化新闻(更新） 重播前一天 20:00 新闻							20:20	02:20
09:10	电视剧(A)							21:10	02:10
10:00	(窗口)要闻+财经新闻(首播)							21:00	03:00
10:15	中华文明(A)							21:15	03:15
10:20	音乐电视(A)							21:20	03:20
10:30	今日中国 1/3/5,(今日话题)2/4/6,一周回顾(A)							21:30	03:30
11:00	提要新闻(更新,含频道宣传/栏目介绍） 重播当天 08:00 新闻							22:00	04:00
11:15	教汉语(B)						投资指南	22:15	04:15
11:30	纪录片(B)							22:30	04:30
12:00	(窗口)综合新闻(首播)							23:00	05:00
12:30	中华艺苑(B)							23:30	05:30
13:00	综合新闻(更新)重播当天 12:00							00:00	06:00
13:30	中国各地(B)							00:30	06:30
14:00	要闻+财经新闻(更新） 重播当天 10:00 新闻							01:00	07:00
14:15	功夫(B)						外国人看中国	01:15	07:15

续表

北京时间	星期一	星期二	星期三	星期四	星期五	星期六	星期日	美东时间	西欧时间
14:30	今日中国 1/3/5,(今日话题)2/4/6,一周回顾(B)							01:30	07:30
15:00	(窗口)简明新闻　含频道宣传/栏目介绍(首播)							02:00	08:00
15:10	电视剧(B)							02:10	08:10
16:00	综合新闻(更新)　重播当天 12:00 新闻							03:00	09:00
16:30	纪录片(C)							03:30	09:30
17:00	简明新闻(更新,含频道宣传/栏目介绍)　重播当天 15:00 新闻							04:00	10:00
17:10	中华文明(B)							04:10	10:10
17:15	厨艺(B)						音乐电视	04:15	10:15
17:25							荧屏导视	04:20	10:20
17:30	中国各地(C)							04:30	10:30
18:00	(窗口)财经新闻(首播)							05:00	11:00
18:15	教汉语(C)						投资指南	05:15	11:15
18:30	今日中国 1/3/5,(今日话题)2/4/6,一周回顾(C)							05:30	11:30
19:00	(窗口)环球瞭望(首播)							06:00	12:00
19:30	中华文明(C)							06:30	12:30
19:35	音乐电视(B)							06:35	12:35
19:45	功夫(C)						外国人看中国	06:45	12:45
20:00	(窗口)文化新闻(首播)							07:00	13:00
20:10	电视剧(C)							07:15	13:15
21:00	环球瞭望(更新)　重播当天 19:00 新闻							08:00	14:00
21:30	纪录片(D)							08:30	14:30
22:00	体育新闻(首播)							09:00	15:00
22:15	厨艺(C)						音乐电视	09:20	15:20
22:25							荧屏导视	09:20	15:20
22:30	中国各地(D)							09:30	15:30
23:00	(窗口)综合新闻(首播)							10:00	16:00
23:30	中华艺苑(C)							10:30	16:30
00:00	财经新闻(更新)　重播当天 18:00 新闻							11:00	17:00
00:15	教汉语(D)						投资指南	11:15	17:15
00:30	今日中国 1/3/5,(今日话题)2/4/6,一周回顾(D)							11:30	17:30

续表

北京时间	星期一	星期二	星期三	星期四	星期五	星期六	星期日	美东时间	西欧时间
01:00	*综合新闻(更新)　重播前一天23:00新闻*							*12:00*	*18:00*
01:30	*纪录片(E)*							*12:30*	*18:30*
02:00	体育新闻　重播前一天22:00新闻							13:00	19:00
02:15	功夫(D)						外国人看中国	13:15	19:15
02:30	中国各地(E)							13:30	19:30
03:00	文化新闻(更新)　重播前一天20:00新闻							14:00	20:00
03:10	电视剧(D)							14:10	20:10

说明:1. 临时直播节目随时安排,没有在节目表中标明。

2. 斜体字部分为和第四套节目并机部分。

(总编室提供)

2000年中央电视台(1~8套)节目广告价目表

CCTV－1(新闻·综合频道)广告价目表

时间	星期一	星期二	星期三	星期四	星期五	星期六	星期日
18:00		新闻					
18:05	少儿节目	5″0.7万元	10″1万元	15″1.3万元	20″1.8万元	25″2.1万元	30″2.3万元
		大风车			共2分钟		
18:09		大风车					
18:49	榜上有名	5″1.9万元	10″2.8万元	15″3.5万元	20″4.8万元	25″5.6万元	30″6.3万元
08:56	收视指南(1)		5″3万元(有声广告)			5″2万元(无声广告)	
19:00		新闻联播					
19:30	新闻联播后		5″标版		招标段		
19:31		天气预报					
19:35	A特段		招标段				
19:38		焦点访谈					
19:51	A段	15″8万元	30″16万元				
	科技博览内	共10″	5″4.8万元				
19:56		科技博览					
21:01	收视指南(2)	5″4万元					
20:02	B1段	5″4万元	10″5.6万元	15″7万元	20″9.5万元	25″11万元	30″12.6万元
	飞天奖片头后	共30″	5″4万元	15″7.5万元			
	电视剧贴片	共1分钟	15″8万元				

续表

播出时间	星期一	星期二	星期三	星期四	星期五	星期六	星期日
20:06		电视剧					
20:55	B2段	5″2.7万元	10″4万元	15″5万元	20″6.8万元	25″8万元	30″8万元
21:00		现在播报					
21:20	现在播报套装 C段	5″2.4万元	共1′5″ 10″3.5万元	666万元/月 15″4.4万元	20″6万元	25″7万元	30″8万元
21:24	收视指南(3)	共20″		5″2.4万元			
21:25	人与自然	九州戏苑 /文化视点	环球	社会经纬 /万家灯火	新闻调查	音乐电视城 /旋转舞台	体育大世界
21:55	人与自然 D段	共30″ 5″1.8万元	其他栏目内 10″2.7万元	共2分钟 15″3.4万元	20″4.6万元	25″5.4万元	30″6万元
22:00		世界报道					
	世界报道后	共2分钟	5″2.4万元	15″4.5万元	30″7.5万元		
		晚间新闻					
	晚间新闻后	共2分钟	5″2.4万元	15″4.5万元	30″7.5万元		
		体育新闻					
	体育新闻后	共2分钟					
		天气预报					
22:45	E1段	5″1万元	10″1.6万元	15″2万元	20″2.7万元	25″3.2万元	30″3.6万元
22:48		收视指南					
22:49	E2段	5″1万元	10″1.6万元	15″2万元	20″2.7万元	25″3.2万元	30″3.6万元
22:52				百年中国			
	军事天地 军事天地内 共30秒 23:12 天涯共此时 23:42 电视剧	地方台30″	12演播室	社会经纬 /万家灯火	读书时间 30分钟	电视你我他 23:07 世界名著 名片欣赏 (共1分钟)	艺苑风景线 /银幕采风 F段 23:27 地方文艺 /电视剧
		23:22 15″1.2万元	F段(23:00)后 20″1.6万元	5″0.7万元 25″1.9万元	10″0.96万元 30″2.16万元		
			电视剧		戏剧天地		

说　　明

1. 在中央电视台办理电视广告业务,一律执行先交费后播出的原则。

2. 与我部签订广告播出合同时,广告公司需提供所代理客户的营业执照、商标注册证、生产许可证,其中药品、化妆品、医疗器械、食品应按《中华人民共和国广告法》及国家有关部门的具体规定办理。广告代理公司同时还应持有客户签字并加盖公章的委托书正本或与客户签订的合同。

3. 法定节假日广告费加价20%,其中包括:4月30日,5月1、2、3日,9月30日,10月1、2、3日,12月31,1月1日。

4. 栏目广告价格在相应的段位价格基础上加价40%。

5. 各段广告,指定正一和倒一加收20%,正二和倒二加收16%,正三和倒三加收12%,正四和倒四加收8%,正五和倒五加收5%。

6. 遇重大节目或特殊宣传活动,广告价格及指定位置加价比例另行制定。

7. 因重大节目或特殊宣传活动,导致正常时段广告随节目提前或顺延60分钟以内播出的,不予补偿。

8. 签订A段整月、隔日半月、前后半月播出方式以外的零散合同加价5%。

9. 签订二套、三套、四套、七套的广告播出合同,广告次数以周为单位计算,栏目广告除外。

10. 签订距播出日60天以上的播出合同,可先交纳定金,定金为合同金额的5%,余款应在距播出日30天以前付清,过期未付清款项的,播出合同将被计算机自动删除,定金不予返还。在播出前30天内要求停播的,退款50%,十日内要求停播的,不予退款。

11. 酒类广告价格在原时段价格基础上加收10%(不享受其他优惠政策)。

12. 以集群形式播出的广告,30秒广告限产品6个,15秒广告限产品3个,广告价格在原时段广告价格的基础上加收60%。

13. 广告带必须提前15天送到广告部,并签订版本合同,如因未签版本合同造成的错播、漏播等事故,我部不承担任何责任。

14. 广告公司提供的广告带在播出后如发生版权等纠纷,我部不承担任何责任。

15. 本价目表从2000年5月1日起执行,以前印制的中国中央电视台广告部价目表和说明停止使用。

汇款请汇:

单　　位:中央电视台计财处五科

开 户 行:工商银行南礼士路分理处

账　　号:144820－44

地　　址:中国北京海淀区复兴路11号

财务电话:(010)68509506　68507405

咨询电话:(010)68509505　68508467　68539648

(广告部提供)

CCTV－2(经济·生活·服务频道)广告价目表

广告时段	播出时间	时长(分)	价格(元)		
			30秒	15秒	5秒
A	19:30	3	34000	19000	10000
B	20:35	4	34000	19000	10000
C	21:00	5	34000	19000	10000
D	22:00	5	27000	15000	8000
E	22:20	3	21600	12000	6000
F	23:25	3	18000	10000	5000

注:1. 本价目表从2000年7月1日起执行。

2. 本套节目的广告"说明"见CCTV－1(新闻·综合频道)广告价目表"说明"。

(广告部提供)

CCTV－3(戏曲·音乐·综艺频道)广告价目表

播出时间	价格(元)	
	15 秒	30 秒
8:45	3500	5000
13:10	3500	5000
14:55	3500	5000
17:55	3500	5000
21:15	9000	15000
22:00	7000	13000

注:本套节目的广告“说明”见 CCTV－1(新闻·综合频道)广告价目表“说明”。

(广告部提供)

CCTV－4(国际频道)广告价目表

播出时间	价格(元)	
	15 秒	30 秒
7:00	4500	7000
9:00	4500	7000
10:15	4500	7000
14:00	4500	7000
14:55	6000	9000
17:55	6000	9000
22:00	6000	9000
02:30	5000	8000

注:本套节目的广告“说明”见 CCTV－1(新闻·综合频道)广告价目表“说明”。

(广告部提供)

CCTV－5(体育频道)广告价目表
(2000 年 1 月 1 日起执行)

项目类别	名称	播出安排	价格(元/次或元/天)		
			5 秒	15 秒	30 秒
单独时段	体育新闻后	每天 18:00 体育新闻后播出 1 次	5200	8600	13800
	A 段	每天 19:00～20:00 期间播出 1 次	4100	6800	10900
	B 段	每天 20:00～22:00 期间播出 1 次	6000	9900	15800
	C 段	每天 23:00～结束期间播出 1 次	2100	3500	5600
时段套播	全天套	9:00～结束,平均 8 次/天	15600	26000	41600
	晚间套	18:00～结束,平均 4 次/天	12100	20000	32000
	白天套	9:00～18:00,平均 5 次/天	5100	9600	15300

CCTV－5(体育频道)广告价目表
(2000 年 6 月 5 日起执行)

项目类别	名称	播出安排	价格(元/次)		
			5 秒	15 秒	30 秒
晚间时段	体育新闻后	每天 18:00 体育新闻后播出 1 次	5300	9900	17800
	A 段	每天 19:00～20:00 期间播出 1 次	4200	7800	14000
	B 段	每天 20:00～22:00 期间播出 1 次	6100	11400	20500
	C 段	每天 22:00～结束期间播出 1 次	2800	5200	9400
时段优惠套	全天套	9:00～结束,平均 8 次/天	16000	29900	53800
	晚间套	18:00～结束,平均 4 次/天	13000	14800	44600
	时段月套	平均 8 次/天,共 4 周 28 天	356800	669000	1070000
	时段季套	平均 8 次/天,共 13 周 91 天	944000	1770000	2832000

说 明

1. 时段、时段套均以周为签约单位。

2. 凡在本频道进行广告投放,一律执行先交费、后播出的原则。

3. 法定节假日广告费加价 20%,其中包括:农历大年三十、正月初一、初二、初三,四月三十日、五月一、二、三日,九月三十日、十月一、二、三日,十二月三十一日、一月一日。

4. 各时段广告指定正一和倒一加收20%,正二和倒二加收16%,正三和倒三加收12%,正四和倒四加收8%,正五和倒五加收5%;遇重大节目(赛事)或特殊宣传活动,广告价格及指定位置加价比例另行制定。

5. 酒类广告价格在原价格基础上加收10%。

6. 以集群形式播出的广告,30秒广告限产品6个,15秒广告限产品3个,广告价格在原价格基础上加收60%。

7. 有关广告投放的其他规定,均参照中央电视台广告部2000年有关标准执行。

8. 本价目表从2000年6月5日起执行,此前所印制的中央电视台体育频道广告价目表和说明停止使用。

CCTV－6(电影频道)广告价目表
(2001年1月1日起执行)

金额(元) 时间 类别	5秒	10秒	15秒	30秒
A1 约18:20(短片前)	3200	5800	8000	14400
A2 约18:50(短片后)	3600	6600	9000	16200
A3 约19:50(故事片前)	7600	14000	19000	33000
A4 约20:30(故事片间)	9500	17500	23800	41000
B1 约21:40(故事片前)	8800	16200	22000	38800
B2 约22:30(故事片间)	6500	12000	16300	29000
C1 约23:30(故事片前)	3600	6600	9000	16200
C2 约24:20(故事片间)	2400	4400	6000	10800
其他约18:00前	2800	5200	7000	12600
其他约24:30后	1300	2400	3200	5000
黄金套播每日9次	24000	38400	48000	90000
晚间套播每日7次	21000	33600	42000	78000
《银屏导视》每日7－9次	18500	30000	37000	66000
综合套播每日9次	16000	26000	32000	56000

说　明

1. 在电影频道播出的广告必须符合《中华人民共和国广告法》和国家有关部门规定。

2. 在电影频道办理广告业务,一律执行先交费后播出的原则。

3 签订电影频道广告播放协议时,应具备下列相关的条件:

(1)持有电影频道广告部核发的广告代理证和媒介员证;

(2)广告客户营业执照、商标注册证明、卫生许可证、生产许可证;

(3)药品、医疗器械、特效化妆品、房地产、保健食品等应附送国家主管部门的准播批文;

(4)经电影频道广告部审查过的Betacam广告带;

(5)交纳有效的银行转账支票或汇票;

(6)广告公司与广告客户签订的合同。

4. 广告以周为单元订购,如非连续性订购加价 50%。

5. 广告带应提前 15 天送达电影频道广告部。

6. 在各段位广告中,指定播出位置第一条和倒数第一条每条加收 20%,指定第二条和倒数第二条每条加收15%。

7. 凡经电影频道广告部审定认可的组合广告、形象广告,其价格在合理的幅度实施浮动。

8. 电影频道的重大电影节目广告,其价格在合理的幅度实施浮动。

9. 与我部签订广告播出协议后,若在播出前 30 日内要求停播退款 50%,若在 10 日内要求停播不予退款。

10. 若对播出的广告有疑义,应在播出后一周内提出,经电影频道广告部核实确认后进行调整。

11. 本价目表从 2000 年 1 月 1 日起执行。

汇款请汇:

单　位:国家广播电影电视总局电影卫星频道节目制作中心

开户行:中国工商银行北京北大平庄分理处

账　号:144678-66

地　址:北京市北三环中路 77 号

邮　编:100088

电　话:(010)62003041　　62371803　　62047230

传　真:(010)62371803

(电影频道广告部提供)

CCTV-7(少儿·军事·科技·农业频道)广告价目表

时　间　段	广告长度	价　　格
19:00 前	15 秒 30 秒	3500 元 5000 元
19:00 后	15 秒 30 秒	4500 元 7000 元

注:本套节目的广告"说明"见 CCTV-1(新闻·综合频道)广告价目表"说明"

(广告部提供)

CCTV－8(电视剧频道)广告价目表

类别	广告位置	节目播出时间	价格(元)		
			5秒	15秒	30秒
电视剧贴片广告	黄金强档贴片	首播周一至周六 20:25,重播周二至周日 10:10	12000	22000	39600
	黄金强档集间	首播周一至周六 21:15,重播周二至周日 11:00	12000	22000	39600
	海外剧场贴片	首播周一至周五 22:45,重播周二至周六 15:10	7000	12800	23000
	百姓剧场贴片	首播每天 12:40,重播次日 8:30	4200	8000	15000
	少儿剧苑贴片	每天 18:05	3200	6000	11000
	子夜剧贴片	首播周一至周三 23:40,重播周二至周四 13:15	3000	5800	10800
	精品重播集间	周一至周日 16:00	2800	5000	9000
栏目广告	影视同期声	每天 3 次,首播周一至周六 22:10,重播次日 12:15、17:40	8800	16000	28800
	走进电视	首播周日 21:15,重播周一 11:00、15:10	7000	12800	23000
	世界影视博览	首播周日 21:50、重播周一 11:35	6500	11800	21800
	世界影视城	首播周六 23:40,重播周日 13:15	6000	11200	20800
	原声影视	首播周五 23:40,重播周六 13:15	5800	11000	20000
栏目周套	影视金曲套	每周 24 次,每日约 9:00、14:55、22:30、01:25	42000	75600	136000
	动物世界、世界各地、世界文化广场栏目套	每周 15 次,首播 3 次,周五、六、日 19:05,重播 12 次	21000	38000	72000

说　明

1. 电视剧广告价格为指导性价格,特殊剧目根据收视前景和市场供求实行一剧一价。

2. 凡在本频道进行广告投放,一律执行先交费后播出的原则。

3. 广告公司与我公司签订广告发布合同,需提供广告公司营业执照、广告经营许可证及所代理客户的营业执照、商标注册证、生产许可证及其他相关手续(其中药品、化妆品、医疗器械、食品应按《中华人民共和国广告法》及国家有关部门的具体规定办理),同时还应持有客户签字并加盖公章的委托书正本或与客户签订的合同。

4. 签订距播出日 60 天以上的播出合同,要先交纳定金,定金为合同金额的 5%,余款应在距播出日 25 天以前付清,过期未付清款项的,播出合同将被计算机自动删除,定金不予返还。

5. 合同签订付款后,在播出前 30 天内要求停播的,退款 50%,在播出前 10 天内或播出中要求停播的,不予退款。

6. 法定节假日广告费加收 20%,包括:四月三十日,五月一、二、三日,九月三十日,十月一、二、三日,十二月三十一日,一月一日,农历十二月三十,正月初一、初二、初三。

7. 各段广告,指定正一和倒一加收 20%,正二和倒二加收 16%,正三和倒三加收 12%。遇重大节目或特殊宣传活动,广告价格及指定位置加价比例另行制定。

8. 酒类广告在原价格基础上加收 10%。

9. 以集群形式播出的广告,30 秒广告限产品 6 个,15 秒广告限产品 3 个,广告价格在原价格基础上加收 60%。

10. 有关广告投放的其他规定,均参照中央电视台广告部2000年有关标准执行。
11. 节目播出时间,以中央电视台节目预告为准。
12. 本价目表从2000年8月起执行,此前所印制的中央电视台电视剧频道广告价目表和说明停止使用。

单位:中国国际电视总公司广告部　北京未来广告公司
电话:(010)68507145　68515258　68515259　63951536
传真:(010)-68514364

(中国国际电视总公司广告部提供)

《中国中央电视台年鉴(2001)》特约编辑名录

台办室	张　忠
	程庆生(图片)
总编室	陈　忠
人事办公室	具春秋
财经办公室	何其江
机关党委	宿晓光
新闻节目中心	郭书兰
	韩　彪
海外节目中心	张立中
社教节目中心	王玉清
文艺节目中心	倪代光
广告经济信息中心	李　萍
体育节目中心	吴淑环
青少节目中心	李小健
技术管理办公室	谢和平
技术制作中心	田敬改
播出传送中心	俞　勤
审计处	续建勇
监察室	曾进清
中国电视报社	郭卫翔
中央新闻纪录电影制片厂	李书珍
北京科学教育电影制片厂	王金秀
中国国际电视总公司	郭增营
中央卫星电视传播中心	田盛华
中国电视剧制作中心	任　力
梅地亚电视中心有限公司	吴军红
央视调查咨询中心	农北平
电影卫星频道节目制作中心	韩卫民

《中国中央电视台年鉴(2001)》资料员名录

台办公室	张　辉
秘书处	田忠卿
法规处	达　红
保卫处	姜　萍
外事处	韩亚男
行政处	郑华维
房管处	刘越红
摄影科	曾桂荣
总编室	张百莉　贺淑霞
研究处	李秀英
节目资料管理处	童　瑛
节目播出管理处	曹　倩
宣传规划处	张红英
观众联系处	虢亚冰
人事办公室	
干部管理处	陈荣勇
离退休人员管理处	王　兵
劳动工资处	刘　芡
培训职称处	王　红
财经办公室	江幸梅
财务处	范丽娟
计划统计处	武四清
基建处	张惠玲
财产物资处	周火星
经营管理处	丁　京
机关党委	
党委办公室	杨　蔚
工会	张梅英
纪检组	
监察室	李湘茹
审计处	宿兰妮
新闻节目中心	
综合部	徐　瑛
社会新闻部	周军英
新闻采访部	吴桂英
地方新闻部	郭晓燕
新闻编辑部	刘焕玲
新闻评论部	刘小燕
新闻制作部	王燕菊
军事部	孙　华
海外节目中心	
联络部	郝　麟

海外新闻部		王玉兰
海外编辑部		蔡桂芬
对台编辑部		宋　丹
海外专题部		卞金花
英语频道编辑部	胡　怡	吴海霞
海外制作部		张晓梅
社教节目中心		徐兰梅
综合部		侯　洁
专题部		常　清
科教部		杨利加
纪录片部		纪淑田
文艺节目中心		
综合部	万　钢	田姗姗
文艺部		高菊莲
国际部		黄瑞英
影视部		刘梦逸
戏曲音乐部		王　兰
广告经济信息中心		
综合部		马万明
广告部		刘晓如
经济部		关湜源
信息部		未　梦
图文电视部		高红雨
体育节目中心		
综合部		吴淑环
体育新闻部		陆　维
体育竞赛部		胡振英
青少节目中心		
综合部		穆　珊
青年部		周淑琴
少儿部		马知渊
动画片部		韩明春
技术管理办公室		王　丹
科技处		邓炯慧
技术业务处		于　源
信息通信处		马小红
工程管理处		王　肖
动力处		刘燕梅
技术制作中心		
综合部		张建华
采录部		张瑞虹
录制部		罗新艳
动画技术部		唐伟莉
制作部		刘淑英
音频部		陆　蕾
播出传送中心		
综合部		程　昕
播出部		季奕军
转播部		翟素琴
传送部		宋智军
总控部		周联群
中国电视报社		宋　红
中央新闻纪录电影制片厂		徐建春
北京科学教育电影制片厂		王金秀
中国国际电视总公司		张胜利
中央卫星电视传播中心		金　红
中国电视剧制作中心		宋　萍
梅地亚电视中心有限公司		董淑君
央视调查咨询中心		杜　炯
电影卫星频道节目制作中心	杨　萍	章　珺
网络事业发展部筹备组		王　卉

图书在版编目（CIP）数据

中国中央电视台年鉴.2001/赵化勇主编；中央电视台研究室编.—北京：中国广播电视出版社，2001.9
ISBN 7-5043-3760-9

Ⅰ.中… Ⅱ.①赵…②中… Ⅲ.中央电视台-2001-年鉴 Ⅳ.G229.24-54

中国版本图书馆 CIP 数据核字（2001）第 062967 号

中国中央电视台年鉴 2001

主　　编	赵化勇
编　　者	中央电视台研究室
责任编辑	沈楚瑾
装帧设计	尹桂馥
出版发行	中国广播电视出版社
社　　址	北京复兴门外大街 2 号（邮政编码：100866）
经　　销	全国各地新华书店
印　　刷	利丰雅高印刷（深圳）有限公司
开　　本	787×1092 毫米　1/16
字　　数	900（千）字
印　　张	27.5
插　　页	80
版　　次	2001 年 9 月第 1 版　　2001 年 9 月第 1 次印刷
书　　号	ISBN 7－5043－3760－9/Z·194
定　　价	180.00 元